Allgemeines
Geschichte

Reisepraktisches

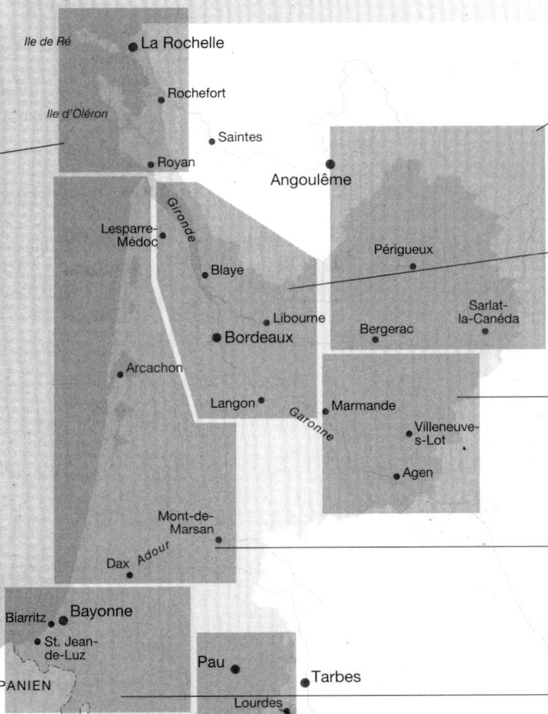

Périgord

Bordelais

Agenais

Côte d'Argent

Baskenland

Béarn

Küste der
Charente-Maritime

Text und Recherche: Marcus X. Schmid
Lektorat: Horst Christoph
Redaktion und Layout: Susanne Beigott
Fotos: siehe Fotonachweis S. 9
Covergestaltung: Karl Serwotka
Titelfotos: oben: Saint-Martin, Ile de Ré
unten: Rocher de la Vierge, Biarritz (beide fotopresse timmermann)
Karten: Michael Neumann, Hana Gundel, Susanne Handtmann

Dank für Hilfe und Tipps:

Michael Albers, Susanna Allmis, Thomas Bauer, André Bechtel, D. Bootz, Magali Boursier, Dietmar Bruckner, Sabine Dinkel, Dietmar Dinter, Christian Frank, Jochen Grashäuser, Anja Hantke, Reimar Hantke, Marion Heck, Karl-Theo Heil, Franz Hoffmann, Heidi Hüll, Ursula Leitenberger, François Meienberg, Luise Müller, Dorothea Patzwahl, Wolfgang Patzwahl, Frank Römstedt, Mona Stenzel, Annette Stoye, Tilman Stoye, Stephan Winiger, M. Zweifel, Eric Zymna.

Ein besonderer Dank geht an Monika Fritsch und Thomas Schmidt von der Maison de la France sowie an Yasmine Delia Greifenstein vom Comité Régional de Tourisme d'Aquitaine; sie vermittelten dem Autor im Herbst 2007 zahlreiche Arbeitsgespräche mit kompetenten Fachleuten vor Ort, denen hiermit ebenfalls gedankt sei.

ISBN 978-3-89953-386-6

6. komplett überarbeitete Auflage 2008

SÜDWESTFRANKREICH

Marcus X. Schmid

INHALT

Fotonachweis

Fotos von Marcus X. Schmid, außer:
François Meienberg: 3, 7, 356
J.M.O. Plassard: 115
Harald Sippel: 17, 25, 51, 55, 69, 76, 144, 232, 247, 248, 282, 295, 365
Katrin Stüssi: 165
fotopresse timmermann: 138
Comité Départemental du Tourisme de la Gironde: 9, 169
Comité Régional de Tourisme d'Aquitaine: 27, 82, 143,
Comité Départemental du Tourisme des Landes: 10, 33, 84
Office de Tourisme de Bourcefranc-Le Chapus: 11
Farbfotos von François Meienberg (FM), Marcus X. Schmid (MXS), Katrin Stüssi (KS), Comité Régional de Tourisme d'Aquitaine (TdA), Harald Sippel (HS)

Kartenverzeichnis

Zeichenerklärung für die Karten und Pläne

mehrspurige Straße	Berggipfel	Information
Asphaltstraße	Höhle	Museum
Piste	Aussichtspunkt	Parkplatz
Wanderweg	Burg	Telefon
Bahnlinie	Kirche, Kapelle	Post
Strand	Kloster	Bushaltestelle
Gewässer	Leuchtturm	Flughafen
Grünanlage	Badestrand	Campingplatz

Mit dem „...“ von „...“ versuche ich's erst gar nicht. Das ist eines von jenen Reisebüchern, deren Verfasser man immer gern bei sich hätte, um sie mit der Nase an alle Mauern zu stoßen, die man einrennen würde, wenn man ihre törichten Ratschläge befolgte. Das Kartenmaterial ist mäßig, die Stadtpläne sind voller Fehler, die Angaben über die Hotels unzuverlässig, die Wegbeschreibungen von entwaffnender Kindlichkeit, das Nachschlageverzeichnis wimmelt von Druckfehlern.

Kurt Tucholsky, Ein Pyrenäenbuch

Das muss nicht sein. Für Ihre Kritik – auch positive – und für Hinweise, z. B. zu Hotels, Restaurants und Campingplätzen, sind wir Ihnen dankbar. Ihre Reiseerfahrungen sind für uns eine wertvolle Hilfe, die nächste Auflage noch besser zu machen!

Marcus X. Schmid
Stichwort „Südwestfrankreich“
c/o Michael Müller Verlag
Gerberei 19 / D – 91054 Erlangen
mxs@michael-mueller-verlag.de

Der Silberstrand ist 240 km lang (Ausschnitt)

Südwestfrankreich kennen lernen

Schlösser, Burgen und Höhlenmalereien im Périgord, Spitzenweine im Bordelais, ein 240 km langer weißer Sandgürtel von der Médoc-Spitze bis zu den Wellenbrechern des mondänen Biarritz, wilde Pyrenäentäler, das wenig bekannte Béarn – es gibt genügend Gründe, in die Südwestecke Frankreichs zu fahren. *Jacques Brel* schwärmt in einem seiner Chansons vom perigourdinischen Fasan, den er vor seinem Ableben gerne noch verspeisen würde. Südwestfrankreich ist in der Tat ein Paradies für den Gourmet, und zu jedem Gericht findet sich ein passender Bordeaux. Auch dies kann ein Grund sein, den Urlaub hier zu verbringen.

Wie man seinen Urlaub in Südwestfrankreich gestaltet, hängt natürlich in erster Linie vom eigenen Gusto, von den eigenen Träumen und von der zur Verfügung stehenden Zeit ab. Wer nur zum Bergsteigen gekommen ist, sucht sich gleich einen Pyrenäengipfel aus, wer einen Sonnenbrand riskieren will, legt sich von Morgen bis Abend an die Atlantikküste, wer Land und Bewohner kennenlernen will, bereist das Hinterland. Und wer Südwestfrankreich von mehreren Seiten kennenlernen will, kombiniert.

Fort Louvois – Militärarchitektur im Ozean

Wir wollen nachstehend einige Hauptrouten skizzieren, die vielleicht ein Gerüst sein können für die individuelle Urlaubsplanung. Abstecher bieten sich in den meisten Fällen geradezu an.

Die Höhlen- und Burgentour (Périgord)

Für Selbstfahrer, die mit dem atlantischen Bad noch ein paar Tage warten können, ist die Höhlen- und Burgentour durch das Périgord eine empfehlenswerte Anreise-Alternative. Auch Radler und Paddler kommen hier auf ihre Kosten.

Über *Clermont-Ferrand* oder *Limoges* erreicht man *Brive* und stößt von dort ins sog. Schwarze Périgord vor – entweder über **Montignac** ins Vézère-Tal oder über **Souillac** ins Tal der Dordogne. Erstere Route führt zu zahlreichen prähistorischen, oft mit Felsenmalereien geschmückten Höhlen in der Umgebung von **Les Eyzies**, das sich stolz „Welthauptstadt der Prähistorie" nennt. Wer die andere, die Dordogne-Route wählt, sollte neben all den Burgen und Schlössern einen Abstecher ins mittelalterliche **Sarlat** nicht vergessen. Sowohl die Vézère als auch die Dordogne eignen sich hervorragend für romantische Kanu- und Kajakfahrten, Verleihstellen gibt es fast in jedem Dorf. Vom Zusammenfluss der beiden Flüsse aus geht's weiter nach **Bergerac**, die Stadt lohnt allein schon wegen des nationalen Tabakmuseums einen Besuch. In Bergerac ist man vor die Wahl gestellt. Wer touristisch weniger bekannte Landstriche aufsuchen will, fährt nach Norden, nach **Périgueux**,

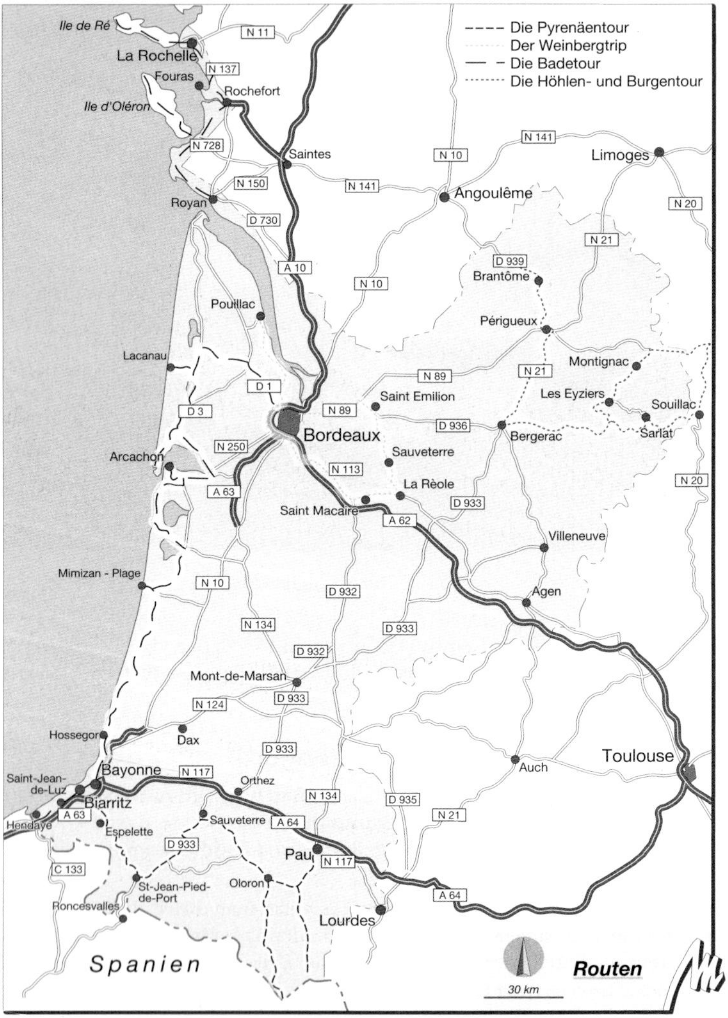

der Departementhauptstadt, und von dort weiter ins nördliche Périgord. In letzterem ist das rundum von der Dronne umspülte Städtchen **Brantôme** mit seiner Benediktinerabtei die Hauptattraktion.

Richtung Süden führt der Weg zu den Pflaumenplantagen des *Agenais*.

Richtung Westen geht's an der Dordogne entlang, an den Weinbergen des *Saint-Emilion* vorbei nach *Bordeaux* (siehe „Die önologische Tour“) und weiter an die *Silberküste* (siehe „Die Badetour“).

Wo die besten Weine wachsen – Weingut im Bordelais

Die önologische Tour

Das Bordelais ist Fankreichs größtes Weinanbaugebiet, seine Tropfen haben Tradition und Weltrang – ein weiterer Grund, auf der Anreise nicht gleich direkt zur Düne der Silberküste zu rasen.

Ausgangspunkt ist **Bordeaux**. Für viele ist die Welthauptstadt des Weins nach Paris Frankreichs schönste Stadt. Das Zentrum mit seiner intakten Architektur aus dem 18. Jahrhundert birgt zahlreiche Sehenswürdigkeiten und Museen. Abends laden gute Restaurants zu Tische, und auch nachts ist noch etwas los, schließlich ist Bordeaux eine Universitätsstadt.

In Richtung Bergerac führt die Straße nach **Saint-Emilion**, einem hübschen Mittelalterstädtchen, das den in der Umgebung angebauten Weinen den Namen fürs Etikett geliehen hat. Die paar hundert meist kleinen Güter produzieren einen exzellenten Tropfen. Unser Tipp: Mit dem Fahrrad einen Degustationstrip unternehmen.

Von Saint-Emilion lässt sich die kleine Rundreise Richtung Süden fortsetzen, auf Nebenstraßen durchs leicht hügelige *Entre-deux-Mers*, das einem weiteren Anbaugebiet den Namen gibt. Im Herzen dieses Gebiets liegt **Sauveterre**, eine gut erhaltene „Bastide". So werden die Wehrdörfer aus dem hundertjährigen Krieg genannt, deren Stadtplan ein Schachspieler entworfen haben könnte. Weiter über die Hügel gelangt man ins mittelalterliche **Saint-Macaire**. Das hoch über der Garonne gelegene Weinstädtchen ist nicht so berühmt wie Saint-Emilion, es hinterlässt eher einen verwunschenen Eindruck.

Von Saint-Macaire geht's bequem nach Bordeaux zurück. Wer sich direkt beim Produzenten mit einer Flasche des weltberühmten *Sauternes* eindekken will, macht erst noch einen Abstecher ans andere Garonne-Ufer.

Das renommierteste der Bordelaiser Anbaugebiete liegt am Westufer der Gironde: das *Médoc*. Von Bordeaux aus führt die „Weinstraße" an unzähligen Châteaux vorbei nach **Pauillac**, wo die Schlösser *Lafite-Rothschild* und *Mouton-Rothschild* die teuersten Tropfen produzieren. Weniger Betuchte halten sich an eines der anderen zahlreichen Güter. Wer nach allen Degustationen noch weiterfahren kann, gelangt auf der Verlängerung der Médoc-Weinstraße schließlich nach *Soulac*, dem nördlichsten Ort der 240 km langen *Silberküste* (siehe „Die Badetour").

Die Badetour

Keine Platzangst: 240 Kilometer misst die Côte d'Argent, die Silberküste, wie sie wegen ihres weißen Sands genannt wird. Gleich dahinter erstrekken sich weitläufige Pinienwälder – ideale Bedingungen für Camper. Wer neben Wassersport auch ein paar kulturgeschichtliche Exkursionen machen will und obendrein Austern zu schätzen weiß, ist an der Charente-Küste und den vorgelagerten Inseln gut aufgehoben.

Von *Bordeaux* aus führt quer durch den Pinienwald und auf weiten Strecken schnurgerade eine Straße nach **Lacanau-Océan**, der größten Badestation der nördlichen Côte d'Argent, wo oft auch die Surf-Weltmeisterschaften ausgetragen werden. Sind die Wellen einmal allzu hoch, so kann man an die flachen Seen *Lac de Lacanau* und *Lac d'Hourtin* ausweichen – am besten per Pedalkraft durch den Pinienwald.

Weiter südlich zeigt **Arcachon**, ein Ferienort aus der Belle Epoque, etwas städtisches Flair. Das riesige *Bassin von Arcachon* eignet sich nur zweimal täglich zum Baden, bei Ebbe ist die „Badewanne" leer.

Nach Arcachon folgt wieder der endlos lange Sandstreifen – zunächst wirft er sich zu einem riesigen Berg auf, der **Düne von Pyla**, mit 105 m Höhe der größte Sandhaufen Europas. Zwischen den Badeorten **Biscarrosse-Plage** und **Mimizan-Plage** haben dann die Militärs die Herrschaft über die Küste – dem Badetouristen bleibt weiter südlich noch genug Sand. Eine romantische Stelle ist die Einmündung des *Huchet*-Wasserlaufs, der sich vom *Lac de Léon* durch eine üppige Vegetation gen Ozean schlängelt.

Mondän geht's in **Hossegor** zu, das zwischen seinem Haussee und dem Atlantik mit Villen übersät ist. Falls Sie selber keine hier stehen haben und Ihnen der Ort überhaupt zu teuer ist: Machen Sie eine Fahrt ins Hinterland – am besten mit dem Drahtesel auf dem speziellen Radweg – zu den Teichen *Etang Blanc* und *Etang Hardy*.

An die *Silberküste* schließt sich südlich der Adour-Mündung die *baskische Küste* an. Der Sandstrand wird gelegentlich von felsigen Abschnitten unterbrochen, besonders fotogen bei **Biarritz**. Die Stadt mit ihren Villen aus der Belle Epoque war einst der Meeting-Point der europäischen Aristokratie, heute vermelden die Zeitungen eher die Ankunft kalifornischer und australischer Surf-Champions. Ganz anders das nahe **Bayonne**: Die Hauptstadt

Am Hafen von La Rochelle

des französischen Baskenlands liegt nicht direkt an der Küste, der Tourismus spielt hier keine große Rolle. In den Kneipen der Altstadt versteht man oft Bahnhof: Baskisch ist die rätselhafteste Sprache Europas.

Ein letzter Stopp an der französischen Atlantikküste ist in **Saint-Jean-de-Luz** geboten: eine malerische Altstadt, ein sauberer Stadtstrand und ein lebendiger Hafen – Frankreichs größter Umschlagplatz für Thunfische.
Von Saint-Jean-de-Luz bietet sich ein Abstecher über *Hendaye* nach *San Sebastián* an, dem spanischen Pendant der Belle Epoque zu Biarritz. Ebenso reizvoll aber ist eine Fahrt ins *baskische Hinterland* mit seinen schmucken Dörfern am nördlichen Pyrenäenabhang (siehe „Die Pyrenäen-Tour").

Eine Alternative zur Badetour an der Silberküste bietet die *Küste der Charente-Maritime.* Von *Bordeaux* aus erst bis **Royan** an der Girondemündung fahren. Die Stadt war in den 1950er Jahren ein Eldorado für Architekten, im Zweiten Weltkrieg wurde sie völlig zerstört, der Stadtstrand ist phantastisch, wenn auch meist überlaufen. Ruhige Plätze findet man weiter nördlich, an der Straße nach **La Palmyre**: Gefährt parken und durch den Pinienwald zur Düne.
Die Seudre-Mündung bei *Marennes* ist gänzlich in den Händen der Austernzüchter – und Frankreichs größte Produktionsstätte der Delikatesse. Nach einer Degustation verziehen Sie sich vorzugsweise auf die **Ile d'Oléron**, die mit sauberen Sandstränden einlädt.
Auf dem Festland führt die Straße weiter durchs Marschland; über das von einem dicken Festungswall umschlossene **Brouage** nach **Rochefort**. Die Schachbrett-Stadt an der Charente entschädigt für mangelnde Bademöglichkeiten mit zwei großartigen Museen.
Badefreuden gibt's erst auf der Halbinsel von **Fouras** wieder. Den Tagesausflug von hier auf die **Ile d'Aix** empfehlen wir ohne jede Einschränkung – zum Baden, zu einem Spaziergang oder zum Besuch des nostalgischen Napoleon-

Museums. **La Rochelle**, am nördlichen Ende der Charente-Küste, hat einen malerischen Hafen und dahinter eine schmucke Altstadt. Bei Regen können Sie unter den Arkaden wandeln oder ein Museum besuchen – rund ein Dutzend zählt man in La Rochelle. Bei eitel Sonnenschein fahren Sie über die Brücke auf die **Ile de Ré** zum Baden. Am sommerlichen Wochenenden radelt halb La Rochelle auf den Inselsträßchen.

Die Pyrenäen-Tour

In den Pyrenäen lassen sich zahllose Touren unternehmen – in den westlichen und in den östlichen, in den französischen und in den spanischen, auf der Gipfelkette, in den Seitentälern wie auch im Vorland. Wir beschränken uns hier auf einen Vorschlag im südwestfranzösischen Teil der Pyrenäen. Für ausgedehnte Wanderungen oder gar Hochgebirgstouren ist spezielles Kartenmaterial sehr zu empfehlen.

Als Ausgangspunkt schlagen wir das baskische Fischerstädtchen *Saint-Jean-de-Luz* vor. Von hier führt die D 918 nach Osten. Wer einige typische Baskendörfer sehen will, macht den Umweg über **Ascain**, **Sare** und **Ainhoa** – ein Dorf so schmuck wie das andere, alle an den sanften Pyrenäenabhängen gelegen. Bei **Espelette**, das über eine der schönsten baskischen Kirchen verfügt, erreicht man dann wieder die D 918.

Das mittelalterliche **Saint-Jean-Pied-de-Port** ist unbestritten das schönste Städtchen im ganzen französischen Baskenland. Von hier aus bieten sich zahlreiche Ausflüge an, z. B. ins spanische **Roncesvalles**, einer bedeutenden Pilgerstation auf der Compostela-Route, oder auf der abenteuerlichen D 18 hoch zur *Forêt d'Iraty*, einem riesigen Wald- und Wandergebiet im französisch-spanischen Grenzland.

Von Saint-Jean-Pied-de-Port gelangt man auf der D 933 nach **Sauveterre** im Béarn, das hoch über dem *Gave d'Oloron* thront und mit einer legendären, äußerst fotogenen Brücke aufwartet. Am Gave d'Oloron aufwärts liegt **Navarrenx**, ein weiteres mittelalterliches Städtchen. Unweit davon erinnert in **Gurs** eine Gedenkstätte an die von den Nazis hierher deportierten badischen und pfälzischen Juden.

Noch weiter flussaufwärts stößt man auf **Oloron**, das Zentrum der französischen Baskenmützen-Produktion. Für den Reisenden ist Oloron vor allem der Ausgangspunkt für eine Exkursion ins **Aspe-Tal**, das raueste und romantischste der Pyrenäentäler Südwestfrankreichs. Wanderer und Bergsteiger finden hier zahlreiche Möglichkeiten.

Ebenfalls von Oloron aus ist das **Ossau-Tal** zu erreichen, das sich parallel zum Aspe-Tal zur Pyrenäenkette hochzieht und vor allem in seinem oberen Teil zu weitläufigen Wanderungen einlädt.

Auf der Rückreise – sei es nach Hause, sei es zurück an die atlantische Küste – vergessen Sie nicht der Departementhauptstadt **Pau** einen Besuch abzustatten. Im prächtigen **Schloss** kam *Heinrich IV.* zur Welt, der sog. „Bon Henri", der jedem Bürger ein Huhn im Topf versprach und später als König von Frankreich die Religionskriege beendete.

Anreise

Mit dem Flugzeug

Sie lösen in Frankfurt am Schalter der Lufthansa ein Ticket nach Bordeaux. Sie zahlen etwas über 100 Euro für Hin- und Rückflug und landen nach knapp zwei Stunden in der Weinmetropole.

Das ist das Angebot der Lufthansa (Dezember 2007) bei langfristiger Buchung. Oder fragen in Ihrem Reisebüro nach einem günstigen Charterflug nach Paris, Bordeaux oder Biarritz, oder Sie blättern Stadtmagazine und ähnliche Publikationen durch, in denen die Anbieter inserieren.

Am beliebtesten ist heute die Online-Buchung im Internet. Eine gute Suchmaschine spuckt unter Stichwörtern wie „last minute" oder „Billigflüge" eine ganze Liste von Adressen aus. Man kann ungeheuer viel Zeit verlieren damit, doch bekanntlich findet manchmal auch eine blinde Sau eine Eichel.

Der Flug Paris–Bordeaux dauert mit Air France 75 Minuten. In gut drei Stunden können Sie aber auch mit dem *TGV* (*Train de Grande Vitesse* = Hochgeschwindigkeitszug) von Paris nach Bordeaux fahren – eine überaus interessante Alternative. Der Superschnelle fährt an der *Gare de Montparnasse* ab (vom *Flughafen Charles de Gaulle* mit der *RER* bis *Saint-Michel/ Notre-Dame*, dort in die *Métro* umsteigen).

Kalkuliert man Umsteige- und Wartezeiten in Paris sowie die Fahrt vom Flughafen *Bordeaux-Mérignac* ins Stadtzentrum mit ein, geht die Reise auf der Schiene ebenso schnell. Im Preisvergleich schneidet der TGV in der Regel besser ab, zumal, wenn Sie die Altersgrenze von 25 Jahren überschritten haben.

- **Pauschalflüge**: Sie werden in jedem größeren Reisebüro angeboten. Mit dem Flug wird gleich ein Hotel (meist ein Strandhotel mit Halbpension) oder eine Ferienwohnung mitgebucht. Wer auch noch ein Auto mieten möchte, fährt billiger, wenn er dieses gleich ins Buchungspaket einschließt.
- **Billigflieger**: Noch nicht abzusehen ist die derzeit rasante Entwicklung der sogenannten Billigflüge. Billigfluglinien eröffnen und streichen Destinationen je nach Marktlage, die noch schwieriger als das Wetter vorherzusagen ist. Da hilft nur eine ausgedehnte Sitzung am Internet.

Mit der Eisenbahn

Die erste Eisenbahnlinie nach Südwestfrankreich stammt aus dem Zweiten Kaiserreich. Wenn Napoleon III. mit seiner Gemahlin die kaiserliche Sommerresidenz in Biarritz aufsuchen wollte, bestieg er in Paris einen Luxuszug und war in zwölfeinhalb Stunden am Ziel.

Die Fahrtzeit hat sich mittlerweile auf weniger als die Hälfte verkürzt. Der *TGV-Atlantique* rast in etwas mehr als drei Stunden von Paris nach Bordeaux, von dort sind es noch weitere 2½ Stunden nach Biarritz.

Auch La Rochelle, die Hauptstadt der Charente-Maritime, ist über eine Hochgeschwindigkeitstrasse erreichbar – von Paris aus in drei Stunden.

Auf allen TGV-Strecken ist die *Reservierung* obligatorisch. Es empfiehlt sich, diese bereits in Deutschland vorzunehmen, an den Schaltern der Pariser Bahnhöfe stehen schier endlose Warteschlangen.

Der schnellste Weg von Deutschland nach Südwestfrankreich führt seit der Eröffnung der TGV-Verbindung nach Bordeaux über Paris. In der Hauptstadt müssen Sie in jedem Fall den Bahnhof wechseln. Sie kommen entweder in der *Gare du Nord* (von Norddeutschland aus) oder in der *Gare de l'Est* (von Süddeutschland aus) an. Die Züge nach Südwestfrankreich fahren von der *Gare de Montparnasse* (TGV) oder der *Gare d'Austerlitz* ab. Die Pariser Bahnhöfe sind alle über das Métro-Netz miteinander verbunden.

- **Ermäßigungen**: Sowohl in Deutschland wie auch in Frankreich wird jährlich neu daran getüftelt, wie man die Plätze optimal auslasten kann, d. h. zu welchen Zeiten und in welchen Zügen für welche Personengruppen Preisermäßigungen den Umsatz fördern könnten. Der Dienst am Kunden führt direkt in den Dschungel der Bestimmungen. Am einfachsten: Man erkundigt sich direkt am Schalter bzw. bei der Bahnhofsinformation der DB oder der SNCF.

Nach derzeitigem Stand (2008) kommen aus dem Angebot der Deutschen Bahn für Frankreich-Fahrer die *BahnCard* (Version 25 oder 50, für noch nicht 26-Jährige am besten in Kombination mit *RAILPLUS*) sowie der *Sparpreis* (Version 25 oder 50) in Betracht. Im Familienverband gelten in der Regel Sonderkonditionen für Kinder. Am einfachsten ist es, sich an der Informationsstelle eines größeren Bahnhofs kundig zu machen oder sich durch die Homepage der DB (*www.bahn.de*) zu klicken. Nicht einfacher ist es in Frankreich. Dort kann man an der Website der SNCF (*www.sncf.com*) verzweifeln.

- **Fahrrad**: Die Schienen der französischen Eisenbahn führen nicht bis ins letzte verträumte mittelalterliche Dorf, das Bus-System ist zu umständlich, und deshalb ist das Fahrrad im Urlaub oft ein gutes Fortbewegungsmittel. Aber wie bringt man es nach Frankreich und wie transportiert man es innerhalb Frankreichs?

Eine Verschickung per Bahn von einem deutschen zu einem französischen Bahnhof ist nicht mehr möglich. Es bleibt also nichts anderes übrig, als das Rad selber mitzuführen. Es bietet sich an, eine *Radtasche* zu kaufen (Ausmaße in der Regel 80 x 110 x 40 cm). Damit lässt sich das Rad problemlos auch in deutschen IC- und EC-Zügen mitnehmen, die den unverpackten Radtransport in der Regel nicht zulassen. Auch beim Umsteigen in Paris ist damit das Problem gelöst. In der Metro ist der unverpackte Fahrradtransport nicht gestattet und mit dem Fahrrad samt Gepäck zwischen zwei Bahnhöfen durch den Stau zu radeln, ist auch nicht jedermanns Sache.
In zahlreichen internationalen Zügen wird das Fahrrad – aufgehängt in einem speziellen Wagen – mittransportiert, man achte auf das entsprechende Piktogramm. Eine Stellplatzreservierung sowie eine Fahrkarte fürs Rad sind in Deutschland generell erforderlich. In Frankreich ist die Fahrradmitnahme kostenlos, sofern der Zug das Piktogramm führt – und sofern Platz vorhanden ist. Auch einige TGVs nehmen Fahrräder mit. doch verfügen sie nur über 4 Stellplätze bzw. Hängehaken und verlangen eine Gebühr von 10 €. Stets Platz im TGV findet man kostenlos mit der oben erwähnten Radtasche.

Informationen über den Fahrradtransport mit der Bahn bekommt man in jeder deutschen Großstadt bei den Geschäftsstellen des **Allgemeinen Deutschen Fahrradclubs (ADFC)**. Hauptstelle: Grünenstr. 120, 282199 Bremen, ✆ 0421-346290, 📠 0421-3462950, www.adfc.de.

Bike & Bus: Der Bund selbstverwalteter Fahrradläden (VSF) weist auf die sogenannten Euro-Shuttles hin: Busse, die den Kunden mitsamt Fahrrad von Deutschland an den Urlaubsort bringen. Für Südwestfrankreich-Radler interessant ist folgende Adresse:
Natours: Untere Eschstr. 15, 49179 Ostercappeln, ✆ 05473/92.29-0, 📠 05473/82.19, E-Mail: info@natours.de. Von Osnabrück, Dortmund oder Köln nach Creysse. Der kleine Ort liegt am Rand des Périgords, ein paar Kilometer östlich von Souillac.

- **Autoreisezug**: Seit Bordeaux als Destination für Autoreisezüge von der Deutschen Bundesbahn gestrichen wurde, ist dieses Anreisemittel für Südwestfrankreichfahrer nur noch sehr bedingt interessant. Der am nächsten gelegene Zielbahnhof ist Narbonne, und die Preise sind recht happig.

Auskunft über Autoreisezüge erhalten Sie in jedem größeren DB-Bahnhof sowie über die Internet-Adresse *www.dbautozug.de*.

Mit dem eigenen Fahrzeug

Alle Jahre wieder fährt halb Frankreich zur gleichen Zeit auf den großen Autorouten in den Süden, obwohl alle Zeitungen, Radio- und Fernsehsender davor warnen. Alle Jahre wieder bricht deshalb der Verkehr an diesen Tagen an denselben Orten zusammen. Wenn Sie persönlich dabei sein wollen: An den Wochenenden um den 14. Juli, den 1. und den 15. August ist es wieder soweit.

Von Deutschland aus können Sie bis fast zur Atlantikküste auf der Autobahn bleiben, exakter: bis 10 km vor Arcachon. Für die Reise von Flensburg oder Passau aus sollten Sie zwei Tage kalkulieren, wenn Sie nicht sanatoriumsreif ankommen wollen. Wenn Sie die obige Stauwarnung nicht ernst nehmen, rechnen Sie besser mit drei Tagen und hinterher mit kompetenter psychotherapeutischer Betreuung.

Natürlich kann man auch auf den z. T. gut ausgebauten Nationalstraßen (N-Nummern) oder auf Departementstraßen (D-Nummern) Richtung Süden fahren, die Reise dauert dann aber erheblich länger. Sofern es keine Umgehungsstraße gibt, muss man in jeder Ortschaft auf 60 km/h abbremsen, wenn man nicht ohnehin schon gemächlich einem Wohnwagen bis zur nächsten Überholspur hinterherzockelt. Man spart so zwar die Autobahngebühren, aber nicht die Nerven.

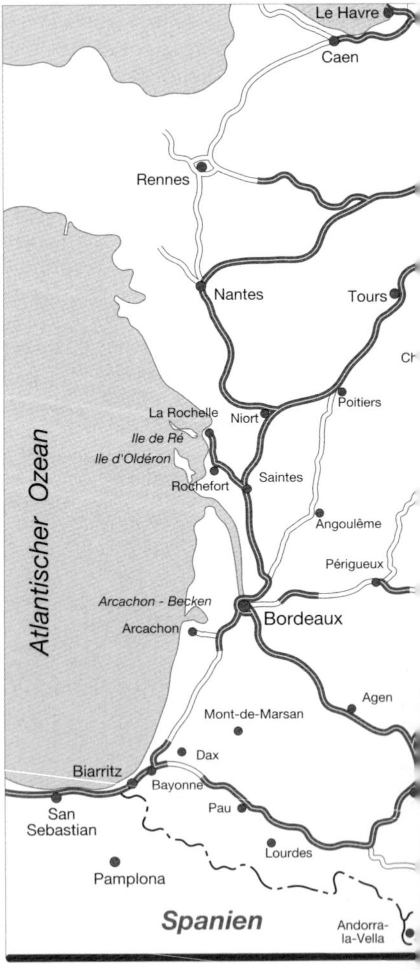

Allgemeine Hinweise für Frankreichfahrer

Auslandsschutzbrief: Automobilclubs und Kfz-Versicherer bieten ihn ihren Mitgliedern an, und er bleibt ein ganzes Jahr lang gültig. Im Unglücksfall sparen Sie Ärger und Geld. Der Auslandsschutzbrief ist bei Panne oder Unfall ein höchst hilfreiches Papier. Rückerstattung von Versandkosten für Fahrzeugteile, Übernahme der Kosten für Mietauto und Übernachtung, Kredit bei Geldverlust, Rückführung Ihres Wagens, Rechtsbeistand usw. usw. Über die Leistungen informieren die einzelnen Versicherer im Detail.

Pannenhilfe: AIT-Assistance, ✆ 0800.08.92.22.

ADAC: Deutschsprachiger Notrufdienst in Lyon, ✆ 04.72.17.12.22.

Notruf/Unfallrettung: Polizei ✆ 17.

Benzin: Verbleites Super (super), Super bleifrei (super sans plomb) und Normal bleifrei (essence sans plomb) sind etwas billiger als in Deutschland, Diesel (gazole) wesentlich billiger. Tipp: Am billigsten tankt man stets an den Zapfsäulen der Supermärkte am Stadtrand (Intermarché, Casino, Carrefour, E. Leclerc etc.). Allerdings gibt's dort keinen Service – weder Wasser noch Luft.

Gas: Ein Verzeichnis von Gastankstellen gibt's unter *www.gas-tankstellen.de*

Autobahngebühren: Die Mautstellen unterwegs wollen gefüttert werden. Da die Autobahnen in Frankreich von unterschiedlichen Gesellschaften betrieben werden, gibt es keine einheitliche Gebührenregelung. Richtpreis: mindestens 6 € pro 100 km.

Höchstgeschwindigkeit: auf Autobahnen 130 km/h (bei Nässe 110 km/h), auf Nationalstraßen mit zwei getrennten Bahnen pro Fahrtrichtung 110 km/h (bei Nässe 100 km/h), auf Landstraßen 90 km/h (bei Nässe 80 km/h). Wer seinen kostbaren Führerschein noch kein ganzes Jahr besitzt, darf auf allen Straßen höchstens 90 km/h fahren! Seit 2007 werden im ganzen Land vermehrt Radarkontrollen durchgeführt.

Promillegrenze: 0,5 Promille. Wer mit mehr Alkohol im Blut am Steuer erwischt wird, riskiert saftige Geldstrafen. Da der Führerschein Ausländern nicht entzogen werden darf, werden Sünder nebst einem Bußgeld oft mit einem mehrjährigen Fahrverbot auf französischen Straßen belegt.

Weitere Hinweise für Autofahrer siehe **Unterwegs in Südwestfrankreich. Mit dem Auto.**

Anfahrt via Paris

Für Reisende aus Nord- und Mitteldeutschland führt die schnellste Verbindung nach Südwestfrankreich über Paris. Von Aachen aus fährt man durch Belgien über die *Autoroute du Nord,* von Saarbrücken und Straßburg aus über die *Autoroutes de l'Est* zur französischen Metropole. Wer nicht in den sicheren Stau geraten will, umfährt den Großraum Paris – eine gute Straßenkarte ist die Voraussetzung dazu. Von Paris aus bieten sich dann grundsätzlich zwei Möglichkeiten zur Weiterfahrt an:

Paris – Orléans – Tours – Poitiers – Bordeaux: Sie folgen im Süden von Paris der Beschilderung *A 10 (L'Aquitaine)* und befinden sich nach exakt 596 Autobahnkilometern in Bordeaux. Wenn sie etwas Mautgebühren sparen wollen, dann verlassen Sie Paris bei der *Porte d'Orléans* und fahren bis Orléans auf der gut ausgebauten *N 20.*

Paris – Orléans – Limoges – Brive – Bordeaux: Bis Orléans wie oben. Dann setzen Sie die Fahrt auf der *A 71* in Richtung bis Vierzon fort, wechseln dort auf die *A 20 (L'Occitane)* bis Brive, von wo aus Sie nach ein paar Kilometern Landstraße die *A 89* nach Bordeaux erreichen. Die Gesamtstrecke Paris–Bordeaux auf dieser Route beträgt ca. 700 km.

Tipp: Fahren Sie von Brive aus ins **Schwarze Périgord**. Dies ist eine der schönsten und abwechslungsreichsten Gegenden ganz Südwestfrankreichs: Das mittelalterliche Städtchen Sarlat, romantische Flusstäler, unzählige Schlösser, Europas berühmteste prähistorische Höhlen liegen am Weg. Nehmen Sie sich zwei Tage oder noch mehr Zeit, den Ozean sehen Sie noch lange genug. Und eine Küche wie die périgourdinische finden Sie nachher nicht mehr so schnell.

Anfahrt via Lyon

Die Anreise über Lyon bietet sich aus Süddeutschland, Österreich und der Schweiz an. Wenn Sie aus Süddeutschland kommen, müssen Sie sich beim *Autobahndreieck Neuenburg* (zwischen Freiburg und Basel) entscheiden: Entweder Sie fahren über die *französischen Autobahnen (A 36/A 6)* nach

Lyon oder durch die *Schweiz* (Basel–Bern–Lausanne–Genf). Im ersten Fall zahlen Sie mehr Mautgebühren, im zweiten Fall müssen Sie – falls nicht bereits vorhanden – eine Vignette (siehe Kasten „Allgemeine Hinweise für die Fahrt durch die Schweiz")) an die Windschutzscheibe kleben. Im ersten Fall legen Sie 403 km, im zweiten 466 km zurück. Landschaftlich ist die Fahrt durch die Schweiz eindeutig abwechslungsreicher.

Sans péage – abseits der Autobahn

Lyon – Saint-Etienne – Clermont-Ferrand – Brive – Bordeaux: Lyon wird auf einem Autobahnring östlich umfahren, dann lässt sich die Reise auf der *A 47* in Richtung Saint-Etienne fortsetzen. Dort wechseln Sie auf die A 72 nach Clermont-Ferrand, von wo aus Sie sich von den Schildern „Bordeaux" auf die *A 89* leiten lassen (die ersten Kilometer hinter Clermont-Ferrand sind noch nicht fertiggestellt). Von Lyon bis Bordeaux sind es ca. 560 km.

Allgemeine Hinweise für die Fahrt durch die Schweiz

Pannenhilfe: Der Straßenhilfsdienst des schweizerischen Automobilclubs ist in der ganzen Schweiz unter ✆ 140 zu erreichen.

Notruf/Unfallrettung: ✆ 117 (Polizeinotruf), 144 (Sanitätsnotruf)

Benzinpreise: An der Grenze zur Schweiz läuft an deutschen Tankstellen nicht viel – in der sonst so teuren Schweiz ist zumindest das Benzin billiger.
Achtung: Nach 23 Uhr steht an den meisten Autobahntankstellen kein Personal mehr zur Verfügung. Der Automat ist dann die einzige Lösung, und dieser schluckt nur Kredit- und EC-Karten, 10- und 20-Frankenscheine.

Autobahngebühren: Pauschal wird der Preis von 40 CHF (ca. 25 €) für die Vignette erhoben. Diese berechtigt zur Benutzung sämtlicher Autobahnen des Landes und ist von Anfang Dezember des vorhergehenden Jahres bis Ende Januar des folgenden Jahres gültig. Die Vignette ist gut sichtbar an der Frontscheibe des Fahrzeugs anzubringen, sie ist nicht übertragbar. Wer sich ohne Vignette auf der Autobahn erwischen lässt, zahlt 100 CHF (ca. 61 €) Strafe.
Die Vignette ist in allen ADAC-Geschäftsstellen, an sämtlichen Grenzübergängen und in jedem Schweizer Postamt erhältlich.

Höchstgeschwindigkeit: Auf Autobahnen liegt die Grenze bei 120 km/h, auf Überlandstraßen bei 80 km/h. Raser zahlen in der Schweiz hohe Geldstrafen.

Promillegrenze: Bis 0,5 Promille Alkohol im Blut steuern Sie (unfallfrei) ungestraft.

Die unter „Anfahrt via Paris" erwähnte Variante drängt sich auf dieser Route geradezu auf: Machen Sie doch von Brive aus einen Abstecher ins **Schwarze Périgord** mit seinen großartigen Flusstälern, seinen berühmten Schlössern und prähistorischen Grotten. Nehmen Sie sich Zeit für diese bezaubernde Gegend, die Atlantikküste rennt Ihnen bestimmt nicht davon.

Mitfahrzentralen

Eine professionelle Variante für Reisende mit schmalem Geldbeutel sind die **Mitfahrzentralen** (MFZ). In Deutschland findet man in zahlreichen Städten MFZ-Büros.

Der Fahrpreis setzt sich aus der Vermittlungsgebühr und der Betriebskostenbeteiligung für den Fahrer zusammen. Die Vermittlungsgebühr ist vor Antritt der Reise zu bezahlen. Der Fahrpreis (Betriebsbeteiligung) ist von der MFZ festgesetzt und direkt an den Chauffeur zu entrichten.

Preisbeispiel München–Paris ca. 42 €, incl. 12 € Vermittlungsgebühr.

Um spätere Schwierigkeiten bei der Bezahlung am Ziel zu vermeiden, sollte man sich von der MFZ einen Beleg ausstellen lassen. Auf diesem ist der noch an den Fahrer zu zahlende Betrag festgehalten; die Unterschrift der MFZ, des Fahrers und des Mitfahrers dürfen nicht fehlen. Auch der Fahrer meldet sich sinnvollerweise einige Tage vor der Abfahrt im Büro. Dort gibt er noch freie Plätze, exaktes Fahrtziel und Abfahrtszeit bekannt.

• *Adressen* **Citynetz** ist ein Zusammenschluss von Mitfahrzentralen aus ganz Deutschland und bundesweit unter der einheitlichen Telefonnummer 01805/19/19444 zu erreichen. Natürlich kann man auch online suchen und anmelden: www.citynetz-mitfahrzentrale.de.

Allostop ist das zentralistische französische Pendant zum eher dezentralen deutschen MFZ-System: 30, rue Pierre Sémard, F-75009 Paris. ✆ 01.53.20.42.42, www.allostop.net.

Geographie

Die Südwestecke Frankreichs bildet keine geographische Einheit. Die Römer bezeichneten nach der Eroberung Galliens mit dem Namen Aquitania ein Gebiet, das von den Pyrenäen fast bis zur Loire hin reichte und im Osten bis ins Zentralmassiv hinein.

Die einzigen natürlichen Grenzen des gallo-römischen Aquitaniens waren die unwegsame Pyrenäenkette im Süden und der Ozean im Westen. Diese beiden Grenzen gelten auch heute noch für das wesentlich kleinere Gebiet, das seit 1960 offiziell als **Région Aquitaine** bezeichnet wird und mit 42 431 Quadratkilometern Fläche knapp größer als die Schweiz ist.

Hydrographisch lässt sich das heutige Aquitanien von Norden nach Süden in folgende drei Hauptgebiete einteilen: die Täler der Garonne und ihrer Zuflüsse, das Plateau der Landes sowie das Adourbecken mit den Pyrenäentälern.

Zur *Région Aquitaine* mit der Hauptstadt Bordeaux zählt die französische Verwaltung folgende *Départements*:

Sand vom Feinsten von Bordeaux bis Biarritz

Gironde

Hauptstadt: Bordeaux. Autokennzeichen: 33. Zur Gironde gehören die großen Weinanbaugebiete des *Bordelais* rechtsseitig der Garonne, das *Bazadais* links der Garonne, das in den großen Pinienwald der Landes übergeht, das *Médoc* mit seinen Spitzenweinen und das *Bassin von Arcachon.*

Dordogne

Hauptstadt: Périgueux. Autokennzeichen: 24. *Dordogne* ist der Verwaltungsname für das *Périgord.* Im Osten liegt das *Schwarze Périgord* mit Europas berühmtesten prähistorischen Höhlen, im Süden das *Bergeracois,* wo unter fast so guten Bedingungen wie im Bordelais Weine wachsen, nördlich der Hauptstadt Périgueux erstreckt sich eine wenig besuchte, grüne Hügellandschaft.

Lot-et-Garonne

Hauptstadt: Agen. Autokennzeichen: 47. Die Franzosen sprechen vom *Agenais,* und wenn sie nicht selber hier wohnen, wissen sie meist nur, dass aus dieser Gegend die wohlschmeckenden süßen Pflaumen auf ihren Tisch kommen. Zum Département gehört aber auch das kleine *Pays de Duras* im Norden mit seinen erlesenen Weinen.

Landes

Hauptstadt: Mont-de-Marsan. Autokennzeichen: 40. Das Département besteht größtenteils aus einem riesigen Pinienwald, der sich bis zur Küstendüne am Atlantik zieht.

Pyrénées-Atlantiques

Hauptstadt: Pau. Autokennzeichen: 64. Im Westen des Départements liegt der französische Teil des *Baskenlands,* in dem neben Französisch noch immer Baskisch, die rätselhafteste Sprache Europas gesprochen wird. Von der Agglomeration Bayonne-Anglet-Biarritz bis zur spanischen Grenze erstreckt sich die rund 30 km lange *baskische Küste.* Östlich des französischen Baskenlands liegt das doppelt so große *Béarn,* eine abgeschiedene Provinz, die sich in ihrem Süden in die Pyrenäen hochzieht.

Geologisches Kurzporträt

Inmitten einer schier endlosen Wasserwüste drückte vor gut 300 Millionen Jahren aus den Tiefen der Urmeere Land an die Oberfläche. Geologen sprechen von der *variskischen Gebirgsbildung,* die das *armorikanische Gebirge* schuf, das sich von Irland und Südengland über die Bretagne bis zum Zentralmassiv zog. In den Alpen herrschte derweil geologische Langeweile – d. h. sie existierten noch gar nicht.

In den folgenden Millionen Jahren stieg der Wasserpegel, und in der Jurazeit, vor etwa 175 Millionen Jahren, brach südwestlich des Zentralmassivs ein Kalksockel den Dinosauriern unter den kurzen Beinen weg, das *Périgord.*

Im Tertiär, vor etwa 60 Millionen Jahren, geriet Mutter Erde nochmals mächtig in Bewegung: Die Alpen entstanden, die *Pyrenäen* falteten sich zu ihrer majestätischen Pracht auf.

In der darauf folgenden Erosion schleppte die Garonne lose herumliegendes Kalkgestein und Tonerde fort und füllte mit diesem Gemisch den östlichen Teil des aquitanischen Sedimentbeckens auf. Mit zweifellos gutem Geschmack gestaltete sie die *Gascogne* zu einer lieblichen Hügellandschaft. In deren nördlichem Teil wirkte die Dordogne auf ähnliche Weise.

Im Quartär, vor etwa 600 000 Jahren, verliehen Gletscher den Pyrenäen den letzten Schliff. Mit eiszeitlicher Kraft brachen sie vier große Täler in den westlichen Teil des Faltengebirges.

In den Pyrenäen wie auch im Périgord erwies sich das Kalkgestein als undicht, durch feine Risse konnte Gletscherwasser eindringen. Regelrechte unterirdische Flüsse entstanden, die allmählich Berge und Plateaus aushöhlten. Die Flüsse sanken weiter ab und überließen die Feinarbeit den Tropfen, die hübsche Stalagmiten und Stalaktiten formten. Mit diesen Naturschönheiten nicht zufrieden, machte sich dann der Cro-Magnon-Mensch an eine künstlerische Ausgestaltung der Höhlen.

An den Pyrenäenrändern treten die unterirdischen Flüsse wieder ans Tageslicht: entweder als wohltemperierte schwefelige oder salzige Thermalquellen oder als kleine Gebirgsbäche.

Unterdessen füllte sich der westliche Teil des aquitanischen Beckens mit Sand. Rechnen Sie selbst nach: Zwischen der Gironde- und der Adourmündung liegt ein 240 Kilometer langer Sandstrand. Auf jeden Strandmeter spült der Atlantik jährlich 18 Kubikmeter Sand, die der stete Westwind sieben bis 25 Meter pro Jahr ins Landesinnere trägt – eine Katastrophe.

Im Treibsand wand sich der Adour und verlegte vom 9. bis zum 16. Jahrhundert zwischen Bayonne und Capbreton nicht weniger als fünfmal seine Mündung. Der ewigen Kartenrevisionen und des vielen Sandes leid, beschloss Paris durchgreifende Maßnahmen: 1569 wurde dem Adour von Menschenhand eine endgültige Mündung in den Ozean bei Bayonne verpasst. Kurz nach der Französischen Revolution bepflanzte der Ingenieur Brémontier die Küstendüne mit Strandgras, um sie zu befestigen. Dies war die Voraussetzung zur wirtschaftlichen Urbarmachung des riesigen Gebiets der *Landes*.

Klima

Im Winter 1984 hat es in Bordeaux geschneit. Viele erinnern sich noch heute daran wie an einen in Zentralafrika aufgetauchten Eisbären.

In den *Küstenregionen* ist Schnee wirklich eine Rarität. Hier herrscht ozeanisches Klima: warme Sommer mit stets leichtem, angenehmem Luftzug und milde Winter. Regnen kann es in allen Jahreszeiten, doch selten länger als ein paar Stunden. Einzig an der baskischen Küste liegen die Niederschlagswerte überdurchschnittlich hoch. Hier machen sich die Pyrenäen bemerkbar.

Im *Landesinneren* ist das Mittelmeerklima zu spüren. Die Temperaturdifferenz zwischen Sommer und Winter ist wesentlich größer als an der Küste.

In den *Pyrenäen* ist das Klima rauer und die Temperaturen wechseln schneller. Es kann am selben Tag morgens angenehm frisch, mittags drü-

Winter in den Pyrenäen

ckend heiß und abends unangenehm kühl sein. Überdies ist mit kräftigen Gewittern zu rechnen. In den höheren Regionen ist ab November Schneefall möglich.

Das Wetter in Bordeaux

	TemperaturLuft, in °C max./min.	*Temperatur Wasser, in °C Atlantik*	*Niederschlag in mm*	*Sonnenschein in Std.*
Januar	10/2	11	100	3
Februar	11/3	11	85	4
März	13/4	12	74	5
April	16/7	13	72	6
Mai	20/10	14	75	7
Juni	23/12	16	56	8
Juli	26/14	18	47	9
August	25/14	19	53	8
September	24/12	19	74	7
Oktober	19/10	16	84	6
November	11/5	14	90	4
Dezember	10/3	13	95	3

Reisezeit

Von *Juni bis Mitte September* garantieren die klimatischen Bedingungen einen angenehmen Badeurlaub. Pyrenäenwanderungen plant man besser für Mitte Juni bis Ende August ein.

In den Monaten *Juli und August* macht ganz Frankreich Urlaub. Damit ist zwar der 240 Kilometer lange Sandstrand der Côte d'Argent noch immer nicht ausgelastet, die Hotels in Bordeaux und Biarritz – vor allem die preiswerteren – sind jedoch oft mittags schon ausgebucht, und Camping-plätze sind nicht selten bis auf de hintersten Quadratmeter belegt.

Im Frühsommer und im Herbst geht es eindeutig ruhiger zu. In der Regel pfeift in dieser Zeit etwas mehr Wind, und der Ozean ist etwas kühler (im Juni durchschnittlich 16–17°, im September 17–18°). Dafür gestaltet sich die Zimmersuche unproblematisch, und im Restaurant findet man stets noch einen freien Tisch. Einige Campingplätze – vor allem kommunale (*Camping municipal*) – sind nur von Juni bis Mitte September geöffnet.

Rentnersport

Flora und Fauna

In der Pflanzenwelt steht die maritime Pinie an oberster Stelle. Von den frei lebenden Tieren verdienen Schnepfen, Enten, Fasane und Ringeltauben eine besondere Erwähnung: Gut zubereitet schmecken sie hervorragend. Absolut tabu für die Jäger hingegen sind die letzten Pyrenäenbären, die in den höheren Pyrenäenregionen leben, ebenso ihre aus Slowenien importierten Artverwandten.

Hinter der Küstendüne erstreckt sich ein schier endloser Pinienwald, der im 19. Jahrhundert gepflanzt wurde und die *Landes* vom unwirtlichen Morast erlöste. Die Harzgewinnung verhalf der damals nur schwer zugänglichen Gegend zeitweise zu einem beachtlichen wirtschaftlichen Aufschwung. Heute ist mit dem Pinienwald nicht mehr viel Geld zu machen, aber er steht noch. Er bestimmt weitgehend das Bild im Hinterland zwischen der Gironde- und der Adourmündung und greift an seiner östlichsten Spitze bis ins Agenais hinein. Das Agenais ist sonst ziemlich waldfrei – im Gegensatz zum Périgord. Dort bestimmt die Eiche, gelegentlich auch der Kastanienbaum die größeren Waldgebiete. Südlich des Adour finden wir in den niederen Regionen ebenfalls die Kastanie, in den höheren Lagen der Pyrenäen Buchen und Tannenholz.

Natürlich wachsen in Aquitanien auch Blütenträger: Hortensien und Oleander, Sonnenblumen und wilde Rosen. Vor allem die Pyrenäenausläufer des Baskenlandes entpuppen sich im Frühjahr als Augenweide. Um die vielfältige Sumpf-Flora der Etangs hinter der Küstendüne identifizieren zu können, ist der Laie auf eine Botaniker-Fibel angewiesen.

Wirtschaft

Das goldene Zeitalter war das vorindustrielle. Die reichen Erträge der Landwirtschaft und der über den Hafen von Bordeaux abgewickelte Welthandel machten einst aus Aquitanien einen blühenden Landstrich. Im 19. Jahrhundert nahm das Département Landes dank der Harzgewinnung in den Pinienwäldern eine wirtschaftliche Spitzenposition in Frankreich ein.

Doch die industrielle Revolution, die in Europa ein neues Zeitalter einleitete, ging an Aquitanien vorbei. Um Paris rauchten die Fabrikschlote, in Lothringen wurde Eisenerz verhüttet, und in Nordfrankreich blühte der Bergbau. Aquitanien blieb Agrarland. Es trat wirtschaftlich auf der Stelle, ja machte sogar einen Schritt rückwärts: Mit der Entwicklung billiger synthetischer Kunststoffprodukte wurde der Pinienwald fast über Nacht wertlos, die den Nadelbäumen abgezapfte *Résine* interessierte niemanden mehr. In der ersten Hälfte des 20. Jahrhunderts dann war der wirtschaftliche Niedergang nicht mehr aufzuhalten. Das schnelle Geld in den industrialisierten französischen Provinzen lockte, viele Aquitanier entschieden, mit der technisch überalterten Landwirtschaft sei kein Geschäft mehr zu machen und wanderten ab.

Oben Kühe, unten Öl (Elf-Aquitaine-Raffinerie bei Lacq)

Erst die Entdeckung der Gas- und Erdölvorkommen bei Lacq in den 50er Jahren des 20. Jahrhunderts sorgte für einen neuen Entwicklungsschub. Petrochemische Industriebetriebe nutzten den Standortvorteil und siedelten sich in der Nähe der Erdölfelder an, auch an der Gironde entstanden Raffinerien und weiterverarbeitende Industriezweige.

Der Tourismus hat sich erst in jüngster Zeit zu einem nennenswerten Wirtschaftsfaktor entwickelt. Mit der milderen Côte d'Azur kann die ozeanische Küste nicht konkurrieren. Das hat auch seine guten Seiten: Hässliche Betonburgen und abweisende Feriendörfer sind in Aquitanien eine Seltenheit. Ein Großteil der Bade-Urlauber nächtigt auf Campingplätzen.

Industrie

- **Erdöl, Erdgas und weiterverarbeitende Industrie**: 75 % des in Frankreich geförderten Erdöls kommen aus aquitanischem Boden. Die Tankwagen der *Elf Aquitaine* sind im ganzen Land unterwegs. Die größten Öl- und Gasvorkommen wurden bei *Lacq* (im Béarn) und bei *Parentis* im Norden der Landes entdeckt. In der Folge sind bei Lacq und Ambès (am linken Gironde-Ufer) *petrochemische Industriekomplexe* entstanden, die in der Hauptsache Azetylen, Ammoniak, Stickstoffdünger, Methanol, Vinylchlorid, synthetische Kautschuk-Produktion und Superphosphate produzieren.
- **Flugzeugbau**: Zusammen mit der Région Midi-Pyrénées (Hauptstadt Toulouse) ist Aquitanien der bedeutendste Produktionsstandort für militärische und zivile Flugzeuge. Zu den Zulieferern gehört u. a. auch eine große *Aluminiumfabrik* in der Nähe von Lacq.
- **Holz- und Papierindustrie**: Sie spielt längst nicht mehr eine so große Rolle wie im 19. Jahrhundert. Die Holzindustrie ist vor allem in den Landes angesiedelt. Die größte Papierfabrik steht in Mimizan, einige kleinere findet man an der Dordogne (Périgord).
- **Textilindustrie**: Sie ist die Domäne der Basken und Béarnaiser. Zwei von drei in Frankreich produzierten Baskenmützen stammen aus Oloron (Béarn).

Landwirtschaft

- **Wein**: Im riesigen Anbaugebiet des Bordelais zählt neben der Quantität vor allem auch die Qualität: Rund die Hälfte aller exportierten Weine schmükken sich mit dem A.O.C.-Etikett (Appellation d'Origine Contrôlée). Der Weinanbau hat hier eine jahrhundertealte Tradition. Jedes Jahr publiziert der regionale Weinhändlerverband die Bilanz, und jedes Jahr legen die Herren ihre Stirn in Falten und beklagen sich über die harte Konkurrenz und den mangelnden Konsum. Die medizinische Fakultät von Bordeaux ließ 1993 verlauten, dass regelmäßiges Trinken von täglich einem Viertel Roten das Leben verlängere. Die paar Jahre Lebenszeit, die man so gewinnt, verbringt man dann vermutlich vor dem Rotweinglas. Ob der wissenschaftliche Forschungsauftrag von den Weinbaronen gesponsert wurde, ist nicht bekannt.
- **Getreide**, Obst und Gemüse: Das Périgord und das Agenais sind die Getreidekammern Aquitaniens: Weizen, Gerste, Mais. Im Tal der Garonne ist die Tomate König. Dieselben beiden Provinzen bilden zusammen auch den Obstgarten Südwestfrankreichs: Im Périgord hängen vorwiegend Äpfel an den Bäumen, im Agenais Pflaumen.

Die Dordogne bei La Roque-Gageac

- **Tabak**: Gauloises-Raucher dürfen sich in Südwestfrankreich zu Hause fühlen. In den beiden vorgenannten landwirtschaftlichen Provinzen findet man auch die größten Tabakplantagen Frankreichs. In Bergerac (Périgord) unterhält die nationale Tabakwaren- und Zündhölzergesellschaft SEITA ein Forschungsinstitut. Eine Studie, die nachweist, dass regelmäßiger Gauloises-Genuss zur Verlängerung des Lebens beiträgt, steht noch aus.
- **Harz**: Einst machte die klebrige Substanz den Reichtum der Landes aus, zahlreiche sogenannte Gemmeurs zapften die Pinien an. Heute hat die Harzgewinnung ihre Bedeutung nahezu eingebüßt; am ehesten trifft man noch im Öko-Museum bei Sabres auf einen Resine-Zapfer.
  Nach der Destillation von 100 Litern Harz bleiben 69,25 Kilo Trockenprodukte (Pech und Geigenharz) und 18,71 Kilo Terpentin zurück. Die Violinisten lohnen den Aufwand nicht, und das französische Terpentin hat gegen die Konkurrenz aus Spanien, Portugal und Griechenland keine Chance auf dem europäischen Markt.
- **Viehzucht**: Schweine gibt's fast überall. Eine wirtschaftliche Bedeutung kommt der Viehzucht aber nur noch im Baskenland zu. Dort gehen auch Kälber und Rinder den Weg zum Metzger.

Fischerei und Austernzucht

Wirtschaftlich ins Gewicht fällt das baskische Städtchen Saint-Jean-de-Luz mit Frankreichs größtem Thunfisch-Hafen und Bordeaux, das mit seinem

Hafen bei französischen Kabeljaus an zweiter Stelle plaziert ist. Die Ostréiculture, wie der Franzose das Metier des Austernzüchters nennt, ist vor allem in den riesigen Zuchtanlagen von Marennes-Oléron (Charente-Maritime), aber auch im Bassin von Arcachon an der Gironde zu Hause.

Tourismus

Arcachon und Biarritz haben eine Fremdenverkehrstradition, die bis ins Zweite Kaiserreich zurückgeht. Als Wirtschaftsfaktor spielt der Tourismus jedoch erst als in seiner modernen Form als Massentourismus eine Rolle. Die touristische Entwicklung Aquitaniens hat relativ spät eingesetzt. Eine Naturverschandelung, die sich langfristig als wirtschaftlich kontraproduktiv erweisen würde, ist nicht festzustellen. Größere Zentren des Badetourismus sind Lacanau, Arcachon, Hossegor und Biarritz. Im Landesinneren profitiert das Périgord mit seinen Schlössern und den prähistorischen Höhlen am meisten vom Fremdenverkehr, zudem lieben Paddler die Gegend.
Der mondäne Tourismus, der zum gehobenen Zeitvertreib einen Golfplatz, einen Yachthafen und ein Casino braucht, hat allenfalls in Hossegor und Biarritz Stützpunkte. Eine bedeutendere Rolle spielt entlang der Küste der Camping-Tourismus.

Das Gros der Touristen kommt aus Frankreich, bei den Ausländern stehen die Deutschen an erster Stelle, gefolgt von den Engländern. Im Landesinneren allerdings, namentlich im Périgord, führen in der Ausländerstatistik die Briten – das Meer kann warten, das haben sie schließlich auch zu Hause.

Nicht Stierkampf, sondern Spielchen mit der Kuh – Course landaise

Geschichte

Die Neandertaler, die vor rund 100.000 Jahren in den Höhlen des Périgord siedelten, starben vor etwa 35.000 Jahren aus, ohne etwas Schriftliches hinterlassen zu haben. Die Cro-Magnon-Menschen (15.000–10.000 v. Chr.) zeigten sich kultivierter – ihre Wohnstätten sind mit aufregend schönen Felszeichnungen geschmückt.

Zwischen den Zeugnissen der prähistorischen Besiedlung des Périgord und den historischen Quellen klafft eine Lücke im Stammbaum des aquitanischen Menschen. Verlässliche Informationen finden wir erst wieder bei den schriftkundigen Römern.

Kelten und Römer

Ganz Frankreich war im 1. Jahrtausend v. Chr. von den Kelten bewohnt, die im aquitanischen Gebiet ansässigen Stämme nannten sich *Bituriger.* Dem Namen nach zu schließen (*bitu* = Welt, *riges* = König) hielten sie sich ganz unbescheiden für die Könige der Welt. Ihre erste Hauptstadt war das heutige *Bourges* (Département Cher), im 3. Jahrhundert v. Chr. gründeten sie *Burdigala* (Bordeaux), das von griechischen und römischen Geschichtsschreibern als blühende Handelsstadt gerühmt wird.

Caesar, äußerst penibel in der Aufzeichnung seiner Eroberungen, erwähnt in *De Bello Gallico* die Bituriger mit keinem Wort. Am großen, von *Vercingetorix* koordinierten antirömischen Aufstand waren sie offensichtlich nicht beteiligt. Historiker schließen daraus, dass die Bituriger nicht wie der Gallier Obelix dachten („Die spinnen, die Römer"), sondern sich vielmehr widerstandslos erobern ließen, um unter der römischen Herrschaft ihre Handelsgeschäfte relativ ungestört fortsetzen zu können.

Die **Römer** machten erst *Saintes* (in der Charente-Maritime) zur Hauptstadt der neuen Provinz *Aquitania,* die im Norden fast bis zur Loire und im Osten bis ins Zentralmassiv reichte. Dann verpassten sie *Burdigala* (Bordeaux) ein urbanes Gesicht, und 70 n. Chr. wurde die Regierung hierher verlegt. Unter der römischen Herrschaft wurden griechische Weintrauben eingeführt, und noch vor Christi Geburt konnte im *Saint-Emilion* die Geburt des ersten Bordeaux-Weins gefeiert werden.

Um die wirtschaftlich blühende Provinz besser verwalten zu können, wurde Aquitanien von den Römern in die Subprovinzen *Aquitania I, II* und *III* unterteilt. Die Nummer III (ungefähr die heutige *Région Aquitaine,* ohne Bordeaux und das Périgord) figuriert in den Geschichtsbüchern auch unter dem Namen *Novempopulana* (neun Völker), da man dort die verschiedensten Bevölkerungsgruppen antraf, u. a. auch die Basken, deren Sprache schon damals keiner verstand. Der römische Geschichtsschreiber *Plinius* (23–79 n. Chr.) kommt bei seiner Zählung sogar auf 28 Völker in Novempopulana.

Das Land lebte unter den Römern nicht schlecht, die Christianisierung ging in Aquitanien relativ ruhig über die Bühne. Doch das einst stolze Römische

Reich war im 4. Jahrhundert faul geworden, im Jahr 395 brach es in zwei Teile auseinander, und bald darauf bestimmten germanische Regenten die Politik in Europa.

Westgoten

Im 5. Jahrhundert stießen von Norden germanische Völker ins geschwächte Römerreich. In der aquitanischen Ebene waren es die **Westgoten**, denen Bordeaux freiwillig die Stadttore öffnete. Das damals eben erst eingeführte Christentum hat aus dieser Zeit zahlreiche Märtyrer zu verzeichnen. Das *Tolosanische Westgotenreich* (nach der Hauptstadt Toulouse benannt) hatte fast ein Jahrhundert lang Bestand, bis ihm der merowingische Franke *Chlodwig I.* 507 in der *Schlacht von Vouillé* ein Ende bereitete. Die Westgoten verzogen sich nach Spanien und machten Toledo zu ihrer neuen Hauptstadt, während die Franken am Aufbau eines Weltreichs bastelten.

Fränkische und französische Herrschaft

Das von *Chlodwig I.* geschaffene riesige Frankenreich konnten seine Söhne nur mit größter Mühe zusammenhalten. In Aquitanien machten den Merowingerkönigen die *Vasconen* (Basken) zu schaffen. Diese arrangierten sich schließlich mit *Dagobert I.*, dem letzten bedeutenden Merowinger. In der Folge übten in Aquitanien eine ganze Reihe von lokalen Fürsten die Herrschaft aus, die dem fränkischen Reich brav die Stange hielten.

Karl der Große im Sonntagsstaat

Im 8. Jahrhundert – das fränkische Reich wurde mittlerweile faktisch von den Karolingern und deren Stadthaltern regiert – überschritten die Araber von Spanien kommend die Pyrenäen und verwüsteten weite Teile der Gascogne. Deren Vormarsch wurde 732 von Karl Martell in der Schlacht zwischen Tours und Poitiers gestoppt. So mancher, der in aller Eile zum Islam übergetreten war, ließ sich ebenso eilig wieder rechristianisieren.

Der unvergessene *Karl der Große* organisierte das Frankenreich neu, im Jahre 778 machte er sich zu einer Strafexpedition gegen die Araber nach Spanien auf, die insgesamt nicht sehr erfolgreich verlief. In einem Nachhutgefecht auf dem ruhm losen Rückzug wird sein getreuer

Paladin *Roland* getötet – nicht von Arabern, wie das bekannte *Rolandslied* weismachen will, sondern von Basken.

Nach dem Tod des Kaisers erbte *Ludwig der Fromme* das Reich, der es etwas ungeschickt an seine Söhne aus erster und zweiter Ehe aufteilte und damit einen Familienkrieg auslöste. Aquitanien ging zuerst an *Pippin*, nach dessen Tod an *Karl den Kahlen*. Dieser war vollauf damit beschäftigt, die Normannen (Wikinger) abzuwehren, die öfters von der Küste aus Plünderzüge ins Landesinnere unternahmen.

Der Kahle starb 877 und mit ihm das Westfrankenreich. Im südwestfranzösischen Gerangel um den Herzogstitel von Aquitanien setzten sich die Grafen von Poitiers durch, die sich von Wilhelm I. bis Wilhelm X. durchnummerierten. Um etwas Farbe in die monotone Namensreihe zu bringen, versah man sie mit Beinamen: Wilhelm I. war der Fromme, II. der Junge, III. der Wollschopf, IV. der Eisenarm, gelegentlich auch der Großmäulige, V. der Große, VI. der Fette, VII. der Kühne; ab Nummer VIII verzichtete man dann auf schmückendes Namensbeiwerk. Während man in Aquitanien noch die Wilhelme zählte, begann gegen Ende des ersten nachchristlichen Jahrtausends in Paris Hugo Capet das französische Reich neu zu organisieren.

Eine besondere Erwähnung verdienen die letzten beiden aquitanischen Herzöge. *Wilhelm IX.*, ein ebenso beliebter wie feinsinniger Herrscher, ging als erster Troubadour in die französische Literaturgeschichte ein. Sein Faible für die Kunst hinderte ihn aber nicht daran, mit 160.000 Kriegern gegen Jerusalem zu ziehen. Die meisten Kämpen ließen irgendwo unterwegs ihr Leben, der gedemütigte Herzog kehrte ruhmlos in die Heimat zurück.

Von *Wilhelm X.* ist bekannt, dass er sich auf die Seite des Gegenpapstes *Anaklet II.* schlug, später vom heiligen *Bernhard* auf den rechten Weg zurückgeholt wurde und mit einer Pilgerreise Abbitte tun wollte, auf der er dann starb.

Gerade noch rechtzeitig hatte Wilhelm X. die Heirat seiner Tochter *Eleonore*, der künftigen Erbin Aquitaniens, mit dem französischen Thronprätendenten *Ludwig VII.* eingefädelt. Sie war fünfzehn, er zwei Jahre älter, als sie 1137 vermählt wurden. Den Hochzeitsfeierlichkeiten folgten im selben Jahr die Trauerfeiern für Wilhelm X. und den französischen König Ludwig VI., die beide eines natürlichen Todes starben. Ebenfalls noch im Jahr 1137 fand die Inthronisation der Erben statt. So geschah es, dass Eleonore von Aquitanien, kaum Herzogin geworden, sich schon Königin von Frankreich nennen durfte.

Eleonore war eine temperamentvolle und obendrein kultivierte junge Frau, die es liebte, rauschende Feste zu geben. Sie genoss das Leben in vollen Zügen, war daneben aber durchaus in der Lage, Finanzbücher zu kontrollieren und erteilte nicht selten kluge politische Ratschläge. Ludwig VII., eher grüblerisch veranlagt und von strenger Religiosität, war solcher Dauer-Power seitens seiner lebenslustigen Gattin nicht gewachsen, und Spannungen konnten nicht ausbleiben. Sie entluden sich während des zweiten Kreuzzugs

(1147–1149), an dem Eleonore an der Seite ihres Gemahls nur widerwillig teilnahm. Ob amouröse Seitensprünge der Königin mit im Spiel waren, ist umstritten. Jedenfalls waren die beiden nach ihrer Rückkehr nach Europa geschiedene Leute.

Der Papst gab 1152 seinen Segen zur Scheidung bzw. sprach diese ganz offiziell aus und begründete dies recht fadenscheinig mit zu enger Verwandtschaft des königlichen Paares. Ludwig VII. hätte seine Ex-Gattin am liebsten in ein Kloster gesteckt, doch dies misslang ihm. Nach erfolgter Gütertrennung fand sich Eleonore als Herzogin von Aquitanien wieder – für potentielle Freier eine reiche Partie. Acht Wochen nach ihrer Scheidung – mittlerweile dreißigjährig, aber noch immer lebenslustig – heiratete sie wieder. Der Bräutigam *Henri Plantagenêt* nannte sich Herzog der Normandie, Graf von Anjou, Maine und Tourraine, und – last, but not least – war er der designierte König von England. Eleonore brachte als Mitgift das reiche Aquitanien in die Ehe. Im Jahr 1154 war es soweit: Henri Plantagenêt bestieg als *Heinrich II.* den englischen Thron. Die ehemalige Königin von Frankreich durfte sich fortan Königin von England nennen. In Aquitanien feuchteten die Chronisten den Zeigefinger an und blätterten in den Büchern eine neue Seite auf.

Englische Herrschaft und Hundertjähriger Krieg

Mit dem Jahr 1154 beginnt für Aquitanien die englische Herrschaft, und aus demselben Jahr datiert die erste bekannte Akte über den Export von Bordeaux-Weinen nach London. Das Land blühte, und ein großzügig gestimmter *Heinrich II.* versah seine neuen Untertanen mit zahlreichen Privilegien. In Aquitanien schien so alles zum Besten bestellt, nicht aber im englischen Königshaus. Die temperamentvolle Eleonore gab nach wie vor ihre rauschenden Feste und förderte die schönen Künste. Doch trübte dies nicht ihren Blick für die Macht, und diese ließ sich am besten durch geschickte Heiratspolitik vergrößern. Die Hochzeit ihres Sohnes *Heinrich des Jungen* mit *Margarete,* der Tochter aus zweiter Ehe des französischen Königs Ludwigs VII. (des Eleonore'schen Ex-Ehegatten) wurde eingefädelt. Fast wäre der Traum vom vereinigten englisch-französischen Königreich Wirklichkeit geworden. Doch letztere sah ganz anders aus: Die königliche Brut, *Heinrich der Junge, Richard Löwenherz* und *Johann ohne Land,* war zerstritten, bekämpfte sich gegenseitig und intrigierte mit mütterlicher Unterstützung gegen den Vater. Schließlich musste Eleonore wegen vorzeitigen Ablebens des Bräutigams das biroyale Hochzeitsprogramm absagen. Richard verbündete sich erst mit dem französischen König, um Johann seine Länder zu entreißen. Nach dem Tod seines Vaters bestieg er 1189 als *Richard I.* den Thron, war dort aber höchst selten anzutreffen. Nach seiner Rückkehr vom 3. Kreuzzug unterwarf er seinen Bruder zum zweiten Mal. Doch nützte alles nichts: 1199 starb Richard, und Johann ohne Land wurde König von England. Dieser verdiente sich seinen ärmlichen Beinamen dadurch, dass unter seiner Herrschaft den Engländern praktisch ihre gesamten nordwestfranzösischen Besitzungen verloren gingen.

Das mit Krieg, Heiratspolitik, Scheidungen, Gütertrennungen und Erbansprüchen belebte englisch-französische Gerangel um den Besitz der nordwestfranzösischen Lehen nutzten die englischen Statthalter in Aquitanien weidlich dazu aus, ihre eigenen lokalen machtpolitischen Ziele zu verfolgen.

Für die Bevölkerung wurde die Lage immer unerträglicher. Anfang des 13. Jahrhunderts wüteten zudem die *Albigenserkriege*, die Aquitanier waren schon damals offen für reformerische religiöse Ideen. Papst *Innozenz III.* bekämpfte die Albigenser mit unerbittlicher Grausamkeit, und wie auch 400 Jahre später in den Hugenottenkriegen trugen die Katholiken den Sieg davon. Von den allgemeinen Kriegswirren im Land profitierten zahlreiche Räuberbanden, die durchs Land zogen und Geld oder Blut forderten – bei den Juden in der Regel Geld und Blut.

Heinrich III., ein Enkel von Eleonore und selber mit *Eleonore von der Provence* verheiratet, war während seiner langen Regierungszeit (1216–72) vorwiegend mit Problemen in England beschäftigt und hatte wenig Zeit, sich um Aquitanien zu kümmern. Ein Feldzug in Frankreich, um verlorenes Terrain wiederzugewinnen, blieb erfolglos. Im *Frieden von Paris* 1259 musste er praktisch ganz Nordwestfrankreich endgültig als französischen Besitz anerkennen.

Sein Sohn *Eduard I.* – verheiratet mit *Eleonore von Kastilien* (schon wieder eine Eleonore) – übernahm 1272 den englischen Thron. In Aquitanien hatte er zuvor als Prinz und Gouverneur Regierungserfahrung gesammelt, er mochte das Land, und unter seiner Ägide erreichten die Bordelaiser Weinhändler traumhafte Umsätze. Trotzdem hatte Eduard I. in Frankreich keine Ruhe. Eine Attacke der französischen Handelsflotte auf harmlose englische Weineinkäufer führte dazu, dass der französische König *Philipp IV.* (der Schöne) kurzerhand die Provinz Guyenne für annektiert erklärte. Das konnte nicht gut gehen. Eduard I. griff zu den Waffen, und bald war die Provinz zurückerobert. Im *Vertrag von Paris* 1303 anerkannte Frankreich die Ansprüche der Engländer. Diese verpflichteten sich im Gegenzug, ihre bisherige Unterstützung der antifranzösischen Flamen aufzugeben. Und da doppelt genäht bekanntlich besser hält, wurde das Vertragswerk mit einem zweifachen Heiratsversprechen besiegelt: Eduard I. bekam *Margarete*, die Schwester Philipps IV., zur Frau, sein Sohn, der künftige Eduard II., ehelichte *Isabelle*, die Tochter des Franzosenkönigs.

Eduard II., der lustlos von 1307 bis 1327 England regierte, hatte mit seiner französischen Frau übrigens kein Glück. Sie suchte sich einen Liebhaber unter seinen Feinden, betätigte sich verschwörerisch und machte sich zumindest der geistigen Urheberschaft seiner Ermordung mitschuldig. Es kündigten sich in England bereits jene blutigen Zustände an, die Shakespeare als historische Vorlagen für seine Königsdramen benötigte.

Eduard III., der Sohn Eduards II. und Isabelles, bestieg 1327 als Fünfzehnjähriger den englischen Thron, doch regierten an seiner Stelle erst die Mörder seines Vaters, dann seine Verbündeten. Er selbst kam zum ersten Mal ins Gerede, als 1328 mit *Karl IV.* (Sohn Philipps IV.) in Frankreich die Königslinie der Capetinger ausstarb.

Die Nachfolgefrage war verzwickt. Gegen *Philipp von Valois*, einen Neffen Philipps IV., schlugen englische Kreise *Eduard III.* als Kandidaten vor, den Sohn Isabelles und damit Enkel Philipps IV. Nach dem in Frankreich gültigen *salischen Recht* konnte die Krone jedoch nicht über eine weibliche Linie weitergegeben werden, und so wurde Philipp von Valois als *Philipp VI.* zum König proklamiert. Eduard III. war übrigens durchaus einverstanden, in seiner Eigenschaft als Herzog von Aquitanien erneuerte der englische König den Lehenseid. Erst als die Franzosen mit Annexionsabsichten in das aquitanische Gebiet einmarschierten, begann er sich eines andern zu besinnen und pochte auf sein Recht auf den französischen Thron. Die Spannung stieg sowohl in Flandern und der Bretagne als auch im Südwesten Frankreichs, wo eifrig neue Wehrdörfer (Bastiden) gebaut wurden. Die Scharmützel häuften sich und weiteten sich bald zu einem Krieg aus, der 114 Jahre dauern sollte und der der Einfachheit halber abgerundet als *Hundertjähriger Krieg* in die Geschichtsbücher einging.

Eduard III. erklärte die bedrohte Guyenne (Aquitanien) zum Fürstentum und setzte seinen Sohn Eduard, den Prinzen von Wales, seiner stets schwarzen Rüstung wegen der *Schwarze Prinz* genannt, als Statthalter ein. Den väterlichen Auftrag, das französische Gebiet zu überfallen, erfüllte dieser gründlich: Plündernd und mordend zog er 1355 mit seinen Mannen bis nach Toulouse und Narbonne. Nach sieben Wochen kehrte er bestens gelaunt nach Bordeaux zurück: Mehr als 500 Ortschaften waren in Schutt und Asche gelegt. Teure aristokratische Gefangene wurden zwecks Erpressung eines fetten Lösegelds nach Bordeaux deportiert.

Das Resultat war ermutigend, und so beschloss der Schwarze Prinz im folgenden Jahr, die Sache zu wiederholen. Im Sommer 1356 verließ er Bordeaux wieder, brandschatzte mit seiner Truppe in Agen, in der Auvergne und im Limousin, bis er sich eines Tages in Maupertuis bei Poitiers einem riesigen französischen Heer, angeführt von König *Johann dem Guten*, gegenübersah. Wie der Schwarze Prinz die *Schlacht von Maupertuis* gegen die zahlenmäßig haushoch überlegenen Franzosen gewinnen konnte, ist unter Militärhistorikern noch heute umstritten. Uneinigkeit in der gegnerischen Führung, die charismatische Gestalt des Schwarzen Prinzen und dessen hohe strategischen Fähigkeiten sowie der Mut der Verzweiflung scheinen eine wesentliche Rolle gespielt zu haben. Auch die waffentechnische Überlegenheit der Engländer – sie setzten Bogenschützen ein – trug zu ihrem Sieg bei. Die Bilanz steht jedenfalls fest: Nur wenigen Franzosen gelang die Flucht nach Poitiers, der Großteil des Fußvolkes wurde hingemetzelt. An Gefangenen zählte man neben dem Franzosenkönig 17 Grafen, 70 Barone, einen Erzbischof und an die 2000 Edelleute und Knappen. Sie wurden nach Bordeaux gebracht. Dem König wurde die Ehre zuteil, vom Schwarzen Ritter persönlich in London abgeliefert zu werden.

Die Lösegeldverhandlungen zogen sich hin, und da das Kriegshandwerk schon damals Unsummen verschlang, begann der Schwarze Prinz, Steuern einzutreiben. Folge davon: allgemeiner Unmut, der die pazifistische Gesinnung förderte. Im Mai 1360 wurde der *Friede von Bretigny* geschlossen, in dem der Brite Eduard III. endgültig auf die französische Krone verzichtete und dafür die Souveränität über Südwestfrankreich erhielt. Ein halbes Jahr später, nachdem die erste Zahlung eingetroffen war, gaben die Engländer den französischen König Johann den Guten nach vierjähriger Gefangenschaft frei. Eigentlich hätten damit die englisch-französischen Auseinandersetzungen nach 21 Jahren zu Ende sein können, und niemand hätte später vom Hundertjährigen Krieg geredet.

Ein paar Jahre wenigstens war Ruhe im Land. Johann der Gute blieb – welch edle Geschäftsmoral! – wegen noch ausstehender Lösegeldzahlungen freiwillig weiter in englischer Haft und starb 1864 in London. Sein Nachfolger *Karl V. (der Weise)* aber sann darauf, die erlittene Schmach zu tilgen. Er nutzte den Unmut des lokalen Adels in Südwestfrankreich geschickt aus und verwickelte die Engländer in zahllose Kleinkriege. Die Nadelstich-Strategie hatte umso mehr Erfolg, als Eduard III. in England mit innenpolitischen Querelen beschäftigt war. Sein Sohn, der Schwarze Prinz, kehrte 1371 schwerkrank nach England zurück, wo er 1376 starb. Ein Jahr später wurde auch der Vater beerdigt. Unterdessen hatte der französische Abnutzungskrieg den Engländern schon so weit zugesetzt, dass sie in Südwestfrankreich einzig noch Bordeaux und Bayonne halten konnten.

Auf Eduard III. folgte in London *Richard II.*, ein Sohn des Schwarzen Prinzen, dem *Heinrich IV.* aus dem Haus Lancaster den Thron abjagte. Für Aquitanien änderte sich unter diesen beiden Herrschern nichts. Erst *Heinrich V.* widmete sich wieder voll den englischen Ansprüchen auf dem französischen Festland und nahm 1413 mit Elan den etwas eingeschlafenen Hundertjährigen Krieg wieder auf. Im Jahr 1415 fiel er in die Normandie ein und schlug in der *Schlacht bei Azincourt* ein zahlenmäßig überlegenes französisches Heer, 1420 marschierte er in Paris ein und diktierte im *Vertrag von Troyes* die Friedensbedingungen. Der französische König *Karl VI.* durfte zwar seine Krone behalten, doch ging die Regierungsgewalt in Frankreich an die Engländer, und Heinrich V. erhielt obendrein *Katharina*, die Tochter des Franzosenkönigs zur Frau. In Aquitanien wurden wieder größtenteils englische Statthalter eingesetzt.

Für die Engländer schien alles zum besten zu stehen, als im Jahr 1422 sowohl in Frankreich als auch in London der Thron neu besetzt wurde. In Paris bekam der schwächliche 19-jährige *Karl VII.*, der ein Leben lang an seiner Herkunft zweifeln sollte, die Krone aufgesetzt, in London *Heinrich VI.*, ein gerade neun Monate altes Baby.

Die Zeit der schwachen Könige wurde zur großen Stunde eines lothringischen Bauernmädchens. Angeblich göttlicher Eingebung folgend, spornte *Jeanne d'Arc* in heiligem Eifer die Franzosen an. Die Heldin des nationalen Widerstands wurde zwar von den Burgundern gefangen genommen und an die Engländer verkauft, die sie 1431 als Hexe verbrannten. Doch der Vormarsch der Franzosen war nun nicht mehr aufzuhalten. Stück für Stück eroberten sie ihr Land zurück, bald war Nordfrankreich von der Fremdherrschaft befreit.

Auch in Aquitanien, wo der lokale Adel seine Fahne in den jeweils politisch günstigeren Wind hing, wurden die Engländer zurückgedrängt. Im Jahr 1451 öffnete Bordeaux den Franzosen die Stadttore. Doch als unter dem Kommando des alten englischen Haudegens *John Talbot*, dem Grafen von Shrewsbury, englische Schiffe am Horizont auftauchten, verjagten die Bordelais die französischen Besatzer wieder. Mittlerweile hatte man in der Waffentechnik auf beiden Seiten Fortschritte gemacht, allerlei Kriegsmaschinen und Artillerie wurden bei den Kämpfen aufgefahren. Talbot erzwang 1453 noch eine letzte *Schlacht bei Castillon*, in der die Engländer vernichtend geschlagen wurden. Kurz darauf wurde auch Bordeaux von den Franzosen eingenommen. Im fernen London verfiel König *Heinrich VI.* vor Schreck dem Wahnsinn, was ihm bei den Historikern den Beinamen *der Schwachsinnige* eintragen sollte. Der Hundertjährige Krieg war nach 114 Jahren zu Ende gegangen und mit ihm die 300-jährige Herrschaft der Engländer in Aquitanien.

Die Religionskriege

Das 1453 in den neuen französischen Nationalstaat eingegliederte Aquitanien wurde erst einmal für seinen Widerstand bestraft. Die von den Engländern gewährten Privilegien wurden abgeschafft, der Weinhandel nach London unterbunden. Aber schon *Ludwig XI.*, der 1461 den französischen Thron bestieg, sah ein, dass ein armes Aquitanien niemandem nutzte und ließ den Weinhandel über den Kanal wieder zu. So war unter seinem Nachfolger *Ludwig XII.* Anfang des 16. Jahrhunderts Aquitanien bereits wieder ein wirtschaftlich blühendes Land.

Heinrich IV. – Le „Bon Henri“

Im 16. Jahrhundert verbreitete der Genfer Reformator *Calvin* in Südwestfrankreich höchstpersönlich seine Ideen – mit einigem Erfolg. Bereits 1560 zählte man in Bordeaux 7 000 Hugenotten, weitere Zentren des neuen Glaubens waren La Rochelle und Bergerac. Im Béarn, wo das Königreich von Navarra fortbestand, war die Königin *Jeanne d'Albret* zu den Reformierten übergetreten und mit ihr, wie es damals üblich war, ihre Untertanen.

Ab 1560 stieg die Spannung, die Übergriffe auf die Hugenotten häuften sich. 1565 kam *Karl IX.*

persönlich nach Bordeaux, um in der Region Frieden zu stiften. Doch kaum war er abgezogen, griffen die Religiösen beider Seiten wieder zu den Waffen. Kurzum: Man war bereit zum Krieg. Als der Protestant *Heinrich von Navarra* (der Sohn von Jeanne d'Albret und spätere *Heinrich IV.*) die Tochter des französischen Königs *Heinrich II.* ehelichte, funktionierte Königin *Katharina von Medici* das Fest zur berüchtigten Pariser Bluthochzeit um. Das Gemetzel an den Hugenotten ging als *Bartholomäusnacht* in die Geschichte ein. Diese fand zwar in Paris statt, doch Aquitanien bekam eine getreue Kopie davon ab: Allein in Bordeaux wurden 2 500 Hugenotten umgebracht. Damit war der religiöse Bürgerkrieg in vollem Gange, gegnerische Kirchen wurden angezündet. Trotz gelegentlicher Friedensschlüsse gaben die Parteien keine Ruhe, bis Heinrich IV. – zwischenzeitlich aus Gründen der Staatsräson zum Katholizismus konvertiert – 1598 das *Toleranzedikt von Nantes* verkündete, das den Hugenotten Schutz an bestimmten Orten und eine beschränkte Religionsfreiheit gewährte.

Doch die religiösen Auseinandersetzungen flammten immer wieder auf, bis 1628 mit der Einnahme von La Rochelle, der letzten Bastion der Hugenotten, der Katholizismus in Frankreich gesiegt hatte und mit ihm auch der Absolutismus. Der lokale Hochadel war ausgeschaltet, die Stellung des Königs gestärkt, Paris die Hauptstadt, das übrige Frankreich Provinz.

Mit dem Sieg des Absolutismus unter *Richelieu* und *Ludwig XIII.* hatte auch der Zentralismus gesiegt, von dem Frankreich noch heute – trotz einiger *Mitterrand*'scher Dezentralisierungsmaßnahmen – tief geprägt ist. Von einer eigenständigen aquitanischen Geschichte und Politik kann spätestens seit den Religionskriegen keine Rede mehr sein.

Ludwig XIV., der Sonnenkönig

Französischer Absolutismus und Französische Revolution

Ludwig XIV. ließ seinen Festungsbaumeister *Vauban* entlang der ganzen aquitanischen Küste mächtige Zitadellen errichten bzw. bereits vorhandene verstärken, aber von den Engländern ging in dieser Zeit keine Gefahr mehr aus. Seine ersten Schatten warf der „Sonnenkönig" auf Aquitanien, als er, um seinen Krieg gegen Holland (1672–78) zu finanzieren, das Volk zur Kasse bat. Die Bauern rebellierten: Steuereintreiber aus Paris wurden massakriert, Schlösser geplündert und Adlige aufgehängt. Doch nutzte alles nichts. Die Staatsmacht schlug mit aller Härte zurück, Bordeaux verlor vorübergehend den Status einer regionalen Hauptstadt zugunsten von *Condom* (südwestlich von Agen). Im Jahr 1685 widerrief Ludwig XIV. das Toleranzedikt von Nantes und löste damit eine große Fluchtwelle der noch in Südwestfrankreich verbliebenen Hugenotten in die liberaleren europäischen Länder Holland und Brandenburg aus.

Trotz alledem ging es den Aquitaniern im 17. Jahrhundert wirtschaftlich gut, und auch unter *Ludwig XV.*, dem Urenkel und Thronfolger des Sonnenkönigs, prosperierte das Land. Unter *Ludwig XVI.* begann es dann in ganz Frankreich politisch zu gären. Im Bestreben, das erstarkende Bürgertum politisch einzubinden und die soziale Ordnung im Land zu festigen, zeigte der König einigen Reformwillen: In Bordeaux wurde 1775 wieder ein Parlament eingerichtet. Doch die Medizin war zu schwach – oder sie kam zu spät: Die Französische Revolution nahte im Laufschritt.

Am 14. Juli 1789 stürmten die Pariser die Bastille. Die Bordelaiser Kopie war der Sturm auf das verhasste königliche Munitionsdepot *Château-Trompette*. Die Revolution fand in Bordeaux eine begeisterte Anhängerschaft, und bis Mai 1793 nahm man hier gehorsam alle Weisungen aus Paris entgegen. Die Hinrichtung des Königs fanden auch die Abgeordneten aus der Gironde in Ordnung, doch die Etablierung der *Robespierre*'schen Schreckensherrschaft machten sie mehrheitlich nicht mit. Die *Jakobiner* (die Hardliner der Revolution) schickten eine Revolutionsarmee mit *Tallien* an der Spitze nach Bordeaux, wo die *Girondisten* ihre Zentrale hatten. Die Bevölkerung wurde entwaffnet, die Gefängnisse füllten sich, und auf der *Place Dauphine* (heute *Place Gambetta*) trennte die Guillotine die girondistischen Köpfe von den Rümpfen. In Bordeaux erinnert heute das beeindruckende *Monument des Girondins* an die blutigen Ereignisse.

Am 27. Juli 1794 (nach dem neu eingeführten Revolutionskalender am 9. Thermidor) eröffnete im Pariser Konvent derselbe Tallien den Angriff auf Robespierre, dessen Kopf darauf ebenfalls unter das nimmermüde Fallbeil geriet. Der jakobinische Terror in Südwestfrankreich nahm damit ein Ende, dafür machten jetzt plündernde royalistische Banden das Land unsicher.

Erstes und Zweites Kaiserreich

Napoleon I., der 1799 in einem Staatsstreich die Macht ergriff, fand zeitlebens wenig Unterstützung in Aquitanien. In der Regel pflegten die französischen Könige Bordeaux einen Besuch abzustatten; Napoleon, der dieser Tradition Rechnung zollte, wurde bei seiner Visite ziemlich kühl empfangen. Bordeaux hielt mit dem Weinhandel seine Beziehungen zu London aufrecht und konnte schon deshalb der Kontinentalsperre gegen England nichts abgewinnen. Erst als der gescheiterte Kaiser am 15. Juli 1815 auf der südwestfranzösischen Insel *Aix* zur Verbannung nach *Sankt Helena* eingeschifft wurde, konnten die Bordelaiser Weinhändler wieder aufatmen.

Eine bessere Aufnahme bei den Bordelais fand der Bürgerkönig *Ludwig Philippe*, der die Stadt zur Freihandelszone erklärte und ihr so zu neuem Aufschwung verhalf. Auch *Napoleon III.* bleibt den Aquitaniern in guter Erinnerung. Er veranlasste die Trockenlegung der Landes und die Pflanzung des umfangreichen Pinienwaldes, den Eisenbahnbau nach Biarritz und förderte dort, wie auch in Arcachon, den aristokratischen Badetourismus.

Napoleon III. genießt in Aquitanien einen guten Ruf

Als 1870 der Kaiser gefangen wurde und die Deutschen in Paris einmarschierten, fungierte Bordeaux für ein paar Monate lang als Hauptstadt der kurz zuvor ausgerufenen Dritten französischen Republik.

Das 20. Jahrhundert

Im *Ersten Weltkrieg* drangen die Deutschen zwar nicht bis nach Paris vor, aber aus Sicherheitsgründen wurde die französische Regierung von September bis Dezember 1914 wiederum nach Bordeaux verlegt.

Während des *Zweiten Weltkriegs* kamen die Deutschen wieder, und Bordeaux wurde 1940 zum dritten Mal – mittlerweile schon fast Tradition im Krisenfall – französischer Regierungssitz. Um das besetzte Frankreich an der Küste abzusichern, errichteten die Deutschen den *Atlantikwall*, von dem noch heute einige Bunker – die Badenden stört's nicht – aus dem Sand ragen. Den größten Kriegsschaden erlitt das nördlich von Bordeaux gelegene Royan, wo sich gegen Kriegsende Truppen der deutschen Wehrmacht verschanzt hatten. Die Stadt wurde 1945 bei einem alliierten Bombardement dem Erdboden gleichgemacht.

Seit Ende des Zweiten Weltkriegs ist aus Aquitanien geschichtlich nichts Weltbewegendes mehr zu vermelden, außer vielleicht, dass *Jacques Chaban-Delmas* 1995 nach 48-jähriger Amtszeit als Bürgermeister von Bordeaux abdankte und den Job dem einstigen französischen Ministerpräsidenten *Alain Juppé* überließ. Nachdem Juppé 1997 in Paris nicht mehr gebraucht wurde, konnte er sich mit voller Kraft um den Abbau des Schuldenbergs von Bordeaux kümmern, der ihm hinterlassen worden war. Er tat dies mit einigem Erfolg und war drauf und dran, bei den Bordelais beliebt zu werden, als er im Dezember 2004 im Rahmen einer Parteifinanzierungsaffäre zu 14 Monaten Gefängnis auf Bewährung verurteilt wurde – mit der Auflage, für mindestens ein Jahr sein Bürgermeister-Amt abzugeben. Darauf trat sein unbescholtener Adlatus *Hugues Martin* den Job an. 2006 kehrte Juppé wieder an seinen Arbeitsplatz zurück, 2008 bewirbt er sich um eine vierte Mandatsperiode.

Wissenswertes von A bis Z

Adresse

Grundsätzlich steht bei französischen Adressenangaben die Hausnummer vor dem Straßennamen, also: *37, rue de la Gare*. Wenn Sie *37bis, rue de la Gare* lesen, handelt es sich um den ersten Nebeneingang des Hauses Nr. 37 an der Bahnhofstraße. Vielleicht ist das Haus besonders lang und hat noch einen zweiten Nebeneingang; dieser bekommt dann die Nummer *37ter*.

Apsis

Im Kirchenbau meist halbrunder Abschluss des Hauptschiffs hinter dem Chor, in der Regel nach Osten ausgerichtet und von einer Halbkuppel überwölbt. Die *Nebenapsiden* schließen die Seitenschiffe ab.

Arbeit

Für Deutsche und Österreicher gibt es diesbezüglich keine Probleme: Staatsangehörige von EG-Ländern dürfen jederzeit in Frankreich arbeiten. Für Schweizer gilt das „Personenfreizügigkeitsabkommen“ mit der EU; sie brauchen keine besondere Bewilligung mehr, um in Frankreich eine Erwerbstätigkeit aufzunehmen. Französische Firmen, die Schwarzarbeiter beschäftigen, zahlen, wenn sie erwischt werden, happige Strafen. Bezahlt werden muss zumindest der *SMIC*, der gesetzlich garantierte Mindestlohn, derzeit bei einer 35-Stunden-Woche 1280,07 € brutto. Da bleibt nach Abzug der Sozialabgaben nicht mehr viel übrig.

Einfach ist es für Ausländer nicht, in Südwestfrankreich einen Job zu finden. Zu Beginn der Sommersaison stellen die Luxus-Hotels an der baskischen Küste fremdsprachenversiertes Personal ein. Die großen Campingplätze entlang der Atlantikküste suchen über den Sommer junge Leute mit Sprachkenntnissen für die Rezeption und mit unbedingter Bereitschaft zum Klo-Schrubben. Wer Knochenarbeit in herbstlicher Frische nicht scheut, dem gefällt eventuell die Weinlese. Selten wird so ausgiebig gefeiert und getafelt wie nach dem Pflücken der Trauben.

Basilika

Das *archon basileus* war in der Antike das Dienstgebäude des obersten Richters (*basilikos* = königlich). Der Name wurde später auf den frühchristlichen Kirchenbau übertragen. Meist hat die Basilika ein dominierendes Hauptschiff mit einem Satteldach und zwei schmalere Seitenschiffe mit deutlich niedrigeren Pultdächern.

Basken

Über das geheimnisumwitterte Volk wissen wir bis heute nicht viel. Sicher ist nur: es gibt sie, den Basken und die Baskin. Über Basken, ihre Geschichte, ihre Sprache, ihre Küche und die baskische Kultur siehe Reiseteil, Kapitel „Baskenland".

Baskenmütze

Sie gehört zum Franzosen wie Baguette, Gauloise und Rotwein – im Klischee jedenfalls. Produziert wird die Baskenmütze aber nicht im Baskenland, wie der Name suggeriert, sondern im Béarn (siehe Oloron und Nay). Auch das Klischee stimmt immer weniger. In Wirklichkeit ist das *béret basque*, wie der berühmte Kopfdeckel auf Französisch heißt, in Frankreich im Rückzug begriffen. Es ist bald nur noch auf Touristenköpfen, Karikaturen und bei alten Männern auf dem Land anzutreffen. Jede dritte in Frankreich produzierte Mütze wird heute ins Ausland verkauft, und noch schlimmer: vier von fünf in Frankreich verkaufte Mützen stammen aus China, Japan oder Böhmen. Doch fehlt ihnen die Jahrhunderte lange Tradition, die für Qualität steht. „Eine Baskenmütze für Kenner", schrieb in der Süddeutschen Zeitung Rudolph Chimelli, „muss sich glatt und gleichmäßig anfühlen wie die Bespannung eines Billardtischs. Für jene bedrohte Kennerrasse ist der dunkle Deckel mehr als Sonnendach und Regenschirm. Je nachdem, wie man die Baskenmütze auf dem Kopf zurechtzieht, drückt man Gesprächsbereitschaft aus, Verschlossenheit, Selbstgefühl, Zugehörigkeit, Lebensfreude. Träger von Lodenhüten mit Gamsbart werden das verstehen."

Hier werden die berühmten Baskenmützen hergestellt

Bastide

Mit Bastiden werden in Südwestfrankreich die Wehrdörfer bezeichnet, die vor und während des Hundertjährigen Krieges (siehe Geschichte) aus dem Boden gestampft wurden. Ihre klassische Form: rechtwinklige Straßenzüge innerhalb der Mauer, im Zentrum ein quadratischer, von Arkaden gesäumter Platz. In Aquitanien zählt man über 300 Bastiden; besonders eindrucksvolle Beispiele sind *Domme* (Schwarzes Périgord), *Lalinde* (Bergeracois), *Eymet* (Bergeracois), *Labastide d'Armagnac* (Landes) und *Monflanquin* (Agenais).

Hintergründiges über Bastiden erfahren Sie, wenn Sie im Reiseteil das Kapitel „Das Entre-deux-Mers“ aufschlagen und dort den Beitrag *Bastiden – Siedlungspolitik im Mittelalter* lesen oder dem einschlägigen Museum in *Monflanquin* einen Besuch abstatten.

Chai

Zum Besuch in die *Chais* werden Sie in Hunderten von Bordelaiser *Châteaux* eingeladen. Im *Chai*, dem Weinkeller, wird der gute Tropfen gelagert und meistens auch degustiert.

Château

Ein Château ist ein Schloss. Es gibt in Frankreich nicht nur die berühmten Loire-Schlösser, sondern auch die des Périgord: Von frühmittelalterlichen Exemplaren bis zu Renaissance-Ausgaben finden Sie Hunderte von aristokratischen Behausungen – wehrhaft, verspielt, einfach gehalten oder protzig.

Noch mehr *Châteaux* als im Périgord gibt's in den Bordelaiser Weingebieten. Dort nämlich wird jedes ordinäre Hauptgebäude eines Weinguts *Château* genannt. Damit ist nicht ausgeschlossen, dass Sie ab und zu auf ein wirklich verspieltes Weinschlösschen treffen.

Chor

Im Kirchenbau der erhöhte Teil der Kirche vor dem Halbrund der Apsis. Der Name leitet sich vom liturgischen Gesangschor ab, der von hier aus den Gottesdienst mitgestaltete. Der meist abgetrennte Chor mit dem *Chorgestühl* war früher der geistlichen und weltlichen Prominenz vorbehalten. Seit dem 14. Jahrhundert steht in der Regel auch der Altar im Chor, der daher auch Altarraum genannt wird.

Corrida

→ „Stierkampf“

Course landaise

Mit dem Stierkampf hat das „Landaiser Kuhrennen“ nur die Arena gemein, in der es stattfindet. Ansonsten ist die Veranstaltung grundverschieden. Sie sehen keine mordenden Matadore, sondern elegante Sprünge von trainierten *Sauteurs* über rennende Kühe hinweg; eine strenge Jury bewertet die Akrobaten. An Küstenorten werden nach den klassischen Courses in einem zweiten Programmteil oft zirkusreife Clownerien aufgeführt.

Courses landaises finden während der Hauptsaison regelmäßig an allen größeren Orten der Landes statt. Auch in kleineren Orten kann man Glück haben. Im Gebiet südlich des Adour hat fast jedes Dorf seine eigene Arena.

Mehr über die *Course landaise* erfahren Sie, wenn Sie unter „Vieux-Boucau“ nachschlagen und dort den Beitrag *Courses landaises* lesen.

Diebstahl

Er ist in Südwestfrankreich ein relativ seltenes Übel. Es besteht trotzdem kein Grund, die Fotoausrüstung und den Familienschmuck auf dem Autorücksitz auszubreiten. Im Falle eines Diebstahls sucht man am besten das nächstgelegene *Commissariat de police* auf. Dieses zaubert zwar nicht den geklauten Gegenstand aus der Schublade, stellt aber die für die Versicherung notwendige Bescheinigung aus.

Diplomatische Vertretungen

• *Ausländische Vertretungen in Bordeaux*

Deutschland: Konsulat: 377, boulevard du Président Wilson (Ringstraße im Westen der Stadt). ✆ 05.56.17.22.22, 📠 05.56.42.32.65, infoi@bordeaux-diplo.de.

Schweiz: Konsulat: 14, cours Xavier-Arnozan (im Quartier des Chartrons). ✆ 05.56.52.18.65, 📠 05.56.44.08.65, bor.vertretung@eda.admin.ch.

Österreich: Honorarkonsulat: 26, cours Balguerie Stuttenberg (im Quartier des Chartrons). ✆ 05.56.00.00.70, 📠 05.57.87.60.30, bordeaux@borie-manoux.fr.

• *Französische Vertretungen*

In Deutschland: Französische Botschaft, Pariser Platz 5, 10117 Berlin. ✆ 030-590.03.90.00, 📠 030-590.03.90.67, www.ambafrance-de.org.

Konsulate in Düsseldorf, Frankfurt, Hamburg, München, Saarbrücken, Stuttgart.

In der Schweiz: Französische Botschaft, Schosshaldenstr. 46, 3006 Bern. ✆ 031-359.21.11, 📠 031-359.21.74., ambafrance-ch.org.

Konsulate in Genf und Zürich.

In Österreich: Französische Botschaft, Technikerstr. 2, 1040 Wien, ✆ 01-50.27.50, 📠 01-50.27.51.68, www.ambafrance-at.org.

Discos

Es gibt sie nicht nur in Großstädten, sondern auch in größeren Touristenorten. Dort geht es jedoch allenfalls im August heiß her. Sound & Light entsprechen meist dem internationalen Standard.

In der Regel ist der Disco-Besuch in Frankreich ein teures Vergnügen. Wenn der Laden *in* sein will, sind Eintrittspreise bis zu 15 € keine Seltenheit, und das Nachschenken ist so teuer, dass junge Franzosen recht nüchterne Nächte verleben. Frauen haben häufig freien Eintritt – sofern sie alleine kommen.

Dokumente

Frankreichreisende benötigen einen gültigen *Reisepass* oder *Personalausweis*, für Schweizer genügt auch die *Identitätskarte*. Kinder ohne eigene Dokumente müssen amtlich im Ausweis eines mitreisenden Elternteils eingetragen sein.

Autofahrern wird empfohlen, sich von ihrer Kfz-Versicherung vor der Abreise eine *Internationale Grüne Versicherungskarte* ausstellen zu lassen. Das Landeskennzeichen (D, CH, A) ist für ausländische Fahrzeuge in Frankreich obligatorisch.

Donjon (Burgfried)

Der befestigte Wohnturm einer Burganlage, der einer Belagerung meist am längsten standhielt. Es gibt runde, viereckige und andersförmige Donjons – abweisend und wehrhaft sind sie immer. Neben den Privatgemächern waren im Donjon auch repräsentative Räume untergebracht, z. B. Empfangs- und Festsäle.

Ermäßigungen

Kinder – in der Regel liegt die Grenze bei 7 oder 10 Jahren – haben es gut: Sie erhalten in Museen oft Preisnachlass (meist 50 %), und in immer mehr Restaurants gibt es Kindermenus.

Auch Studenten erhalten mit dem internationalen Studentenausweis in Museen oft eine Ermäßigung bis zu 50 %. Nicht alle Museen bieten diesen Service, private in der Regel nie.

Wer mit dem *Camping-Carnet* (gibt es z. B. beim ADAC) versehen ist, kann auf manchen Plätzen bis zu 10 % sparen.

Fest- und Feiertage

Arbeitsfreie staatliche und kirchliche Feiertage siehe Kasten. Hinzu kommen die beweglichen Feiertage: Ostern, Ostermontag, Christi Himmelfahrt, Pfingsten.

Passen Sie auf, dass Sie den Nationalfeiertag am 14. Juli nicht verschlafen! Viele Orte in Frankreich feiert ihn nämlich schon am Vorabend, also am 13. Juli. Auf allen Straßen und Plätzen des Landes spielen Kapellen, und die Grande Nation tanzt durch die Nacht. Und zum 14. Juli leisten sich selbst kleine Gemeinden teure Pyrotechniker für das zündende Feuerwerk.

1. Januar	Neujahr
1. Mai	Tag der Arbeit
8. Mai	Tag des Sieges 1945
14. Juli	franz. Nationalfeiertag
15. August	Mariä Himmelfahrt
1. November	Allerheiligen
11. November	Waffenstillstand 1918
25. Dezember	Weihnachten

Fronton

Die Steinmauer mit dem geschwungenen Abschluss gehört zum baulichen Inventar jedes baskischen Dorfes. Sie ist unentbehrlich für den Nationalsport der Basken, das Pelote-Spiel. Wie es dabei zugeht, erfahren Sie, wenn Sie unter „Baskenland" nachschlagen und dort den Beitrag *Pilota – der baskische Nationalsport* lesen.

Gave

Die Bezeichnung kommt vom béarnaisischen Wort *Gabe*, und das damit Bezeichnete kommt vor allem im Béarn vor. *Gave* ist laut Definition des *Petit Robert* ein „Sturzbach aus den Pyrenäen". Am Fuß der Pyrenäen werden aus den Bächen dann beachtliche Flüsse, z. B. *Gave d'Oloron* und *Gave de Pau*.

Geld

Der Euro (gesprochen: Öro) und der *Cent* (entsprechend der früheren Währung in Frankreich weiterhin *Centime* genannt) haben Europa (gesprochen: Örop) erobert. Für Schweizer: Ihr harter Franken ist nur 0,611 € Wert bzw. 1 € entspricht 1,637 Franken (Stand: Dezember 2007).

Wesentlich verbreiteter als in Deutschland ist das Bezahlen per Scheck oder Kreditkarte – ob an der Tankstelle, im Supermarkt, Hotel oder Restaurant.

Zum Geld abheben findet man bei vielen Banken einen rund um die Uhr zur Verfügung stehenden Automaten, der in der Regel neben gängigen Kreditkarten auch die Maestro-Karte (Nachfolger der ec-Karte) akzeptiert. Problemlos werden in Banken oder größeren Postämtern Schecks anerkannter Geldinstitute gewechselt; am problemlosesten sind Reiseschecks.

Für Postsparbuchbesitzer gibt es die *SparCard 3000 plus* im Kreditkartenformat, mit der man von allen Geldautomaten mit Visa-Plus-Zeichen abheben kann. Die ersten vier Abhebungen im Jahr sind gratis, danach bezahlt man pro Vorgang ca. 5 € Gebühr. Die Karte spätestens einen Monat vor der Reise bestellen!

Gesundheit

Wer spezielle Medikamente benötigt, sollte diese in ausreichender Menge mitnehmen, ansonsten ist eine normale Reiseapotheke gegen kleinere Wehwehchen völlig ausreichend.

Eine *Pharmacie* gehört in jedem größeren Dorf zur Grundausstattung der Gemeinschaft. In großen Städten hat nachts und am Wochenende immer eine Apotheke geöffnet – welche, steht in der Zeitung („*Sud-Ouest*").

Statt des früheren Auslandkrankenscheins (E 111) gilt seit 2005 nur noch die EHIC-Karte (European Health Insurance Card). Mit der EHIC-Karte weist man dem Arzt nach, dass man ordnungsgemäß versichert ist und lässt sich ordnungsgemäß behandeln. Arbeitet der Arzt im Rahmen des staatlichen Gesundheitssystems, so regelt die Kasse die Bezahlung direkt. Die EHIC gilt nicht für zahnärztliche Behandlungen. Auch ein Rücktransport im Krankheitsfall ist mit der EHIC nicht gedeckt. Wer das Risiko eines selbst bezahlten Rücktransports ausschalten will, schließt eine Auslandsreise-Krankenversicherung ab. Wenn der Arzt nicht im Rahmen des staatlichen Gesundheitssystems arbeitet, bleibt nichts anderes übrig, als die Rechnung erst selber zu bezahlen und sie sich hinterher zuhause gegen Vorlage der Quittung zurückerstatten zu lassen. Die Rückerstattung ist auf den Betrag limitiert, den die heimische Krankenkasse auch im Inland getragen hätte.

Der Nächste, bitte!

Gezeiten

Ebbe und Flut sind an der südwestfranzösischen Küste überall spürbar, am deutlichsten nördlich der Gironde-Mündung. Die winzige Ile Madame bei Rochefort z. B. können Sie bei Ebbe mit dem Auto erreichen; aber fahren Sie zurück, bevor die Flut kommt, dann nämlich ist die Insel wirklich eine Insel.

Bedingt durch das Zusammenwirken von Schwer- und Fliehkräften, die bei der Bewegung des Mondes um die Erde und der Erde um die Sonne entstehen, gerät auch die Masse des Erdkörpers in Bewegung. Zweimal täglich, in der Regel alle 12 Stunden und 25 Minuten, steigt das Meer an (Flut, frz. *pleines mers*) und sinkt dann wieder ab (Ebbe, frz. *basses mers*). Bei Voll- und Neumond ist der Gezeitenunterschied am stärksten.

Die Berechnung der Gezeiten war den Menschen der gezeitenabhängigen Küsten stets ein lebenswichtiges Anliegen, und schon früh in diesem Jahrhundert wurde die Gezeitenmaschine entwickelt, ein Spezialrechenapparat, der heute vom Computer abgelöst ist. Den aktuellen Stundenplan des Gezeitenspiels (*horaire des marées*) können Sie der Tagespresse oder den Broschüren entnehmen, die in den Informationsbüros an den Küstenorten ausliegen.

Haustiere

Wenn Sie Ihren Hund mit in den Urlaub nehmen wollen, so müssen Sie die in der EU-Verordnung 998/2003 festgehaltenen Bestimmungen für das Reisen mit Hunden, Katzen und Frettchen berücksichtigen.

Impfung: Ihr Hund muss gegen Tollwut geimpft sein. Eine Einfuhr ist erst 21 Tage nach der Erstimpfung möglich, eine notwendige Wiederholung der Impfung ist im Impfpass vermerkt (in der Regel nach 12 Monaten). Der EU-Heimtierausweis (für Nicht-EU-Mitglieder: Impfpass) ist mitzuführen. Nicht vorgeschrieben, aber empfohlen wird eine Prophylaxe gegen Herzwurm.

Kennzeichnung: Das Tier muss zur Identifikation mit einem Chip versehen oder tätowiert sein; letztere Form wird nur noch bis 2011 toleriert.

Kampfhunde: Pitbulls, Mastiffs u. ä. haben Einreiseverbot! Sie gehören zur sog. 1. Kategorie. Anders steht es mit der 2. Kategorie, zu der die Rottweiler gezählt werden. Sie benötigen einen Zuchtbucheintrag, müssen einen Maulkorb tragen und von einer volljährigen Person an der Leine gehalten werden.

Hund und Hotel: Einige Hotels akzeptieren Hund *(animaux admis)*, oft gegen Aufpreis, in anderen müssen die Tiere draußen bleiben (obwohl der Hotelbesitzer selbst einen Hund hält). Und dann gibt's auch noch Hotels, die aus unerfindlichen Gründen – mit dem Zollstock im Kopf – große Hunde verbieten und kleine gestatten. Es empfiehlt sich also, vorher anzufragen.

Hund auf dem Campingplatz: Die meisten aquitanischen Campingplätze tolerieren Hunde, Ausnahmen gibt's.

Höflichkeit

In Deutschland gilt, wer das Wörtchen *bitte* vergisst, nicht unbedingt als unhöflich. Wenn Sie's mit Franzosen zu tun haben, dann aber bitte mit *s'il vous plaît*.

Information

Vor Reiseantritt können Sie sich bei den französischen Fremdenverkehrsämtern informieren:

• *Deutschland* Maison de la France, Zeppelinstr. 37, 60325 Frankfurt. ✆ 0190/57.00.25, 📠 0190/59.90.61, info.de@franceguide.com, www.franceguide.com.

Auch in anderen Großstädten wie Berlin oder Düsseldorf unterhält Frankreich ein Maison de la France.

• *Schweiz* Französisches Verkehrsbüro, Rennweg 42, 8001 Zürich. ✆ 044-217.46.00, 📠 044-217.46.17, info.ch@franceguide.com, www.franceguide.com.
• *Österreich* Französisches Fremdenverkehrsamt, Argentinierstr. 41a, 1040 Wien. ✆ 0900.25.00.15, 📠 01-503.28.71, info.at@franceguide.com, www.franceguide.com.

In Frankreich findet man in größeren Städten ein Office de Tourisme, das meist schöne Hochglanzprospekte sowie Broschüren mit Angaben über Hotels, Restaurants und nützliche Adressen ausliegen hat. Meist können Sie hier auch problemlos Ausflüge oder Bootstouren der diversen privaten Veranstalter buchen. In kleineren Orten übernimmt gelegentlich das Syndicat d'Initiative, ein vom lokalen Tourismusgewerbe gesponsertes Informationsbüro, diese Funktion.

Internet

Eine weitere Informationsmöglichkeit ist das Internet. Man kann zu Hause schon durch Südwestfrankreich surfen und sich vorbereiten. Einige www-

www-Adressen

www.tourisme-aquitaine.fr/de: der offizielle Auftritt der *Région Aquitaine* in deutscher Sprache. Ideal, um sich kreuz und quer auf den Urlaub vorzubereiten. Eine äußerst reichhaltige Website.

www.tourisme-gironde.fr: Tourismus-Website des Départements Gironde. Französisch und Englisch.

www.tourismelandes.com/defaultde.asp: Das *Département Landes* lädt deutschsprachig zum Besuch ein.

www.dordogne-perigord.com: Das *Département Dordogne* informiert auf Französisch. Wer auf den Union Jack klickt, kommt nicht weit. Aber vielleicht wird die englischsprachige Version noch ausgebaut.

www.tourisme64.com: Das *Département Pyrénées-Atlantiques* informiert nur auf Französisch, aber recht vielseitig.

www.perigordnoir.com/index_de.htm: Auf Deutsch: Erst geht es um Unterkünfte. Wer weiterklickt, findet aber mehr über das *Schwarze Périgord.*

www.charente-maritime.org: Die offizielle Website des *Départments Charente-Maritime*. Nur auf Französisch und wenig aufregend.

www.lourdes-infotourisme.com/de: Die offizielle, also weltliche Website der Stadt Lourdes in deutscher Sprache. An der heiligen Bernadette kommt sie natürlich nicht vorbei.

www.lourdes-france.org: Für Pilger in deutscher Sprache: die kirchliche Website von Lourdes.

www.sudouest.com: Die Online-Ausgabe des „Sud-Ouest“, Aquitaniens wichtigster Tageszeitung.

Weitere Adressen finden Sie im Reiseteil, oder vertrauen Sie Ihre spezielle Frage einer Suchmaschine an.

Adressen sind in den Ortskapiteln des Buches vermerkt, ansonsten helfen Suchmaschinen weiter.

In größeren Orten stößt man oft auf ein Internet-Café, wo man gegen eine Gebühr surfen oder auch nur einen elektronischen Feriengruß an die lieben Daheimgebliebenen versenden kann. Oft sind die Bildschirme allerdings von Jugendlichen umlagert, und Kaffee, der die Wartezeit verkürzen könnte, wird nur selten angeboten. Ebenfalls surfen und mailen kann man in den besseren Offices de Tourisme – bezahlt wird dort meistens mit der Telefonkarte *(télécarte)*.

Zunehmend bieten Hotels, Luxuscampingplätze, große Bahnhöfe, einige Stadtcafés, inbesondere Internet-Cafés, einen WiFi-Service an – erkennbar an einem Aufkleber an der Eingangstür; Sie können also kabellos surfen, vorausgesetzt, Sie haben Ihren Laptop dabei. Oft ist dieser Service immer noch kostenpflichtig – unverständlich, denn für das Hotel handelt es sich um eine einmalige kleine Investition.

Kapitell

Der oberste Teil einer Stützsäule. In romanischen Kirchen oft skulptiert: Pflanzendekor, Tierfiguren oder biblischen Darstellungen. Gelegentlich bekommt man sogar bemalte Kapitelle zu sehen.

Kartenmaterial

Gute Landkarten sind nützlich auf der Urlaubsreise. Welche man wählt, hängt natürlich von der individuellen Urlaubsgestaltung ab. Für einen vorab gebuchten Badeurlaub in Biarritz brauchen Sie möglicherweise überhaupt keine Landkarte, für eine Wanderung eine andere als für eine Spritztour mit dem Bike oder Automobil.
In Frankreich hat das staatliche *Institut Géographique National (IGN)* ein Monopol auf Vermessungsarbeiten. IGN-Karten sind deshalb die zuverlässigsten. Die Reifenfirma *Michelin* ist Lizenznehmer des IGN und gibt zwei Autokarten-Serien heraus, die ganz Frankreich in 21 Blätter („Régional" im Maßstab 1:300.000) bzw. 45 Blätter („Local" im Maßstab 1:150.000 oder 1:175.000) aufteilt. Für Südwestfrankreich benötigt man je nach Gebiet folgende Blätter:

Südwestfrankreich: Michelin Nr. 524 Régional – Aquitaine, 1:300.000. Gesamte Region Aquitaine, allerdings etwas weniger genau als die nachstehenden Blätter der Serie „Local".

Périgord: Michelin Nr. 329 Local – Corrèze, Dordogne, 1:150.000.

Bordelais, Côte d'Argent und Landes: Michelin Nr. 335 Local – Gironde, Landes, 1:175.000.

Agenais: Michelin Nr. 336 Local – Gers, Lot-et-Garonne, 1:150.000.

Baskenland und Béarn: Michelin Nr. 342 Local – Hautes-Pyrénées, Pyrénées-atlantiques, 1:150.000

Küste der Charente-Maritime: Michelin Nr. 324 Local – Charentes, Charente-Maritime, 1:150.000.

IGN-Karten: Das IGN gibt topographische Karten in den Maßstäben 1:100.000 (grüne Serie) und 1:25.000 (blaue Serie) heraus. Auf diesen Karten sind Höhenkurven und kleinere Wege eingezeichnet. Sie eignen sich hervorragend für Wanderungen. Um Südwestfrankreich aber komplett abzudecken, brauchen Sie von der grünen Serie rund 15 Karten, von der blauen entsprechend mehr. Es empfiehlt sich deshalb, diese Karten – in größeren Städten und Wandergebieten immer erhältlich – erst vor Ort zu kaufen, wenn man weiß, was man wirklich braucht. Zudem sind sie in Frankreich wesentlich billiger.

Kreuzgang der Kathedrale von Bayonne

Kathedrale

Cathedra ist ein Stuhl mit Armlehnen, in dem ein Bischof bequem Platz findet. Die Kathedrale leitet sich von *ecclesia cathedralis* ab und ist stets eine zum Bischofssitz gehörende Kirche. In Deutschland heißt die Kathedrale *Dom*.

Übrigens: Wenn der Papst in Sachen Glaubens- und Sittenlehre *ex cathedra* spricht, dann ist für einen guten Katholiken jeder Irrtum ausgeschlossen; das Unfehlbarkeitsdogma gilt seit 1870.

Kreuzgang

Auf Französisch heißt er *cloître* und ist ein überdeckter Gang um einen in der Regel quadratischen Innenhof an der Südseite einer größeren Klosterkirche. Der Kreuzgang bildete den Zugang zu den Mönchszellen und war Ort der Kommunikation der Klostergemeinschaft. Die deutsche Bezeichnung leitet sich vermutlich von den Kreuzprozessionen ab, die hier einst im abgeschirmten Innersten der Klosteranlage abgehalten wurden.

Lebensmittel

Selbstversorger decken sich am besten auf den bunten Wochenmärkten ein. Hier bekommt man taufrische Ware direkt vom Produzenten und kann obendrein den Einheimischen beim Einkaufen zuschauen: Madame schnuppert an jeder Melone, bis sie schließlich die aromatischste erwirbt, Männer mit Baskenmützen parlieren fachkundig über die Hühnerpreise ... Bestimmte Obstsorten werden übrigens spottbillig angeboten, denn Aquitanien zählt zu den größten Erzeugergebieten Europas.

Auch im Supermarkt werden Lebensmittel aus der regionalen Landwirtschaft billig angeboten. Riesige Konsumparadiese mit Großparkplätzen und einer aggressiven Niedrigpreispolitik haben die kleinen Lebensmittelhändler vielerorts in harte Bedrängnis gebracht. Wenn Sie mithelfen wollen, diesen Prozess zu beschleunigen: Nix wie hin ins Centre commercial am Stadtrand. Dort kauft man prosaisch und preisgünstig mit dem Drahtkarren ein – und braucht obendrein kein Wort Französisch zu sprechen.

Erfolgreiche Fußfischer und Fußfischerinnen auf dem Heimweg

Leuchttürme

Für Seefahrer sind es Wegweiser, die auf gefährliche Stellen und Hafeneinfahrten aufmerksam machen. Die Gironde-Mündung und die großen Inseln vor der Charente-Küste sind mit Leuchttürmen ausgerüstet, im Süden warnen sie vor den Felsen von Biarritz. Berühmte, denkmalgeschützte Exemplare sind der Phare de Cordouan (Gironde-Mündung) und der Phare des Baleines (Ile de Ré).

Früher brannten in den Turmlaternen von Walöl gespeiste Baumwolldochte. Dann erfand Edison die elektrisch betriebene Glühbirne, und die Leuchttürme wurden umgerüstet. Heute schicken sie Lichtblitze ins offene Meer, die noch in einer Entfernung von über 50 Kilometern wahrgenommen werden können.

Die meisten Leuchttürme an der Atlantikküste können bestiegen werden und bieten eine großartige Aussicht. Für die oft bis 300-stufigen Wendeltreppen benötigen Sie aber einen langen Atem. In der Regel wird kein Eintritt erhoben, aber ein Trinkgeld erwartet.

Makhilas

So nennt der Baske seinen Wanderstock. Er ist aus Mispelholz und hat einen hübsch verzierten Knauf (aristokratische Ausführungen in Silber). Im Baskenland füllt er die Souvenirläden. Werkstätten, die auch verkaufen, finden Sie in *Larresore* bei Cambo-les-Bains.

Öffnungszeiten

Grundsätzlich gilt: Der Mittag (12–14 Uhr) ist den Franzosen heilig. So erhält sich die französische Küche gute Chancen gegen das ungesunde Fastfood.

Behörden: Montag bis Freitag von 9–12 und 14–17 Uhr. Auch wenn sie nicht pünktlich öffnen, so schließen sie wenigstens pünktlich.

Geschäfte: In der Regel von Montag bis Samstag von 9–12 Uhr und 14.30–19 Uhr, am Montagmorgen oft geschlossen. Große Supermärkte sind auch über die Mittagszeit geöffnet und schließen oft erst um 20 Uhr (auch samstags).

Post: In der Regel Montag bis Freitag von 8–12 und 14–19 Uhr, Samstag 8–12 Uhr. In größeren Orten mittags oft durchgehend geöffnet, in kleineren Ortschaften bleibt das Postamt samstags zu.

Touristen-Informationsbüros *(Office de Tourisme, Syndicat d'Initiative)*: An touristischen Brennpunkten während der Hochsaison oft ohne Mittagspause geöffnet bis zum frühen Abend, einschließlich an Wochenenden. Ansonsten sind die Öffnungszeiten recht unterschiedlich und von der Saison abhängig. In kleineren Badeurlaubsorten sind Informationsstellen oft nur in der Saison geöffnet.

Pêche à pied

Der Begriff bezeichnet eher eine Sammler- als eine Jägertätigkeit. Das *Fischen zu Fuß* ist ein Phänomen, das mit Ebbe und Flut zusammenhängt. Wenn sich das Meer zurückgezogen hat, schwärmen – mit Schaufeln, Harken, Eimern oder Plastiktüten bewaffnet – die Fußfischerinnen und Fußfischer in die für einige Stunden freigegebenen Fanggründe aus und sammeln, was die Flut zurückgelassen hat: Muscheln, Krabben und andere begehrte Schalentiere.

Wenn Sie's selber versuchen wollen, gehen Sie vorsichtig zu Werke. Der schlimmste Fehler ahnungsloser Fußfischer besteht darin, die umgedrehten

Steine nicht wieder in ihre ursprüngliche Position zurückzubringen und so die Nahrungskette zu unterbrechen: Die unter den Steinen verborgenen Mikroorganismen, von denen die nächstgrößeren Meeresbewohner leben, sterben ab, die Folge ist eklatanter Nahrungsmangel und damit verbunden eine bedrohliche Reduzierung aller Meeresbewohner in Küstennähe

Pelote (baskisch: Pilota)

Fragen Sie nicht erst im Baskenland, was das ist; Sie könnten sich möglicherweise blamieren. Schlagen Sie lieber jetzt gleich im „Baskenland"-Kapitel nach und lesen dort den Beitrag *Pilota – der baskische Nationalsport.*

Post

Mit dem Schriftzug *LA POSTE* wirbt von der Hauptpost bis zur kleinsten Filiale jedes französische Postamt. Aber Augen auf beim Wurf der Urlaubspost in die Briefkästen. Oft haben sie mehrere Schlitze, einen für die Stadt, in der man sich befindet, und einen *autres destinations* (andere Bestimmungsorte), womit die übrige Welt gemeint ist.

An die Postämter kann man sich auch problemlos Briefe oder Päckchen schicken lassen. Sie können dort gegen Vorzeigen eines Ausweises und Bezahlung von 0,50 € pro Sendung abgeholt werden. Adressierschema:

Name
Poste centrale (nur bei größeren Orten)
Poste restante
F-Postleitzahl und Ort („F" steht für Frankreich)

Wird die postlagernde Sendung innerhalb von 15 Tagen nicht abgeholt, geht sie zurück an den Absender.

Pottok

So heißen die frei lebenden, kräftigen, kurzbeinigen Pferde, die man im Baskenland gelegentlich am Wegrand sieht. Es sind Nachfahren des Pyrenäen-Wildpferds, das schon in der Altsteinzeit im Baskenland graste. Polo-Spieler finden die Pottoks für ihren Sport besonders geeignet. In Espelette findet jährlich im Januar der große Pottok-Markt mit Käufern aus nah und fern statt.

Rugby

Das raue Spiel mit dem Lederei ist der traditionelle Mannschaftssport der Südwestfranzosen und – vor allem in ländlichen Gegenden – weitaus beliebter als der Fußball. Es wäre unfreundlich, einem Gascogner zu erklären, das Rugbyspiel sei im 19. Jahrhundert in der mittelenglischen Stadt Rugby erfunden worden. Er hätte für solche Besserwisserei höchstens ein mitleidiges Lächeln übrig oder die Erklärung, dass die Engländer das Leder-Ei im Mittelalter aus Aquitanien importiert hätten.

Pottoks am Wegrand

Stelzen

„Man sieht nur dunkle Pinienwälder in der Ferne; nichts, was auch nur ein bisschen Freude in diese trostlose, unendliche Einsamkeit bringen könnte. Einzig einen einsamen Schäfer sieht man ab und zu, unbeweglich auf seinen hohen Stelzen verharrend oder wie ein Gespenst mit riesigen Schritten über den Morast gehend, um dann im Nebel am Horizont zu verschwinden." So beschreibt ein Reisender aus dem 19. Jahrhundert seinen Eindruck von der unwirtlichen Gegend der Landes. Bevor unter Napoleon III. der große Pinienwald gepflanzt wurde (siehe Landes, Einleitung), waren die Landes eine schwer zugängliche, morastige Heidelandschaft. Die Schäfer bewegten sich auf Stelzen, um ihre Tiere besser überwachen zu können. Heute sieht man die Stelzen-Hirten *(échasseurs)* nur noch auf Postkarten und Folklore-Veranstaltungen.

Stierkampf

Er erfreut sich in Südwestfrankreich großer Beliebtheit. In der Regel werden sog. *spanische Stierkämpfe* (Corrida) durchgeführt, die stets tödlich ausgehen – meistens für das Tier. Wenn Sie wissen wollen, wann und wo ein Stierkampf ausgetragen wird, müssen Sie im Sportteil der Tageszeitung *Sud-Ouest* unter *Tauromachie* nachsehen; die blutigen Rituale gelten in Südwestfrankreich als sportliche Ereignisse. Große Stierkampfarenen finden Sie in Bordeaux (im östlichen Vorort Floirac), Dax und Bayonne.
Nicht zu verwechseln ist der Stierkampf mit dem wesentlich harmloseren Vergnügen einer *Course landaise* (→ eigenes Stichwort).

Strom

Es gilt 220 Volt Wechselstrom. Der in Deutschland gebräuchliche Schukostecker passt in keine französische Dose. Diese hat drei Löcher, eines davon für die Erdung. Adapter, die das Anschlussproblem sauber lösen, sind im gut sortierten deutschen Elektro-Fachhandel, aber ebenso bei der französischen Konkurrenz erhältlich.

Tabak

Rauchern wird das Leben in Frankreich schwer gemacht – zumindest offiziell. Seit 1993 ist ein Gesetz in Kraft, das u. a. in Restaurants und Bars abgetrennte Raucherbezirke verlangt. Sowohl der Wirt wie der qualmende Gast sollen bei Zuwiderhandlung mit saftigen Bußgeldern zur neuen Ordnung erzogen werden. Gesetze zu erlassen ist eine Sache, sie durchzusetzen eine andere: So richtig ernst mit dem *Espace non-fumeur* will's keiner nehmen, schon gar nicht auf dem Land, wo die Bar neben der Kirche oft der einzige Ort des öffentlichen Lebens ist.

Telefonieren

Telefonzellen findet man in jedem Ort, aber ohne Telefonkarte *(télécarte)* geht in der Regel nichts. Diese wird zu 50 oder 120 Einheiten, ist 2 Jahre lang gültig und wird in allen Postämtern sowie in manchen Tabakläden verkauft.

Der mobile Zeitgenosse telefoniert mit dem Handy, das auf Französisch *portable* heißt, der Begriff *cellulaire* taucht eher schriftlich als mündlich auf. *Portable* wird übrigens auch der Laptop genannt, schließlich ist auch er tragbar.

Kaum hat man die französische Grenze überquert, schaltet das Handy auf einen französischen Netzwerkbetreiber um. Achtung: Da die Weiterleitungsgebühren für einkommende Handy-Anrufe (auch wenn sie vom französischen Nachbarn kommen) stets über das heimatliche Netz laufen und dem Empfänger belastet werden, können die Telefonkosten schnell in die Höhe klettern. Tipp für Dauertelefonierer: eine französische SIM-Karte kaufen, man bekommt eine französische Telefonnummer und muss die Gespräche, die aus dem Ausland kommen, nicht mehr mitfinanzieren. Die SIM-Karte hat ein bestimmtes Gesprächsguthaben und ist wiederaufladbar.

• *Telefonieren aus dem Ausland nach Frankreich*: Erst die Landesvorwahl 0033, danach die regionale Vorwahl (für Südwestfrankreich: 5), gefolgt von einer achtstelligen Nummer. Wenn Telefonnummern in diesem Buch mit 06 beginnen, handelt es sich um Handy-Nummern. Nach der Landesvorwahl entfällt die Null.

Telefonieren innerhalb Frankreichs: Innerhalb das Landes muss man stets die komplette 10-stellige Nummer wählen. Sämtliche Telefonnummern in Südwestfrankreich beginnen mit 05. Wenn Telefonnummern in diesem Buch mit 06 beginnen, handelt es sich um Handy-Nummern.

Telefonieren von Frankreich ins Ausland: Vorwahl nach Deutschland 0049, in die Schweiz 0041, nach Österreich 0043. Bei der folgenden Stadtvorwahl entfällt die Null. Beispiel für die Ziffernfolge von Frankreich nach Frankfurt: 0049–69+Anschlussnummer.

Nationaler Auskunftsdienst (Service national): 12.

Internationaler Auskunftsdienst (Service international): 003.12+Nr. des Landes. Auskunft über deutsche Telefonnummern also unter 0033.12.49.

Notruf Feuerwehr: 18.

Notruf Polizei: 17.

Thalassotherapie

Idyllisches Gässchen in Saint-Jean-de-Cóle

Thalasso sagt der Grieche zum Meer, und das Meer ist die Grundlage dieser Therapie, die in der Antike wohlbekannt war (Plato: „Das Meer wäscht alle Leiden vom Menschen ab") und später in Vergessenheit geriet, bis ein Monsieur *Quinton* die alte Kur- und Heilform einem größeren Publikum wieder schmackhaft machte. Grundthese der Thalassotherapie: Alles irdische Leben stammt aus dem Meer, und das Urelement Salzwasser ist am besten in der Lage, Gebrechen zu lindern oder zu heilen bzw. Körper und Geist zu regenerieren.

Die Kombination von warmem und kaltem Meerwasser, ständig frisch in die Bäder der Kurzentren gepumpt, Algen- oder Meerschaumpackungen, Gymnastik, Massage und Spaziergänge an der reinen Meeresluft werden eingesetzt zur Behandlung von rheumatischen Krankheiten, Kreislaufstörungen oder Störungen des Stoffwechsels und des vegetativen Nervensystems. Auch wenn keine akuten Beschwerden vorliegen, bietet sich die Thalassotherapie an: z. B. zum Stressabbau.

Wer sich in Südwestfrankreich einer Thalassotherapie unterziehen will, findet Möglichkeiten in Biarritz, Hendaye oder Saint-Trojan auf der Ile d'Oléron.

Trinkgeld

In der Regel ist es im Preis enthalten. Nach oben runden ist in jedem Fall freundlich und ganz und gar üblich.

Umweltschutz

Im französischen Haushalt landet nicht selten die Weinflasche mit dem Gemüseabfall im selben Eimer, am Strand findet sich allerlei Zivilisationsunrat, gelegentlich wird auf der Autobahn noch das Fenster heruntergekurbelt, um Unnötiges loszuwerden – Umweltschutz wird in Frankreich längst nicht so groß geschrieben wie in Deutschland. Immerhin hat ein Um- und Nachdenken eingesetzt. In großstädtischen Rathäusern mischen neuerdings auch öko-logische Parteien mit, verglichen mit den deutschen Grünen allerdings eher ein politisches Leichtgewicht.

In Biarritz wurde dem Verfasser geklagt, dass gerade die sonst so umweltbewussten Deutschen nicht besser seien als die Einheimischen. Tatsächlich gibt es Touristen, die glauben, in Frankreich einmal ungestört die Sau rauslassen zu dürfen ... Und auch nicht verschweigen wollen wir die Klage französischer Ökologen, dass das „saubere" Deutschland einen Großteil seines Mülls über die Grenze nach Frankreich und in andere Länder schaffe, wo er gegen Bezahlung unter weniger strengen Bestimmungen entsorgt werde. Unsere Empfehlung: Nehmen Sie Ihr Umweltbewusstsein mit nach Frankreich, lassen Sie aber die Strafpredigten zu Hause.

Vierung

Im Kirchenbau der viereckige Raumteil, in dem sich das Längs- und das Querschiff durchdringen. Wenn beide Schiffe die gleiche Breite aufweisen, wird die Vierung logischerweise quadratisch. Dies ist oft in romanischen Kirchen der Fall.

WiFi → „Internet"

Zeitungen/Zeitschriften

Den *Sud-Ouest* gibt's in jedem Dorf. Mit seinen verschiedenen regionalen Ausgaben hat er eine Monopolstellung im Südwesten Frankreichs: Nachrichten von der hohen Weltpolitik bis in die Niederungen der Gemeindepolitik, von der nächsten Corrida (im Sportteil) bis zur Telefonnummer des Apotheken-Notdienstes.

Bei Zeitungshändlern oder im Maison de la Presse liegen die großen französischen Zeitungen vom konservativen Le Figaro bis zur linken Libération sowie zahlreiche Magazine zu allen Themen des Lebens auf. Die liberale Tageszeitung Le Monde kommt in Paris um 15 Uhr auf die Boulevards, in der Provinz erscheint sie erst abends oder gar am Folgetag. Deutschsprachige Presse ist nur in größeren Städten, in der Saison auch in touristischen Hochburgen zu haben: Süddeutsche Zeitung, Frankfurter Allgemeine Zeitung, Neue Zürcher Zeitung, Die Welt, Der Spiegel etc. – meist mit einem halben bis ganzen Tag Verspätung.

Zoll

Seit der Einführung des EG-Binnenmarkts 1993 gelten für alle EU-Staaten sehr liberale Be-stimmungen für die im Reisegepäck mitgeführten Freimengen. Grundsätzlich wird die Mehrwertsteuer im Erwerbsland, d. h. beim Kauf der Ware fällig. Bei der Ausreise sind weder Zollabgaben noch sonstige Steuern zu entrichten. Bedingung dafür ist, dass alle gekauften Produkte nicht gewerbs-mäßig benutzt, also nicht weiterverkauft werden. Die Einfuhr von Tabak und Alkoholika nach Frankreich ist nur Personen ab 17 Jahren gestattet.

Für die **Einfuhr von Waren nach Frankreich** gelten folgende Bestimmungen:

Aus EU-Ländern (Deutschland, Österreich): Bei folgenden Mengen pro Person stellen die Behörden den „persönlichen Bedarf" nicht in Frage:

10 l Spirituosen

20 l alkoholische Zwischenerzeugnisse (Portwein, Sherry)

90 l Wein oder weinhaltige Getränke, davon höchstens 60 l Schaumwein/Sekt, 110 l Bier,

800 Zigaretten, 400 Zigarillos, 200 Zigarren, 1 kg Tabak.

Ein Überschreiten der angegebenen Mengen stellt kein Problem dar, wenn Sie glaubhaft versichern können, dass der gesamte Alkohol- und Zigarettenvorrat zum Eigenverbrauch bestimmt ist.

Aus Nicht-EU-Ländern (Schweiz):

Zollfrei eingeführt werden dürfen:

1 l über 22 %ige Spirituosen oder 2 l unter 22 %ige Spirituosen, 2 l Schaumwein oder 2 l sonstiger Wein

200 Zigaretten oder 100 Zigarillos oder 50 Zigarren oder 250 Gramm Tabak

500 Gramm Kaffee oder 200 Gramm Kaffeeauszüge

100 g Tee oder 40 g Teeauszüge

50 g Parfum, 0,25 l Eau de Toilette

Waren und Geschenke dürfen den Wert von ca. 45 € nicht überschreiten, für Kinder unter 15 Jahren liegt die Grenze bei ca. 23 €.

Für Fernsehgeräte (tragbare ausgenommen) ist eine Kaution zu hinterlegen, Videogeräte sind bei der Einreise zu deklarieren.

Reisepraktisches

Bei der **Ausfuhr von Waren aus Frankreich** sind die Einfuhrgesetze des Wohnlandes zu berücksichtigen:

Nach Deutschland und **Österreich**: Nach der Logik des EU-Binnenmarkts sind die Bestimmungen identisch mit den oben genannten Einfuhrbestimmungen nach Frankreich aus EU-Ländern.

In die Schweiz:

2 l alkoholische Getränke bis 15 % Vol. und 1 l alkoholische Getränke über 15 % Vol.;

200 Zigaretten oder 50 Zigarren oder 250 Gramm Tabak

Waren für den privaten Bedarf oder zu Geschenkzwecken dürfen den Wert von 300 CHF nicht übersteigen.

Das Mindestalter für den Konsum von Alkohol- und Tabakwaren ist 17 Jahre.

Dreifacher K.o. nach Frontalattacke

Unterwegs in Südwestfrankreich

Mit dem Auto

Dass die Franzosen chaotische Autofahrer sind, ist ein Vorurteil. Nur die Verkehrsschilder sind mitunter etwas eigenartig aufgestellt.

Man erkennt eine Vorfahrtstraße am Stopp-Schild der Nebenstraße oder am Verkehrspartner, der etwas zögert, vor eine fremde Motorhaube zu brausen. Nach einer filmreifen Vollbremsung neben einer Gefahren-Tafel liest man auf dem Zusatzschild, dass es hier nur im Winter gefährlich sei.

Die mit einer N-Nummer versehenen Nationalstraßen sind gut ausgebaut. Hier rollt der Verkehr meist zügig. Gelegentlich sind sie drei- oder vierspurig. Wenn nicht, zeigen gekrümmte Pfeile auf dem Asphalt an, dass Sie die gegnerische Fahrbahn nicht länger als Überholspur benutzen sollten. Die mit einer D-Nummer versehen Departement-Straßen sind schmaler und weniger übersichtlich, in höheren Lagen oft holprig.

▸ **Parken**: Großparkplätze, ob gebührenfrei oder kostenpflichtig, sind meist ausgeschildert. Die häufigen Kurzparkzonen in den Städten heißen Zone bleue und dürfen werktags in der Regel 9.00–12.30 und 14.30–19.00 Uhr für eine Stunde genutzt werden (abweichende Zeiten sind auf den Schildern vermerkt). Zur Kontrolle dient die obligatorische Parkscheibe (disque de contrôle). Ist der Randstein rot-weiß oder gelb gestreift, entspricht dies einem Parkverbot.

- **Verkehrsschilder**: Sie entsprechen den europäischen Standards. Zusätzliche Informationen werden oft schriftlich kundgetan, z. B.:

Accès à la mer (plage)	*Zugang zum Meer (Strand)*
Attachez vos ceintures!	*Schnallen Sie sich an!*
Au pas!	*Schritttempo!*
Centre ville	*Stadtzentrum*
Chantier	*Baustelle*
Chaussée déformée	*unebene Fahrbahn*
Danger!	*Gefahr!*
Déviation	*Umleitung*
Entrée	*Einfahrt*
Gravier!	*Rollsplit!*
Halte!	*Stopp!*
Horodateur	*Parkuhr*
Impasse	*Sackgasse*
Limitation de vitesse	*Geschwindigkeitsbegrenzung*
Passage interdit!	*Durchfahrt verboten!*
Payant	*gebührenpflichtiger Parkplatz*
Péage	*Autobahngebühren*
Ralentir	*Geschwindigkeit verringern*
Route barrée	*Straße gesperrt*
Sens unique	*Einbahnstraße*
Sortie	*Ausfahrt*
Stationnement interdit!	*Parken verboten!*
Toutes directions	*Alle Richtungen*
Travaux	*Straßenarbeiten*
Véhicules lents serrez à droite!	*Langsame Fahrzeuge rechts fahren!*
Virage (dangereux)!	*(gefährliche) Kurve!*
Voie sans issue	*Sackgasse*

- **Reparaturen**: Sie fahren ein französisches Auto? Sie haben es gut – in allen größeren menschlichen Ansiedlungen haben Renault, Peugeot und Citroën Vertragswerkstätten. Werkstätten für ausländische Autos sind oft schwieriger zu finden, einzig Opel und Volkswagen haben ein relativ dichtes Servicenetz aufgebaut. Von Ihrer Vertragswerkstatt oder auf Anfrage direkt vom Werk erhalten Sie das aktuelle französische Werkstattverzeichnis für Ihr Auto.
- **Autoverleih**: Die internationalen Verleihagenturen sind in allen größeren Städten Südwestfrankreichs zu finden, in der Regel in unmittelbarer Bahnhofsnähe. Voraussetzungen für das Mieten sind ein Mindestalter von 21 Jahren und der mindestens einjährige Besitz des Führerscheins. Ohne Kreditkarte geht bei den Verleihern nichts.

  In der Regel gilt: Je länger Sie mieten, desto billiger wird der Tagespreis. Zu den verschiedenen Fahrzeugtypen gesellen sich die diversen Reisezeiten, die das

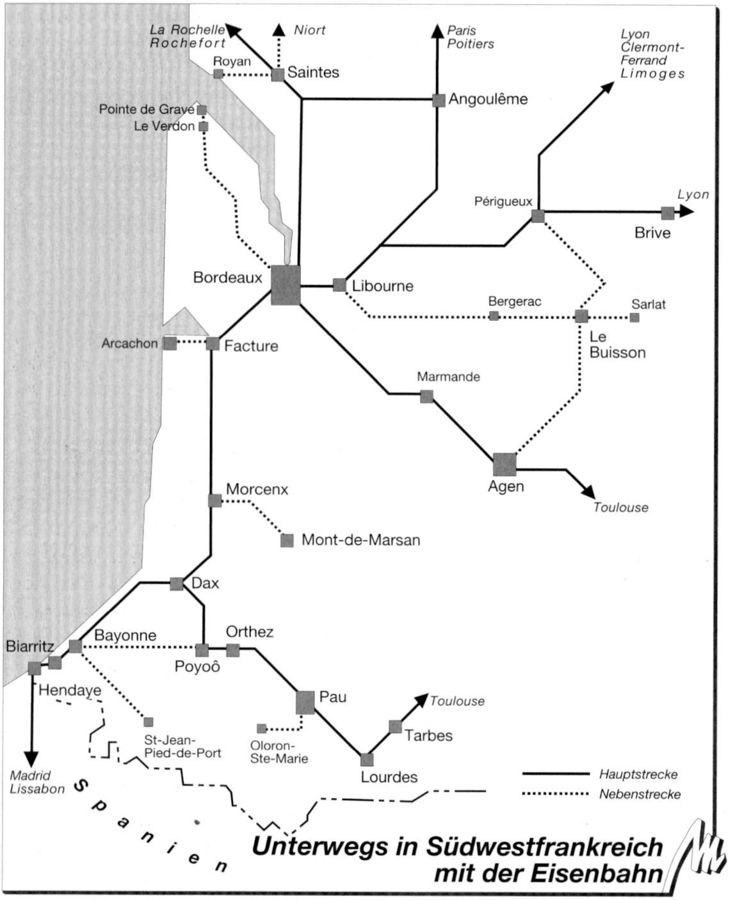

Preisniveau stark schwanken lassen. Ein Service der internationalen Verleihgesellschaften ist der *Holiday-Tarif*: Sie buchen schon zu Hause, und am Zielort steht ein Leihwagen für Sie bereit – oft günstiger als das Buchen vor Ort.

Mit der Eisenbahn

Seit dem Zweiten Kaiserreich sind Bordeaux, Arcachon und Biarritz problemlos auf dem Schienennetz erreichbar. Gleiches gilt auch für die größeren Orte im Landesinneren.

Dagegen fehlt eine Eisenbahnlinie, die direkt an der Küste der Côte d'Argent entlangführt. Zu den Badeorten muss man also in den Bus umsteigen, entweder in Bordeaux (zur Küste nördlich von Arcachon) oder in Morenx oder Dax (zur Küste südlich von Arcachon).

Auf den Hauptstrecken gibt's keine Probleme: an den Bahnhof gehen, Fahrkarte kaufen und auf den nächsten Zug warten. Er kommt bestimmt innerhalb der nächsten Stunde, wenn Mitternacht nicht schon vorbei ist. Für Fahrten auf den Nebenstrecken hingegen empfiehlt es sich, vorher den Fahrplan zu konsultieren, oft halten nur drei Züglein pro Tag.

Die Fahrt mit dem Hochgeschwindigkeitszug *TGV* ist reservierungspflichtig. Wenn man nicht gerade in der Weihnachtswoche unterwegs ist, findet man in der Regel problemlos einen Platz. Ein spezieller TGV-Zuschlag wird nicht erhoben, man zahlt den Normalpreis plus ca. 3 € Reservierungsgebühr.

Mit dem Bus

Das Netz der südwestfranzösischen Buslinien ist ein Buch mit sieben Siegeln. TER, die Busgesellschaft der Bahn, unterhält nur wenige Strecken, den Großteil der Verbindungen zwischen den Dörfern halten private Unternehmen aufrecht. Und deren Fahrpläne sind nur schwer aufzutreiben.

Privatwirtschaft arbeitet profitorientiert, von dieser Maxime ist die Qualität der Busverbindungen bestimmt. Kinder müssen zur Schule und Arbeiter zur Arbeit – dafür reicht in der Regel ein Bus am frühen Morgen und einer am späten Nachmittag. Am Sonntag darf der Busfahrer zumeist ausschlafen. Der Tourist hat das Nachsehen. Nur zu den bekannten Badeorten klappt die Verbindung meist problemlos, zumindest in der Saison. Wer das Landesinnere per Bus erkunden will, braucht Zeit und Nerven. Auskünfte über Verbindungen geben die lokalen Tourismus-Büros, doch deren Kenntnisse beschränken sich meist auf die Busse, die den betreffenden Ort ansteuern. Zugestiegen wird an der Haltestelle *(Arrêt)*, in größeren Orten am Busbahnhof *(Gare routière)*.

Mit dem Fahrrad

Das Fahrrad ohne Gangschaltung, mit Klotzbremse und Rücktritt reicht für Fahrten durch den Pinienwald der Landes völlig aus. In den Pyrenäen bringt ein Tourenrad mit einem differenzierten Schaltwerk für Bergfahrten große Vorteile.

Wer mit dem Zug nach Aquitanien reist, kann sein eigenes Fahrrad mitnehmen. Was man dabei beachten muss, siehe unter „Anreise, Eisenbahn".

Wer mit dem Flugzeug nach Aquitanien gekommen ist, hat sein Rad vermutlich zu Hause gelassen. Macht nichts, denn an jedem Küstenort werden Fahrräder verliehen. Vom Tandem bis zum Mountainbike (dieses heißt in Frankreich *Vélo Tout-Terrain* oder abgekürzt *VTT*) ist alles im Angebot. Im Landesinneren findet man Verleiher nur in größeren Orten.

An der *Côte d'Argent* und im Pinienwald dahinter sind spezielle Fahrradwege angelegt worden. Den harzigen Duft bekommen Sie hier ohne jedes Beigemisch von Autoabgasen in die Nase. Besonders schöne Touren lassen sich im Gebiet zwischen *Maubuisson* und *Lacanau* sowie nördlich des *Arcachon-Beckens* machen. Auch der Ritt auf dem Drahtesel von Château zu Château durch die *Bordelaiser Weingebiete* sei empfohlen, aber achten Sie dabei auf Ihren fahrtauglichen Zustand.

Übernachten

Südwestfrankreich bietet Touristen eine breite Palette von Unterkunftsmöglichkeiten: Nobelherbergen in mittelalterlichen Burgen, aber auch einige für Normalverdiener erschwingliche Schlosshotels, rustikale Zimmer auf alten Bauernhöfen, kleine romantische Gasthöfe, und schließlich hat fast jeder Fremdenverkehrsort seinen Campingplatz.

Die Hotelstruktur spiegelt den touristischen Entwicklungsstand einer Region: Im Baskenland z. B. wird im Sommer jede noch so kleine Kammer vermietet; im menschenleeren Pinienwald der Landes hingegen muss man gelegentlich über 50 Kilometer fahren, um eine Unterkunft zu finden.

Landgasthöfe sind in der Regel nicht billiger als die Hotels der Präfekturstädte, aber schöner und ruhiger. Und so aufregend ist das Nachtleben in Périgueux, Agen oder Oloron nun auch wieder nicht, dass man viel verpasst, wenn man sich zehn Kilometer außerhalb auf einer baumbestandenen Restaurant-Terrasse einem opulenten Diner hingibt.

Hotels

Französische Hotels der untersten Preiskategorie haben ihren unvergleichlichen Charme. Die Patronne hinter dem Tresen lugt über den Brillenrand, um abzuschätzen, ob der Kunde seriös und zahlungsfähig ist, nimmt dann einen großen Schlüssel mit schwerem Metallanhänger vom Brett und führt den Gast über den knarrenden Dielenboden in sein Zimmer. Dort steht ein für den nordeuropäischen Geschmack meist viel zu weiches grand lit, in dem man sich allein oder zu zweit unter die vom Zimmermädchen militärisch festgestopfte Decke kuschelt. Üblich ist das Traversin (Nackenrolle), gelegentlich findet man auch ein Kissen im Schrank. In der Ecke steht das obligatorische Bidet.

Klassifikation: Das Tourismusministerium inspiziert jährlich die Hotels und verteilt auf achteckigen, blauen Schildern seine Sterne:

**** Grand Luxe. Oft antik möbliert, immer mit einem Nobelrestaurant versehen.

*** Hoher Komfort. Badezimmer, TV und Direkttelefon sollten selbstverständlich sein. Das Hotel führt eine Bar, an der Rezeption beherrscht man Fremdsprachen.

** Touristen- und Vertreterkategorie. Mittlerer Komfort, Dusche und WC meist im Zimmer. An der Rezeption trifft man auf vage Fremdsprachenkenntnisse oder zumindest auf ein Wörterbuch.

* Billighotel. In der Regel saubere und korrekte Zimmer mit Waschbecken. Dusche und WC oft auf Etage.

Ohne Sterne: Ganz einfache Hotels sind oft nicht klassifiziert, was nicht unbedingt gegen sie spricht. Einige dezente Adressen verzichten aus anderen Gründen auf die Zurschaustellung von Sternen.

Nicht jedes Hotel ist ein Hotel – das Hôtel de Ville ist ein Rathaus

Zimmerpreise: Neben Willkür sind verschiedene andere Faktoren an ihrem Zustandekommen beteiligt:

– die Anzahl der verliehenen Sterne.

– die Saison. An der Küste herrschen große Preisunterschiede zwischen Vor- bzw. Nachsaison und Hauptsaison (Juli/August). Einige Hotels teilen das Jahr sogar in mehrere saisonale Kategorien ein und berücksichtigen dabei z. B. auch das Ostergeschäft.

– die Lage des Hotels (direkt am Meer und mit Zugang zu diesem, etwas abseits vom Meer, im Dorf usw.).

– die Lage des Zimmers (Meerseite oder Straßenseite, Straßenseite oder Gartenseite, laut oder leise usw.).

– der Zimmerkomfort (Bad, Dusche, WC, TV, Minibar usw.).

In den Übernachtungspreisen ist das Frühstück nur selten inbegriffen. Bezahlt wird grundsätzlich für das Zimmer, unabhängig davon, ob man es alleine oder zu zweit belegt. Einige Hotels verfügen über etwas billigere Einzelzimmer oder gewähren Einzelreisenden einen kleinen Preisnachlass. In der Regel steht im Zimmer ein grand lit (großes Bett) französischer Breite (140 cm), gelegentlich werden etwas teurere Zimmer mit deux lits (2 Betten) angeboten.

In unserem Reiseführer berücksichtigen wir die Preisspanne innerhalb eines Hotels. Beispiel: DZ 38–61 € heißt: billigstes Doppelzimmer im Hotel für 38 € (z. B. Nebensaison, Zimmer zur Straße, WC auf Etage), teuerstes für 61 € (z. B. Hauptsaison, Meerseite, Dusche und WC im Zimmer).
Sämtliche Preise beruhen auf Recherchen im Jahr 2007.

- **Relais et Châteaux**: Dieser Hotelverband kümmert sich um die betuchtere Klientel. Angeboten werden Luxusnächte in historischen Schlossgemächern, renovierten Mühlen, umgebauten Klöstern etc. (in der Regel 4 Sterne).
- **Logis de France**: Ein grün-gelbes Schild mit einem Kamin darauf ist das Markenzeichen dieses lockeren Zusammenschlusses von Familienhotels. Es handelt sich meist um 2-Sterne-Hotels mit Stil, Charakter und regionaler Küche zu vernünftigen Preisen – kurz: genau das, was man im Urlaub zu schätzen weiß.

Gîtes ruraux und Chambres d'hôtes

Das **Gîte rural** ist die ländliche Spielart des Feriendomizils. In diese Kategorie gehören sowohl die einfache Ferienwohnung im Bauerngehöft wie auch die ausgebaute romantische Wassermühle aus dem 17. Jahrhundert. Die Vermietung erfolgt stets wochenweise. Der deutsche Begriff Urlaub auf dem Bauernhof umschreibt nur schlecht, was man sich unter einem Gîte rural vorzustellen hat. Der Besitzer des Gîte arbeitet zwar in der Landwirtschaft, aber niemand erwartet von Ihnen und ihren Kindern Frondienste auf dem Misthaufen. Das Gîte verfügt über eine komplett eingerichtete Küche, häufig auch über eine Waschmaschine; Betttücher werden vom Besitzer gestellt oder gegen geringen Aufpreis vermietet.

Urlaub im Gîte rural hat sich bei Ausländern noch nicht recht eingebürgert. Dabei ist es äußerst billig. Die Durchschnittspreise pro Woche liegen bei 250–300 € für eine Unterkunft mit fünf oder sechs Betten.
Die „Maison des Gîtes de France“ in Paris gibt zu jedem aquitanischen Departement einen Katalog der regionalen Gîtes ruraux heraus. Darin sind alle Gîtes detailliert beschrieben (Preisangaben, Sport- und Freizeitangebote vor Ort und in der Umgebung etc.) und meist auch abgebildet.
Im Katalog werden auch **Chambres d'hôtes** angeboten. Es handelt sich um relativ billige Privatzimmer (ca. 30 €), geräumiger und wesentlich schöner als in einem Hotel der unteren Preisklasse. Meist sind sogar Dusche und Waschbecken im Zimmer. Die Gastgeber sind keine Tourismus-Profis, sondern einfache Leute, die sich freuen, Ihnen beim Frühstück mit selbst gemachter Marmelade von ihrem Land zu erzählen. Manchmal wird auch Mittag- oder Abendessen in der Familie angeboten. Wenn Sie dies wünschen, lassen sie es die Gastgeber rechtzeitig wissen, damit sie sich darauf einrichten können. Tauchen Sie nie erst zu nachtschlafender Zeit mit der Bitte um ein Zimmer auf.

Auskunft und Bestellung **La Maison des Gîtes de France**, 59, rue Saint-Lazare, F-75439 Paris Cedex, ✆ 01.49.70.75.75, ✆ 01.42.81.28.53, info@gites-de-france.fr, www.gites-de-france.fr. Je nach Umfang kann der Katalog 5–10 € kosten.

Ferienwohnungen

Sie sind die bevorzugte Unterkunft bei Franzosen, die an der Küste Urlaub machen. Strandorte wie Lacanau, Mimizan oder Biscarrosse-Plage führen unzählige Häuschen und Wohnungen im Angebot. Die sogenannten *Meublés* sind möblierte Ferienwohnungen, deren Vermieter oft an Ort wohnt. Die Preise an der Küste sind wesentlich höher als im Hinterland. Doch ist das *Meublé*, in der Regel für mindestens zwei Wochen vermietet, noch immer billiger als der Ferienaufenthalt im Strandhotel.

Wer sich für die Variante Ferienwohnung entschieden hat, schreibt am besten rechtzeitig das *Office de Tourisme* des gewünschten Ferienortes an und lässt sich eine Liste der zur Verfügung stehenden Wohnungen schicken.

In Deutschland, in der Schweiz und in Österreich vermittelt jedes größere Reisebüro Ferienwohnungen an der Küste. Auch im Internet wird man schnell fündig. Dass im Preis eine Provision versteckt ist, gehört natürlich zum Gewerbe.

Jugendherbergen

Mit knapp einem Dutzend Jugendherbergen ist Südwestfrankreich relativ schlecht bestückt. In größeren Orten findet man diese Billigeinrichtungen oft bei den Sportanlagen am Stadtrand. Der Besitz eines gültigen Jugendherbergsausweises *ist* Voraussetzung für das Recht auf Schlafraum, Kochgelegenheit, Aufenthaltsraum und die üblichen Dienstleistungen. Bei Bedarf wird oft gegen eine geringe Gebühr Bettwäsche ausgeliehen. Insgesamt führen französische Herbergsväter und -mütter ein weniger strenges Regiment als ihre deutschen Kollegen und Kolleginnen.

• *Information* **Fédération Unie des Auberges de Jeunesse (FUAJ)**, 27, rue Pajol, F 75018 Paris. ✆ 01.44.89.87.27, 01.44.89.87.49, fuaj@fuaj.org, www.fuaj.org. Die Zentrale gibt eine Liste sämtlicher französischer Jugendherbergen heraus mit detaillierten Angaben über Öffnungszeiten, Anzahl der Betten, Sport- und Freizeitmöglichkeiten in der Umgebung etc.

Camping

Jede Gemeinde in Südwestfrankreich, die eine Spur von touristischem Ehrgeiz besitzt, hat ein Campinggelände. Auf den Plätzen der Küste findet man alle Übernachtungsvarianten – vom Typ Iglu bis zum komfortablen Familienwohnzelt, in dem sich die gesamte heimatliche Häuslichkeit wieder findet. Sind Sie ohne Zelt, Wohnwagen oder Wohnmobil unterwegs, bieten Ihnen viele Zeltplätze ein *Mobilhome* oder einen *Bungalow* an. In diesen stabilen Unterkünften, meist nur wochenweise zu mieten, finden Sie im Standardfall zwei getrennte Schlafzimmerchen, eine Wohnküche mit Kühlschrank und allem, was Sie zum Kochen und Essen brauchen (Lebensmittel ausgenommen), eine Dusche und ein WC.

Wie für Hotels werden auch für Campingplätze Sterne verliehen. Bis zu vier Sternen kann eine Zeltwiese ergattern, wenn sie den Campern Swimmingpool, Kinderspielplatz, Tenniscourt und eine allabendliche Tralala-Show bietet. Letzteres nennt der Franzose *Animation*, deutsche Gäste können dem meist wenig abgewinnen. Seine Ruhe findet man eher auf dem *Camping municipal*, dessen Komfort sich auf gepflegte Sanitäranlagen beschränkt und der vielleicht noch einen kleinen Kanu- oder Fahrradverleih unterhält.

Eine Snackbar und oft auch eine Pizzeria findet sich auf fast jedem Campingplatz, ist also kein besonderer Luxus. Bei der Vergabe von Sternen werden vor allem die „technischen" Qualitäten berücksichtigt (sanitäre Anlagen, elektrische Anschlüsse etc.), weniger die natürlichen Gegebenheiten wie Bewaldung und Bodenbeschaffenheit. In einem sanitär gut ausgerüsteten 3-Sterne-Camping kann also die pralle Sonne brennen und der Boden steinhart sein, während ein romantischer Camping im schattigen Wald nur einen Stern bekommt, weil ihm das Warmwasser fehlt. Also: die Plätze auf jeden Fall vorher inspizieren. Viele Campingplätze – insbesondere die unter kommunaler Regie – öffnen erst im Juni und schließen schon im September.

Was Sie von der staatlichen Klassifizierung ungefähr erwarten dürfen:

**** Luxus-Camping: Gemeinschaftseinrichtungen, größeres Sportangebot, Swimmingpool, Disco usw. Gelegentlich nennen sich solche Einrichtungen auch stolz *Airôtel*.

*** Hoher Komfort: Stellplätze mit Stromversorgung, Lebensmittelladen, Parkplatz, Rund-um-die-Uhr-Bewachung, meist Tennisplatz und – wenn nicht direkt am Meer gelegen – Swimmingpool.

** Durchschnittlicher Komfort: Warmwasser, Steckdosen für Rasierapparate, individuelle Waschbecken, gelegentlich Waschmaschine. In diese Kategorie gehören die meisten kommunal verwalteten Campingplätze *(Camping municipal)*.

* Sanitäre Minimalausstattung, meist nur Kaltwasserduschen.

- **Preise**: Die Preisspanne ist groß: Für einen 4-Stern-Platz an der Küste zahlen zwei Personen mit Zelt und Auto bis zu 25 € pro Übernachtung, auf einem bescheidenen 1-Stern-Gelände im Hinterland rund 10 €.
- **Camping à la ferme**: Einige Bauern verdienen sich ein Zubrot, indem sie eine Wiese als *Camping à la ferme* herrichten. Diese Plätze sind meist billig, einfach, abgelegen und ruhig. In der Regel sind Duschen und Spülbekken vorhanden.
- **Wildzelten** ist zwar verboten, wird aber weitgehend toleriert. Freundlichkeit und Respekt vor fremdem Eigentum gebieten, den Landbesitzer vorher um Erlaubnis zu bitten. Leere Weinflaschen und Cola-Dosen als Souvenir weiß der Bauer nicht zu schätzen. Polizeilich streng geahndet wird Wildcampen im knochentrockenen, feuergefährdeten Pinienwald hinter der Küstendüne.

Essen und Trinken

„Sie fahren in den Südwesten?" Monsieur Tout-le-Monde, wie Herr Jedermann in Frankreich heißt, bekommt glänzende Augen und strahlt übers ganze Gesicht. Während die meisten Deutschen beim Gedanken an Südwestfrankreich von Sandstränden und alten Burgen träumen, läuft dem Franzosen das Wasser im Mund zusammen: Gänseleberpastete, Austern, Trüffeln und Bordeaux-Weine defilieren vor seinem inneren Auge.

Wenn Sie wie Gott in Frankreich essen wollen, dann sind Sie im Südwesten tatsächlich gut aufgehoben. Im Périgord kommen Gänse und Enten auf den Teller, an der Küste Fische und Austern, die Basken schwärmen von Thunfischragoût und eingekochten Paprikaschoten, und zu jedem Gericht finden Sie einen passenden Bordeaux-Wein.

Enten und Gänse

Vor allem im Périgord, aber auch in den Landes haben sich viele Bauern auf die Geflügelzucht spezialisiert, auf Enten und Gänsemast. Interessant an diesem Geflügel ist vor allem die Leber, die um einer guten Pastete willen mit rabiaten Mitteln vergrößert wird. Nach ihrer 15. Lebenswoche beginnt für die Gans das Martyrium. Die Bäuerin greift sich das Federtier mehrmals täglich, klemmt es fest zwischen die Beine, hält es mit der einen Hand am Hals und führt ihm mit der anderen einen Trichter in den Schnabel ein. Die Gans wird mit Maiskörnern regelrecht überfüttert. Das „Gänsestopfen", wie man diese Form von Zwangs-ernährung nennt, dauert 24 Tage, dann hat die Leber des nur noch torkelnden Tieres ein Gewicht von etwa 900 Gramm erreicht. Der Gourmet verspricht sich einen Gaumenkitzel, der Tier-schützer ist empört, die Gans wird geschlachtet.

Arglose Opfer von Feinschmeckern in aller Welt

Enten und Gänse bestehen aber nicht nur aus Leber, und deshalb gibt's auch den *Geflügel-Confit*: Ganze Fleischstücke werden zur Konservierung im ausgebratenen eigenen Fett eingelegt. Doch brauchen Sie sich nicht um Ihre Figur zu sorgen: Das aufgewärmte Gericht ist bei weitem nicht so fett, wie die Beschreibung befürchten lässt.

Enten entwickeln ein besonders delikates und mageres Filet-Stück in der Brust. Dieses heißt *Magret de Canard* und wird von Meisterköchen in feine Scheiben geschnitten und auf verschiedenste Arten zubereitet, z. B. mit Pfirsich-Sauce.

Trüffeln

Um eine Trüffel zu finden, muss man Schwein haben, und zwar eines mit feiner Nase. Der Spaziergang mit dem Schwein an der Leine durchs Gehölz ist noch immer die beste Methode, die unter knorrigen alten Eichen verborgenen Trüffeln zu orten. Sobald die feine Nase etwas erspürt hat und nervös im Waldboden zu wühlen beginnt, ist schnelles Handeln geboten, sonst verschwindet der teure Pilz im Wanst der Sau, und das liegt nicht im Sinn des Trüffelsuchers. Denn auf dem Markt erzielt er mit dem „schwarzen Diamanten", wie die Périgord-Trüffel *(Tuber melanosporum)* genannt werden, Höchstpreise: mehr als 2000 € für das Kilo.

Der stolze Preis der perigourdinischen Trüffel lockt immer wieder Schwindler auf den Markt. So kamen 1994 Trüffeln zum Preis von 1000 FF (ca. 150 €) pro Kilo auf den europäischen Markt. Die Himalaya-Trüffel *(Tuber himalayensis)* aus China, wie sie von Fachleuten identifiziert wurde, glich ihrer berühmten Schwester aufs Haar – einzig mit dem Geschmack haperte es, die Meisterköche schlugen Alarm.

Und noch etwas bewirkt der horrende Preis: Auch gute Köche gehen sparsam um mit den exklusiven Schwammerln. *Foie gras* wird getrüffelt, Saucen werden mit dem teuren Pilz verfeinert; in hauchdünne Scheiben geschnitten, wird er der Ente unter die Haut gelegt – vierundzwanzig Stunden, bevor sie in den Ofen kommt. Fast ordinär dagegen nimmt sich die *Omelette aux truffes* aus, sie steht im Périgord auch auf der Speisekarte einfacher Gasthäuser.

Wer getrüffelt isst, zahlt in der Regel gesalzene Preise. Kenner essen die Delikatesse nur in der ersten Novemberhälfte, wenn Trüffelsaison ist. Der Gast darf dann für sein Geld immerhin frische Ware erwarten.

Austern

In den Becken von Marennes-Oléron und Arcachon, wo mit jeder Flut frisches Plankton angeschwemmt wird, sind die Austernzüchter zugange. In Deutschland gelten die glitschigen Muscheltiere als Inbegriff der luxuriösen Küche, vor Ort sind sie nicht sehr teuer und werden von jedermann geschlürft. Man bekommt sie frisch aus dem *Vivier* serviert, einer Art Lagerhalde im Salzwasserbecken.

Mehr über Austernzucht und Austerngenuss erfahren Sie im Reiseteil unter „Bassin von Arcachon" und „Marennes".

Weitere Spezialitäten

Was man im Südwesten sonst noch alles goutieren kann: In Bordeaux probiert man natürlich *Entrecôte bordelaise,* ein Rippenstück vom Rind, in Weißweinsauce und mit Schalotten serviert. Im Baskenland steht das *Poulet à la basquaise* auf der Speisekarte: ein mit Tomaten, Paprika und Piment geschmortes Huhn, Auberginen, Zucchini und Oliven dürfen auch dabei sein. Ebenfalls aus dem Baskenland kommt der *Jambon de Bayonne,* der König unter den französischen Schinken. Sowohl Basken als auch Béarnaisen kennen die *Garbure,* eine kräftige Gemüsesuppe mit Geflügelteilen. Die berühmte *Sauce béarnaise* ist mit der Mayonnaise verwandt und wird ähnlich wie diese hochgezogen. Südwestfranzösischen Salaten werden oft *Gésiers de canard* beigemengt, das sind leckere Magenstücke der Ente. Den schwarzkrustigen, milden *Pyrenäen-Käse,* den man Ihnen in deutschen Supermärkten andreht, dürfen Sie getrost vergessen; der echte ist schärfer und hat eine gelbe Rinde.

> Mehr über die südwestfranzösische Speisekarte erfahren Sie jeweils in der Einleitung der Kapitel Périgord, Bordelais und Baskenland.

Weine

Man unterscheidet fünf große Weinfamilien im **Bordelais**: Die kräftigen Rotweine *Médoc* und *Graves,* die zwischen dem atlantischen Pinienwald und der Gironde wachsen. An den Ufern südlich der Gironde reifen die süßlichen,

Ob Palast oder Hütte – der Weinbauer nennt's Château

likörigen *Sauternes,* die sich als Aperitiv ebenso eignen wie als Dessertwein und gelegentlich auch in Cocktails gemixt werden. Die noblen *Rotweine des Libournais* sind vor allem unter der „Appellation Saint-Emilion" bekannt. Die frischen Weißweine der vierten Familie, *Côtes de Blaye* und *Entre-Deux-*

Bordeaux – der Mercedes unter den Weinen

Mers, passen hervorragend zu Fisch und Meeresfrüchten. Und schließlich gibt es noch die Rotweine *Côtes de Bordeaux,* die in unmittelbarer Nähe der Hauptstadt wachsen. Unter ihnen genießt der fruchtige „Bordeaux Clairet" einen besonders guten Ruf.

Weinanbau im Bordelais ist eine Wissenschaft für sich. Nur wenige Winzer entsprechen dem Klischee des Bauern, der so wirtschaftet, wie er es von seinem Vater gelernt hat. Die meisten Jungwinzer haben Önologie studiert, Kenntnisse in Betriebswirtschaft sind in den Studiengang integriert. Sie kennen die Formeln der Fermentierungsprozesse ebenso wie die Gesetze der Marktwirtschaft.

Tipps für Weinkäufer

Egal, ob Sie nur ein paar Flaschen als Souvenir mitnehmen oder Ihren Weinkeller auffüllen wollen: Der Kauf beim Produzenten lohnt sich. Sie sparen damit Geld und können obendrein den Wein vorher probieren.
Eine sachkundige Beratung bietet Ihnen der *Conseil Interprofessionnel des Vins de Bordeaux,* kurz *C.I.V.B.* (Adresse siehe unten). Zur Einführung können Sie sich hier eine Multimedia-Show über Bordeaux-Weine zu Gemüte führen. Der C.I.V.B. gibt überdies eine sehr informative und anschauliche Gratis-Broschüre mit einem Wein-Glossar heraus: „Kleiner Führer der Bordeaux-Weine". Zur Ergänzung liegen Faltblätter mit den Adressen und Besuchszeiten sämtlicher Châteaux auf, Orientierungskarte inklusive. Eine Verbraucherberatung beim C.I.V.B. hat in der Regel das Resultat, dass jeder Bordeaux-Wein hervorragend ist. Das ist zwar nicht unbedingt falsch, er-leichtert aber nicht die Kaufentscheidung. Spätestens jetzt ist es sinnvoll, sich an einen großen Weinfachhändler zu wenden. Hier nimmt man sich viel Zeit für den Kunden und hat auch Weine von kleinen, wenig bekannten Châteaux im Angebot.
Fragen Sie nach den *Secondes Maisons.* Die Spitzenweine werden nur in limitierter Auflage hergestellt. Mit den übrig gebliebenen Trauben produzieren die Winzer aber Weine von fast so hoher Qualität, die als sog. Secondes Maisons wesentlich billiger über den Ladentisch gehen. Sie brauchen keine Angst zu haben, dass der teuer erstandene Wein auf der langen Heimreise im heißen Kofferraum Schaden nimmt. Der Bordeaux-Wein ist ein Qualitätsprodukt – stabil, robust und haltbar. Nach der Fahrt sollten Sie ihm dennoch mindestens eine Woche waagrechte Ruhe gewähren. Liebhaber umsorgen ihn jahrelang.
Der Bordeaux wird eine Stunde vor dem Genuss entkorkt, damit sich das Bukett entfalten kann. Dann chambriert man den Wein, d. h. man bringt ihn auf Zimmertemperatur. Dabei denke man an ein zugiges Schlossgemach ohne Zentralheizung, also etwa 18 Grad Celsius.

Information **Conseil Interprofessionnel des Vins de Bordeaux** (C.I.V.B.), 1, cours 30 juillet, Bordeaux. ✆ 05.56.00.22.66, 05.56.00.22.77, www.vins-bordeaux.fr.
Magnum, einer der größten Weinfachhändler der Stadt. 3, rue Gobineau, Bordeaux. ✆ 05.56.48.00.06, 05.56.81.73.41, www.bordeaux-magnum.com.

Wenn das milde, trockene Klima des Bordelais seinen Beitrag geleistet hat und die Trauben reif sind, liegt es am Winzer, die optimalen Bedingungen für die Hefe zu schaffen. Die Trauben werden schonend gepresst. Nach dem Gärungsprozess ist die gesammelte Erfahrung eines *Maître de Chai*, eines Kellermeisters, erforderlich, falls der Hausherr nicht selbst diese Funktion ausübt. Der Jungwein muss abgezogen werden (oder „abgestochen“, wie der Fachmann sagt), und die verschiedenen Traubensorten brauchen die richtig gewählte Zusammensetzung. Im Frühjahr endlich kann der neue Wein in die 225-Liter-Fässer abgefüllt werden, die man im Bordelais *Barriques* nennt. Zwei Jahre nach der Ernte ist es dann soweit: ein neuer Weinjahrgang erblickt das Licht der Welt – allerdings nur, um gleich wieder im Dunkel des Kellers seines Käufers zu verschwinden. Denn wie kaum ein anderer Wein erlangt der rote Bordeaux erst im Lauf der Jahre seine volle Reife.

Nach diesem Exkurs in den Lebenslauf eines Bordeaux-Weins sei daran erinnert, dass Südwestfrankreich noch andere Weine zu bieten hat: Im **Périgord** finden Sie die bereits erwähnten *Bergerac-Weine*, im Agenais den exzellenten *Côte de Duras* (rot, weiß oder rosé), im Béarn den kräftigen roten *Madiran* und den leichten, fruchtigen, weißen *Jurançon*. Das **Baskenland** ist nicht gerade als Weingegend bekannt. Doch sind die Basken stolz auf *Irouléguy*, ihr einziges Weindörfchen. Sein Name prangt auf dem Etikett ihrer Weine: kräftig und rot, weiß oder rosé.

Schnaps und Konsorten

Nicht so berühmt wie der Cognac ist der aus der Pflaume destillierte **Armagnac**, der im gleichnamigen Landstrich zu Hause ist. Mehr über den Armagnac erfahren Sie, wenn Sie unter *Labastide d'Armagnac* nachschlagen und dort den Beitrag „... zum Schluss ein leicht pflaumiges Aroma“ lesen.

Der **Pineau** ist eine Spezialität der Charente. Der fruchtige Likör ist eine Mischung aus einem Viertel Cognac und drei Vierteln frischem Traubensaft, die vor der Abfüllung mindestens zwei Jahre in Eichenfässern gelagert und dann als Apéritiv oder Dessertwein kredenzt wird.

Auch die Basken sind starken Getränken nicht abgeneigt. Der giftgrüne **Izarra** ist ein hochprozentiger Kräuterlikör, der entweder pur getrunken oder Cocktails beigemixt wird.

Wo man isst und wo man trinkt

▶ **Restaurant**: Beim Betreten eines französischen Restaurants wendet man sich freundlich an den Kellner, erklärt ihm, dass man essen möchte und wie viele Gedecke man wünscht. Sicher, der Kellner wird sich ohnehin denken, dass man essen möchte und nicht das Auto reparieren lassen will. Sicher, der Kellner hat selbst schnell abgezählt, mit wie viel Personen Sie gekommen sind. Die Prozedur mag Ihnen umständlich erscheinen, aber Sie sind Gast und er die Vertretung des Hausherrn. Rufen Sie den Kellner übrigens nicht *Garçon*, wie Sie es vielleicht in der Schule gelernt haben, das klingt abwertend. Ein neutrales *Monsieur* ist angebrachter. Wenn Sie in einem gehobenen Restaurant Platz genommen haben, wird der *Sommelier* Kontakt mit Ihnen aufnehmen – der Meister der Weine reicht die Getränkekarte und erwartet Ihre *Ordres*.

Im Restaurant isst man entweder ein *Menu*, das zu einem Fixpreis auf der Speisekarte steht, oder man speist *à la carte*, d. h. man stellt sich – am besten unter sachkundiger Anleitung des Kellners – selbst ein Menü zusammen. Ein kleiner Hunger, der mit einem Salat auskommt, wird im Restaurant nicht gern gesehen. In diesem Fall suchen Sie besser eine *Brasserie* oder ein *Bistrot* auf (siehe unten).

Ein ausgiebiges Menü beginnt in Frankreich mit der kräftigen *Tagessuppe*, im Südwesten wird sie stets mit Brot serviert. Dann folgt die *Vorspeise*, die mittags *Hors d'oeuvre*, abends *Entrée* heißt. Der darauf folgende *Fisch* ist fakultativ. Nach etwa einer Stunde kommt man dann zum Wesentlichen, dem *Plat principal*. Wenn man dies alles verzehrt hat, bittet man den Kellner erneut um die Karte. Erst jetzt nimmt man sich die Muße, ein *Dessert* auszusuchen, *Fromage* (Käse) und *Fruits* (Obst) sind stets im Angebot, gelegentlich auch *Gâteau* (Kuchen) oder *Glace* (Speiseeis). Nach dem Dessert folgt in der Regel ein *Café* – und vielleicht dazu ein kleiner *Digestif*, ein Verdauungsschnäpschen? *Bon Appétit*!

Und was kostet der ganze Schlemmer-Spaß? fragen Sie vielleicht besorgt mit Blick auf Ihr Portemonnaie. Vorab: Die südwest-französischen Köche brutzeln Ihnen sehr viel für Ihr Geld. Im Verhältnis zu den aufgetischten Portionen, zur gebotenen Qualität oder auch zu den in Paris üblichen Preisen ist alles sehr günstig. Wer aber die Gewohnheit hat, in Deutschland beim Griechen für sechsfuffzig sein Giros zu verdrücken und deshalb französische Restaurants teuer findet, der weiß die kulinarischen Anstrengungen französischer Köche nicht zu schätzen.

Die auf der Karte angegebenen Preise schließen Bedienung, Brot und Gedeck mit ein. Trotzdem sollten Sie ein Trinkgeld liegenlassen. Und lassen Sie sich um Gottes Willen vom Kellner nicht Ihren Anteil am gemeinschaftlichen Gelage ausrechnen. Die *Addition* ist die Gesamtsumme; wenn Sie auf individueller Abrechnung bestehen, können Sie das auch außerhalb des Gasthauses und ohne den Kellner erledigen.

▶ **Weitere Lokale**: Für den kleinen Hunger sind in Frankreich die *Brasserie* und das *Bistrot* zuständig. *Brasserie* bedeutet Brauerei, auch wenn dort das Bier nur noch gezapft wird. „Bistrot" kommt vermutlich von „Bistouille", was im nordfranzösischen Dialekt soviel wie „schlechter Alkohol" heißt, möglicherweise auch aus dem Russischen, wo das Wort „schnell, schnell" bedeutet. Beide Erklärungen gehen an der Sache vorbei. Sowohl die Brasserie als auch das Bistrot ist ein kleines, einfaches Lokal, das meist ein *Plat du jour* (Tagesgericht) anbietet, außerdem gibt's Salate, Omelettes, Croque-Monsieur und Sandwiches.

Im *Café* oder in der *Bar* erfährt man alles, was sich an Wichtigem in der Welt ereignet. Der Tresen ist die Nachrichtenbörse für Lokalgeschichtliches, die Zeitungslektüre öffnet weitere Horizonte.

Neben dem Frühstückscafé mit Croissant wird hier allerlei angeboten. Was am Nebentisch so giftgrün im Limonadenglas sprudelt, ist ein *Diabolo menthe*, Pfefferminz-Sirup mit Selterswasser. Analog wird mit Granatapfel-Sirup der rote *Diabolo grenadine* gemixt. Den Pfefferminz-Sirup kann man übrigens auch in die beliebten Anis-Schnäpse *Pastis* und *Ricard* schütten, das heißt dann *Perroquet*. Kippt man die rote Grenadine ins Bier, wird's ein *Monaco*. Das zum Radler oder Alsterwasser gestreckte Bier wird *Panaché* genannt.

Oft gelten in französischen Cafés zwei verschiedene Tarife: Am Tresen *(comptoir)* ist das Bier billiger als am Tisch *(salle)*.

Sport

Rund 240 Kilometer misst der Sandstrand zwischen der Gironde- und der Adourmündung. Hinter der Düne haben sich flache Seen gebildet. Der Wassersport bleibt statistisch die Nummer eins bei Südwestfrankreich-Urlaubern.

Neben Surfbrettern und Paddelbooten werden aber auch Fahrräder aufs Wohnmobil geschnallt, und manchmal lässt ein längliches Paket auf dem Dach auf einen Deltaflieger schließen. Wellenbrett und Tennisschläger sind einfacher unterzubringen. Wenn Sie beim Packen Ihr Boule-Set vergessen haben, ist das nicht schlimm: Die Kugeln können Sie in Südwestfrankreich billig erstehen.

Baden

Hinein in die schäumenden Wellen: Die aquitanische Küste bietet die schönsten Bademöglichkeiten. Zahlreiche Stichstraßen führen zu den Stränden hinter der Küstendüne. Und die ist so unendlich lang, dass sich niemand um einen Platz für seine Strandmatte sorgen muss. Wenn Sie sich von den Parkplätzen am Ende der Zufahrtsstraßen etwas entfernen, finden Sie sogar menschenleere Strandabschnitte vor, wo Sie sich textilfrei einen Sonnenbrand holen können.

Der Sprung in die Wellen ist ein großes Vergnügen, aber aufgepasst: Die Brandung an der Atlantikküste kann gefährlich sein. Jedes Jahr lassen einige unvorsichtige Schwimmer ihr Leben in den Fluten. Achten Sie deshalb auf die Fahnen, die an den überwachten Stränden die Gefährlichkeit der Strömung signalisieren.

Schilder und Signale für Badende

- Baignade interdite: Baden verboten!
- Baignade non surveillée: Strand nicht überwacht. Baden auf eigene Gefahr.
- Grüne Fahne: Sie können sich unbesorgt im Ozean tummeln. Der Strand ist überwacht.
- Gelbe Fahne: Passen Sie auf, das Baden ist gefährlich. Aber der Strand ist überacht.
- Rote Fahne: Baden verboten! Gefährliche Strömung oder starke Brandung. Über die Einhaltung des Verbots wird gewacht.

Absolut ungefährlich und besonders kinderfreundlich sind die Binnenseen, z. B. der *Lac de Hourtin-Carcans* und der *Lac de Lacanau*: flache Sandstrände, kaum Wellen.

Surfen/Wellenreiten

Windsurfen lässt sich praktisch an der ganzen Silberküste, ebenso an den meisten Stränden der Charente-Maritime. Wind ist zumindest nachmittags garantiert. Wie für Badende gilt auch für Surfer: Rechnen Sie mit den Tücken des Ozeans, beachten Sie die Fahnen an den überwachten Stränden!
Für Anfänger ist der Atlantik mit seinen oft starken Wellen nicht unbedingt ein Vergnügen. Nach genügend Abstürzen macht sich Frust breit. In diesem Fall bieten die Binnenseen *Lac de Hourtin-Carcans* und *Lac de Lacanau* eine ideale Alternative und – sofern nicht gerade Ebbe herrscht – auch das *Bassin d'Arcachon*: genügend Wind, kaum Wellen.

In *Biarritz* vermeldet die Klatschpresse nicht mehr die Ankunft von russischen Aristokraten und amerikanischen Milliardären, sondern von kalifornischen Surf-Champions. Zusammen mit *Lacanau* und *Hossegor* streitet sich der berühmte Küstenort um den ersten Platz in der Gunst der Wellen-Profis. Mit starker Brandung können Sie an allen drei Orte rechnen. In Lacanau werden regelmäßig die Weltmeisterschaften ausgetragen.

Dordogne – ein Paradies für Paddler

Kanu/Kajak/Rafting

Kanu- und Kajakfahrten auf der *Dordogne* und deren Nebenflüssen gehören zu den unvergesslichen Urlaubserlebnissen in Südwestfrankreich. Im Lauf

Reisepraktisches

der Jahrtausende haben diese Flüsse enge, gewundene Felsschluchten in die Kalkplateaus gegraben. Im Mittelalter wurden die steilen Felswände gelegentlich mit imposanten Burgen und Schlössern versehen. Und da paddelt man nun ganz klein in einem winzigen Kanu vorbei und staunt ...
Der Kanu- und Kajakverleih ist an den schönsten Strecken sehr gut organisiert. Man teilt dem Verleiher mit, wie lang man den Fluss hinunterfahren will: nur drei Stunden, einen oder mehrere Tage. Ein Zielort wird festgelegt, an dem man mitsamt Kanu von einem Bus abgeholt und zum Ausgangspunkt zurückgefahren wird. Der Spaß ist nicht einmal so teuer.

Rafting ist vor allem auf dem *Gave d'Oloron* beliebt und dort besonders auf der romantischen Strecke zwischen *Navarrenx* und *Sauveterre*. Bis zu einem Dutzend Personen haben auf den Schlauch-Flößen Platz.

Radfahren

Radfahren ist für Franzosen eine rein sportliche Angelegenheit. Kein Beamter käme auf den Gedanken, sich per Pedalkraft ins Büro zu bewegen. In der zweiten Juli-Hälfte findet die *Tour de France* statt, die auch durch den Südwesten führt. Computer werden ausgeschaltet, Schreibmaschinen abgedeckt, und man schaut, wer vorne liegt. In der Tageszeitung steht's fett gedruckt auf der Titelseite.

Das Département *Gironde* rühmt sich, Frankreichs längstes Netz an Fahrradwegen zu besitzen. Hier lassen sich Touren durch den ebenen Pinienwald angenehm mit einem Badeaufenthalt verbinden. Wer größere sportliche Ambitionen hegt, sucht die Pyrenäen auf – am besten mit geländegängiger Technik.
Verleiher von Drahteseln aller Art finden sich an jedem Küstenort, im Landesinneren nur in größeren Ortschaften. Weitere Informationen für Radfahrer siehe oben („Unterwegs in Südwestfrankreich, Mit dem Fahrrad").

Den Pinienduft stets in der Nase

Wandern

An erster Stelle stehen natürlich die *Pyrenäen*. Vom Küstenort Hendaye aus führt der *GR 10* über La Rhune, Ainhoa und Saint-Jean-Pied-de-Port nach Osten, stets am nördlichen Abhang der Pyrenäenkette entlang. In rund zwei Monaten erreicht man die Mittelmeerküste. Routiniertere Alpinisten versuchen sich an der schlecht und

teilweise gar nicht markierten *Haute Randonnée Pyrénéenne (HRP)*, die von Gipfel zu Gipfel dem Kamm folgt.
Hochgebirgswanderer und Bergsteiger tun gut daran, sich schon zu Hause vorzubereiten, und das Richtige – nicht zu wenig, aber auch nicht zu viel – einzupacken. Aber auch kürzere Touren im spanisch-französischen Grenzgebirge erfordern eine gründliche Vorbereitung.

Man unterschätze das Klima in der Bergwelt nicht. Ein Wetterumschwung kann selbst im Hochsommer ganz plötzlich und ohne jede Vorwarnung eintreten. Selbst für Tagestouren sind feste Wanderschuhe dringend anzuraten, ebenso ein Pullover und eine lange Hose.
Pyrenäenwanderern empfehlen wir, sich mit einem einschlägigen Wanderführer einzudecken. Der französische Alpenverein gibt spezielle Wanderkarten heraus.
Beste Jahreszeit für Pyrenäenwanderungen ist Mitte Juni bis Ende August. Im Hochsommer sind die Berghütten oft überlaufen; es ist deshalb ratsam, ein Zelt aufzuschnallen.

Für weniger anstrengende Wanderungen und gemütliche Spaziergänge bieten sich vor allem die Pyrenäenausläufer im Baskenland, aber auch das Périgord an.

- *Wanderführer* **François Meienberg**, *Zu Fuß durch die Pyrenäen. Der Westen*, Rotpunktverlag, Zürich, 2005, 22,50 €. Ein mit Farbfotos bebilderter Wanderführer, der zu zahlreichen Entdeckungen abseits des GR 10 oder der HRP-Route einlädt. Der Autor stellt in seinem 2-bändigen Werk (im südwest-französischen Zusammenhang interessiert nur der West-Band) ausgewählte Pyrenäenwanderungen vor, eingeteilt in Tagesetappen, versehen mit allen nützlichen Informationen wie Wanderzeiten, Höhendifferenzen und Übernachtungsmöglichkeiten. Grenzschlängelnd wandert Meienberg zwischen der französischen und spanischen Seite des Pyrenäenkamms hin und her. Er liefert dabei nicht nur exakte Tourenbeschreibungen, sondern auch kulturelle, wirtschaftliche, geschichtliche und politische Hintergründe. Ein mit großer Kenntnis und viel Liebe geschriebenes Buch – nützlich wie viele Wanderführer, aber interessant wie nur wenige.

Reiten

An Küstenorten gibt es Reitschulen meist in der Nähe von großen Campingplätzen. Aber auch im Landesinnern weist gelegentlich ein Schild auf ein *Centre équestre* hin. Angeboten werden Reitkurse für Kinder und Erwachsene, für Anfänger und Fortgeschrittene. Die Tiere sind gut geschult und verhalten sich auch Nichtcowboys gegenüber brav, so dass man sich bald sicher im Sattel fühlt.

Drachen/Parapente

Fliegen – nicht hoch über den Wolken, sondern etwas drunter – ist auch in Aquitanien ein beliebter Sport. Der *Parapente*, eine Art länglicher Fallschirm, mit dem man davonsegeln kann, wurde 1986 von französischen Drachenfliegern entwickelt: genauso aufregend, aber weniger gefährlich als der Drachen. Sie können sich bei *Pyla* (südlich von Arcachon) von Europas höchster Düne stürzen und stundenlang im Aufwind hin- und hersegeln. Abwechslungsreicher ist die Landschaft in den Pyrenäen; dort ist der 812 m hohe *Jarra* (nordwestlich von Saint-Jean-Pied-de-Port) ein idealer Startplatz.

Golf

Swwiiiinnng – und dann mit dem Wägelchen dem kleinen weißen Ball hinterher. In Billère, einem kleinen Dorf westlich von Pau, wurde der erste kontinentale Golfplatz angelegt, Biarritz zog bald nach. Heute ist der Nobelsport zum Modesport des oberen Mittelstands geworden – fast jährlich wird irgendwo in Südwestfrankreich ein neuer Green eröffnet, meist 18-löchrig. Adel und Geldadel werden sich eine neue Exklusivität einfallen lassen müssen. Wie wär's mit Polo?

Tennis

Hier geht's bescheidener zu. An den öffentlichen Tenniscourts – jeder Küstenort unterhält einen oder mehrere – kann sich jedermann einmieten, in der Regel stundenweise, die Preise sind erschwinglich. ****-Campingplätze sind stets mit dem roten Platz ausgerüstet, gelegentlich auch ***-Plätze.

Skifahren

Wenn Sie zu den seltenen Touristen gehören, denen die Alpen für den Ski-Urlaub zu nah sind: Die Pyrenäen zählen zu den wichtigsten französischen Skigebieten. Auf dem *Pic du Midi* ist der Slalom allerdings auch nicht billiger als auf einem Alpengipfel.
In *Gourette,* einem modern-sterilen Skiort oberhalb von *Eaux-Bonnes,* ist überhaupt nur im Winter etwas los: Abfahrt oder Langlauf, dann Après-Ski im klotzigen Beton-Hotel. Passionierte Langläufer finden eindeutig schönere Möglichkeiten auf den Loipen in der *Forêt d'Iratay* und bei *Saint-Engrâce.*

Früh übt sich – Kinderfischteich bei Léon

Die Bastide von Eymet zählt zu den schönsten Wehrdörfern im Périgord

Das Périgord

Neben dem französischen Wochenend-Tourismus sind es meist Holländer und Engländer, die die Reize des Périgord entdeckt haben. Die deutschen Touristen, darauf aus, möglichst schnell an die ozeanische Küste zu kommen, lassen eine der schönsten Gegenden Frankreichs oft links liegen. Schade, denn es gibt viel zu sehen im Périgord, und Wassersport lässt sich auch als romantische Kanufahrt auf der Dordogne gestalten. Nicht zuletzt: Das Périgord hat rund um Gans und Ente eine exquisite Küche entwickelt. Wenn Gott in Frankreich zu Tische sitzt, dann hier.

Das Périgord hat Geschichte. Vor rund 100.000 Jahren ließ sich der Neandertaler in den Höhlen des Vézère-Tals nieder, ihm folgte der Cro-Magnon-Mensch. Mammut- und Wisentherden durchstreiften die Gegend, und unsere Vorfahren stritten sich mit dem Höhlenlöwen um das zarte Rentierfleisch. Rund um den Ort *Les Eyzies* sind viele bemalte Grotten aus der Frühzeit des Homo sapiens zu besichtigen. Etwas abseits davon liegt *Lascaux*, die berühmteste dieser steinzeitlichen Wohnstätten, deren bildnerische Ausgestaltung der französische Kulturphilosoph *Georges Bataille* als Geburt der Kunst feierte.

Aus dem Mittelalter, als der lokale Adel sich wie ein Wetterfähnchen mal auf die englische, mal auf die französische Seite schlug, sind zahlreiche Burgen erhalten. Im politisch ruhigeren 16. Jh. wurden die Festungen hie und da zu verspielten Renaissance-Schlösschen umgebaut.

Die zentrale Pariser Verwaltung mit ihrem notorischen Mangel an Sinn fürs historisch Gewachsene hat das Périgord zum *Département Dordogne* umgetauft. Die Périgourdiner lässt das natürlich kalt. Sie leben im Périgord, dessen Kerngebiet das von Urzeiten bewohnte Schwarze Périgord mit dem Hauptort Sarlat ist. Doch haben auch die Departementshauptstadt Périgeux, das Städtchen Bergerac an der Dordogne wie auch das von den Wassern der Dronne umspielte Brantôme einiges zu bieten.

Die Ente, die Gans und die périgourdinische Küche

Oie ist die Gans, canard ist die Ente – und beide sind sie das A und O des périgourdinischen Küchenfranzösisch.

- Foie gras: Fette Leber. Als foie gras d'oie (Gänseleber) oder foie gras de canard (Entenleber) ist sie in jedem Spezialitätenrestaurant zu haben. Eingedost steht sie in jedem périgourdinischen Lebensmittelgeschäft im Regal. Dabei wird unterschieden, wie hoch der prozentuale Anteil des foie gras am Produkt ist: foie gras, foie gras entier, bloc de foie gras (100 %), foie de foie (75 %), pâte de foie, purée de foie, mousse de foie, galantine de foie (50 %).
  Damit die Leber schön fett wird, werden die Tiere ab der 15. Lebenswoche mit reifem Mais überfüttert („gestopft"), ein Martyrium, das für die Ente ca. 16 Tage, für die Gans etwa 24 Tage dauert. Bei der Schlachtung wiegt dann die Entenleber bis zu 600 g, die Gänseleber bis zu 900 g.
- Confit: Das Wort bedeutet „Eingemachtes". Im Périgord steht der Leckerbissen meist als confit de canard (Enten-Confit), seltener als confit d'oie (Gänse-Confit) auf der Speisekarte. Die Geflügelteile (meist Schenkel oder Flügel) werden dabei im eigenen Fett geschmort. Der Confit ist oft Bestandteil eines Cassoulet.
- Cassoulet: Eintopfgericht. Schweins- oder Geflügelragout mit Bohnen, im Périgord findet man stets ein Stück Confit drin.
- Pommes sarladaises: Kartoffeln, die mit Gänsefett im Ofen gebraten werden. Sie sind die übliche Beilage zum Confit.
- Truffes: Das Périgord ist für seine Trüffeln bekannt, doch wie überall auf der Welt sind sie auch hier teuer. Wer getrüffelt isst, zahlt meist gesalzene Preise. Der edle Pilz wird in allerhand Speisen gemischt, ohne dass man ihn zu sehen bekommt. Trüffelzeit ist der Spätherbst. Dann hat man am ehesten die Chance, frische und sichtbare Trüffelstücke serviert zu bekommen.

Wer über Lyon in den Südwesten Frankreichs reist, kommt fast zwangsläufig ins Périgord, und es bietet sich an, hier einige Abstecher zu machen. Wer die Route über Paris wählt, dem sei empfohlen, von Bordeaux aus über Bergerac die Dordogne entlang ins sog. Schwarze Périgord vorzustoßen.

Sarlat

Wir danken André Malraux, dem Schriftsteller und Kulturminister unter Charles de Gaulle. Zur Restaurierung historischer Orte erließ er 1962 ein Gesetz, und so präsentiert sich Sarlat heute als unverschandeltes, mittelalterliches Städtchen. Die Häuser aus ockergelbem Stein machten Filmkarriere – als Kulisse für Brigitte Bardot ebenso wie für den Rockmusiker Sting, der in Sarlat sein Debüt für die Leinwand gab.

Sarlat

Zerschnitten wird die mittelalterlich verwinkelte Stadt einzig durch die gradlinige Rue de la République aus dem 19. Jahrhundert – als wäre Haussmann, der berühmte Pariser Boulevard-Fetischist, persönlich zugange gewesen. Doch vermag dies dem Gesamtbild nichts anzuhaben. Die Verkehrsschneise ist längst Teil der Fußgängerzone geworden und hat an sommerlichen Wochenenden Mühe, die Besucherströme aufzunehmen. Verkaufsschlager Sarlats ist die Gans, deren fette Leber (*foie gras*) getrüffelt und eingedost in ungezählten Läden feilgeboten wird – kein Wunder, dass sie auch das Stadtwappen ziert.

Geschichte

Die Stadt ist älteren Datums, erreichte aber erst mit der Gründung einer Benediktinerabtei im 8. Jahrhundert Bedeutung. Ende des 13. Jahrhunderts wurde Sarlat quasi unabhängig, die Stadt war einzig durch einen Treueid an den französischen Thron gebunden. Kurz darauf (1317) wurde Sarlat zum Bischofssitz erkoren; aus dieser Zeit stammen die Kathedrale sowie einige Bürgerhäuser (ein kleines Schild an den Häusern verrät dem Besucher das jeweilige Baujahrhundert). Im Hundertjährigen Krieg hielten die Stadtmauern zwar allen Anstürmen der Engländer stand, nicht aber der Diplomatie: Im 1360 geschlossenen Friedensabkommen von Brétigny (→ Geschichte) fiel Sarlat wie ganz Südwestfrankreich an die Engländer. Zehn Jahre später waren diese allerdings bereits wieder vertrieben. Vom 16. bis ins 18. Jahrhundert gedieh Sarlat zum stattlichen Handelszentrum. Bergab ging es mit der Ökonomie erst im 19. Jahrhundert, als die industrielle Revolution die Stadt im Abseits liegen ließ; der Bau der Eisenbahnlinie kam zu spät. Erst mit der eingangs erwähnten Gesetzgebung aus dem Jahr 1962 erfuhr Sarlat wieder einen Aufschwung – als Tourismus-Magnet Nummer eins im Schwarzen Périgord.

Information/Verbindungen/Diverses

• *Postleitzahl* 24000

• *Information* **Office de Tourisme**, im ehemaligen Bischofspalast neben der Kathedrale. Ausführliches Material übers gesamte Schwarze Périgord. Das Büro organisiert auch Stadtbesichtigungen (5 €/ Person). Jan./Feb. und April Mo–Sa 9–12 und 14–19 Uhr. März, Okt., Nov., Dez. Mo–Sa 9–12 und 14–18 Uhr. Okt. zudem So 10–13 Uhr. Mai/Juni und Sept. Mo–Sa 9–13 und 14–19 Uhr, So 9–13 und 14–17 Uhr. Juli/Aug. Mo–Sa 9–19 Uhr, So 10–12 und 14–18 Uhr. ✆ 05.53.31.45.45, ℻ 05.53.59.19.44, info@ot-sarlat-perigord.fr, www.ot-sarlat-perigord.fr. Informationen über das gesamte Schwarze Périgord: www.perigordnoir.com. Im Juli und Aug. steht gegenüber dem Parkplatz an der Av. du Général de Gaulle ein zusätzliches Büro zur Verfügung.

• *Verbindung* **Zug**: 3- bis 4-mal tägl. dampft die Eisenbahn über Bergerac und Libourne nach Bordeaux. Nach Les Eyzies: Umsteigen in Le Buisson.

Bus: 6-mal tägl. nach Souillac, 1- bis 2-mal tägl. nach Beynac. Abfahrt am Bahnhof, weitere Haltestelle an der Place Pasteur.

• *Parken* Es ist völlig sinnlos, mit dem Auto ins enge Mittelalter fahren zu wollen. Ausreichend Parkplätze für die Blechlieblinge liegen außerhalb der Altstadt.

• *Fahrradverleih* **Cycles Sarladais**, av. Aristide Briand (Fortsetzung der av. Leclerc im Süden der Stadt). Auch Reparaturwerkstatt. ✆ 05.53.28.51.87, ℻ 05.53.28.50.08.

• *Markt* **Wochenmarkt**: Großer Wochenmarkt samstags im Stadtzentrum. Lebensmittelmarkt Mittwochmorgen und Samstagmorgen in der Rue de la Liberté bis zum gleichnamigen Platz.

• *Festival* **Festival des jeux de théâtre**, jährlich in der 2. Julihälfte. Open-air-Theaterfestival, das 2008 zum 57. Mal stattfindet. Programminformationen unter *www.festival-theatre-sarlat.com.*

Übernachten

In der Hochsaison und an Wochenenden wird eine telefonische Hotelreservierung dringend empfohlen!

• *Hotels* *** **Le Renoir (10)**, 200 m außerhalb der Altstadt in ruhiger Lage. Das frühere „Salamandre" wurde von der Hotelkette „Best Western" übernommen und 2002 komplett renoviert. Elegant eingerichtete, sehr komfortable Zimmer mit Safe und Minibar. Swimmingpool. DZ 66-150 € je nach Saison und Ausstattung. Etwas teurer sind die Suiten. Mitte Dez. bis Mitte Jan. geschlossen. 2, rue de l'Abbé-Surguier. ✆ 05.53.59.35.98, ℻ 05.53.31.22.32, www.hotel-renoir-sarlat.com.

** **Saint-Albert (8)**. Macht von außen weniger her als von innen und verfügt obendrein über ein nettes Spezialitätenrestaurant. DZ 44–68 €. Place Pasteur. ✆ 05.53.31.55.55, ℻ 05.53.59.19.99, www.hotelsaintalbert.com.

** **Des Récollets (3)**. Renoviertes Franziskanerkloster in zentraler und ruhiger Lage mit einigen bescheidenen und einigen luxuriösen Zimmern. WiFi in allen Zimmern (kostenpflichtig). DZ 43–63 €, je nach sanitärer Ausstattung. 4, rue J.-J. Rousseau. ✆ 05.53.31.36.00, ℻ 05.53.30.32.62, www.hotel-recollets-sarlat.com.

** **De la Mairie (4)**. Zentraler geht's nicht – trotzdem: Das Hotel ist relativ ruhig, weil in einer kleinen Sackgasse des Platzes gelegen. Das „complet"-Schild könnte man genauso gut an die Wand nageln. Unbedingt voranmelden! DZ 45–60 € je nach Komfort. 13. Jan. sowie Feb. geschlossen. Place de la Liberté. ✆ 05.53.59.05.71, ℻ 05.53.59.59.95, www.hotel-mairie-sarlat.com.

** **Le Madrigal (1)**. Knapp außerhalb der Altstadt, 5 Min. zu Fuß ins Zentrum. Seit 2007 in neuer Hand und renoviert – ein freundlicher, gepflegter Betrieb. Hoteleigene Garage. DZ 47–55 €. Mitte Nov. bis März geschlossen. 50, av. de Selves. ✆ 05.53.59.21.98, ℻ 05.53.30.31.65, www.hotel-madrigal-sarlat. com.

Außerhalb **Abbys (9)**. 2004 eröffnetes einstöckiges Motel, 4 km in Richtung Souillac an einem Rond-Point. Modern, nüchtern, clean und freundlich. WiFi. DZ 33–38 €. Vialard. ✆ 05.53.30.85.50, ℻ 05.53.30.85.51, www.abbys-hotel.com.

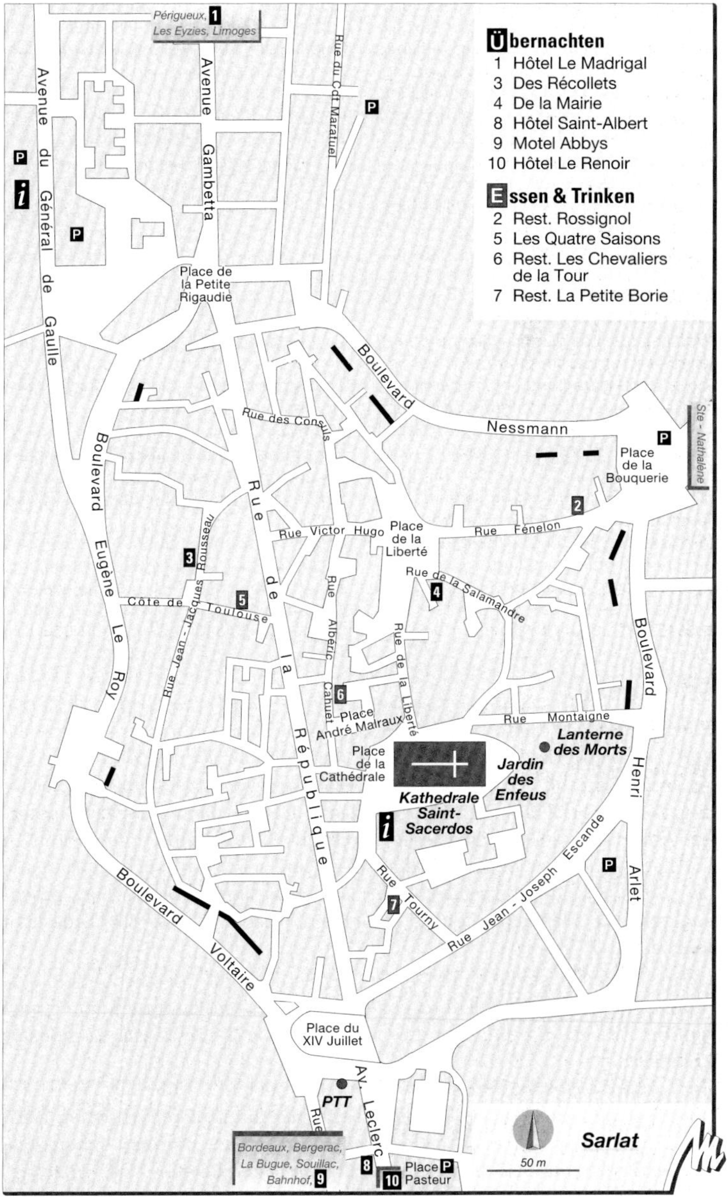
Übernachten
1 Hôtel Le Madrigal
3 Des Récollets
4 De la Mairie
8 Hôtel Saint-Albert
9 Motel Abbys
10 Hôtel Le Renoir
Essen & Trinken
2 Rest. Rossignol
5 Les Quatre Saisons
6 Rest. Les Chevaliers de la Tour
7 Rest. La Petite Borie
Périgueux, Les Eyzies, Limoges
Avenue du Général de Gaulle
Avenue Gambetta
Rue du Cdt Maratuel
Place de la Petite Rigaudie
Boulevard Nessmann
Rue des Consuls
Place de la Bouquerie
Ste - Nathalène
Boulevard Eugène Le Roy
Rue de la République
Rue Rousseau
Rue Victor Hugo
Place de la Liberté
Rue Fénelon
Rue de la Salamandre
Côte de Toulouse
Rue Jean - Jacques Rousseau
Rue Albéric Cahuet
Rue de la Liberté
Boulevard Henri Arlet
Rue Montaigne
Place André Malraux
Place de la Cathédrale
Lanterne des Morts
Jardin des Enfeus
Kathedrale Saint-Sacerdos
Rue Tourny
Rue Jean - Joseph Escande
Boulevard Voltaire
Place du XIV Juillet
PTT
Av. Leclerc
Rue
Bordeaux, Bergerac, La Bugue, Souillac, Bahnhof, 9
Place Pasteur
Sarlat
50 m

• *Camping* **** **Les Périères**, an der Straße nach Sainte-Nathalène, 1 km außerhalb und damit stadtnah. Luxuriöses, großes, leicht terrassiertes Gelände mit 100 Stellplätzen. Schöner Swimmingpool und geheiztes Hallenbad und Sauna. Rue Jean Gabin. Geöffnet April bis Sept. ✆ 05.53.59.05.84, 📠 05.53.28.57.51, www.lesperieres.com.

*** **Les Terrasses du Périgord**. Etwas weiter außerhalb: 5 km in Richtung Montignac, dann rechts abzweigen und weitere 4 km der Beschilderung folgen. 75 Stellplätze und ausreichend Schatten. Leser fanden hier nicht nur ein schönes Panorama und saubere Anlagen, sondern auch eine „supernette Leitung". Swimmingpool, Pingpong und Minigolf. Geöffnet Mai bis 1. Septemberwoche. Pech d'Orance, 24200 Proissans. ✆ 05.53.59.02.25, 📠 05.53.59.16.48, www.terrasses-du-perigord.com.

Essen (→ Karte S. 89)

Ob zum Schlafen, Parken oder Essen – in Sarlat bleibt das Problem dasselbe: Es gilt, einen Platz zu finden.

• *Restaurants* **Les Quatre Saisons (5)**. Die gehobene Adresse; hervorragender Service, hervorragende Zubereitung, phantasievolle Entrées. Perigourdinische Küche auch hier, aber man legt Wert auf marktfrische Produkte. Preislich über dem Durchschnitt, aber gerechtfertigt. 2, côte de Touluse. ✆ 05.53.29.48.59.

Rossignol (2). Hell und geräumig. Von französischen Reise- und Restaurantführern gelobt und deshalb oft voll. Menu mit Périgord-Spezialitäten. 15, rue Fénelon. Do geschlossen. ✆ 05.53.31.02.30.

La Petite Borie (7), gut zubereitete perigourdinische Küche in einem vom Tourismus noch nicht ganz überschwemmten, kleinen Lokal. 4, rue Tourny. So geschlossen. ✆ 05.53.31.23.69.

Les Chevaliers de la Tour (6). Lebhaftes Lokal mit Périgord-Küche, z. B. „Enchaud périgourdin", mit Knoblauch zubereiteter Schweinebraten, oder „Cassoulet au confit maison", Bohneneintopf mit Enten-Confit. Auch Außenbestuhlung. Bei Hochbetrieb sind die Kellner eindeutig überfordert. 15, rue Albéric Cahuet. ✆ 05.53.31.04.22.

Sehenswertes

Rundgang durch die Altstadt: Man kann sich im Info-Büro ein kleines Faltblatt mit Stadtplan besorgen und die darin beschriebene Route ablaufen. Um nicht dauernd den organisierten Besichtigungen voraus- bzw. hinterher zu gehen, empfiehlt es sich, den Rundgang im gegenläufigen Sinn zu starten. Aber auch zielloses Spazieren durch die Altstadt führt irgendwann zu den nachgenannten Sehenswürdigkeiten. Und auch ein Nachtspaziergang hat's in sich: Die mittelalterlichen Gebäude sind hervorragend ausgeleuchtet, der Flaneur entdeckt zahlreiche Details, die er im Tageslicht übersieht.

Sarlats Zentrum ist die von Häusern aus dem 16. bis 18. Jahrhundert umsäumte *Place de la Liberté*: fotogen zu jeder Tageszeit! Unweit davon findet man die *Rue des Consuls*, mit ihren Häusern und Palazzi Sarlats schönstes Sträßchen.

Place André Malraux: Durch eine kleine Passage in der Nähe der Place de la Liberté gelangt man zu diesem hübschen Platz mit schieferbedeckten Häusern. Eine Inschrift erinnert an den vorausschauenden Kultusminister, dessen Gesetzgebung 1962 die Restaurierung Sarlats einleitete.

Cathédrale Saint-Sacerdos: Ein Stil-Puzzle und somit eine Aufgabe für Kunstgeschichtler – vom 12. bis zum 18. sind alle Jahrhunderte in den 2001 restaurierten Bau eingeflossen. Einzig das geräumige, größtenteils gotische Hauptschiff, vermag zu beeindrucken.

Lanterne des Morts: Der eigenwillige, witzige Turm aus dem 12. Jahrhundert beherbergte einst ein Feuerchen, das die Unsterblichkeit der Seelen symbolisierte. Die sterblichen Teile der mittelalterlichen Menschen vermoderten etwas unterhalb, im **Jardin des Enfeus** mit seinen romanischen und gotischen Grabsteinen. Sarlats ältester „Friedhof" ist auch heute noch ein Ort der Stille in der quirligen Stadt.

Historisches Bauerngehöft – Cabanes du Breuil

Sarlat/Umgebung

Les Cabanes du Breuil: Ein Bild aus früheren Zeiten – das Ensemble der steingemauerten Gebäude mit ihren fast bis zum Boden reichenden Dächern ist einzigartig und ein beliebtes Fotomotiv. Wenn dann noch die Gänse des Hauses ihren Morgenspaziergang machen, ist die Idylle vollkommen. Das Gehöft ist in privatem Besitz und mittlerweile eintrittspflichtig.

Ⓘ Tägl. 10–19 Uhr. Eintritt 4 €. *Anfahrt* Von Sarlat auf der D 47 in Richtung Les Eyzies. Nach einigen Kilometern rechts der Beschilderung folgen.

Unbewohntes Schloss – bewohntes Schloss

Château de Commarque

Romantischer als viele noch intakten Burgen und Schlösser des Périgord sind die Ruinen des Château de Commarque in einem abgelegenen, unter Naturschutz stehenden Tal. Das befestigte Dorf, innerhalb dessen Mauern mehrere Familien Schutz fanden, war von 1170 bis 1650 bewohnt. 1968 kaufte ein Abkömmling derer von Commarque die Ruinen seiner Vorfahren auf und begann 1995, sie systematisch freizulegen.

Der Ort war schon in der Steinzeit besiedelt, unterhalb der Anlage wurde eine Grotte mit prähistorischen Zeichnungen entdeckt; sie ist so eng, dass sie für die Öffentlichkeit geschlossen ist. Im früheren Mittelalter stand vermutlich eine Siedlung an der Stelle, wo heute die geisterhaften Ruinen in den Himmel ragen. Der Spaziergang führt vorbei an einer einstigen Kapelle, an einem Wehrturm und einem Adelssitz zum eindrucksvollen Donjon, in dem die Herren von Commarques einst Zuflucht vor den mächtigen Konkurrenten aus dem nahen Beynac fanden. Wer den Weg hochgeht, findet oben den Durchgang zu einem Raum, dessen Fensteröffnung von fünf zierlichen Säulen unterteilt ist und den Blick freigibt auf das gegenüberliegende *Château de Laussel*, das die Zeiten besser überstanden hat, der Öffentlichkeit aber nicht zugänglich ist – ein Engländer hat sich das *castle* zu seinem *home* erkoren ...

🕐 April 10–18 Uhr. Mai/Juni und Sept. 10–19 Uhr. Juli/Aug. 10–20 Uhr. Letzter Einlass eine Stunde vor Schließung. Eintritt 5,60 €. Anfahrt Von Sarlat auf der D 47 in Richtung Les Eyzies, nach ca. 12 km rechts der Beschilderung folgen. Gefährt am Parkplatz abstellen und die letzten 600 m zu Fuß gehen – ein wunderschöner Waldspaziergang.

Das obere Dordogne-Tal

Von Souillac bis Trémolat

Souillac (Département Lot)

Das Städtchen ist die Eintrittspforte ins Schwarze Périgord. Der Ortsname geht auf das Wort *souilh* zurück, das ein sumpfiges Gelände bezeichnet, in dem sich die Wildschweine suhlen. Im Jahr 909 gründeten Benediktiner-Mönche aus Aurillac hier eine Abtei, legten das Gelände trocken, sodass sich in der fruchtbar gewordenen Ebene ein kleiner Ort entwickeln konnte. Heute lebt das hübsche Städtchen, das aus dem-selben gelben Stein wie Sarlat gebaut ist, vor allem vom Tourismus.

Hauptattraktion in Souillac ist das alte Portal der mehrkuppeligen **Abteikirche Sainte-Marie** aus dem 12. Jahrhundert. Nachdem Protestanten das Kloster plünderten und größtenteils abbrannten, wurde das Kunstwerk ins Innere der Kirche verlegt. Das Relief des Portals erzählt die Geschichte des Mönches Theophil, der mit dem Teufel einen Bund eingeht. Der Gottesmann bereut und büßt – mit Erfolg: Die heilige Jungfrau und der Erzengel Michael erscheinen ihm und zeigen ihm das Buch des Teufels mit der gelöschten Unterschrift.

Am Pilaster daneben, der ursprünglich als Zentralpfeiler diente, überlagern sich zahlreiche Monster, ein dichtes, bestialisches Gedränge – die menschliche Lüsternheit in den verschiedenen Lebensaltern.

Musée de l'Automate: Das Museum gleich neben der Abteikirche zeigt mechanisches Spielzeug von der ersten sich bewegenden Tanzpuppe bis zu den heutigen Robotern, die mit ihren elektronischen Pistolen ganze Kinderzimmer in Schach halten.

⌚ April/Mai und Okt. Di–So 10–12 und 15–18 Uhr. Juni und Sept. auch am Mo. Juli/Aug. tägl. 10–19 Uhr. Nov. bis März Mi–So 14–17 Uhr. Eintritt 5,50 €.

Information/Diverses

- *Postleitzahl* 46200
- *Information* **Office de Tourisme**, bd Louis-Jean Malvy. ✆ 05.65.37.81.56, 📠 05.65.27.11.45.
- *Verbindung* ca. 6 **Busse** tägl. nach Sarlat.
- *Fahrradverleih* neben dem Camping municipal Les Ondines (→ unten).
- *Kanu/Kajak* **Copeyre Canoë** ist auf der Dordogne zwischen Souillac und dem weiter aufwärts gelegenen Copeyre aktiv. Verleih an der Dordogne-Brücke. ✆ 05.65.37.33.51, 📠 05.65.32.72.61
- *Waschsalon* **Laverie du Figuier**, neben der Auberge du Puits. Tägl. 7–22 Uhr.

Übernachten/Essen

- *Hotels* ** **Auberge du Puits**. Hübsches Hotel an romantischem Platz mit altem Baumbestand, seit Generationen in derselben Familie. Gutes Restaurant (Mo geschlossen), hauptsächlich Durchreisende. DZ 25–45 € je nach Komfort. 5, place du Puits. ✆ 05.65.37.80.32, 📠 05.65.37.07.16, www.auberge-du-puits.fr.

Périgord

• *Camping* ** **Municipal Les Ondines**, rue des Ondines. Billig und korrekt, 240 Stellplätze. Direkt an der Dordogne gelegen, Daneben Freizeitpark Quercyland mit Schwimmbad und Verleih von Fahrrädern, Kajaks und Kanus. ✆ 05.65.37.86.44.

• *Restaurants* **Auberge du Puits**, im gleichnamigen Hotel. Hervorragende regionale Küche, aber teuer.

Le Beffroi, an die Turmruine der Kirche Saint-Martin angebaut. Regionale Küche unterm Laubendach. Place Saint-Martin. ✆ 05.65.37.80.33.

La Crêperie, Crêpes, Salate und leichte Küche. Jugendtreffpunkt in Souillac. 33, rue de la Halle. So Ruhetag. ✆ 05.65.37.01.29.

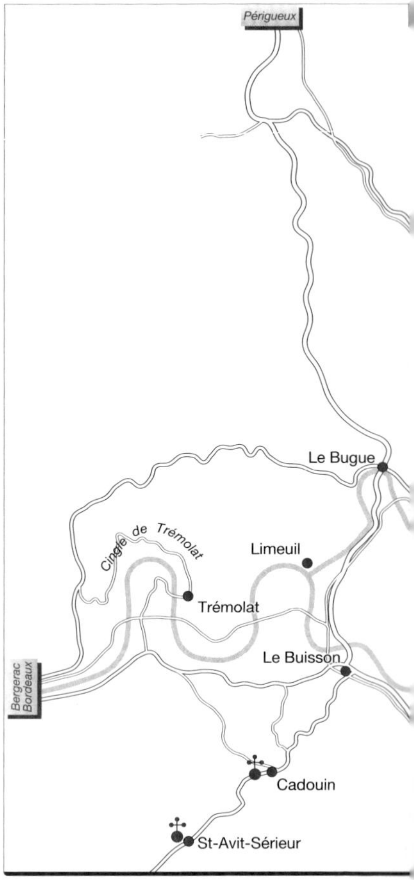

Schloss Fénelon

An die mittelalterliche Burg erinnert noch die Ummauerung. In friedlicheren Zeiten wurde umgebaut, und so entstand im 17. Jahrhundert ein schmuckes Renaissance-Schloss, das seine wehrhafte Vergangenheit aber nicht ganz abgestreift hat.

Im Jahr 1651 wurde im Schloss ein Knabe namens François Salignac de la Mothe geboren, der als *Fénelon* in die französische Geistesgeschichte einging. Der schriftstellernde Theologe und Erzbischof bekannte sich in seinen späteren Jahren zum Quietismus – einer dem protestantischen Pietismus vergleichbaren religiösen Bewegung – was ihm sowohl beim französischen Hof wie auch beim Papst in Rom Scherereien eintrug.

Das Schloss ist in Privatbesitz, kann aber besichtigt werden. Stilmöbel, mittelalterliche Waffen und Rüstungen überzeugen jedoch weniger als die fotogene Gesamtanlage.

⌚ Feb. und Nov. Sa/So 14–17 Uhr. März und Okt. 14–17 Uhr, Di geschlossen. April bis Juni und Sept. 10.30–12.30 und 14.30–18 Uhr, Di geschlossen. Juli/Aug. tägl. 10–19 Uhr. Eintritt 7,50 €.

• *Anfahrt* Nach Souillac am linken Flussufer bis Sainte-Mondane, von dort ausgeschildert.

Domme

In der stolzen Höhe von 150 m über der Dordogne gelegen, ist Domme die attraktivste Bastide im Schwarzen Périgord. Der Franzosenkönig *Philipp III.*

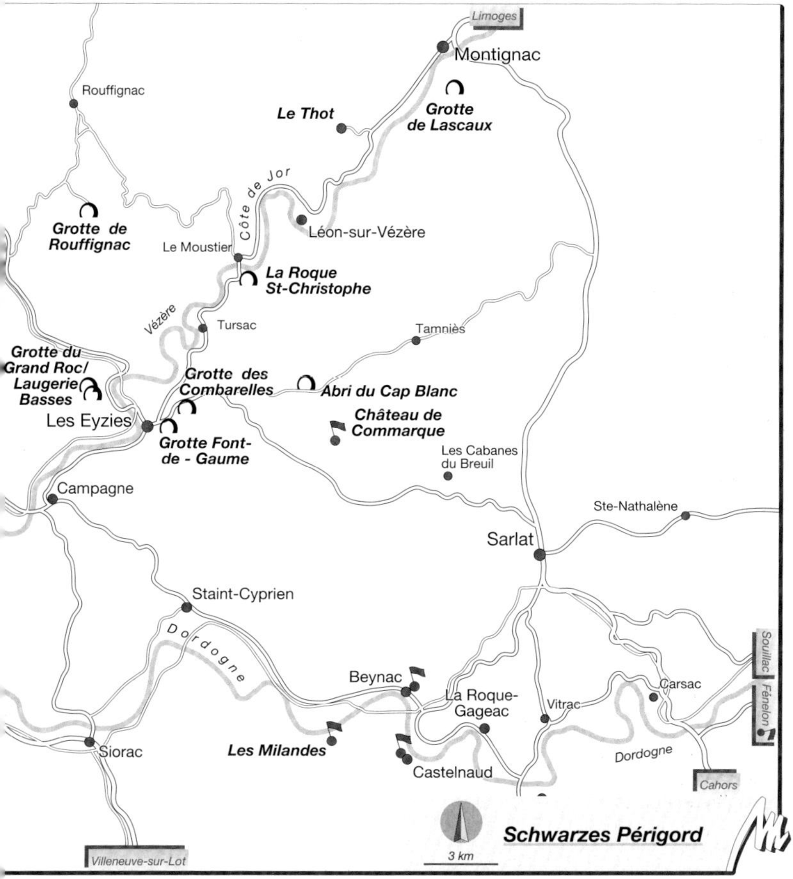

(der Kühne) ließ sie 1282 errichten, vielleicht ahnte er bereits den aufziehenden Hundertjährigen Krieg. Die Ummauerung ist noch komplett erhalten, ebenso die drei Stadttore. Am meisten beeindruckt der Ostausgang, die **Porte des Tours** mit ihren zwei mächtigen Rundtürmen. Hier waren von 1307 bis 1318 die Ritter des papsttreuen Templerordens eingekerkert, deren Lehren (und wohl auch deren großes Vermögen) den französischen Königen ein Dorn im Auge war.

Von der zentralen *Place de la Halle* aus gelangt man in die **Grotte de Domme**, eine mit Ultraviolettlicht sehr effektvoll ausgestrahlte Tropfsteinhöhle.

⌚ Nur mit 30–45-Minuten Führung zu besichtigen. Feb./März und Okt./Nov. 11–14.30 Uhr. April bis Juni und Sept. 10.15–12 und 14.15–18 Uhr. Juli/Aug. 10.15–18.40 Uhr. Eintritt 6,50 €.

Information/Diverses

• *Postleitzahl* 24250

• *Information* **Office de Tourisme**, place de la Halle. Auf Wunsch Ortsplan mit empfohlenem Bastiden-Rundgang. Feb. bis Juni und Sept. bis Mitte Nov. tägl. 10–12 und 14–18 Uhr. Mitte Nov. bis Dez. Mo–Fr 10–16.30 Uhr. Juli/Aug. tägl. 10–19 Uhr. ✆ 05.53.31.71.00, 📠 05.53.31.71.09, domme-tourisme@wanadoo.fr, www.ot-domme.com.

• *Verbindung* Keine öffentlichen Verkehrsmittel! Wer ohne Fahrzeug unterwegs ist, muss den 20-Minuten-Aufstieg von Cénac (der Straße entlang) in Kauf nehmen.

• *Kanu/Kajak* → "Paddeln auf der Dordogne".

• *Markt* **Wochenmarkt**: Donnerstag früh.

• *Fahrräder* Mountainbikes bei der Tankstelle in Cénac sowie 1 km in Richtung Vitrac bei der elf-Tankstelle.

• *Reiten* **L'Etrier de Vitrac**, bei Vitrac. Im equestrischen Angebot des Reitstalls sind Kurse, Ausritte, halb- und ganztägige Reitwanderungen. Auch Ponys. Campingmöglichkeit auf dem Gelände. ✆/📠 05.53.59.34.31.

• *Einkaufen* Im **Maison du Foie Gras** an der Grand'Rue (Dommes Geschäfts- und Souvenirladenstraße) findet man alles, was Gans und Ente hergeben – eingedost als Foie gras, Pâté oder Confit.

Übernachten/Essen

Die Dommer Hotels sind schnell ausgebucht und liegen preislich leicht über dem Durchschnitt.

• *Hotels* * **Le Nouvel Hôtel**. Neu ist das Nouvel Hôtel nicht mehr, es hat einen Stern eingebüßt, ist aber immer noch eine passable Adresse. Klein, ruhig, im Herzen der Stadt. Restaurant angeschlossen. DZ 42–68 €, alle mit Dusche/WC. Geöffnet April bis Okt. Place de la Halle. ✆ 05.53.28.36.81, 📠 05.53.28.27.13,contact@domme-nouvel-hotel.com, www.domme-nouvel-hotel.

Außerhalb: ** **La Treille**, in Vitrac. Eine überlegenswerte Alternative, vor allem wegen des angeschlossenen Restaurants (→ unten). DZ mit Dusche/WC 40–60 €. Mitte Nov. bis Mitte Dez. geschlossen. Le Port, 24200 Vitrac. ✆ 05.53.28.33.19, 📠 05.53.30.38.54, www.latreille-perigord.com.

** **Hôtel La Traverse**, in Cénac, an der Durchgangsstraße. Im Jahr 2000 nach „europäischer Norm" (!) eröffnet. Geräumige, sehr schöne Zimmer mit Dusche/WC. Schalldichte Fenster. Gratisparkplatz gleich gegenüber. DZ 46–54 €. Februar geschlossen. Le Bourg, 24250 Cénac et Saint-Julien. ✆ 05.53.31.15.38, 📠 05.53.29.77.45.

• *Camping* Die Bastidenarchitekten haben nicht an die Camper gedacht, aber in der Umgebung von Domme findet man genügend Plätze, oft an der Dordogne gelegen:

* **Municipal de Cénac**, in der Nähe der Dordogne-Brücke, direkt am Fluss. 110 Stellplätze. Schönes, schattiges Gelände. Bootsverleih hinter dem Camping. Geöffnet Mitte Juni bis Mitte Sept. 24250 Cénac et St-Julien. ✆ 05.53.28.31.91, 📠 05.53.31.41.32, mairie.cenac@wanadoo.fr.

*** **Le Pech de Caumont**, ca. 2 km südlich von Cénac, komfortables Gelände mit Schwimmbad und Restaurant. Nicht an der Dordogne gelegen. Überaus freundliche, entgegenkommende Besitzer, die selbst Camper und Bergsteiger sind. 100 Stellplätze. Geöffnet April bis Sept. 24250 Cénac et St-Julien. ✆ 05.53.28.21.63, 📠 05.53.29.99.73, www.pech-de-caumont.com.

• *Restaurant* **La Treille**, im gleichnamigen Hotel in Vitrac (→ oben). Ein junger, begnadeter Koch und ein hervorragender Service. Ob „Doux de chèvre" (Ziegenkäse mit Schinken in süßer Sauce) oder „Tête de veau" (Kalbskopf, knochenfrei und zart, mit frischem Gemüse garniert), der Gast wird nicht enttäuscht sein. Für seinen „Tournedos d'oie fourré au fois gras" hat Philipp 1995 die Goldmedaille der Foie-gras-Kooperative von Sarlat errungen. Für eine derart ausgezeichnete Küche relativ moderate Preise. Außerhalb der Saison Mo/Di geschlossen. ✆ 05.53.28.33.19.

ESPACE ART & MATIERES

▲▲ La Roque-Gageac an der Dordogne (KS)
▲ Im Hundertjährigen Krieg heiß umkämpft: die Burg von Castelnaud (TdA)

▲▲ Baguettes – täglich frisch (TdA)

▲ Alles Käse! (TdA)

▲▲ Lieber Markt als Supermarkt (TdA)

La Roque-Gageac

Ein Juwel am Dordogne-Ufer! Das Dörfchen – einst Sommer- und Wochenendresidenz der Bischöfe von Sarlat – ist nach Süden ausgerichtet und genießt ein besonderes Mikroklima, das Palmen und andere südliche Pflanzen gedeihen lässt. La Roque-Gageac besteht aus kaum mehr als einer Häuserzeile, die sich am Ufer entlang erstreckt. Nach oben vereiteln die Felsen jede Bautätigkeit. So bleibt die Chance erhalten, dass das heute geknipste Bild auch in 50 Jahren noch stimmt.

Im löchrigen Felsen über dem Ort sind noch die Spuren einer Festung aus dem 12. Jahrhundert auszumachen. Seine verwegene Lage machte das **Fort Troglodytique** (Höhlenfestung) im Hundertjährigen Krieg uneinnehmbar. In den Religionskriegen des 16. Jahr-hunderts suchten die Bischöfe von Sarlat hier Zuflucht. Doch war die Anlage den waffentechnischen Neuerungen nicht gewachsen, die Hugenotten stürmten die Festung.
Der heutige Besitzer gibt sich redlich Mühe, aus den wenigen Funden und der Bearbeitung des Felsens die Geschichte aufleuchten zu lassen. Spektakulärer als seine Sammlung ist jedoch der Aufstieg über die Freitreppe am Felsen entlang und der Blick auf die Dächer von La Roque-Gageac.

Ⓞ Ostern bis Mitte Nov. 10–18 Uhr. Eintritt 5 €.

Paddeln auf der Dordogne

Ob zu zweit im Kanu oder allein im Kajak – das Paddeln auf der Dordogne erfreut sich wachsender Beliebtheit. Als einer der schönsten Streckenabschnitte gilt die Route von Carsac nach Beynac: an Burgen, Wäldern, Wiesen und Anglern vorbei. Die Dordogne ist ein geduldiger Fluss und auch Anfängern freundlich gesonnen.
Bootsverleiher finden sich praktisch überall, wo die Straße den Fluss kreuzt. Im Preis inbegriffen sind in der Regel Versicherung, Schwimmweste und Rücktransport. Ein wasserdichter Container ist gegen eine zusätzliche Gebühr zu haben. Die Preise sind abhängig von der zurückgelegten Strecke, bei mehrtägigen Etappen gilt ein Tagestarif, beim Vor-Ort-Paddeln werden die Stunden gezählt. Bitte beachten: Bei Kindern wird ein Mindestalter von sechs Jahren vorausgesetzt.

• *Verleiher* **Randonnée Dordogne**: in Cénac (Hauptbasis), Beynac, Vézac und Carsac. ✆ 05.53.28.22.01.
Couleurs Périgord: in Vézac (Hauptbasis), La Roque-Gageac, Cénac, Vitrac und Carsac. ✆ 05.53.30.37.61, www.couleurs-perigord.com.
A Canoë-Raid: in Siorac (Hauptbasis), Limeuil und Cénac. ✆ 05.53.31.64.11, (Siorac), 05.53.31.06.45 (Cénac), www.a-canoe-raid.com.

• *Preisbeispiele* **Paddeln vor Ort**: ca. 4 € (2er-Kanu) bzw. 6,50 € (Kajak) pro Person/Std.
Carsac–La Roque-Gageac (14 km): ca. 30 € (2er-Kanu) bzw. 20 € (Kajak).
Pauschaltarif inkl. Rücktransport (2er-Kanu): ca. 35 € pro Person für 2 Tage. Bei mehrtägigen Fahrten ermäßigte Preise.

Information/Diverses

• *Postleitzahl* 24250

• *Information* Syndicat d'Initiative, kleiner Holzpavillon am oberen Dorfeingang. Geöffnet Ostern bis Okt. tägl. 9.30–12.30 und 14–17.30 Uhr. ✆ 05.53.29.17.01.

Périgord

• *Bootsausflüge* Von Ostern bis Oktober tuckern im 15-Minuten-Takt Flussboote (gabarres) in einem einstündigen Ausflug an mehreren Dordogne-Schlössern vorbei nach Beynac und zurück. Fahrpreis 8 €.

• *Kanu/Kajak* → "Paddeln auf der Dordogne".

• *Montgolfière-Flüge* Die von einem erfahrenen Piloten gesteuerte Montgolfière du Périgord bietet ein einzigartiges Panorama über das Périgord. Billig ist das Vergnügen allerdings nicht, je nach Flugdauer ab 190 €. Anmeldung im Büro der Gesellschaft auf halbem Weg nach Cénac. Gestartet wird auf einer Wiese ganz in der Nähe der Dordogne. ✆ 05.53.28.18.58, www.montgolfiere-du-perigord.com.

Übernachten/Camping

• *Hotels* ** **La Belle Etoile**, im Ortszentrum. Komfortable Zimmer, Terrasse mit Blick auf die Dordogne. DZ 50–75 €. Geöffnet April bis Okt. ✆ 05.53.29.51.44, 📠 05.53.29.45.63, hotel.belle-etoile@wanadoo.fr.

Mittelalter in Beynac

** **Auberge des Platanes**, im Ortszentrum. Das frühere „Gardette" hat einen neuen Besitzer, 2007 war der größte Teil der 14 Zimmer renoviert, Terrassenrestaurant auf der ersten Etage, freundlicher Empfang – unsere Empfehlung. DZ 30–55 €, auch Familienzimmer. Geöffnet April bis Okt. ✆ 05.53.29.51.58, 📠 05.53.31.19.32,
www.aubergedesplatanes.com.

• *Camping* *** **Beau Rivage**, ca. 2½ km von Cénac, Richtung Sarlat. Direkt an der Dordogne (Bootsverleih). Großes Schwimmbecken. Dem schönen Platz wäre nur etwas mehr Schatten zu wünschen. 200 Stellplätze. Geöffnet April bis Sept. Gaillardou. ✆ 05.53.28.32.05, 📠 05.53.29.63.56,
www.camping-beau-rivage.com.

** **La Butte**, 3 km von Cénac, Richtung Sarlat. Schwimmbad und Restaurant. Schattiges Terrain nahe der Dordogne. 130 Stellplätze. Geöffnet April bis Oktober. Gaillardou. ✆/📠 05.53.28.30.28,
www.campinglabutte.com.

Castelnaud

Ein verschlafenes Nest im Schatten einer trutzigen Burg, deren militärische Zweckmäßigkeit ins Auge sticht; erbaut wurde sie im 12. Jahrhundert. Im Hundertjährigen Krieg ein Zankapfel und später weiter zur Militärfestung ausgebaut, ist die kampferprobte Burg heute sinnigerweise Ort eines sehenswerten Museums des mittelalterlichen Kriegs *(Musée de la Guerre au Moyen-Age)*.

Im dreigeschossigen Artillerieturm und im Donjon ist eine Waffensammlung (Hellebarden und Lanzen) untergebracht. Kettenhemden und Ritterrüstungen ergänzen das martialische Bild. Im unteren Hof sind Geräte ausgestellt, mit denen man Burgen wie die von Castelnaud zu attackieren pflegte: Die Steinschleuder (Reichweite 180 m) warf bis zu 50 kg schwere Geschosse, sofern man 2,5 Tonnen Last ins Gegengewicht plumpsen ließ!

Autofahrer gelangen über einen Umweg – am *Ökomuseum der périgourdinischen Nuss* vorbei – zur Burg und zahlen dort Parkgebühren. Der Weg zu Fuß ist kürzer, schöner und billiger.

Ⓘ *Burgmuseum* Feb./März und Okt. bis Mitte Nov. 10–18 Uhr. April bis Juni und Sept. 10–19 Uhr. Juli/Aug. 9–20 Uhr. Mitte Nov. bis Jan. 14–17 Uhr. Eintritt 7,20 €.

Beynac

Majestätisch ragt die märchenhafte Burganlage mit ihrem zinnenbewehrten Donjon in den Himmel. Im 12. Jahrhundert wurde sie erbaut, 1189 vom Abenteurer Richard Löwenherz erobert, im Hundertjährigen Krieg war sie umkämpft wie die benachbarte Burg von Castelnaud. Heute ist die Burg von Beynac in Privatbesitz, kann aber besichtigt werden (Prunkstück ist ein großer Renaissance-Saal). Der Eigentümer hat bekannt gegeben, dass die von ihm begonnenen Restaurierungsarbeiten im Jahr 2077 abgeschlossen sein dürften – die Urenkel werden's zu danken wissen.

Als gehörte die Kirche nicht dem Volk, sondern der Aristokratie, schließt sich neben der Burg die *Notre-Dame-de-Beynac* an.

Autofahrer ziehen eine große Schleife durchs Hinterland, um zur Burg zu gelangen. Eindeutig schöner ist der Aufstieg zu Fuß, denn Beynac, das sich von der Dordogne steil bis zur Burg hochzieht, ist ein überaus schmuckes Städtchen. In den Gassen atmet noch das Mittelalter, und schon auf halber Höhe genießt man großartige Ausblicke auf die Dordogne.

Ⓘ *Burg* April und Okt. 11–17 Uhr. Mai bis Sept. 10–12.30 und 14–18 Uhr Uhr. Eintritt 7 €.

Information/Übernachten

• *Postleitzahl* 24220

• *Information* **Syndicat d'Initiative**, beim Parkplatz an der Dordogne. Mai bis Okt. tägl. 10–12.30 und 14–17.30 Uhr. Nov. bis April Mo–Sa 9.30–12.30 und 14–17 Uhr. ✆/℻ 05.53.29.43.08,.

• *Verbindung* früh und abends je ein Bus nach Sarlat und Le Buisson.

• *Kanu/Kajak* → La Roque-Gageac, „Paddeln auf der Dordogne".

• *Bootsausflüge* Mitte März bis Mitte Nov. werden die beliebten Rundfahrten auf Flussbooten (*gabarres*) durchgeführt. Fahrtdauer 50 Min., Abfahrt beim Syndicat d'Initiative, 7 €.

• *Hotels* ** **Pontet**, im Ortskern, Rezeption beim gleichnamigen Restaurant an der Durchgangsstraße. Freundlicher Betrieb mit Herbergstradition seit 1871. Ruhige DZ für 47–53 €. Jan. geschlossen. ✆ 05.53.29.50.06, ℻ 05.53.28.28.52, www.hostellerie-maleville.com.

• *Camping* *** **Le Capeyrou**, direkt an der Dordogne, schattiges Terrain mit 100 Stellplätzen. Swimmingpool. Verleih von Fahrrädern, Kanus und Kajaks. Geöffnet Ostern bis Sept. Le Capeyrou. ✆ 05.53.29.54.95, ℻ 05.53.28.36.27, www.campinglecapeyrou.com.

Schloss Les Milandes

Das Schloss stammt aus der frühen Renaissance, wurde jedoch im 19. Jahrhundert vom damaligen Besitzer, der als Fabrikant von Damenunterwäsche das nötige Kleingeld aufbrachte, vollkommen umgebaut.

Der Massenansturm fand in den 1950er Jahren statt. Jährlich über 300.000 Besucher kamen nach *Les Milandes*, um *Josephine Bakers* „Dorf der Welt" mit seinen afrikanischen Strohhütten zu besichtigen. Das ebenso ehrgeizige wie menschenfreundliche Projekt der schwarzen Sängerin, die sich von der glitzernden Welt der Music-Halls endgültig verabschiedet hatte, war damals die touristische Attraktion Nummer eins im Périgord. Heute muss sich der Besucher mit einer Dokumentation des Baker-Projekts im Schloss begnügen – trotzdem sehr empfehlenswert.

Im Vorhof erinnern einige angekettete Falken und Bussarde an die Falknerei. Mehr über diesen einst im Périgord weit verbreiteten Jagdsport erfährt man in einer kleinen Ausstellung, die in Josephine Bakers ehemaligem Büro untergebracht ist.
Die Schlossbesichtigung führt durch zahlreiche Räume, der imposanteste ist zweifelsohne der Empfangssaal mit seinem riesigen Renaissance-Cheminée; Orchesterchef *Jo Bouillon*, den Josephine 1946 in der Schlosskapelle ehelichte, pflegte hier mit seinen Musikern zu üben. Mehr Aufmerksamkeit als dieser Prunkraum erregt nur noch die wächserne Josephine Baker, aufgestützt auf einem spiegelglatten Tisch liegend, im wesentlichen mit einem Baströckchen bekleidet und effektvoll angestrahlt ...

⌚ April und Okt. 10–18.15 Uhr, Samstagmorgen geschlossen. Mai/Juni und Sept. 10–18.30 Uhr. Juli/Aug. 9.30–19.30 Uhr. Eintritt 7,80 €.

Wo einst das „Dorf der Welt" die Massen anlockte, breitet heute der *Parc des Milandes* sein Freizeitangebot aus – u. a. lockt ein schönes **Schwimmbad** (Eintritt ca. 8 €, Kinder ca. 6 e, jeweils ein Getränk inklusive). Kanuten finden einen Anlegeplatz vor. Im Restaurant über den Ufern der Dordogne speist man vorzüglich.

Übernachten/Essen **Hôtel-Restaurant Parc de Loisirs Joséphine Baker**, im Parc des Milandes, unterhalb des Schlosses, an der Dordogne. DZ 35–50 €. Geöffnet Ostern bis Okt. 24250 Castelnaud la Chapelle. ✆ 05.53.29.52.33, ℻ 05.53.28.18.60.

Cadouin

Von *Le Buisson* an der Dordogne führt ein Sträßchen durchs satte Grün in südliche Richtung nach Cadouin, einem ockerfarbenen Dorf, das rund um eine **Zisterzienserabtei** aus dem 12. Jahrhundert entstanden ist. Eine für romanische Bauten erstaunlich mächtige Kirchenfassade dominiert den Vorplatz, die offene, säulengestützte mittelalterliche Markthalle fügt sich harmonisch ins Bild.

Die Mönche sind längst verschwunden, die meisten Gebäude der Abtei werden heute als Privatwohnungen genutzt; auch eine Jugendherberge hat hier Platz gefunden. Die Kirche bietet nichts Nennenswertes, einen Besuch hin

Erst im Licht, dann im Regen – das Leben der Josephine Baker

1906 im Armenviertel von Saint Louis/Missouri geboren, war *Josephine Baker* eben 19 Jahre alt, als sie mit der „Revue Nègre" nach Europa eingeladen wurde. Nicht ihre künstlerischen Qualitäten rissen das Pariser Publikum damals vom Hocker, sondern die halbnackte Tatsache: Ein lockeres Baströckchen war Bakers einziges Kleidungsstück, und das schwarze Hinterteil, dass es darunter zu sehen gab, war Anlass zu scheinheiliger Entrüstung. Doch bald konnte Josephine Baker auch als Tänzerin und Sängerin das Publikum der Pariser Music-Halls überzeugen, ihre Gagen schnellten in die Höhe. So entschloss sie sich, in Frankreich zu bleiben – und operierte im Zweiten Weltkrieg ganz nebenbei als Spionin in de Gaulles Diensten, wofür sie später mit dem Orden der Ehrenlegion ausgezeichnet wurde.

Im Schloss *Les Milandes* hatte die Künstlerin bereits 1938 einmal zur Miete gewohnt, 1946 kaufte sie es – angeblich, um ihren Gemahl, den Orchesterchef *Jo Bouillon*, mit einer kleinen Überraschung zu erfreuen. Tatsächlich war es die Geburt eines utopisch anmutenden Projekts. Josephine Baker kaufte nicht nur das Schloss, sondern gleich das Umland dazu, ließ afrikanische Strohhütten aufstellen, gründete ein Museum (über sich selbst und ihre Karriere) sowie eine Schule, verfügte über ein eigenes Postamt und angeblich auch über einen eigenen Polizeiposten. Mit ihrem Mann adoptierte sie zwölf Kinder aller Hautfarben – das „Dorf der Welt" entwickelte sich zum Publikumsmagneten.

Doch hatte sich Josephine Baker mit der Finanzierung ihres Projekts über nommen. Die wirtschaftliche Basis ihres menschenfreundlichen Biotops begann zu bröckeln, und zu allem Überdruss haute ihr Mann nach Argentinien ab. Der Schuldenberg wuchs, Vorträge über Rassismus brachten auch nicht das nötige Geld ein, und so entschloss sich die bald 60-Jährige, wieder auf die Bühne zu gehen. Der drohende Konkurs ließ sich damit nicht mehr abwenden. Eine Pressekonferenz 1968 bei Kerzenlicht (Strom und Wasser waren bereits abgestellt worden) brachte zwar die Unterstützung durch *Grace Kelly, Brigitte Bardot* und die Rotkreuzstiftung – doch auch dies reichte nicht. Schließlich wollten die Gläubiger nicht länger warten, und so musste *Les Milandes* Ende der 60er Jahre verkauft werden. Aus der Traum.

Die ruinierte Baker verbarrikadierte sich zum Schluss in der Küche des Schlosses, das sie über 20 Jahre lang bewohnt hatte. Nicht lange. Der neue Besitzer ließ sie mit roher Gewalt hinauswerfen. Ein erschütterndes Foto zeigt die inzwischen 64-Jährige auf einer Treppe vor dem Schloss im Regen stehen. Sieben Stunden soll sie dort ausgeharrt haben, bis sie ins Krankenhaus von Périgueux eingeliefert wurde. Die obdachlos gewordene Künstlerin fand Aufnahme bei Grace Kelly, der Fürstin von Monaco.

Nach langjähriger Absenz ließ sich Josephine Baker 1975 noch einmal zu einem Bühnenauftritt überreden. Der Erfolg war überwältigend, vielleicht zu überwältigend. Zwei Tage später erlitt sie einen tödlichen Schlaganfall.

gegen lohnt der **Kreuzgang** mit seinen Steinreliefs im Gewölbe und an den Kapitellen. Auch wenn nur noch ein Viertel der Darstellungen erhalten ist: es sind großartige Zeugnisse der Spätgotik. Neben Szenen aus dem Alten und Neuen Testament trifft man auch auf damals beliebte allegorische Darstellungen (zwei Händler streiten sich um eine Gans). Wer Französisch versteht, kann sich bei einer Führung die Darstellungen deuten lassen.

Ⓘ Juli/Aug. 10–19 Uhr, in der Vor- und Nachsaison wesentlich kürzer und Mittagspause; im Januar ist der Kreuzgang geschlossen. Eintritt 5,70 €.

• *Zimmer* **Restaurant de l'Abbaye,** gegenüber der Abtei. Das Restaurant, das aussieht, als hätte es schon vor der Abtei dagestanden, vermietet 5 preiswerte Zimmer mit Bad/WC. DZ 36 €. 24480 Cadouin. ✆ 05.53.63.40.93, ✆ 05.53.63.40.28.

• *Jugendherberge* in einem renovierten Trakt der Abtei in sehr ruhiger Lage; ansprechend gestaltet, betischter Innenhof. DZ, Drei- und Mehrbettzimmer, bis auf ein 7-Bett-Zimmer alle mit Du/WC. Insgesamt 80 Betten ab ca. 12 €/Person. Mittags und abends preiswerte Gerichte. Ganzjährig geöffnet. Place de l'Abbaye, 24480 Cadouin. ✆ 05.53.73.28.78, ✆ 05.53.73.28.79, www.fuaj.org, dort sich durchklicken.

Das Schweißtuch von Cadouin

Seit dem 12. Jahrhundert beherbergt Cadouin ein kostbares Tuch, das heute in einer Vitrine des Kreuzgangs zu sehen ist. Möglicherweise war das Stück Stoff sogar der Grund für den Bau der Abtei. Denn es galt als Schweißtuch Christi, und Jahrhunderte lang wurde es als solches verehrt. Die Legende erzählt von einem konvertierten Juden, der es aus dem Grab Christi stahl und dessen ältester Sohn es an seinen Bruder verhökerte. Das Tuch hatte bereits eine abenteuerliche Geschichte hinter sich – u. a. soll es, über den Flammen schwebend, zwei Kirchenbrände überstanden haben – als es im 12. Jahrhundert in Cadouin seinen endgültigen Platz bekam. Das „Schweißtuch" von Cadouin wurde zum beliebten Wallfahrtsziel, und im 19. und 20. Jahrhundert erfuhr Cadouin als Pilgerstation auf dem Weg nach Lourdes einen wahren Boom.

Alles lief gut in Cadouin – bis 1933. In diesem Jahr nämlich untersuchte eine Expertenkommission die Reliquie. Schon der Reformator Calvin hatte im 16. Jahrhundert deren Echtheit bestritten, und die kritischen Stimmen verstummten seitdem nicht mehr. Die Kommission – vom Klerus bestallt – sollte ein für allemal Klarheit schaffen. Und das tat sie! Ein kluger Kopf erkannte die Ornamente des Saums als stilisierte arabische Schriftzeichen. Die Entzifferung war für Orientalisten dann nur noch ein Kinderspiel: „Mohammed ist der Gesandte Gottes, usw. usw." Nach der Enthüllung dieser Botschaft war Cadouin als Wallfahrtsort gestorben.

Das Schweißtuch von Cadouin ist ein überaus fein gearbeitetes Produkt aus Ägypten und wird in die Zeit der Fatimiden (10.–12. Jh.) datiert.

Saint-Avit-Sénieur

Weniger bekannt als Cadouin ist die Abtei von Saint-Avit-Sénieur. Sie geht auf den frommen Avitus zurück, einen Einsiedler aus dem 5. Jahrhundert,

Die Abtei des heiligen Avitus

zu dessen Ehren im 12. Jahrhundert Mönche hier eine erste Kirche errichteten. Die Albigenserkriege im 13. Jahrhundert, der Hundertjährige Krieg und die Religionskriege des 16. Jahrhunderts setzten der Abtei stark zu. Seit 2000 ist die unter UNESCO-Schutz stehende Kirche soweit repariert, dass sie wieder besichtigt werden kann. Von den Fresken, die einst das riesige, 18 Meter hohe Kirchenschiff dekorierten, ist an der rechten Wand noch ein Christophorus-Gemälde auszumachen, viel mehr ist von der einstigen Pracht nicht übriggeblieben. Der Kreuzgang ist weitgehend zerstört, ebenso die Nebengebäude der früheren Abtei. Die beiden Sarkophage an der Außenmauer des Chors hüllen sich in Schweigen.

Limeuil

Über dem Zusammenfluss von Vézère und Dordogne gelegen, hatte Limeuil einst strategische Bedeutung. Römer und normannische Barbaren hat der Ort gesehen, im Hundertjährigen Krieg dann Franzosen und Engländer, später kriegswütige Katholiken und Hugenotten, noch später revoltierende Bauern. Geblieben ist ein wehrhaftes Ortsbild, das durch seine architektonische Geschlossenheit beeindruckt – Spaziergang empfohlen.

Trémolat

Die ockergelben Häuser fügen sich zu einem harmonischen Ortsbild. Eine kleine Abtei am Dorfplatz, mit ihrer Ummauerung eher wie eine Festung, und ein donjonähnlicher Kirchturm unterstreichen den wehrhaften Eindruck. Die versteinerte Attitüde Trémolats gilt einem längst vergessenen mittelalterlichen Feind. Der heutige Besucher lässt sich im Café auf dem

Dorfplatz nieder und stellt fest, dass hier – mit Ausnahme des Wochenmarkts am Dienstagmorgen – nichts passiert.

• *Camping* *** **Camping de Trémolat**, ca. 1 km außerhalb (Richtung Cingle de Trémolat). Großes, schattiges Terrain direkt an der Dordogne. 100 komfortable Plätze. Geöffnet Mai bis Sept. 24510 Trémolat. ☏ 05.53.22.81.18, 📠 05.53.06.30.94, www.semitour.com (dort im Menü „Hébergements"anklicken).

Nur ca. 2 km von Trémolat entfernt liegt der Aussichtspunkt *Racamadou* (Beschilderung: *Cingle de Trémolat*), von dem aus man einen großartigen Ausblick auf die Dordogne genießt, die hier den **Cingle de Trémolat** bildet – eine letzte verspielte Schleife, bevor sie ihren Weg fast schnurgerade in Richtung *Bergerac* fortsetzt.

Das Vézère-Tal

Von Montignac bis Le Bugue

Die Höhle von Lascaux mit ihren Tierzeichnungen genießt Weltruhm – ein einzigartiges Kulturdenkmal, doch nicht die einzige im Vézère-Tal. Rund 25 km südwestlich davon liegt der Ort Les Eyzies, Zentrum des prähistorisch besiedelten Gebiets und Ausgangspunkt für weitere Höhlenexkursionen.

Scharen von Touristen begeben sich an Wochenenden auf die Spuren ihrer Vorfahren, und man muss nicht selten lange Wartezeiten in Kauf nehmen, um z. B. einem vor etwa 20.000 Jahren in die Wand geritzten Mammut zu begegnen.
Um alle Höhlen abzuklappern, braucht man Zeit und Geld (6–7 € Eintritt pro Höhle) – die meisten Besucher begnügen sich mit ein oder zwei Grotten. Wir wollen deshalb hier kein komplettes Fundstättenverzeichnis liefern, sondern uns auf einige besonders sehenswerte Höhlen beschränken. Für Spezialisten der Urgeschichte des Homo sapiens steht vor Ort weiterführendes Material zur Verfügung bzw. zum Verkauf.

Das Vézère-Tal bietet aber mehr als nur Steinzeitliches. Es lassen sich auch schöne Spaziergänge und Wanderungen (v. a. in der Umgebung von *Saint-Léon*) unternehmen. Die *Vézère* ist ein romantischer Fluss – Felsen, Wälder und Wiesen teilen sich die Ufer. Kanu- und Kajakfahrer kommen auf ihre Kosten. Der Fluss ist weniger breit und ein bisschen schneller als die Dordogne, das infrastrukturelle Angebot (Bootsverleih und Rücktransport) ist mittlerweile ebenso professionalisiert wie dort.

Montignac

Das Städtchen, beiderseits der Vézère gelegen, die sich hier träge und meist brauntrüb dahinzieht, hat ein paar charmante mittelalterliche Häuser. Es ist jedoch nicht das Stadtbild, das Montignac zum Tourismusmagneten macht, sondern die 2 km entfernte *Grotte von Lascaux*, die unbestritten spektakulärste prähistorische Stätte der Welt.

Wer die Eintrittskarte für Lascaux II schon in der Tasche hat und – was in der Saison nicht selten ist – eine längere Wartezeit in Kauf nehmen muss, findet vielleicht die nötige Muße für einen Stadtrundgang.

• *Postleitzahl* 24290

• *Information* **Office de Tourisme**, place Bertran de Born (linke Flussseite), in einem schönen Arkadenbau aus dem 14. Jh. Gut bestückt mit Informationsmaterial über das Vézère-Tal, Bücher über die Grotte von Lascaux. **Eintrittskarten für den Besuch von Lascaux II werden ausschließlich hier verkauft!** ✆ 05.53.51.82.60, 📠 05.53.50.49.72, ot.montignac@neuf.fr, www.bienvenue-montignac.com.

• *Kanu/Kajak* Verleih an der oberen Vézère-Brücke, rechte Flussseite.

• *Markt* **Wochenmarkt**: Mittwochmorgen.

• *Hotels* *** **Le Relais du Soleil d'Or**, (linke Flussseite), in einer ehemaligen Poststation untergebrachtes komfortables Hotel. Nach hinten große Parkanlage. Einladender, von Chaiselongues umrahmter, geheizter Swimmingpool. Gourmet-Restaurant mit traditionell périgourdinischen Gerichten, z. B. Gänseleberterrine. DZ 66–120 €. Februar geschlossen. 16, rue du 4 septembre. ✆ 05.53.51.80.22, 📠 05.53. 50.27. 54, www.le-soleil-dor.com.

De la Grotte (linke Flussseite, am Abzweig nach Lascaux II). Sympathische Bleibe mit Restaurant und großem Garten. DZ 58–78 € je nach sanitärer Ausstattung. Januar geschlossen. 63, rue du 4 septembre. ✆ 05.53.51.80.48, 📠 05.53.51. 05.96, hoteldelagrotte@wanadoo.fr.

• *Camping* *** **Le Moulin du Bleufond**, knapp nach dem Ortsausgang an der D 65, einer wenig befahrenen Straße am linken Vézère-Ufer. Bei schräg einfallender Sonne spenden die kärglichen Hecken etwas Schatten – für den Tagesaufenthalt also weniger geeignet. Dafür liegt das kommunale Schwimmbad ganz in der Nähe, und Kanu- und Kajakfahrer erreichen nach ca. 200 m die Vézère. 85 Stellplätze. Geöffnet Jan. bis Mitte Okt. Avenue Aristide Briand. ✆ 05.53.51.83.95, 📠 05. 53.50.19.92, www.bleufond.com.

Lascaux II

Die Höhle, die Sie zu sehen bekommen, ist eine komplette, aber meisterhafte Fälschung – selbst Spezialisten haben Mühe, Lascaux II von der echten Grotte von Lascaux (Lascaux I) zu unterscheiden.

Die originale Grotte befindet sich ca. 200 m neben Lascaux II. Entdeckt wurde sie 1940 von vier Jugendlichen, die sich beim Spielen über ein Loch wunderten, das ein entwurzelter Baum gerissen hatte. Neugierig geworden, besorgten sie sich eine Taschenlampe und machten darauf einen der sensationellsten Funde der Kunstgeschichte. Der Zweite Weltkrieg verzögerte die für eine touristische Erschließung notwendigen Arbeiten, und so ist Lascaux erst seit 1949 der Öffentlichkeit zugänglich. Diese kam in Scharen, und die Felsenmalereien, die über 19.000 Jahre in hermetischer Abgeschlossenheit ihre Farben bewahrt hatten, reagierten empfindlich. Algenbefall und eine infolge der Dauerbelüftung beschleunigte Bildung von Kalkspat führten 1963 zur Schließung der Grotte. Lascaux I ist heute nur noch einigen handverlesenen Wissenschaftlern zugänglich.

Um aber die „Sixtinische Kapelle der Prähistorie" der Öffentlichkeit nicht gänzlich vorzuenthalten, wurde Lascaux II geschaffen. Mit modernster Technik wurde die Originalhöhle vermessen und nachgebildet. Eine Spezialistin wurde mit der Kopie der Felsenmalereien beauftragt. Sie hielt sich mit ihrem Team strikt an die Materialien und Techniken ihrer prähistorischen Vorfahren: Eisenoxyd für Rot-, Mangandioxyd für Schwarztöne. Die Techniken der *Magdalénien*-Kultur waren vielfältig, vom Farbauftrag mit dem Finger oder mit einem Haarbüschel bis zum feinen Aufsprühen mittels eines Röhrenknochens. Nach zehnjähriger Kleinarbeit konnte 1983 die Faksimile-Ausgabe Lascaux II eröffnet werden.

2007 machte das Gerücht von Lascaux III die Runde: ein neues Faksimile, elaboriert mit den raffiniertesten Mitteln, die die Computertechnologie zur Verfügung stellt – und mit 3-D-Effekt, sofern der Besucher sich die entsprechende Brille auf die Nase klemmt. Mehr als ein leichtes Köcheln in der Gerüchteküche war aber noch nicht auszumachen.

Das Überraschende an den Darstellungen von Lascaux ist ihre Lebendigkeit. Alles ist in Bewegung: Stiere, Kühe, Hirsche, Pferde, Bisons. Felsvorsprünge sind geschickt in die Darstellung integriert, so dass die Tiere oft mit jedem Schritt des Betrachters ihr Aussehen verändern und die Dynamik zusätzlich verstärkt wird. Gelegentlich versinnbildlichen auf die Körper eingeritzte Speere den Wunsch der Jäger.
Die steinzeitliche Farbpalette umfasste rund 50 Farbtöne, in Abstufungen von Gelb über Ocker bis Rot und Schwarz. Die Größe der Darstellungen reicht vom 50 cm langen Pferdchen bis zum Stier mit 5½ m Körperlänge (im *Großen Saal der Stiere*).

Eigenartig und noch ohne eindeutige Erklärung ist eine kleine Szene, die man in einem tiefer gelegenen Höhlenschacht, dem sog. Brunnen, findet. Ein Bison, ein Mann (die einzige Darstellung eines Menschen in Lascaux), ein Vogel und ein Nashorn bilden die Puzzleteile dieses Rätsels. Dem Bison sträuben sich die Haare – kein Wunder, denn aus seinem Bauch quellen die Gedärme. Hat der Speer des tot am Boden liegenden Strichmännchens die Wunde gerissen oder vielleicht doch das Nashorn, das sich links davonschleicht? Warum ist der Mann nur als Strichmännchen gezeichnet, warum hat er einen Vogelkopf, und was ist mit dem Vogel, der scheinbar unbeteiligt davor auf seiner Stange sitzt?

🕐 Feb./März und Nov./Dez. Di–So 10–12.30 und 14–17.30 Uhr. April bis Juni und Sept./Okt. tägl. 9.30–18 Uhr. Juli/Aug. tägl. 9–19 Uhr. Nur mit Führung (auch Deutsch), diese dauert 40 Min., pro Führung werden 40 Besucher eingelassen. Eintritt 8,20 €. Sammelticket Lascaux II + Le Thot 11 €. **Achtung**: Von Mai bis Sept. werden die Eintrittskarten ausschließlich im Office de Tourisme von Montignac verkauft; von Okt. bis April direkt am Eingang von Lascaux II.

Le Thot (Espace Cro-Magnon)

Das Forschungszentrum für prähistorische Kunst von Le Thot, etwa 6 km von Montignac entfernt, ergänzt den Besuch von Lascaux II in sinnvoller Weise. Leuchttafeln zeigen u. a. weitere Höhlenmalereien von Lascaux (in Lascaux II nicht reproduziert). Dias zeigen, wie die weltberühmte Grotte zu ihrer originalgetreuen Kopie kam. Themen und Techniken der Felsenmalerei werden erläutert.
Kinder zieht es in den Tierpark, wo die ausgestopfte Fauna der Prähistorie und die lebendige der Gegenwart friedlich koexistieren: Bisons, ein Auerochse, Hirsche, Pferde. Das rekonstruierte Wollnashorn findet unter einem Plastikdach vor Regen Schutz – wohl der Wolle wegen. Makaber wirkt die

Rekonstruktion einer prähistorischen Hütte aus *Mezhirichi* (Ukraine); deren Gerüst bestand gänzlich aus Mammutknochen, zwei Stoßzähne bildeten das Eingangstor.

ⓘ wie Lascaux II. Eintritt 5,70 €, Sammelticket Le Thot + Lascaux II 11 €.

Anfahrt Von Montignac Straße nach Les Eyzies. Gegenüber vom Château de Loszse rechts hoch, noch ca. 1½ km bis zum Museum.

Ein Platz für Buddha

Im Côte de Jor genannten Gebiet, nordwestlich von Saint-Léon, stößt der Wanderer mitten im Grünen auf ein paar stattliche Landhäuser – und auf ein paar Hinweisschilder mit seltsamen Schriftzeichen. Vor über einem Jahrzehnt haben sich hier auf Einladung des ehemaligen Schlossherrn von Chabans, ein Verehrer fernöstlichen Denkens, diverse buddhistische Gemeinden etabliert.

In der Regel sind Buddhisten friedfertige Menschen, die Einheimischen nahmen lange keinen Anstoß an den spirituellen Siedlern. Das sollte sich 1995 ändern. Auf Schloss Chabans hatte der Besitzer gewechselt, und die neue Schlossherrin konnte dem Plan, einen Tempel tibetischer Architektur auf dem Gelände zu errichten, nichts abgewinnen. Sie befand, ein solcher Baukörper passe ganz und gar nicht in diesen schönen Landstrich und schlug Alarm. Der Ball lag nun bei den kommunalen Behörden. Die hatten mit ihrem Nutzungsplan den Bau gestattet, andererseits sollte das Vézère-Tal als staatlich schützenswertes Landschaftsbild klassifiziert werden, und das lag natürlich auch im kommunalen Interesse. Nur: Ein buddhistischer Tempel lässt sich in den Hochglanzbroschüren eben schlecht als périgourdinisches Landhaus verkaufen ...

Stand der Dinge 2007: Das buddhistische Meditationszentrum Dhagpo-Kagyu-Ling hat mittlerweile große Teile der Côte de Jor in Beschlag genommen. Die Autos auf dem Parkplatz des Zentrums zeigen Kennzeichen fast aller westeuropäischen Länder. Hier und da ragen farbig-exotische Skulpturen aus dem Grün – ein tibetischer Tempel ist aber nach wie vor nicht zu finden. Wer im zentralen Bau dem Schild „Temple" folgt, gelangt zu einer mit Teppichen ausgelegten Meditationsbaracke – wohl eine vorläufige Lösung.

Aus dem Schloss Chabans hört man nichts mehr. Es ist in den Besitz eines belgischen Privatiers übergegangen, der anscheinend mehr interkulturelle Toleranz aufbringt als seine Vorgängerin.

Saint-Léon-sur-Vézère

Ein verträumtes Schlösschen (Privatbesitz) am Flussufer und eine romanische Kirche aus dem 12. Jahrhundert – das schmucke Dörfchen auf halbem Weg zwischen Montignac und Les Eyzies strahlt Harmonie aus und liegt obendrein in einer bezaubernden Landschaft. Wanderer und Kanufahrer finden hier einen idealen Stützpunkt.

• *Bootsverleih* 2er-Kanus und Kajaks bei der Brücke und im Camping Paradis (→ unten). Es bietet sich eine ruhige Halbtagsfahrt an – vorbei an der Roque Saint-Christophe nach Les Eyzies. Empfehlenswert!

• *Übernachten* ** **Relais de la Côte de Jor**, vom unteren Ortsende 2 km den Berg hinauf (ausgeschildert). Idyllische Lage mitten im Wald, Swimmingpool, garantiert ruhig. Leider keine Verpflegungsmöglichkeit, so dass man zum Essen nach Saint-Léon fahren muss. DZ mit Dusche/WC 40–55 €. Le Pech d'Honneur, 24290 Saint-Léon-sur-Vézère. ✆ 05.53.50.74.47, 📠 05.53.51.16.22, www.lerelaisdejor.com.

**** **Camping Le Paradis**, luxuriöses Gelände knapp außerhalb des Orts in Richtung Les Eyzies, am rechten Flussufer. 200 Stellplätze, Lebensmittelladen, Restaurant. 3 heizbare Swimmingpools, 2 Tenniscourts, Pingpong-Tische. Fahrrad, Kanu- und Kajakverleih. Geöffnet April bis Mitte Okt. ✆ 05.53.50.72.64, 📠 05.53.50.75.90, www.le-paradis.fr.

* **Camping Municipal**. Mitten im Ort und direkt am Fluss gelegen, Rezeption im Gemeindehaus oder im Laden daneben. 20 Stellplätze auf einem anspruchslosen, aber schattigen Gelände mit Stromanschlüssen. Bescheidenes Sanitärhäuschen (Heißduschen) gleich daneben. Geöffnet Mitte Mai bis Sept. ✆ 05.53.50.73.16, 📠 05.53.50.20.32.

• *Essen* **Auberge de la Poste**, im Ortszentrum. Große Portionen guter Hausmannskost zu vernünftigen Preisen. ✆ 05.53.50.73.08.

Le Déjeuner sur l'Herbe, neben der Kirche. Ein paar Gartentische und auf der Wiese dahinter ein paar steinerne Picknick-Tische an der Vézére (in der hier gebadet wird). Verkauft werden im Laden ausschließlich regionale Produkte: Snacks, Salate, Wurst und Käse, Bio-Apfelsaft und das Périgord-Bier „La Lutine". Ein Traum!

La Roque Saint-Cristophe

Der auffällige, 900 m lange Kalkfelsen, der sich gegenüber dem Örtchen *Le Moustier* längs der Vézère erstreckt, wurde von der UNESCO zur Sehenswürdigkeit von Weltinteresse erklärt und steht unter Denkmalschutz. Man schätzt, dass die Felswand in der Steinzeit ca. 50.000 Jahre lang besiedelt war. Nach dem Neandertaler *(Moustérien)* und dem Cro-Magnon-Menschen nutzten Gallier und Römer das natürlich geschützte Gelände. Im frühen Mittelalter wurde der Felsen zu einer fünfterrassigen Festung gegen die normannische Bedrohung ausgebaut. In den Religionskriegen verschanzten sich hier die Hugenotten, bis *Heinrich III.* 1588 die Festung schleifen ließ.

Nur die unteren beiden Terrassen können besichtigt werden. Eine vollständige Erschließung des Geländes ist nicht beabsichtigt, der schnelle Tourismus lässt das Konzept einer 3-5stündigen Besichtigung ohnehin nicht zu. Gleich am Eingang sieht man eines der wenigen Überbleibsel aus der mittelalterlichen Zeit, eine Pforte, die auch heute noch den einzigen Zugang zur Felsenfestung bildet. An zahlreichen Höhlen und Nischen vorbei gelangt man zu einem im 12. Jahrhundert geschlagenen Tunnel, der zu Europas größtem Felsüberhang führt. Die natürlich geschützte Terrasse ist 400 m lang und lädt zu einem wunderschönen Spaziergang hoch über der Vézère ein.

Im Mittelalter wurden viele der prähistorischen Höhlen ausgebaut. Die Böden wurden geebnet, die Räume gelegentlich in den Felsen hinein erweitert. Doch ihre Höhe wurde meist für genügend erachtet: Im heute als ehemalige

Küche präsentierten Raum erkennt man an der Decke noch die schwachen Konturen einer prähistorischen Rentierzeichnung. Vermutlich ist sie den mittelalterlichen Festungsarchitekten ganz einfach entgangen. Abschluss des Rundgangs bildet eine Höhle mit einer drastischen Installation: ein Neandertaler im Kampf gegen einen Höhlenbären. Dem Tier steckt die Waffe bereits in der Halsschlagader, doch bäumt es sich zu einem letzten Angriff auf. Der Höhlenmensch, der bislang mit einem blutigen Abdruck einer Bärentatze auf der Brust davongekommen ist, wird den Eindringling mit dem Speer erledigen.

🕐 Feb./März und Okt. bis Mitte Nov. 10–18 Uhr. April bis Juni und Septmeber 10–18.30 Uhr. Juli/Aug. 10–20 Uhr. Mitte Nov. bis Jan. 14–17 Uhr. Eintritt 7 €. Einladendes, schattiges Picknickgelände mit Snackbar am Eingang.

Préhisto-Parc

Zwischen *La Roque Saint-Cristophe* und dem Ort *Tursac* wurde diese kleine Touristenattraktion angelegt. Im Wäldchen, das von allerlei ausgestopften Tieren bewohnt wird, werden rund zwei Dutzend Szenen gezeigt, die das Leben der Prähistorie plastisch veranschaulichen: Ein Rentier wird gehäutet, ein getroffenes Mammut wird umzingelt, ein Höhlenlöwe sieht sich seinen Jägern gegenüber, ein Künstler aus dem Magdalénien bemalt eine Felswand etc. – ein unterhaltsamer Spaziergang unter schattigen Bäumen, der vor allem Kinder und Jugendliche begeistern wird.

🕐 Feb./März und Okt./Nov. 10-17.30 Uhr. April bis Sept. 10–19.30 Uhr. Eintritt 6,20 €, Kinder 7–13 Jahre die Hälfte.

Das Mammut ist verloren – Jagdszene im Préhisto-Parc

Anthropogenetischer Schnellkurs für Périgord-Besucher

Paläonthropine, Neanthropine, Neandertaler, Micoquien, Moustérien, Cro Magnon, Magdalénien, Aurignacien, Périgordien – der Laie versteht Bahnhof, wenn die Fachleute über einem Schädelknochen brüten und sich darüber streiten, ab wann der Mensch den Namen Homo sapiens verdient. Wir sind verwegen genug, 100.000 Jahre Menschheitsgeschichte in einigen Zeilen zusammenzufassen und geben einen kurzen Überblick über die gesicherten Erkenntnisse.

Der Akt der Menschwerdung spielt sich in der Altsteinzeit (Paläolithikum) ab, die ca. 600.000 bis 10.000 Jahre v. Chr. datiert wird. Sie wird unterteilt in:

• Ältere Altsteinzeit (Altpaläolithikum), ca. 600.000–100.000 v. Chr. Erste „Menschen"-Funde (Australopethicine) in China und Südafrika. Es handelt sich um aufrecht gehende Lebewesen, die aus Geröllstein werkzeugähnliche Geräte schlagen, was gemeinhin als Zeichen von Intelligenz gewertet wird. Den Australopethicinen folgen die Archanthropinen, die bereits mit Feuer umgehen und im Gegensatz zu den Vorgenannten unwidersprochen als frühe Menschen anerkannt werden. Die Ältere Altsteinzeit ist im Périgord einzig durch einige Feuersteinfunde im Stollen von La Micoque, der später vom Neandertaler (Micoquien) bewohnt war, vertreten.

• Mittlere Altsteinzeit (Mittelpaläolithikum), ca. 100.000–50.000 v. Chr. Der Neandertaler-Typus (zur Gruppe der Paläonthropinen gehörend) taucht auf, benannt nach einem Fundort im Neandertal bei Düsseldorf, ein Mensch mit flacher Stirn und großen Wülsten über den Augen. Im Périgord wurden mehrere Siedlungsstätten des Neandertalers ausgemacht. Zu ihnen zählt La Micoque in der Nähe von Les Eyzies. Nach diesem Ort wird das Micoquien benannt, das für eine bestimmte Form der Werkzeugherstellung (u. a. doppelseitiger Faustkeil) steht. Ein weiterer Ort, Le Moustier, zwischen Montignac und Les Eyzies gelegen, lieh seinen Namen dem Moustérien (im Vergleich zur vorgenannten Kultur verfeinerte Werkzeuge). Künstlerische Betätigung war dem Neandertaler fremd.

• Jüngere Altsteinzeit (Jungpaläolithikum), ca. 50.000–10.000 v. Chr. Etwa 35.000 v. Chr. stirbt der Neandertaler aus unbekannten Gründen aus. Ihm folgt im Périgord der Menschentyp des Cro Magnon (zur Gruppe der Neanthropinen gehörend), der unbestritten als Homo sapiens gilt. Vermutlich stammt er in keinster Weise vom Neandertaler ab, er hat auch nicht dessen menschenaffenähnliches Gesicht. Im Gegensatz zu seinen Vorgängern ist er künstlerisch tätig und kreiert Schmuck sowie Menschen- und Tierdarstellungen. Verschiedene Cro-Magnon-Kulturen, ältere und jüngere, werden nach ihren Fundorten unterschieden – Aurignacien, Périgordien, Solutréen, Magdalénien etc. Das Magdalénien (benannt nach La Madeleine bei Tursac) ist eine der späteren Cro-Magnon-Kulturen (ca. 15.000–10.000 v. Chr.). Aus dieser Epoche am Ende der Jüngeren Altsteinzeit stammen die weltberühmten Darstellungen in der Grotte von Lascaux und im spanischen Altamira.

Les Eyzies

Das Vézère-Dörfchen, das sich im Schutze eines mächtigen, überhängenden Kalkfelsens die Straße entlangzieht, nennt sich stolz *Welthauptstadt der Prähistorie*. Tatsächlich sind nirgendwo auf der Erde so viele Fundstätten der Altsteinzeit auf so dichtem Raum zu sehen wie in der Umgebung von Les Eyzies. Und so ist es nur konsequent, dass hier ein *Nationales Museum für Prähistorie* eingerichtet wurde. Im Sommer 2004 wurde der alte Bau, der seit 1923 als Museum gedient hatte, zugunsten eines Neubaus aufgegeben. Der steinerne Neandertaler aus dem Jahr 1930, der den früheren Eingang bewachte, hätte in Rente gehen können, aber man ließ ihn im Kalkfelsen stehen. An Wochenenden und in der Hochsaison ist Les Eyzies – der Ort besteht praktisch nur aus einer von Souvenirläden gesäumten Straße – meist heillos überlaufen, und man muss für den Besuch der umliegenden Höhlen oft lange Wartezeiten in Kauf nehmen.

Information/Diverses

• *Postleitzahl* 24620

• *Information* **Office de Tourisme**, im Zentrum. Mit einschlägigen Büchern, Broschüren und Faltprospekten gefüllter Laden. Internetzugang, Wanderkarten – und Mountainbikeverleih!
Sept. bis Juni Mo–Sa 9.30–12 und 14–18 Uhr, April bis Juni und Sept. zudem auch So 10–13 Uhr. Juli/August Mo–Sa 9.30–19 Uhr, So 10–12 und 14–18 Uhr. ✆ 05.53.06.97.05, ℻ 05.53.06.90.79, contact@leseyzies.com, www.leseyzies.com.

• *Verbindung* **Bahn**: tägl. ca. 6 Züge in Richtung Périgueux; ebenso viele über Le Bugue in Richtung Agen.

• *Fahrradverleih* im Office de Tourisme

• *Bootsverleih* **Canoës Vallée Vézère**, an der Vézère-Brücke. 2er-Kanus und Kajaks. ✆ 05.53.05.10.11, www.canoesvalleevezere.com.
Les 3 Drapeaux, ebenfalls an der Vézère-Brücke, selbes Angebot und selbe Preise. Geöffnet Ostern bis Sept. ✆ 05.53.06.91.89, www.les3drapeaux.com.

• *Markt* **Wochenmarkt**: Montagmorgen.

Übernachten/Essen

• *Hotels* *** **Les Glycines**, an der Straße nach Périgeux, am Ortsende. Das frühere Relais der Postkutschen, seit 1862 Hostellerie, ist die beste Adresse in Les Eyzies. Sehr gepflegte, geräumige Zimmer. Neben dem Haus hat der Koch seinen Gemüsegarten angelegt, dahinter erstreckt sich eine ausgedehnte Parkanlage mit Swimmingpool. Gourmet-Restaurant (→ unten). DZ 76–160 €. Geöffnet April bis Mitte Okt. 4, av. de Laugerie. ✆ 05.53.06.97.07, ℻ 05.53.06.92.19, www.les-glycines-dordogne.com.

*** **Hostellerie du Passeur**, an der Hauptstraße, burgähnlicher Bau mit viel Efeu, von der Straße etwas zurückversetzt. Große Terrasse, Restaurant. DZ 72–115 €. Geöffnet April bis Okt. 1, place de la Mairie. ✆ 05.53.06.97.13, ℻ 05.53.06.91.63, www.hostellerie-du-passeur.com.

** **La France/Auberge du Musée**, beim Aufgang zum Museum. Gepflegtes Mittelklasse-Etablissement in ruhiger Lage. Restaurant mit Périgord-Spezialitäten. DZ 55–73 €. Geöffnet April bis Okt. 4, rue du Moulin. ✆ 05.53.06.97.23, ℻ 05.53.06.90.97, www.hoteldefrance-perigord.com.

• *Camping* *** **La Rivière**, 1 km außerhalb, an der Straße nach Périgueux. Insgesamt passabel. Nahe an der Vézère. Swimmingpool. 120 Stellplätze. Geöffnet April bis Okt. ✆ 05.53.06.97.14, ℻ 05.53.35.20.85, www.lariviereleseyzies.com.

*** **Le Vézère Périgord**, ca. 5 km außerhalb, an der Str. nach Montignac, hinter Tursac. Waldiges Luxusgelände, direkt an der Vézère. Großes Schwimmbad, Tenniscourt etc. Etwa 100 Stellplätze. Geöffnet Ostern bis Okt. ✆ 05.53.06.96.31, ℻ 05.53.50.79.66, www.levezereperigord.com.

Weitere Übernachtungsmöglichkeiten → Le Bugue.

• *Restaurants* **Les Glycines**, im gleichnamigen Hotel (→ oben). Pascal Lombard ist ein ebenso leidenschaftlicher wie kreativer Koch, z. B. frischer Stör in himbeerroter Sauce pochiert und auf einem Gemüsebett serviert, wobei man sicher sein darf, dass letzteres aus dem gepflegten eigenen Gärtchen stammt. Ein aufmerksamer Service ist Selbstverständlichkeit – und natürlich hat das Feinschmeckerlokal seinen stolzen Preis. 4, av. de Laugerie. ✆ 05.53.06.97.07.

Le Châteaubriant, an der Durchgangsstraße, im Ortszentrum. Périgourdinische Küche zu relativ bescheidenen Preisen und stets freundlich serviert. Nach hinten kleine Terrasse zum Garten. Mittags Tagesgerichte. 29, av. de la Préhistoire. ✆ 05.53.35.06.11

Sehenswertes

Musée National de Préhistoire: Die Präsentation der Exponate ist vorbildlich. Am Ausstellungseingang wird der Besucher vom sog. Turkana-Boy empfangen. Das 1984 in Kenia gefundene Skelett – hier natürlich nur als Kopie gezeigt – ist 1,6 Millionen Jahre alt und gehört zu den ältesten Zeugnissen der menschlichen Rasse. An ihm vorbei führt der Treppenaufgang zu einer doppelten Ausstellungsgalerie hoch. In deren unteren Teil angelangt, hat man eine Zeitreise hinter sich gebracht: ein Meter ausgestellter Gesteinsschicht repräsentiert 50.000 Jahre, für die neuere Zeit wurde dann der Maßstab 1 m = 1000 Jahre gewählt. Auf halber Strecke weist ein georgischer Kieferknochen auf den Weg hin, den die Urahnen des *Cro Magnon* möglicherweise gegangen sind: von Kenia über den Kaukasus ins Périgord.

In der unteren Ausstellungshalle überraschen vor allem die Rekonstruktion eines Riesenelchs (*Megaceros*) sowie ein komplettes, mit Haut und Haar erhaltenes Wollnashorn, das 1929 in Polen gefunden wurde. Hyänen- und Bärenknochen ergänzen die prähistorische Fauna. Die Waffen, die der Steinzeitmensch gegen die Tierwelt einsetzte, sind ebenfalls ausgestellt – vom primitiven Faustkeil bis zu scharf geschliffenen Knochen.

Die obere Ausstellungshalle ist vom „kultivierteren" Cro-Magnon bestimmt: raffinierte Silex-Waffen und schließlich auch Zeugnisse künstlerischer Betätigung, wie ein auf Elfenbein geritztes Mammut und Frauendarstellungen. Menschliche Skelette (u. a. ein zwei- bis vierjähriges Neandertalerkind) und Grabfunde beschließen den Rundgang durch die mehrtausendjährige Geschichte.

⌚ Juni und Sept. 9.30–18 Uhr, Di geschl. Juli/Aug. tägl. 9.30–18.30 Uhr. Okt. bis Mai 9.30–12.30 und 14–17.30 Uhr, Di geschlossen. Eintritt 5 €, 18–25 Jahre 3,50 €, unter 18 gratis.

Abri Pataud: Sozusagen eine archäologische Baustelle in der Kalkwand von Les Eyzies (an der Straße nach Périgeux, knapp vor Ortsende). Vierzehn verschiedene Schichten sind für den Besucher verständlich markiert, die unterste ist 34.000 Jahre alt (Aurignacien). Einen Monat pro Jahr arbeitet ein Team aus den Universitäten von Paris, Bordeaux und Toulouse hier und lässt sich bei seiner vorsichtigen Arbeit über die Schulter schauen: Mit Schäufelchen, Eimern, Vermessungsgeräten und Computer wird den Geheimnissen des einst bewohnten Felsens zu Leibe gerückt. Die Funde sind im kleinen Museum daneben ausgestellt, das sehr besucherfreundlich (deutschsprachige Begleitblätter) stratigraphische Methoden erklärt und die

Kalkfelsen von Les Eyzies: einst ein Dach überm Kopf, heute ein Dach überm Haus

steinzeitliche Fauna und Flora, die Wohnstätten und „Kunstwerke" des Cro-Magnon vorstellt.

Ⓞ Die Baustelle ist nur mit Führung (ca. 1 Std.) zu besichtigen, das Museum hinterher frei. Feb./März und Mitte Nov. bis Dez. Mo–Do 10–11.30 und 14–16.30 Uhr. April bis Juni und Sept. bis Mitte Nov. 10–11.30 und 14–17 Uhr, Fr geschlossen. Juli/Aug. tägl. 10–18 Uhr. Eintritt 5,70 €.

Höhlen in der Umgebung von Les Eyzies

Gut zwei Dutzend Grotten wurden bisher in der näheren Umgebung von Les Eyzies entdeckt, von denen jedoch nicht alle der Öffentlichkeit zugänglich sind. Einige sind wegen ihrer Felsenmalereien und Ritzungen berühmt, andere als Fundstätten von Knochen, und wieder andere präsentieren sich als zur Behausung ungeeignete, wunderschöne Tropfsteingrotten.

Für die meisten Höhlen ist eine Reservierung unbedingt zu empfehlen. Wartezeiten von einem halben Tag sind üblich, in der Hochsaison gelegentlich bis zu einer Woche. Auch wenn draußen die Sonne brennt: zum Höhlenbesuch gehören festes Schuhwerk und warme Kleidung. Nachstehend listen wir die bedeutendsten Fundorte auf.

▸ **Grotte de Font-de-Gaume**: Sie liegt am Ortsausgang von Les Eyzies an der Straße nach Sarlat und ist neben *Lascaux* das zweite großartige Zeugnis mehrfarbiger Felsenmalereien aus dem Magdalénien. Damit sie nicht wie ihr berühmtes Pendant geschlossen werden muss, um zu überleben, wurden ihre Wände desinfiziert und gegen die Entwicklung von Mikroorganismen immunisiert. Das Besucherquantum, das der Grotte zugemutet wird, ist auf täglich 200 Personen limitiert.

Von den über 200 Tierdarstellungen sind etwa 30 zugänglich: Mammuts, Rentiere, Bisons, Pferde. Teils sind die Kunstwerke etwas vom Kalkspat angegriffen, der Besuch der verwinkelten Grotte hinterlässt trotzdem einen sehr nachhaltigen Eindruck.

Ⓘ Mitte Juni bis Mitte Sept. 9.30–17.30 Uhr. Mitte Sept. bis Mitte Juni 9.30–12.30 und 14–17.30 Uhr. Eintritt 6,50 €. Reservierung obligatorisch: ✆ 05.53.06.86.00. In der Hochsaison ist das Tageskontingent (200 Besucher, Gruppen à 20 Personen) oft schon eine Woche vorher ausverkauft!

▸ **Grotte des Combarelles**: Den 250 m langen unterirdischen Stollen, der seine Berühmtheit den über 500 entdeckten Ritzungen verdankt, findet man von *Font de Gaume* ungefähr 1½ km weiter in Richtung Sarlat. Wie die mehrfarbigen Malereien von *Lascaux* und *Font de Gaume* sind auch die in die Felswand geritzten Zeichnungen von Combarelles vom Massenansturm bedroht; pro Tag werden maximal 60 Besucher eingelassen.

Oft sind die Ritzungen so dicht beieinander (gelegentlich auch übereinander), dass es Mühe bereitet, die Darstellungen auseinander zu halten. Die gesamte steinzeitliche Fauna ist vertreten: Mammuts, Bisons, Nashörner, Rentiere, Bären, Pferde. Als Raritäten gelten ein Steinbock, eine Löwin und ein Halbesel. Insgesamt wurden 39 Darstellungen von Menschen oder menschenähnlichen Wesen ausgemacht, meist rätselhaft primitiv ausgeführt. Bei den „Halbmenschen" handelt es sich vermutlich um rituelle Masken; ein besonders schönes Beispiel zeigt die Umrisse eines Menschen mit einem mammutähnlichen Kopf.

Ⓘ wie Font de Gaume (→ oben). Eintrittskarten nur bei der Grotte de Font-de-Gaume erhältlich, Eintritt 6,50 €. Reservierung obligatorisch: ✆ 05.53.06.86.00. Das Tageskontingent von 60 Besuchern (6er-Gruppen) ist oft schnell ausverkauft.

▸ **Abri du Cap Blanc**: ca. 7 km von Les Eyzies entfernt, erst in Richtung Sarlat, nach 4 km links abzweigen in Richtung Tamniès. Die überhängende Kalkwand hoch über der Beune, einem Nebenfluss der Vézère, bot den Steinzeitmenschen ideale Unterkünfte. Aus der Zeit des Magdalénien sind hier großartige Reliefs erhalten, neben der Malerei und der Ritzung die dritte künstlerische Darstellungstechnik der Epoche. Teils heben sich die Reliefs über 20 cm vom Hintergrund ab. Am meisten beeindruckt ein 14 m langer Fries aus fast lebensgroßen Pferden. Bei den Ausgrabungen wurde auch die letzte Ruhestätte eines Cro-Magnon-Menschen freigelegt. Das Grab wurde später rekonstruiert.

Ⓘ Mitte Mai bis Mitte Sept. 9.30–17.30 Uhr. Mitte Sept. bis Mitte Mai 9.30–12.30 und 14–17.30 Uhr. Eintritt 6,50 €. In der Hauptsaison ist – vor allem nachmittags – mit Wartezeiten zu rechnen. Reservierung ✆ 05.53.59.21.74.

▸ **Grotte du Grand Roc**: ca. 2½ km außerhalb Les Eyzies in Richtung Périgueux. Kein Meister der Steinzeit hat hier gewirkt, die Natur selbst war künstlerisch zugange: Stalagmiten und Stalaktiten, unzählige feinste Kristallisationen in den bizarrsten Formen machen *Le Grand Roc* zu einer der märchenhaftesten Tropfsteinhöhlen Frankreichs.

Ⓘ Ostern bis Juni und Sept./Okt. 10–18 Uhr. Juli/Aug. 9.30–19 Uhr. Eintritt 7,50 € (zusammen mit Laugerie Basse).

▸ **Laugerie Basse**: gleich neben der Grotte du Grand Roc. Im überhängenden Felsen wurden zahlreiche Kunstobjekte aus dem Magdalénien entdeckt, u. a. die sog. *Vénus impudique*, eine kopf- und armlose weibliche Elfenbeinfigurine, die den Weg ins Pariser „Musée de l'homme" gefunden hat. Schamlos wird sie genannt, weil sie so offen die Scham zeigt.

Die Wartezeit verkürzt man sich bei der kleinen Dokumentationsausstellung, wo u. a. auch eine Kopie der oben genannten Venus zu sehen ist. Eine weitere Einführung bietet eine informative Diaschau (ca. 10 Min.). Die Besichtigung selbst (ca. 30 Min.) ist wenig spektakulär, gibt jedoch einen guten Einblick in die Arbeit der Archäologen. Deutlich sind die verschiedenen Gesteinsschichten zu erkennen. Das sog. *Abri des Marseilles* ist noch nicht gänzlich abgetragen, unter dem Boden warten vermutlich weitere steinzeitliche Kunstwerke auf ihre Entdeckung.

Dass die Laugerie Basse auch im Mittelalter bewohnt war, beweisen einige Felsenlöcher, die den Wachtposten als Spähfenster dienten. Die Rekonstruktionen mittelalterlicher Unterschlüpfe aus Holz, Stein und Baumrinde hingegen können kaum überzeugen.

🕐 wie Grotte du Grand Roc. Eintritt 7,50 € (zusammen mit Grotte du Grand Roc).

▸ **Grotte de Rouffignac**: Eine der größten Höhlen im Schwarzen Périgord, ca. 20 km von Les Eyzies entfernt (Straße nach Périgueux, bei Miremont rechts ab, ausgeschildert). Mehr als 10 km sollen die auf drei Etagen liegenden Gänge der Grotte de Rouffignac messen, die noch immer nicht vollständig erforscht ist. Solche Strecken rufen nach Transportmitteln, und so ist ein freundliches Elektrobähnchen in Betrieb, das den Besucher durch die Stollen fährt.

Das Wollnashorn in der Grotte von Rouffignac

Die Höhle hat den Namen *Grotte des 100 Mammouths* bekommen, und das ist noch untertrieben. Gut 150 in die Wände geritzte Mammutdarstellungen wurden bisher gefunden, teils sehr realistisch gezeichnet, teils nur angedeutet. Diese außergewöhnliche Häufung der Steinzeitkolosse konnte bisher nicht befriedigend erklärt werden. Im weiteren sind Pferde, Bisons, Steinböcke und als Rarität ein hübsches Wollnashorn (sozusagen das Urnashorn) zu sehen.

🕑 April bis Juni und Sept./Okt. 10–11.30 und 14–17 Uhr. Juli/Aug. 9–11.30 und 14–18 Uhr. Eintritt 6,20 €. Die tägliche Besucherzahl ist limitiert. In der Hauptsaison wird empfohlen, sich bereits vormittags um Karten zu bemühen: ✆ 05.53.05.41.71, 📠 05.53. 35.44.71.

Das Vézère-Tal von Les Eyzies nach Limeuil:

Im untersten Abschnitt verliert das Vézère-Tal etwas an Romantik. Es wird breiter, der Fluss wird müder und transportiert die Kanufahrer weniger flott.

Le Bugue

Bevor die Vézère in die Dordogne mündet, zieht sie noch eine letzte große Schleife, und hier liegt Le Bugue, ein recht hübscher Ort, der vor allem mit der *Grotte de Bara-Bahau* Reklame macht (Ritzungen aus dem Magdalénien, aber längst nicht so aufregend wie die von Combarelles und Rouffignac).

Die größere Attraktion von Le Bugue ist das **Aquarium du Périgord Noir**; in der Hochsaison und an den Wochenenden herrscht oft ein derartiges Gedränge, dass man die Fische um ihren großzügig bemessenen Lebensraum beneiden könnte. Die riesigen Aquarien sind geschickt in den Kalkfelsen eingelassen, hübsche Kellerwohnungen mit Oberlicht. Publikumslieblinge sind die Welse; das derzeit größte Exemplar in Le Bugue ist 2,1 m lang und 60 kg schwer. Eine Informationstafel beim Aquarium der Störe weist darauf hin, dass diese knöchernen Fische erst im Alter von 15 bis 20 Jahren geschlechtsreif werden und auch dann nur alle zwei bis drei Jahre laichen. Angesichts des weltweiten Rückgangs des Störbestands dürften also die Kaviarpreise weiter steigen.

🕑 Mitte Feb. bis März und Okt. bis Mitte Nov. Mo–Sa 13–17 Uhr, So 10–18 Uhr. April/Mai und Sept. 10–18 Uhr. Juni 10–19 Uhr. Juli/Aug. 9–19 Uhr. Eintritt 8,90 €.

• *Bootsverleih* **CANOEric**, 150 m oberhalb des Aquariums. 2er-Kanus und Kajaks. ✆ 05.53.03.51.99.

• *Markt* **Wochenmarkt** Dienstag früh.

• *Hotels* ** **Du Château**, im Ortszentrum von Campagne (3 km von Le Bugue), gleich neben dem Schloss (dieses leider in Privatbesitz und nicht zu besichtigen). Das Hotel verfügt über eine Dépendance auf der anderen Straßenseite; dort gepflegte, große Zimmer, teils WC und Bad getrennt. DZ 49–75 €. Geöffnet April bis Mitte Okt. Campagne, 24260 Le Bugue. ✆ 05.53.07.23.50, 📠 05.53.03.93.69, hotduchateau@aol.com.

• *Chambres d'hôtes* **Chez Lucette**, von Campagne (3 km von Le Bugue) 500 m in Richtung Les Eyzies. Kleines Gehöft inmitten eines gepflegten Gartens. In letzterem ist die freundliche Lucette von morgens bis abends zugange. Ein besonders romantisches Zimmerchen mit Doppelbett findet man unterhalb des Hauses an einem Teich – in einem kleinen, quadratischen Bau, dessen vier Mauern die Zimmerwände sind. DZ ab 37 €. Unsere Empfehlung. Geöffnet April bis Okt. Campagne, 24260 Le Bugue. ✆/📠 05.53.07.41.68.

• Camping *** Le Val de la Marquise, in Champagne (3 km von Le Bugue), 400 m vom Schloss in Richtung Sarlat. Gepflegter, schattiger Platz mit Swimmingpool. 100 Stellplätze. Geöffnet April bis Mitte

Okt. Lieu dit „Le Petit Moulin", 24260 Campagne. ✆ 05.53.54.74.10, 📠 05.53.54.00.70, www.levaldelamarquise.com.

• *Restaurants* **L'Abreuvoir**, in Le Bugue. Kleine Schattenterrasse über einem Platz mitten im alten Ortskern, fernab des Verkehrs. Ein Hauch von Nouvelle Cuisine: Unter vier Gängen geht nix, unter 20 € auch nicht, als Amuse-Bouche wird ungefragt ein Stück Gänseleber serviert. Die Bedienung rennt viel rauf und runter – ohne dabei die Freundlichkeit zu verlieren. So/Mo Ruhetag. ✆ 05.53.03.45.45.

Du Château. Im gleichnamigen Hotel (→ oben). Beliebtes Restaurant mit périgourdinischer Küche, nicht gerade billig, aber hervorragend. ✆ 05.53.07.23.50.

Périgueux

An den Ufern der Isle, eines Zuflusses der Dordogne, liegt Périgueux, die Hauptstadt des Départements und mit 30.000 Einwohnern die größte Stadt im Périgord.

Industrielle Revolution und Eisenbahnanschluss haben im 19. Jahrhundert einen Wachstumsschub bewirkt, den die Stadt architektonisch nur schlecht verdaut hat. Zwecks Schadenbegrenzung wurde der Altstadtkern zur Fußgängerzone erklärt, einige hübsche Renaissance-Häuser konnten sich so der drohenden Einschwärzung durch Autoabgase entziehen.

Wer den Kampf um einen Parkplatz im Zentrum überstanden hat, dem scheint die Altstadt nachgerade als Insel des Friedens. Ein Bummel durch die Gassen, inklusive Besuch der Kathedrale, ist das beste, was man in Périgueux tun kann.

Vermeiden Sie jedoch einen Besuch am Sonntag. Dann ist das Altstadtviertel gespenstisch leer, einzig ein paar Bäckereien und Patisserien haben geöffnet – ansonsten tote Hose.

Information/Verbindung/Diverses

• *Postleitzahl* 24000

• *Information* **Office de Tourisme**, Rond Point de la Tour Mataguerre, 26, place Francheville. Stadtbesichtigungen mit Führung (5 €). Freundliches Personal. Auskünfte über Busverbindungen etc. Juli/Aug. Mo–Sa 9–19 Uhr, So 10–14 und 14–18 Uhr. Sept. bis Juni Mo–Sa 9–12 und 14–19 Uhr. ✆ 05.53.53.10.63, 📠 05.53.09.50, tourisme@perigueux.fr, www.tourisme-perigueux.fr.

• *Verbindung* **Zug**: Gute Verbindungen nach Bordeaux, Limoges, Les Eyzies, Agen; tägl. 2 Züge nach Lyon.

Bus: Verbindungen in alle bekannteren Orte des Périgord. Da verschiedene private Unternehmen tätig sind, erkundigt man sich am besten beim Syndicat d'Initiative (→ Information).

• *Autovermietung* **Avis**, im Bahnhof

Europ-car, 7, rue Denis Papin (50 m vom Bahnhof), auch Minibusse. ✆ 05.53.08. 15.72

Hertz, vor dem Bahnhof.

• *Fahrradverleih* **Cycles Cumenal**, 41bis, Cours St-Georges, ✆ 05.53.53.31.56.

• *Markt* Wochenmarkt Mittwochvormittag oberhalb der Place Francheville.

• *Festivals* **Mimos**, jährlich Ende Juli/Anfang August. Internationales Festival der Pantomime mit Renommee und über 20-jähriger Tradition. 1994 beehrte der berühmte, 2007 verstorbene Marcel Marceau das Festival mit einem Gastspiel.

• *Waschsalon* **La Lavandière**, 61, rue Gambetta (tägl. 8–21 Uhr, Sa bis 20 Uhr) und an der Place Hoch (am Cours Fénelon, selbe Öffnungszeiten).

Lav'matic: 22, rue des Mobiles de Coulmiers (Nähe Bahnhof).

Übernachten

• *Hotels* ** **Régina (1)**. Hinter der Doppelverglasung des Hotels erleben Sie den sonst lauten Bahnhofsvorplatz als Stummfilm. DZ 54–80 €, je nachdem, ob Sie nur Dusche, Dusche/WC oder Dusche/Color-TV wünschen. 14, rue Denis Papin. ✆ 05.53.08.40.44, ℻ 05.53.54.72.44, hotel-regina-perigueux@wanadoo.fr.

** **Les Barris (5)**. Älteres Haus, das mehr Wert aufs gediegene Essen (s. u.) legt als aufs gediegene Schlafen. Zimmer nach hinten verlangen! DZ mit WC und Telefon 29 €, DZ mit Dusche/WC und Telefon 44–64 €. 2, rue Pierre Magne. ✆ 05.53.53.04.05, ℻ 05.53.05.19.08, www.hoteldesbarris.com.

** **L'Univers (2)**. Gepflegtes Haus in zentraler Lage, direkt am Eingang zur Altstadt. Elegantes Spezialitätenrestaurant, Service auch auf der Terrasse. Wer nicht dem großen Luxus nachrennt, ist hier bestens aufgehoben. DZ 49–59 €, alle Zimmer mit Dusche, teils auch mit WC. 18, Cours Montaigne. ✆ 05.53.53.34.79, ℻ 05.53.06.70.76.

• *Camping* ** **Camping Barnabé**, in Boulazac, ca. 2 km vom Zentrum, an der Isle. Altes Strandbad (leider: Baden verboten). 55 Stellplätze. Ganzjährig geöffnet. Rue des Bains, 24750 Boulazac. ✆ 05.53.53.41.45, ℻ 05.53.54.16.62, www.barnabe-perigord.com.

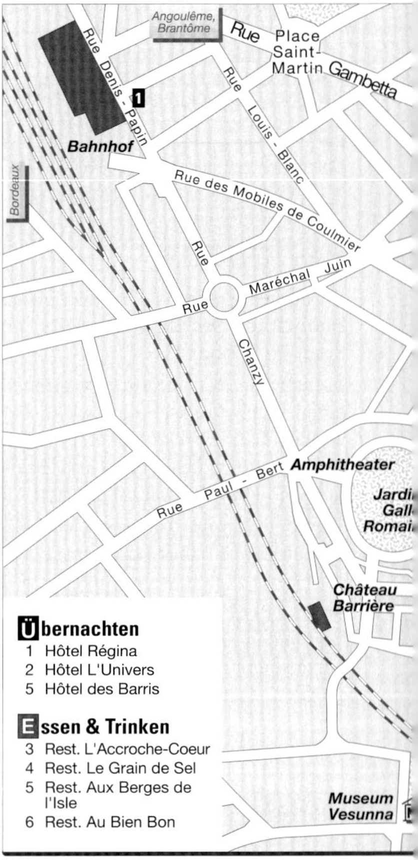

Essen

• *Restaurants* **Aux Berges de l'Isle (5)**, gehört zum Hôtel des Barris (s. o.). Seit Jean-Francis Parisis die Küche übernommen hat, geht's aufwärts mit dem Restaurant. Fisch, Fleisch oder Federvieh – hervorragend zubereitet. 2, rue Pierre-Magne. ✆ 05.53.09.51.50

Le Grain de Sel (4), gute französische Küche marktfrisch-lecker zubereitet und freundlich in angenehmem Ambiente serviert. Durchschnittliche Preise. So/Mo Ruhetag. 7, rue des Farges. ✆ 05.53.53.45.22.

L'Accroche-Coeur (3), direkt hinter dem Rathaus. Biologisches Programm mit dezent dekorierten Gerichten. Ein offener Wein wäre hier zu ordinär. Mo/Di geschlossen. 5, rue du Serment. ✆ 05.53.09.82.57.

Au Bien Bon (6), sympathisches Lokal mit Terrasse, die wenigen Tische sind rasch besetzt. Klassische périgourdinische Küche, aber auch Kalbskopf und Blutwurst. Schnecken und Austern. So und Montagabend geschlossen. 15, rue des Places. ✆ 05.53.09.69.91.

Sehenswertes

Altstadt: Im Office de Tourisme liegt ein kleiner Plan auf, der bei der Besichtigung der Altstadt behilflich sein will. Er ist aber leider so grobmaschig, dass man – dauernd damit beschäftigt, sich zurechtzufinden – die schönen Häuser übersieht, auf die er aufmerksam machen will.

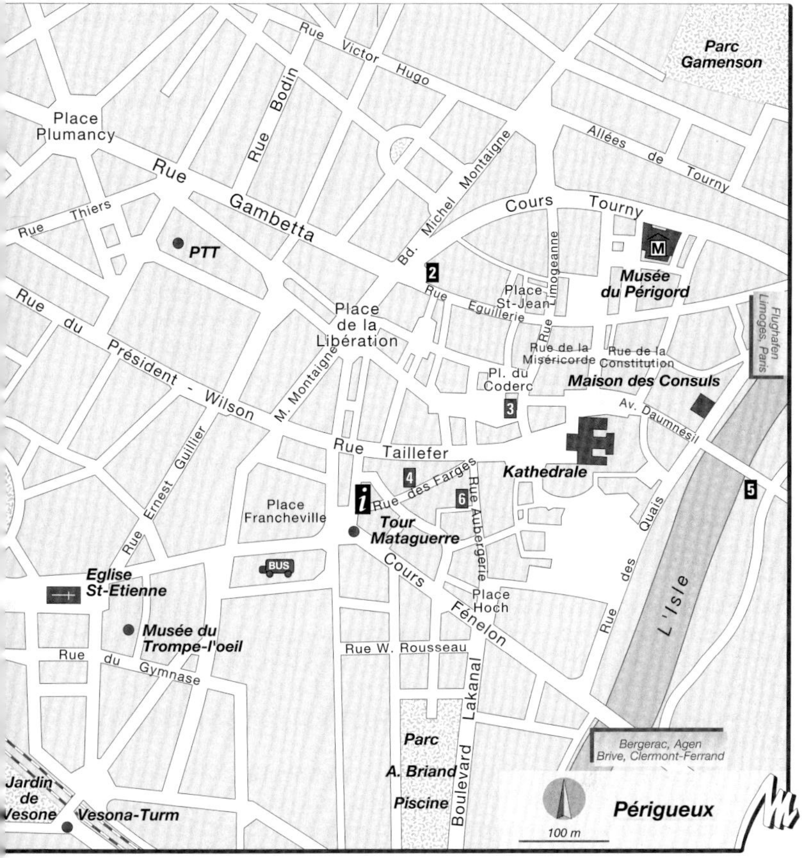

Vorschlag: Folgen Sie entweder den Hinweisschildern *Circuit Vieille Ville* oder streunen Sie frei in der Altstadt herum. So groß ist sie auch wieder nicht, dass man sich verlaufen könnte, und bald finden Sie sich in der *Rue Limogeanne,* der architektonischen Schmuckstraße, und an der *Place Saint-Louis* mit der *Maison du Pâtissier,* einem mittelalterlichen Haus (14. Jh.), das in der Renaissance mit einem neuen Portal (16. Jh.) versehen wurde. Weitere reizvolle Bauten stehen an der *Rue de la Miséricorde* bzw. deren Fortsetzung *Rue de la Constitution.* Hinter der Kathedrale führt die *Avenue Daumnesil* zur *Maison des Consuls* (15. Jh.), zusammen mit der *Maison Lambert* (16. Jh.) und dem *Hôtel de Lur* (17. Jh.) ein beliebtes Fotomotiv.

Am Rand der Altstadt (beim Office de Tourisme) steht die *Tour Mataguerre,* der einzige von 28 mittelalterlichen Wehrtürmen, der Périgueux' stürmische Zeiten überlebt hat. Der Namensgeber des Rundturms, ein Krieger in englischen Diensten, soll 17 Jahre im Turmverlies geschmachtet haben. Eine Besichtigung der *Tour Mataguerre* ist nur im Rahmen eines organisierten Stadtrundgangs (→ Information) möglich.

Cathédrale Saint-Front: Die seit 1998 unter dem Schutz der UNESCO stehende Kathedrale dominiert das Altstadtbild. Der Glockenturm stammt aus dem 11. Jahrhundert, der Hauptbau folgt dem Stil griechischer Kreuzkuppelkirchen und erinnert an San Marco in Venedig oder an die Sacré-Coeur auf dem Montmarte in Paris, deren Architekt *Abadie* tatsächlich seine Hände auch in Périgeux im Spiel hatte. Nachdem es im 18. Jahrhundert ins Kircheninnere regnete, wurden die Kuppeln ganz einfach überdacht, was die Gesamtansicht natürlich erheblich beeinträchtigte. Im 19. Jahrhundert dann legte Abadie die Kuppeln wieder frei und versah sie mit Säulentürmchen, wohl um den byzantinischen Eindruck zu verstärken. Weitere seiner Zutaten sind die längliche Apside sowie der Vorbau beim Nordeingang.

Einzige Sehenswürdigkeit im Kircheninneren ist eine große, holzgeschnitzte *Altarwand* aus dem 17. Jahrhundert mit der Darstellung von Mariä Himmelfahrt – ein barockes Prunkstück. Allerdings muss man eine Münze in den Opferstock stecken, um – für kurze Zeit – die Beleuchtung (ohne die kaum etwas zu sehen ist) in Gang zu setzen.

Die Pilger auf dem Weg nach Santiago de Compostela, für die Périgueux stets eine wichtige Station war, haben mit der *Chapelle Saint-Jacques* in der Kathedrale ihren eigenen Ort bekommen.

Das gnadenlos von einer Säule durchbrochene *Fresko* an der rechten Kirchenwand hätte man genauso gut übertünchen können. Es stammt angeblich aus einem alten Spital und keiner weiß, wie es den Weg hierher gefunden hat. Der Kreuzgang (12.–16. Jh.) blieb wie der Glockenturm von der Renovierung verschont. Zwei Seiten sind romanisch (Rundbögen), zwei gotisch (Spitzbögen).

Eglise St-Etienne (La Cité): Die Kirche war im Mittelalter die Kathedrale von Périgueux. Dann wurde sie in den Religionskriegen bös zugerichtet: Sie verlor nicht nur den Glockenturm, sondern auch ganze Gewölbeteile. Zeugnis dieser Verstümmelung ist die Fassade, die im oberen Teil noch die alten, einst zum Kircheninneren gehörenden Gewölbebogen zeigt. Einziges Juwel der Ex-Kathedrale ist ein *Taufbecken* aus dem 12. Jahrhundert.

Antike Stadt und **Château Barrière**: Von der St-Etienne-Kirche ist es nicht weit zum *Vesona-Turm* mitten in einer kleinen Grünanlage. Er stammt aus dem 1. Jahrhundert n. Chr. und war das Zentrum des Tempels von *Vesunna,* wie die hier gegründete römische Kolonie hieß. Auf einer Seite ist das Gemäuer weit aufgerissen. Die Bürger Périgueux' schlugen diese Wunde, als sie Baumaterial für die Stadtmauer zur Verteidigung gegen die normannischen Invasoren brauchten. Neben dem Turm wurden die Überreste einer römischen Villa gefunden, die heute ins *Museum Vesunna* (s. u.) integriert sind.

Der Spaziergang gegenüber dem Vesona-Turm an der Bahnlinie entlang führt zur Ruine des *Château Barrière.* Das mittelalterliche Schloss wurde während der Religionskriege im 16. Jahrhundert in Brand gesteckt und danach nicht mehr aufgebaut. Mit den noch vorhandenen Fensterkreuzen gibt die nackte

Ruine heute eine eher gespenstische Kulisse ab. Derzeit wird diskutiert, das Gebäude wiederaufzurichten und als Kulturzentrum zu nutzen

Gleich daneben steht – dem modernen Verkehr fassungslos gegenüber – die kleine *Porte Normande* (Normannentor). Sie ist einer der wenigen spärlichen Überreste der Stadtummauerung, die Schutz vor den Barbaren bieten sollte. Als Baumaterial mussten große Teile der römischen Siedlung mit ihrer Tempelanlage herhalten.

Natürlich besaß *Vesunna*, wie jede anständige römische Stadt, ein *Amphitheater*. Einige Mauerreste sind übrig geblieben. Das ovale Gelände präsentiert sich heute als schattige Grünanlage mit Springbrunnen – ein beliebter Treffpunkt der einheimischen Jugendlichen.

Museum Vesunna: Das 2003 eröffnete Museum über die gallisch-römische Geschichte der Stadt überzeugt mit seinem Konzept wie auch mit seiner vom Stararchitekten Jean Nouvel entworfenen hellen Architektur. Im Zentrum des hellen, gläsernen Baus stehen die Fundamente einer hier ausgegrabenen römischen Domus aus dem 2. Jahrhundert n. Chr. Von einer Galerie aus überschaut man das gesamte Ausgrabungsgelände und orientiert sich an zahlreichen Informationspunkten mit einem Audioführer um die Ohren. Dann schreitet man direkt ins Grabungsfeld hinunter, spaziert zwischen Grundmauern und Rekonstruktionen umher und wird mit diversen Themen des gallo-römischen Lebens konfrontiert: Ernährung, Sprache, Spiel, Malerei, Fußbodenheizung, Bestattung ... Anschaulich und nie langweilig.

⌚ Feb./März und Mitte Nov. bis Dez. Di–So 10–12.30 und 14–17.30 Uhr. April bis Juni und Sept. bis Mitte Nov. Di–So 10–12.30 und 14–18 Uhr. Juli/Aug. tägl. 10–19 Uhr. Sept. Di–Sa 10–18 Uhr. Eintritt 5,70 €.

Musée d'Art et Archéologie du Périgord: Das älteste Museum des Departments wurde 1835 gegründet und ist seit 1895 mit seinen 32.000 Objekten in einem speziell für Museumszwecke umgebauten Augustinerkloster zuhause.

Eine beträchtliche *ethnographische Sammlung* erinnert an die Zeiten, in denen Frankreich noch Kolonialmacht war: Objekte aus afrikanischen Ländern, Madagaskar und Ozeanien. In der *archäologischen Abteilung* dominieren Funde aus den neolithischen Stätten des Périgord: Steinwerkzeuge, Steine mit geritzten Tieren, der schädellose, obere Teil des Skeletts eines bei Lascaux gefundenen Neandertalers – jedes Objekt wissenschaftlich erfasst und fein säuberlich klassifiziert.

Über den Kreuzgang, in dem zwischen zahllosen antiken Skulpturen der umtriebige zeitgenössische Künstler *Ben Vautier* einen Satz mit seinem berühmten Schriftzug hinterlassen hat, gelangt man zur *Kunstsammlung*. In den jeweils verschiedenfarbig gestrichenen Räumen sind lokale Künstler, oft nach Sujets gruppiert, versammelt, die hart mit den daneben ausgestellten Beispielen der Gegenwartskunst kontrastieren. Die rührige Konservatorin verfolgt ihr eigenes, außergewöhnliches Ausstellungskonzept.

⌚ April bis Sept. Mo und Mi–Fr 10.30–17 Uhr, Sa/So 13–18 Uhr. Okt. bis März Mo und Mi–Fr 10.30–17.30 Uhr, Sa/So 13–18 Uhr. Eintritt 4 €.

Musée du Trompe-L'oeil et du Décor peint: Alles Augen-Wischerei! Das Privatmuseum, das sich ausschließlich mit der Herstellung von Illusionen beschäftigt, ist einzigartig in Frankreich. Die Kunst des Trompe-l'oeil arbeitet mit Perspektiven und Schattierungen, auf zwei Dimensionen wird die Illusion von Räumlichkeit erzeugt. Zu sehen sind einige wunderbare Beispiele der optischen Täuschung: eine griechische Amphore steht in einer Nische – man glaubt, sie wegtragen zu können. Eine Staffelei mit Gemälden erweist sich selbst als Gemälde. Doch das Museum zeigt nicht nur Trompe-l'oeil, es produziert auch. Anne-Marie Cherrier ist eine Meisterin ihres Fachs und nimmt Aufträge an. Das Atelier, in dem ihre Equipe arbeitet und in das der Besucher zum Schluss geführt wird, erweist sich als pure Fälscherwerkstatt.

⌚ April bis Sept. Di–Sa 10.30–12.30 und 14.30–18.30 Uhr, So 15–18 Uhr. Okt. bis März Di–Sa 14–17.30 Uhr. Eintritt 5 €. Nur mit Führung – diese sehr kundig und auf Französisch.

Rundfahrt im nördlichen Périgord

Von Périgueux nach *Brantôme* sind es knapp 30 km. Wer mit dem eigenen Fahrzeug unterwegs ist, sollte sich den Besuch des malerischen Dronne-Städtchens auf keinen Fall entgehen lassen. Wer Zeit hat, kann auch eine ausgedehnte Rundfahrt ins weiter entfernte nördliche Périgord unternehmen. Die folgende Route führt, über einige sehenswerte Orte, ebenfalls nach Brantôme. Sie ist natürlich beliebig modifizierbar (z. B. kann von Montignac aus gestartet werden); je nachdem sollte man einen halben bis ganzen Tag einplanen.

Schloss von Hautefort

Wer von Süden her kommt, sieht die beiden mächtigen Rundtürme schon von weitem. Das Schloss ist fast größer als das Dörfchen, das ihm zu Füßen liegt.

Die mittelalterliche Burg, die einst an Stelle des heutigen Prachtbaus stand, war mit dem Namen *Bertrand de Borns* verbunden. Dieser Ritter, als Troubadour-Sänger in die Literaturgeschichte eingegangen, war ein kriegslüsterner Bursche, dessen Herz beim Anblick „splitternder Arme und Schädel" höher schlug. Bertrand stritt sich zeit seines Lebens mit seinem Bruder um den Besitz der Burg.

Das heutige Schloss geht auf das 17. Jahrhundert zurück; einzig die Zugbrücke am Eingang (16. Jh.) erinnert noch an seine frühere militärische Bedeutung. 1929 gelangte es in den Besitz der Barone *von Bastard*, die herrlichen Gärten anlegen ließen; 1992 noch bewohnte eine 92-jährige Ex-Baronin (in zweiter Ehe mit einem Bürgerlichen verheiratet und damit des Adelstitels verlustig gegangen, den sie vorher erheiratet hatte) mit ihren Bediensteten einen Seitentrakt. Angesichts des fortgeschrittenen Alters der Schlossherrin und der fehlenden Nachkommenschaft streckten bereits reiche Amerikaner, Japaner und arabische Scheichs ihre Fühler aus. Um einen privaten Aufkauf zu verhindern, wurde 1990 im Einvernehmen mit der betagten Besitzerin eine öffentliche Stiftung gegründet, die seit dem Ableben der Dame dafür sorgt, dass das Schloss mit seinen herrlichen Anlagen weiterhin für die Allgemeinheit zugänglich bleibt.

Eine glimmende Zigarette in den Privatgemächern verursachte im Sommer 1968 einen Großbrand, von dem nur die beiden Türme verschont blieben. Die Anlage wurde darauf mit großem Aufwand nach den alten Plänen wieder aufgebaut. Haben Sie also Verständnis für das im ganzen Areal geltende Rauchverbot!

Interessanter als die Führung durch das Schloss ist der Spaziergang in den *Französischen Gärten*: kegel- oder kugelförmig zugeschnittene Hecken, Mäanderornamente und akkurat geschnittene Figurenarrangements, in denen jede Blume ihren zugewiesenen Platz hat ... Nicht Gärtner arbeiten hier, sondern Landschaftsdekorateure. Empfehlenswert ist auch ein Spaziergang im riesigen, bewaldeten Schlosspark (etwa 30 Hektar).

⌚ März und erste Novemberhälfte Sa/So 14–18 Uhr. April/Mai tägl. 10–12 und 14–18 Uhr. Juni bis Sept. tägl. 9.30–19 Uhr. Okt. tägl. 14–18 Uhr. Eintritt 8,50 €.

• *Anfahrt* Von Périgueux erst auf der N 21 in östlicher Richtung die Stadt verlassen, dann auf der Nebenstraße D 5 das Auvézère-Tal hochfahren. Schneller geht's über die Autobahn Richtung Brive (A 89), dann in Muguet Richtung Norden abzweigen).

Lac de Rouffiac

Der kleine See ist größtenteils von Wäldern umgeben, an einigen Stellen wurde die Uferzone als Parkanlage gestaltet. An Wochenenden kommen die Einheimischen scharenweise: zum Fischen, Baden, Paddeln und Picknicken.

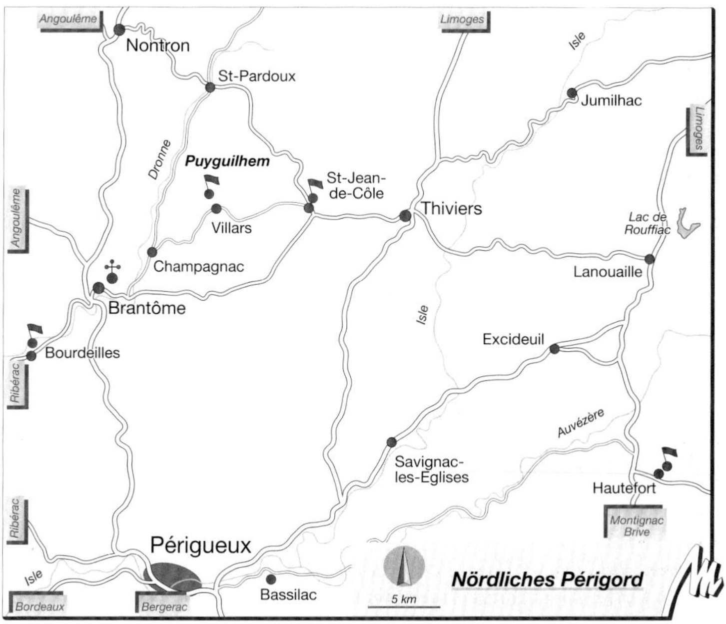

Lustschlösschen Puyguilhem

• *Anfahrt* Von Périgueux über Excideuil Richtung Limoges, von Hautefort Richtung Limoges; 4 km nach dem Ort Lanouaille rechts abzweigen, weitere 4 km bis zum See.

• *Camping* *** **De Rouffiac**, schattige Plätze gleich am See. Kanuverleih und Tenniscourt auf dem Areal. 50 Stellplätze. Geöffnet Juni bis Mitte Sept. 24270 Angoisse. ✆ 05.53.52.68.79, ✆ 05.53.62.55.83.

Thiviers

Jean-Paul Sartre, der in Thiviers seine frühe Kindheit verbrachte, weinte dem Ort nie eine Träne nach, und die Bevölkerung von Thiviers ihrerseits scheint dem streitbaren Philosophen auch nicht nachzutrauern. Eine kleine Tafel an der zentralen *Rue Jaurès* weist lapidar darauf hin, dass Sartre *avant 1914* (vor 1914) hier gewohnt hat und 1964 den Nobelpreis für Literatur erhielt (dessen Annahme er übrigens verweigerte). Das *Maison de la Presse* gegenüber, das auch Bücher verkauft, führt Sartre nicht im Sortiment ...

Nur samstags, wenn die Bauern aus der Umgebung ihr Federvieh und Gemüse zu Markte tragen, kommt etwas Leben in die Straßen. Ansonsten ist Thiviers allenfalls eine Kaffeepause wert. Den Stadtrundgang kann man auf den Besuch der *Notre-Dame-Kirche* (innen fein skulptierte Kapitelle), den Blick auf das Schlösschen daneben (Privatbesitz) und ein paar schöne Häuser im Zentrum beschränken.

Saint-Jean-de-Côle

L'un des plus beaux villages de la France (eines der schönsten Dörfer Frankreichs) – die Auszeichnung teilt Saint-Jean-de-Côle mit 124 anderen Ortschaften Frankreichs. Die rustikale Dorfarchitektur wurde belassen – kein moderner Bau, der das museale Ortsbild stören könnte. Im Zentrum das Schloss *La Marthonie* (14. Jh., Erweiterungen im 17. Jh.) mit einer monumentalen Treppe im Innern, daneben aus demselben dunklen Stein eine romanische *Kirche* (12. Jh.) mit leicht byzantinischem Einschlag (Kleeblattform). Direkt an die Kirche lehnt sich ein offener Ziegeldachanbau, die alte *Markthalle*.

Ⓘ *Schloss* Juli/Aug. 10–12 und 14–19 Uhr. Eintritt ca.2 €.

• *Information* **Syndicat d'Initiative**. Freundliches Personal, Informationen über die gesamte Umgebung. Ostern bis Sept, 10–18 Uhr. Rue du Château. ☏/℡ 05.53.62.14.15, si.st.jeandecole@perigord.tm.fr, www.saint-jean-de-cole.fr.

• *Anfahrt* von Thiviers 7 km in Richtung Nontron.

• *Feste* **Floralies**, jährlich an einem Wochende zwischen Mitte April und Mitte Mai. Großer Blumenmarkt. Das ganze Dorf erstrahlt im Blumendekor, einschließlich der alten romanischen Kirche. Eintritt ca. 2 €.

• *Hotels* ** **Le Saint Jean**. Nur 5 Zimmer, sehr freundliche Wirtsleute. Das Restaurant serviert klassische périgourdinische Küche, aber auch Pizze. Einladende Terrasse. DZ mit Dusche 37–43 €. Route de Nontron, 24800 Saint-Jean-de-Côle. ☏ 05.53.52.23.20, ℡ 05.5352.44.55, www.ville-saint-jean-de-cole.fr/hotels-restos/resto1.htm.

Périgord

Schloss Puyguilhem

Von allen Périgord-Schlössern ist das mitten im Grünen gelegene Schloss Puyguilhem (16. Jh.) sicher das verspielteste. Als Lustschlösschen in Auftrag gegeben, brauchten die Renaissance-Architekten auf militärische Zweckmäßigkeit keine Rücksicht zu nehmen und konnten ihrer Kreativität freien Lauf lassen: hier ein oktogonales Türmchen, dort ein pentagonales, dort ein Rundturm mit Kegeldach, aus dem ein hübscher Erker ragt ... und eine Fassade, die jeden Besucher bezaubert. Das Innere ist im Stil der Epoche eingerichtet; besondere Aufmerksamkeit verdienen die skulptierte Wendeltreppe und die Renaissance-Cheminées.

Ⓘ Juli/Aug. tägl. 10–19 Uhr. Eintritt 5,50 €. *Anfahrt* Von St-Jean-de-Côle über die D 98 nach Villars, von da noch ca. 600 m (gut ausgeschildert). Parkvorschrift beachten und die letzten 100 m zu Fuß gehen (keine Wendemöglichkeit vor dem Schlosstor).

Brantôme

Ein Inselstädtchen mit Brücken nach allen Seiten ist ein malerischer Anblick. Der französische Staatspräsident Raymond Poincaré rühmte Brantôme bei einem Besuch 1913 als das „Venedig des Périgord", und die Stadt macht noch im 21. Jahrhundert Reklame mit dieser Formel. Nichts gegen Staatspräsidenten als Werbetexter, doch der Vergleich mit der Lagunenstadt trägt etwas dick auf.

Zwei Flussarme der Dronne umspülen die Stadt, am nordwestlichen Ufer erhebt sich die gewaltige Benediktinerabtei im Kalkfelsen. Hier zeigt sich Brantôme von seiner fotogensten Seite: Abtei, Brücken, Häuser direkt am Wasser und die Dronne, die alles zurückspiegelt – man wünschte sich eine 360°-Panorama-Kamera. Erstaunlich, dass das hübsche Städtchen vom Tourismus weitgehend übersehen wird.

Brantôme, Perle des Grünen Périgord

Geschichte

Knochen- und Werkzeugfunde in der Umgebung verraten die altsteinzeitliche Besiedlung. Der *Dolmen von Peyrelevade* an der Straße nach Thiviers (→ Sehenswertes) belegt, dass auch in der Jungsteinzeit Menschen hier siedelten.

Die eigentliche Geschichte Brantômes beginnt mit der Gründung der Benediktinerabtei. *Karl der Große* soll 796 den Bau angeordnet haben, um den Gebeinen des heiligen *Sicarius* eine würdige Ruhestätte zu verschaffen. Zur Einweihungsfeier im Jahr 804 erschien Papst *Leo III.* persönlich. Das Städtchen selbst entstand erst Jahrhunderte später, größtenteils in der Renaissance.

In den Religionskriegen kamen die Brantômesen mit dem Schrecken davon (→ Kasten). Später verscheuchte die Französische Revolution zwar die Mönche, nicht aber die Bevölkerung. Tiefe Spuren hinterließen erst die beiden großen Kriege des 20. Jahrhunderts in Brantôme. Zahlreiche Männer der Stadt fanden 1916 in *Verdun* den Tod, und der Zweite Weltkrieg wurde buchstäblich vor den Haustüren ausgetragen. Widerständler aus Brantôme töteten am 25. März 1944 am Stadtausgang zwei deutsche Offiziere. In den beiden folgenden Tagen rächten sich die Nazis mit einer überaus brutalen Strafexpedition: Häuser wurden geplündert und in Brand gesteckt, Menschen gefoltert und erschossen. Brantôme hatte 56 Tote zu beklagen.

Information/Diverses

- *Postleitzahl* 24310
- *Information* **Office de Tourisme**, in der Abtei. Freundlich, gut mit Material bestückt und kompetent. Feb. bis Mai und Okt. bis Dez. 10–12 und 14–17 Uhr, Di geschlossen. Juni und Sept. 10–12.30 und

14–18 Uhr, Di geschlossen. Juli/Aug. 10–19 Uhr. ✆/📠 05.53.05.80.52, ot.brantome@wanadoo.fr, www.ville-brantome.fr.

• *Verbindung* **Busse** nach Périgueux (3-mal täglich, Sonntag 1-mal) und Nontron.

• *Kanu/Kajak* **Brantôme Canoë**, an der Straße nach Thiviers, knapp nach dem Ortsende. 2-er-Kanus und Kajaks. Geöffnet Mitte Mai bis Sept. ✆ 05.53.05.77.24, www.brantome-canoe.com.

Allô Canoës, am Boulevard Coligny (Nähe Abtei). ✆ 05.53.06.31.85, www.allocanoes.com

Weiterer Verleih in **Champagnac**, ca. 6 km dronneaufwärts. Brantôme per Kanu zu besuchen, ist ein reizvolles Unternehmen. Den Rücktransport in Champagnac absichern!

• *Parken* kann an Wochenenden ein Problem sein. Ein mittelgroßer Parkplatz (gratis) findet sich an der Straße nach Périgueux, unmittelbar nach der Dronne-Überquerung.

• *Markt* Wochenmarkt Freitagmorgen.

Übernachten/Essen

• *Hotels* **** **Le Moulin de l'Abbaye**, gegenüber dem südlichen Ende der Abtei, hinter dem Renaissance-Pavillon. Ein Juwel mit Garten direkt an der Dronne. In der alten Mühle sind sieben Luxuszimmer eingerichtet, weitere Zimmer derselben Qualität findet man im Haus des Müllers gegenüber und im ehemaligen Wohnhaus des Abts. Dass auch die Abteimühle zu den Relais & Châteaux gehört, versteht sich von selbst. Schließlich war Hotelbesitzer Régis Bulot jahrelang Präsident des noblen Hotelverbands. Auch die Speisekarte des Restaurants ist nicht bescheiden (→ Essen). Nov. bis April geschlossen, da der umtriebige Besitzer sich dann gänzlich seinem Hotel in den Alpen widmet. DZ 195–270 €. 1, route de Bourdeilles. ✆ 05.53.05.80.22, 📠 05.53.05.75.27, www.moulin-abbaye.com.

** **Hostellerie du Périgord Vert**. Gepflegte, größere Zimmer in einem ansehnlichen Haus mit hübschem Garten. Einziger Nachteil ist die Nähe der Durchgangsstraße. Vom ehemaligen Bahnhof Brantômes hingegen – dem Hotel gegenüber – ist keine Nachtruhestörung mehr zu befürchten, die Strecke nach Angoulême ist längst stillgelegt. DZ 47–58 €. Route de Thgiviers. ✆ 05.53.05.70.58, 📠 05.5.3.46.71.18, www.hotel-hpv.fr.

** **Aliénor**, am Ortsausgang in Richtung Périgeux. Eine freundliche, junge Wirtin bietet 10 kleine, aber korrekte Zimmer an, alle mit Dusche/WC, zusätzlich ein 4-Bett-Zimmer. WiFi. DZ 38 €. 2. Dezemberhälfte geschlossen. 9, av. du Dr Devillard. ✆ 05.53.05.85.36, 📠 05.53.05.58.94, www.hotel-alienor-brantome.fr.

Versaveau Frères. Das Haus verzichtet auf die Entscheidung, ob es 1 oder 2 Sterne verdient. Beliebte Snackbar zur Straße und Restaurant. Ein DZ mit Dusche/WC für 40 €, weitere mit Etagen-WC, aber ohne Dusche 30 €. 8, place Charles de Gaulle ✆ 05.53.05.71.42.

Außerhalb **** **Le Moulin du Roc** in Champagnac, 6 km nordöstlich von Brantôme. „Eine wunderbare Anlage am Flüsschen Dronne mit beheiztem, überdachtem Pool und großer Liegewiese. Das reichlich dekorierte, verwinkelte Hotel in den Gemäuern der alten Mühle hat niedliche Zimmer mit allem Komfort. Die gediegene bis verspielte Ausstattung des Restaurants bietet die richtige Atmosphäre zu einem Menu, das höchsten Ansprüchen gerecht wird." (Leserbrief) Wir sind dem Tip nachgegangen: stimmt alles! Nicht billig, aber billiger als das „Moulin de l'Abbaye" in Brantôme und vor allem komfortabler und ruhiger. DZ 159–222 €. Geöffnet Mitte März bis Mitte Okt. 24530 Campagnac-de-Belair. ✆ 05.53.02.86.00, 📠 05.53.54.21.31, www.moulinduroc.com.

Weitere Übernachtungsmöglichkeit → Bourdeilles.

• *Camping* ** **Le Peyrelevade**, an der Straße nach Thiviers, ca. 1 km außerhalb des Orts. Der frühere Gemeindecamping wurde von der Kette „Village-center" übernommen. Schattiges, direkt an der Dronne gelegenes Gelände. Sehr freundliche Leitung. Der neuere Teil verfügt über moderne Sanitäranlagen, doch mangelt es dort an Schatten. Tenniscourt neben dem Camping. 155 Stellplätze. Geöffnet Mitte Mai bis Mitte Sept. ✆ 04.99.57.21.21, www.village-center.com.

Restaurant Moulin de l'Abbaye, im gleichnamigen Hotel, mit schattigem Gärtchen zum Fluss. Brantômes erste Adresse, das Nonplusultra ist das 7-gängige Menu für ca. 90 €. Öffnungszeiten → Hotels. 1, route de Bourdeilles. ✆ 05.53.05.80.22.

Versaveau Frères, im gleichnamigen Hotel. Die populäre Variante in Brantôme. Bescheidenes Angebot, bescheiden sind auch die Preise. Périgourdinische Küche. 8, place Charles de Gaulle ✆ 05.53.05.71.42.

Sehenswertes

Abtei Saint-Sicaire: Die sich am Dronne-Ufer an die Kalkfelsen schmiegende Benediktinerabtei (heute Sitz der Stadtverwaltung) wurde nach der Legende von *Karl dem Großen* gegründet. Im Gespräch sind aber auch *Pippin der Kleine* (Vater Karls) und *Pippin der Aquitanier* (ein Enkel Karls). Die erste urkundliche Erwähnung der Benediktinerabtei jedenfalls datiert aus dem Jahr 817 und schließt damit keinen der drei als möglichen Gründervater aus. Vermutlich hat Karl der Große bei den Legendenschreibern das Rennen deshalb gemacht, weil er das größte geschichtliche Gewicht hat.

Die Kirche, in der angeblich die Gebeine von *Sicarius*, einem der Opfer des bethlehemitischen Kindermordes unter *Herodes*, bestattet wurden, hat im Lauf ihrer über 1000jährigen Geschichte viele Zerstörungen und Restaurierungen ertragen. Eine komplette Neugestaltung erfuhr sie im 19. Jahrhundert unter dem französischen Architekten *Abadie*, der schon der Kathedrale von Périgueux eine Renovierung angedeihen ließ und seine Ideen dann mit *Sacré-Coeur* auf dem Pariser Montmartre realisieren durfte. Im 20. Jahrhundert wurden die Abadie'schen Änderungen wieder rückgängig gemacht. So hat die Kirche ihr grobes, frühmittelalterliches Aussehen wieder zurückbekommen.

Alle Kriege und die Abadie'sche Renovierungswut unbeschadet überstanden hat der **Glockenturm** (wie in Périgueux zollte Abadie auch hier der Geschichte Respekt). Der Turm gilt als einer der ältesten, vielleicht sogar als der älteste Frankreichs, die frühesten Partien im Unterbau dürften aus der Gründungszeit der Abtei stammen. Auch wenn es beim Anblick des Gesamtkomplexes nicht so aussieht: Der Glockenturm steht frei. Eine der Grotten befindet sich übrigens direkt darunter.

Die **Grotten** im Kalkfelsen neben der Abtei sind erst seit jüngster Zeit wieder zugänglich. Die Restaurierungsarbeiten kommen schleppend voran – es fehlt an Geld. Gelegentlich sind noch die alten klösterlichen Taubenschläge zu sehen. Vogelmist war, als man den zweifelhaften Segen der chemischen Produkte noch nicht kannte, ein beliebter Dünger. Heute wird in einem Teil der Grotten Forellenzucht betrieben. Größte Attraktion aber ist zweifellos die *Grotte des Jüngsten Gerichts*. Ein großes Wandrelief zeigt einen übermächtigen Gott, der über Gut und Böse zu Gericht sitzt. Der Meister dieses Werks, das ins 15. Jh. datiert wird, ist unbekannt. Ein zweites Relief – mit mittelalterlichen Türmen im Hintergrund – stellt die Kreuzigung Christi dar.

Im Gärtchen der Abtei thront eine Büste des schriftstellernden Abts von Brantôme (→ Kasten *Pierre de Bourdeille genannt Brantôme*). *„Tu faisais librement jaser tes souvenirs"*, steht auf dem Sockel, was man salopp mit „Du hast deine Erinnerungen frei plappern lassen" übersetzen könnte. So ungefähr ist sein Hauptwerk *„Les Dames galantes"* entstanden.

Benediktinerabtei Saint-Sicaire – der Legende nach von Karl dem Großen gegründet

Musée Desmoulin: An Stelle des lange versprochenen archäologischen Museums wurde in der Abtei ein kleines Museum zu Ehren des in der Nähe von Nontron geborenen Malers Fernand Desmoulin (1853–1914) eingerichtet – eine sonderliche Gestalt der französischen Kunstgeschichte.

Desmoulin hatte bereits einen gewissen Ruf als Porträtmaler (ausgestellt im Museum sind Konterfeis der Schriftsteller Emile Zola, Guy de Maupassant, Alexandre Dumas sowie des Präsidenten der 3. Republik, Raymond Poincaré), als er im Jahr 1900 an einer spiritistischen Sitzung teilnahm, die seiner Karriere eine neue Wendung gab. Tischrücken, Mesmerismus und dergleichen hatten damals nicht nur in Künstlerkreisen Hochkonjunktur. Desmoulin ging nach dem genannten Treffen in sein Atelier zurück, setzte seinen Stift auf den Zeichenblock und wartete auf die Eingebung des „Geistes". Vielleicht war er aufgeregt, jedenfalls begann plötzlich seine Hand zu zittern, der Stift kreiste und kreiste über den Zeichenblock, bis schließlich ein zartes Frauenporträt aus den Tiefen des Papiers bzw. des Unterbewusstseins auftauchte. In der Folgezeit schuf der Maler eine ganze Serie dieser wunderlichen anonymen Porträts, bis 1902 die okkulte Quelle offenbar versiegte und der Maler wieder zur „Normalität" zurückfand.

Die Bilder wurden von Demoulins Witwe der Stadt Brantôme geschenkt.

Klare Gliederung, kluge Begleittexte, professionelle Ausleuchtung – unsere Empfehlung. Bleibt zu hoffen, dass das Museum auch außerhalb der Hochsaison öffnet.

Ⓞ Grotte der Abtei, Musée Desmoulin Feb. bis Mai und Okt. bis Dez. 10–12 und 14–17 Uhr, Di geschlossen. Juni und Sept. 10–12.30 und 14–18 Uhr, Di geschlossen. Juli/Aug. 10–19 Uhr. Eintritt 4 €, der Besuch der Kirche ist gratis.

Ⓞ Glockenturm nur Mitte Juni bis Mitte Sept., die Zeiten richten sich nach der Grotte.

Dolmen de Peyrelevade: Der „Tisch aus Stein" (keltisch *dol* – Tisch, *men* – Stein) steht 1 km außerhalb des Orts an der Straße nach Thiviers: ein stummer Zeuge der jungsteinzeitlichen Besiedlung der Gegend. Mit den Dolmen der Bretagne kann er allerdings nicht konkurrieren. Ein Tischbein musste zur Erhaltung des Gleichgewichts erneuert werden; grüne Kletterpflanzen kaschieren die Prothese.

Bourdeilles

Das *Schloss von Bourdeilles,* in dessen Gemächern *Pierre de Bourdeille* alias *Brantôme* (→ Brantôme, Kasten) geboren wurde, fällt wegen seines hohen oktogonalen Donjons – erbaut unter *Philipp dem Schönen* (1285–1314) schon von weitem auf; dem Schloss zu Füßen liegt Bourdeilles, ein unscheinbarer Ort. Teilweise ist der Kalkfelsen an der Dronne, auf dem die mittelalterliche Burg errichtet ist, überhängend, was den wuchtig ummauerten Bau noch uneinnehmbarer scheinen lässt. Im Hundertjährigen Krieg aber half alles nichts: Das Schloss wurde mehrmals erobert und zurückerobert.

Der friedliche Schlossbesucher von heute wird durch einige üppig dekorierte Säle mit Stilmöbeln geführt und dann auf den Donjon entlassen, von dem man eine traumhafte Aussicht genießt.

⌚ Feb./März und Mitte Nov. bis Dez. Mo, Mi, Do, So 10–12.30 und 14–17.30 Uhr. April bis Juni und Sept. bis Mitte Nov. 10–12.30 und 14–18 Uhr, Di geschlossen. Juli/Aug. tägl.10–19 Uhr. Eintritt 5,70 €.

Gleich neben dem Schloss steht das *Château des Sénéchaux*, das eigens für den angekündigten Besuch *Katharina von Medicis* gebaut wurde. Die hohe Dame sagte ab, und das Schlösschen wurde nie fertiggestellt. Der Prunksaal, in dem die Königin hätte empfangen werden sollen, ist nicht mehr zu besichtigen, seit ein Engländer sich das Renaissance-Juwel als Feriendomizil unter den Nagel riss.

• *Information* **Syndicat d'Initiative**, im unteren Teil des Schlosses. Kompetentes Personal, viel Material über die Umgebung. Place des Tilleuls. ✆ 05.53.03.42.96, 📠 05.53.54.56.27, s.i@bourdeilles.com, www.bourdeilles.com.

• *Anfahrt* ca. 10 km von Brantôme in Richtung Südwesten. Ungefähr auf halber Strecke führt die Hauptstraße (D 78) über die Dronne. Es empfiehlt sich, den Fluss nicht zu überqueren, sondern weiter am rechten Ufer entlang zu fahren (D 106): eine äußerst romantische Strecke durchs Grüne, links die Dronne, rechts gewaltige Kalkfelsen.

• *Kanu/Kajak* **Bourdeilles Loisirs**, beim Hôtel Le Donjon (Ortszentrum). Nur Mitte Juni bis Mitte Sept. ✆ 05.53.04.56.94.

• *Hotel/Restaurant* *** **Hostellerie les Griffons**. Ein Traum von einem Hotel, direkt an de Dronne gelegen, die hier ein Inselchen mit vier Bäumen umspült. Cathy und Dominique haben in diesem Haus aus dem 16. Jh. zehn wunderbare Zimmer eingerichtet. Der Speiseraum ist geschmackvoll, die Küche schmeckt vorzüglich, die große Terrasse über der Dronne hat's in sich – einzigartig! Auch ein Swimmingpool fehlt nicht. DZ 105–115 €. Geöffnet Ostern bis Mitte Okt. 24310 Bourdeilles. ✆ 05.53.45.45.35, 📠 05.53.45.45.20, www.griffons.fr.

Nontron

Die auf einem Hügel thronende Kleinstadt im nördlichsten Périgord hatte einst strategische Bedeutung. Von hier aus ließ sich die Umgebung ringsum ausspähen, der nahende Feind konnte frühzeitig entdeckt werden. Die mittelalterliche Stadtmauer ist größtenteils erhalten. Heute ist Nontron ein regionales Landwirtschaftszentrum, in dem sich abseits der Hauptstraße schnell provinzielle Schläfrigkeit breit macht.

• *Information* **Syndicat d'Initiative**, Av. Général Leclerc. In der Hauptsaison tägl. 9–18 Uhr. sonst Mo–Fr 9–12.30 und 13.30–17 Uhr, Sa 9–12 Uhr. ✆ 05.53.56.25.50, ✆ 05.53.60.34.13, ot.nontron@wanadoo.fr www.tourisme.fr/office-de-tourisme/nontron.htm.

• *Feste* **Fête de la Coutellerie**, 1. Augustwochenende. Die Messerherstellung hat in Nontron Tradition. Zum Messerfest preisen auch Produzenten aus der französischen Messerkapitale Thiers und aus Belgien ihre scharfe Ware an. Auf dem Hauptplatz wird bis spät abends gebechert.

• *Hotel* ** **Grand Hôtel Pélisson**, am Hauptplatz. Seit Generationen von derselben Familie betrieben. Swimmingpool und vorzügliches Restaurant. Antik möblierte Zimmer, DZ 60 €. 3, place Alfred Agard, 24300 Nontron. ✆ 05.53.56.11.22, ✆ 05.53.56.59.94, grand-hotel-pelisson@wanadoo.fr.

Périgord

Das untere Dordogne-Tal

Von Lalinde bis Bergerac

Lalinde

Kanufahrer gehen in der Regel schon oberhalb von Lalinde an Land. Der fast schnurgerade Verlauf der Dordogne scheint wenig attraktiv, zumal eine stark befahrene Straße und eine Eisenbahnlinie die rechte Flussseite säumen. Doch böte sich gerade hier der schönste Ausblick auf Lalinde – die Bastide aus dem Hundertjährigen Krieg mit ihrem schmucken, quadratischen Hauptplatz ist direkt ans Dordogne-Ufer gebaut.

Einen schönen Blick auf Lalinde samt Dordogne hat man von der kleinen **Kirche Saint-Front** auf dem gegenüberliegenden Steilufer. Der heilige *Frontinus,* Missionar im Périgord und erster Bischof von Périgueux, suchte laut Legende in den Grotten unterhalb des Kirchleins Zuflucht vor seinen heidnischen Verfolgern. Aber o weh – dort hauste bereits der Drache *Gratusse,* der die ganze Umgebung in Angst und Schrecken versetzte. Doch Heilige sind furchtlos, und so endete die Bestie in den Fluten der Dordogne. Die *La Gratusse* genannte Stromschnelle kostete übrigens nicht nur dem Drachen das Leben, sondern im Lauf der Jahrhunderte auch einigen Flussfahrern. Also Kanuten: aufgepasst!

• *Markt* Wochenmarkt Donnerstagmorgen.

• *Camping* ** **Base de Plein Air de la Guillou**, knapp oberhalb des Orts, am rechten Dordogne-Ufer. Ausreichend Schatten, sanitäre Anlagen o. k. Verleih von Kanus, Kajaks und Mountainbikes. Gleich daneben liegt das kommunale Schwimmbad. 85 Stellplätze. Geöffnet Mai bis Sept. ✆ 05.53.61.02.91, ✆ 05.53.73.44.69, mairie@ville-lalinde.fr.

Couze

Vom 15. bis ins 19. Jahrhundert war Couze ein Zentrum der Papierindustrie. Mehrere Papiermühlen waren in Betrieb, in **Port de Couze** wurden die Ballen auf Kähnen verstaut und Flussabwärts geschickt. Heute stehen an der Straße nach Lalinde die Gebäude der nüchtern-modernen *Ahlstrom Paper Group*, wo containergerecht zugeschnittene Papierpakete auf die Lkw-Verladung warten.

Wollen Sie die alten Methoden der Papierherstellung kennen lernen, können Sie dem **Ecomusée du Papier** in der *Moulin de la Rouzique*, einer Papiermühle am *Couze-Bach* (linke Dordogneseite), einen Besuch abstatten – ein romantisches Fabriklein in romantischer Lage. Der Weg dahin ist ab der Brücke ausgeschildert.

⌚ April bis Juni und Sept. unregelmäßig. Juli/Aug. 10–19 Uhr. Eintritt ca. 4,50 €. ✆ 05.53.24.36.16.

Château de Lanquais

Auf einer Anhöhe unweit von Couze – und von dort in einem etwa 45-minütigen Spaziergang zu erreichen. Ein Teil des Schlosses stammt aus der Renaissance, ein Teil aus der Gotik, doch insgesamt wirkt der Bau harmonisch. Die Einschusslöcher an der Fassade – sie stammen aus den Religionskriegen des 16. Jahrhunderts – tun der romantischen Ausstrahlung des im bewaldeten Park gelegenen Schlosses keinen Abbruch. Das Innere ist mit Möbeln im Stil Ludwigs XIII. ausstaffiert. Sehenswerter sind die schmucken Renaissance-Cheminées aus Stein.

⌚ April bis Juni und Sept./Okt. unregelmäßig. Juli/Aug. tägl.10–19 Uhr. Eintritt ca. 4,50 €.

Fisch im Lift

Vom Lachs ist bekannt, dass er flussaufwärts schwimmt und springt, um zu seinen Laichplätzen zu gelangen. Das Neunauge hält es ebenso, während der Aal die umgekehrte Richtung wählt. Solche wandernden Fische lieben es nicht, wenn man ihnen ein Kraftwerk in den Weg stellt.

So wurde 1908 nicht nur der Barrage de Tuilières – vom Dordogne-Örtchen Mouleydier (zwischen Bergerac und Lalinde) etwas flussaufwärts – eingeweiht, sondern den Fischen zuliebe auch eine Fischtreppe. Allerdings erwies sich diese als zu steil, einzig ein paar besonders sportliche Lachse schafften den Aufstieg, die Statistiker notierten einen drastischen Schwund im Fischbestand. Abhilfe schaffte erst ein 1989 eingerichteter vollautomatischer Fischlift. Lachse, Neunaugen und Aale schwammen in den gläsernen Käfig, der sich, ohne dass sie im Lift einen Knopf drücken mussten, nach oben bewegte und sie wieder in die Dordogne entließ. Eine raffinierte, umweltfreundliche Lösung zur Erhaltung des Fischbestands und obendrein auch ein Gratisspektakel für die ganze Familie! Man konnte den schwimmenden Liftbenutzern aus nächster Nähe zusehen.

Die originelle Einrichtung, die Kinderherzen höher schlagen ließ, bestand bis 2006. In diesem Jahr brach eines der Schleusentore des Kraftwerks auseinander, die Dordogne floss ab sofort wieder ungehindert talabwärts, und die Fische schwammen wieder auf ihren altgewohnten Wegen. 2009 sollen die Instandsetzungsarbeiten des Kraftwerks abgeschlossen sein. Die Behörden versprachen, dass dann Lachs, Neunauge und Aal wieder im gläsernen Lift nach oben fahren dürfen.

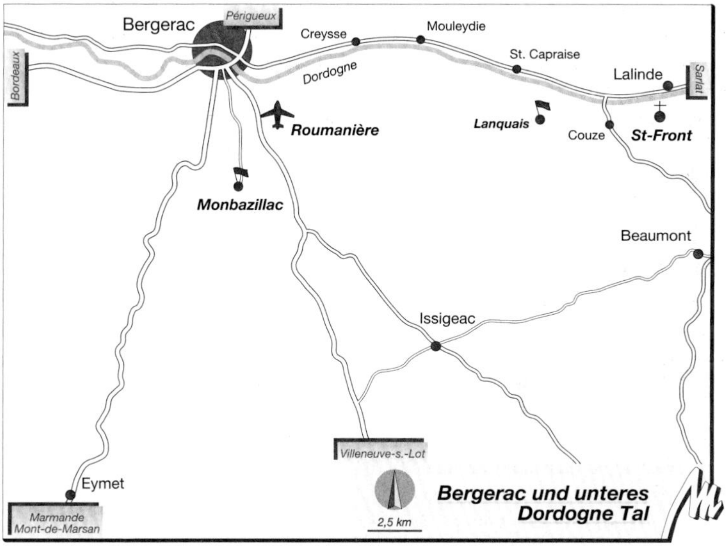

Bergerac

Die Dordogne hat die steilen Ufer schon weit hinter sich gelassen. Sanfte, weinbewachsene Hügel prägen die Landschaft um Bergerac, die Hauptstadt des sogenannten Bergeracois.

Bis ins 19. Jahrhundert war Bergerac vor allem eine Hafenstadt. Der große Parkplatz unten an der Dordogne war einst die Verladerampe, von der die in Fässer abgefüllten Bergerac-Weine ihre Reise über Bordeaux zu den englischen und holländischen Kunden antraten. Gleichzeitig war der Hafen von Bergerac auch eine riesige Umladestation: Vom Ozean kamen die großen Frachter bis hierher. Weiter Flussaufwärts musste die Ware dann in kleineren Kähnen, sog. *gabarres*, transportiert werden.

Mit der Entwicklung des Schienen- und Straßentransports verlor die Flussschifffahrt schnell an Bedeutung. Die modernen Verkehrsmittel brachten aber auch Kompensation für den Verlust: Bergerac verwandelte sich zu einem Zentrum des Handels und der Kleinindustrie. So spielt heute in der Landwirtschaft des Bergeracois neben der Weinrebe auch das Tabakblatt eine zentrale Rolle – die Plantagen des Purpurnen Périgords gehören zu den Hauptlieferanten der französischen Zigarettenindustrie. Und die dem Gauloises-Raucher bekannte Tabakwaren- und Zündhölzergesellschaft *SEITA* unterhält in Bergerac ein Forschungsinstitut.

Der berühmteste Sohn der Stadt, der Schriftsteller *Cyrano de Bergerac*, weltbekannt geworden als Held eines Kinofilms mit *Gérard Dépardieu* in der Hauptrolle, ist trotz aller lokaler Legenden in Paris geboren und daselbst auch gestorben. Möglicherweise hat Cyrano also Bergerac gar nie gesehen, doch ganz sicher ist dies nicht. Im Sommer 2007 entdeckte ein fleißiger Archivgänger Zeugnisse, denen zufolge sich Cyrano zumindest auf Château Corbiac, 3 km nordöstlich von Bergerac, aufgehalten hat. Die Bergeracois scheren sich nicht weiter um die historische Wahrheit, sie haben dem illustresten Abkömmling der Seigneurerie de Bergerac, die sich bis ins 14. Jahrhundert zurückverfolgen lässt, am schönsten Platz der Altstadt, an der *Place de la Myrpe*, ein Denkmal gesetzt. Die steinerne Figur mit der kecken Nase fällt dem Spaziergänger allerdings kaum auf, sodass die Stadtväter und -mütter 2005 Bergerac mit einer zweiten Statue beglückten, einem großen, farbig bemalten Bronze-Cyrano am oberen Ende der Place Pélissiére. Das untere Dordogne-Tal

Weine

Gelegentlich wird das Bergeracois auch das „Purpurne Périgord" genannt – seiner Weine wegen. Die Bordeaux-Weine sind nah, die Rotweine aus dem Bergeracois (Bergerac, Pécharmant, Montravel) wachsen praktisch auf dem gleichen Boden. Doch haben die Weingeographen des 19. Jahrhunderts die Herkunftsbezeichnung „Bordeaux" streng eingegrenzt, und seitdem steht „Bergerac" draußen vor der Tür – fast Bordeaux, aber eben doch nicht ganz, dafür um einiges billiger. Nur der süße Monbazillac hat es zu Weltruhm gebracht.

2007 haben die Winzer des Bergeracois eine gemeinsame Promotionkampagne auf die Beine gestellt, die unter anderem auch den Grundsatz der Gratisdegustation hochhält – eine Großzügigkeit, die man im benachbarten Bordeaux-Gebiet heute kaum mehr findet.

Geschichte

Zwar ist eine Besiedlung seit dem 1. Jahrhundert nachgewiesen, Bedeutung aber erlangte Bergerac erst im Mittelalter. Die lokalen Feudalherren und -damen waren recht wankelmütig in den französisch-englischen Auseinanderetzungen, und so verwundert es nicht, dass sowohl Franzosen als auch Engländer im Hinblick auf den heraufziehenden Hundertjährigen Krieg in der Umgebung zahlreiche Bastiden errichteten.

Im Jahr 1332 beschweren sich die Bürger beim französischen König über die miserable Verwaltung der Feudalherren. Bergerac erhält darauf Stadtrecht und wird direkt der Krone unterstellt. In den Religionskriegen steht Bergerac auf hugenottischer Seite. Zahlreiche Kirchen finden zugunsten der Stadtbefestigung als Steinbruch Verwendung. Doch vermögen die Mauern dem Ansturm der Katholiken nicht standzuhalten.

Seit der Zeit des Absolutismus unter *Ludwig XIV.* ist lokalgeschichtlich nichts Nennenswertes mehr zu berichten. Bergerac bleibt dank der Fluss-

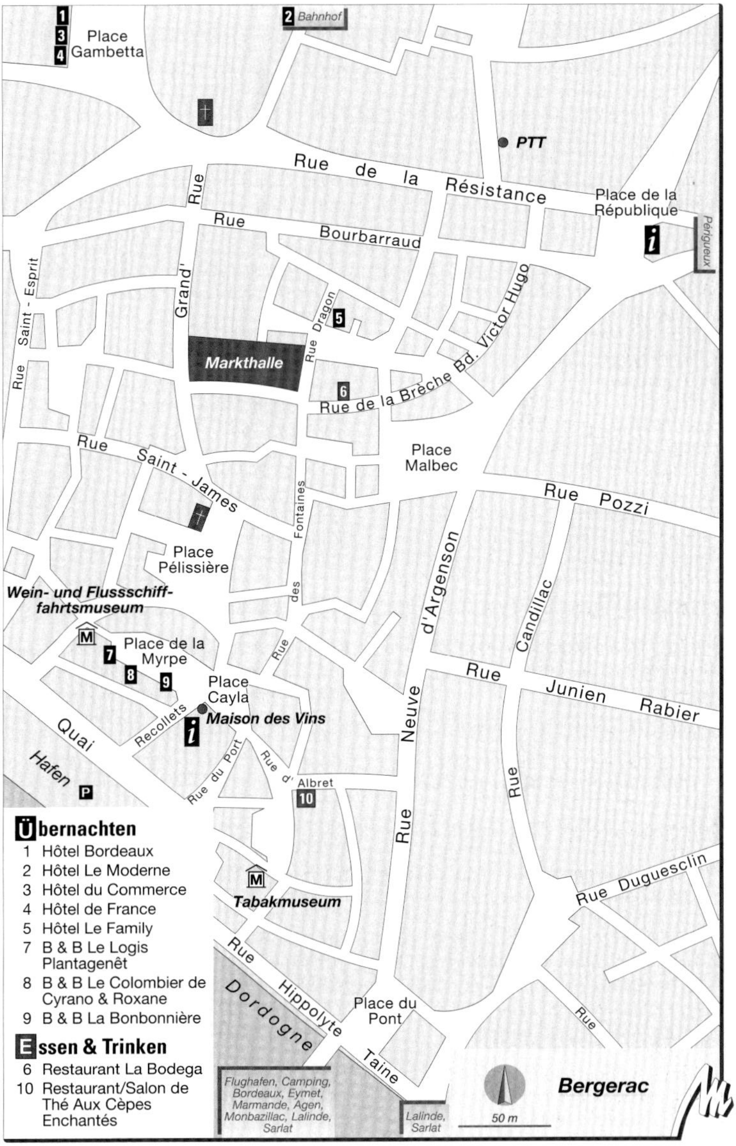

schifffahrt lange Zeit die wichtigste Stadt im Périgord, bis mit der politischen Neuordnung Frankreichs durch die Revolution Périgueux Hauptstadt des Departements wird.

Information/Diverses

• *Postleitzahl* 24100

• *Information* **Office de Tourisme**, 97, rue Neuve d'Argenson. Breites Informationsangebot über das gesamte Bergeracois; auch Hilfe bei der Suche nach Ferienwohnungen im Bergeracois.
Juli/Aug. Mo–Sa 9.30–19.30 Uhr, So 10.30–13 und 14.30–19 Uhr. Sept. bis Juni Mo–Sa 9.30–13 und 14–19 Uhr. ✆ 05.53.57.03.11, 📠 05.53.61.11.04, tourisme-bergerac@aquinet.tm.fr, www.bergerac-tourisme.com.
In der Saison zusätzliche Infostelle im **Maison des Vins** (→ Sehenswertes).

• *Verbindungen* **Zug**: Gute Verbindungen nach Bordeaux und Sarlat. Den Bahnhof findet man im Nordteil der Stadt.
Bus: Verbindungen nach Bordeaux, Périgueux, Lalinde, Eymet, Marmande, Villeneuve-sur-Lot. Abfahrt beim Bahnhof.

• *Autoverleih* **Budget**, 32, av. du 108ème R.I. (Bahnhofsnähe). ✆ 05.53.74.20.00.
Europcar, 1, av. du 108ème R.I. (Bahnhofsnähe). ✆ 05.53.58.97.97.
Hertz, 15, av. du 108ème R.I. (Bahnhofsnähe). ✆ 05.53.57.19.27.
Avis, 26 cours Alsace-Lorraine (Bahnhofsnähe), ✆ 05.53.57.69.83.

• *Parken* Im Geschäftszentrum sind Parkplätze knapp und gebührenpflichtig. Wir empfehlen die ehemaligen Verladerampen am Hafen (gratis) – gleich dahinter beginnt das schöne Altstadtviertel.

• *Fahrradverleih/Mofas* **Apolo**. Klassische Räder, Mountainbikes, Scooters und Motorräder. 31, bd Victor Hugo. ✆ 05.53.61.08.16.

• *Bootsausflüge* **Périgord Gabarres,** am alten Hafen. Einstündige Dordogne-Fahrt auf traditionellen „Gabarres". April bis Okt. ✆ 05.53.24.58.80

• *Markt* Wochenmarkt Mi und Sa auf der Place Gambetta und auf dem Vorplatz der Kirche (vormittags Gemüse, nachmittags Non-food).
Trödelmarkt: Jeden 1. So im Monat am alten Hafen.

ÜbernachtenEssen/Trinken (→ Karte S. 135)

• *Hotels* *** **De Bordeaux (1)**. Komfortable Unterkunft in geräumigen Zimmern. Nach hinten schattiger Garten und Swimmingpool. DZ 54–76 €. 38, place Gambetta. ✆ 05.53.57.12.83, 📠 05.53.57.72.14, www.hotel-bordeaux-bergerac.com.

*** **De France (4)**. Vornehm und gepflegt. Swimmingpool. DZ 59–66 €. 18, place Gambetta. ✆ 05.53.57.11.61, 📠 05.53.61.25.70, www.hoteldefrance-bergerac.com.

*** **Du Commerce (3)**. Gehört zur nationalen Minotel-Kette, modern, unprätentiös und korrekt. DZ mit Dusche/WC 38–60 €. 36, place Gambetta. ✆ 05.53.27.30.50, 📠 05.53.58.23.82, www.hotel-du-commerce24.fr.

** **Le Family (5)**, bei der modernen Markthalle. Kleines Hotel in zentraler Lage und deshalb wohl oft schnell ausgebucht. In der Brasserie werden nicht nur Menus serviert, sondern auch vorzügliche Sorbets. Sie haben die Wahl zwischen Heinrich III. (Passionsfrucht, Zitrone, Kokosnuss, Crème Chantilly), Louis XII. (Café Lègien), Caligula, Verlaine, Rimbaud u. a. DZ 33–43 €, alle mit Dusche/WC. 3, rue du Dragon ✆ 05.43.57. 80.90, 📠 05.53.57.08.00.

** **Le Moderne (2)**, gegenüber Bahnhof. Nicht in der Altstadt, aber gar nicht so übel und für Zugreisende ideal. Saubere, angenehm eingerichtete Zimmer – und da am Bahnhof fast nichts los ist: ruhige Lage. Das Restaurant serviert Menus aller Preiskategorien bis zum teuren vielgängigen Degustationstrip. DZ mit Dusche 40 €, ohne 29 €, TV ist in beiden Fällen dabei. 19, avenue du 108e-R.I. ✆ 53.57.19.62, 📠 05.53.61.80.50.

• *Bed & Breakfast* Am schönsten Platz der Stadt, an der Place de la Myrpe, bieten gleich drei Häuser Gästezimmer an:
Le Logis Plantagenêt. **(7)** Mit Restaurant. Drei Zimmer, DZ 85–90 €. 5, rue du Grand Moulin. ✆ 05.53.57.15.99, 📠 05.53.5717.91 www.lelogisplantagenet.com.

Le Colombier de Cyrano & Roxane (8), in einem Fachwerkhaus aus dem 16. Jh., nur zwei Zimmer, beide mit Bad/WC, das teurere mit Terrasse. DZ 50–65 €. 17, place de la Myrpe. ✆ 05.53.57.96.70 oder 06.81.65.-97.87 (mobil), bluemoon2@club-internet.fr.

La Bonbonnière. **(9)** Drei Zimmer. DZ 55–60 €. 15, rue du Grand moulin. ✆ 05.53.61.82.04 oder 06.23.56.23.99 (mobil), www.labonbonniere.net.

Perfekte Kulisse für Mantel- und Degenfilme: Bergerac

Vorbild für Depardieus Nase – Cyrano de Bergerac

• *Camping* ** **Municipal La Pelouse**, am linken Dordogne-Ufer, gegenüber dem Inselchen La Pelouse. Tenniscourt. 70 Stellplätze, die schattigsten direkt am Fluss. 8bis, rue J.-J. Rousseau. Geöffnet Mitte Feb. bis Okt. ✆/℻ 05.53.57.06.67.

Weitere Campingplätze in Lalinde und Villeneuve-sur-Lot (→ dort).

• *Restaurants* **Aux Cèpes Enchantés (10)**, in ruhiger Altstadtlage mit Terrasse zur Straße (Fußgängerzone). Ente, Gans und andere Périgord-Klassiker zu halbwegs moderaten Preisen. Großes Patisserieangebot. Empfehlung für laue Sommernächte. April bis Okt. tägl. geöffnet. ✆ 05.53.57.24.90.

La Bodega. **(6)** Im Erdgeschoss Tapas und Gegrilltes am offenen Feuer, in der 1. Etage kleines Speisestübchen. Hervorragende Salate. So geschlossen. 4, rue de la Brèche. ✆ 05.53.61.28.10.

Sehenswertes

Altstadt: Ihr schönster Teil liegt direkt oberhalb des alten Hafens. Hier sind noch viele der für Bergerac typischen *maisons à colombages* erhalten. Bei dieser Art des Fachwerkbaus werden die Zwischenräume des tragenden Gebälks mit dünnen Ziegeln aufgefüllt, oft schräg gemauert, so dass im Ziegelwerk ein Zickzack-Muster entsteht. Eindrucksvolle Beispiele findet man an der *Place de la Myrpe*, einem lang gestreckten, schattigen Platz, an dessen Ende Cyrano stolz in die Baumkronen blickt. Von da führt ein Sträßchen hoch zur vorbildlich restaurierten *Place Pélissière*, an die sich das quirlige Geschäfts- und Boutiquen-Viertel anschließt. Seit 2005 ist Cyrano auch hier präsent, in Bronze gegossen und bemalt – ein Werk von *Mauro Corda*, einem in Frankreich geborenen Bildhauer spanischer Herkunft.

Musée d'Intérêt National du Tabac (Tabakmuseum): Klein, aber fein! Auf zwei Etagen wird die Kulturgeschichte des Rauchens vorgestellt – von A (*Apooke* hieß die Heilpflanze bei den Nordamerikanern) bis Z (*Zehirehir* sagten die zentralasiatischen Steppenvölker zu dem Giftkraut). Die Ausstellung beginnt mit der Entdeckung des Tabaks durch die Indianer und endet mit den Anfängen der industriellen Zigarettenproduktion. In den Glasvitrinen findet man Pfeifen aus allen Ecken der Welt. Die wunderlichsten Exemplare stammen aus einer Epoche, in der das Rauchutensil noch individuell in Auftrag gegeben wurde – gelegentlich ziert das Konterfei einer Mätresse den emaillierten Pfeifenkopf ... Jede Vitrine ist ein Kuriositätenkabinett für sich. Übrigens: Rauchen ist im Museum streng verboten!

Vom Tabakmuseum gelangt man über eine Seitentreppe direkt ins bescheidene **Musée de la Ville** (Stadtmuseum): außer einigen Stichen kaum Erwähnenswertes.

Ⓘ Di–Fr 10–12 und 14–18 Uhr, Sa 10–12 und 14–17 Uhr, So 14.30–18.30 Uhr. Mitte Nov. bis Mitte März nur Di–Fr 10–12 und 14–18 Uhr, Sa 10–12 Uhr. Eintritt 3 € (Stadtmuseum inkl.).

Musée du Vin et de la Batellerie et de la Tonnellerie (Wein- und Flussschifffahrtsmuseum): Das *Musée d'Ethnographie Régionale*, wie sich die kleine Einrichtung auch nennt, ist eine Hommage an das alte Bergerac, an den Weintransport auf der Dordogne und die damit verbundenen traditionellen Berufe des Böttchers und des Schiffbauers. Zu sehen sind Geräte der Handwerker, Schiffsmodelle und großformatige Fotos von der Weinverladung an der Hafenrampe, die heute als Parkplatz dient.

Ⓘ Di–Fr 10–12 und 14–17.30 Uhr, Sa 10–12 Uhr, So (nur Mitte März bis Mitte Nov.) 14.30–18.30 Uhr. Eintritt 2,50 €.

Maison des Vins: Das *Consulat de la Vinée*, die noble Bruderschaft, die über die Qualität der Bergerac-Weine zu Gericht sitzt, hat im ehemaligen Rekollektenkloster einen angemessenen Stammsitz gefunden. In den Gewölben unter dem Kreuzgang ist eine Dokumentationsausstellung eingerichtet. Hier erfahren Sie alles, was Sie schon immer über Bergerac-Weine wissen wollten: Quantitäten, Qualitäten, Fakten über Flaschen.

Ⓘ Feb. bis Juni und Sept. bis Dez. Di–Sa 10.30–12.30 und 14–18 Uhr. Juli/Aug. tägl. 10–19 Uhr. Eintritt frei.

Bergerac/Umgebung

▸ **Monbazillac** – dem Weinkenner ist der Name ein Begriff: Monbazillac ist das berühmteste Anbaugebiet des Bergeracois. Der likörartige, gelbliche Tropfen wächst über fünf Gemeinden verteilt auf insgesamt 30.000 ha. Im Herzen der Region steht das *Schloss von Monbazillac*, ein fotogener, symmetrischer Renaissancebau aus der Mitte des 16. Jahrhunderts, der seither unverändert steht. Die vier Rundtürme und der Wassergraben (heute ausgetrocknet) entsprachen den militärischen Erfordernissen der Zeit, doch fügen sie sich harmonisch ins Gesamtbild.

Die Schlossbesichtigung führt durch ungefähr zwanzig stilvoll möblierte Zimmer, und schließlich findet sich der Besucher im Kellergewölbe, wo der berühmte Tropfen lagert. Degustation und Verkauf gehören selbstverständlich zum Angebot.

Ⓘ Feb. bis Juni und Sept. bis Dez. unterschiedlich. Juli/Aug. 10–19.30 Uhr. Eintritt ca. 4,50 €. *Anfahrt* Ab Bergerac ausgeschildert, ca. 7 km in südliche Richtung.

▸ **Eymet**: Befinden Sie sich auf dem Weg von Bergerac nach Marmande bzw. Mont-de-Marsan, lassen Sie Eymet nicht rechts liegen. Der verschlafene Ort ist das Bilderbuchbeispiel einer Bastide: rechtwinkliges Straßennetz und im Zentrum ein quadratischer, von Arkaden umsäumter Marktplatz. Eymet wurde im 13. Jahrhundert von den Franzosen gebaut.

Das Bordelais

Alles dreht sich hier um das rote Gold – auf über 110.000 Hektar sprießen die Weinstöcke des Bordelais. Das Weinbaugebiet von Bordeaux ist zehnmal so groß wie die versammelten Reben von Burgund oder fünfmal so groß wie das der Champagne. Über die Hälfte der französischen Qualitätsweine wird im Bordelais gekeltert, pro Jahr 500 Millionen Flaschen. Santé.

Die Dordogne und die Garonne mit ihren vereinten Wassermassen aus dem Zentralmassiv und den Pyrenäen schufen ideale geologische Voraussetzungen für den Weinanbau. Sie spülten die Kieselsteinchen zu kleinen Hügeln zusammen und häuften so zahllose Terrassen an.

Bordelaiser Weinanbaugebiete

Die Weinstöcke des Médoc ragen bis an die Stadtgrenze von Bordeaux heran, das Château Haut Brion zieht seine Reben sogar auf dem Stadtgebiet hoch. Der Boden, auf dem die berühmten Weine wachsen, ist so teuer, dass sogar Grundstückspekulanten vor den Quadratmeterpreisen zurückschrecken.

Vin de Bordeaux – Vin de Château sagt ein altes Sprichwort treffend: Im Mittelpunkt des Weinguts steht das *Château*, in dessen *chais* (Weinkeller) der Besitzer die Weine veredelt. Château kann dabei ein prachtvolles Renaissance-Schloss sein oder auch ein einfaches, meist mit einem Türmchen versehenes Gehöft.

Vor allem größere Winzer sind auf Besuch gut eingerichtet, einen nicht unwesentlichen Teil ihrer Produktion verkaufen sie zu vorteilhaften Preisen direkt an die Touristen. Urlauber werden sich kaum Zeit nehmen, tagelang von Schloss zu Schloss zu fahren (oder zu wanken), um erst Preis und Qualität des Rebensafts zu testen, um sich dann mit ein paar Flaschen einzudecken. Wer sich in der Vielfalt der Güter und Weine verloren vorkommt, kann ein Maison du Vin (z. B. in Bordeaux, Pauillac, Saint-Emilion) aufsuchen und sich dort beraten lassen. Wer weltberühmte Grands Crus sucht, wird am schnellsten im Médoc fündig. Beste Reisezeit ist selbstverständlich der Herbst.

Inmitten dieser endlosen Reben liegt Bordeaux, die Welthauptstadt des Weins. Der Weinanbau wurde in Gallien im 1. Jahrhundert von den Römern eingeführt, ihr Dichter *Ausonius* sang im 4. Jahrhundert „Oh, Bordeaux, meine Heimatstadt, berühmt durch deine Weine ..." und gestand, dass er stolzer auf seinen Bordelaiser Weinberg sei als auf seine Literatur. Als im Mittelalter Aquitanien dann in englischer Hand war, blühte das Geschäft mit dem roten

Gold erst richtig auf. Die Briten schätzten den von ihnen *Claret* genannten Rebensaft, und mit Fässern beladene Schiffe verließen den Hafen von Bordeaux in Richtung London. Als die Engländer nach dem Hundertjährigen Krieg vom Kontinent abzogen, war dies für Bordeaux eine wirtschaftliche Katastrophe, von der sich die Stadt erst im 17. Jahrhundert wieder erholte.

Die Bordelaiser Küche

Lamproie (Neunauge): Dieser Fisch wird fast nur noch in der Garonne gefangen. Zubereitet wird er mit Cognac und Rotwein (bevorzugt Saint-Emilion), serviert wird er mit Lauch.

Ecrevisses (Flusskrebse): Gegart in weißem Bordeaux-Wein, in einer Béchamel-Sauce serviert und flambiert mit Cognac schmecken sie hervorragend.

Moules (Muscheln): Meist stammen sie aus dem Becken von Arcachon und werden mit Schalotten in Weißwein gekocht.

Agneau de Pauillac: Frankreichs bestes Milchlamm verdankt sich einer historischen Kooperation zwischen wandernden Schäfern und Weinbauern: Im Winter brachten die Schäfer ihre Lämmer in die Gehöfte der Bordelaiser Weinbauern, die im Gegenzug den frischen Dünger behalten durften. Mit der Zeit fand man heraus, dass die nur mit Milch ernährten Jungtiere nach 60 bis 70 Tagen hervorragend schmecken. Und da ein kräftiger Médoc, wie er im Weinstädtchen Pauillac wächst, das zarte Fleisch ausgezeichnet begleitet, hatte das Gericht bald seinen Namen. Der berühmte Lammrücken wird schlachtfrisch gegessen.

Entrecôte bordelaise: Es stammt aus dem Rinderrücken und wird traditionell (heute nur noch selten) auf Rebzweigen gegrillt und kurz vor dem Servieren mit rohen, gehackten Schalotten bestreut. Der Boeuf de Bazas, Vertreter einer speziellen Rinderrasse aus der Gegend von Bazas, ist als Fleischlieferant besonders qualifiziert.

Sauce bordelaise: Die echte enthält neben einem Schuss guten Rotwein Schalotten, Thymian, Muskat, Salz, zerstoßenen Pfeffer, Butter und Rindermark.

Cèpes à la bordelaise (Steinpilze) sind eine typische Beilage zum Fleisch und werden in Olivenöl mit Knoblauch geschmort.

Compote: Meist handelt es sich um das sog. Winzerkompott – Äpfel, Birnen und eine Orange werden in Rotweinsirup mit Nelken und Ingwer zum Kompott verkocht. Nelken und Ingwer erinnern daran, dass der Gewürzhandel mit den Westindischen Inseln einst über den Hafen von Bordeaux lief.

Die Tourismusverwaltung des Departements Gironde preist die Weinkultur ebenso wie die ozeanischen Vergnügungen. In der Tat bietet Frankreichs größtes Departement alles, was man vom Urlaub erwartet: Sonne, Surf und Segeln, Kultur, Kunst und Küche. Insbesondere besitzt die Gironde mit rund 1000 km „pistes cyclables" das größte Netz an ausgebauten Fahrradwegen in Frankreich. Also, warum nicht per Pedalkraft von Weinschloss zu Weinschloss und zu den ozeanischen Gestaden?

Bordeaux – der Pont de Pierre

Bordeaux

Wer über die Autobahn von Norden kommt und die Garonne auf dem gewaltigen Pont d'Aquitaine überquert, dem zeigt sich die Hafenstadt auf dem Präsentierteller von ihrer besten Seite. Bordeaux, städtebaulich vom 18. Jahrhundert geprägt, gilt neben Paris als die schönste Stadt Frankreichs.

Die Architektur von Bordeaux imponiert, doch gleichzeitig hält sie auf Distanz. Die zwei Kilometer lange Fassade entlang der Garonne ist uniform, harmonisch und prachtvoll zugleich. So ist Bordeaux: eine Stadt der Fassaden und des schönen Scheins. Die *Cours* sind frisch herausgeputzt, während viele Häuser in den engen Gassen der Altstadt auf ihre Renovierung warten.

Bordeaux ist mit rund 236.000 Einwohnern Frankreichs zehntgrößte Stadt - (als Metropolregion mit 925.000 Einwohnern steht es sogar an sechster Stelle), eine moderne Hafen- und Industriestadt, doch hinter verschlossenen Türen gibt eine alteingesessene Bourgeoisie den Ton an. Böse Zungen behaupten, die vornehmen Bordelais sprächen Französisch mit einem englischen Akzent, Monsieur trage vorzugsweise einen Burburry, und Madame fliege zum Shopping lieber nach London als nach Paris. Die angebliche Sehnsucht nach dem goldenen englischen Zeitalter ist jedoch nicht mehr als ein schlechtes Bonmot (der Leser verzeihe das Paradox!), ein halbes Jahrtausend nach dem Abzug der Engländer aus der Stadt sind die Bordelais mittlerweile so französisch wie andere Franzosen auch.

An der Place de la Bourse

Mit *Jacques Chaban-Delmas*, der von 1947–1995 (!) die Stadt regierte, besaß Bordeaux einen ehrgeizigen Bürgermeister. Die Ambitionen des konservativen Politikers schlugen sich im *Pont d'Aquitaine* (die gewaltige Hängebrücke wurde 1967 eröffnet), im ultramodernen Büroviertel *Mériadeck* und im Handels- und Messeviertel *Bordeaux-le-Lac* nieder.

Chaban-Delmas hat sich damit in Bordeaux einige Denkmäler gesetzt, über die sein Nachfolger erst nicht recht glücklich werden mochte. Als *Alain Juppé* – damals noch Ministerpräsident der Chirac-Regierung – 1995 das Amt des Bürgermeisters übernahm, erbte er von seinem Vorgänger vor allem einen Schuldenberg von 1,74 Milliarden Francs (ca. 265 Millionen Euro). Als Erstes stoppte er gleich ein U-Bahn-Projekt, was weitere 300 Millionen Francs verschlungen hätte. Stattdessen haben die Bordelais heute eine schicke Straßenbahn (ohne Oberleitung, Stromversorgung über die Schiene), die leise durch die Stadt schnurrt, sechs Park-and-Ride-Plätze sind direkt mit dem Straßenbahnsystem verbunden und halten zahlreiche Autofahrer davon ab, den Stau in der Innenstadt zu suchen. Insgesamt 550 km Fahrradwege wurden in der Stadt angelegt, die Fußgängerzone wurde vergrößert, die Kaianlagen wurden spaziergängerfreundlich umgestaltet.

Nachdem Juppé 2004 im Zusammenhang mit einer Parteifinanzierungsaffäre wegen illegaler Vorteilnahme zu einer Bewährungsstrafe von 14 Monaten verurteilt wurde und sein Amt als Bürgermeister in Bordeaux abgeben musste, übernahm sein Adlatus *Hugues Martin* vorübergehend den Job, um ihn 2006 wieder zurückzugeben. Im März 2008 bewirbt sich Juppé um eine vierte Mandatsperiode. Viele Bordelais, die ihn anfänglich unterschätzt hatten, sind inzwischen von dem Mann, der ihrer Stadt ein neues Gesicht verpasste, begeistert.

In den letzten Jahren hat der Tourismus in Bordeaux stark zugenommen, die meisten Atlantik-Urlauber nehmen sich einen oder zwei Tage Zeit, um die Hauptstadt Aquitaniens kennen zu lernen. Bordeaux ist zwar eine Stadt im Süden, aber keine „südliche" Stadt. Auf den Straßen pulsiert nicht gerade das rauschende Leben, schon gar nicht an sommerlichen Sonntagen, wenn die Bordelais scharenweise die atlantischen Gestade oder das Becken von Arcachon aufsuchen, um sich bräunen zu lassen. Es empfiehlt sich also, die Stadt unter der Woche zu besuchen.

Geschichte

Bordeaux geht auf eine Siedlung des Keltenstamms der Bituriger im 3. Jahrhundert v. Chr. zurück. *Burdigala*, wie die Kelten ihre Kolonie zwischen den Garonne-Zuflüssen Devèze und Peugue nannten, besaß einen Hafen, von dem aus Bronzehandel mit der Bretagne betrieben wurde. Zu einem bedeutenden Handelszentrum aber wurde Burdigala erst, nachdem die Römer 56 v. Chr. die Stadt eroberten und ihr ein urbanes Gesicht verpassten.

Zu Beginn des 5. Jahrhunderts bereitete die Völkerwanderung der römischen Herrschaft, unter der es Bordeaux zu Wohlstand gebracht hatte, ein jähes Ende. Von Norden her stürmten die Vandalen und Goten in die fruchtbare aquitanische Ebene, und Bordeaux fiel für fast 100 Jahre unter die westgotische Herrschaft *Alarichs* und seiner Nachfolger. Das Christentum, das eben erst Fuß gefasst hatte, musste bluten. An Märtyrern herrschte im Aquitanien des 5. Jahrhunderts wahrlich kein Mangel.

Die Westgoten werden vom Franken *Chlodwig* 507 in der *Schlacht von Vouille* endgültig aus der Region vertrieben; sie bauen ihr neues Reich in Spanien auf. Die fränkischen Herrscher verteidigen Aquitanien gegen die Sarazenen, deren Vormarsch von Karl Martell 732 in der *Schlacht zwischen Tours und Poitiers* endgültig gestoppt wird. Im Jahr 844 halten die Mauern von Bordeaux den anstürmenden Normannen stand. Im 11. Jahrhundert wird Aquitanien mit der Gascogne verbunden, Bordeaux wird damit Hauptstadt eines respektablen Gebiets.

Durch die folgenschwere Heirat *Eleonores von Aquitanien* mit Henri Plantagenêt (→ Kapitel Geschichte) wird Bordeaux 1154 für die nächsten 300 Jahre englisches Territorium. Aus demselben Jahr datiert die erste bekannte Akte über den Export der Bordeaux-Weine nach London. Die Stadt genießt Sonderrechte und erlebt ein goldenes Zeitalter, der Handel mit England bringt wirtschaftlichen Wohlstand.

Als gegen Ende des Hundertjährigen Krieges die Engländer große Teile des aquitanischen Gebiets bereits an die Franzosen verloren hatten, wurde auch Bordeaux kampfmüde. Am 12. Juni 1451 versprach die Stadt, sich zu ergeben, wenn nicht innerhalb von zehn Tagen Hilfe aus London eintreffen würde. Flugzeuge gab es damals keine, das Ultimatum war mehr oder weniger sinnlos. Der Schrei des Ausrufers vom Stadtturm *Secours de ceux d'Angleterre pour ceux de Bordeaux* (Hilfe von denen aus England für die aus Bordeaux) drang nicht bis London, also wurden die Stadtschlüssel dem französischen Oberkommandanten übergeben. Als später dann doch noch englische Schiffe unter dem Kommando des alten Haudegens *Talbot* in der Gironde auftauchten, verjagten die Bordelais ihre Besatzer sofort und öffneten den alten Freunden die Tore. Die Franzosen sahen sich gezwungen, Aquitanien ein zweites Mal zu erobern. In der *Schlacht von Castillon* 1453 unterlagen die Engländer endgültig, der Hundertjährige Krieg fand nach 114 Jahren ein Ende. Bordeaux wurde für seine Anglophilie bestraft: Der französische König verbot jeglichen Wirtschaftskontakt mit England und ließ starke Festungen errichten, um die Stadt besser kontrollieren zu können.

Doch ein wirtschaftlich florierendes Bordeaux lag letztlich auch im französischen Staatsinteresse, und so ließ *Ludwig XI.*, der 1461 den französischen Thron bestieg, den Weinhandel mit England wieder zu. Als dann dem elften Ludwig der zwölfte folgt, prosperierte Bordeaux wieder wie zu früheren Zeiten.

Die Reformationsbewegung im 16. Jahrhundert fiel in Bordeaux wie in ganz Südwestfrankreich auf fruchtbaren Boden. Der Genfer Reformator *Calvin* persönlich missionierte 1531 in der Gegend, und dreißig Jahre später befand sich die Stadt mehr oder weniger im religiösen Bürgerkrieg. In der *Bartholomäusnacht* (3. Oktober 1572, → Kapitel Geschichte), dem katholischen Gemetzel an den Hugenotten, floss auch in Bordeaux viel Blut. Der Religionsfriede von 1576 brachte der Stadt nur kurze Ruhe, denn zehn Jahre später forderte eine Pestwelle ihre Opfer, und kaum war diese vorbei, versetzten aufständische Bauern die ganze Umgebung in Aufruhr.

Mit dem *Toleranzedikt von Nantes* 1598 (Duldung der Hugenotten) erlischt der Religionskrieg für einige Zeit, doch dafür bricht die Schlacht an der Wirtschaftsfront aus. Eine von Paris geforderte Weinsteuer führt zu Revolten, und als Frankreich 1672 bis 1679 mit Holland im Krieg liegt und damit ein neues Finanzloch im staatlichen Haushalt produziert, wird das Volk wieder zur Kasse gebeten. Ein allgemeiner Aufstand ist die Folge, Bauern massakrieren Steuereintreiber, Schlösser werden geplündert und etliche Adlige aufgeknüpft. Die Revolte wird jedoch niedergeschlagen, und Bordeaux, das sich beteiligt hat, wird hart bestraft: Das aquitanische Parlament wird nach Condom (südwestlich von Agen) ins Exil geschickt. Im Jahr 1685 widerruft der Sonnenkönig *Ludwig XIV.* das Edikt von Nantes, ein Massenexodus der Hugenotten ist die Folge.

Trotz alledem wird das ausgehende 17. Jahrhundert zu einem zweiten goldenen Zeitalter für die Stadt. Der aufblühende Handel mit den Antillen und anderen Überseekolonien führt zu immensem Wohlstand. Bordeaux hat sich zur wichtigsten französischen Hafenstadt gemausert und mischt kräftig mit beim Handel mit dem sog. schwarzen Ebenholz: Die Stadt wird zum Stützpunkt des Sklavenhandels. Nicht wenige Bordelaiser Familien verdienen in diesem lukrativen Geschäft den Grundstock eines Vermögens, das sie später in Weinstöcke investieren – so viel zur moralisch-ökonomischen Grundlage einiger ehrenwerter Mitglieder des Bordelaiser Korkenadels.

Im 18. Jahrhundert konnte sich Bordeaux schließlich ein neues Gesicht leisten. Der königliche Intendant *Tourny* holte die besten Architekten der Zeit an die Garonne. Die ehemaligen Wehranlagen wurden geschleift und in breite Alleen (*Cours*) umgewandelt. Zum Fluss hin entstand eine elegante, einförmige Fassade. Das zwischen 1773 und 1780 entstandene *Grand Théâtre* ist das Symbol dieser städtebaulichen Runderneuerung.

Der Sturm auf die Bastille in Paris am 14. Juli 1789 ist ein Fanal für ganz Frankreich. Die Bordelais folgen dem Pariser Vorbild. Sie stürmen das *Château-Trompette*, eine Festung aus dem 17. Jahrhundert, die der königlichen Regierung als Munitionsdepot dient. Bis 1793 hält sich Bordeaux an die Beschlüsse des revolutionären Konvents in Paris, danach aber verfolgten die Deputierten aus der Gironde einen gemäßigteren Kurs. Es entsteht die Gruppierung der *Girondisten*, die von der jakobinischen Mehrheit unter Robespierre gnadenlos verfolgt wird. Paris schickt eine Revolutionsarmee nach Bordeaux, die Bewohner werden entwaffnet, die Gefängnisse gefüllt, und die Guillotine, die auf der *Place Dauphine* (heute *Place Gambetta*) aufgestellt wird, lässt die Köpfe rollen, unter anderem auch den des Bürgermeisters.

Mit kaiserlichem Pomp stattete 1806 *Napoleon I.* Bordeaux eine Visite ab. Doch die Herzen der Bordelais vermochte er nicht zu erobern. Kein Wunder, denn seine Politik der Kontinentalsperre gegen England zielte ungewollt auch auf den ökonomischen Lebensnerv der vom Handel mit London lebenden Stadt. Erst als der geschlagene Kaiser 1815 unter englischer Bewachung nach St. Helena ausgeschifft wurde, atmeten die Bordelaiser Weinmakler wieder auf.

Napoleon III., der – seinen berühmten Vorgänger imitierend – 1852 Bordeaux einen Besuch abstattete und bei dieser Gelegenheit großmäulig *L'Empire, c'est la Paix* (Das Kaiserreich ist der Frieden) verkündete, führte die Nation knapp 20 Jahre später in den Deutsch-Französischen Krieg. Die Preußen marschierten in Paris ein und nahmen den Kaiser gefangen. Nach der Kapitulation wurde Bordeaux für ein paar Monate Regierungssitz der kurz zuvor ausgerufenen dritten französischen Republik.

Die Ehre, Sitz der französischen Regierung zu sein, widerfuhr Bordeaux noch zweimal: 1914 und 1940. Die Stadt ist infolge der geschichtlichen Ereignisse zur Hauptstadt im Katastrophenfall (d. h. wenn die Deutschen kommen) geworden.

Information

- *Postleitzahl* 33000
- *Information* **Office de Tourisme**, 12, cours 30 Juillet. Großes Büro mit kompetentem, freundlichem Personal. Organisation von Stadtführungen, Besichtigungen des Grand Théâtre, Exkursionen in die Weinanbaugebiete. Das Büro organisiert auch spezielle Führungen (täglicher

Programmwechsel) wie z. B. Bahnhöfe von Bordeaux, Büroviertel Mériadeck etc. Mai bis Okt. Mo–Sa 9–19 Uhr (Juli/Aug. bis 19.30 Uhr), So 9.30–18.30 Uhr. Nov. bis April Mo–Sa 9–18.30 Uhr, So 9.45–16.30 Uhr. ✆ 05.56.00.66.00, 📠 05.56.00.66.01, otb@bordeaux-tourisme.com, www.bordeaux-tourisme.com.

Zugreisende finden auch im Ankunftsgebäude des **Bahnhofs Saint-Jean** ein Office de Tourisme.
Mai bis Okt. Mo–Sa 9–12 und 13–18 Uhr, So 10–12 und 13–15 Uhr. Nov. bis April Mo–Fr 9.30–12.30 und 14–18 Uhr. ✆/📠 05.56.91.64.70.

Verbindungen

Flug, Linienflüge: Mit Air France nach Paris, Lyon und weiteren französischen Destinationen sowie auch nach Genf. Lufthansa unterhält dreimal tägl. eine Verbindung nach Frankfurt.
Der **Flughafen Bordeaux-Mérignac** befindet sich westlich der Stadt, ca. 12 km vom Zentrum entfernt. Shuttle-Busse tagsüber alle 30 Min., Abfahrt am Bahnhof Saint-Jean und an der Place de la Comédie (Nähe Office de Tourisme). Information am Flughafen, ✆ 05.56.34.50.00. Büro der Air France: 29, rue Esprit-des-Lois, ✆ 05.56.54.05.69.
Zug: Nach Paris zu fliegen, lohnt sich kaum noch, seitdem der superschnelle TGV die Strecke in drei Stunden bewältigt (rund 12-mal pro Tag), Abfahrt und Ankunft in Paris an der Gare Montparnasse (Reservierungspflicht). Weniger schnell, sonst aber auch gut sind die Verbindungen nach Nantes, Périgueux, Lyon, Bergerac, Agen, Mont-de-Marsan. Biarritz, Arcachon und durch das Médoc bis zur Pointe de Grave. Zugsauskunft unter 08.92.35.35.35. Die Züge fahren alle ab der **Gare Saint-Jean**, dem Hauptbahnhof der Stadt. Der 1898 eingeweihte (später renovierte) Bahnhof gehört übrigens zu den schönsten Beispielen der Bahnhofsarchitektur in Frankreich.
Mit dem Bus (Nr. 1 der Garonne entlang, Nr. 7 und 8 über den Cours de la Marne, Place de la Victoire, Place Gambetta) ist man in 10 Minuten im Zentrum. Oder man wählt die Tramlinie C (Place de la Bourse und weiter zur Esplanades des Quinconces).
Bus: Gute Verbindungen ab Bahnhof oder Gare routiére in die nähere Umgebung, vor allem auch zu den ozeanischen Badeorten Carcan, Lacanau und Biscarrosse. Auskünfte an der **Gare routière** (Rue Fondaudège) oder über ✆ 08.26.02.20.22.

Diverses

• *Konsularische Vertretungen* **Bundesrepublik Deutschland**, 377, bd Wilson (Ringstraße im Westen der Stadt). ✆ 05.56.17.12.22, 📠 05.56.42.32.65, info@bordeaux.diplo.de.
Schweiz, 14, cours Xavier-Arnozan (im Quartier des Chartrons). ✆ 05.56.52.18.65, 📠 05.56.44.08.65, bor.vertretung@eda.admin.ch.
Österreich, 26 cours Balguerie-Stuttenberg (im Quartier des Chartrons). ✆ 05.56.00.00.70, 📠 05.57.87.60.30, bordeaux@borie-manoux.fr.

• *Bootsausflüge* Schlemmertouren auf der Garonne mit der „Aliénor" und der „Ville de Bordeaux" – fahren am Quai Louis XVIII ab. Für Fahrten in den Gironde-Schnabel wende man sich an das Office de Tourisme.

• *„Bus für Moderne Kunst"* Jeden - 1. Sonntag im Monat ist das Stadtzentrum autofrei! Eine ideale Gelegenheit zur Fahrt mit dem „Bus für moderne Kunst": Er führt zu den modernen Kulturstätten, zu Galerien und Künstlern. Kompetente Kommentare. Abfahrt um 14.30 Uhr am „Kiosque Bordeaux Culture" an der Allée de Tourny, Rückkehr um 18.30 Uhr. Preis 5 €.

• *Autoverleih* Alle großen Verleiher sind sowohl am Bahnhof Saint-Jean wie auch am Flughafen vertreten.

• *Parken* Im Zentrum gibt's werktags nicht nur zur Rushhour große Parkprobleme. Wenn man einen Platz gefunden hat, steht bestimmt eine Uhr in der Nähe, die gefüttert werden will und eine Höchstparkzeit von 2 Stunden anzeigt. Bequemer und etwas billiger sind die Parkhäuser bzw. der Langzeitparkplatz an der Place des Quinconces. Billigste Variante: Auto außerhalb des Zentrums an einem P+R abstellen und mit der Straßenbahn in die City gleiten.

• *Fahrradverleih* Seit in Bordeaux auf einer Länge von 550 km ein Meter Breite für Radler reserviert ist, lässt sich die Stadt auch auf dem Zweirad erkunden. Mehrere Verleiher in der Stadt, darunter:

Le 63. Reservierung obligatorisch, dafür Service rund um die Uhr. Man kann die Räder später an diversen Orten der Stadt (Liste) abgeben. 63, cours d'Alsace et Lorraine, ✆ 05.56.51.39.41.

Macadam Sport. Kaution oder Kreditkarte hinterlegen. 27, quai des Chartrons. ✆ 05.56.51.75.51.

Pierre qui roule. Place Gambetta. ✆ 05.57.85.80.87.

• *Internet* **Les Tartines à Martine**. Freundliches Internet-Café Nähe Kirche St-Pierre. Mo–Sa 8–20 Uhr. 7, rue Maucoudinat.

• *Einkaufen* **Luxus** findet man im „triangle d'or", im Dreieck zwischen Cours Clémenceau, Cours de l'Intendance und Allées de Tourny, **Ramsch** eher im oberen Teil der Rue Sainte-Catherine, dem Pendant zum Pariser Boul' Saint-Mich'.

• *Bordeaux-Weine* Weinhandlungen finden sich natürlich genügend in der Stadt. Wer sich vor dem Kauf über Weingüter und Qualitätsweine informieren will, stattet dem Office de Tourisme einen Besuch ab.

• *Feste* Zwei große Stadtfeste wechseln sich jährlich ab:

Bordeaux Fête le Fleuve, am letzten Juniwochenende in den ungeraden Jahren findet das „Flussfest" statt: Bootsparaden, Regatten, Bootsausstellungen und Veranstaltungen rund um das Wasser.

Bordeaux Fête le Vin, am letzten Juni-Wochenende in ungeraden Jahren findet das „Weinfest" statt: Umzüge, Paraden, Konzerte – und natürlich jede Menge Möglichkeiten, Qualitätsweine zu degustieren. Am besten besorgt man sich gleich den „Verkostungspass".

• *Buchhandlungen* **Librairie Mollat**, rue de la Porte Dijeaux. Gutbestückte Buchhandlung, die in punkto Neuerscheinungen auf Draht ist. Nur französischsprachige Literatur.

Bradley's Bookshop, 8, cours d'Albret (gegenüber der Galerie des Beaux-Arts). Bücher in englischer Sprache.

• *Waschsalon* Davon gibt es eine ganze Menge in Bordeaux, u. a.:

57, avenue de Marne (Nähe Bahnhof Saint-Jean, neben der PTT), tägl. 7–21 Uhr.

Place Pernand Lafargue, tägl. 7–21 Uhr.

16, rue du Pas Saint-Georges, täglich 7–21 Uhr.

• *Stierkampf* Als Hauptstadt des Südwestens besitzt Bordeaux natürlich eine Stierkampfarena, östlich der Stadt in Floirac (Straße nach Bergerac). Welcher Torero an welchem Tag einem Stier den Degen zwischen die Schulterblätter jagt, erfahren Sie in der Regionalzeitung Sud-Ouest (Rubrik Sport, denn als solcher wird die Corrida angesehen) oder unter ✆ 05.56.40.90.18.

Übernachten (→ Umschlagklappe hinten)

Als Großstadt verfügt Bordeaux über zahlreiche Hotels aller Kategorien. Camper müssen weit vor den Stadttoren lagern, sodass sie besser aufs Zelten verzichten und ein billiges Dach in der Stadt suchen. Wenn im Stadtzentrum alles ausgebucht sein sollte (was selten der Fall ist), findet man in der Nähe des Bahnhofs mehrere Billig-Hotels.

• *Hotels* *** **Bayonne Etche-Ona (6)**. Zentral gelegenes Hotel der oberen Kategorie, gehört zur Best-Western-Kette. DZ 105–170 €. 15, cours de l'Intendance (Eingang 48.41.60, www.bestwestern-bordeaux-hotel.com.

*** **La Tour Intendance (13)**, Nähe Place - Gambetta. Hat 2006 eine Renovierung erfahren und einen Stern gewonnen. Gepflegte Eleganz, empfehlenswert. DZ 68–138 €. 16, rue de la Vieille Tour. ✆ 05.56.44.56.56, ℻ 05.56.44.54.54, www.hotel-tour-intendance.com.

*** **De la Presse (15)**. Angenehmes, völlig renoviertes Hotel im Herzen der Stadt. Im Hinblick auf den Komfort sehr preisgünstig. In der Fußgängerzone, Zufahrt mit dem Auto von 17–10 Uhr gestattet. DZ 50–111 €. 6–8, rue de la Porte Dijeaux. ✆ 05.56.48.53.88, ℻ 05.56.01.05.82, www.hoteldelapresse.com.

** **Continental (8)**. Zentrale Lage im goldenen Dreieck. DZ 75–99 €. 10, rue Montesquieu. ✆ 05.56.52.66.00, ℻ 05.56.52.77.97, www.hotel-le-continental.com.

** **La Maison du Lierre (2)**, empfehlenswerte, charmante Adresse in relativ ruhiger Lage. DZ 73–89 €. 57, rue Huguerie. ✆ 05.56.51.92.71, ✆ 05.56.79.15.16, www.maisondulierrecom.

** **Acanthe (12)**, ehemals Hôtel des Pyrénées. Hat 1997 einen Besitzerwechsel erfahren und seither die Zimmer komplett modernisiert. Nichtraucherhotel.12–14, rue Saint-Rémi. DZ 52–72 €. ✆ 05.56.81.66.58, ✆ 05.56.44.74.41, www.acanthe-hotel-bordeaux.com.

** **De l'Opéra (4)**. Korrektes Mittelklasse-Hotel. Man spricht Deutsch. DZ 50–60 €. 35, rue Esprit des Lois. ✆ 05.57.81.19.20, ✆ 05.56.48.16.00, http://4soeurs.free.fr.

** **De France (7)**, in einem Verbindungssträßchen zwischen Rue Montesqieu und Cours de l'Intendance. Helle, freundliche Zimmer in zentraler Lage, alle mit Dusche/WC, TV und Mini-Bar. DZ 55 €. 7, rue Franklin ✆ 05.56.48.24.11, ✆ 05.56.48.78.30, www.hotel-france-bordeaux.fr.

De Lyon (21). Gute Adresse für Leute mit schmalem Geldbeutel. Allerdings muss man erst den prüfenden Blick der Besitzerin überstehen. Kleine, gepflegte Zimmer mit hineingestellter Duschkabine, WC und TV. DZ ab ca. 30 €. 31, rue des Remparts. ✆ 05.56.81.34.38, ✆ 05.56.53.92.82.

• *B & B* **Une chambre en Ville (23)**. Hinter dem bescheidenen Namen verbirgt sich eine hervorragende Adresse mitten im Herzen der Stadt! Freundlicher Empfang. 5 geräumige, sehr komfortable Zimmer, Kühlschrank. Klassisch französisches Frühstück mit frisch gepresstem Orangensaft. Unsere Empfehlung! 35, rue Bouffard. ✆ 05.56.81.34.53, ✆ 05.56.81.34.54, www.bandb-bx.com.

• *Jugendherberge* Nach einer Renovierungssaison hat die **Auberge de Jeunesse** in der Nähe des Bahnhofs ihre Tore wieder geöffnet. 30 Zimmer mit 2, 4 oder 6 Betten. 21 €/Person, Frühstück und Bettwäsche inklusive. Rezeption 13.30–15.30 und 21–21.30 Uhr. Vom Bahnhof 10 Min. zu Fuß oder Busse Nr.16 und 35 (Haltestelle Meunier). 22, cours Barbey. ✆ 05.56.33.00.70, ✆ 05.56.33.00.71, www.auberge-jeunesse-bordeaux.com.

Essen/Trinken (→ Umschlagklappe hinten)

Das Angebot an Restaurants in der aquitanischen Hauptstadt ist riesig. Einer der schönsten Plätze für kulinarische Ausschweifungen ist die Place du Parlement. Wer – kaum vorstellbar – genug von der französischen Küche hat, kann auf ausländische Lokale ausweichen: chinesische, japanische, thailändische, spanische, italienische, marokkanische, griechische und türkische Küche sowie Spezialitäten aus den Antillen finden sich in der Innenstadt.
Auch an Kneipen herrscht kein Mangel, Bordeaux ist mit knapp 60.000 Studenten Frankreichs zweitgrößte Universitätsstadt. Für das Bier am Abend: Versuchen Sie eines der Lokale in der Umgebung der Place de la Victoire (mit dem ehrwürdigen Gebäude der medizinischen Fakultät). Die Kneipen dort sind meist bis weit nach Mitternacht noch brechend voll.

• *Restaurants* **Le Chapon Fin (5)**, Bordeaux teuerste Adresse. Das Lokal mit dem bizarren Felseninterieur existiert seit 1825 und hat so illustre Gäste wie Toulouse-Lautrec, Sacha Guitry und Sarah Bernhardt gesehen. Chefkoch ist seit 2003 der Bocuse-Schüler Nicolas Frian, der, ob Fisch oder Fleisch, mit raffinierten Gerichten der südfranzösischen Küche aufwartet. Für den berstenden Geldbeutel. So/Mo geschlossen. 5, rue Montesqieu. ✆ 05.56.79.10.10.

Le Café Gourmand (3). Kleines Restaurant mit vorzüglicher Küche, das mit dem Motto „La Gourmandise est la pêche la plus vertueuse" (die Schlemmerei ist die tugendhafteste Sünde) wirbt. Mittags vor allem von der Geschäftswelt aufgesucht. So/Mo geschlossen. 3, rue Buffon. ✆ 05.56.79.23.85.

Le Parlement des Graves (16). Junge Equipe, freundlicher Service. Preiswerte Küche von Land und Meer, die man sich mit einem passenden Grave-Wein servieren lässt. 9, rue du Parlement-Sainte Catherine. ✆ 05.56.61.68.54.

Chez Jean (17). Wo jahrelang das teure „Chez Philippe" zu Tische bat, versucht heute Jean sein Glück. Gute südwestfranzösische Küche, Mittagstisch zu akzeptablen

Preisen. Freundliches Interieur und Bestuhlung auf dem Platz. 1, place du Parlement. ✆ 05.56.44.44.43.

L'Embarcadère (18). Eines der edleren Fischlokale der Stadt. Spezialität: auf großem Eisbett servierte Meeresfrüchte. À la carte gibt's u. a. Hummer und gelegentlich auch Langusten. So/Mo Ruhetag. 3, rue du Pas Saint-Georges. ✆ 05.56.52.23.29.

A la Table du Pêcheur (20), hinter der Kirche St-Pierre. Sehr empfehlenswerte Fischadresse abseits der touristischen Pfade. Nicht schick, nicht teuer, aber gut. Sardinen und Seezunge, Kabeljau und Barsch – Chefkoch David Jourdan ist ein Meister des gegrillten Fischs. So/Mo Ruhetag. 16, rue de la Cour des Aides. ✆ 05.56.48.22.61.

Le Bouchon Bordelais (9). Zwischen Weinfässern, Weinkisten und Weinflaschen wird eine preiswerte südwestfranzösische Küche serviert. Relativ bescheidene Karte, aber hervorragende Zubereitung. Großes Weinangebot, auch glasweise. Ein paar Tische auf der ruhigen Gasse. Sa/So Ruhetag. 2, rue Courbin. ✆ 05.56.44.33.00.

Le Vieux Chandron (22), bei Einheimischen vor allem wegen seines preiswerten Mittagstischs beliebtes Lokal. Unprätentiöse klassische französische Küche. Das Dekor verrät das Faible des Wirts für Marlboro-Helden. So Ruhetag. 31, rue du Pas Saint-Georges. ✆ 06.56.81.55.40.

L'Agneau à la Braise (19). Gute périgourdinische Küche (confit de canard, kräftige Salate) und – wie der Name verrät – Lammspezialitäten. 13, rue du Pas Saint-Georges. ✆ 05.56.52.24.89.

Chez Edouard (14). Spezialitäten aus der Gironde. Die schöne Lage am Platz hat eindeutig die Preise beeinflusst. Eher von Touristen als von Einheimischen besucht. 16, place du Parlement. ✆ 05.56.81.48.87.

Bistrot Chez Joël D. (11). Der Traum für Austernfans. Preise nach Größe. Geschlürft wird in angenehmer Ambiance auf Holzbänken. Wer Austern nicht mag, hat hier nichts verloren. Wer von Austern nicht satt wird: als Entrée Foie gras, Pâté de canard oder geräucherter Lachs aus Norwegen. Do/Mo geschlossen. 13, rue des Piliers de Tutelle. ✆ 05.56.52.68.31.

Le Bistrot des Quinconces (1). Klassische Brasserie mit komplett renoviertem Intérieur. Mittags von Geschäftsleuten frequentiert, abends ruhig, da im touristischen Abseits gelegen. So und Do abends geschlossen. 4, place des Quinconces. ✆ 05.56.52.84.56.

• *Bars/Kneipen* **Café Brun (10)**. Im schummrigen Stil holländischer Cafés. Zahlreiche Biersorten, v. a. holländische. Der Wirt ist Jazz-Liebhaber und verfügt über eine beachtliche CD-Sammlung. Bis 2 Uhr früh geöffnet. Rue Saint Rémy/Ecke rue Courbin.

Rund um die Place de Victoire finden sich zahlreiche Kneipen, die – wenn nicht gerade Semesterferien sind – oft zum Bersten voll sind. Der **Alligator (24)** und **Chez August (25)** laufen seit Jahren sehr gut; 2007 waren **Le Plana (26)** und **El Bodegon (27)**, beide direkt am Platz und beide mit gleich lauter Rockmusik (im El Bodegon auch Tapas), zusätzliche Renner.

• *Fastfood* ebenfalls rund um die Place Victoire und im oberen Teil der Rue Sainte-Catherine.

Bordelais

Sehenswertes

Stadtzentrum: Um das einzigartige Stadt-Ensemble zu erhalten, wurden 1971 rund 5000 Häuser unter Denkmalschutz gestellt, und im Sommer 2007 war es soweit: Der Stadtkern von Bordeaux wurde von der UNESCO als Weltkulturerbe eingestuft.

Die *Place de la Bourse*, die sich elegant zwischen der ehemaligen Börse und dem ehemaligen Zollamt zur Garonne hin öffnet, ist ein architektonisches Meisterstück. Der Platz wurde zwischen 1730 und 1755 geschaffen, in einer Zeit, als Bordeaux noch eine Hafenstadt ersten Ranges war. An der Stelle des heutigen *Brunnens der Drei Grazien* stand bis zur Revolution die königliche Statue, die einst die ankommenden Schiffe begrüßte. Seit die Umgestaltung der Uferpromenade abgeschlossen ist, hat der Platz an Attraktivität noch gewonnen. Wo bis 2006 der auf mehreren Spuren durchbrausende Straßenverkehr eine Betrachtung des Platzes kaum zuließ, müssen sich heute die Autos die Promenade mit Straßenbahn, Fahrradfahrern, Inlineskatern und Spaziergängern teilen.

In der Verlängerung Richtung Innenstadt liegt die *Place du Parlement*. Der ehemalige Marktplatz aus dem 17. Jahrhundert ist das Zentrum der abendlichen Open-Air-Gastronomie und ein begehrtes Wohnviertel bei den jungen betuchten Bordelais.

Von da in Richtung Süden gelangt man zum *Cours d'Alsace et Lorraine*, von dem einige spätmittelalterliche Gassen abzweigen, u. a. die *Rue Saint-James*, an deren Ende die *Tour de la Grosse Cloche* steht – der Rathausturm aus dem 15. Jahrhundert zählt zu den beliebtesten Fotomotiven der Stadt. In Richtung Gironde führt der *Cours d'Alsace et Lorraine* zur *Place du Palais* mit der *Porte Cailhau*, einem Stadttor aus dem 15. Jahrhundert. Der Name des Platzes erinnert an das im Jahr 1800 demolierte, stolze *Palais de l'Ombrière* aus dem 10. Jahrhundert, in dem einst die Grafen von Aquitanien und die englischen Statthalter residierten.

Das Geschäfts- und Boutiquenviertel befindet sich im sog. Goldenen Dreieck von Bordeaux, das von den *Allées de Tourny*, dem *Cours Clémenceau* und dem *Cours de l'Intendance* begrenzt wird. *Louis de Tourny*, der Intendant des Sonnenkönigs, ließ diese eleganten Boulevards anlegen. Im Zentrum des teuren Dreiecks liegt der *Marché des Grands Hommes*. Die alte Markthalle wurde durch einen modernen Boutiquen-Rundbau ersetzt.

Auf der von Bürgerhäusern im Stil Louis XV. umsäumten *Place Gambetta* machen sich's heute im kleinen englischen Garten die Studenten bequem. Während der Französischen Revolution wurden hier die zu wenig revolutionären Köpfe messerscharf von ihren Leibern getrennt. Von der Place Gambetta führt die *Rue de la Porte Dijeaux* zur *Rue Sainte-Catherine*, letztere wird vom Flaneur geschätzt: Sie ist Fußgängerzone.

Grand Théâtre: Es ist der Stolz der Bordelais und gilt als eines der schönsten Europas. Der Pariser Architekt *Victor Louis* ließ sich von der Antike inspirieren: Zwölf korinthische Säulen zieren die fast 50 Meter breite Front, über ihnen stehen die neun Musen sowie drei Göttinnen. Die Säulenreihe wird an den beiden Längsseiten (jeweils 21 Säulen) fortgesetzt. Im prachtvollen Innern herrscht die strenge klassische Dreiteilung: Peristyl (dorische Säulen), Treppenhaus und Bühnensaal. Bei seiner Fertigstellung 1780 bot das Theater Platz für 1700 Zuschauer. Nach Umbauten im 19. Jahrhundert stehen heute noch exakt 1239 Sitzplätze zur Verfügung. Die Akustik ist hervorragend.

Ⓘ Das Theater ist kein Museum, sondern ein Arbeits- und Aufführungsort. Die Öffnungszeiten hängen von den Probezeiten ab; Besuch nur mit (empfehlenswerter) Führung durch das Office de Tourisme möglich. Voranmeldung nötig. Eintritt 6 €.

Die **Maison Gobineau** (heute *Maison du Vin*) gegenüber dem Theater wurde ebenfalls nach den Plänen von Victor Louis gebaut. Der Architekt wachte eifersüchtig darüber, dass kein zweiter „Palast“ sein Renommierwerk störte, und so plante er dieses Haus äußerst schmal, um die Monumentalität des Theaterbaus nicht zu beeinträchtigen.

Place des Quinconces: Mit mehr als 12 Hektar Fläche ist sie der größte Platz Europas. Früher stand hier das *Château-Trompette*, errichtet nach den Plänen von *Vauban*, dem berühmten Festungsbaumeister des Sonnenkönigs. Die Burganlage wurde während der Restauration niedergerissen und an ihrer Stelle 1818 bis 1829 die Place des Quinconces angelegt. Der Name bezieht sich auf das Muster der Bepflanzung, das der Anordnung der fünf Augen auf einem Würfel folgte (heute jedoch kaum mehr auszumachen). Inzwischen wird das Gelände multifunktional genutzt: für Messen (jährlich: Blumenmesse, Antiquitätenmesse), Märkte (Trödelmarkt im Mai), für Imbissbuden und als Parkplatz.

Tour de la Grosse Cloche

Die beiden *Säulen* zur Garonne hin gehören mit zur ursprünglichen Konzeption der Anlage: Sie symbolisieren Schifffahrt und Handel. Die Marmorstatuen von Montaigne und Montesquieu, den beiden großen Philosophen und Schriftstellern der Stadt, wurden 1858 enthüllt. Das gewaltige *Monument des Girondins* am Kopf des Platzes, heute die größte Attraktion und von Fotografen unter Dauerbeschuss genommen, stammt aus den Jahren 1894 bis 1902.

Monument des Girondins: Die Idee, mit einem großen Monument an den Girondisten-Aufstand zu erinnern, kam im Jahr 1876 auf. Doch waren sich die Stadtväter lange nicht einig, was die Thematik des Kunstwerks sein und wo dieses stehen sollte. Ein Preisausschreiben führte zu 28 eingereichten Projekten, aber zu keiner definitiven Entscheidung. Erst ein Plan, den der Bildhauer *Dumilâtre* und der Architekt *Rich* 1893 gemeinsam einreichten, vermochte zu überzeugen: eine Allegorie auf den Triumph der Republik und der sozialen Eintracht sowie ein Denkmal für die aufständischen Girondisten. Als Standort wurde das Kopfende der 300 Meter langen *Place des Quinconces* auserwählt.

Die 43 m hohe Freiheitsstatue von Bordeaux, in der rechten Hand die zerrissene Kette (Freiheit), in der linken den Palmzweig (Sieg), ist weniger interessant als die beiden Wasserbecken zu ihren Füßen. Sie sind typisch für die Kunst der 3. Republik – überladen mit Allegorien, aus denen republikanische Sittenstrenge spricht: Kunst soll Erziehungswert haben.

Die Darstellung auf der Theaterseite gilt dem Triumph der Republik, ein Schmied symbolisiert die Arbeit, die Kindergruppe steht für die Schul- und Militärpflicht. Vier kraftvolle Streitrosse mit Drachenfüßen und wasserspeienden Nüstern ziehen den Triumphwagen aus dem Brunnen, während die Lüge (als Maske dargestellt), die Unwissenheit und das Laster in die Fluten stürzen. Die Gruppe auf der Nordseite symbolisiert den Triumph der Eintracht: Bauern, Bürger und Arbeiter haben sich versöhnt. Der soziale Frieden verspricht Wirtschaftswachstum – allegorisch dargestellt in einer Figur, die in einer Hand die Ernte hält (eine Garbe) und mit der anderen aussät.

Cathédrale Saint-André: Sie ist das größte Gotteshaus von Bordeaux, fast genauso groß wie die Notre-Dame von Paris. Ob man die Kathedrale schön findet, ist Geschmackssache, *François Mauriac* schrieb Elogen über die Kirche, der bodenständige Guide Michelin lässt es mit einem Stern bewenden, der Guide Bleu rückt immerhin zwei Sterne heraus. Der Bau wurde im 11. Jahrhundert begonnen, erschien später den Bischöfen der reich gewordenen Stadt zu klein und sollte im 14. Jahrhundert gewaltig vergrößert werden. Doch das Geld ging aus, und dadurch erlitt das Querschiff der Kathedrale einen Stilbruch. Im Innern sind nicht nur die Dimensionen gotisch, sondern auch das hübsche Chorgestühl. An der Südwand befremdet eine Uhr mit drei Glöckchen darüber.

Ⓣ Mo–Sa 7.30–11.30 und 14–18.30 Uhr, So 8–12.30 und 14.30–17.30 Uhr. Eintritt frei.

Tour Pey Berland: Der freistehende Glockenturm der Kathedrale stammt aus dem 15. Jahrhundert. Im Jahr 1667 fegte ein Sturm die 12½ m hohe Spitze hinweg; sie wurde im 19. Jahrhundert durch die *Notre-Dame de l'Aquitaine* ersetzt, die aus luftiger Höhe ganz Bordeaux überschaut. Tun Sie dasselbe! Die Wendeltreppe zählt 229 Stufen, gelegentlich flattern einem Tauben um die Ohren. Aussichts-Plattformen befinden sich auf 40 bzw. 50 Meter Höhe.

Ⓣ Juni bis Sept. 10–18 Uhr. Okt. bis Mai 10–12.30 und 14–17.30 Uhr, Mo geschlossen. Eintritt 5 €.

Eglise Notre-Dame: Sie liegt etwas versteckt in der Nähe des gläsernen Rundbaus des *Marché des Grands Hommes*. Gebaut wurde die Notre-Dame 1686 bis 1707 als Kirche des angrenzenden Dominikanerklosters; der von Abgasen geschwärzte Haupttrakt dient heute als städtische Bibliothek. Nachdem ein Teil des Gewölbes eingestürzt war, wurde die Kirche 1971–81 restauriert. Sehenswert ist vor allem die reich skulptierte Fassade, ein Meisterwerk aus den Anfängen des französischen Barock.

Eglise Saint-Michel: Der gotische Bau stammt aus dem 15. und 16. Jahrhundert. Wie bei der Kathedrale steht auch hier der Glockenturm frei, er ist der höchste von ganz Aquitanien (114,6 Meter). Seine Spitze wurde im 19. Jahrhundert von *Abadie*, dem Architekten der *Sacré Coeur* auf dem Pariser Montmartre, errichtet. Der Turm ist zugänglich – bis zur Panorama-Plattform auf 47 m Höhe – und ein Touristenmagnet.

Ⓣ *Kirchturm* tägl. 14–19 Uhr. Eintritt 3 €.

Quartier des Chartrons: Das Quartier nördlich des alten Stadtkerns wurde im 17. Jahrhundert von Kartäusermönchen trockengelegt. Zunächst siedelten sich hier Emigranten aus Flandern und Deutschland an. Bald aber wurde das Quartier zum Zentrum der einflussreichen Weinmakler bzw. des Korkenadels, wie man in Bordeaux sagt. Die diskreten, regelmäßigen, zweistöckigen Fassaden aus gelbem Sandstein gelten – insbesondere nach den jüngsten Sanierungsarbeiten – auch heute noch als beste Adresse in Bordeaux.

> **Vorbildlich**
> Seit Dezember 2005 sind sämtliche ständigen Ausstellungen der städtischen Museen von Bordeaux jederzeit und für jedermann gratis! Das gilt für folgende sieben Institutionen: CAPC Musée d'Art Contemporain, Musée d'Aquitaine, Musée des Beaux-Arts, Muséum d'Histoire Naturelle, Musée des Arts Décoratifs, Cap Sciences, Base Sous-Marine. Achtung: Die Wechselausstellungen in diesen Museen bleiben eintrittspflichtig!

CAPC, Musée d'Art Contemporain (Museum für Gegenwartskunst): Das in einer ehemaligen Lagerhalle untergebrachte Museum ist neben dem Pariser *Centre Pompidou* Frankreichs wichtigste Institution für zeitgenössische Kunst. In den Wechselausstellungen (vier pro Jahr) werden oft internationale Maler und Bildhauer ausgestellt, bevor man sich in Paris für sie interessiert – ein Glücksfall in einem Land, in dem die Kapitale trotz aller Politik der Dezentralisierung sich noch immer für das Kunstzentrum der Welt hält. Zum Museum gehören eine Kunstbuchhandlung, ein Café und ein Restaurant.

◷ Di–So 11–18 Uhr (Mi bis 20 Uhr), Feiertage geschlossen. Eintritt für die Sammlung frei, inkl. Wechselauss83tellung 5 €.

Musée d'Aquitaine: Das regionale Ethnologie-Museum, in der ehemaligen Fakultät untergebracht, zeigt auf zwei Stockwerken die Geschichte Aquitaniens von der Prähistorie bis heute: Von Jahrtausende alten Figurinen bis zur Darstellung der Austernzucht, des Weinhandels und der Schifffahrt ist alles vertreten, sogar einige der berühmten Flaschenetiketten des Hauses Mouton-Rothschild. Die Präsentation ist vorbildlich, und das Musée d'Aquitaine war schon haarscharf daran, einen museumspädagogischen Preis einzuheimsen. Vielleicht ist der Jury dann aber doch der gelegentliche Mangel an Legenden aufgefallen.

◷ Di–So 11–18 Uhr, Feiertage geschlossen. Eintritt frei.

Musée des Beaux Arts: Das Kunstmuseum neben dem Rathaus beherbergt rund 3000 Werke, u. a. von Tizian, Bruegel, Van Dyck, Tischbein, Rubens. Daneben sind auch regionale Künstler, v. a. des 19. Jahrhunderts vertreten. Die Gesamtschau würde nichts verlieren, wenn der Kurator noch einiges mehr im Museumskeller verwahren würde.

◷ 11–18 Uhr, Di und Feiertage geschlossen. Eintritt frei.

Centre National Jean Moulin: Das kleine Museum gegenüber der Kathedrale, das den Namen des Chefs der französischen Widerstandsbewegung trägt, verdient Beachtung. *Jean Moulin* operierte in den von den Nazis besetzten Gebieten, während *de Gaulle* den Widerstand von London aus organisierte. Auf drei Etagen wird der Weg der Résistance von ihren Anfängen bis zur Befreiung Frankreichs dokumentiert. Man braucht allerdings Zeit, ein bisschen Geschichts- und Französischkenntnisse, um sich in den verschlungenen Pfaden des Widerstands zurechtzufinden. Doch auch wer des Französischen nicht mächtig ist, wird aus den mit Dokumenten überladenen Räumen (Funkgeräte, Druckerpressen, Schriftstücke, Fotografien, Operationspläne etc.) einen bleibenden Eindruck mitnehmen.

Ⓘ Di–So 14–18 Uhr, Feiertage geschlossen. Eintritt frei.

Wohnen in Pessac

Der Ort an der Landstraße nach Arcachon gehört heute zum Banlieue von Bordeaux, in dem keiner sich um eine Wohnung reißt. Das war nicht immer so. Pessac war noch ein von duftenden Pinien umgebener Ort, als in den 1920er Jahren ein Bordelaiser Industrieller namens Henri Frugès beim später weltberühmten Architekten *Le Corbusier* für seine Arbeiter 150 bis 200 Häuser bestellte. Es entstand die *Cité Frugès*, ein Ensemble bunter Reihenhäuser, von denen jedes eine andere Architektur aufweist. Le Corbusiers damals revolutionäres Konzept vom schöneren Wohnen stieß allerdings auf wenig Gegenliebe. Drei Jahre dauerte es, bis die ersten Mieter gefunden waren. 1975 wurde die mittlerweile etwas heruntergekommene Siedlung unter Denkmalschutz gestellt. Derzeit wird eine Restaurierung diskutiert.

Nach dem Zweiten Weltkrieg machte eine andere Siedlung in Pessac von sich reden: die *Cité Castor*. Eine Gruppe von Arbeitern kaufte 1948 mit staatlicher Unterstützung ein Stück Land, die Bauarbeiten besorgten sie selber, wobei jeder bei jedem mit seinem Können aushalf. Eine interne Regelung der Castor-Gruppe legte fest, wie viel an Freizeit und Ferien dem Projekt geopfert werden musste. Nach drei Jahren stand eine Siedlung mit 150 Häusern, bewohnt von selbstbewussten Leuten, die auch weiterhin das Leben in der Cité bestimmten.

Heute ist die Gründergeneration im Verschwinden begriffen, doch noch immer halten die Bewohner der Cité Castor ihre Versammlungen ab, an denen Probleme, die alle betreffen, diskutiert und demokratisch entschieden werden.

Das Médoc

Große Schlösser, sagt man, müssen Wasser sehen. Parallel zur Gironde auf dem Weg ins Médoc thronen inmitten von Weinreben auf kleinen Hügeln die Schlösser, deren Namen die Grandeur eines Weinkellers ausmachen.

Die Médoc-Weine sind bekannt für ihre Fähigkeit zu altern. Wer eine gute Flasche einkauft, sollte sie mindestens zehn Jahre lagern. Erst dann beginnt der rubinrote, kraftvolle Wein seine Qualitäten richtig zu entfalten. Getrunken wird der *Médoc* beinahe zu jeder Gelegenheit, einzig zu Essigsaucen eignet er sich nach Meinung der Önologen nicht. Autofahrer finden die berühm-

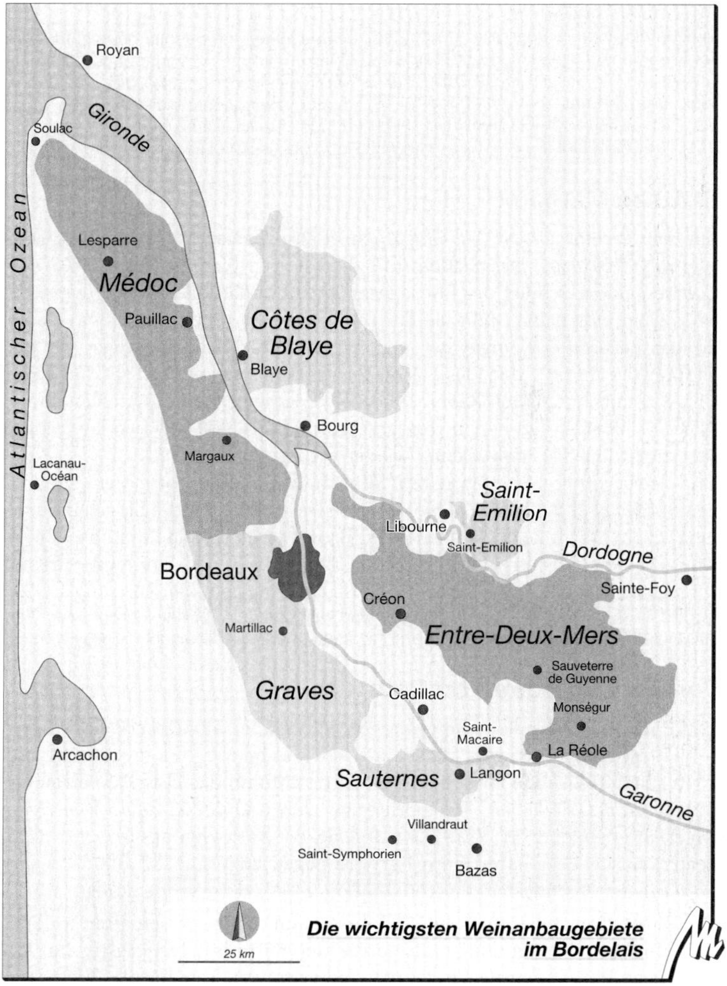

Die wichtigsten Weinanbaugebiete im Bordelais

te Weinroute, indem sie Bordeaux über die *Barrière du Médoc* (an der *Place Tourny* die *Rue Fondaudège* nehmen) Richtung *Lacanau* verlassen; knapp vor dem Ort *Le Taillan* führt dann die D 2 (ausgeschildert: *Pauillac, Soulac*) ins Médoc.

Margaux

Hier dreht sich alles um den roten Saft. Rund ein Dutzend Güter stehen auf Gemeindeboden, darunter das weltberühmte *Château Margaux*. Die *Maison du Vin* führt sämtliche Margaux-Weine im Angebot.

• *Information* **Maison du Vin**, im Ortskern. Informationen über alle Weingüter der Kommune, Degustation und Verkauf. Anmeldung für Besuch im Château Margaux. Mai bis Sept. tägl. 10–13 und 14–19 Uhr. Okt. bis April Mo–Sa 10–12 und 14–18 Uhr. ✆ 05.57.88.70.82, ✆ 05.57.88.38.27, syndicat.margaux@wanadoo.fr.

• *Restaurant* **Le Savoie**, gegenüber dem Maison du Vin. Hervorragende Küche, allerdings nicht gerade billig. Wunderschön hergerichteter, von einer alten Linde beschatteter Hof. So und Mo abends geschlossen. ✆ 05.57.88.31.76.

Château Margaux

Mit dem *Premier Grand Cru Classé* gehört das Château Margaux zum Hochadel des Weinbaus. Das Schloss mit dem teuren Namen wurde 1802 von *Combes*, einem Schüler des Bordelaiser Theaterarchitekten *Victor Louis*, gebaut. Über eine halbe Milliarde Euro soll Ende der 1980er Jahre ein Japaner für das berühmte Weingut geboten haben. Vergeblich, die Angst vor der Nipponisierung saß den Besitzernn zu sehr im Nacken. Sie verkaufte das Château mitsamt seinen Reben 1990 an die italienische Industriellenfamilie *Agnelli* – übrigens zu einem weit geringeren Preis. 2003 erwarb die frühere Besitzerfamilie das Schloss dann wieder zurück.

Und der berühmte Tropfen selbst? Wir überlassen das Wort einem der großen Bordeaux-Tester, dem Zürcher *Weinwisser*: „Barbara-Süße, die sich in Amarenakirschenform zeigt, konzentriert, Brombeeren, Mandelröstnote, dicht, fein verteiltes Extrakt, viel Rückaroma, lang anhaltend." Treffender hätten wir's fürwahr nicht sagen können. Die Beurteilung galt dem Jahrgang 1993.

Mo–Fr 10–12 und 14–16 Uhr. Im August und während der Weinlese geschlossen. Voranmeldung obligatorisch, ✆ 05.57.88.83.83, chateau-margaux@chateau-margaux.com.

Port de Lamarque/Fort Paté

Von Port de Lamarque tuckert eine Autofähre über die Gironde nach *Blaye* – nicht gradlinig, denn da steht ein Inselchen im Weg. Es tauchte im Jahr 1670 aus der Gironde auf, und 1689 wurde auf ihm das Fort Paté errichtet. Mit dem *Fort Médoc* am linken Gironde-Ufer und der *Zitadelle von Blaye* am rechten bildete es einst die vorgelagerte Verteidigungslinie von Bordeaux. Ausgeheckt hatte diese Barriere gegen englische Schiffe *Sébastien Vauban*, der Festungsbaumeister von Louis XIV., dem Sonnenkönig.

Die Revolutionsregierung von 1793 fand dann für die Kasematten im Fort Paté eine neue Verwendung und sperrte hier 400 aufsässige Priester ein. Am Hafen von Port Lamarque findet man außer einigen Bars für die Wartenden nichts Interessantes.

Autofähre nach Blaye Sie pendelt mehrmals tägl. über die Gironde, in der Hauptsaison etwa alle 90 Minuten. Einfache Fahrt: Pkw 12,80 €, Passagier 3,10 €.

Fort Médoc

An der verfallenen Anlage ist die architektonische Handschrift *Vaubans* klar auszumachen: zur Landseite hin ein sternförmiger, dicker Festungswall, breite Wassergräben und an den exponierten Stellen – heute nicht mehr erhalten – je eine Bastion. Ein Schleusensystem verband die Gräben mit der Gironde, so dass sie, unabhängig von den Gezeiten, mit Wasser aufgefüllt werden konnten. Das Fort Médoc bildete einen der drei Stützpunkte der Gironde-Sperre (→ Fort Paté).

Die 1690 begonnene und ein Jahr später in den wesentlichen Teilen bereits fertiggestellte Festung wurde stets nur halbherzig genutzt und war schon im 18. Jahrhundert unbeliebt: bei den Kasernierten, weil die sumpfige Umgebung allerlei Seuchen begünstigte, bei der Bevölkerung der umliegenden Dörfer, weil sie den Plünderungen einer selbstherrlichen Soldateska ausgesetzt war. Nach der Niederlage *Napoleons* bei Waterloo fand das Fort Médoc zwar noch weiter (bis zum Ersten Weltkrieg) als Garnisonsunterkunft Verwendung, hatte aber jede strategische Bedeutung eingebüßt.

Außer der skulptierten *Porte Royale* bietet das Fort Médoc nichts Nennenswertes. Doch ein Spaziergang durchs Gelände und die wunderbare Aussicht auf die Gironde lohnen den kleinen Abstecher. Seit einigen Jahren bemüht sich die lokale Vereinigung *Amis du Fort Médoc* (Freunde des Fort Médoc) um die Restaurierung einiger Gebäude und versucht an Juliwochenenden mit Jazzkonzerten und anderen kulturellen Veranstaltungen etwas Leben in die Ruinen zu bringen.

⌚ Tägl. 10–12.30 und 13.30–18 Uhr, in der Hauptsaison durchgehend. Eintritt 2,20 €.

Der letzte Bewohner der Gironde-Inseln

1995 starb im Alter von 89 Jahren *Josef Zamofing*, der letzte Bewohner der Gironde-Inseln. Die Nachricht war der Regionalzeitung *Sud-Ouest* mehr als eine Kurzmeldung wert, immerhin hatte der Verstorbene 45 Jahre in Einsamkeit auf der Insel verbracht.

Geboren wurde Josef Zamofing als Kind armer Bauern im schweizerischen Ueberstorf. Als Pächter soll er sich dort nicht schlecht emporgeakkert haben. Bald nannte er sogar einen Jaguar sein eigen und leistete sich – man schrieb das Jahr 1950 – eine längere Amerikareise, die vermutlich der Grund war, dass danach sein Pachtvertrag gekündigt wurde. Doch Josef Zamofing ließ sich nicht entmutigen. Kurzerhand verkaufte er all seinen Besitz und erstand mit dem Erlös auf der *Ile du Nord*, einer Gironde-Insel auf der Höhe von Margaux, ein Schlösschen und ein paar Hektar Land dazu.

Der Traum vom glücklichen Inselleben verkehrte sich bald in einen Albtraum, denn im Umgang mit Flut und Ebbe war der Schweizer gänzlich unerfahren. Eines Morgens entriss ihm das Hochwasser der Gironde sein Vieh. Und weil ein Unglück bekanntlich selten allein kommt, brannte im August 1971 sein Schlösschen nieder. Josef Zamofing richtete sich in den Ruinen ein. Sein Transistorradio erzählte ihm, was der Rest der Menschheit alles trieb, informierte ihn über Politik, Wirtschaft, Börsenkurse. Nach all den einsamen Jahren soll Josef Zamofing ein überaus gebildeter Mann geworden sein. So jedenfalls urteilte einer seiner wenigen Freunde aus der Nachbarschaft, die gelegentlich auf der Insel nachschauten, ob dem alten Mann nichts fehle ...

Château Lanessan

In abgeschiedener Lage steht dieses 1878 im Renaissancestil gebaute Weinschlösschen. Es kontrastiert seltsam mit den umliegenden Gehöften, die eher holländisch anmuten. Neben dem Weinbau pflegte der Urgroßvater des heutigen Besitzers ein exquisites Hobby: Ein *Pferdemuseum* (Musée du Cheval) mit prachtvollen Kutschen und sonstigen „Hippomobilen" aus der Jahrhundertwende ist auf dem Gelände untergebracht. Jedes der ausgestellten Gefährte hat seine besondere Geschichte. Eine Landfahrt, um sich einfach ein bisschen zu zeigen, erforderte offenbar eine andere Kutsche als ein Besuch in Bordeaux. An Vitrinen mit Zaumzeug und anderem Zubehör vorbei gelangt man dann in wunderschöne Stallungen, von denen Pferde heute nur noch träumen können.

⌚ *Musée du Cheval/Weinkeller* tägl. 9.30–12 und 14–18 Uhr. Museumseintritt 6 €. *Anfahrt* Ab Cussac ausgeschildert.

Château Beychevelle

Der schmucke Bau wurde Mitte des 18. Jahrhunderts für den *Duc D'Epernon*, den Gouverneur Aquitaniens, errichtet. Der Name *Beychevelle* leitet sich von *baissez les voiles* („senkt die Segel") ab: Mit dieser seemännischen Geste pflegten die vorbeiziehenden Schiffe den hohen Herrn zu begrüßen. Der Öffentlichkeit ist – telefonische Voranmeldung vorausgesetzt – einzig der Zugang zu den *Chais* gestattet, in denen ein *Grand Cru Classé* gelagert wird.

⌚ *Weinkeller* Mai bis Sept. Mo–Sa 10–12 und 13.30–17 Uhr, sonst nur nach Voranmeldung. ✆ 05.56.73.20.70.

Château Latour

„Dieser Wein lebt gefährlich, riecht ein wenig käsig, hat lange Beine, erinnert an romanische Bögen und schmeckt am Gaumen wie eine abebbende Flut", urteilte *Michael Broadbent*, Chefauktionator bei Christie's, nachdem er einen Schluck Latour aus dem Jahr 1934 zu sich genommen hatte, der Jahrgang 1900 erinnerte ihn an „eine alte Lady, die ein aufregendes Leben hatte". Der Tropfen, von dem sich der legendäre Weinspezialist zu solchen Vergleichen hinreißen ließ, gehört zu den vier Spitzenreitern der 1855 eingeführten Klassifizierung.

Das renommierte Schlösschen findet man knapp vor Pauillac, beim Örtchen Pichon-Longueville in Richtung Gironde abzweigen. Besuch nur nach Voranmeldung,

⌚ Mo–Fr 8.30–12.30 und 14–17 Uhr. Voranmeldung obligatorisch: ✆ 05.56.73.19.80.

Pauillac

Das Médoc-Städtchen hat Weltruf – in seiner Umgebung werden schließlich die teuersten Weine angebaut. Das *Agneau de Pauillac* (→ Kasten „Die Bordelaiser Küche") wäre das den edlen Tropfen angemessene Gericht. Doch findet man das berühmte Lamm eher auf der Speisekarte eines Luxusrestaurants in Bordeaux als an seinem Heimatort. Am Hafen entlang, dessen Bedeutung einst in dem Maße wuchs, wie größere Schiffe gebaut wurden (die nicht mehr bis Bordeaux durchkamen), erstreckt sich eine hübsche Promenade. Einzig die graue Festung des Atomkraftwerks auf der anderen Gironde-Seite stört die Idylle.

Bages – die Wiedergeburt eines Dorfs

Das Château Lynch-Bages südlich von Pauillac hat wie viele Weinschlösser des Médoc eine lange Geschichte. Im 18. Jahrhundert erbte es ein Ire namens Thomas Lynch, unter Napoleon III wurde der Tropfen des Schlosses klassifiziert, 1934 erwarb der damalige Pächter Jean-Charles Cazes das Gut, heute ist dessen Enkel Jean-Michel Cazes Schlossherr. Jean-Michel Cazes ist in Bages aufgewachsen. Er kannte Bages noch als richtiges Dorf, sah dann zu, wie die Leute abwanderten, das Dorf seine Infrastruktur verlor und beschloss, Bages neues Leben einzuhauchen. Seit 2003 findet man um den kleinen Dorfplatz wieder eine Bäckerei, 2006 kamen eine Korbflechterei, ein Basar (mit einer kleinen Buchabteilung – Kinderbücher und literarisch-önologische Publikationen) und vor allem eine Brasserie, das „Café Lavinal", hinzu – alles vom selben Architekturbüro konzipiert, das nebenbei gleich auch mehrere Häuser des Dorfes restaurierte. In den alten Räumen der Weinkellerei mit ihren nicht mehr gebrauchten Holzfässern wird jährlich von Mitte Mai bis Oktober unter dem Titel „Lynch-Bages bu par ..." ein Künstler vorgestellt. 2007 widerfuhr die Ehre dem bekannten deutschen Maler und Bildhauer Günther Förg.
Und gelegentlich sieht man Jean-Michel Cazes, der mittlerweile die önologische Verantwortung an seinen Sohn abgegeben hat, durchs wiedergeborene Dorf spazieren – er zeigt ein zufriedenes Gesicht.

Hotel *** **Château Cordeillan-Bages**. Das „Schloss" im Besitz von Jean-Michel Cazet verheißt ruhige, luxuriöse Nächte und vor allem eine raffinierte Küche, die ihren Preis hat (Menus 80–145 €). Chefkoch Thierry Marx gehört zu den Großen seines Fachs und wurde 2005 von Gault Millau ausgezeichnet. Restaurant Mo Ruhetag, Di und Sa mittags geschlossen. DZ 190–275 €. Geöffnet Mitte Feb. bis Nov. Routes des Châteaux, 33250 Pauillac. ✆ 05.56.59.24.24, ✆ 05.56.59.01.89, www.cordeillanbages.com.

Restaurant **Café Lavinal, in Bages**. Jean-Michel Cazes' populärere Variante zur noblen Schlossküche – von Touristen und Einheimischen gleichermaßen besucht. Preiswerter Mittagstisch. Täglich geöffnet. Mitte Juni bis Mitte Okt. Place Desquet, Bages. ✆ 05.57.75.00.09.

- *Postleitzahl* 33250
- *Information* **Maison de Tourisme et du Vin**, am südlichen Ende der Hafenpromenade. Das Informationsangebot bezieht sich vor allem auf die Médoc-Weine, die hier auch verkauft werden. Der billigste Médoc ist hier für 10 € zu haben; wollen Sie Ihren Weinkeller hingegen z. B. mit einem Mouton-Rothschild Jahrgang 1982 aufwerten, müssen Sie um die 200 € für die Flasche hinblättern. Gratis hingegen ist ein Besucher der Kunstausstellung in der 1. Etage.
Juli/Aug. Mo–Sa 9.30–19 Uhr, So 10–13 und 14–18 Uhr. Sept. bis Juni Mo–Sa 9.30–12.30 und 14–18 Uhr, So 10.30–12.30 und 15–18 Uhr. Weihnachten bis Neujahr geschlossen. ✆ 05.56.59.03.08, ✆ 05.56.59.23.38,

Bordelais

mtvp@wanadoo.fr, www.pauillac-medoc.com.

• *Verbindung* Pauillac liegt an der **Bahn**linie, die von Bordeaux durch das Médoc bis zur Pointe de Grave (von dort Fährverbindung nach Royan) liegt. Mo–Sa ein halbes Dutzend Züge in beide Richtungen, So nur zwei (morgens und abends).

Bus: Mit „Citram" 10-mal tägl. (Sonntag 4-mal) über Margaux nach Bordeaux (Pl. Tourny).

• *Hotels* ** **De France et Angleterre**, am Quai. Komfortable, ruhige Unterkunft. Restaurant (So Ruhetag). DZ 85–101 €. Mitte Dez. bis 1. Januarwoche geschlossen. 3, quai Albert Pichon. ✆ 05.56.59.01.20, ℻ 05.56.59.02.31, www.hoteldefrance-angleterre.com. Wer's teurer will, sucht im Anbau *** **Le Vignoble** (selbe Adresse, selber Besitz) Unterkunft.

• *Chambres d'hôtes* **La Rivière**, am Quai. Freundlicher Empfang; 5 sehr gepflegte Zimmer mit Dusche/WC; an der Quaistraße herrscht wenig Verkehr, so dass man ruhig ein Zimmer nach vorne nehmen kann: der Sonnenaufgang über der Gironde hat's in sich. DZ inkl. Frühstück 55 €. Mitte April bis Okt. 8, quai Jean Fleuret. ✆/℻ 05.56.59.19.62, www.chambres-dhotes-pauillac.com.

• *Camping* **** **Municipal Les Gabarreys**, am südlichen Ortsende, etwa 1½ km vom Zentrum entfernt. Gelände bis zur Gironde, die aber zum Baden nicht geeignet ist. Neubepflanzung verspricht zukünftigen Schatten. Knapp 70 Stellplätze. Geöffnet April bis Sept. ✆ 05.56.59.10.03, ℻ 05.56.73.30.68, camping.les.gabarreys@wanadoo.fr.

Château Mouton-Rothschild

Andere Schlösser freuen sich auf Besuch, die renommierte Weinaristokratie dagegen hält auf Distanz. Der *Premier Grand Cru* von Mouton-Rothschild, der selbst Konsumenten von Liebfrauenmilch ein Begriff ist, verträgt nur ein begrenztes Besucherkontingent pro Tag. Ohne Voranmeldung läuft gar nichts. Die Empfangshalle ist imposant, das Personal so distinguiert, dass sich der Besucher nach der fehlenden Krawatte greift. Neben dem Weinkeller wird auch ein hauseigenes Museum unterhalten (Eintritt 5 €).

Eine große Attraktion bei Mouton-Rothschild sind die Flaschenetiketten. Seit 1945 engagiert das Schloss Jahr für Jahr einen Künstler von Weltrang für die Gestaltung der Aufkleber. So wurde der Grundstock für eine Sammlung moderner Kunst im Miniatur-Format gelegt: bacchantische Motive gezeichnet von Jean Cocteau, Georges Braque, Marc Chagall, Juan Miró, Salvador Dali, Pablo Picasso, Andy Warhol, Hans Erni, Francis Bacon. Die Auserwählten streichen dabei ein wahrhaft fürstliches Honorar ein: einige Kisten ihres Geburtsjahrgangs!
Für das Etikett des Jahrgangs 2004 (die Flaschen sind seit 2007 auf dem Markt) wurde in Erinnerung an das 100-jährige Jubiläum der englisch-französischen „Entente cordiale" Prinz Charles als Künstler verpflichtet. Der Royal pinselte einen harmlosen Rebstock im Herbst.

⌚ Keine festen Öffnungszeiten. Voranmeldung obligatorisch: ✆ 05.56.73.21.29.
Anfahrt Nördlich von Pauillac dem verwitterten Schild „Mouton-Rothschild" folgen. Später ersetzt ein großer goldener Stern am rechten Wegrand die sonst übliche Hinweistafel. Von da leiten kleine Schilder durch die Reben.

Château Lafite-Rothschild

Noch zugeknöpfter als das „Mouton" gibt sich das zweite Schloss der Rothschilds. Einziger Hinweis vor Ort ist ein heruntergekommenes Schild an der nördlichen Ausfahrt von Pauillac. Wenn Sie auf der Weinstraße (D 2) fahren und rechts das Pagodenschlösschen *Cos d'Estournel* sehen, sind Sie bereits am *Lafite* vorbeigefahren. Es befindet sich ein paar hundert Meter davor, an der linken Straßenseite: ein dick ummauertes Schloss mit einer hübschen Parkanlage. Der Eingang zum Gelände ist verschlossen, kein Namensschild, das den schwerreichen Weinkönig verrät.

Auch der Verfasser dieses Reiseführers drang nicht bis zu den letzten Geheimnissen von Lafite-Rothschild vor. Als Ersatz für entgangene Degustierfreuden sei dem Leser deshalb nachstehende Geschichte (→ Kasten „Die teuerste Flasche in der Geschichte des Weins") kredenzt. Sie handelt von einer Flasche des berühmten Château Lafite, von einem zwielichtigen Weinhändler namens Hardy Rodenstock und war am 16. Juli 1992 in der schweizerischen Wochenzeitung *Die Weltwoche* zu lesen.

14–15.30 Uhr, an Feiertagen und langen Wochenenden sowie Aug. bis Okt. geschlossen. Voranmeldung obligatorisch. 05.56.59.26.83, visites@lafite.com.

Das anstößige Etikett

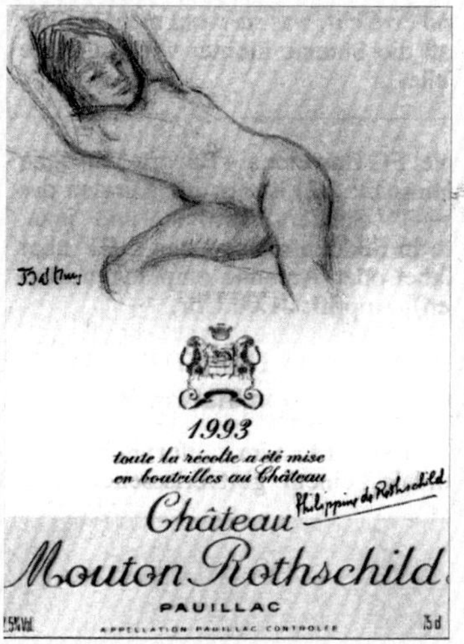

Jährlich gibt Baronin *Philippine de Rothschild* der Presse bekannt, welchem Künstler sie die Gestaltung des Flaschenetiketts für den *Premier Cru* anvertraut. Für den Jahrgang 1993, der 1996 auf den Markt kam, fiel die Wahl auf Balthus. Der 2001 verstorbene Meister des magischen Realismus ist bekannt für seine Akte von jungen Mädchen, deren verführerische Pose den Betrachter meist in Verwirrung stürzt. Balthus lieferte natürlich einen echten Balthus ab, und die Baronin war´s zufrieden, schien doch das Mädchen auf dem Etikett „auf geheime Verheißung eines bislang unentdeckten Genusses zu verweisen" – für den noblen Tropfen eine gute Werbung.

Nicht gerechnet hatte die Baronin mit ihrer amerikanischen Kundschaft. Puritanische Geister nahmen Anstoß an der schönen Nackten und witterten Verrat an den sittlichen Grundwerten der Nation. Der Sturm der Entrüstung schwappte über den Atlantik, und bei Mouton-Rothschild sah man davon ab, die amerikanische Kundschaft mit Balthus' Kunstwerk zu verschrecken – man klebte weiße Etiketts auf die für den US-Export bestimmten Flaschen. God bless America!

Die teuerste Flasche in der Geschichte des Weins

Im Wein ist die Wahrheit, sagten die alten Römer. Doch welche Wahrheit? Und welche verbirgt sich in einer Flasche konkret? In der Regel die, die Erzeuger und Etikett versprechen.

Dank der Erfindung des Korkens wird der Wein in der Flasche seit dem 17. Jahrhundert versiegelt, konserviert und im Geschmack veredelt. Ein Zapfen hält dem Zahn der Zeit 20 bis 25 Jahre stand, manchmal sogar 80 Jahre. Die legendären Châteaux im Bordeaux-Gebiet verkorken ihre nobelsten Kreszenzen ungefähr jedes Vierteljahrhundert neu. Das ist dringend geboten, sonst würde der kostbare Wein eines fernen Tages austrocknen (Fachausdruck: Schwund).

Flaschen, die über hundert Jahre alt sind, haben bereits einen beträchtlichen Teil ihres ursprünglichen Inhalts eingebüßt – und auch ihren Charakter: Ganz privat verspottet der Pariser Fresspapst Christian Millau den Uralt-Rebensaft, den er gelegentlich zu degustieren gezwungen ist, als „Greisenblut" oder „Leichensaft". Doch da es nur wenige Menschen gibt, die das Geheimnis alter Weine geschlürft haben, und noch weniger Flaschen dieses Weins, blähte sich in den 1980er Jahren der Kult um Methusalem-Jahrgänge zu einem spekulativen Rausch auf, und der deutsche Weinhändler Hardy Rodenstock (Jahrgang 1943; kein großes Weinjahr) war sein Prophet.

Der amerikanische Milliardär Malcolm Forbes, der auch Motorräder, Flugzeuge, Frauen und Verlagsobjekte sammelte, ersteigerte 1985 bei Christie's einen Rodenstockschen Château Lafite 1787 mit den eingeritzten Initialen des US-Präsidenten Thomas Jefferson – verblüffenderweise eine volle Flasche – für die sagenhafte Weltrekordsumme von 105.000 Pfund (damals etwa 400.000 DM). Rodenstock hatte einige dieser Jefferson-Bouteillen angeblich in einem zugemauerten Kellergewölbe in Paris entdeckt. Käufer Forbes ist vor zwei Jahren friedlich verschieden, ohne von dem Wein genippt zu haben; geneppt fühlte sich indessen ein anderer Abnehmer: Ein Hans-Peter J. Frericks, selber zum Freundschaftspreis von 12.000 Mark an den Lafite-Schatz herangekommen, schluckte leer und opferte den Inhalt für eine Analyse beim Forschungszentrum für Umwelt und Gesundheit in Neuherberg bei München. Befund: Hohe Anteile von Tritium und Kohlenstoff beweisen, dass der Wein aus der Zeit nach den Atomwaffentests der fünfziger Jahre stamme. Nur der Bodensatz sei wirklich alt.

Kläger Frericks spricht von den „Hitlertagebüchern des Weinhandels" und wird „nie mehr eine Flasche Wein trinken, die älter ist als Jahrgang 1970". Der mutmaßliche Panscher Rodenstock ist nach Monte Carlo verduftet, und manch einer wird ihn als Geist in die Flasche verwünschen, unter einen neuen festen Korken.

Château Cos d'Estournel

Nördlich von Pauillac taucht an der D 2 nach einer Straßenkurve dieses wunderliche Schloss aus dem 19. Jahrhundert auf, das in seiner Architektur an eine Pagode erinnert. Wer seine Geschichte genau wissen will – es soll sich um eine Replik des Sultanspalasts von Sansibar handeln – muss sich für eine Führung voranmelden, ebenso, wer den hier gekelterten *Grand Cru Classé*, ein weiterer Spitzenreiter der Médoc-Weine, kosten will.
1998 erfuhr das Schloss samt Weingut einen Besitzerwechsel. Man murmelte von 800 Millionen Francs (ca. 120 Millionen Euro), die die Holding eines Bordelaiser Korkenbarons hingeblättert haben soll, bevor er es im Jahr 2000 für eine unbekannte Summe wieder verkaufte ...

⌚ Bei unserer letzten Recherche 2007 wegen Umbauarbeiten geschlossen. Das Jahr der Wiedereröffnung stand noch nicht fest.

Nach dem *Château Cos d'Estournel* gibt es zwei Möglichkeiten, die Reise fortzusetzen. Auf der D 2 kommt man nach **Vertheuil**, wo eine romanische Kirche aus dem 11. Jahrhundert zu besichtigen ist; allerdings sind die hübsch skulptierten Kapitelle im dunklen Kircheninnern kaum zu erkennen. Weiter gelangt man nach **Lesparre**, dem administrativen Hauptort des Médoc – ein ruhiges Städtchen ohne besondere Sehenswürdigkeiten und daher meistens auch ohne Touristen. Von Lesparre ist es nicht mehr weit an die ozeanischen Gestade, entweder über die N 215 nach *Soulac* (→ Côte d'Argent, nördlicher Teil) und zur *Pointe de Grave* (mit Fährverbindung nach *Royan*) oder durch den Pinienwald Richtung Südwesten nach *Hourtin-Plage* (→ ebenfalls Côte d'Argent, nördlicher Teil).

Wer noch nicht weinselig genug ist, kann hinter dem *Château Cos d'Estournel* nach *Saint-Estephe* abzweigen und auf Nebenstraßen mehr oder weniger am Gironde-Ufer entlang weiterfahren. Zahlreiche weitere Weingüter laden zur Degustation ein. Gegen Norden hin werden sie dann allmählich rarer und machen den Austernkulturen an der Gironde-Mündung Platz.

Das Blayais

Das Gebiet am rechten Gironde-Ufer kennt keinen Weintourismus wie das gegenüber liegende Médoc. Die Côtes de Blaye wachsen auf einer Anbaufläche von nur 2500 Hektar, bei Bordeaux-Önologen werden sie unter „ferner liefen" notiert.

Der Verkehr rauscht am Blayais vorbei, auf der Autobahn Richtung Paris oder an die Küste der *Charente-Maritime* mit den vorgelagerten Inseln Oléron und Ré. Zumindest ein Halt ist dennoch gerechtfertigt: In Blaye, direkt an der Gironde gelegen, steht die mächtigste Zitadelle, die *Vauban*, der Festungsbaumeister des Sonnenkönigs *Louis XIV.*, im Südwesten Frankreichs gebaut hat.

Blaye

Der Hauptort des Blayais wird von der riesigen Zitadelle dominiert. Nach Blaye kommt, wer entweder dieses gewaltige Bauwerk besichtigen will oder von Paris her mit der Fähre ans andere Gironde-Ufer, zu den berühmten Weinschlössern des Médoc und weiter zu den Badeorten der Silberküste strebt.

Blaye – so die Etymologen – kommt vom lateinischen *Blavia*, einer zusammengezogenen Form von *Belli Via*, was „Weg des Krieges" bedeutet. Tatsächlich sind im Lauf der Geschichte viele Eroberer aufgetaucht: Römer, Vandalen, Westgoten, Sarazenen, dann *Karl der Große* mit *Roland*, dem Helden des nach ihm benannten Mittelalter-Epos', die Normannen und *Wilhelm IX.*, der Herzog von Aquitanien. Blaye hat viele militärische Verteidigungsanlagen gesehen, bevor Vauban hier sein Meisterwerk errichtete.

Information/Verbindungen

- *Postleitzahl* 33390
- *Information* **Office de Tourisme**, am Hafen. Mo–Sa 10–12.30 und 14–17 Uhr. ✆ 05.57.42.12.09, 📠 05.57.42.91.94, www.tourisme-blaye.com. officedetourisme.blaye@wanadoo.fr.
- *Verbindung* **Bus**: Mit den Citram-Bussen gute Verbindung nach Bordeaux.

Autofähre nach Lamarque: Sie pendelt mehrmals tägl. über die Gironde, in der Hauptsaison etwa alle 90 Minuten. Preise für die einfache Fahrt: 12,80 € für Pkw, Passagiere zahlen 3,10 € pro Nase.

- *Hotel* ** **La Citadelle (H)**. Großartige Lage im Herzen der Zitadelle. Dies erklärt auch den Preis für die sonst nicht sehr attraktiven Zimmer. Swimmingpool und Restaurant. Ruhe garantiert. DZ mit Dusche/WC 65–90 €. Place d'Armes en Citadelle. ✆ 05.57.42.17.10, 📠 05.57.42.10.34, www.hotel-la-citadelle.com
- *Camping* ** **Municipal La Citadelle**, mitten im Zitadellengelände. Nur 50 Stellplätze. Minimum an Komfort. Nichts für den längeren Urlaub, aber für eine ruhige Nacht in einer phantastischen Lage. Falls niemand da ist, beim Wächter an der Porte Liverneuf anmelden. Geöffnet Mai bis Sept. ✆ 05.57.42.00.20.

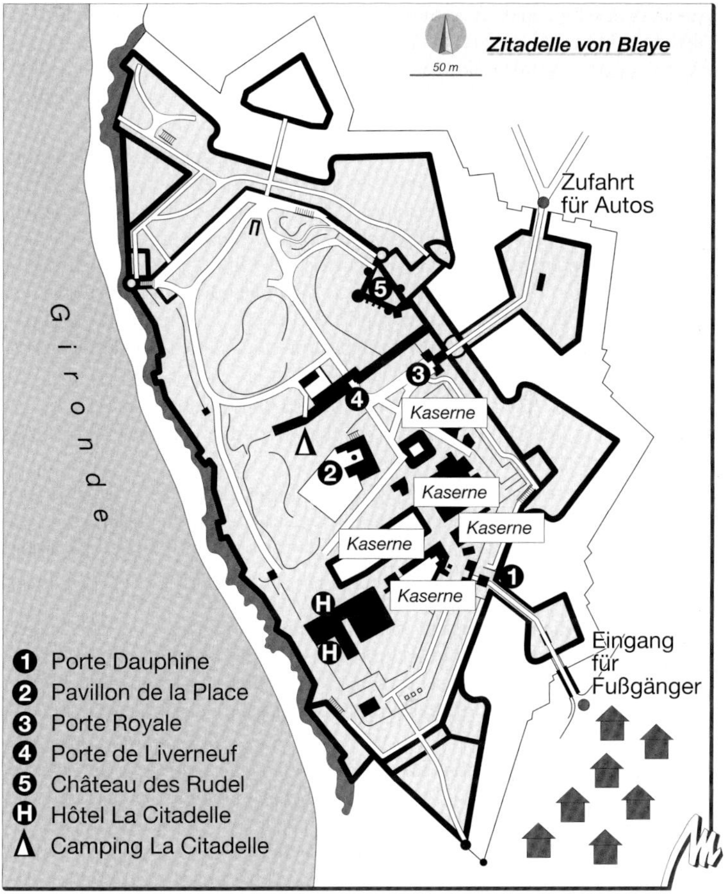

Sehenswertes

Zitadelle: Sie ist ein Meisterwerk *Vaubans,* der neben den Gesetzen der militärischen Zweckmäßigkeit durchaus auch jene der Ästhetik beachtete. Um die Konstruktion der gesamten Anlage zu überschauen, fehlt der Abstand; um sie festzuhalten, reicht ein Weitwinkel-Objektiv nicht aus. Eine angemessene fotografische Hommage wäre vielleicht aus dem Helikopter heraus möglich.

Die militärtechnische Entwicklung verlief schnell im 17. Jahrhundert. Kaum hatte *Ludwig XIV.* in Blaye eine Festungsanlage errichten lassen, der 240 Häuser zum Opfer fielen, war diese den Innovationen der Artillerietechnik schon nicht mehr gewachsen. *Vauban* erhielt vom König den Auftrag, Blaye noch stärker zu befestigen. Er tat dies gründlich – 60 weitere Häuser mussten abgerissen werden.

Die Vauban'sche Zitadelle – Bauzeit 1685 bis 1689 – gehörte mit dem *Fort Médoc* und dem *Fort Paté* (→ Médoc) zu einem Verteidigungssystem, das den englischen Schiffen die Zufahrt nach Bordeaux versperren sollte. Der Ernstfall trat nicht ein, ihre einzige militärische Probe erfuhr die Festung 1814, als die anti-napoleonische Koalition vor Blaye stand.

Die Geschichte der Zitadelle ist eher diejenige eines Gefängnisses. 1793 kerkerten die französischen Revolutionäre in der Zitadelle 200 aufsässige Priester ein. Vom November 1832 bis zum Juni 1833 war Blaye so etwas wie ein Hochsicherheitsgefängnis für Herzogin *Marie-Caroline von Berry* ; eine 900 Mann starke Garnison bewachte die Schwiegertochter *Karls X.*, die versucht hatte, die Vendée gegen den Bürgerkönig *Louis-Philippe* aufzuwiegeln und so das Rad der Geschichte noch einmal zurückzudrehen. Im Ersten Weltkrieg machten dann 6000 Deutsche und Österreicher mit der Zitadelle Bekanntschaft.

Seit 1937 steht das Gelände unter Denkmalschutz, die Société des Amis du Vieux Blaye (*Gesellschaft der Freunde von Alt-Blaye*) kümmert sich um die Instandhaltung der Zitadelle. Ihr verdanken wir auch viele der hier weitergegebenen Informationen.

Besichtigung: Direkt von Blaye aus führt eine Brücke über den Festungsgraben zur *Porte Dauphine* (1). Gleich dahinter befinden sich die alten *Kasernen*. Bis zum Ausbruch des Zweiten Weltkrieges war hier ein Infanterieregiment stationiert. Heute werden die Gebäude teilweise als Wohnungen genutzt.
Dahinter, an der linken Straßenseite, steht der *Pavillon de la Place* (2). In diesem wurde die schwangere Marie-Caroline von Berry, die Schwiegertochter Karls X., des letzten Bourbonen-Königs, festgehalten (→ oben). Nachdem sie – große Enttäuschung bei den Royalisten – „nur" eine Tochter zur Welt gebracht hatte, bekam sie freies Geleit nach Palermo.

Nach dem Pavillon führt rechts ein Weg durch die *Porte Royale* (3) aus der Zitadelle hinaus (heute Zufahrt für Autos). Geradeaus sieht man den spitzen Bogen der *Porte de Liverneuf* (4), Teil der alten Befestigung aus dem 13. Jahrhundert, und rechts dahinter das *Château des Rudel* (5). Sechs Türme umrahmten einst diese mittelalterliche Burg, sie wurden 1819 abgetragen, damit die Artillerie im Kriegsfall – der nicht eintrat – unbehindert schießen konnte.

Zum Abschluss bietet sich ein Spaziergang durch das weite Gelände im hinteren Teil der Zitadelle an – romantische Wege zwischen den Festungsmauern und schöne Ausblicke auf die Gironde.

Das Libournais

Zwei gute Gründe gibt es, ins Libournais zu fahren, und beide führen nach „Saint-Emilion". Der Name steht nicht nur für ein malerisches Mittelalterstädtchen, er bezeichnet auch die Herkunft erstklassiger Rotweine.

Hauptort des Libournais ist **Libourne**, eine Bastide am unteren Lauf der Dordogne, die sich zu einem größeren Geschäfts- und Industriezentrum ausgewachsen hat. Man kann Libourne jedoch getrost an der Dordogne liegenlassen; ein Besuch lohnt allenfalls Dienstag, Freitag oder Sonntag, wenn morgens die zentrale *Place Abel Surchamp* zum Mittelpunkt des in alle Seitengassen quellenden Markttreibens wird und Gänse, Hasen, Hühner und Enten auf ihre Käufer warten.

Auf dem Gemeindeboden von **Saint-Emilion** zählt man über 400 Weingüter; nimmt man die sieben benachbarten Kommunen hinzu, die ebenfalls *Saint-Emilion* als Herkunftsbezeichnung führen dürfen, sind es fast 1000 – und dies alles auf einer Fläche von nur 5000 Hektar. Weiter nördlich schließen sich dann die zweitrangigen Anbaugebiete *Saint-Georges Saint-Emilion, Montagne Saint-Emilion, Lussac Saint-Emilion* und *Puisseguin Saint-Emilion* an.

Anmerkung aus dem Handbuch des Gourmets: Der Saint-Emilion zählt zu den seltenen Rotweinen, mit denen Fischgerichte zubereitet und nachher auch begleitet werden.

Saint-Emilion

Überraschend viele amerikanische Touristen besuchen das Weinstädtchen – und finden es „exciting": Auf zwei Hügeln thronend, die die Form eines Hufeisens bilden, präsentiert sich Saint-Emilion dem Besucher wie ein zu großes geratenes Amphitheater.

Reste des alten Befestigungsgürtels, arg lädierte Stadttore, Klosterruinen und die *Tour du Roy* als letztes Überbleibsel eines mittelalterlichen Schlosses legen ein beredtes Zeugnis davon ab, wie heftig der Sturm der Geschichte durch Saint-Emilion gebraust ist. Kein einziges modernes Gebäude verunstaltet das Stadtbild.

Altstadtpanorama

Die kostbaren Reben reichen bis an den Stadtrand, und vielleicht ist es diese Nähe von Weinen der Weltklasse und Ruinen des Mittelalters, die die Amerikaner so anzieht. Auf ihrem *trip through Europe* haben sie hier sozusagen zwei Fliegen auf einen Schlag. Die Bewohner von Saint-Emilion wissen die zahlungskräftige Klientel natürlich zu schätzen. Weinflaschen und Makronen – letztere eine Spezialität der zahlreichen lokalen Bäckereien – gehen über den Ladentisch wie anderswo die sprichwörtlichen warmen Semmeln. Und die Preise klettern, solange der Kunde zahlt. Wundern Sie sich also nicht, wenn Sie, z. B. im Café gegenüber dem Tourismus-Büro, für den Pastis mehr ausgeben als andernorts für einen halben Roten.

Die Wein-Geschworenen von Saint-Emilion

Seit fast 800 Jahren wacht eine Schwurgemeinschaft in Saint-Emilion über die Qualität der weltberühmten Rotweine. Zweimal im Jahr ziehen die Herren Geschworenen ihr scharlachrotes Gewand über, legen den Hermelinpelz an und prozessieren durch die Stadt. Im Juni kosten sie den Wein des Vorjahres, und die Winzer haben sich dem verkündeten Urteil zu unterwerfen, wenn sie das begehrte Etikett „Appellation contrôlée" auf ihre Flaschen kleben wollen. Im September schließlich steigen die hohen Herren auf die Tour du Roy und erklären in einem feierlichen Zeremoniell die Weinlese für eröffnet.

Ganz stimmt die schöne Geschichte leider nicht. Die 1199 ins Leben berufene Jurade (Schwurgemeinschaft) wurde von den französischen Revolutionären entmachtet, und seit 1884 obliegt die Qualitätskontrolle dem Agrar- und Weinsyndikat von Saint-Emilion. Doch 1948 entsann man sich – mit Gespür für gute Reklame – der alten Tradition, und seither dürfen die rotgewandeten Herren wieder ihres Amtes walten.

Geschichte

Die Gründung der Stadt wird dem bretonischen Benediktinermönch Emilion zugeschrieben, der im 8. Jahrhundert hier auftauchte, eine Höhle ins karstige Gelände grub und darin 17 Jahre lang hauste. Ihm folgten weitere Ordensbrüder, so dass bald ein religiöses Zentrum entstand. Aus dieser Zeit stammt die einzigartige Monolithkirche.

Im Jahr 1199 unterzeichnete der englische König *Johann ohne Land* eine Charta, die Saint-Emilion den Status einer freien Stadt verlieh. Die Verwaltungsgeschäfte wurden von der *Jurade* wahrgenommen, die gleichzeitig auch über die Qualität der bereits damals berühmten Weine wachte (→ Kasten „Die Wein-Geschworenen von Saint-Emilion"). Ein Schloss wurde errichtet und die Stadt militärisch befestigt.

Wie oft Saint-Emilion im Hundertjährigen Krieg von Franzosen und Engländern erobert und zurückerobert wurde, weiß heute keiner genau zu sagen. Das Jahrhundertgemetzel fand 1453 im nahen *Castillon* (→ Umgebung) ein Ende, Saint-Emilion ist seither wie auch Bordeaux französisch.

Was der Hundertjährige Krieg nicht schaffte, blieb schließlich dem 16. Jahrhundert vorbehalten. In den Religionskriegen wurden große Teile der Stadtbefestigung, das Schloss und zahlreiche kirchliche Bauten zerstört. Katholikenhorden plünderten 1568 die Stadt, und auch nicht freundlicher zeigten sich die Protestanten, die Saint-Emilion 1580 einnahmen. Die Französische Revolution machte dann nicht nur dem religiösen Leben in Saint -Emilion endgültig den Garaus, sondern nahm der Stadt auch ihre letzte Eigenständigkeit, indem sie die traditionsreiche *Jurade* kurzerhand absetzte. Das verkehrstechnisch günstiger gelegene Libourne wurde favorisiert, Saint-Emilion entvölkerte sich rapide. Erst im 19. Jahrhundert erholte sich der Ort wirtschaftlich wieder – der traditionelle Weinanbau hatte alle Krisen überlebt.

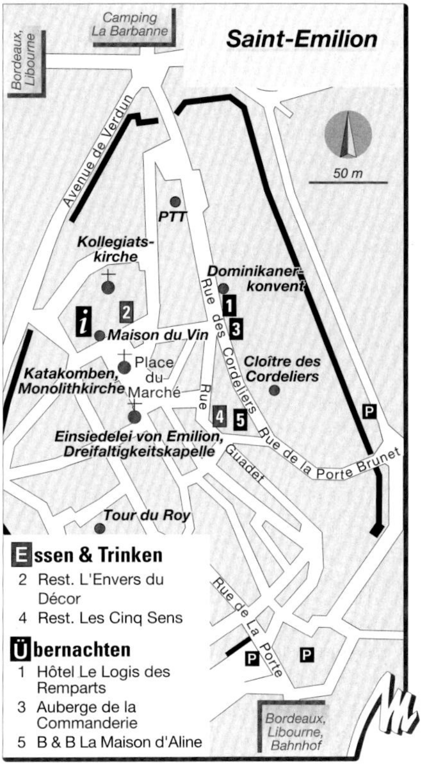

Information/Diverses

• *Postleitzahl* 33330

• *Information* **Office de Tourisme**. Das Informationsbüro ist mit vier Sternen ausgezeichnet, also erstklassig. Untergebracht ist es in den Räumen des Augustinerklosters, hinter dem großen Informationssaal befindet sich gleich der Kreuzgang. Das Büro vertreibt kostenlose Wanderkarten zur Umgebung, organisiert für 6,30 € eine etwa 45-minütige Exklusiv-Führung zur Einsiedelei von Emilion, in die Katakomben und in die Monolithkirche (auch deutschsprachig) – diese Sehenswürdigkeiten sind für den Individualbesuch gesperrt.
April bis Mitte Juni und Mitte Sept. bis Okt. 9.30–12.30 und 13.45–18.30 Uhr. 2. Junihälfte und 1. Septemberhälfte 9.30–19 Uhr. Juli/August 9.30–20 Uhr. Nov. bis März 9.30–12.30 und 13.45–18 Uhr. ✆ 05.57.55.28.28, 📠 05.57.55.28.29, st-emilion.tourisme@wanadoo.fr, www.saint-emilion-tourisme.com.

• *Verbindung* **Zug**: Saint-Emilion liegt an der Strecke Bordeaux–Bergerac–Sarlat. Morgens, mittags und abends Verbindungen in beide Richtungen. Der Bahnhof befindet sich knappe 2 km südlich der Stadt.

• *Fahrradverleih* Das **Office de Tourisme** hat erkannt, dass die Gäste am liebsten mit dem Mountainbike durch die Weinberge radeln und unterhält seitdem einen kleinen Fahrradverleih: 7 männliche Räder, 7 weibliche und 2 für Kinder. Das ist nicht viel, aber mehr haben im kommunalen Fahrradkeller nicht Platz.

Maurice Louit, 80, rue Marne, Libourne. Wenn alles ausgebucht ist, bleibt noch diese Adresse in Libourne, ca. 20 Drahtesel im Stall. ✆ 05.57.71.38.89.

• *Markt* Sonntagmorgen auf der Place Bouqueyre (südlicher Stadtausgang).

• *Einkaufen* **Wein**. Die größte Auswahl bietet das Maison du Vin (gleich beim Office de Tourisme ums Eck), in der Oberstadt. Untergebracht in einem prunkvollen Saal (Salle du Doyenné des angrenzenden Klosterkomplexes), der auch den gehobenen Ansprüchen einer reichen Klientel genügt. Besonders praktisch: An der Wand prangt ein großer Plan, auf dem man mittels Knopfdruck die Lage der Weingüter abrufen kann.

Makronen. Die lokale Gebäckspezialität wird in zahlreichen Häusern hergestellt und verkauft – sich einfach vom Duft (ver)leiten lassen.

• *Internet* **St-Emilion Web Bar**. Di geschlossen. Rue Guadet (Straße unterhalb des Cloître des Cordeliers).

Übernachten/Essen (→ Karte S. 171)

Für Hotels ist eine Reservierung ein paar Tage vorher dringend zu empfehlen!

• *Hotels* *** **Le Logis des Remparts (1)**. Komfortable Unterkunft in sehr geräumigen Zimmern. Swimmingpool und großartige Terrasse mit anschließendem Garten bis zur Stadtmauer, dahinter gleich die Weinberge. Der Nachbarbau, ein alter Dominikanerkonvent, ist heute Sitz und Degustationsörtlichkeit der Weinjuroren von Saint-Emilion. Hoteleigener Parkplatz. Januar geschlossen. DZ 72–155 €, die teureren sind Duplex-Zimmer. 18, rue Guadet. ✆ 05.57.24.70.43, ✆ 05.57.74.47.44, www.logisdesremparts.com.

** **Auberge de la Commanderie (3)**. Nicht billig, aber das Billigste im teuren Weinstädtchen. Zentrale Lage, alle Zimmer mit Dusche/WC/TV und Internetanschluss. Wifi. DZ 60–90 € (während der Vinexpo und der Jurade teurer!). Mitte Dez. bis Feb. geschlossen. 2, rue Porte Brunet. ✆ 05.57.24.70.19, ✆ 05.57.74.44.53, www.aubergedelacommanderie.com.

• *B & B* **La Maison d'Aline (5)**, gegenüber dem Cloître des Cordeliers (→ Sehenswertes). Drei verschieden große, komfortable Zimmer in ruhiger Lage. DZ 110/130/140 € je nach Größe, inkl. Frühstück. 7, rue Porte Brunet. ✆/✆ 05.57.24.65.47, www.alinebb.com.

• *Camping* *** **Domaine la Barbanne**, 3 km nördlich der Stadt. Die Anlage hat den „grünen Schlüssel" erhalten, ein Öko-Label, das aufgrund von 129 strengen Kriterien vergeben wird (in ganz Südwestfrankreich sind nur drei Campingplätze damit ausgezeichnet). 160 Stellplätze. Unerwartet hübsche Lage inmitten der Weinberge an einem Bach. Zusätzliches Plus: Der Camping unterhält einen kleinen Fahrradverleih. In der Hochsaison können die Schattenplätze knapp werden. Im Teich neben dem Campinggelände darf mit Lizenz und gegen Bezahlung gefischt werden. Zum Schwimmen muss man aber in einen der campingeigenen Swimmingpools (einer geheizt) ausweichen, wo es ob der weinfachsimpelnden Engländer schon mal eng werden kann, wie eine Leserin berichtet. Weitere Vergnügungsmöglichkeiten: Tenniscourt, Minigolf-Anlage. Restaurant, Lebensmittelgeschäft und Bar auf dem Areal. Gepflegte Sanitäranlagen, Waschmaschinen. Geöffnet April bis Mitte Sept. ✆ 05.57.24.75.80, ✆ 05.57.24.69.68, www.camping-saint-emilion.com.

• *Restaurants* **L'Envers du Décor (2),** gleich neben dem Office de Tourisme. Lebendiges, großes Restaurant, in dem man ausgezeichnet (und für St-Emilion preiswert) speist. Bekannt ist das Lokal für sein vielfältiges Weinangebot – entweder glasweise zu goûtieren oder besser gleich eine Flasche. Diese gießt der Kellner dann, sofern der Gast die Probe gutgeheißen hat, elegant in ein riesiges Kelchglas. Zwei große Räume, nach hinten ein einladender Garten. Weihnachten bis Neujahr geschlossen, sonst tägl. geöffnet. 11, rue du Clocher. ✆ 05.57.74.48.31.

Les Cinq Sens (4), etwas unterhalb des Cloître des Cordeliers. Die ganz unprätentiöse Art, in St-Emilion essen zu gehen: einfaches Interieur, einfache Gerichte, Croque-Monsieur oder einfach ein Sandwich. 38, rue Guadet. ✆ 05.57.74.42.72.

Sehenswertes

Monolithkirche: *Monolith* bedeutet „aus einem Stein", und aus einem Stein ist die Kirche auch gebaut. Gleich neben der Einsiedelei des Emilion wurde durch Aushöhlung des Karstgesteins eine riesige, dreischiffige, unterirdische Kirche geschaffen. Sie gilt als die größte ihrer Art in Frankreich – 38 Meter lang, 20 Meter breit und 11 Meter hoch. Begonnen wurden die Arbeiten im 9. Jahrhundert, drei Jahrhunderte später war die Kirche fertiggestellt. Der Glockenturm, der in der Oberstadt aus der Erde ragt, besteht vermutlich aus dem abgetragenen unterirdischen Gestein. Im Inneren beeindruckt das Gewölbe mit seinen wuchtigen Pfeilern, außerdem sind noch Reste einer Deckenskulptierung zu erkennen.
Von der *Place du Marché* aus ist die dreischiffige Monolithkirche an den drei Bögen im Mauerwerk einfach auszumachen, das skulptierte Portal (Jüngstes Gericht und Auferstehung der Toten) stammt aus dem 14. Jahrhundert.

Besichtigung nur mit Führung des Office de Tourisme (→ Information). Eintritt 6,30 €, Eintritt Glockenturm (Ticket im Office de Tourisme) 1 €.

Eremitage und **Dreifaltigkeitskapelle**: Die Grotte, in der *Emilion*, der bretonische Namenspatron der Stadt, hauste, ist sehr bescheiden; immerhin verfügte der Einsiedler – wie übrigens die meisten seiner Kollegen – über Quellwasseranschluss. Über der kärglichen Klause des Stadtpatrons wurde zu seinen Ehren im 13. Jahrhundert die kleine Dreifaltigkeitskapelle erbaut. Die verblichenen Freskenreste im Inneren sind kaum mehr zu erkennen.

Besichtigung zusammen mit der Monolithkirche (→ oben).

Katakomben: Hier begruben im frühen Mittelalter die Mönche ihre Toten. Ob die zuhauf in den Grabmulden liegenden Knochen aus dieser frühen Zeit stammen, wagt man in dieser düsteren Atmosphäre kaum zu fragen. In der zentralen Kuppel über den Katakomben sind drei skulptierte Figuren zu sehen, die sich an den Händen halten, vermutlich eine Darstellung der Auferstehung. Zu Zeiten der Französischen Revolution wurden die Katakomben wie die darüber liegende Monolithkirche von einer Salpeterfabrik in Beschlag genommen.

Besichtigung zusammen mit der Monolithkirche (→ oben).

Kollegiatskirche und **Kreuzgang**: Die Kirche gehört zum Klosterkomplex der Augustiner, in dem heute das Maison du Vin und das Tourismus-Büro untergebracht sind. Sie datiert aus dem 12. Jahrhundert. Aus dieser Zeit stammt das Westportal mit seinen romanischen Bögen. Später erfuhr die Kollegiatskirche mehrere Umbauten, so dass jede stilistische Einheitlichkeit verloren ging. Der anschließende *Kreuzgang* – doppelte Säulenreihen, romanische und gotische Arkaden – ist heute nur noch über eine Seitentür vom Office de Tourisme aus zu erreichen.

Tour du Roy: Der mächtige, viereckige Donjon ist das letzte Überbleibsel des Schlosses aus dem 13. Jahrhundert. Er bietet eine gute Aussicht über die Dächer der mittelalterlichen Stadt. Im September verkünden die rotgewandeten Herren des „Wein-Schwurgerichts" vom Turm aus feierlich die Eröffnung der Weinlese (→ Kasten *Die Wein-Geschworenen von Saint-Emilion*).

Ⓛ April bis Nov. tägl., sonst nur an Wochenenden ab 11 Uhr. Januar geschlossen. Eintritt 1 €.

Cloître des Cordeliers (Kreuzgang des Franziskanerklosters): Die überwucherten Ruinenteile des Kreuzgangs vermitteln noch am ehesten eine Vorstellung vom Klosterkomplex aus dem 14. Jahrhundert. Heute ist das Gebäude in Privatbesitz. In den 17 Meter tief in den Felsen gegrabenen Kellern werden bei 12° Celsius moussierende Weine gelagert, in einem Teil des Klosters werden Makronen gebacken. Die 20-minütige Führung (gratis) dient weniger den kulturellen und geschichtlichen Aspekten des ehemaligen Klosters als vielmehr der Promotion der gelagerten Flaschen.

Saint-Emilion/Umgebung

▶ **Weingüter**: In Saint-Emilion gehört natürlich auch eine Rundfahrt durchs Weingebiet ins Programm, Degustation inbegriffen. Von Juni bis Oktober zuckelt im 45-Minuten-Takt ein *Petit Train* (Elektrobähnchen) durch die Reben, Fahrtpreis 5,50 €, Auskunft beim Tourismus-Büro oder unter ✆ 05.57.51.30.71.

Unser Vorschlag: sich bei der Tourist-Information einen Plan besorgen, auf dem die mehreren hundert Weingüter und sämtliche Sträßchen eingezeichnet sind, und dann auf eigene Faust losziehen – nicht gerade am Sonntag, denn dann haben die meisten Weingüter ihre Pforten geschlossen. Die Dörfer im Saint-Emilion-Gebiet sind klein, fast alle haben eine romanische Kirche. Am schönsten ist die Tour durchs sanfthügelige Gelände per Rad. Prost.

▶ **Castillon-la-Bataille**: Französischen Pennälern wird der Name im Geschichtsunterricht eingeimpft: In Castillon ging am 17. Juli 1453 nach 116 Jahren der Hundertjährige Krieg zu Ende. Der Ort war neben Bordeaux der letzte englische Stützpunkt in Aquitanien. Als sich Castillon den Franzosen ergab, unternahm Lord *John Talbot*, Graf von Shrewsbury, gegen den Willen seiner militärischen Ratgeber einen verzweifelten Versuch, das Städtchen zurückzuerobern. Seine Armee wurde mit einem Hagel aus Steinen und Blei begrüßt, den sie nicht überlebte. Auch der tollkühne Lord blieb auf dem Schlachtfeld von Castillon zurück. Kurz darauf fiel Bordeaux als letzter englischer Flecken in Aquitanien.

Zu sehen ist nichts Nennenswertes in Castillon, es sei denn in der Hauptsaison. Dann werden –an den meisten Wochenenden von Mitte Juli bis Mitte August – in einem gigantischen Historienspektakel die Schlächtereien nachgestellt: rund 70 Berittene, 650 Schauspieler und 1000 unbezahlte Statisten würdigen auf einer Spielfläche von sieben Hektar das historische Datum.

▶ **Tour de Montaigne**: Haben französische Pennäler sich endlich von den Wirren des Hundertjährigen Kriegs erholt (→ Castillon), werden sie mit dem Namen *Montaigne* konfrontiert. Der Philosoph, 1533 auf Schloss Montaigne geboren und 1592 daselbst gestorben, ist ein Denkmal des französischen Humanismus, seine Schriften gehören zum nationalen Bildungsgut. Unverdrossene beißen sich durch die *Essais*, Montaignes Hauptwerk. Einige erinnern sich vielleicht an den Namen Montaignes im Zusammenhang mit erbaulichen Kalendersprüchen, die einem das Leben verständlicher oder leichter machen sollen und die man in der Regel nicht beherzigt.

Montaignes Sitz ist 1887 abgebrannt; das verspielte Schlösschen, das danach gebaut wurde, ist heute in Privatbesitz und nicht zu besichtigen. Den Brand unbeschadet überstand einzig der Turm des alten Schlosses, heute ein kleines Museum. Hierher hatte sich der Philosoph, nachdem er den Job des Bürgermeisters von Bordeaux an den Nagel gehängt hatte, zurückgezogen, um Ruhe vor der Welt und angeblich auch vor der eigenen Familie zu haben. Der Museumsbesuch ist für den Laien wenig aufregend, und selbst der Eingeweihte muss sich in der Turmbibliothek all die Bücher vorstellen, die bei den *Essais* Pate gestanden haben.

Feb. bis April und Nov./Dez. Mi–So 10–12 und 14–17.30 Uhr. Mai/Juni und Okt. 10–12 und 14–18.30 Uhr. Juli/Aug. tägl. 10–18.30 Uhr. Eintritt 5,50 €.

• *Anfahrt* Von Castillon 5½ km in Richtung Bergerac, am Ortseingang von Lamothe-Montravel links abbiegen (Schilder), ca. 3 km in die Hügellandschaft hinauf.

Gallo-römische Ausgrabungen von Montcaret: Als man 1827 in Montcaret ein neues Waschhaus bauen wollte, stieß man auf einen Mosaikboden und befand, dieser ließe sich gleich für den beabsichtigten Neubau verwenden. Später wurde das Waschhaus zerstört, und erst 1921 entdeckte man das Mosaik wieder. Mittlerweile war das archäologische Bewusstsein gewachsen, von 1922–1929 wurde das Gelände untersucht. Bei den Arbeiten wurden zwei Gräber mit je einem Skelett zu Tage gefördert: Auf der Suche nach römischen Spuren war man auch auf einen mittelalterlichen Friedhof gestoßen, der zweifellos zur Kirche gehörte, die heute noch am Rand des Ausgrabungsfelds steht.

Heute zeigt sich dem Besucher ein ausgedehntes Grabungsfeld mit den Grundmauern einer römischen Villa mitsamt Thermalbad. Neben dem Frigidarium (Kaltbad) befand sich eine quadratische Natatio (so nannten die Römer ihren Swimmingpool), deren mit Fisch- und Tintenfischmosaiken geschmückter Boden heute unter ein Schutzdach gestellt ist.

Der kurze Spaziergang (Begleitblatt auch in deutscher Sprache) sei empfohlen. Auch die in den Religionskriegen zerstörte und im 17. und 19. Jahrhundert wieder aufgebaute Kirche hält eine kleine Überraschung bereit: Im Chor stößt man auf Kapitelle aus dem 4. und 7. Jahrhundert, was auf eine präromanische Vorgängerkirche schließen lässt. Eine gute Dokumentation über die Ausgrabungen und ihre Geschichte sowie einige ausgestellte Funde (Teile der römischen Fußbodenheizung) runden den Besuch ab.

Tägl. 9.45–12.30/14–18.30 Uhr, Okt. bis Mai Sa und Feiertage geschlossen. Eintritt 3 €.

Das Entre-deux-Mers

„Entre-deux-Fleuves" wäre angemessener; denn der Landstrich südöstlich von Bordeaux liegt nicht zwischen zwei Meeren, wie der Name nahelegt, sondern zwischen zwei Flüssen – Garonne und Dordogne.

Vermutlich stammt der Name aus einer Epoche, in der die Gezeiten noch ungezügelt den Pegelstand der beiden Flüsse bestimmten.

Das Entre-deux-Mers ist eines der traditionellen Weinbaugebiete des Bordelais, wenn auch nicht ganz so berühmt wie das benachbarte Saint-Emilion.

Seine trockenen Weißweine sind ein idealer Begleiter für alles, was aus dem Meer kommt: Schalentiere und Fische.

Mit dem eigenen Fahrzeug ist eine Rundfahrt durchs Entre-Deux-Mers ein Tagesausflug ohne Stress; verschiedene Routen und Abstecher sind möglich. Ein halbes Dutzend Bastiden liegen in der hügeligen Landschaft verstreut. Schmuckstück der Gegend aber ist *Saint-Macaire,* ein über der Garonne thronendes Mittelalterstädtchen.

Bastiden – Siedlungspolitik im Mittelalter

Stellen Sie sich vor, Ihnen flattert morgen ein bunter Prospekt in den Briefkasten: „Florenz, Padua, Barcelona ... Ihr eigenes Reihenhaus!" Darunter fett gedruckt: „Gratis! Steuer- und abgabenfrei!" Dann das Foto einer hübschen Neubausiedlung mit dem Text: „Wir schenken Ihnen Ihr eigenes Reihenhaus. Unsere eben fertiggestellte Siedlung bietet Ihnen modernen, soliden Wohnkomfort, zentrale Einkaufsmöglichkeiten und ein attraktives Freizeitangebot. Sie zahlen keinen Cent, keine Steuern, keine Abgaben, und Sie sind Ihr eigener Herr!"

Die Menschen des Mittelalters kannten keine bunten Prospekte, verstanden aber durchaus eine Menge von Werbung. Öffentliche Ausrufer zogen übers Land, durch die Marktflecken und kümmerten sich lauthals schreiend um die Promotion der Immobilien ihrer Herren. So erfuhr der Reihenhausinteressent des 12. bis 14. Jahrhunderts zunächst, dass das beschriebene Traumhaus ganz bei ihm in der Nähe, in Südwestfrankreich stünde. Es würde sich um eine Bastide handeln, erklärte der Marktschreier weiterhin.

Für die Verhältnisse der Zeit tatsächlich eine freundliche Wohnanlage: Die Straßen kreuzen sich im rechten Winkel, zwischen den zweistöckigen Häuserreihen ist reichlich Platz, und Licht dringt durch die Fenster. Schattenspendende Arkaden mit Läden säumen den quadratischen Platz mit der Markthalle im Zentrum der Siedlung. Auch eine Taverne ist vorhanden. Und mit Brief und Siegel wurden den Neusiedlern umfangreiche steuerliche und juristische Freiheiten zugesichert.

Aber wo lag der Vorteil für den Bauherrn der Bastide? In den französisch-englischen Auseinandersetzungen, die in den Hundertjährigen Krieg mündeten, diente der Bau dieser Siedlungen vor allem militärischen Zwecken. Die von vielen Abgaben befreiten Bastidenbewohner mussten als Kompensation die Verteidigungslasten des Lehnsherrn mittragen. Engländer wie Franzosen gründeten befestigte Wehrdörfer, um im Grenzgebiet die Bevölkerung auf ihrer Seite anzusiedeln. Darüber hinaus füllte das bewirtschaftete Umland einer Bastide die meist leeren Kassen des Lehnsherrn, und gleichzeitig konnte dieser seine Verteidigungsausgaben stark reduzieren. In der Buchhaltung entfiel nämlich der ansonsten Unsummen verschlingende Posten für „Unterhalt und Verpflegung der Garnison" – ein geschickt kombiniertes Verteidigungs-Immobilien-Geschäft.

Créon

Die Bastide mit einem an drei Seiten von Arkaden gesäumten zentralen Platz stammt aus dem Jahr 1315. Bis ins 18. Jahrhundert war der Ort Gerichtssitz des Entre-deux-Mers. Einige Häuser aus dem 17. und 18. Jahrhundert am Hauptplatz erinnern noch an diese wohl beste Zeit, die Créon je erlebte und die mit der administrativen Neuordnung Frankreichs durch die Revolutionsregierung zu Ende ging.

Cadillac

Der Ort am Ufer der Garonne, der einem amerikanischen Straßenkreuzer seinen Namen geliehen hat, wird vom gewaltigen Schloss der Ducs d'Epernon dominiert – ein beeindruckendes Bild.

Gegründet wurde Cadillac 1280 als englische Bastide. Die offene Markthalle am zentralen Platz, auf die ein Stockwerk aufgesetzt wurde, ist heute Sitz der kommunalen Regierung. Das Schloss, das man von hier aus in weniger als fünf Minuten zu Fuß erreicht, stammt aus dem 16. Jahrhundert und wurde nach dem Aussterben des adligen Geschlechts der D'Epernons mehr oder weniger sich selbst überlassen. Im 19. Jahrhundert diente es vorübergehend als Frauengefängnis, derzeit bietet es vor allem Platz für Kunstausstellungen.

⌚ Juni bis Sept. tägl. 10–18 Uhr, Okt. bis Mai Di–So 10–12.30 und 14–17.30 Uhr. Eintritt 5 €.

Und wie nun kommt der Cadillac zu seinem Namen? Ein gewisser *Antoine de Lamothe Cadillac*, der nicht einmal in Cadillac, sondern im heutigen Tarn-et-Garonne wohnte, dessen Ahnen sich aber Seigneurs von Cadillac nannten, wanderte im 17. Jahrhundert nach Amerika aus, wo er die spätere Autometropole Detroit gründete. Ihm zu Ehren nannte sich eine 1902 gegründete Autofabrik *Cadillac Car Motor Company*, deren bekannte Luxuskarossen es zu Weltruhm brachten.

• *Information* **Office de Tourisme**, 9, place de la Libération (zwischen Kirche und Schloss). April bis Juni Di–Fr 9.30–12 und 14–18 Uhr, Sa/So 9.30–12.30 und 14–18 Uhr. Juli/Aug. Mo–Sa 9.30–12.30 und 13.30–19 Uhr, So 9.30–12.30 und 14–19 Uhr. Okt. bis März Di–Fr 9.30–12 und 14–18 Uhr, Sa 9.30–12.30 und 14–18 Uhr. So 9.30–12.30 Uhr. Auskünfte über Cadillac und das Cadillacais. ✆ 05.56.62.12.92, 📠 05.56.76.99.72, cmaison@entredeuxmers.com, http://cadillac-tourisme.com.

• *Markt* Jeden Samstag wird der Marktplatz zum Platz des Markts.

• *Essen* Mehrere Restaurants, darunter die **Brasserie de l'Epernon** am Marktplatz, die mittags unter den Arkaden sehr preiswerte und liebevoll zubereitete Menus serviert. Abends nur an Wochenenden geöffnet.

Saint-Macaire

Unterhalb der alten Befestigungsanlagen im Süden schlängelt sich die Garonne vorbei, im Norden begrenzt die N 113 das Städtchen, gleich dahinter beginnen die Weinberge. Die *Côtes de Bordeaux Saint-Macaire* sind überwiegend süße, likörartige Weißweine, vergleichbar mit den berühmteren *Sauternes*, die auf der anderen Seite der Garonne wachsen.

Verlockender als die Weine von Saint-Macaire ist das Städtchen selbst: Mittelalter, wohin man schaut. Andernorts hätten professionelle Tourismus-Manager daraus mehr Profit geschlagen, hier begnügt man sich anscheinend damit, dem Verfall der alten Bausubstanz zuzuschauen. Saint-Macaire zeigt sich bescheiden – und der Flaneur weiß dies zu schätzen. Ob man eine halbe Stunde oder eine ganze durch die romantischen Straßen und Gassen streift, ist eine Frage der eigenen romantischen Befindlichkeit.

• *Information* **Office de Tourisme**, direkt am Haupteingang des Ortes hinter der Porte de Benauge. Stil- und liebevolles Informationszentrum in einem Gebäude aus dem 16. Jh. Gelegentlich werden im Haus auch Ausstellungen gezeigt. Verkauf von regionalen Weinen.
April bis Sept. Di–So 10–13 und 15–19 Uhr. Okt. bis März Di–Fr 14–18 Uhr, Sa/So 10–12 und 14–18 Uhr. ✆ 05.56.63.32.14, 📠 05.56. 76.13.24,
tourisme.coteauxmacariens@wanadoo.fr.

• *Verbindung* **Zug**: Saint Macaire liegt an der Strecke Bordeaux–Agen. 4 Züge tägl. in beide Richtungen (sonntags nur zwei).

• *Übernachten* *** **Hôtel Les Feuilles d'Acanthe**. Hier hat ein begnadeter Architekt dem Verfall des mittelalterlichen Gemäuers nicht länger tatenlos zuschauen wollen. Überraschend helle, geräumige Zimmer. Die Preise liegen etwas über dem Durchschnitt, die Qualität der Zimmer aber auch. Selbst das Bad hat ein Innenarchitekt entworfen, und im Dachgeschoss bricht das Licht über ein geheiztes Jacuzzi-Becken herein. Unsere Empfehlung. DZ 72 €, auch Zimmer für 3 oder 4 Personen. 5, rue de l'Eglise, 33490 Saint-Macaire. ✆ 05.56.62.33.75, 📠 05.56.76.12.02, www.feuilles-dacanthe.fr.

Sehenswertes

Stadtbild: Wir empfehlen, sich im Office de Tourisme einen Stadtplan des mittelalterlichen Saint-Macaire zu besorgen, ein für den Spaziergänger nützliches Gratis-Faltblättchen.

Der Streifzug durch das Mittelalter führt über kurz oder lang zur *Eglise Saint-Sauveur*, einer wuchtigen Kirche aus dem 11. Jahrhundert, an der im Lauf der folgenden Jahrhunderte etliches verändert wurde. Dahinter befinden sich Reste der *Prieuré Saint-Sauveur*, einer Benediktinerabtei aus dem 12. Jahrhundert, die Saint-Macaire einst zum Stadtstatus verhalf, und in unmittelbarer Nähe der letzte noch erhaltene Teil der *Stadtummauerung* aus dem 13. und 14. Jahrhundert. Mitten in Saint-Macaire liegt die *Place du Mercadiou*, gesäumt von Arkadenhäusern aus dem 14. bis 16. Jahrhundert. Der langgestreckte Platz hat seine Funktion als Zentrum längst eingebüßt, doch gerade dies macht seinen Reiz aus – eine ideale Kulisse für Historienfilme. Im Gebäude der alten Postkutschenstation, wo noch bis in die ersten Jahre des 3. Jahrtausends das liebevoll gestaltete Museum der aquitanischen Post zu Hause war, wird heute Englisch unterrichtet: Times are changing. Geblieben ist die steinerne Maske, die aus dem Gemäuer ragt, sie gibt ihr Geheimnis nicht preis.

La Réole

Zu Zeiten des Hundertjährigen Krieges war das um eine Benediktinerabtei entstandene Städtchen nach Bordeaux der bedeutendste Ort der Provinz Guyenne. Mit seiner Lage an der Garonne hatte La Réole nicht nur strategisches Gewicht, sondern auch ökonomisches. Vor allem der Weinhandel mit England brachte Wohlstand in die Stadt.

An die großen Zeiten von La Réole erinnern noch einige Bauten, am besten hält sich der Spaziergänger an den ausgewiesenen *Circuit pédestre*. Die *Benediktinerabtei* wurde in den Religionskriegen zerstört, später wiederaufgebaut, im 18. Jahrhundert von den französischen Revolutionären geplündert – seitdem bietet sie im Inneren nichts Sehenswertes mehr. Die Gesamtanlage mit ihren wuchtigen Mauern jedoch ist nach wie vor imposant; Fotografen suchen das andere Garonne-Ufer auf und bekommen so die großartige Hängebrücke gleich mit vors Objektiv.

Das *Château des Quat'Sos* aus dem 13. Jahrhundert, direkt neben der Abtei, mit seiner großzügigen Parkanlage ist leider in Privatbesitz und nicht zu besichtigen. Dasselbe gilt für das *Haus des Schwarzen Prinzen*, ein wunderschöner Palast, in dem zeitweise das Parlament von Bordeaux tagte. Die Reihe historischer Bauten schließt das *Ancien Hôtel de Ville* ab. Der Bau des schmalen Rathauses – angeblich das älteste Frankreichs – wurde von *Richard Löwenherz* angeordnet.

• *Information* **Office de Tourisme**, place de Richard Coeur de Lion (gegenüber dem schmalen Ex-Rathaus); sehr variable Öffnungszeiten. ✆ 05.56.61.13.55, 📠 05.56.71.25.40, lareole@entredeuxmers.com.

• *Verbindung* **Bahn**: Die meisten Züge der Linie Bordeaux–Agen halten in La Réole rund 12-mal täglich.

Sauveterre-de-Guyenne

Die im Jahr 1283 von den Engländern gegründete Bastide ist ein Schulbuchbeispiel: Sämtliche vier Stadttore – einst die einzigen Zugänge zur Bastide – sind erhalten. Die große, quadratische *Place de la République* ist rundum von Arkaden eingefasst. Alter, Größe und Gestalt der Häuser am Platz sind zwar verschieden, doch dem Gesamteindruck tut dies wenig Abbruch. Ein Besuch lohnt vor allem am zweiten Dienstag im Monat, wenn das Markttreiben den alten Bastidenplatz mit Leben erfüllt.

Weiterfahrt: In Sauveterre kreuzen sich die Wege des Entre-deux-Mers: In Richtung Westen führt die D 671 nach **Créon** (→ oben).

In Richtung Norden gelangt man auf der D 670 nach **Rauzan**, wo man auf die gewaltige Ruine des von den französischen Revolutionären zerstörten *Château des Duras* stößt. Eine Restaurierung des Schlosses wurde begonnen, der Eintritt ins ruinöse Gelände ist kostenpflichtig. Ebenfalls in Richtung Norden (erst ein Stück auf der D 672, dann auf der D 17 weiter) findet man **Blasimon**, eine Bastide, in deren unmittelbaren Umgebung eine zerstörte Benediktinerabtei aus dem 12. und 13. Jahrhundert restauriert wird. Gut gehalten hat sich hingegen die Abteikirche mit den fein skulptierten Tierfiguren im Portal.

In Richtung Nordosten führt die D 672 nach **Pellegrue**, einer weiteren Bastide – und von da nach **Sainte-Foy-la-Grande**, einem größeren Ort an der Dordogne und– wen wundert's noch? – ebenfalls eine Bastide. Allerdings ist hier vom klassischen Wehrdorfbau nur noch wenig zu sehen; der Ort ist über die alte Ummauerung längst hinausgewachsen. Ein Besuch lohnt sich nur Samstagvormittag. Dann ist die ganze Innenstadt ein einziger Markt: Foie gras, Confits, Bergerac-Weine, Kartoffeln, Tomaten, Gewürze, Gemüse und Gänsebabies aus dem nahen Périgord.

In Richtung Süden gelangt man auf der D 670 nach **La Réole** (→ oben). In Richtung Südwesten, 20 km von Sauveterre entfernt und über die D 672 zu erreichen, liegt der unbestritten schönste Ort des Entre-deux-Mers, **Saint-Macaire** (→ oben).

Monségur

Die Bastide, von La Réole auf halbem Weg ins Pays de Duras, ist eine englische Gründung, die Antwort der Plantagenêts auf das weiter nördlich gelegene französische Sainte-Foy-la-Grande.
Von anderen Bastiden unterscheidet sich Monségur durch die große Markthalle im Zentrum – unverkennbar ein Werk aus dem 19. Jahrhundert. Während in anderen Städten die Kombination von Glas und Eisenverstrebungen für den Bahnhofsbau typisch wurde, hinterließ im eisenbahnfreien Monségur die neue Architektur in einer Markthalle ihre Spuren.

• *Chambres d'hôtes/Restaurant* **Sous le Cep d'Antan**. Das ehemalige „Grand Hôtel" am zentralen Platz eröffnete 2005 unter neuer Regie und neuem Namen. Die Käuferin - hat den Umbau inzwischen abgeschlossen: 5 liebevoll renovierte, einladende Zimmer mit neuem Bad sind im alten Gemäuer entstanden, teils auch 3- und 4-Bettzimmer. Gegessen wird im verglasten Innenhof unter dem Dach eines riesigen, 400 Jahre alten Rebstocks. Regionale, marktfrische Küche, aber auch einige internationale Spezialitäten. Eine zuverlässige und sehr freundliche Adresse. DZ 55 € inkl. Frühstück. 26, place Robert Darniche, 33580 Monségur.
✆ 05.56.61.60.28, 📠 05.56.71.49.03, www.souslecep-dantan.com.

Das Sauternais

Richard Löwenherz schwärmte schon vor acht Jahrhunderten von Sauternes-Weinen. Ihre Klassifizierung geht wie die der Médoc-Weine auf Napoleon III. zurück. Das kleine Anbaugebiet an der linken Garonne-Seite genießt Weltruf.

Ihre Berühmtheit verdanken die güldenen, likörartigen Weißweine dem Botrytis Cinerea, einem winzigen Pilz, der die Trauben befällt. Rebstöcke, die nicht befallen sind, lässt der Winzer des Sauternais links liegen und hofft, dass er bei einem späteren Durchgang mehr Glück hat. Der zweite Grundsatz: Die Trauben müssen überreif und trocken geerntet werden. Denn überreif und trocken haben sie wenig Saft – wenig Saft gibt wenig Wein, oder, wie man im Sauternais sagt: „Ein Weinstock gibt ein Glas."

Wenn Sie nicht auf Einkaufs- oder Degustationstour sind, werden Sie vermutlich enttäuscht sein. Das Dorf **Sauternes** ist zwar weltberühmt, doch viel mehr als den *Caveau du Sauternais*, das *Maison du Sauternes*, ein Bürgermeisteramt, eine Post, eine Kirche und eine Tankstelle werden Sie nicht vorfinden.

Von den Gütern, die den Nobelwein keltern, ist das *Château Yquem* mit seinem „Premier Grand Cru" das renommierteste. Seit über 400 Jahren zu 100 % im Familienbesitz der Grafen von Lur-Saluces, geriet es 1996 in die Schlagzeilen: Von den insgesamt 53 aristokratischen Aktionären verkauften einige ihre Wertpapiere an den Luxusgüter-Konzern LVMH, dem u. a. auch

Hennessy-Cognac gehört und der dadurch in den Besitz von fast 40 % der Aktien geriet. 1999 belief sich der Anteil von LVMH bereits auf 64 %, 2004 wurde Graf Alexandre de Lur-Saluces in den Ruhestand geschickt.

Das Bazadais

Das Gebiet südlich des Sauternais mit dem Hauptort Bazas fristet ein touristisches Mauerblümchen-Dasein. Keine Weinberge mehr, nur Obstanbau und Viehwirtschaft, und hinter Bazas der endlose Pinienwald der Landes.

Ein Begriff ist das Bazadais eher für französische Landwirte. Der *boeuf bazadais,* ein graues Rindvieh, ist hier beheimatet, seine kräftigen Steaks werden von Kennern geschätzt. Auch ein englischer Viehzüchter ist auf den Geschmack gekommen, 1992 schiffte er eine erste Ladung von 70 Rindern über den Kanal, um auf der Insel eine eigene Aufzucht zu gründen.

Bazas

Größte Attraktion des Städtchens ist – dreiseitig von Arkadenhäusern umgeben – der riesige Platz vor der Kathedrale. Bazas war bis zur Französischen Revolution Bischofssitz, nur so lässt sich diese Megalomanie einigermaßen erklären. Parkprobleme kennt man in Bazas nicht; einzig am Samstagmorgen muss die *Place de la Cathédrale* autofrei sein; dann wird Markt gehalten.

• *Information* **Office de Tourisme**, 1, place de la Cathédrale. Kompetentes und freundliches Personal; gute Informationen für Wanderungen, Reitausflüge und Kanufahrten im Bazadais.
Sommer Mo–Sa 9–13 und 14.30–18.30 Uhr, So 15–18.30 Uhr. Winter Mo–Sa 9–12 und 14–17.30 Uhr. ✆ 05.56.25.25.84, 📠 05.56.25.59.95, office-de-tourisme@ville-bazas.fr.

• *Feste* **Fest des Stieres**. Jährlich am 23. Juni wird eine Hommage an das graue Bazadais-Rind veranstaltet. Die Stiere geben mit blumengeschmücktem Kopf eine Parade auf der Place de la Cathédrale. Nach Einbruch der Dunkelheit wird das „Johannisfeuer" auf dem Platz entzündet, die Kathedrale glüht im Schein der Flammen. Folkloregruppen in bunten Trachten spielen schon tagsüber auf.

• *Markt* Wochenmarkt Samstagmorgen auf der Place de la Cathédrale.

Villandraut

Die von einem Graben umgebene gewaltige Burgruine mit ihren 26 m hohen Türmen am Ortsrand geht auf den in Villandraut geborenen *Bertrand de Goth* zurück, der als Papst *Clemens V.* (1305–1314) in die Geschichte einging; sein Hauptwerk war der Umzug des päpstlichen Sitzes von Rom nach Avignon. Den Spaziergang im mittelalterlichen Gemäuer ergänzt eine kleine Dokumentation am Eingang.

⌚ *Burg* Feb. bis Ostern und Okt./Nov. Sa/So 14.30–16 Uhr. Ostern bis Juni tägl. 14–17 Uhr. Juli bis Sept. tägl. 10–19 Uhr (ausgenommen während des Festival Les Journades → unten). Eintritt 3,50 €.

Am Dorfplatz ein paar Bars und ein Hotel – viel ist nicht los in Villandraut. Der Ort eignet sich aber hervorragend als Stützpunkt für kleine Wanderungen; Kanuten finden hier den Einstieg für eine Fahrt auf dem *Ciron* durch den duftenden Pinienwald – flussauf- oder abwärts.

• *Postleitzahl* 33730

• *Information* **Office de Tourisme**, place de la Mairie. Sommer Di–Sa 9–12.30 und 14–18.30 Uhr, So 10–13 Uhr. Winter Di–Sa 9.20–12 und 14–17 Uhr. ✆ 05.56.25.31.39, 📠 05.56.25.89.33, officetourisme.villandraut @wanadoo.fr, www.cc-villandraut.fr.

• *Kanu/Kajak* Verleih bei der **Base nautique de Villandraut**, die man in der Regel direkt an der Flussbrücke antrifft. ✆ 05.56. 25.86.13.

• *Festival* **Les Journades de Villandraut**, an einem Wochenende in der 2. Julihälfte: Theater, Cabaret, Musik, Lesungen und mehr in der Burgruine.

• *Hotel* ** **De Goth**, am Dorfplatz, mit Restaurant. DZ mit Dusche/WC 39 €. Place Gambetta, 33730 Villandraut. ✆ 05.56.2531. 25, 📠 05.56.25. 30.59.

• *Camping* ** **Du Ciron**, an der Straße nach Saint-Symphorien. 2004 eröffnet an Stelle des früheren „Camping du Silence". Viele schattige Plätze, freundlicher Betrieb, Snackbar. Neben dem Gelände der Fußballplatz und hinter diesem das kommunale Schwimmbad. Das Schild „Interdit aux nomades et forains" (Zutritt für Fahrende und Händler verboten) war schon lange vor dem Camping da. 50 Stellplätze. Geöffnet Mai bis Sept. ✆/📠 05.56.25.39.46, campingduciron@aol.com.

Tödliche Stille in Saint-Symphorien

Que dire de Saint-Symphorien? Mes meilleurs livres y sont nés. – Was soll ich über Saint-Symphorien sagen? Hier sind meine besten Bücher entstanden. Der französische Schriftsteller und Nobelpreisträger François Mauriac (1885–1970) hat den Großteil seiner Jugend in Saint-Symphorien verbracht und wie kein zweiter das Leben in der einsamen Pinienlandschaft beschrieben. Tipp für die Urlaubs-Lektüre: *Thérèse Desqueyroux.*

Thérèse Desqueyroux, des versuchten Giftmords an ihrem Gatten verdächtigt, wird unter strenger Kontrolle der Verwandtschaft in einem kleinen Dorf – von Kennern als Saint-Symphorien identifiziert – gefangengehalten. So soll ein öffentlicher Skandal vermieden werden, der den politischen Ambitionen des Gatten ein abruptes Ende setzen würde. Im Gegensatz zu den Touristen von heute vermochte Thérèse Desqueyroux der Stille von Saint-Symphorien nichts abzugewinnen. Sie empfand sie als unerträglich, litt unter der provinziellen Enge und träumte von den Pariser Cafés. Ein Meisterwerk von François Mauriac, geschrieben 1927.

Saint-Symphorien

Wer Ruhe sucht, liegt hier goldrichtig. In dem einsamen Ort, mitten im Pinienwald, scheint die Zeit stillzustehen. Wanderer schnüren gerne ihre Stiefel und nehmen sich den *Circuit François Mauriac* vor, eine 25 Kilometer lange Rundwanderung durch den Pinienwald. Abkürzungen sind über die Dörfer *Le Tuzan, Origne, Balizac* möglich: am Wegrand Lagunen, Bauernhöfe und ausgediente Stationen der Résine-Gewinnung.

• *Camping* ** **De la Hure**, an der Straße nach Sore, an der Hure, einem kleinen Bach, gelegen. 70 Stellplätze im Pinienwald. Kleines Restaurant. Ganzjährig geöffnet. 2, Moulin de Lescroumpes, 33113 Saint-Symphorien. ✆ 05.56.25.79.54.

An der Place du Dr Esquirol (Agen)

Das Agenais

Das Agenais? Französische Geographen spitzen die Lippen und erklären näselnd, die fruchtbare Garonne-Ebene sei „Interloond" – Hinterland. Mit Agenais ist im weitesten Sinne nicht nur die Region Agen, sondern das ganze Departement Lot-et-Garonne gemeint. Es ist der Obst- und Gemüsegarten von Bordeaux und Toulouse – ein Land, in dem es sich gut leben lässt.

Die Obstbäume blühen im April, im Juli sind die Pfirsiche reif, im August die Pflaumen. Apropos Pflaumen: Die violetten Früchte sind das Markenzeichen des Agenais. Sie heißen *Pruneaux d'Agen* und wachsen auf einem veredelten Pflaumenbaum, dem *Prunier d'Ente*. Zunächst an der Sonne getrocknet, dann im Ofen gedörrt, erreichen sie als Trockenobst den Markt. Im Agenais wachsen 80 % des französischen Pflaumenbestands.

In der beschaulichen Welt des Agenais sind die Menschen keine Hinterwäldler, sie leben an der Verkehrsachse Bordeaux–Toulouse. Sie produzieren Früchte, die man sich in halb Europa in die Obstschale legt, und sie sind offen für den Fremdenverkehr, bauen Hotels, Golf- und Tennisplätze. Wer in den Ferien sein Französisch verbessern will oder einen Wirt sucht, der sich mit seinen Gästen unterhält, ist im Agenais an der richtigen Adresse. Noch etwas gaben die freundlichen Menschen dem Berichterstatter mit auf den Weg: Das Agenais läge sehr gut, es sei gar nicht so weit zu den Schlössern des Périgord, in die Gascogne oder nach Bordeaux. Nur im Agenais selber fände der Fremde eben nichts Aufregendes – eine ideale Umgebung also für den Erholungsurlaub.

Mit dem neuen Slogan „Pays producteur de vacances" versucht das Departement seinen Ruf als Pflaumenland loszuwerden und sich als touristische Destination zu empfehlen. Es wird aber vermutlich auch weiterhin beim „Interloond" bleiben, und das macht uns das Agenais so sympathisch. Am wenigsten interessant ist die Gegend da, wo sie das Provinzielle abzustreifen versucht, ohne dass ihr dies gelänge: in der Hauptstadt Agen.

Agen

Es gibt Frankreichs schönste Stadt, die älteste Stadt, die größte Stadt, die kleinste Stadt. Auch Agen darf sich eines Superlativs rühmen: Agen ist die glücklichste Stadt in Frankreich. Jedenfalls zeichnete die Jury, die diesen eigenartigen Titel vergibt, 1990 die Provinzhauptstadt an der Garonne damit aus.

Warum die Juroren bei ihrer Wahl ausgerechnet auf Agen fielen, blieb uns verborgen. Studierten sie die Statistik der Pflaumenernte und entdeckten darin die Quelle des Glücks? Spazierten sie über die *Esplanade de Gravier* am Garonne-Ufer und sahen die glücklichen Gesichter der Boule-Spieler? Wie auch immer: Der Besucher will in dieser Stadt nicht recht glücklich werden. Auf Dauer, fürchtet er, muss Agen doch eher langweilig sein.

Der Stadtspaziergang zeigt einige hübsche Ziegelbauten und *maisons à colombages,* jene mit flachen Ziegeln aufgefüllten Fachwerkhäuser, die für Bergerac so charakteristisch sind, dazwischen aber auch jede Menge heruntergekommener Häuser aus dem 18. und 19. Jahrhundert. Moderne Glas- und Betonbauten der Provinzverwaltung vervollkommnen den Eindruck eines uneinheitlichen Stadtbilds. Trotzdem: Ganz vergebens ist man nicht nach Agen gekommen. Das *Musée des Beaux-Arts* lohnt einen Besuch unbedingt. Und ein Spaziergang an der Garonne führt zu einer großartigen Brückenkonstruktion: zum *Pont-Canal* (→ Sehenswertes), einem Kanal, der den Fluss überquert.

Noch im 18. Jahrhundert werkelten Segeltuchweber, Gerber, Handschuhmacher in Agen. Doch schon im 19. Jahrhundert waren diese Handwerke am Aussterben. Eine Zeitlang spielte die Stadt noch eine Rolle für die Garonne-Schifffahrt, der Pont-Canal ist ein großartiges Zeugnis dafür. Seit dem Ersten Weltkrieg ist die Bedeutung Agens weitgehend an die landwirtschaftliche Produktion der Umgebung geknüpft.

Information/Verbindungen

- *Postleitzahl* 47000
- *Information* **Office de Tourisme**, 107, bd Carnot. Brauchbarer Stadtplan, Broschüren für Touren im Agenais, spezielle für Radfahrer und Wanderer.
Juli/Aug. Mo–Sa 9–19 Uhr, So 9.30–12.30 Uhr. Sept. bis Juni Mo–Sa 9–12.30 und 14–18.30 Uhr. ✆ 05.53.47.36.09, 📠 05.53.47.29.98, otsi.agen@wanadoo.fr, www.ot-agen.org.
- *Verbindung* **Zug**: Von Montag bis Freitag fährt morgens und abends ein flotter TGV von Bordeaux nach Toulouse und ei-

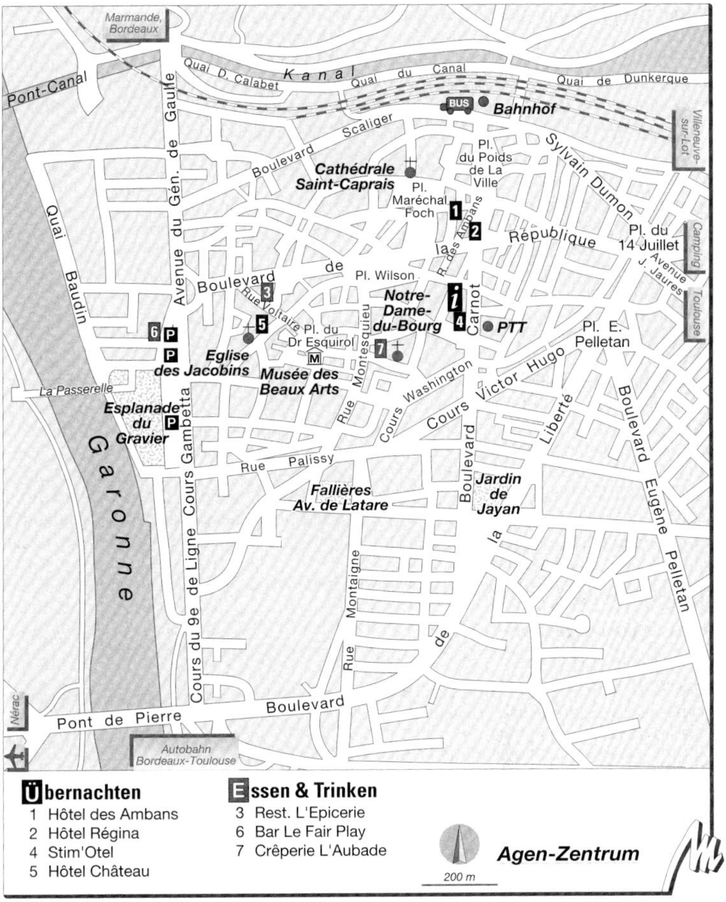

ner in die umgekehrte Richtung, Agen ist der einzige Zwischenhalt des Superschnellen. Aber auch mit Normaltempo auf dem Schienenstrang gute Verbindungen in diese beiden Städte. Weitere Züge über Les Eyzies nach Périgueux.

Bus: Gute Verbindung nach Villeneuve-sur-Lot. Abfahrt neben dem Bahnhof.

Diverses

• *Autoverleih* **Avis**, 12, bd Sylvain Dumon (Nähe Bahnhof), Tel. ✆ 05.53.47.76.47. **Hertz**, 205, av. Jean-Jaurès, ✆ 05.53. 96.13.77. **Europcar**, 120, bd Carnot (vor dem Bahnhof), ✆ 05.53.47.37.40.

• *Bootsausflüge* Das Office de Tourisme organisiert Fahrten auf der Garonne (und auf dem Kanal über die Garonne), auch bei Mondschein. Ebenso Bootsausflüge nach Nérac.

• *Bootsverleih* **Locaboat Holidays**, quai de Dunkerque (am Kanal), eine gute Alternative zur oben genannten Möglichkeit. Vermietet werden Hausboote verschiedener Größe mit Sonnendach. Kaution. ✆ 05.53.66.00.74, www.locaboat.com.

• *Markt* Samstagvormittag auf der Esplanade du Gravier.

• *Parken* Statt lange durch die Innenstadt zu kurven und dann relativ hohe Gebühren zu zahlen, ist es ratsam, das Gefährt am Gratisparkplatz am Garonne-Ufer (Esplanade du Gravier) abzustellen. Von da aus ist es ein Katzensprung in die Altstadt.

• *Waschsalon* neben der Bar Le Fair Play (s. u.), wo man müßig sein Bier trinken kann, während nebenan die Maschine arbeitet. Tägl. 6–22 Uhr.

Übernachten (→ Karte S. 185)

• *Hotels* **** **Château des Jacobins (5)**, in der Altstadt, bei der Eglise des Jacobins. Ein efeuumranktes, verwunschenes Haus aus dem 19. Jh., in dem Sie zwischen Stilmöbeln in einen samtenen Dornröschenschlaf sinken. Das Märchen hat seinen Preis. DZ 72–120 €. 1ter, place des Jacobins. ✆ 05.53.47.03.31, ✆ 05.53.47.02.80, www.chateau-des-jacobins.com.

** **Stim'Otel (4)**, direkt neben dem Office de Tourisme. Komfortable, schalldichte Zimmer im Geschäftszentrum. Professionell gemanagt. DZ ab 57 €. 105, bd Carnot. ✆ 05.5347.31.23, ✆ 05.53.47.48.70, www.stimotel.com.

** **Le Régina (2)**. Ruhige Lage. DZ mit Dusche 32–42 €, die billigeren mit WC auf Etage. 139, bd Carnot. ✆ 05.53.47.07.97, ✆ 05.53.47.13.27, www.hotelreginagen.com.

* **Des Ambans (1)**. Schräg gegenüber dem Régina und ebenso ruhig gelegen. Renovierte Zimmer, einige mit Dusche/WC. DZ 25–35 €. 59, rue des Ambans. ✆ 05.53.66.28.60, ✆ 05.53.87.94.01.

Außerhalb *** **Château de Lassalle**, südlich von Agen an der D 268, 5 km von Moirax. Ein stattlicher Herrensitz aus dem 18. Jh. im Familienbetrieb. Die völlig abgeschiedene Lage, der große Park und ein Swimmingpool garantieren ruhige Ferientage. Billard-Salon mit Bar und Schachzim mer. Sehr geräumige, renovierte Zimmer mit alten Holzböden. Einen Kontrast zur al ten Einrichtung bietet der Frühstückssaal mit seinen transparenten Stühlen. Zum Hotel gehört das Restaurant „L'Orangerie" mit exquisiter Küche und exquisiten Preisen. DZ 119–169 €. Brimont, 47310 Laplume. ✆ 05.53.95.10.58, ✆ 05.53.95.13.01, www.chateaudelassalle.com.

Essen und Trinken (→ Karte S. 185)

• *Restaurants* **L'Epicerie (3)**. Frühere Pächter haben nie lange durchgehalten, - doch die „Epicerie" hat sich ihren Platz in der Gastrokultur der Stadt erobert. Auf der Karte stehen traditionelle Gerichte aus dem Agenais, aber auch ein erschwingliches Gourmet-Menu. Und was wir sehr geschätzt haben: Duras-Weine im offenen Ausschank. Mo ganztags, Di–Do abends geschlossen. 35, rue Voltaire. ✆ 05.53.87.80.39.

Crêperie L'Aubade (7). Hier kann man in eleganter Atmosphäre den kleinen Appetit stillen. Im Sommer wird auch der kleine Vorplatz der Notre-Dame betischt. Neben Crêpes und Galettes – wer hätte das hier erwartet? – auch Röschti. Preiswerte Menus. 3, place Notre-Dame-du-Bourg. ✆ 05. 53.66.63.83.

Bar Le Faire Play (6), an der Nordseite der Esplanade du Gravier. Sitz der lokalen Pétanque-Clubs, der Kommentatoren und der erschöpften Spieler.

Sehenswertes

Musée des Beaux-Arts (Kunstmuseum): Französische Provinzhauptstädte haben in der Regel ein Kunstmuseum, und dieses ist in der Regel sehr provinziell. Für Agen gilt die Regel nicht – überzeugen Sie sich selbst.

Eine Würdigung vorab verdient die *Place du Dr Esquirol*, an der das Museum steht: Die Häuser des Museums (16. und 17. Jh.), das Rathaus (17. Jh.) und das Theater (Anfang 20. Jh.) fügen sich zu einem harmonischen Bild.

Im Keller weist das Museum für die schönen Künste auf ein düsteres Kapitel der Geschichte des Hauses hin: An den steinernen Wänden hängen noch immer die Ketten, in denen einstmals die Gefangenen der Stadt schmachteten. Sonst werden nur einige prähistorische Funde zur Schau gestellt. Im Saal für gallo-römische Archäologie ist die *Venus von Mas* zu sehen, kopf- und armlos. Der elegante Torso im fallenden Gewand aus weißem Marmor wurde 1870 im Dörfchen *Le Mas d'Agenais* in der Nähe von Marmande gefunden.

In der ersten Etage steht der *Goya-Saal* im Zentrum des Interesses. Fünf Werke des Meisters sind im Besitz des Museums, darunter ein Selbstbildnis sowie *Caprices*, eine amüsante Komposition, in der eine Kuh, ein Elefant, ein Reh und ein Rabe durch die Lüfte fliegen.

Weitere Höhepunkte sind *Tête de jeune fille* von Greuze sowie *Musiciens à la campagne*, ein kleinformatiges Gemälde von Raoul Dufy.

In der zweiten Etage ist Roger Bissière ein ganzer Saal gewidmet. Der Einfluss Picassos ist unverkennbar. Bissière seinerseits beeinflusste in der Zwischenkriegszeit eine ganze Generation französischer Künstler. Die Sonderposition, die er im Museum bekommen hat, verdankt er seiner Herkunft: Er stammt aus dem Agenais.

🕐 Mai bis Sept. 10–18 Uhr. Okt. bis April 10–12.30 und 13,30–18 Uhr. Di geschlossen. Eintritt 3,90 €

Eglise Notre-Dame-du-Bourg: Der Ziegelsteinbau im Herzen der Altstadt stammt aus dem 13. Jahrhundert und ist nicht höher als die umliegenden Gebäude. Auffällig ist vor allem die Fassade mit dem hübschen Glockengiebel.

Eglise des Jacobins: *Jacobins* heißen in Frankreich die Dominikaner, und diese gründeten im 13. Jahrhundert die Kirche, ebenfalls ein Ziegelsteinbau. In den Religionskriegen des 16. Jahrhunderts diente die Dominikanerkirche den Hugenotten als Hauptquartier. Im 18. Jahrhundert, während der Schreckensherrschaft der Jakobiner (diesmal sind nicht die Dominikaner, sondern die Hardliner der Französischen Revolution gemeint), fand sie als Gefängnis Verwendung. In den heutigen friedlicheren Zeiten wird sie gelegentlich für Kunstausstellungen genutzt.

Cathédrale Saint-Caprais: Der Bau aus dem 12. Jahrhundert wirkt etwas gedrungen, dank seiner Apsiden stellt sich dann aber doch noch der Eindruck von Harmonie ein. Im Innern ist nichts Nennenswertes auszumachen.

Esplanade du Gravier: Die große, platanenbestandene Esplanade an der Garonne ist der Treff der Boule-Spieler, Skateboarder und Müßiggänger. Am Samstagvormittag wird hier Markt abgehalten. Von der Esplanade aus führt für Fußgänger eine Kettenbrücke *(La Passerelle)* über die Garonne. Kaum war diese 1840 eröffnet, als schon die Ketten rissen; zwanzig Passanten sollen damals unfreiwillig in der Garonne baden gegangen sein. Damit das Ereignis einmalig bleibt, wurde die Brücke in den 1990er Jahren überholt.

Le Pont-Canal: Ein architektonisches Meisterstück aus den Jahren 1839 bis 1843: Die Brücke ist auf 23 Bögen abgestützt, 539 m lang, 12,7 m breit, und das Kanalwasser ist über 2 m tief. Der Kanal *(Le Latéral)*, der auf einer Länge von über 100 km mehr oder weniger parallel zur Garonne verläuft, wechselt hier die Flussseite. Wenn Sie die Garonne in luftiger Höhe zu Schiff überqueren wollen, fragen Sie am *Quai de Dunkerque* nach (→ Bootsverleih).

Agen/Umgebung

▸ **Villascopia – gallorömische Villa in Castelculier**: Mit der 2007 eröffneten Villascopia verfügt das Agenais über eine einzigartige Attraktion: eine archäologische Ausgrabungsstätte, die mit raffinierter Dramaturgie kommentiert wird.

Als Erstes wird der Besucher in einem 30-minütigen 3-D-Film ins Jahr 456 zurückversetzt. Der 80-jährige Paulinus von Pella, ein Enkel des römischen Dichters (und Weinbauern) Ausonius, erinnert sich, wie er als 14-Jähriger mit dem Großvater zusammen in eine prunkvolle Landvilla eingeladen war. Er freundet sich mit dem Sohn des Gastgebers an, der ihm die Einzelheiten der Villa erklärt, ihn durch das Haus und vor allem durch die Bäder führt. Auch gefällt ihm die holde Tochter des Hauses ganz gut; aber noch bevor sich eine Liebesgeschichte entspinnt, bricht der Film ab. Nach der Vorführung folgt im Nachbarraum der Besuch eines kleinen Museums, in dem die Ausgrabungsfunde der gallorömischen Villa und ihrer Thermen ausgestellt sind. Die Marmorbüste (hat man die nicht eben im Film gesehen?) und der erst 1990 im Frigidarium gefundene Fingerring dort – um den dreht sich doch die ganze Geschichte!

Mit den Bildern des Films über die aristokratische Villa, ihre Bäder und ihre Besucher im Kopf, begibt man sich schließlich auf das Ausgrabungsgelände und sieht nun die Ruinen der Thermalanlage (Kaltbad, Dampfbad, Warmbad, kleine Bäder und großes Schwimmbecken) mit anderen Augen. Das Gelände ist mit bewachsenen Gitterzäunen unterteilt, so dass die Ruinen sich als archäologisches Gärtchen präsentieren. Gute Erklärungstafeln sowie ein Lageplan, der dem Besucher mit auf den Weg gegeben wird, sind eine nützliche Interpretationshilfe. Die Villa selbst ist nicht ausgegraben, zugänglich ist nur der einstige Thermalkomplex.

Französischkenntnisse sind bei dieser klug durchdachten Präsentation von großem Vorteil.

Ⓘ Mitte Feb. bis Mai Di–So 14–17 Uhr. Juni und Sept. Di–So 10–18 Uhr. Juli/Aug. tägl. 11–20 Uhr. Okt. bis Dez. Mi und Sa/So 14–17 Uhr. Eintritt 6 €. *Anfahrt* Von Agen Richtung Toulouse, nach 7 km beim Ort Grandfonds Castelculier gut ausgeschildert.

▸ **Vergnügungspark Walibi**: Wer die ruhige Landschaft des Agenais nicht erträgt, kann sich in den künstlichen Kitzel des „Walibi“-Parks flüchten: Achterbahnen mit kühnen Looping-Schleifen, Riesenrutschbahnen, Floßfahrten auf dem Radja River, Seelöwen-Shows und dergleichen. Gigantische Vergnügungslandschaften haben in Frankreich Hochkonjunktur – und sind an Wochenenden garantiert proppenvoll.

Ⓘ ... so kompliziert, dass wir sie nicht im Detail wiedergeben; nicht vor geschlossenen Toren stehen Sie Mitte Juni bis Aug. (tägl. mindestens 10–18 Uhr). Eintritt: Die ersten 4 € lassen Sie für den Parkplatz liegen, dann 22,20 €/Tag. Kinder 3–11 Jahre 20,20 €. • *Anfahrt* Von Agen in Richtung Nérac; kurz bevor die Straße die Autobahn überquert, liegt rechts nicht zu übersehen der Vergnügungspark.

▸ **Pech-de-Berre**: Wer bei schönem Wetter auf dem Weg nach Marmande ist, kann diesem freundlichen Panoramahügel einen Besuch abstatten: Aussicht über das ganze Umland, unten zieht die Garonne vorbei. Auch fürs Picknick ist der Pech-de-Berre ein hervorragendes Plätzchen. Die im Halbkreis angeordneten Steinblöcke vor der auf Holz abgestützten Halle lassen an ein uraltes heidnisches Heiligtum denken, das mit dem großen eisernen Kreuz und seiner steinernen Christusfigur konkurriert.

Anfahrt Von Agen knapp 30 km in Richtung Marmande. Beim Örtchen Nicole führt rechts ein Sträßchen (Schild: „Site panoramique") zum Pech-de-Berre hoch. Das große Christuskreuz auf dem Hügel ist schon von weitem zusehen.

Das Pays d'Albret

Seinen Namen erhielt der Landstrich südwestlich von Agen vom alten Adelsgeschlecht der Albrets. Deren berühmtester Spross wuchs hier auf und bestieg als Heinrich IV. den französischen Thron.

Insbesondere in *Nérac,* der Hauptstadt des *Pays d'Albret,* weht der Atem der royalistischen Geschichte. *Margarete von Angoulême* (1492–1549), die Königin von Navarra, verlegte ihren Hof hierher, und ihr Enkel, eben jener spätere Heinrich IV., verbrachte als Jugendlicher in dieser abgeschiedenen Gegend vielleicht die schönsten und sorgenfreisten Jahre seines Lebens.

Das Pays d'Albret kennt – mit Ausnahme der Wochenenden in Nérac – keinen nennenswerten Tourismus. Keine großen Sehenswürdigkeiten erwarten den Besucher, dafür ruhige Dörfer, ein freundlicher Menschenschlag und in der Regel eine hervorragende Küche.

Nérac

Der Hauptort des Pays d'Albret ist ein Wirtschaftszentrum mit über 7000 Einwohnern, mehreren Schulen, Gymnasium, Krankenhaus und einer Unterpräfektur. Das ist das moderne Nérac, das kleinstädtische Lebensqualität verspricht, in einem Reiseführer aber keine weitere Erwähnung verdient. Daneben gibt es das mittelalterliche Nérac mit seiner königlichen Aura auf der

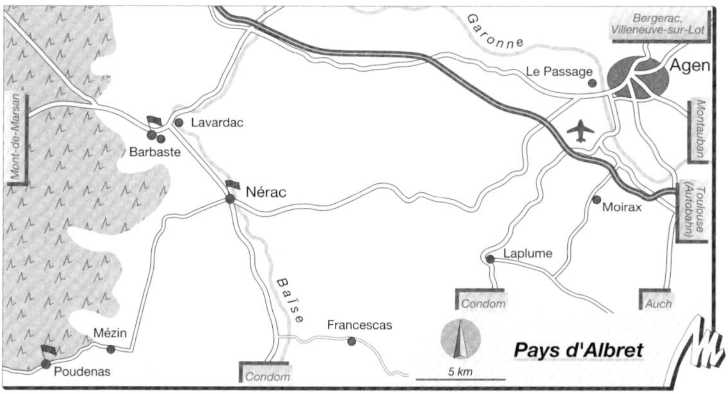

einen Flussseite und dem *Petit Nérac* mit seinen wunderschönen Fachwerkhäusern auf der anderen.

Wer von Agen her kommt, stellt sein Gefährt am besten bei der *Baïse*-Brücke ab und nimmt von hier aus einen ersten Augenschein. Flussabwärts hat man einen Postkartenblick auf das *Petit Nérac* mit seinen Quais und auf den *Vieux Pont*; flussaufwärts ergehen sich Spaziergänger im Lustpark, den einst die Könige von Navarra anlegen ließen; geradeaus über der Brücke zeigt sich das Schloss, das unter *Jeanne d'Albret*, der Mutter Heinrich IV., fertiggestellt wurde.

Romanze in Moll

... à peine ils s'étaient vus
qu'ils s'aimèrent d'amour.
Elle comptait seize ans
lui, trois de plus.
Ravie, Fleurette à cet amour
donna toute sa vie.
Henri, Prince d'Albret
ne lui donna qu'un jour ...

... kaum hatten sie sich gesehen, / liebten sie sich schon. / Sie zählte sechzehn Jahre, / er drei mehr. / Entzückt gab Fleurette dieser Liebe / ihr ganzes Leben. / Heinrich, Prinz d'Albret / gab ihr nur einen Tag ...

Die unglückliche Fleurette liegt heute als Skulptur in einer Grotte im Parc de la Garenne, daneben plätschert, aus drei Mündern gespeist, fröhlich die Fontaine Saint-Jean. Der kontemplative Zeitgenosse setzt sich auf die Ruhebank davor.

Diverses

- *Postleitzahl* 47600
- *Information* **Office du Tourisme**, av. Mondenard (von Agen kommend nach der Brücke links hoch). Mai/Juni und Sept. Di–Sa 9–12 und 14–18 Uhr, So 10–12 und 15–17 Uhr. Juli/Aug. Mo–Sa 9–13 und 14–19 Uhr, So 10–12.30 und 15–17.30 Uhr. Okt. bis April Di–Sa 9–12 und 14–18 Uhr. ✆ 05.53.65.27.75, 05.53.65.97.48, accueil@albret-tourisme.com, www.ville-nerac.fr.
- *Verbindung* Tägl. einer, gelegentlich zwei **Busse** nach Agen und Mont-de-Marsan. Abfahrt am Platz vor dem Rathaus.
- *Bootsfahrt* Der aus Holz gearbeitete Touristendampfer „Prince Henry IV" mit seinen 75 Sitzplätzen fährt auf der Baïse durchs alte Nérac und zum königlichen Park. Fahrtdauer: inkl. Schleuse von Nazareth 1 Stunde. Abfahrtszeit: April und Okt. So und Feiertage 15 und 16.30 Uhr (Okt. 16 Uhr). Mai/Juni und Sept. tägl. 15 und 16.30 Uhr. Juli/Aug. tägl. 15, 16.30 und 17.30 Uhr. Preis: Erwachsene 7,50 €, Kinder bis 12 Jahre 5 €, bis 4 Jahre gratis. ✆ 05.53.65.66.66, www.croisieresduprincehenry.com.

  Train touristique de l'Albret. Auf der stillgelegten Eisenbahnstrecke fährt ein altes elektrisch betriebenes Nostalgiezüglein von Nérac nach Mézin und zurück. Einfache Fahrt eine Stunde. April/Mai und Sept./Okt. 1- bis 2-mal am Wochenende. Juli/Aug. tägl. bis 3-mal. Einfache Fahrt 6,50 €, hin/zurück 8,50 €.
- *Hotels* ** **Du Château**, neben dem Maison de Tourisme. Zum Hotel gehört ein nicht ganz billiges Restaurant mit ein-

heimischen Spezialitäten. DZ 44 €, einige Zimmer mit Dusche/WC auf Etage. 1. Januarhälfte geschlossen. 7, av. Mondenard ✆ 05.53.65.09.05, ✆ 05.53.65.89.78.

** **Henri IV**, am Platz bei der Post. Eine freundliche Wirtin mit einer besonderen Aufmerksamkeit für Utensilien im Bad, ein Lektüreangebot im Flur und im Zimmer, ein Frühstück in einem sehr gepflegten Raum – unsere Empfehlung. DZ 35–42 €, die billigeren mit WC auf Flur. 4, place du Général Leclerc. ✆ 05.53.65.00.63, ✆ 05.53.97.59.88, http://perso.wanadoo.fr/hotelhenri.4.

* **Du Pont**, direkt an der Brücke. Die Snackbar des kleinen Hotels ist der lebendigste Ort des Städtchens. Im Angebot 3 DZ mit Dusche; nur Halbpension 42 €/Person. 2, av. Mondenard ✆ 05.53.65.09.76.

• *Restaurants* **Les Terrasses du Petit Nérac**, im Petit Nérac, direkt über dem Fluss. Leicht überteuerte Küche in romantischer Lage ... wenn da nur nicht die Mücken wären. 7, rue Sèderie. ✆ 05.-53.97.02.91.

Brasserie de l'Hôtel de Ville, beim Rathaus. Weniger romantisch, dafür preiswert. Großes Angebot. Selbst beim billigsten Menu (ca. 10 €) kommt erst noch ein Kir auf den Tisch, und die in einer traumhaften Marinade auf Rotweinbasis eingelegten Pflaumen runden das Mahl vorzüglich ab. Place de la Mairie. ✆ 05.53.65.37.16.

Betrieb auf der Baïse

Agenais

Sehenswertes

Schloss: Eines der ersten Schlösser Frankreichs, in deren Architektur sich die Renaissance ankündigt. Beachtenswert ist vor allem die Südseite mit der von „gedrechselten“ Pfeilern gestützten Arkadengalerie.

In den Religionswirren war das Schloss ein Stützpunkt der Hugenotten. *Jeanne d'Albret* verbrachte hier den größten Teil ihres Lebens. Ihr Sohn Heinrich von Navarra war einer der bedeutendsten Hugenottenführer. Seine Hochzeit 1572 mit Margarete von Valois machte als „Bluthochzeit“ Geschichte: Sie leitete ein beispielloses Morden an den Hugenotten („Bartholomäusnacht“) ein, angezettelt von der Schwiegermutter des Bräutigams, Katharina von Medici. Heinrich von Navarra fand 1576 auf Schloss Nérac Zuflucht und blieb hier bis 1588. Ein Jahr später – zwischenzeitlich hatte Heinrich III. seinen Widersacher Heinrich von Guise ermorden lassen, ehe er selber ermordet wurde – fiel die französische Krone an Heinrich von Navarra, der sich fortan Heinrich IV. nannte. Später fand er, Paris sei „eine Messe wert“ und trat, um die Hauptstadt zu gewinnen, zum Katholizismus über. Nebenbei: Wie die anderen Heinriche fiel auch der IV. einem Mord zum Opfer.

Im Schlossinneren ist eine informative Dokumentation zu den illustren Bewohnern von Marguerite d'Angoulême bis Heinrich IV. zu sehen – so mit Zitaten gespickt, dass man ohne Französischkenntnisse verloren ist. Im Untergeschoss

Anlegestelle im Petit Nérac

ist ein kleines archäologisches Museum eingerichtet, in dem u. a. Mosaike und andere gallo-römische Grabungsfunde aus Nérac ausgestellt sind.
⌚ April bis Sept. tägl. 10–18 Uhr. Okt. bis März Di–Do und Sa/So 14–18 Uhr. Eintritt 4 €.

Parc de la Garenne: Nehmen Sie sich Zeit für einen romantischen Spaziergang auf den Spuren der Könige und Königinnen von Navarra. Der im 16. Jahrhundert angelegte Waldpark entlang der *Baïse*, in dem der junge Prinz Heinrich seine amourösen Touren unternahm (→ Kasten „Romanze in Moll"), hat nichts von seinem Reiz verloren.

Bains Royaux: 2007 war noch eine Baustelle zu sehen, aber in im April 2008 soll's losgehen. Dann sollen am Stadtrand von Nérac die „königlichen Bäder" eröffnet werden – ein riesiges Open-air-Wasserparadies mit verschiedenen Schwimmbecken, einem Heißbad und Riesenrutschbahnen, das sogar das „Walibi" bei Agen (→ dort) in den Schatten stellen könnte.

Barbaste

Das Dorf, 6 km nordwestlich von Nérac am Rande des Pinienwalds der Landes gelegen, streitet mit Mézin (→ unten) um den Titel der Kork-Hauptstadt. Zumindest was die Verarbeitung zu Flaschenkorken betrifft, steht dieser jedoch Mézin zu. Von der Wirtschaftskrise allerdings sind beide Städtchen gleichermaßen betroffen, seit mit Kork keine großen Geschäfte mehr zu machen sind.

Hauptsehenswürdigkeit von Barbaste ist *Le Moulin des Tours*. Das gewaltige Bauwerk mit seinen vier markanten Türmen scheint wie aus riesigen Legosteinen zusammengesetzt – so streng und rechtwinklig wirkt die Festung. Sie datiert aus dem 13. Jahrhundert und war ursprünglich zur Kontrolle der heute

In Eymet, einem Wehrdorf aus dem 13. Jahrhundert, geht ‘s heute friedlich zu (TdA) ▲

▲▲ Musentempel für 1239 Zuschauer: Le Grand Théâtre von Bordeaux (HS)
▲ Girondisten-Denkmal in Bordeaux (HS)

GIC

▲▲ Das Schloss von Hautefort mit seinen Französischen Gärten (TdA)
▲ Burgruine von Villandraut (MXS)

noch beeindruckenden *römischen Brücke* (12. Jh.) gedacht, die in zehn Bogen die Gélise überspannt. Vermutlich kurz nach der Fertigstellung wurde die Festung mit einer Mühle versehen, deren einziger Zugang durch den größten der Türme führte. Im 19. Jahrhundert kaufte ein reicher Müller namens Bransoulié das Anwesen und ließ eine private Kettenbrücke direkt von der Mühle aus über den Fluss schlagen (heute nicht mehr vorhanden), um nicht mit dem gemeinen Volk über die römische Brücke gehen zu müssen.

Diese und weitere bauliche Veränderungen unter Herrn Bransoulié sind in einer sachkundigen, kleinen Dokumentation fotografisch festgehalten. Das Ausstellungsgebäude befindet sich gegenüber dem Anbau der Festung und hat seine eigene Geschichte: einst Kapelle, dann Stall.

Dokumentationsausstellung Mai/Juni und Sept. Do–Mo 14.30–18.30 Uhr, Sa/So 10.30–12.30 und 14.30–18.30 Uhr. Juli/Aug. Mi–Fr 14.30–18.30 Uhr, Do–Mo 10.30–12.30 und 14.30–18.30 Uhr. Okt. bis April Do–So 13.30–17.30 Uhr. Eintritt frei.

Was mit der Festung künftig geschehen soll, ist seit Jahren unklar. Sie steht unter Denkmalschutz, im Gegensatz zum direkt angebauten einstigen Wohntrakt Bransouliés aus dem 19. Jahrhundert. Einige plädieren für ein Niederreißen des Anbaus, andere träumen von einem Kulturzentrum, wieder andere wollen das gesamte Anwesen in ein Museum umwandeln. Derzeit hat sich hier die Verwaltung des Zusammenschlusses der umliegenden Gemeinden *(communauté de communes)* sesshaft gemacht.

Restaurant **Le Moulin des Saveurs**, beim Moulin des Tours, an der Ostseite der Baïse. Gute traditionelle, regionale Küche, preislich leicht über dem Durchschnitt. Mo ganztags, Di und Sa mittags geschlossen. 05.53.97.06.60.

Mézin

Bis in die Nachkriegszeit war das Städtchen am Rande des Pinienwalds der *Landes* das Zentrum der Flaschenkorkenmanufaktur. Mit der Entwicklung moderner Produktionsmethoden, der Kronkorken- und Plastikverschlüsse begann die wirtschaftliche Talfahrt. Waren es einst bis 3000 Männer und Frauen, die in über 30 Fabriken (und nach Feierabend in Heimarbeit) die Rinde der Korkeichen zu Zapfen verarbeiteten, so üben in Mézin heute nur noch vier Personen – im Auftrag einiger Bordeaux-Produzenten – das traditionelle Metier aus. Die Bevölkerung ist auf weniger als 1500 Einwohner geschrumpft.

Übrig geblieben ist aus der goldenen Zeit des Korkens ein kleines, aber feines Museum.

- *Information* **Syndicat d'Initiative**, Place Armand Fallières (Ortszentrum). Sehr freundliches Personal, viel Informationsmaterial, u. a. für ca. 3 € eine Broschüre über die Wanderwege in der Umgebung. Mai bis Sept. 9.30–12.30 und 14–17 Uhr, Juli/Aug. länger, Sonntagnachmittag geschlossen. 05.53.65.77.46.
- *Verbindung* Tägl. einer, gelegentlich zwei **Busse** über Nérac nach Agen und nach Mont-de-Marsan.

Train touristique de l'Albret. Auf der stillgelegten Eisenbahnstrecke verkehrt ein altes elektrisch betriebenes Nostalgiezüglein zwischen Mézin und Nérac. Einfache Fahrt eine Stunde. April/Mai und Sept./Okt. 1- bis 2-mal am Wochenende, Juli/Aug. tägl. bis 3-mal. Einfache Fahrt 6,50 €, hin/zurück 8,50 €.

Sehenswertes

Eglise Saint-Jean-Baptiste: Sie steht im Zentrum des Städtchens und fügt sich mit der *Place Armand Fallières* und deren Arkadenhäusern zu einem eindrucksvollen Bild. Die Kirche – sie wurde auf den Grundmauern einer im Jahr 1000 zerstörten Benediktinerabtei errichtet – ist stilistisch nicht gerade einheitlich, vermittelt aber einen imposanten Gesamteindruck. Die Fassade aus dem 14. Jahrhundert mit ihren zwei Rundtürmen ist fast so hoch wie der vierschrötige Glockenturm, so dass der ganze Bau wie eine Festung wirkt.

Im Innern überraschen die Lichteffekte im Chor. Ein Glasfenster links des Seiteneingangs zeigt die Bürger von Mézin, die Pius IX. huldigen – anlässlich des 1854 von ihm verkündeten Dogmas der unbefleckten Empfängnis Mariens.

Musée du Liège et du Bouchon (Korkenmuseum): In zwei Sälen sind die Gerätschaften und Maschinen ausgestellt, die nötig sind, um aus einem Stück Rinde der Korkeiche einen bedruckten Korken *(„Mise en bouteille")* herzustellen. Der Vorgang in Kürze: schälen, in Streifen schneiden, zu Würfeln verkleinern, runden, paraffinieren, bedrucken. Was anfänglich reine Handarbeit war, wurde nach dem Ersten Weltkrieg zusehends maschinell erledigt, selbst das Aussortieren der beschädigten Korken. Der ganze mechanische Produktionsprozess, bis die fertigen Korken in die dafür bereitgestellten Körbe purzeln, wird dem Besucher vorgeführt.

Dem Museum angegliedert ist eine kleine *archäologische Abteilung,* deren Prunkstück – ausgestellt vor rotem Samtstoff – eine 1970 in der Umgebung gefundene Jupiter-Statue ist.

Wenn Sie von *Armand Fallières* noch nie gehört haben, in Mézin begegnen Sie ihm sicher: als Namensschild an der Kirchenmauer, als Name für den zentralen Platz und als Statue. Im Museum ist ihm eine kleine Gedenkausstellung gewidmet. Er war von 1906 bis 1913 Präsident der Französischen Republik, und wurde – man ahnt es schon – in Mézin geboren – und starb daselbst auch.

🕐 April bis Juni und Okt. Di–Sa 14–18 Uhr, So 15–17.30 Uhr. Juli/Aug. Di–Sa 10–12.30 und 14–18.30 Uhr, So 14–18.30 Uhr. Sept. Di–Sa 10–12.30 und 14–18.30 Uhr, So 15–17.30 Uhr. Eintritt 4 €.

Poudenas

Über dem kleinen Nest an der *Gélise* thront das Schloss der Seigneurs von Podenas aus dem 13. Jahrhundert, den treuen Vasallen des englischen Königs. Es wurde mehrfach umgebaut und ist eine Besichtigung kaum wert, es sei denn man käme, um den hier produzierten *Floc de Gascogne* zu degustieren, eine Mischung aus Armagnac und dem Saft der Merlot-Trauben.

Jahrelang fanden sich in Poudenas Gourmets aus aller Welt ein. Im *La Belle Gascogne* hantierte Madame Gracia am Gasherd, die einst im Elysée für Valéry Giscard d'Estaing und seine gekrönten und ungekrönten Gäste kochte. Ende September 1998 ging Madame in den verdienten Ruhestand. Vor Schreck machte am Tag darauf auch die Trittbrettfahrerin *Hostellerie du Roy Henry* dicht. Unter den Arkaden der ehemaligen Postrelaisstation mit ihrer holzabgestützten Loggia stillten die weniger betuchten Gäste ihren Hunger.

Verbindung Tägl. einer, gelegentlich auch zwei **Busse** über Mézin und Nérac nach Agen und Mont-de-Marsan.

Villeneuve-sur-Lot

Wer schon einige Bastiden in Südwestfrankreich gesehen hat und durch die Innenstadt von Villeneuve mit ihren rechtwinkligen Straßen spaziert, ahnt es schon: Auch Villeneuve war ursprünglich eines dieser klassischen Wehrdörfer.

Als Mitte des 13. Jahrhunderts *Alphonse de Poitiers*, ein Bruder des französischen Königs *Ludwig IX.*, die Bastide beiderseits des *Lot* errichten ließ,

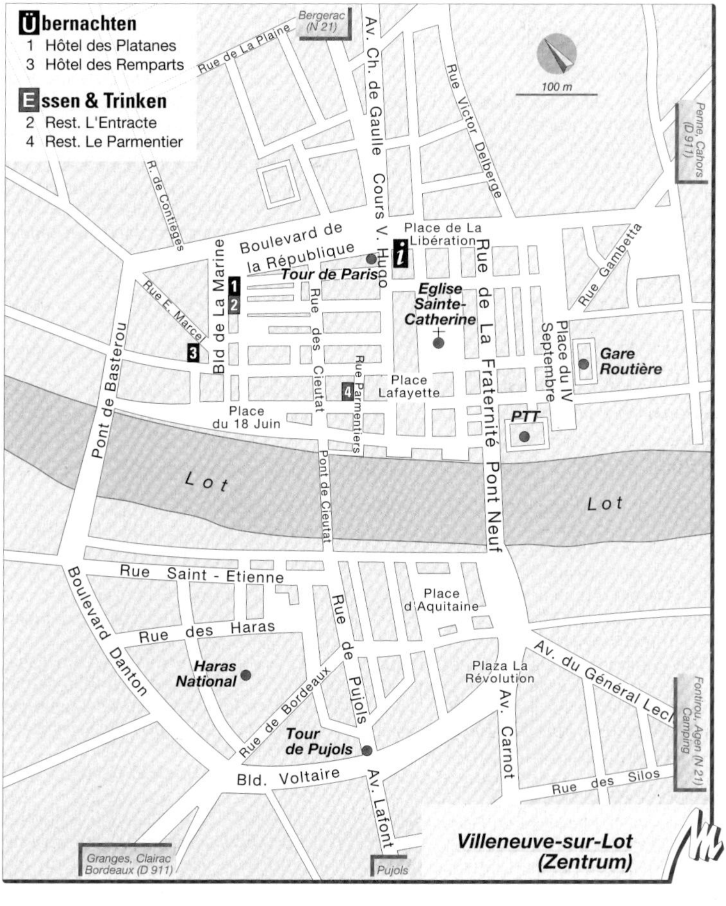

war die Gegend noch dicht bewaldet. Heute kann man sich dies kaum mehr vorstellen. Villeneuve ist längst über die mittelalterliche Ummauerung hinausgewachsen, und auch am Stadtrand ist weit und breit kein Wald in Sicht. Dafür sieht man sich hier inmitten von Pflaumenplantagen: Die berühmten *Pruneau d'Agen* kommen – entgegen dem Versprechen des Namens – aus der Umgebung von Villeneuve.

Vor allem abends und an Wochenenden sieht man viele arabische Gesichter in der Stadt, was angesichts der provinziellen Lage verwundern mag. Die Erklärung dafür liegt im Vorort *Bias*; dort wurde 1962 ein Camp für *Harki* errichtet – Algerier, die im algerischen Befreiungskrieg auf französischer Seite kämpften und denen mit der Unabhängigkeit Algeriens der nordafrikanische Boden zu heiß geworden war. Die nordafrikanische Präsenz schlägt sich auch in der Gastronomie nieder: Sie werden keine Mühe haben, ein Couscous-Restaurant zu finden.

Information/Verbindungen

• *Postleitzahl* 47300

• *Information* **Office de Tourisme**, 3, place de la Libération. Freundlicher Empfang und kompetente Auskünfte. Juli/Aug. Mo–Sa 10–13 und 15–19 Uhr, So 10–13 Uhr. Sept. bis Juni Mo–Sa 9–12 und 14–18 Uhr. Außerhalb der Öffnungszeiten gibt ein Touch-screen die nötigsten Informationen. ✆ 05.53.36.17.30, ℻ 05.53.49.42.98, tourisme.ville-villeneuve-sur-lot@wanadoo.fr, www.tourisme-villeneuve-sur-lot.com.

• *Verbindung* **Bahn**: Der Bahnhof (heute stillgelegt) von Villeneuve wurde stets nur für den Güterverkehr genutzt. Personen müssen sich ins 8 km entfernte **Penne d'Agenais** begeben. Von dort Verbindung über Les Eyzies nach Périgueux sowie nach Agen. Letzteres ist aber von Villeneuve aus einfacher mit dem Bus zu erreichen.

Bus: Gute Verbindung nach Agen. Der Bus hält sowohl am linken Garonne-Ufer (beim ausgedienten Güterbahnhof) als auch am rechten (Gare routière, place du IV Septembre). Weitere Informationen über Verbindungen und Anschlüsse beim Office de Tourisme.

• *Internet* **cyberphone.com**, 7, rue de la Convention.

• *Markt* Dienstag- und Samstagmorgen auf der Place Lafayette.

Bio-Markt Mittwochmorgen auf der Place d'Aquitaine.

Übernachten/Essen (→ Karte S. 195)

• *Hotels* ** **Les Platanes (1)**. Sehr freundlicher Empfang, preiswert und gepflegt. Die unterschiedlichen Zimmerpreise richten sich nach der sanitären Ausstattung. DZ 36–49 €. Unsere Empfehlung! 40, bd de la Marine. ✆ 05.53.40.11.40, ℻ 05.53.70.71.95, www.hoteldesplatanes.com.

* **Des Remparts (3)**. Bescheidene Zimmer, die meisten mit Dusche/WC auf Etage. Zur Straße eine belebte Bar. DZ 38 €. 1, rue Etienne-Marcel. ✆ 05.53. 70.71.63, fougeray@wanadoo.fr.

Weitere Hotels → Villeneuve-sur-Lot/Umgebung (Penne d'Agenais).

• *Camping* ** **Municipal du Rooy**, rue du Rooy (2 km außerhalb des Zentrums, im Süden der Stadt; erst Richtung Agen, nach Überquerung der Bahnlinie links einbiegen). Kleines, unprätentiöses und billiges Gelände mit knapp 70 Stellplätzen auf schattiger Wiese, dessen Infrastruktur sich auf zwei Sanitärblocks beschränkt. In der Hochsaison ist etwas Betrieb, vor- und nachher findet man noch einige Rentner in gemieteten Wohnwagen. Größerer Supermarkt in unmittelbarer Nähe, der Croissant-Wagen fährt tägl. im Camping vor. Für Camper ist der Besuch des benachbarten städtischen Schwimmbads gratis. Geöffnet Mitte April bis Sept. ✆ 05.53.70.24.18, ℻ 05.53.49.01.39.

Weitere Plätze i. d. Umgebung *** **Du Lac**, knapp 20 km in Richtung Bergerac, 3½ km vor Cancon (Schild „Centre touristique"). An einem kleinen, fast rundum von

Wald umgebenen See, leider kein Sandstrand, dafür Kanuverleih für den daneben gelegenen rechteckigen Teich. Reitstall, Restaurant und Bar gehören zum Angebot dieses etwas ältlichen Campings. Auch Bungalowvermietung. Schatten garantiert. 65 Stellplätze. Geöffnet Juni bis Sept. ✆ 05.53.01.60.24, 📠 05.53.01.64.70.

** **Municipal de Saint-Chavit**, vor dem Ort Lougratte. Wiesengelände mit 90 Stellplätzen an einem kleinen See, mit Sandstrand, Tretboot- und Surfbrettverleih, Pingpong-Tisch und Kinderspielplatz, Tenniscourt ganz in der Nähe. Geöffnet Juni bis Mitte Sept. ✆ 05.53.01.70.05, 📠 05.53.41.18.04.

• *Restaurants* **L'Entracte (2)**. Hervorragende Küche zu nur leicht überdurchschnittlichen Preisen. Weder Kneipe noch großes Speiselokal, sondern ganz einfach ein dezent eingerichtetes Bistro, in dem man gerne einen Abend verbringt. Mi und So Abend geschlossen. 30, bd de la Marine. ✆ 05.53.49.20.50.

Le Parmentier (4). Durchschnittliche französische Küche zu ebenfalls leicht überdurchschnittlichen Preisen. Mo Ruhetag. 13, rue Parmentier. ✆ 05.53.70.35.02.

Sehenswertes

Tour de Paris: Der Wachtturm, im unteren Teil Mauerwerk, im oberen geziegelt, stammt aus der Gründungszeit der Stadt. Das Tor bildete den Nordausgang der Bastide. Im 17. Jahrhundert setzte eine Kanonade dem Turm arg zu, doch Restaurierungs-Spezialisten versorgten die Wunden.

Tour de Pujols: Er ist das exakte Pendant zum obigen und steht am Südausgang der Bastide. Das Mauerwerk im unteren Teil ist stark lädiert. Vielleicht, weil die Touristen den Tour de Pujols in der Regel nicht so schnell zu Gesicht bekommen wie sein Gegenstück im Norden, hat man hier auf eine Restaurierung verzichtet.

Eglise Sainte-Catherine: Im ersten Moment irritiert sie den Betrachter. Der Ziegelsteinbau mit seinem im oberen Teil oktogonalen Glockenturm wirkt herausgeputzt und trotz der klassischen Bauweise seltsam modern. Kein Wunder: Die Kirche ist neuer als die Häuser rundum und wurde in der ersten Dekade des 20. Jahrhunderts gebaut. Ihre Vorgängerin aus dem 13. Jahrhundert bestand ebenfalls aus Ziegelsteinen, doch offenbar schlecht gebrannten. Im 19. Jahrhundert stürzten ganze Gewölbeteile ein, so dass die Kirche gänzlich abgerissen werden musste. An den beiden Seitenwänden sind 66 Personen dargestellt, vielleicht soll das Aufgebot an Heiligen einen neuen Einsturz verhindern. Auch die Beschränkung auf eine einzige heilige Katharina schien den Kirchendekorateuren nicht ausreichend, und so sind in den Mosaiken des Chors gleich sechs Katharinen zu sehen: die von Bologna, die von Schweden, die von Siena, die von Alexandria, die von Genua und die von Ricci.

Haras National (Staatliche Pferdeaufzuchtstelle): Nicht nur Pferdenarren werden vom Besuch des harmonischen Backsteingehöfts beeindruckt sein. In den Boxen stehen reinrassige Hengste arabischen, englischen, bretonischen und amerikanischen Geblüts. Bei den Stars sind die Rennsiege vermerkt, und gelegentlich verrät ein Namensschild den betuchten Besitzer.

🕐 Mo–Fr 14–17 Uhr. Eintritt bisher frei, kann sich nach Auskunft der Behörden aber ändern.

Villeneuve-sur-Lot/Umgebung

▶ **Pujols**: Der winzige mittelalterliche Ort, 3 km südwestlich von Villeneuve auf einem Hügel, bietet eine großartige Aussicht auf die Stadt und die fruchtbare Ebene des Lot-Tals. Man betritt Pujols durch ein Stadttor, das gleichzeitig als Glockenturm der Kirche aus dem 15. Jahrhundert dient und dessen unterer Teil noch das Mauerwerk des einstigen Donjons zeigt. Gleich dahinter liegt die *Place Saint-Nicolas* mit einer mittelalterlichen Markthalle, die noch heute ihren Zweck erfüllt. In den wenigen Gässchen verraten ein paar schmucke Steinhäuser mit üppiger Vegetation, dass man sich hier in bester Wohnlage befindet.

Markt April bis Okt. jeweils Sonntagmorgen auf der Place St-Nicolas.

▶ **Penne d'Agenais**: Nur 6 km östlich von Villeneuve lockt das auf einem Felsvorsprung gelegene Penne mit seinen Wehranlagen mit einem weiteren Ausflug ins Mittelalter. Der kleine Ortskern wurde mit großem Aufwand restauriert. Kunsthandwerker und Künstler haben sich hier mit ihren Werkstätten eingerichtet. Im Rathaus wurde Platz für ein kleines Kunstmuseum geschaffen. Ein kurzer Spaziergang führt hoch zur Wallfahrtskirche *Notre-Dame de Peyragude*, ein Bau aus der ersten Hälfte des 20. Jahrhunderts, der ein früheres Kirchlein ersetzte. Vorbei an der kümmerlichen Ruine des Donjons einer einst gewaltigen Burg, die Richard Löwenherz errichten ließ, gelangt man zum höchsten Punkt, wo ein riesiges Holzkreuz in den Himmel ragt; es soll 1896 von Pilgern aus Palästina hierher geschleppt worden sein. Von da führt der Weg sanft hinunter zur *Porte de Ferracap* und in den Ortskern zurück.

• *Verbindung* **Zug**: problemlos nach Agen, tägl. 4-mal über Les Eyzies nach Périgueux.

• *Hotel* ** **Le Compostelle d'Agenais**, knapp unterhalb des historischen Zentrums. Preiswerte, moderne, freundliche Anage mit großem betischtem Garten nach hinten. Internet (für Gäste gratis) sowie WiFi-Anschluss. Erstaunlich große, helle Zimmer. DZ 49 €. 18, rue Jean Moulin, 47140 Penne d'Agenais. ✆ 05.53.40.16.03, www.hotel-lecompostelle.com.

▶ **Monflanquin**: Die Bastide aus dem 13. Jahrhundert ist schon von weitem zu sehen, sie liegt auf einer Hügelkuppe. Die Besucher parken ihr Gefährt am besten oben bei der *Kirche Saint-André*; einzig der Grundriss und das Portal stammen noch aus gotischer Zeit. Die eigenartige Fassade mit den Arkaden und dem Glockenturm datiert von 1923. Von hier führt eine kurze Gasse hinunter zur zentralen, schräg abfallenden *Place des Arcades*, die man bei der *Maison du Prince Noir* erreicht, mit ihren Spitzbögen das schönste Haus der Bastide. Man muss sich die Terrassierung des Platzes wegdenken, um sich in die Zeit zu versetzen, in der angeblich der Schwarze Prinz hier logierte (→ Geschichte, Englische Herrschaft und Hundertjähriger Krieg).

Am Haus an der schräg gegenüberliegenden Ecke des Platzes ist eine eigenartige *Sonnenuhr* zu sehen. Sie beschränkt sich darauf, die Zeit zwischen 11 und 13 Uhr anzuzeigen. Keiner weiß heute mehr, seit wann sie dort ist. Angeblich diente sie nur dazu, die Uhren zu regeln. 1912 wurde sie zum ersten Mal restauriert, 1982 zum zweiten Mal und ging 1990 bei einem Test nur 2 Minuten vor. Bei unserer Recherche 2007 erwies sie sich als eindeutig ungenauer ...

Auch wenn die Sonne nicht scheint, ist man nicht vergebens nach Monflanquin gekommen. Der Ort verfügt über ein sehenswertes kleines **Musée des Bastides**. In den beiden Etagen über dem Office de Tourisme (am oberen

Château de Bonaguil

Ende des Platzes) erfahren Sie alles, was Sie schon immer über die Bastiden wissen wollten. Ein Audioguide (französisch) führt Sie durch die Geschichte des Bastidenbaus, der anhand von Modellen erläutert wird. Besondere Berücksichtigung erfährt dabei natürlich Monflanquin, das 1252 von den französischen Kapetingern gegründet wurde, 1279 unter die Herrschaft der englischen Plantagenêts geriet, 1294 von den Kapetingern zurückerobert wurde, 1303 von den Plantagenêts und 1324 wieder von den Kapetingern ... solche Wechsel kümmerten die Bastidenbevölkerung kaum, in der Regel setzten die Königshäuser ohnehin lokale Vasallen ein, und die waren stets Gasconen.

Ⓞ Mo–Sa 10–12 und 14–18 Uhr. Eintritt 4 €.

▶ **Château de Bonaguil**: Eine Bilderbuchburg! Die Anlage des Château aus dem 13.–16. Jahrhundert ist noch gut erhalten. Im 15./16. Jahrhundert residierten hier die mächtigen Herren von Roquefeuil, im 18. Jahrhundert erwarb Marguerite von Fumel die Burg, um sie zu einem prunkvollen Wohnsitz umzubauen. Aber bald kamen die französischen Revolutionäre, die derlei aristokratischen Allüren nichts abgewinnen konnten, und zerstörten das wehrhafte Château, das in seiner langen Geschichte nie in einen Krieg verwickelt war.

Durch die vier Meter dicken Mauern betritt man den Ehrenhof mit seiner Zisterne und startet von hier aus auf einen aufregenden Rundgang: an der Backstube vorbei zu einem Turm, dessen Kuppel spiralförmig mit Steinen gemauert ist. Durch die ehemaligen Kasematten führt der Rundgang in unterirdische Galerien und zu weiteren Türmen. Dem „dicken Turm", einst 40

Meter hoch und Symbol der Macht der Herren von Roquefeuil, folgt der „rote Turm“ mit einer Passage, die den Zugang zum „quadratischen Turm verspricht. Fehlanzeige: Die Passage ist eine Falle, in der einst feindliche Eindringlinge mühelos eingeschlossen werden konnten. Die 1973 entdeckten Graffiti im Turm stammen vermutlich aus dem 16. Jahrhundert und sind kaum mehr entzifferbar. Zum Abschluss besteigt der Besucher den Donjon, das Herzstück der Anlage mit sechs Räumen auf drei Etagen und einer Panoramaterrasse, die einen atemberaubenden Blick auf die gesamte Anlage freigibt.

Ⓞ Feb./März tägl. 11–13 und 14.30–17.30 Uhr. April/Mai tägl. 10.30–13 und 14.30– 17.30 Uhr. Juli/Aug. tägl. 10–18 Uhr. Sept. tägl. 10.30–13 und 14.30–17 Uhr. Okt. tägl. 11–13 und 14.30–17 Uhr. Nov. So 11–13 und 14.30–17 Uhr. Eintritt 6 €.

Das Museum der Pflaume

Im Musée du Pruneau, inmitten der Pflaumengärten am Lot bei Granges, sind natürlich keine alten Pflaumen ausgestellt. Vielmehr erfährt der Besucher, wie das frische Baumobst zur klebrig-schmackhaften Backpflaume mutiert.

Schalen mit frisch gedörrten Pflaumen stehen in jedem Raum, an der Wand hängen Spucknäpfe für die Kerne – der Museumsbesucher darf nach Herzens- oder Magenslust die dunkelblauen Früchte lutschen. Zu sehen sind allerlei ausgediente Gerätschaften sowie Backöfen, in denen die Pflaumen, ausgebreitet auf einem Strohgitter, gedörrt wurden. An einer handbetriebenen Lochsiebmaschine aus der vorletzten Jahrhundertwende wird die Calibrage, das Sortieren nach Größe, demonstriert. Es folgen Apparaturen zur Sterilisierung, Konservierung, Eindosung usw.

Nach dem Museumsbesuch führt der Weg in die moderne Produktionshalle. Die alten Öfen sind durch Heißluft-Tunnels ersetzt, die Dörrfrüchte kommen aufs Fließband, werden handverlesen, abgepackt – alles im Familienbetrieb. Und wer sich bis dahin den Bauch noch immer nicht vollgeschlagen hat, kann dies im Verkaufsraum tun und auch andere Pflaumenprodukte erstehen: Pflaumenpurée, Pflaumenaperitif, in Whiskey oder Armagnac eingelegte Früchte ...

Ⓞ Mitte März bis Mitte Okt. Mo–Sa 9–12 und 14–19 Uhr, So 15–19 Uhr. Mitte Okt. bis Mitte März Mo–Sa 9–12 und 14–18.30 Uhr, So 15–18.30 Uhr. Zweite Januarhälfte und letzte Dezemberwoche geschlossen. Eintritt ca. 3,50 €.

• *Anfahrt* Von Villeneuve-sur-Lot erst auf der D 911 Richtung Marmande, nach ca. 10 km rechts nach Granges abbiegen, hinter dem Ort der Beschilderung durch die Pflaumengärten folgen.

▸ **Tournon**: Wenn Sie auf Ihrer Tour durch Südwestfrankreich noch immer keine Bastide besucht haben, fahren Sie von Penne d'Agenais aus 16 km in östliche Richtung (D 661) nach Tournon. Das auf einer Hügelkuppe gelegene Wehrdorf wurde im 13. Jahrhundert von den Franzosen gegründet und zeigt schulbuchmäßig den klassischen Grundriss: rechtwinklige Straßenführung und zentraler quadratischer Platz. Nichts stört die strenge Harmonie, es sei denn man verübelt den Einheimischen, dass sie nicht wie im Mittelalter leben und ihre Autos dort parken, wo's eben am einfachsten ist: auf dem von malerischen Arkadenhäusern umsäumten Platz.

▸ **Fontirou-Grotten und Prähistorischer Zoo**: Stalaktiten und Stalagmiten zieren sieben miteinander verbundene unterirdische Säle. In den Grotten wurden prähistorische Tierknochen gefunden, u. a. auch der Eckzahn eines Säbelzahntigers. Diese Funde gaben den Anlass, hier einen prähistorischen Zoo einzurichten. Saurier – alle in Originalgröße – stehen im Gelände: der stachelbewehrte *Stegosaurus*, der mit einem Rachen voll spitzer Zähne drohende *Tyrannosaurus Rex*, der riesige *Bracchiosaurus*, der mühelos eben mal bis ins Schlafzimmer im 4. Stockwerk eines Wohnblocks spähen könnte. Der Besucher ist nachgerade erleichtert, dass diese Ungetüme ausgestorben sind. Die Führung durch die Märchenlandschaft dauert etwa 40 Minuten.

Ein Picknickgelände und eine wunderschöne Minigolf-Anlage, die zwar nicht prähistorisch, aber auch uralt ist, ergänzen das Freizeitangebot von Fontirou.

🕐 Mai/Juni und 1. Septemberhälfte tägl. 14–17.30 Uhr. Juli/Aug. tägl. 10–12.30 und 14–18 Uhr. Eintritt 5,80 €. *Anfahrt* Von Villeneuve ca. 10 km in Richtung Agen, hinter Saint-Antoine de Ficalba rechts abbiegen (ausgeschildert).

Marmande und das Pays de Duras

Das Marmandais und das Pays de Duras bilden zusammen die Nordwest-Ecke des Agenais. Die Gegend liegt klar im Abseits, und Marmande wollen wir dort auch liegenlassen. Das kleine Pays de Duras hingegen lohnt einen kurzen Abstecher.

Es ist ein lieblicher, sanfthügeliger Landstrich: Maisspeicher am Straßenrand, einige Dörfer, die außer der Idylle des ruhigen Landlebens weiter nichts ausstrahlen – kein touristischer Imperativ also. Einzig das *Schloss von Duras* macht eine Ausnahme. Neben Franzosen sind es vor allem Engländer, die dem imposanten Bau einen Besuch abstatten und sich hinterher mit ein paar Flaschen des exzellenten *Côte de Duras* eindecken.

Marmande

Marmande sei das *Carrefour d'Aquitaine*, der Verkehrsknotenpunkt Aquitaniens, behauptet die städtische Reklame. Das mag stimmen, aber der Verkehr fährt ungerührt an der Stadt vorbei. Die Einheimischen nennen Marmande ganz einfach „Hauptstadt der Tomate" und kommen damit der Wahrheit wesentlich näher. In der Tat: Wenn Sie nicht gerade im Gemüsegroßhandel tätig sind, können Sie Marmande ruhig links, rechts, vor oder hinter sich, je nachdem, von welcher Seite Sie sich nähern, liegen lassen.

• *Information* **Office Municipal de Tourisme**, Boulevard de Gambetta, moderner Pavillon an der Durchgangsstraße im Norden der Altstadt. Juli/Aug. Mo–Sa 9–19 Uhr. Sept. bis Juni Mo–Sa 9.30–12 und 14–17.30 Uhr. ✆ 05.53. 64.44.44, 📠 05.53.20.17.19. ot.marmande@wanadoo.fr.

• *Verbindung* **Zug**: Gute Verbindungen nach Agen, Bordeaux und Toulouse. **Bus**: tägl. einmal nach Mont-de-Marsan.

Marmande/Umgebung

▸ **Couthures-sur-Garonne**: Das an der Garonne gelegene Dörfchen macht mit den *Gens de Garonne* auf sich aufmerksam, einer 45-minütigen „scénovision" (in Französisch), die an das Jahr 1960 knüpft, als der Fluss über die Ufer trat. Die Show, die technisch raffiniert mit visuellen Effekten spielt, lässt die Leute aus Couthures zu Wort kommen. Wundern Sie sich also nicht, wenn der Mann, den Sie eben unten am Fluss beim Fischen gesehen haben, plötzlich auf der Leinwand auftaucht oder sich als Zuschauer neben Sie setzt, um sich selbst zuzusehen. Ein einfühlsames Spektakel, das ganz harmlos im Coiffeursalon des Dorfes beginnt ...

Falls Sie eine Stunde bis zur nächsten Vorführung warten müssen – nicht schlimm: Direkt vor dem Haus hält die Wiese an der Garonne traumhafte Plätzchen bereit. Oder schauen Sie sich den kleinen Ausstellungsraum mit den Fischereiutensilien an und versuchen, das komplizierte Doppelnetz zu verstehen, in dem Neunaugen und Alsen per Eigengewicht vom einen ins andere Netz fallen ...

⌚ Feb. bis Mai und Okt. bis Dez. Di–So 14–17 Uhr. Juni und Sept. Di–So 10–18 Uhr. Juli/Aug. tägl. 10–19 Uhr. Vorführung jeweils zur vollen Stunde. Eintritt 6 €.

Duras

Ein gewaltiges Schloss und im Anhang ein Städtchen, das in seinem historischen Kern kaum ein halbes Dutzend Straßen zählt. An Wochenenden ist Duras ein gern besuchter Ausflugsort, Scharen von Besuchern lassen sich durch die Schlosssäle führen und spazieren anschließend die Hauptstraße hinauf zum Uhrturm aus dem 13. Jh., dem einstigen Haupteingang zur Bastide. Zum Abschluss kostet man auf der Place Jean Bousquet gegenüber dem Schloss den edlen *Côtes de Duras*, der in der Umgebung wächst.

• *Postleitzahl* 47120

• *Information* **Office de Tourisme du Pays de Duras**, 14, bd Jean Brisseau (Nähe Hostellerie des Ducs). Neben Weinverkauf auch brauchbare Informationen über das Städtchen und die Umgebung, incl. ein kleiner Wandervorschlag. 10–12 und 14–17 Uhr (Mo bereits ab 9 Uhr). ☎ 05.53.93.71.18, 📠 05.53.93.96.20, contact@paysdeduras.com,www.paysdeduras.com.

• *Verbindung* **Bus** nach Ste-Foy-la-Grande und Marmande (spärlich).

• *Hotels* In Duras gibt es nur ein einziges Hotel:

** **L'Hostellerie des Ducs**. Angenehm ruhige Zimmer in einem ehemaligen Kloster, die allerdings klein sind, die teuersten mit AC. Klein ist auch der Garten zur Straße. Nach hinten Speiseterrasse und Swimmingpool. Preiswertes Restaurant - (Sonntagabend und Mo geschlossen). DZ 54–114 €. Bd Jean Brisseau. ☎ 05.53.83.74.58, 📠 05.53.83.75.03, www.hostellerieducs-duras.com.

Wenn das Hotel ausgebucht ist, was in der Hauptsaison die Regel ist, kann man günstig in Allemans-du-Dropt (10 km in Richtung Miramont → unten) oder in Monségur (10 km in Richtung La Réole → Entre-deux-Mers) unterkommen.

• *Camping* ** **Municipal Le Château**, zu Füßen des Schlosses. 20 sauber abgetrennte Stellplätze, pro Platz mindestens ein Baum, im unteren Teil elektrische Anschlüsse, sanitäre Anlagen vorhanden. Für den Kurzaufenthalt akzeptabel. Geöffnet Mitte Juni bis August. ☎ 05.53.83.70.18, mairie-de-duras@wanadoo.fr.

Marguerite Duras

Die skandalumwitterte Autorin, geboren in Vietnam und 1996 mit 82 Jahren in Paris gestorben, ist eine der schillerndsten Figuren der französischen Geschichte des 20. Jahrhunderts. Wie der frühere Staatspräsident François Mitterrand arbeitete sie erst für die mit den Nazis kollaborierende Pétain-Regierung, bevor sie sich der Résistance anschloss. Den Kollaborateur, der ihren Mann bei der Gestapo denunzierte, soll sie aus Rache verführt haben, bevor sie ihn dem Erschießungspeloton auslieferte.

Weltruhm erlangte die Duras 1959 mit dem Drehbuch zu *Hiroshima mon Amour* von Alain Resnais. Ihr 1984 erschienener Roman *Der Liebhaber* wurde auch in Deutschland ein Bestseller.

Ihr eigentlicher Name war Marguerite Donnadieu, das Pseudonym Duras wählte sie, weil ihr Vater von hier stammte. In Duras dankte man ihr dafür mit der *Place Marguerite Duras* im Ortszentrum. So mutiert das „Enfant terrible" der französischen Literatur allmählich zum Klassiker, wogegen man sich posthum bekanntlich nicht wehren kann ...

Sehenswertes

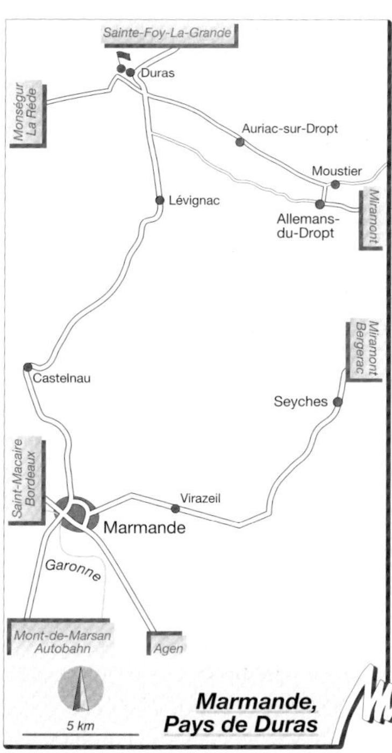

Château de Duras: Das Schloss datiert aus dem Jahr 1310 und geht auf einen Neffen von Papst *Clemens V.* zurück. Der reiche Onkel, der zuvor seine Residenz von Rom nach Avignon verlegt hatte, übernahm die Finanzierung des Baus. Wohlmeinende Quellen sagen, er habe damit den militärischen Schutz des noblen Weingebiets verbessern wollen, böse Zungen berichten von einer päpstlichen Konkubine im nahen Périgord.

1680 erhielten die Seigneurs von Duras den Herzogtitel und nahmen die Beförderung zum Anlass, die mittelalterliche Burg in ein Lustschloss umzubauen. Dieses war nach 60 Jahren bezugsfertig und wurde ein halbes Jahrhundert später im Namen der Französischen Revolution beschlagnahmt. Die neuen Machthaber hatten wenig Sinn für herrschaftlichen Prunk, das luxuriöse Mobiliar wurde versteigert, die Türme des Hauptbaus zerstört oder gestutzt bis auf den einen, der heute den Besuchern als Aussichtsplattform dient. Ein Herzog von Duras brachte, was nach der Revolution noch übrig war, 1807 per Kauf wieder in Familienbesitz. Doch wohnte der Herr im fernen Paris und kümmerte sich nicht um die fällige Renovierung. Diese wurde erst 1969 begonnen, nachdem die Gemeinde Duras das Schloss erworben hatte.

Für den Besuch sollte man sich Zeit nehmen. Von den Räumen beeindruckt vor allem die Chambre der Madame Duras mit ihrer komplett erhaltenen Holztäfelung. Höhepunkt der Führung ist ein aufwendiges Techno-Theater in einem viereckigen Turmzimmer. Mit Bildprojektionen, Spiegeln und Schattenspielen wird die Geschichte des Schlosses erzählt. Der Papst unterhält sich mit einem Prinzen, während an der gegenüberliegenden Wand, in seiner berühmten schwarzen Rüstung Eduard, der Schwarze Prinz, sich einmischt. Wer kein Französisch versteht, freut sich an den visuellen Effekten. Akustische und optische Signale sind auch beim Gang durch die Kellergewölbe stete Begleiter. In der Schlossküche dreht sich ein schweinähnliches Tier am Spieß, das Menü wird holographisch dazuprojiziert. Am Schluss der Show fällt der scharfe, grüne Lichtstrahl auf die Weinkaraffe: *Côte de Duras.*

Nach dem Technik-Spuk können Sie sich in den so genannten Geheimnisraum begeben. Hier erfahren Sie, dass schon im 17. Jahrhundert die Bewohner des Lustschlosses Sinn für akustische Effekte hatten. Der steinerne Raum ist absolut leer und exakt viereckig. Wie diskret Sie auch in der einen Ecke flüstern mögen, in der gegenüberliegenden Ecke können Sie ohne weiteres gehört werden. Hi-Fi vor 300 Jahren – ausprobieren. Das Degustationsangebot im Weinkeller – rot, weiß und rosé – rundet den Schlossbesuch angenehm ab.

⌚ März bis Mai und Okt. 10–12 und 14–18 Uhr. Juni und Sept. 10–12.30 und 14–19 Uhr. Juli/Aug. 10–19 Uhr. Nov. bis Feb. Sa/So 10–12 und 14–18 Uhr. Die Kasse schließt jeweils 1 Std. vorher. Eintritt 6 €.

Maison des Vins: Zum 70-jährigen Jubiläum der „Appelation Côte de Duras" präsentierte sich die „Maison des Vins" (unterhalb des Dorfes, Richtung Marmande, dann an der Kreuzung rechts) 2007 in neuem Gewand. Im Gegensatz zu anderen französischen Weingegenden beschränkt man sich hier nicht einfach auf den Verkauf der regionalen Produktion.

Die Weinbauern, die das Gebäude unterhalten und auch für das Gehalt der beiden Angestellten aufkommen, sind im Erdgeschoss mit je drei Weinen vertreten. Interessanter ist das Obergeschoss, wo eine Ausstellung zum Weinbau gezeigt wird, die auch ausstellungstechnisch und ästhetisch überzeugt. Hier werden die geologischen und klimatischen Bedingungen eines guten Tropfens erläutert. Und die Weine selbst – wie sind ihre Aromen, was bedeuten die Farbnuancen? Besucher, auch Kinder, drehen an Infoständern, drücken auf Knöpfe, testen ihre Nase. Eine höchst informative und zugleich sehr ansprechend Ausstellung.

Vor dem Haus wurden verschiedenartige Reben hochgezogen, dazwischen Pergola-Weinlauben und ein didaktischer Weg eingerichtet. Gegen den Ver-

Einst Wohnsitz derer von Duras – heute in Gemeindebesitz

kehrslärm schützen vielleicht bald die 2007 gepflanzten Pflaumenbäume, sodass die Anlage zum idyllischen Info-Gärtchen wird, in dem sich auch hervorragend picknicken lässt – den Wein dazu gibt's vor Ort.

Ⓞ Juli/Aug. Mo–Fr 10–18.30 Uhr, Sa/So 15–18.30 Uhr. Sept. bis Juni Mo–Fr 9–12 und 14–17.30 Uhr. Eintritt frei.

Eglise Sainte-Marie-Madeleine: Die Kirche im Ortszentrum stammt aus dem 17. Jahrhundert und wurde letztmals 1990 renoviert. Trompe-l'oeil-Kassetten im Gewölbe und unechte Marmorsäulen geben ein stilistisch wenig einheitliches Bild ab. Die bemalten Flachreliefs aus Holz wurden 1998 um eines vermehrt: die schöne, schwarzhaarige Hure Madeleine wäscht Christus die Füße. Auch das Pültchen auf dem Altar wurde erst in den 1990er Jahren bemalt.

Allemans-du-Dropt

Der Name des Orts, 10 km südöstlich von Duras an der Straße nach Miramont, geht auf deutsche Siedler aus dem frühen Mittelalter zurück. Heute verirrt sich nur noch selten ein Deutscher hierher.

Einzige Sehenswürdigkeit von Allemans sind die *Fresken der Dorfkirche*. Sparen Sie den nötigen Euro nicht, der Beleuchtung und Kirchenmusik gleichzeitig in Gang setzt.

Die Fresken stammen aus dem 15. Jahrhundert und überraschen durch ihre einfache, klare Strichführung – beeindruckend z. B. die Falten im Gewand des richtenden Jesus (Jüngstes Gericht). Daneben triumphiert Sankt Michael als geflügelter Ritter über einen Teufel, der eben einen Korb voller See-

Allemans-du-Dropt – Satans Helfer bei der Arbeit (15. Jh.)

len heimführen will. Glück gehabt, denn die Hölle ist ein wahrer Ort des Grauens: Sünder schmoren im Kochtopf, ein anderer Teufel schleppt bereits die nächste Ladung Unglücklicher herbei, ein dritter hat sich eine Frau beinvoran über die Schultern geworfen. Zwei weitere Frauen stecken auf dem Drehspieß in des Teufels Küche. Ob die Bauern des Mittelalters angesichts dieser drastischen Szenen noch in der Lage waren, zu sündigen ohne Albträume zu riskieren, ist nicht überliefert.

• *Hotel/Restaurant* ** **L'Etape Gasconne**, am Hauptplatz oberhalb der Kirche. Familienbetrieb. Gepflegte Zimmer, alle mit Dusche/WC. Nächtliche Ruhe garantiert. Das Restaurant des Hotels verdient ein besonderes Lob. Die Küche ist ausgezeichnet, die Flasche Rotwein kommt ungefragt auf den Tisch, das Salatbuffet ist eine Pracht. Mo–Fr wird ein Billigmenu angeboten, Wein und zwei Nachspeisen im Preis inbegriffen. DZ 38–58 €. Place de la Mairie, 47800 Allemans-du-Dropt. ✆ 05.53.20.23.55, ✆ 05.53.93.51.42, www.letapegasconne-hotel.com.

Für Ihre Kritik – auch positive – und für Hinweise, z. B. zu Hotels, Restaurants und Campingplätzen, sind wir Ihnen dankbar. Ihre Reiseerfahrungen sind für uns eine wertvolle Hilfe, die nächste Auflage noch besser zu machen!

Marcus X. Schmid
Stichwort „Südwestfrankreich"
c/o Michael Müller Verlag
Gerberei 19 / D – 91054 Erlangen
mxs@michael-mueller-verlag.de

Côte d'Argent

Die Bezeichnung Côte d'Argent, Silberküste, kreierte ein Bordelaiser Journalist im 19. Jahrhundert. Und der Name hält, was er verspricht: Ein 240 Kilometer langes, silbernes Sandband säumt die Küste von der Pointe de Grave, wo die Gironde sich mit dem Atlantik vereint, bis zur Adour-Mündung nördlich von Biarritz.

Die Dörfer liegen meist etwas im Landesinnern im endlosen Pinienhain, der sich hinter der Küstendüne erstreckt. Erst in den letzten zwei Jahrzehnten haben sich unmittelbar hinter der Düne kleine Villensiedlungen entwickelt, die im Ortsnamen den Zusatz *Plage* tragen.

An den Stränden tummelt sich keine Prominenz aus Film und Fernsehen. Natur und Natürlichkeit sind Trumpf: Die *Côte d'Argent* ist nicht die *Côte d'Azur*.

Baden

Der 240 km lange Strand ist nie ausgelastet, Platz ist genug, und wer Einsamkeit sucht, wird sie finden. Von der Straße, die parallel zur Küste im Landesinnern verläuft, führt ab und zu eine Stichstraße zu einer Strandsiedlung, bzw. zu einem großen Parkplatz an der Düne. Bequeme, asphaltierte Dünen-Übergänge zum Strand – früher eine Seltenheit – sind mittlerweile die Regel geworden. Wo sie fehlen, muss man mit einem 10- bis 20-minütigen Fußmarsch rechnen. Das Stapfen durch den Sand ist besonders bei Hitze anstrengend, und wer dazu noch ein Surfbrett zu schleppen hat, ist nicht zu beneiden.

Der Atlantik mit seinen starken Gezeiten kann tückisch sein, Jahr für Jahr lassen einige Unvorsichtige ihr Leben in den Fluten. An einigen Stellen wie z. B. an der *Pointe de Grave* gilt wegen der starken Brandung ein totales Badeverbot. An den vom Tourismus frequentiertesten Stränden zeigt eine grüne, gelbe oder rote Fahne an, ob der Ozean seine freundliche oder seine bösartige Seite zeigt (→ Kapitel Sport). *Baignade non surveillée* bedeutet, dass der Strand nicht überwacht ist und sämtliche Risiken der eigenen Achtsamkeit anheim gestellt sind.

Ungefährlich und kinderfreundlich sind die Binnenseen *Lac de Hourtin-Carcans* und *Lac de Lacanau*: flache Sandstrände, keine Wellen.

Surfen/Wellenreiten

Lacanau ist regelmäßig Austragungsort der Surf-Weltmeisterschaften, *Hossegor* und *Biarritz* sind ihrer starken Brandung wegen bei Wellenreitern beliebt. Surfen lässt sich praktisch an der ganzen Silberküste, Wind ist zumindest nachmittags garantiert. Doch aufgepasst, wie für Badende gilt auch für Surfer: Rechnen Sie mit den Tücken des Ozeans, beachten Sie die Fahnen an den überwachten Stränden.

Für Anfänger sind die Atlantikwellen meist kein Vergnügen, und sie verzweifeln schnell. Eine ideale Alternative bieten ihnen die Binnenseen *Lac de Hourtin-Carcans* und *Lac de Lacanau* und – sofern nicht gerade Ebbe herrscht – auch das *Bassin d'Arcachon*: genügend Wind, keine Wellen.

Radfahren

Pinienduft in der Nase statt Autoabgase. Die Gironde-Halbinsel verfügt über ein vorbildliches Radwegenetz. Abseits der Straßen führen spezielle, gut markierte Wege mitten durch den Pinienwald. Ein Plan *(Les pistes cyclables de Gironde)* ist kostenlos bei den örtlichen Informationsbüros erhältlich. Er enthält auch die Adressen der Fahrradverleiher.

Camping

Wo ein Ort ist oder eine Stichstraße zum Ozean führt, ist fast immer auch ein Campingplatz. Relativ bescheiden und am strandnächsten liegt in der Regel der *Camping Municipal.* Diese kommunalen Campingterrains gleichen wie ein Ei dem andern: angenehmes, ebenes Gelände im Pinienwald an der Düne, ausreichend sanitäre Einrichtungen, viel mehr nicht. Meist haben sie zwei bis drei Sterne (den dritten vermutlich der schönen Lage wegen) und sind relativ teuer, aber noch immer billiger als die private Konkurrenz. In der Regel ist der Camping Municipal von Juni bis Mitte September geöffnet, im August oft knallvoll.

Campingplätze mit Sternen, Sport- und Animationsangeboten sowie sogenannte *Airôtels* (mehr oder weniger ein Mietbungalow-Gelände mit luxuriöser Infrastruktur) findet man eher in der Nähe der großen Tourismuszentren.

Wildzelten ist strengstens **verboten**!

Soulac-sur-Mer

Die kleinen Ziegelsteinvillen mit den gepflegten Gärtchen vermitteln den Eindruck kleinbürgerlicher Behaglichkeit. Einzig in der Fußgängerzone mit ihren Geschäften geht es ein wenig lebendiger zu, dort übersieht man vor lauter farbigem Plunder die noch erhaltenen Gründerzeitvillen des Bäderorts. Doch ist Soulac insgesamt ein beschauliches Dorf geblieben.

Am Anfang der Ortsgeschichte steht eine Benediktinerabtei, von der heute noch die *Basilika Notre-Dame-de-la-Fin-de-la-Terre* zeugt. Bis ins 16. Jahrhundert verfügte Soulac über einen Zugang zur Gironde und besaß eine bedeutende Reede. Danach vermoorte der Verbindungskanal und die Stadt selbst versandete zusehends, so dass die Bewohner sich ins Landesinnere verzogen und dort die Siedlung *Jeune Soulac* gründeten.

Erst im Zweiten Kaiserreich ging es mit dem Ort wieder aufwärts. Stadt und Kirche wurden regelrecht wieder ausgegraben, allmählich wurde Soulac zu einem bescheidenen Anlaufpunkt für Ausflügler aus Bordeaux und Royan. Der Aufschwung zum größeren Badeort mit Strandpromenade begann jedoch erst in den 1960er Jahren – eine Entwicklung, die noch nicht abgeschlossen ist, wie die Beton-Neubauten von Casino und Kongresspalast demonstrieren.

Das unruhige Meer stellt die Kommunalverwaltung von Soulac auch heute noch vor immense Probleme. Der Strandgürtel hinter der Promenadenstraße wird jährlich schmaler, und jährlich wird im Wettlauf gegen die Natur zum Wohl der Badetouristen Sand angekarrt. Derzeit wird erwogen, diese Sisyphos-Arbeit einer Dauersandpumpe zu überlassen, die auf einem Schiff installiert werden soll. Als Alternative ist auch ein Betondamm im Ozean im Gespräch.

Information/Diverses

- *Postleitzahl* 33780
- *Information* **Office de Tourisme**, rue de la Plage (zentrale Geschäftsstraße). Öffnungszeiten ziemlich variabel, als Richtlinie gilt: Mitte Juni bis Sept. 9–19 Uhr. Okt. bis Mitte Juni Mo–Sa 9–12.30 und 14–18 Uhr, in der 1. Junihälfte auch Sonntagmorgen. ✆ 05.56.09.86.61, ℻ 05.56.73.63.76, www.soulac.com (auch deutschsprachig).
- *Verbindung* **Bahn**, ca. 3-mal tägl. über Pauillac nach Bordeaux und in die andere Richtung zur Pointe de Grave (von dort mit der Fähre weiter nach Royan). Gelegentlich ersetzt ein **Bus** die Bahn, Abfahrt auch dann am Bahnhof. Dieser befindet sich an der Avenue Général de Gaulle, im Süden des Orts.
- *Buchhandlung* Ein großes Antiquariat findet man schräg gegenüber dem Hotel La Dame de Coeur, allerdings nur französischsprachige Literatur.
- *Fahrradverleih* **Cyclo'Star**, 9, rue Fernand Lafargue (nördliche Seitenstraße zur Geschäftsstraße). Der Profi in Soulac. 200 Fahrräder, auch Mountain-Bikes, Tandems und Kinderräder. ✆ 05.56.09.71.38.

Ericycles, 5, rue du Cardinal Donnet (Nähe Hotel La Dame de Cœur). ✆ 05.56.73.62.89.

- *Waschsalon* rue Victor Hugo (schräg gegenüber der PTT). Tägl. 7.30–22 Uhr.

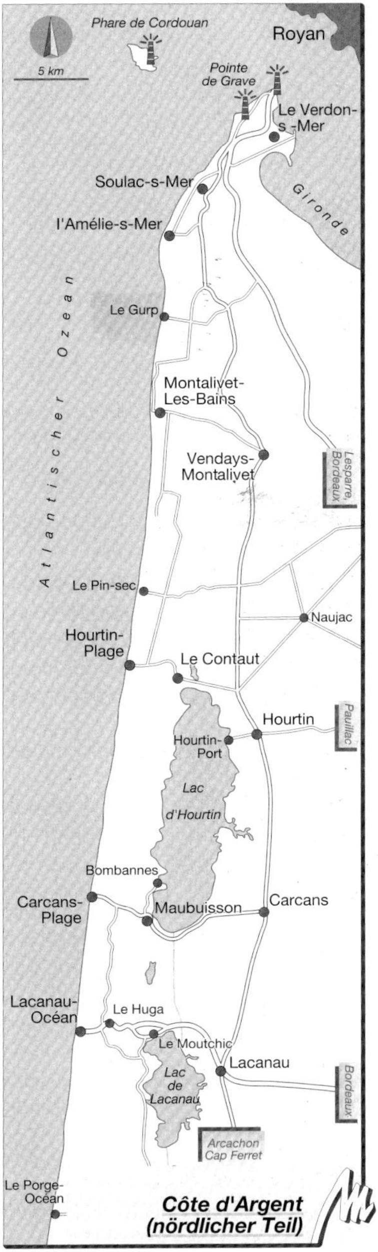

Übernachten

• *Hotels* ** **L'Hacienda**, oberhalb der Kirche (am Rond-Point Richtung „Plage"). Traumhaftes Haus mit betischtem Garten. Freundlicher Empfang, das Gästebuch spricht Bände. Restaurant mit Fischspezialitäten. DZ 58–86 €, je nach Saison. Mitte Nov. bis Dez. geschlossen. 4, rue du Perier de Larsan. ✆ 05.56.09.81.34, 📠 05.56.73.65.57, www.hacienda-soulac.com.

** **Michelet**, strandnah. Ruhige Zimmer in einem der für Soulac typischen Ziegelsteinhäuser, alle mit Dusche/WC, teils mit Balkon. DZ 50–77 €. Geöffnet März bis Okt. 1, rue B. Baguenard. ✆ 05.56.09.84.18, 📠 05.56.73.65.25.

** **Le Neptune**, an der zentralen Geschäftsstraße. Neubau mit Komfortzimmern, fast am Meer. DZ 60–75 €. Geöffnet Feb. bis Nov. 12, rue de la Plage. ✆ 05.56.73.32.50, 📠 05.53.73.32.69.

La Dame de Coeur, am oberen Ende der Geschäftsstraße. Keine Klassifizierung mehr, aber noch existent. Es empfiehlt sich, die Zimmer erst in Augenschein zu nehmen. DZ mit Dusche/WC. 32–45 €. Im Erdgeschoss haben die Besitzer eine Tapas-Bar eingerichtet. Place de l'Eglise. ✆ 05.56.09.80.80, 📠 05.56.09.97.47.

• *Camping* *** **Les Sables d'Argent**, an der Straße nach L'Amélie, am südlichen Ortsausgang von Soulac. Schönes Gelände im Pinienwald. 150 Stellplätze direkt hinter der Küstendüne. Lebensmittelladen, Bar, Tischtennis etc. Geöffnet April bis Sept. ✆ 05.56.09.82.87, 📠 05.56.09.94.82, www.sables-d-argent.com.

Weitere **Plätze** in L'Amélie und an der D 101 (Route des Lacs), von denen der **Les Lacs** mit einem beheizten Hallenbad sowie einem größeren Freibad aufwartet.

Sehenswertes

Basilika Notre-Dame-de-la-Fin-de-la-Terre: Die *Liebe-Frau-vom-Ende-der-Welt-Basilika* ist das Zeugnis der bewegten Vergangenheit von Soulac. Die Stadt befand sich über Jahrhunderte hinweg in einem unablässigen Kampf gegen die Düne, Mitte des 18. Jahrhunderts lag Soulac dann vollständig unter dem Sand begraben. Die Basilika aus dem 12. Jahrhundert wurde erst 1863 wieder ausgebuddelt und renoviert. Doch wurde sie nicht mehr, was sie war. Wer einmal um den Bau herumspaziert, sieht die Spuren der sandigen Vergangenheit sofort: Teilweise ragen die Fenster nur halb aus dem Boden heraus, der unterste Teil der dreistöckigen Apsis ebenso. Auch im Innern sind die Folgen der Versandung leicht auszumachen. Vom Portal führt eine Treppe hinunter zum Hauptschiff, das heute 3,6 m über der ursprünglichen Höhe liegt, dann geht's noch einmal hinunter zur Kapelle der heiligen Veronika. Auch hier steht man noch über dem ursprünglichen Niveau, die Fenster befinden sich wie diejenigen des Chors knapp über dem Boden. Der Basilika war einst eine Abtei angegliedert, von der heute jedoch nichts mehr zu sehen ist. Ebenfalls verschwunden ist das Querschiff, seine Gewölbeteile wurden bereits im 18. Jahrhundert für den Bau der Kirche in *Jeune Soulac* verwendet, wo die Bevölkerung eine sandsichere Fluchtsiedlung aufgebaut hatte.

Ein besonderes Augenmerk verdienen die Kapitelle, die fast unversehrt aus dem Sand gerettet wurden. Die schönsten befinden sich im südlichen Teil, u. a. eine Darstellung Daniels in der Löwengrube.

Baden

Die Gezeitenunterschiede zeigen sich in Soulac deutlicher als an anderen Stränden der Silberküste, bei Ebbe entfernt sich der Ozean um mehrere

Vorsicht: kreuzender Sand!

hundert Meter, die Flut reicht bis zur Küstenpromenade. Der gesamte Strandabschnitt von Soulac bis L'Amélie ist überwacht.

Soulac/Umgebung

▸ **Le Verdon-sur-Mer**: Der Ort an der Gironde-Mündung besitzt mit dem *Port de Bordeaux Le Verdon,* dem ausgelagerten Freihafen von Bordeaux, der 1976 in Betrieb genommen wurde, einen der wichtigsten Handelshäfen der französischen Atlantikküste. Insgesamt können hier 500 000 Kubikmeter Rohöl gelagert werden, 80 % der Containerfracht des Gesamthafens von Bordeaux werden in Le Verdon umgeschlagen. Die Frachter steuern von hier aus etwa 150 Häfen in aller Welt an: fünf Tage dauert die Reise nach Dakar an der westafrikanischen Küste, elf Tage nach Los Angeles.

Le Verdon war nur noch ein kleiner, grauer Industrieort mit Hafen, als im Sommer 2004 nördlich des Ortskerns eine Champagnerflasche gegen die Kaimauer flog: Der nagelneue Yachhaften *Port-Médoc* mit 800 Anlegeplätzen wurde eröffnet, für die Bordelaiser Bootsbesitzer eine Alternative zu den teuren im Bassin von Arcachon.

Nicht genug der Häfen! Das Projekt der holländischen *4Gas,* in Verdon einen Gastanker-Terminal zu bauen, schlug 2007 hohe Wellen und rief sowohl Umweltschützer als auch Tourismuspolitiker auf den Plan. Ob das Projekt verhindert werden kann, war bei Redaktionsschluss noch offen.

Baden

Das Gironde-Wasser ist trüb, der Industriehafen nah, so dass man die *Plage Fluvienne* hinter der Bahnlinie zum Baden nicht empfehlen mag. Auf der ozeanischen Seite hingegen, hinter dem *Saint-Nicolas*-Wäldchen, liegen direkt nebeneinander, schlecht ausgeschildert, zwei verlockende, überwachte

Strände: die *Plage Océanique* für Bekleidete, die *Plage Naturiste de la Chambrette* für Unbekleidete.

• *Information* **Office de Tourisme**, 2, rue des Frères Tard. Das Büro organisiert Ausflüge zum Leuchtturm von Cordouan und Hafenrundfahrten.
Juli/Aug. 10–12 und 16–19 Uhr, Vor- und Nachsaison Mo–Fr 11–12 und 15–16 Uhr. ✆ 05.56.09.61.78, 📠 05.56.09.61.32, tourismeleverdon-sur-mer@wanadoo.fr., www.littoral33.com/le_verdon.htm.

• *Verbindung* **Bahn/Bus**: ca. 3-mal täglich über Soulac und Pauillac nach Bordeaux, in die andere Richtung bis zur Endstation Pointe de Grave (von dort mit der Fähre weiter nach Royan). Gelegentlich ersetzt ein Bus die Bahn, Abfahrt auch dann am Bahnhof.

▶ **Pointe de Grave**: Exakt 100 Straßenkilometer von Bordeaux entfernt befindet sich die Landspitze, wo die Gironde in den Ozean übergeht. Der weiß sandige Atlantik-Strand der Pointe de Grave ist verlockend, doch gilt der starken Brandung wegen striktes Badeverbot. Außer einem herrlichen Panorama über das Mündungsgebiet, auf das Ufer der Charente-Maritime bei Royan und zum berühmten *Leuchtturm von Cordouan* (→ unten) hat die Pointe de Grave wenig zu bieten.

Ein Denkmal für den französischen General *Lafayette*, der 1777 von hier aus nach Amerika übersetzte, um den Unabhängigkeitskampf gegen die Engländer zu unterstützen, wurde 1942 von den Nazis zerstört. An seiner Stelle verspricht heute eine Gedenktafel, dass Frankreich hier dereinst ein neues Denkmal errichten will. Leicht versteckt im Wäldchen dahinter steht unscheinbar der *Phare de Grave*, ein Leuchtturm a. D.

• *Information* Das kleine Büro des **Syndicat d'Initiative** ist nur Juli/Aug. geöffnet. Für Überfahrten zum Leuchtturm außerhalb der Hauptsaison wende man sich an die Informationsstelle von Le Verdon oder Soulac.

• *Verbindung* **Bus**: werktags 2-mal Verbindung über Soulac nach Lesparre, 1-mal weiter bis Bordeaux. Bessere Verbindungen ab Le Verdon (→ dort).
Fähre: In der Hochsaison Pendelverkehr, aber auch sonst gute Verbindung über die Gironde nach Royan. Preise: Passagiere 3,10 €, Pkw 21,60 €.

▶ **Phare de Cordouan**: Der 1984 restaurierte Phare de Cordouan, 13 km westlich der Pointe de Grave, mitten im Ozean, ist der älteste Leuchtturm Europas. Er stammt aus dem 16. Jahrhundert, wurde aber noch einige Male verändert, bis er 1789 nach einer Aufstockung um 20 Meter seine heutige Form bekam. Bereits im 14. Jahrhundert hatte der berühmte *Schwarze Prinz* hier einen Leuchtturm errichtet, um seine Schiffe an Klippen und Sandbänken vorbei in die Gironde dirigieren zu können. Anderen Quellen zufolge war aber auch er nicht der erste Leuchtturm-Architekt auf dem kleinen Felsplateau, das bis ins 16. Jahrhundert bei Ebbe vom Festland aus noch zugänglich gewesen sein soll. Ein kleines Museum dokumentiert die Geschichte des Leuchtturm-Methusalems.

• *Besichtigung* Das Syndicat d'Initiative von Le Verdon organisiert von März bis Okt. Überfahrten; der Museumsbesuch (Juni bis Sept.) ist im Preis enthalten. In der Hochsaison ist die Tour oft ausgebucht, in der Vor- und Nachsaison wird seltener gefahren. Reservierung unter ✆ 05.56.09.62.93 oder bei den Informationsstellen von Le Verdon, Soulac, Pointe de Grave. Auch in Royan werden Schiffsausflüge zum Phare de Cordouan angeboten.

Von Soulac nach Hourtin

▸ **L'Amélie**: Wem es in Soulac zu laut ist, der kann sich in die Siedlung L'Amélie verziehen: zwischen Pinienwald und Sandstrand eine Kapelle, ein paar Ferienhäuser, zwei Hotels, ein Bistro, mehrere Campingplätze, ein überwachter Strand. Ruhe garantiert.

Aber wie in Soulac droht auch in L'Amélie der Ozean den Touristen den Sand sozusagen unter der Badehose wegzuziehen. Der Strandgürtel wird schmaler, und um das Unheil zu stoppen, wird mittlerweile auch hier Sand angekarrt.

• *Hotel* **Les Pins**. Angenehmes, ruhiges Hotel im Familienbetrieb, eine gute Alternative zum Tourismus-Rummel von Soulac. 100 m zum Strand. Zur freundlichen Herberge gehört ein ausgezeichnetes Fischrestaurant. WiFi-Anschluss. DZ 65–98 € je nach Saison, die billigeren mit Dusche/WC auf Etage. Geöffnet April bis Dez. L'Amélie, 33780 Soulac-sur-Mer. ✆ 05.56.73.27.27, ✆ 05.56.73.60.39, www.hotel-des-pins.com.

• *Camping* *** **Amélie Plage**. Ein riesiges Gelände direkt an der Düne. Neben den Drei-Sterne-Standards auch großes Restaurant vorhanden. Über 400 Stellplätze. An der Rezeption versteht man Deutsch. Geöffnet März bis Dez. Amélie Plage, 33780 Soulac. ✆ 05.56.09.87.27, ✆ 05.56 73.64.26, www.camping-amelie-plage.com.

▸ **Le Gurp**: Kein Ort, sondern ein Parkplatz und ein sehr lebendiges Campingterrain. Der Strand ist bei Surfern und Wellenreitern beliebt, die noch keine artistischen Ambitionen haben.

• *Camping* ** **Municipal du Gurp**, großer, klassischer Pinienwaldplatz. Lebensmittelgeschäft, Snackbar und Waschmaschine. 1000 Stellplätze. Bei der deutschsprachigen Klientel seit Jahren die Nummer Eins der Silberküste. Geöffnet Juni bis Mitte Sept. Route de l'Océan, 33590 Grayan-et-l'Hôpital. ✆ 05.56.09.44.53, ✆ 05.56.09.59.78.

Verklappung – oder wie man eine Austernkultur anlegt

Das Unglück soll sich im letzten Jahrhundert zugetragen haben. Ein mit Austern beladenes Schiff, vermutlich von Arcachon nach Bordeaux unterwegs, sah sich infolge eines Unwetters gezwungen, am Gironde-Ufer bei Le Verdon anzulegen. Nach etlichen Tagen des Wartens glaubte der Kapitän seine Fracht verdorben und kippte sie kurzerhand über Bord. Die Leckerbissen waren jedoch nicht tot, sondern pflanzten sich munter fort und bildeten so den Grundstock eines hauptsächlich nach dem Zweiten Weltkrieg angelegten, 700 Hektar großen Austernparks, von dem 680 Familien lebten. Eine Infektionskrankheit, die sich 1970 unter den Muscheln verbreitete, der Bau des Freihafens sowie die zunehmende Verschmutzung der Gironde, die zu einem unverantwortlich hohen Cadmiumgehalt in den Austern führte, machten der Austernzucht in Le Verdon ein Ende.

▸ **Montalivet-les-Bains**: Die Ergänzung *les-Bains* löst vielleicht die Vorstellung eines altehrwürdigen Kurorts aus. Falsch. Es handelt sich hier um ein ziemlich charakterloses Stranddorf, dessen Ferienhäuschen sich bis in den Pinienwald hineinziehen.

Nördlich von Montalivet liegt *Euronat*, mit einer Fläche von 335 Hektar Europas größte FKK-Anlage. „Jeder Benutzer des Geländes ist verpflichtet, die völlige Nacktheit einzuhalten, auch im Einkaufszentrum", schreibt die Geländeordnung vor. Die Kleider könnte man ebenso gut an der Rezeption abgeben, denn Euronat bietet alles was man braucht: ein Geschäftszentrum mit 22 Läden, Drogerie, biologische Produkte, Bank, Tabak- und Zeitungsladen, Fahrräder, Pferde, geheiztes Hallenbad, 1½ km Strand, Sportangebote, Schlankheitskuren, Kunsthandwerkkurse ... Wenn Sie das alles krank macht: Versuchen Sie es mit der thalassotherapeutischen Abteilung.

Südlich von Montalivet liegt – nur halb so groß, aber ebenfalls sehr luxuriös – das bereits 1951 eröffnete *Centre Hélio-Marin*, die nackte Konkurrenz zu Euronat.

• *Verbindung* Bus: 2-mal tägl. über Hourtin, Lacanau nach Bordeaux.

• *Camping* ***Municipal de Vendays-Montalivet**, südlich des Orts, direkt vor dem FKK-Gelände Centre Hélio-Marin. 900 Stellplätze im ebenen Pinienwald, Lebensmittelladen, Waschmaschine, Tenniscourt. Direkter Zugang durch den Wald zum 800 m entfernten Strand, wo man sich in der Zone für Bekleidete oder in der Zone für Unbekleidete bräunen kann. Geöffnet Mai bis Sept. Avenue de l'Europe, 33930 Vendays-Montalivet. ✆ 05.56.09.33.45, ℻ 05.56.09.33.12.

Weitere Plätze findet man landeinwärts zwischen Montalivet und Vendays.

▶ **Le Pin-Sec**: Von der Straße, die südlich von Montalivet – an der FKK-Anlage vorbei – durch den Pinienwald direkt nach Hourtin-Plage führt, zweigt bei Le Pin-Sec ein kurzer Stichweg zum Ozean ab. Ein Parkplatz an der Düne und ein einsamer Campingplatz sind alles, was man hier vorfindet.

Camping * **Municipal**. 500 Stellplätze im Pinienwald, direkt an der Düne. Geöffnet Mitte Juni bis Mitte Sept. 17, Pin Sec Nord, 33990 Naujac. ✆ 05.56.73.00.66, ℻ 05.56.73.03.87.

▶ **Hourtin-Plage**: Eine Strandsiedlung aus ein paar Ferienhäusern, einem Restaurant und einem Supermarkt – der ozeanische Ableger von Hourtin bietet nur eine Attraktion: einen großartigen Strandabschnitt mit gelegentlich hohem Wellengang.

• *Camping* *** **Airôtel Côte d'Argent**, großes Gelände mit luxuriöser Infrastruktur und 750 Stellplätzen, auch Bungalow-Vermietung. Deutschsprachige Rezeption. 400 m zum Strand. Geöffnet Mitte Mai bis Mitte Sept. ✆ 05.56.09.10.25, ℻ 05.56.09.24.96, www.camping-cote-dargent.com.

Kleinere Campingplätze → Hourtin-Port.

See von Hourtin-Carcans

Die Gegend ist vor allem bei französischen Familien beliebt, deren Geldbeutel nicht dick genug für Arcachon, Hossegor oder Biarritz ist, die sich aber doch Ferien am Atlantik leisten wollen. Die direkte Nähe von See und Ozean bringt Vorteile. Wenn der Atlantik tobt und allen Badespaß verdirbt, bietet der Süßwassersee eine angenehme Alternative.

Surfer haben hier genügend Wind, ohne dass sie gegen Wellen anzukämpfen brauchen. Familien mit Kleinkindern finden am ruhigen, flachen Gestade ideale Urlaubsbedingungen vor und können zur Abwechslung gelegentlich einen Sprung in die nahen ozeanischen Fluten unternehmen. *Maubuisson* am Südende des Sees von Hourtin-Carcans ist der beliebteste Urlaubsort. Etwas nördlich davon wurde das riesige Sportzentrum von *Bombannes* angelegt, und das moderne *Hourtin-Port* lockt ebenfalls mit einem größeren Freizeitangebot.

Radfahren: Im Pinienwald zwischen Hourtin-Plage und Lacanau wurde ein Netz von Fahrradwegen angelegt. Besonders schön ist die Tour entlang des autofreien Westufers. Ein „Plan der pistes cyclables" ist kostenlos bei den Informationsstellen erhältlich.

Kajak/Kanu: Der See von Hourtin-Carcans kann Ausgangspunkt einer längeren Fahrt über die vier großen Binnenseen (Lac de Hourtin-Carcans, Lac de Lacanau, Etang de Cazaux-Sanguinet, Etang de Biscarrosse-Parentis) und das Bassin von Arcachon sein. Alle Gewässer sind untereinander mit Kanälen verbunden, das Arcachon-Becken kann nur bei Flut überquert werden. Verleiher → Maubuisson.

Hourtin

Hourtin ist das Dorf hinter der Urlaubskulisse, es hat richtige Einwohner und nicht nur Touristen. Hier amtiert der Bürgermeister, und hier steht die Kirche (mit einem schönen Platz davor). Hier sind Lebensmittelgeschäfte, eine Bäckerei, eine Bank, eine Post – ein nützliches Dorf also.

- *Postleitzahl* 33990
- *Verbindung* **Bus**: Für südwestfranzösische Linienbusverhältnisse gute Anschlüsse – immerhin 4-mal tägl. fahren Busse nach Bordeaux.
- *Markt* **Wochenmarkt** Donnerstag früh.
- *Hotel* ** **Le Dauphin**. Gutbürgerliches Hotel mit ebensolcher Küche. Kleine Brasserie für den Snack. Swimmingpool und Garten. DZ 46–58 €, alle mit Dusche/WC. 17, place de l'Eglise. ✆ 05.56.09.11.15, 📠 05.56.09.24.37, hotellerie.sara@wanadoo.fr.
- *Chambre d'hôtes* **Ferme de Cartignac**, etwa 3 km nördlich von Hourtin, beim Rond-Point noch 100 m weiter Richtung Pointe de Grave. Eher ein Motel als eine Ferme (Bauernhof) und gar keine schlechte Alternative zum oben genannten Dorfhotel. Gartentischchen und Stühle vor der privaten Haustür. Swimmingpool und unprätentiöses Gartenlokal, in dem das freundliche junge Wirtspaar leckere kleine Gerichte serviert. Duplex-DZ, in dem oben locker ein Kind Platz hat, 38–60 €, Frühstück inklusive. Route des Lacs, Lieu dit Cartignac. ✆/📠 05.56.73.80.88 oder, wenn das Wirtspaar in der Gartenküche werkelt, mobil 06.83.62.18.67, fermedecartignac@aol.com.
- *Camping* Mehrere Plätze an der Straße nach Carcans und in Hourtin-Port.

Côte d'Argent

Hourtin-Port

Der 1986 gebaute Hafenkomplex sollte ein Zentrum touristischer Dienstleistungsbetriebe werden. Doch so ganz will die Rechnung der Planer nicht aufgehen. Das ehemalige Residenzhotel ist zu den *Villas du Port* mutiert, einer uniformen Ferienhaussiedlung. Die „Kinderinsel" mit einem wenig attraktiven Holzschloss mitten auf freiem Feld ist auch in der Hochsaison verwaist, das Zielpublikum fühlt sich offensichtlich wohler im Wasser. Der einst große Fahrradverleih hat seinen Park beträchtlich vermindert, und die beiden Zeltplätze sind außerhalb der französischen Urlaubszeit ziemlich öde.

- *Information* **Office de Tourisme** (Maison de la Station), place du Port. In der Saison 10–19 Uhr. ✆ 05.56.09.19.00, 📠 05.56.09.22.23, hourtin.medoc@wanadoo.fr, www.hourtin-medoc.com.
- *Fahrradverleih* neben dem Office de Tourisme. Auch Mountainbikes und Tandems. ✆ 05.56.09.19.00 (Office de Tourisme).

• *Reiten* **Centre Equestre du Cardin**, zwischen Hourtin-Port und Hourtin (ausgeschildert). Kurse und Ausritte. Auch Ponys. ✆ 05.56.09.20.75.

• *Camping* *** **Les Ourmes**, an der Straße nach Hourtin. 270 Stellplätze. Swimmingpool. Geöffnet April bis Sept. Avenue du Lac. ✆ 05.56.09.12.76, 📠 05.56.09.23.90, www.lesourmes.com.

** **La Rotonde**, nah am Hafen. Etwas sympathischer als der vorgenannte. 300 Stellplätze. Geöffnet April bis Sept. Chemin de Becassine. ✆ 56.09.10.60, 📠 05.56.73.81.37, www.village-western.com.

Maubuisson

Dank seiner Lage am See von Hourtin-Carcans hat sich Maubuisson zu einem Zentrum des Familientourismus entwickelt. Dem Ort vorgelagert ist ein langer, flacher Sandstrand, nur 4 km sind es bis zum Ozean, 12 km bis ins lebhaftere Städtchen Lacanau – eine Radtour auf autofreien Wegen durch den Pinienwald bietet sich geradezu an. Wer noch mehr körperliche Anstrengung braucht, findet im nahen Sportzentrum von Bombannes ein breites Kursangebot.

Information/Diverses

• *Postleitzahl* 33121

• *Information* **Office de Tourisme**, 127, av de Maubuisson (am Nordende des Strands). Auch Informationen über das Sportzentrum von Bombannes.
April bis Juni und Sept. tägl. 9–12.30 und 13.30–17.30 Uhr. Juli/Aug. tägl. 9–19 Uhr. - Okt. bis März Mo–Sa 9–12.30 und 13.30–17.30 Uhr, Sa 9–12.30 Uhr. ✆ 05.56.03.34.94, 📠 05.56.03.43.76, tourisme@carcans-maubuisson.com, www.carcans-maubuisson.com.

• *Verbindung* **Busse** über Carcans nach Bordeaux.

• *Surfbrett-Verleih/Wassersport* **Force 7**, boulevard du Lac, verleiht seine Bretter am Südende des Strandes. Auch Kanus und Tretboote. ✆ 06.31.79.00.65 (mobil).

Le Petit Mousse, südlicher Strandabschnitt. Neben Brettern auch Wasserski, Motor- und Segelboote, Kanus und Tretboote. ✆ 05.56.03.31.91.

• *Fahrradverleih* **Bicyc'lou**, direkt an der Durchgangsstraße. Geöffnet Juni bis Mitte Sept. ✆ 56.03.43.23.

Nice Bike, ebenfalls an der Durchgangsstraße. ✆ 05.56.03.42.76.

• *Waschsalon* am Nordende des Strandes. Nur in der Saison geöffnet.

• *Camping* ** **De Maubuisson**, leicht oberhalb des zentralen Strandabschnitts. Riesengelände mit knapp 600 Stellplätzen, das vom Komfort einen Stern mehr verdient hätte. Swimmingpool. In der Hochsaison von französischen Wohnzelten und -wagen belegt, vor- und nachher leer. Geöffnet Mitte März bis Mitte Nov. 81, av. de Maubuisson. ✆ 05.56.03.30.12, 📠 05.56.03.-47.93, www.camping-maubuisson.com.

Ein halbes Dutzend weitere Plätze findet man 8 km östlich, in Carcans.

Bombannes

Etwas nördlich von Maubuisson liegt Bombannes, eines der größten Sport- und Freizeitzentren Frankreichs, das der *UCPA* (nationaler Verband der Sportzentren im Freien). Im Angebot stehen Segeln, Surfen, Tennis, Kajak, Federball, Bogenschießen, Klettern, Schwimmen, Jazztanz, Karate, autogenes Training, Tai-Chi, Trampolin ... Kurse, in der Regel 3- bis 5-tägig, für Kinder und Erwachsene, für Anfänger, Fortgeschrittene und Könner. Das Zentrum verfügt über einen Campingplatz (110 Stellplätze) sowie ein Gelände für 30 Wohnmobile, ein olympia-taugliches Schwimmbecken und großen Fahrradverleih. Interessenten lassen das Programm kommen und melden sich – in der Hauptsaison dringend empfohlen – mindestens 10 Tage vorher schriftlich an.

Information Domaine de Bombannes, 33121 Carcans. ✆ 05.56.03.95.95, bombannes@ucpa.asso.fr, www.ucpa.com/centre_sportif/bombannes.htm.

Carcans-Plage

Ferienhäuser, Restaurants und Bars. Der ozeanische Ableger von Carcans und Maubuisson ist nicht ganz so herausgeputzt wie Hourtin-Plage und wirkt daher weniger steril. Die Passage über die Düne zum bewachten Badestrand ist gepflastert.

- *Verbindung* **Busse** über Maubuisson nach Bordeaux.
- *Restaurant* **Chez Heidi**, gegrillter Schinken, Würstchen und Sauerkraut und dazu ein Münchner Spatenbräu – bei kulinarischem Heimweh sorgt die Hessin Heidi für Abhilfe. In der Hauptsaison tägl. geöffnet, in der Vor- und Nachsaison nur am Wochenende. 13, av. Dunes. ✆ 05.56.03.42.92.

Lacanau-Océan

Im Vergleich zu Carcans-Maubuisson mit seinem französischen Familientourismus hat Lacanau eine schon fast internationale Klientel. Surfern ist der Ort ein Begriff. Alljährlich wird hier eine Runde der Weltmeisterschaften ausgetragen. Dann geht's hoch her in Lacanau.

Aber auch sonst ist der Flecken recht lebendig. An Wochenenden tauchen zudem die Bordelais auf, für die Lacanau der nächstgelegene Küstenort ist. Ein paar übrig gebliebene Villen aus der Frühzeit des atlantischen Badetourismus heben den Ort wohltuend ab von den sonst eher charakterlosen Feriensiedlungen der Silberküste, und auch die moderneren architektonischen Schöpfungen sind ganz ansehnlich.

Wie im Gebiet von Hourtin-Carcans-Maubuisson profitiert man auch hier von der Natur, die hinter dem Pinienwald (Fahrradwege) mit einem Süßwassersee aufwartet, der sich hervorragend zum ruhigen Surfen und Segeln eignet. Der schönste Badeplatz am **See von Lacanau** und obendrein einfach zugänglich ist der kleine Strand im Norden bei *Le Moutchic*. Der alte Ort **Lacanau** am Ostufer des Sees hat mit der Entwicklung von Lacanau-Océan an touristischer Bedeutung eingebüßt.

Information/Verbindungen

- *Postleitzahl* 33680
- *Information* **Office de Tourisme**, place de l'Europe. Gutes Informationsangebot, brauchbarer Plan der näheren Umgebung, Faltblatt mit den Radwegen in der Umgebung. Internet (gebührenpflichtig). Mai/Juni und Sept. tägl. 9–12 Uhr und 13–18 Uhr. Juli/Aug. tägl. 9–19 Uhr. Okt. bis April Mo, Do–Sa 13–17 Uhr, Mi 9–12 und 13–17 Uhr. ✆ 05.56.02.21.01, ✆ 05.56.03.11.89, lacanau@lacanau.com, www.lacanau.com.
- *Verbindung* **Bus**: Mo–Sa rund 6-mal, Sonntag einmal nach Bordeaux (Cours Tournon, Gare Saint-Jean). Letzte Abfahrt in Lacanau-Océan (Place de l'Europe): 19.30 Uhr. Erste Abfahrt in Bordeaux (Cours Tournon) 8.30 Uhr.

Diverses

• *Autoverleih* **Europcar**, 4, av. Plantey (Nähe Place de l'Europe), ✆ 05.56.03.13.00.

• *Fahrradverleih* **Locacycles**, av. de l'Europe, auch Mountainbikes und Tandems. Ganzjährig geöffnet, ✆ 05.56.26.30.99.

Sunn-Beach, 2, place du Général de Gaulle. Nur wenig Räder und nur Juli/Aug. geöffnet. ✆ 05.56.26.33.56.

• *Surfbrettverleih* **Sports-Océan** in Le Moutchic, direkt am Seeufer. ✆ 05.56.03.08.29.

• *Golf* **Golf International de Lacanau-Océan**, zwischen Lacanau-Océan und Lacanau (ausgeschildert). 18 Löcher. Der Platz gilt seiner schönen Lage wegen als einer der beliebtesten in Frankreich. Für ca. 200 € können sich Anfänger in einem 5-tägigen Kurs (tägl. 2 Std.) in die Geheimnisse des noblen Sports einweihen lassen. Ganzjährig geöffnet. ✆ 05.56.03.92.98, www.golflacanau.com.

Billiger ist ein Kurs auf dem 9-löchrigen Trainingsgelände der UCPA. Geöffnet Mitte Feb. bis Mitte Nov., ✆ 05.56.26.37.37.

• *Reiten* **Le Cheval Autrement (Club Hippique de Talaris)**, am nördlichen Ortsende von Lacanau. Ausritte, spezielle Kursprogramme für Fortgeschrittene. Ganzjährig geöffnet. ✆ 05.56. 03.52.74.

• *Markt* **Wochenmarkt** ganzjährig jeweils Mittwochmorgen, in der Saison Samstagmorgen im alten Ort Lacanau.

• *Waschsalon* **Sunn-Beach**, 2, place du Général de Gaulle. Wenn Ihnen die Wäscherei zu lange dauert, können Sie sich an derselben Stelle auch ein Fahrrad leihen und solange eine kleine Tour unternehmen.

Übernachten

• *Hotels* *** **Vitalparc**, ruhige Lage im Pinienwald, 3 km vom Ozean und 3 km vom See entfernt. Bei Sportlern beliebt. Großes Schwimmbad, Fahrradverleih für Hotelgäste, Waschmaschine (!), Minigolf, hauseigene Reitschule und schließlich eine kleine Wellness-Abteilung Die Zimmer sind nicht mehr ganz neu, aber alle geräumig und mit Balkon. Geöffnet Mitte Feb. bis Mitte Nov. Route du Baganais. ✆ 05.56.03.91.00, 📠 05.56.03.91.10, www.vitalparc.com.

** **Oyat**. Die komfortabelste Adresse in Lacanau-Océan, moderner Bau direkt am Strand, hoteleigene Tiefgarage. Zum Hotel gehört das Restaurant „L'Imprévu", Lacanaus beste Speiseadresse. DZ 60–112 €, Preise stark saisonabhängig. Geöffnet - Ostern bis Okt. Promenade Emile Lacaze. ✆ 05.56.03.11.11, 📠 05.56.03.12.29, www.hotel-oyat.com.

De la Côte d'Argent (keine Klassifizierung), am Strand. Ein neuer Besitzer hat 2001 das ehemalige Grand Hôtel oder zumindest, was davon übrig geblieben ist, renoviert. Sanitär unterschiedlich ausgestattete Alternativen vom Zimmer mit Etagendusche und -WC bis zum Zimmer mit Dusche/WC/Balkon inkl. Meeresblick. DZ 43–108 €, Preise stark sanitär- und saisonabhängig. Ganzjährig geöffnet. 3, bd de la Plage. ✆ 05.56.60.21.58, 📠 05.56.26.34.28, www.lacanauhca.com.

* **Le Moutchico**, in le Moutchic, am Nordende des Sees von Lacanau. Gepflegte, helle Zimmer, die schönsten über der Bistro-Marquise mit Seeblick. Strand vor der Tür. Im Bistro kleine Gerichte wie Omelettes, Muscheln mit Pommes frites und Salate sowie Menus. DZ mit Dusche/WC 35–51 €. Ganzjährig geöffnet. 64, bd du Lac. ✆ 05.56.03.00.05, emoutchico@wanadoo.fr.

• *Camping* **** **Les Grands Pins**, im Norden von Lacanau-Océan. Luxusgelände im Pinienwald für den sorgenfreien Familienurlaub. Tenniscourt, großer Spielplatz für Kinder, Swimmingpool etc. Zum Ozean ca. 400 m langer Weg durch den Sand. Knapp 600 Stellplätze. Mitte April bis Mitte Sept. Plage Nord. ✆ 05.56.03.20.77, 📠 05.57.00. 33.89, www.lesgrandspins.com.

*** **Le Tédey**, am See von Lacanau (von Lacanau-Océan Richtung Lacanau, dann vor Le Moutchic rechts abzweigen). Sehr schönes Terrain mit guter Infrastruktur und großem Sportangebot. Der Pinienwald reicht ganz nah an den See. 700 Stellplätze, von den vordersten aus kann man das Brett praktisch vom Zeltausgang ins Wasser schieben. Geöffnet Mai bis Mitte Sept. Route de Longarisse. ✆ 05.56.03.00.15, 📠 05.56.03.01.90, www.le-tedey.com.

Zum Nachspülen am besten Champagner

Die Austern sind gekauft, man freut sich auf die himmlische Vorspeise und sieht sich plötzlich dem Problem gegenüber: Wie öffne ich die Muschel? Das Tier lebt nämlich noch, wehrt sich gegen sein Schicksal und hält mit seinem starken Muskel die Schale fest zusammen. Ratschlag: nicht lange hilflos mit dem Taschenmesser herumfummeln, sondern sich ein spezielles Austernmesser besorgen (das vor Abrutschen und versehentlichem Öffnen der Pulsader schützt) und sich das Know-how des Austernöffnens demonstrieren lassen.

Kurzlehrgang: Die Auster mit der tieferen Schalenhälfte nach unten in die Hand nehmen, an der dicksten Stelle der Seite das Instrument ansetzen, den Schließmuskel durchtrennen, die obere Schalenhälfte mit einer Drehbewegung abheben und das Fleisch vorsichtig von ihr lösen. Eventuelle Schalensplitter entfernen.

Gesunde Austern zeigen folgende defensive Reaktionen: Sie lassen sich schwer öffnen (Austern, die sich von selbst geöffnet haben, sollte man besser nicht verzehren), der Mantel des rohen Fleisches zieht sich leicht zusammen, wenn er mit Zitronensaft beträufelt wird.

Austern werden roh, gebraten, gedünstet, gratiniert oder gekocht (Austernsuppe) verzehrt. Am einfachsten ist das Rezept Austern nature: das rohe Austernfleisch im eigenen Wasser in der größeren, unteren Schalenhälfte servieren, wenn möglich, auf zerstoßenes Eis gebettet. Graubrot und Butter, Zitrone und Pfeffer bereitstellen, als Begleiter dazu einen Entre-Deux-Mers oder, besser noch, Champagner.

Mehr über Austern erfahren Sie im Kapitel „Küste der Charente-Maritime“ unter Marennes.

Lacanau-Océan/Umgebung

Le Porge-Océan: An Wochenenden geht's hier ganz familiär zu. Bordelais, die das laute Leben von Lacanau-Océan nicht ertragen, verziehen sich an den Strand von Le Porge-Océan, der seiner Sauberkeit wegen gelobt wird. Ansonsten ist die Badestation vor allem ein Etappenstopp für Radfahrer, die durch den Pinienwald unterwegs zum Bassin von Arcachon sind.

• *Anfahrt* **Autofahrer** wählen in Lacanau die D 3 in Richtung Süden bis La Porge, von da sind es noch ca. 10 km bis zum Strand (Abzweig im Ortszentrum).
Radfahrer starten direkt von Lacanau-Océan aus, ca. 12 km bis La Porge-Océan, stets hart an der Düne entlang.

• *Camping* ** **Municipal La Grigne**, Gelände mit 700 Stellplätzen im Pinienwald, direkt an der Düne. Einkauf von Lebensmitteln möglich, Snackbar. Geöffnet April bis Sept. 33680 Le Porge-Océan. ✆ 05.56.26.54.88, ℻ 05.56.26.52.07, www.leporge.fr.

Das Bassin von Arcachon

Die Bucht von Arcachon ist die einzige Bruchstelle der 240 Kilometer langen Côte d'Argent. Die Eyre, ein schmaler Fluss aus den Landes, hat sich hier einen Weg durch die Düne gebahnt und damit der Landschaft ein neues Gesicht gegeben: Eine 250 Quadratkilometer große Meeresbucht entstand, mit so geringer Tiefe, dass der Gezeitenwechsel das Bild bestimmt. Zweimal täglich herrscht Ebbe, zweimal täglich füllt sich das Bassin mit frischem Meerwasser – ideale Bedingungen für die Austernzucht.

Die Delikatesse kommt in Arcachon jahraus, jahrein auf den Tisch – als *Gravette* (flache Auster) oder als *portugiesische Auster* (hohle Auster). Insgesamt 2500 Konzessionäre sind im Bassin von Arcachon in der *Ostréiculture* tätig. Allein der Ort *Gujan-Mestras* am Südufer verfügt über sieben Austernhäfen.

Inmitten der Austernparks liegt die **Ile aux Oiseaux** (Vogelinsel) mit zwei fotogenen „Stelzenhäusern". Die Insel wird bei organisierten Bassin-Rundfahrten von allen Seiten besichtigt, doch aus Gründen des Naturschutzes nicht betreten. Zum Badeaufenthalt werden Ausflügler auf dem **Banc d'Arguin** abgesetzt, einer Sandbank am Eingang der Bucht, die auch von Zugvögeln als Zwischenstopp genutzt wird, mit direktem Blick auf die berühmte *Düne von Pyla.*

Bester Stützpunkt am Rand der Bucht ist *Arcachon*: pulsierendes Leben in der Unterstadt, Ruhe in der verträumten „Winterstadt" aus dem letzten Jahrhundert. Von Arcachon aus ist es nicht weit zu Europas größtem Sandhaufen, der *Dune de Pyla,* zum ornithologischen Park von *Le Teich* oder – eine halbe Stunde mit der Fähre – zur Landzunge von *Cap-Ferret.*

Baden/Surfen

Der Gezeitenunterschied hebt bzw. senkt den Wasserspiegel täglich zweimal um rund drei Meter. Bei Ebbe gehört das Bassin den Austernzüchtern, bei Flut zeigen sich sehr flache, also kinderfreundliche Badestrände. Für Surf-Anfänger ist das Bassin von Arcachon ein ideales Trainingsgebiet: Ein steter Wind bläst das Segel, Wellen gibt's keine, und Abstürze enden im oft nur knietiefen Wasser. In *Arcachon* zieht sich der Strand vom Yachthafen im Osten der Stadt zum noblen Vorort Pyla im Südwesten. Ebenfalls beliebt und ihres sauberen Wassers wegen geschätzt sind die Strände von *Andernos-les-Bains* und *Arès.* Ungeeignet für Badevergnügen und Wassersport sind die südöstliche Ecke des Bassins (Austernhäfen, ornithologischer Park) und die zugebaute Nordwestseite.

Die ozeanische Seite von *Cap-Ferret* gehört zur Côte d'Argent, also: Dünen und oft hoher Wellengang. Der Strand dort ist nicht überwacht.

Cap-Ferret

Die Siedlungen am Nordwestufer des Bassins, zwischen dem Industrieort Lège und dem Badeort Cap-Ferret, reihen sich zu einem 20 km langen Stra-

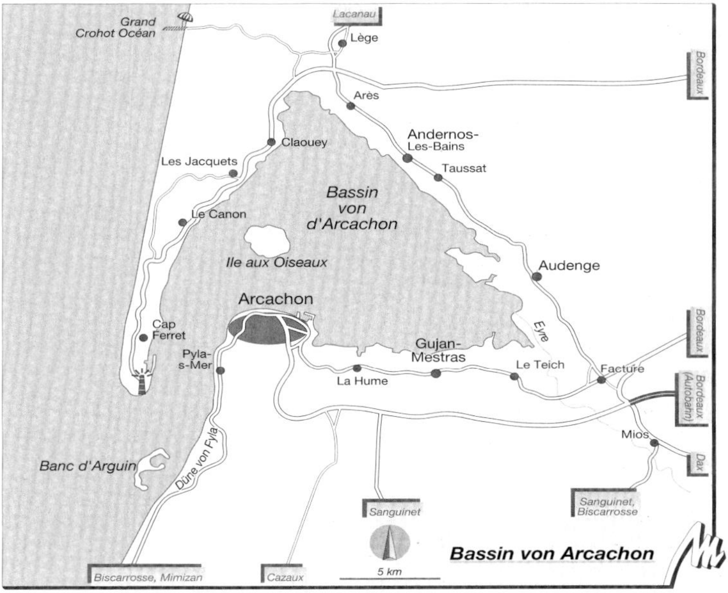

ßendorf: vorwiegend Ferienhäuser, gelegentlich etwas Dorfleben, direkt am Ufer ab und zu alte Fischerhäuser. Cap-Ferret, am Ende der Landzunge, die den Ozean vom Arcachon-Bassin trennt, ist nur einer von zwölf Ortsteilen, die zusammen die Gemeinde *Lège-Cap-Ferret* ausmachen, aber der schönste. Der 53 m hohe Leuchtturm, das Wahrzeichen von Cap-Ferret, wurde 1940 von den Nazis in die Luft gesprengt und 1949 wieder aufgebaut.

Der Ozean hinter der Landzunge ist meist ziemlich bewegt, der Strand nicht überwacht. Wer von Arcachon kommt, kann bei der Schiffsanlegestelle in den „Petit Train" umsteigen, das Züglein fährt quer über die Halbinsel bis auf die Düne (April bis September, einfache Fahrt 3,35 €). Radfahrer finden einen schönen Weg durch den Pinienwald in Richtung Norden, am *Camping Le Truc Vert* vorbei zu den Dünen von **Grand Crohot**, 18 km von Cap-Ferret entfernt.

Information/Diverses/Übernachten

- *Postleitzahl* 33950
- *Information* **Office de Tourisme**, 1, av. Général de Gaulle. Juni und Sept. Mo–Sa 9–12.30 und 14–18.30 Uhr. Juli/Aug. Mo–Sa 9–18.30 Uhr, So 10–13 und 15–18.30 Uhr. Okt. bis Mai Mo–Fr 9–12.30 und 14–18 Uhr, Sa 9–12.30 Uhr. ✆ 05.56.03.94.49, 📠 05.57.70.31.70, info@lege-capferret.com, www.lege-capferret.com. Saisonal geöffnete Info-Stelle 12, av. de l'Océan. Juni und Sept. tägl. 10-13 und 15-18 Uhr. Juli/Aug. Mo–Sa 10-18.30 Uhr, So 10–13 und 15–18.30 Uhr.
- *Verbindung* **Bus**: Mo–Sa tägl. mehrmals, in der Hauptsaison über 20-mal über Andernos-les-Bains nach Bordeaux (Gare routière und Bahnhof Saint-Jean) Abfahrt: Place du Marché.

Schiff: Überfahrt nach Arcachon, in der

Hauptsaison vormittags stündlich, nachmittags halbstündlich, in der Nebensaison seltener. Preis für einfache Fahrt 7 €. Abfahrt an der Débarcadère de Bélisaire.

• *Bootsausflüge* Diverse Rundfahrten im Bassin (u. a. Besichtigung der Austernbänke), ein Trip zur Sandbank von Arguin sowie eine Flussfahrt auf der Eyre stehen im Angebot. Auskunft bei der Schiffsanlegestelle (Débarcadère de Bélisaire).

• *Fahrradverleih* **ETS Charbonnier**, 51, av. de l'Océan, ✆ 56.60.61.87.

• *Surfbretter* Verleih bei **ETS Charbonnier**, → oben.

• *Hotel* ** **La Frégate**. Gepflegtes Hotel in ruhiger Lage. 500 m zum Ozean, 400 m zum Bassin von Arcachon – wer sich zwischen diesen beiden nicht entscheiden kann, springt einfach in den hoteleigenen Swimmingpool im Innenhof, umrahmt von Chaiselongues und Kaffeetischchen. 2007 komplett renoviert. DZ mit Dusche/WC 46–150 €, Preise abhängig von Zimmerausstattung und Saison. 34, av. de l'Océan. Letzte Novemberwoche bis Jan. geschlossen. ✆ 05.56.60.41.62, ℻ 05.56.03.76.18, www.hotel-la-fregate.net.

• *Jugendherberge* 87, av. de Bordeaux (Hauptdurchgangsstraße). In Ozeannähe. 60 Betten. Geöffnet nur Juli/Aug. Rezeption 8–13 Uhr und 18–21 Uhr. ✆/℻ 05.56.60.64.62.

• *Camping* **** **Le Truc Vert**, etwa 7 km nördlich von Cap-Ferret, über eine Seitenstraße beim Ortsteil Les Jacquets zu erreichen (→ Plan). Der Camping hat den „grünen Schlüssel" erhalten, ein Öko-Label, das aufgrund von 129 strengen Kriterien vergeben wird (in ganz Südwestfrankreich sind nur drei Campingplätze damit ausgezeichnet). Ein wunderbares Gelände mit 480 Stellplätzen im Pinienwald, das sich für den abgeschiedenen Familienurlaub außerhalb aller menschlichen Siedlungen (mit Ausnahme des Campings) hervorragend eignet. Lebensmittelgeschäft, Restaurant, Bar etc. Deutschsprachige Rezeption. 300 m zum praktisch campingeigenen, überwachten Strand. Geöffnet Mai bis Sept. ✆ 05.56.60.89.55, ℻ 05.56. 60.99.47, www.trucvert.com.

Arès

Der Ort hat seine Berufung zur Badestation erst nach dem Zweiten Weltkrieg entdeckt. Die Planer sind dabei behutsam zu Werke gegangen, die hübsch begrünten Feriendomizile stören das Landschaftsbild nicht. Der Dorfkern, vom Arcachon-Bassin etwa einen Kilometer entfernt, hat etwas Geschäftsleben bekommen, aber seinen ländlichen Charakter bewahrt. Westlich des Orts sind die Austernzüchter zugange.

Information/Diverses

• *Postleitzahl* 33740

• *Information* **Office de Tourisme**, esplanade George Dartiguelongue, am Strand. Feb. bis Mai und Okt. Mo–Sa 9–12.15 und 13.45–17.30 Uhr. Juni und Sept. täglich 9–12.15 und 14.15–18 Uhr. Juli/Aug. Mo–Sa 9–19 Uhr, So 10–12.30 und 16.30–19 Uhr. Nov. bis Jan. Mo–Fr 9–12.30 und 13.30–17 Uhr. ✆ 05.56.60.18.07, ℻ 05.56.60.39.41, office-tourisme-ares@wanadoo.fr., www.ares-tourisme.com.

• *Verbindung* **Bus**: Mehrere Busse täglich, in der Hochsaison über 20-mal via Andernos-les-Bains nach Bordeaux (Gare routière und Bahnhof Saint-Jean), einige in die andere Richtung das Nordwestufer entlang nach Cap-Ferret.

• *Fahrradverleih* **Cycles Roumegoux & Fils** (beim Camping La Cigale), 53ter, av. Général de Gaulle (Straße nach Cap-Ferret). Auch Mountainbikes und Tandems. ✆ 05.56.60.20.88.

• *Markt* **Wochenmarkt** Dienstagmorgen.

• *Camping* *** **Municipal Les Goëlands**, an der Straße nach Andernos-les-Bains. 400 Stellplätze im Laub- und Pinienwald, Lebensmittelgeschäft und Snackbar. Vom hinteren Ende des Campings ein Katzensprung zum Strand. Geöffnet März bis - Okt. Av. de la Libération ✆ 05.56.82.55.64, ℻ 05.56.82.07.51, www.goelands.com.

*** **La Cigale**, an der Straße nach Cap Ferret. Knapp 100 Stellplätze, größtenteils im Laubwald. Pizzeria-Restaurant. An Camper werden auch Fahrräder vermietet. Ca. 1 km zum Strand. Geöffnet Mai bis Sept. 53, rue du Général de Gaulle. ✆ 05.56.60.22.59, 📠 05.57.70.41.66, www.camping-lacigale-ares.com.

• *Essen außerhalb* **Auberge du Bassin**, an der Straße nach Cap Ferret. Natürlich findet man auch in Arès Restaurants, aber die Auberge du Bassin ist nicht weit und eines der schönsten Restaurants am Bassin von Arcachon. Auf der großen, einladenden Speiseterrasse, bei Flut direkt über dem Wasser, lässt sich's vorzüglich speisen: Fischküche und Menus zu moderaten Preisen. Die Örtlichkeit ist beliebt und in lauen Nächten auch abends noch voll, so dass – zumindest in der Hochsaison – Tischreservierung empfohlen wird. 38, av. Charles de Gaulle, Claouy ✆ 05.56.60.70.22.

Andernos-les-Bains

Der Zusatz „les-bains" lässt es schon vermuten: Der Ort hat Badetradition. Die endgültige Bestätigung liefert dann ein Spaziergang durch das Viertel zwischen der Hauptstraße und der Bucht: schöne, teils ältere Häuser, zahlreiche Restaurants, die zur Austern-Degustation und zu opulenteren Menus einladen. In der Hauptsaison ist Andernos dank seiner direkten Uferlage fast so überlaufen wie Arcachon. Der schönste Strandabschnitt schließt östlich des Yachthafens an, bei Ebbe ist aber auch hier Ebbe. Dahinter schmucke Gartenvillen in Andernos' bester Wohnlage.

Information/Diverses

• *Postleitzahl* 33510

• *Information* **Office de Tourisme**, esplanade du Broustic (oberhalb der Durchgangsstraße, Neubau in der Nähe der PTT). Juli/Aug. Mo–Sa 9.30–12.30 und 14.30–18.30 Uhr, So 10–12.30 und 15–18 Uhr. Sept. bis Juni Mo–Sa 9.30–12.30 und 14.30–17.30 Uhr. ✆ 05.56.82.02.95, 📠 05.56.82.14.29, tourisme@andernoslesbains.fr, www.andernoslesbains.fr.

• *Verbindung* **Bus**: mehrmals täglich, in der Hauptsaison über 20-mal nach Bordeaux (Gare routière und Bahnhof Saint-Jean), in die andere Richtung über Arès das Nordwestufer entlang nach Cap-Ferret. Ebenfalls gute Verbindung nach Facture, von dort rollen Züge weiter nach Bordeaux, Arcachon, Dax und Mont-de-Marsan. Abfahrt der Busse beim Office de Tourisme.

• *Fahrradverleih* **Delort Sport**, 125, bd de la République. ✆ 05.56.82.11.45.

• *Markt* **Wochenmarkt** Dienstagmorgen.

• *Waschsalon* **Le Godron**, Durchgangsstraße/Ecke Rue Lamothe (Zentrum). Selfservice oder Wäsche abgeben. Geöffnet 9–12.30 und 15–19.30 Uhr. So und Mo Vormittag geschlossen.

• *Hotels* ** **La Belle Vie**, unweit der Post. Das frühere „Rétro" hat den Besitzer und damit den Namen des Hauses gewechselt. Sehr freundlicher Empfang in einem gepflegten, charmanten Mittelklassehotel in ruhiger Lage. Schattiges Terrassenrestaurant mit einem Kiosk aus dem Jahr 1900, das Fischspezialitäten serviert. Ein Schild „Etape des Cyclistes" zeigt an, dass Radfahrer hier willkommen sind; wir empfehlen die Adresse auch Nicht-Pedaltretern. DZ 47–70 €, alle mit Dusche/WC. Mitte Nov. bis Mitte Dez. geschlossen. 20, av. Thiers. ✆ 05.56.82.02.10, 📠 05.56.82.37.08, www.la-belle-vie-hotel.com.

Außerhalb ** **De la Plage**, in einem ruhigen Wohnviertel von Taussat (Richtung Arcachon) gelegen. Freundliches, familienbetriebenes Hotel mit Restaurant. Ein Katzensprung zum Austernhafen und zum Strand dahinter. DZ 54–88 €, inkl. Frühstück. 20, bd de la Plage, 33138 Lanton. ✆ 05.56.82.06.01, 📠 05.56.82.51.61, www.hotel-de-la-plage.fr.

• *Camping* *** **Fontaine Vieille**, im Osten des Orts, von der Durchgangsstraße weg ausgeschildert. Riesiges Gelände mit über 650 Stellplätzen im Laubwald mit größerem Strandabschnitt. Restaurant, Bar, Lebensmittelladen, Swimmingpool, Tenniscourt, Tischtennis ... alles, was man bei einem längeren Aufenthalt zu schätzen weiß. Geöffnet April bis Sept. 4, bd de Colonel Wurtz. ✆ 05.56.82. 01.67, 📠 05.56.82. 09.81, www.fontaine-vieille.com.

*** **Pleine Forêt**, von der PTT aus in Richtung Bordeaux. Schönes Gelände mit fast 300 Stellplätzen, leider aber fern vom Meer. April bis Sept. geöffnet. Av. de Bordeaux. ✆ 05.56.82.17.18, 📠 05.56.26.01.65, www.campingpleineforet.com.

Audenges

Einzige Attraktion von Audenge ist das über hundert Meter lange **Bassin amenagé eau de mer** am Hafen, ein altes Meerwasserschwimmbad – Eintritt frei. Bei Flut werden die Schleusen geöffnet, und frisches Meerwasser strömt in die betonierten Schwimmbecken. Ist das Wasser verschmutzt, so lässt man es bei der nächsten Ebbe einfach wieder ablaufen – ein ebenso einleuchtendes wie praktisches Verfahren. Der einzige Haken an der Sache: Die Anlage ist nicht unbedingt im Sinne der Austernzüchter, und die haben nun einmal Vorrang in der Bucht von Arcachon. Oft halten sie das ankommende Meerwasser zurück, um ihren eigenen kleinen Hafen nicht austrocknen zu lassen. Wenn also nichts wird aus dem versprochenen Bad: Trösten Sie sich beim Austernessen vor Ort.

• *Verbindung* **Bus**: gute Verbindung nach Andernos und Facture (von dort aus Bahnverbindung nach Arcachon und Bordeaux).• *Markt* Wochenmarkt Dienstagmorgen.

Le Teich

„Le Tek“, wie die Einheimischen ihren deutschen Ortsnamen aussprechen, liegt im Mündungsgebiet der Eyre an der Südostecke des Bassins. Das sumpfige Delta mit Süß- und Salzwasser bot ideale Bedingungen, hier einen **ornithologischen Park** anzulegen.

Viele Zugvögel machen im 120 Hektar großen Gelände Station auf ihrem Flug nach Süden, im Laufe des Jahres werden über 250 Arten gezählt, ungefähr 80 davon brüten in Le Teich, u. a. auch Störche.

Zwei Rundgänge wurden durch das Vogelschutzgebiet angelegt; für den kleineren muss man ca. 1½ Stunden, für den größeren (7 km) ca. 3½ Stunden rechnen. Es empfiehlt sich unbedingt, ein Fernglas mitzunehmen oder am Eingang des Parks eines auszuleihen.

Der Ausflug zum ornithologischen Park lässt sich auch mit einer halbtägigen **Kanu- oder Kajaktour** auf der Eyre verbinden: 10 km Fahrt durch eine üppige Vegetation. Das *Maison de la Nature* vermietet alles, was Sie brauchen und fährt Sie zur Einstiegsstelle in Mios hoch (Details → unten).

🕐 *Ornithologischer Park* Juli/Aug. 10–20 Uhr. Sept. bis Juni 10–18 Uhr. Eintritt 6,80 €, Kinder 5–14 Jahre 4,80 €. Kostenpflichtige Ausleihe von Ferngläsern.

Diverses

• *Verbindung* **Zug**: Gute Verbindungen nach Arcachon und Bordeaux.

• *Kanu/Kajak* **Maison de la Nature**, gleich am Eingang des ornithologischen Parks. Das Auto oder Fahrrad auf dem Parkplatz abstellen und sich vom Transporter zur Einstiegstelle hochfahren lassen. Für eine ganztägige Fahrt (ab Salles, 20 km) findet man sich um 9.30 Uhr ein, für eine halbtägige Fahrt (ab Mios, 10 km) um 11.15 und 14 Uhr. Reservierung empfohlen, vor Ort oder ✆ 05.56.22.80.93,.

• *Markt* Wochenmarkt Samstagmorgen.

• *Hotel* **Le Central** (keine Klassifizierung), im Ortszentrum. Das Hotel wurde bei der Neugestaltung des Dorfplatzes gleich mitrenoviert. Einfache Zimmer, aber gepflegt. Restaurant mit preiswerter Küche. DZ mit Dusche/WC 45 €. 61, av. de la Côte d'Argent, 33470 Le Teich. ✆/℻ 05.56.22.65.64.

• *Camping* *** **Ker Helen**, etwas außerhalb, in Richtung Gujan-Mestras. Früher ein ödes Gelände, heute gepflegt, Swimmingpool und einige Schattenplätze. 140 Stellplätze. Geöffnet April bis Okt. Av. de la Côte d'Argent. ✆ 05.56.66.03.79, ℻ 05.56.66.51.59, www.kerhelen.com.

Gujan-Mestras

Sieben Austernhäfen, umgeben von schwarzen und braunen Bretterbuden mit roten Ziegeldächern, haben dem langgestreckten Doppelort den Beinamen „Hauptstadt der Auster" gegeben. Die frisch aus dem Becken gezogenen Delikatessen werden an der Straße zur Degustation feilgeboten.

• *Verbindung* **Zug**: Gute Verbindungen nach Arcachon und Bordeaux.

• *Markt* **Foire aux huître,** jedes Jahr in der 1. Augusthälfte – 4-tägiger Austernmarkt.

Wochenmarkt: Mittwochmorgen.

• *Restaurants* **Les Viviers**, am Port de Larros, knapp östlich des Ortszentrums ausgeschildert. Dank dem umtriebigen Marc Druart, Präsident der lokalen Austernzüchter, ist das „Viviers" zur bekanntesten Speiseadresse in Gujan-Mestras geworden. Im Sommer 2006 hat Druarts einstiger Chefkoch Sébastien Maréchal das teure Etablissement übernommen. Die Terrasse des Restaurants liegt direkt über den Viviers, den Becken, in denen die für den Verzehr bestimmten Austern zwischengelagert werden. Port de Larros. ✆ 05.56.66.01.04.

Les Pavois, ebenfalls am Port Larros und eine preiswerte Alternative zum „Viviers". Frische Austern, leckere Fischplatten, gut gewürzte Krustentiere und von der Terrasse ein schöner Blick auf den Hafen (Lesertipp). Geöffnet Feb. bis Mitte Dez. Port de Larros. ✆ 05.56.66.38.71.

Freizeitpark von La Hume

Touristische Topregionen in Frankreich scheinen ohne megalomane Vergnügungsparks nicht auszukommen. Arcachon-Urlauber finden den ihren in La Hume, einem Ortsteil von Gujan-Mestras (am westlichen Ortsende ins Landesinnere abbiegen, groß ausgeschildert). Die Anlage ist in drei separate Vergnügungseinheiten unterteilt:

Aqualand: Das „Wasserland" ist ein beeindruckendes Gewirr von Wasserrutschbahnen, Kaskaden, Springbrunnen, Schwimmbädern, Planschbecken, Sprudel- und Wellenbädern. Nur zwanzig Kilometer von den erfrischenden Wellen des Ozeans entfernt, stehen die Massen hier Schlange, um sich zu horrenden Preisen im gechlorten Wasser zu vergnügen. Wenn Sie Kinder mit dabei haben, riskieren Sie die tägliche Wiederkehr.

🕐 Mitte Juni bis Aug. 10–18 Uhr. Eintritt 23,50 €, Kinder 3 bis 12 Jahre 17 € – und eine Chance für Kleinwüchsige bis 12 Jahre: Kinder unter einem Meter Körperhöhe gratis.

Tierpark La Coccinelle. Da werden Ihre Kleinen nicht widerstehen – sie dürfen Zicklein, Lämmer und Kälber streicheln und ihnen auch die Flasche geben. Rutschbahnen, Karussell, Minigolf und weitere Amüsiermöglichkeiten sind im Eintrittspreis enthalten. Eigene Haustiere müssen draußen bleiben.

🕐 Letzte Maiwoche bis Juni 10.30–18.30 Uhr. Juli/Aug. 10.30–19 Uhr. Eintritt 8,80 € (Juli/Aug. 9 €). Kinder unter 14 Jahren 7,30 € (Juli/Aug. 8 €), Kinder unter 2 Jahren gratis.

Kid Parc. Ein Kanal mit Holzschiffchen, auf denen man durch eine Mini-Landschaft gleitet, Mini-Jeeps auf Schienen, Karussell, Trampolin, etc. – für jeden Geschmack etwas dabei, so überzeugen will das Konzept nicht (wenn von einem Konzept überhaupt die Rede sein kann).

⌚ Ostern bis Mitte Juni mind. Sa/So 11–18.30 Uhr. Mitte Juni bis Mitte Juli 10.30–18.30 Uhr. Juli/Aug. 10.30–19 Uhr. Eintritt 6,90 €, Kinder 2–12 Jahre in der Nebensaison 9,90 €, Hauptsaison10,90 €. Sie haben richtig gelesen: Kinder zahlen saisonal unterschiedliche Tarife und eineinhalb Mal soviel wie Erwachsene. Hier gelten die Marktgesetze.

Arcachon

Arcachon hat eine romantische Winterstadt, die mit einer hübschen Geschichte aufwartet, und eine Synagoge. Arcachon hat zwei Kinos. Arcachon hat ein Spielcasino. Arcachon hat über 20.000 Einwohner. Arcachon ist überhaupt die einzige richtige Stadt an der Silberküste.

Und deshalb lebt Arcachon ein richtiges Stadtleben. Man kann ins Restaurant gehen, jeden Abend in ein anderes, es gibt sogar Spuren von Nachtleben, die von der Teenie-Feriendisco bis zum Gay-Club reichen. Doch die abendliche Hauptbeschäftigung ist und bleibt der Spaziergang auf der Uferpromenade.

Im Hochsommer wird's eng in Arcachon. Bordeaux liegt nah, und an Wochenenden kurvt nächtens die Bordelaiser Jugend lautstark durch die Straßen. Aber nicht nur bei den Franzosen ist die Stadt außerordentlich beliebt, auch bei Deutschen, die von Hamburg, Berlin oder München bis Arcachon

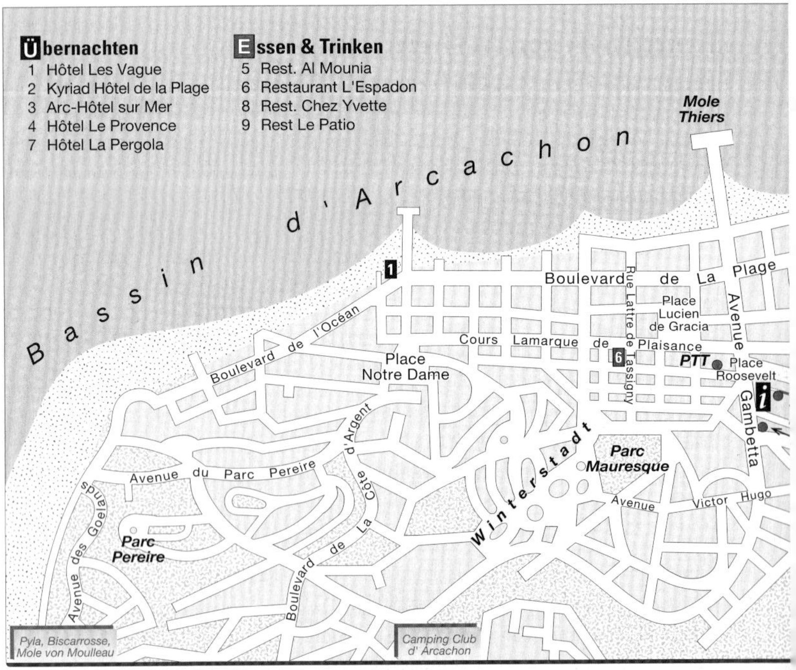

nur Autobahn gesehen haben, und für die nicht selten der Urlaub hier erst richtig beginnt.

Das war nicht immer so in Arcachon. In der Mitte des 19. Jahrhunderts war der Ort kaum mehr als ein kleines Fischerdorf am Brackwasserbecken mit gelegentlichen Badegästen, und es wäre wohl noch ein Jahrhundert so geblieben, hätte nicht ein kühner Unternehmergeist seine hochfliegenden Pläne einer „Winterstadt“ hier in die Praxis umgesetzt (→ Kasten „Die Geburt der Winterstadt“) und damit in Arcachon ein neues Zeitalter eingeläutet; auch die Synagoge datiert aus dieser Zeit des Aufbruchs, sie findet übrigens noch immer Verwendung.

Als Winterurlaubsort ist Arcachon längst „out“. Doch die verspielten Villen der Winterstadt stehen noch. Bei einem ebenso geruhsamen wie schönen Spaziergang können Sie sich hier wunderbar vom Trubel der geschäftigen Unterstadt erholen.

Information/Verbindungen

- *Postleitzahl* 33120
- *Information* **Office de Tourisme**, esplanade Georges Pompidou (am westlichen Ende des Bahnhofareals). U. a. kann man hier für 3 € eine kleine Broschüre über die Winterstadt (mit Plan) erwerben. April bis Juni und Sept. Mo–Sa 9–18.30 Uhr, So 10–13 und 14–17 Uhr. Juli/Aug. tägl. 9–19 Uhr. Okt. bis März Mo–Fr 9–18 Uhr, Sa 9–17 Uhr. ✆ 05.57.52.97.97, 📠 05.57.

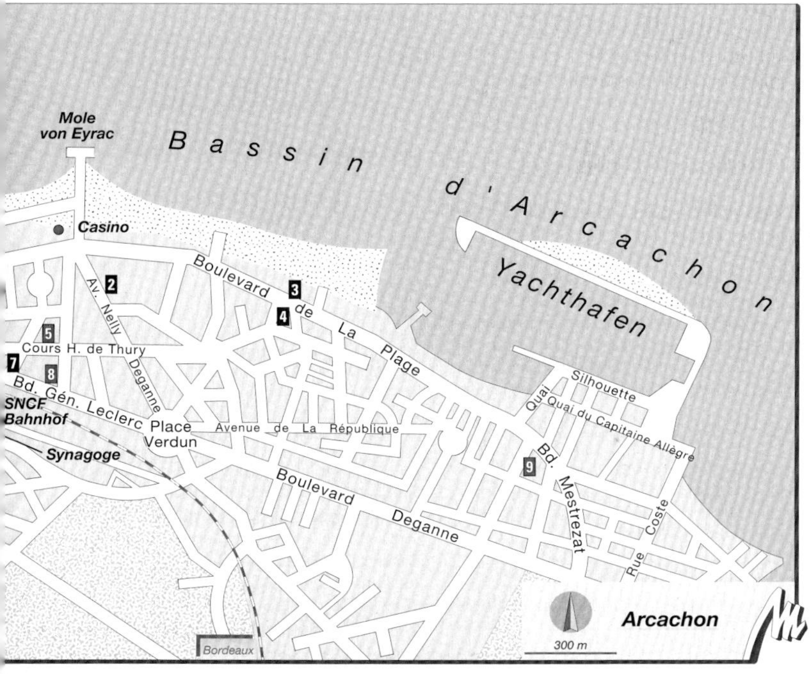

Côte d'Argent

52.97.77, tourisme@arcachon.com, www.arcachon.com.

• *Verbindung* **Zug**: Gute Verbindung nach Bordeaux. Reisende in Richtung Süden (Dax, Biarritz, Mont-de-Marsan) steigen in Facture um.

Bus: ca. 3-mal tägl. nach Pyla und weiter zur berühmten Düne und ihren Campings.

Schiff: Überfahrt nach Cap-Ferret, in der Hauptsaison vormittags stündlich, nachmittags halbstündlich, in der Nebensaison seltener. Preis hin und zurück 11 €. Abfahrt an der Mole von Moulleau (Ortsausgang Richtung Pyla).

Diverses

• *Bootsausflüge* **Union des Bateliers Arcachonnais**, organisiert von Juni bis Sept. verschiedene Rundfahrten im Bassin (u. a. auch Besichtigung der Austernbänke), ein Trip zur Sandbank von Arguin sowie eine Flussfahrt auf der Eyre stehen im Angebot. Auskunft an den Molen von Thiers und Eyrac sowie über ✆ 05.57.72.28.28.

• *Parken* Auch in der Vor- und Nachsaison ein großes Problem. Mehrere Parkhäuser in der Innenstadt schonen gegen Bezahlung die Nerven.

• *Autoverleih* **Avis**, im Bahnhofsgebäude. ✆ 05.56.83.49.57.

Europcar, 35, bd Gén. Leclerc (gegenüber dem Bahnhof), ✆ 05.56.83.48.00.

ADA, im Bahnhofsgebäude. ✆ 05.56.22. 52.30.

Arcachon Locations Véhicules (A.L.V.), 43, bd Général Leclerc (gegenüber dem Bahnhof). ✆ 05.57.72.40.40.

• *Fahrradverleih* **Locabeach 33**, 326, bd de la Plage. 100 Fahrräder stehen leihweise zur Verfügung, davon 20 Mountainbikes. Auch Mofas. Geöffnet März bis Sept., in der Hochsaison bis Mitternacht. ✆/℻ 05.56.83.39.64.

Dingo Vélos, rue Grenier (Nähe Jetée Thiers). „Dingo" heißt „verrückt", und Dingo Vélos ist der verrückteste Fahrradverleih des ganzen Südwestens: Clown-Räder wie Einrad und Känguruh-Run sind nur für Akrobaten geeignet, daneben gibt's – je nach Familiengröße – Tandems, Triplos, Quatros oder Quintuplos und selbstverständlich auch Mountainbikes sowie stinknormale Fahrräder. Geöffnet Ostern bis Sept. ✆ 05.56.83.44.09.

Arcachon Locations Véhicules (A.L.V.), → oben, hat nicht nur motorisierte Vier-, sondern auch einige unmotorisierte Zweiräder im Verleih.

• *Bootsverleih* Verschiedene Anbieter am Yachthafen.

• *Segeln* **Centre Nautique**, am Yachthafen. Verschiedene Kursoptionen (auch Tauchen), kein Bootsverleih. ✆ 05.56.22. 36.83.

• *Surfen* In der Saison verschiedene Verleiher direkt am Strand.

• *Tauchen* **Centre de Plongée L'Océana**, 14, quai du Capitaine Allègre (beim Yachthafen). Tauchkurse und Exkursionen, vornehmlich in die Gewässer vor Pyla. ✆ 05.56.83.98.95.

• *Golf* **Golf International d'Arcachon**. Das Terrain mit 18 Löchern liegt in La Teste de Buch, südlich der Stadt. Auch Kurse. Informationen unter ✆ 05.56.54.44.00.

Eine schöne Alternative ist der **Golf de Gujan-Mestras**, ebenfalls 18 Löcher. ✆ 05.57.52.73.73.

• *Markt* Größerer Markt am Mittwoch- und Samstag- und Sonntagmorgen auf dem Parkplatz beim Bahnhof, kleinerer daselbst tägl. (in der Nebensaison: außer Montag).

• *Waschsalon* Bd de la Plage 2 und Bd Général Leclerc/Ecke Rue Molière (Nähe Bahnhof). Beide Salons tägl. 7–22 Uhr.

Übernachten (→ Karte S. 226/227)

• *Hotels* **** **Arc-Hôtel sur Mer (3)**. Wenn Sie im Casino nebenan zuviel gewonnen haben, können Sie hier eine klimatisierte Suite mieten. Bleibt dann noch immer Geld übrig: Verschließen Sie es einfach im zimmereigenen Safe. Arcachons einziges 4-Stern-Hotel liegt direkt am Strand. Swimmingpool, Sauna und ein stilechter, kalifornischer Jacuzzi. DZ 78–229 €. 89, bd de la Plage. ✆ 05.56.83.06.85, ℻ 05.56.83 53.72, www.arc-hotel-sur-mer.com.

*** **Les Vagues (1)**. Komfortable DZ mit TV und Minibar, die teureren Zimmer mit Blick aufs Meer. DZ 69–178 €. 9, bd de l'Océan. ✆ 05.56.83.03.75, ℻ 05.56.83.77.16, www.lesvagues.fr.

** **Kyriad Hôtel de la Plage (2)**. Das frühere „Clarine" wurde von der Kyriad-Kette übernommen und komplett renoviert. Hoteleigener Parkplatz. Kennzeichen der Kyriad-Hotels ist, dass der Gast stets ein literarisches Büchlein auf dem Nachttisch vorfindet (nicht „Gideon's Bible"). Ein Leser fand allerdings den Empfang nicht gerade freundlich und das Hotel sehr unpersönlich. DZ 61–103 €. 10, av. Nelly Deganne. ✆ 05.56.83.06.23, 📠 05.56.83.41.47, www.hotelarcachon.com.

** **La Pergola (7)**. Einfaches, nettes und sauberes Stadthotel. Man spricht Deutsch. DZ 56–90 €. Geöffnet April bis Okt. 40, cours Lamarque de Plaisance. ✆ 05.56.83.07.89, 📠 05.56.83.14.21, www.hotel-lapergola.net.

Le Provence (4), nicht klassifiziert. Wenn Sie ein Zimmer zur Straßenseite nehmen, hüllt die Neon-Reklame des gegenüberliegenden Arc-Hotels Ihren Raum in einen gespenstischen Blauton, der Ihnen vielleicht über den etwas muffeligen Geruch hinweghilft. DZ 35–85 €, einige Zimmer mit Dusche/WC. 106, bd de la Plage. ✆/📠 05.56.83.10.78.

• *Camping* *** **Club d'Arcachon**,. (hinter der Winterstadt). 250 Stellplätze. Kein Tipp für Badeurlauber, aber für einen Stadtcampingplatz gar nicht so übel. Gelände im oberen Teil hügelig, Schattenplätze. Mitte Nov. bis Mitte Dez. geschlossen. 5, allée de la Galaxie. ✆ 05.56.83.24.15, 📠 05.-57.52.28.51, www.camping-arcachon.com.

Weitere Plätze an der Düne von Pyla (→ Arcachon/Umgebung).

Essen (→ Karte S. 226/227)

Natürlich isst man Austern und Fische, erstere frisch aus dem Becken, letztere frisch aus dem Meer.

• *Restaurants* **Chez Yvette (8)**. Arcachons erste Adresse für Austern und Fischspezialitäten. Zwei Speisesäle. 59, bd Général Leclerc. ✆ 05.56.83.05.11.

Le Patio (9), Gourmet-Adresse in Hafennähe. Einladend begrünter Innenhof. Hervorragende Küche. Mo und Di geschlossen. 10, bd de la Plage. ✆ 05.56.83.02.72

L'Espadon (6). Die preiswerte Alternative zu Nobel-Yvette für Leute, die auf Fisch und Meeresfrüchte nicht verzichten wollen. Straßenbetischung (in der Saison Fußgängerzone). 29, rue du Maréchal de Lattre de Tassigny. ✆ 05.56.83.08.44.

Al Mounia (5). Edelrestaurant im arabischen Dekor. Neben Couscous- und Grillspezialitäten auch teurere Gerichte der marokkanischen Haute cuisine. 43, cours Héricart de Thury. ✆ 05.56.83.76.03.

Die Winterstadt

Der einfachste Zugang zu den romantischen Villen liegt am südlichen Ende der *Rue Maréchal de Lattre de Tassigny*. Man lässt sich mit dem Lift nach oben fahren (fast gratis) und betritt die Winterstadt beim **Parc Mauresque**. Wahrzeichen dieses schönen Parks war einst das Maurische Casino aus dem Jahr 1863, architektonisch inspiriert von der Alhambra von Granada und der Moschee von Córdoba; 1977 brannte der luxuriöse Vergnügungspalast ab. Heute ist nichts mehr von ihm zu sehen.

Wer auf dem Spaziergang durch die Winterstadt mit ihren über 30 Villen nichts verpassen will, kauft sich vorher beim Office de Tourisme eine einschlägige Broschüre (nur auf Französisch), die nicht nur einen genauen Lageplan der einzelnen Bauten enthält, sondern auch viel über die noblen Bewohner aus dem letzten Jahrhundert zu klatschen weiß. Man kann sich aber auch von allem Informationsmaterial unbeschwert in den Straßen der Winterstadt ergehen. Wir beschränken uns hier auf einige besonders schöne Villen.

Villa Toledo (Allée du Moulin Rouge): ein Holz- und Ziegelbau mit reich verziertem Treppenaufgang.

Die Geburt der Winterstadt

Arcachon blieb auch nach der Fertigstellung der Bahnlinie von Bordeaux nach La Teste das verschlafene Fischerdorf von ehedem. Die Bordelais stiegen in La Teste aus, um in keuschen Badekostümen ihr Meerbad zu nehmen, und sie stiegen in La Teste wieder ein, um nach Bordeaux zurückzufahren.

Während der Badetourismus in La Teste boomte, ging es andernorts mit einer anderen Branche bergab: Die Sanatorien in den Schweizer Zauberbergen, wo die lungenkranke Elite Europas zu kuren pflegte, waren irgendwie aus der Mode gekommen. Die Tuberkulose grassierte natürlich nach wie vor, doch die teuren Kranken waren der Bergluft überdrüssig.

So ungefähr hatten die Gebrüder *Péreire,* zwei frühindustrielle Unternehmer mit Gespür fürs Geschäft, den Markt analysiert, bevor sie zusammen mit einem Lungendoktor namens *Rollet* die Winterstadt von Arcachon planten: ein Villenviertel mitten im Pinienwald, auf dessen verschlungenen Wegen kein Luftzug sich regen sollte, der erkrankte Atemwege hätte irritieren können. 1862 wurden die Arbeiten begonnen, hübsche Villen entstanden, so verschieden und so reich verziert, dass es jeder kranken Lunge eine Freude war, sich zwischen ihnen zu ergehen. Und der Lungendoktor attestierte die heilsame Wirkung der salzig-harzigen Luft von Arcachon.

Wie moderne Immobilien-Vermarkter machten die Gebrüder Péreire Nägel mit Köpfen und setzten auf PR. Zunächst kauften sie die Eisenbahnlinie und verlängerten diese von La Teste bis nach Arcachon. Dann luden sie den Kaiser höchstselbst ein, um die frisch gebaute Winterstadt zu lancieren. *Napoleon III.* ließ sich überreden und machte auf der Fahrt nach Biarritz den Umweg über Arcachon. Es regnete in Strömen, seine Majestät waren schlecht gelaunt, warfen aber trotzdem einen huldvollen Blick auf die Siedlung und murmelten Unverständliches in ihren Bart. Das genügte. Der Kaiser habe gesagt, Arcachon sei *magnifique,* gaben die Péreires der Presse bekannt. Und so stand es auch am nächsten Tag in allen Gazetten. Prominenten-Werbung zog schon damals: Die Villen der Winterstadt gingen weg wie warme Semmeln, bald nahm auch der sommerliche Badetourismus einen Aufschwung. Zwei Jahre nach der Grundsteinlegung für die Winterstadt wurde die Rekordzahl von 280.000 (!) Arcachon-Touristen vermerkt.

Einige der Villen wurden als *Maisons de famille* eingerichtet, die man mieten konnte. Ein englischer Reisender aus jener Zeit berichtet, dass für die Gäste der Winterstadt ein spezielles Transportmittel erfunden wurde, das *Chalet roulant,* eine von Pferden gezogene Miniatur-Villa auf Rädern. Dieses wunderliche Taxi hatte im Inneren zwei Zimmer, so dass sich die galanten Damen auf dem Weg zum Meerbad ungestört ihrer Toilette widmen konnten.

Villa Faust (Allée Faust): Wo Faust ist, ist auch Mephisto nicht weit. Seine Maske findet man unter dem Giebel. Das Gebäude wurde 1864 als Mietvilla gebaut, 1878 dann von einem Bordelaiser Architekten gekauft, der die Konstruktion wesentlich veränderte.

Villa Marguerite (Allée Faust): Gleich neben Faust hat auch Gretchen ein Villa bekommen, heute ziemlich heruntergekommen und hinter der üppigen Vegetation kaum sichtbar. Auch hier handelt es sich um eine alte Mietvilla.

Villa Trocadéro (Allée Docteur Festal): ein verspieltes Haus mit wunderschön geschnitzten Holzbalkonen. Hier sollen zeitweilig die Gebrüder *Péreire,* die Gründer der Winterstadt, gewohnt haben.

Klassizistisches Schmuckstück in der Winterstadt

Villa Dumas (Allée Alexandre Dumas): angedeutete Pagodenform, teils Ziegelbau, beachtenswerte Fensterbögen. Alexandre Dumas-Père soll sich zwar 1865 in Arcachon aufgehalten haben, aber nur zum Frühstück in der Unterstadt. Die Villa hat er nie gesehen.

Das **Observatorium** und die Passerelle über die *Allée Pasteur* sind ein Werk des Eisenbahningenieurs *Paul Regnauld,* dem als Geselle Gustave Eiffel (der später den nach ihm benannten Turm in Paris baute) zur Hand ging. Die Konstruktion aus Drahtseilen und Wendeltreppe ist kühn, beim Aufstieg scheint alles in Bewegung zu geraten. Man braucht den Turm jedoch nicht zu besteigen, um die großartige Aussicht auf Arcachon und sein Becken zu genießen.

Côte d'Argent

Arcachon/Umgebung

▶ **Cazaux**: Der Norden des *Sees von Cazaux-Sanguinet* gehört zu einem militärischen Sperrgebiet, das bis in den Ort Cazaux hineinreicht. Französische Cruise Missiles und militärische Lasergeräte werden hier getestet, der friedliebende Urlauber ist fehl am Platz.

Westlich von Cazaux wurden 1959 größere Erdölfelder entdeckt – ebenfalls ungünstige Bedingungen für eine touristische Entwicklung. Der Ortsstrand ist unattraktiv, den Abstecher kann man sich also sparen. Damit ist nichts gegen den See von Cazaux-Sanguinet gesagt. Er hat durchaus reizvolle Stellen, → *Biscarrosse* und *Sanguinet.*

▶ **Düne von Pyla**: Mit 2700 Metern Länge, 500 Metern Breite und etwa 110 Metern Höhe ist die Düne von Pyla der größte Sandhaufen Europas. Superlative sind Tourismusmagneten: 1,5 Millionen Besucher steigen jährlich auf den Sandberg. Bedenkt man, dass pro Kraftfahrzeug über 3 € Parkgebühren eingezogen werden, so erweist sich die Düne von Pyla nebenbei als ganz respektable Einnahmequelle.

Im Hochsommer und an schönen Wochenenden gleicht die Düne einem Ameisenhaufen. Nur selten ist sie so menschenleer, dass geschickte Fotografen ein Bild erzielen, mit dem sie später einmal eine Reise durch die Sahara beweisen können. Sonnenverrückte verbringen oft einen ganzen Tag auf der Düne. Die Lust auf ein Bad im Ozean vergeht ihnen beim Gedanken an den Rückweg (keine Treppe) von selbst. So begnügen sie sich mit einem Sonnenbrand und dem wunderbaren Panorama: Blick auf das Becken von Arcachon, nach Cap Ferret und auf die Banc d'Arguin, im Rücken das endlose Grün des Pinienwaldes, der sich am Osthang der Düne hochzieht.

• *Verbindung* **Bus**: Im 30-Minuten-Takt von Arcachon nach Pyla. Von dort noch 15 Minuten Fußmarsch zur Düne. 3-mal tägl. fährt ein Bus direkt zur Düne und zu den Campingplätzen. Von Arcachon aus – oft in unmittelbarer Straßennähe – führt ein spezieller **Fahrradweg** zur Düne und weiter nach Biscarrosse.

• *Drachen/Paraglide* Für diese Sportarten eignet sich die Düne von Pyla hervorragend. Startplätze findet man am südlichen Ende der Düne (südlich des Camping Le Petit Nice). Oft ist genügend Aufwind, so dass man stundenlang an der Düne entlang hin und her segeln kann.

Ecole Pyla Parapente, zwischen Camping Le Petit Nice und Pyla Camping, bietet in der Saison Kurse und Flüge im Doppel an. Wer sich einem Profi anvertraut, hat gute Chancen, wieder am Startplatz zu landen. ✆/℻ 05.56.22.15.02 oder mobil 06.82.10.06.78.

• *Camping* *** **Le Petit Nice**, route de Biscarrosse, am südlichen Ausläufer der Düne. Bei Drachenfliegern ist der Platz wegen dem nahen Startplatz beliebt. Zugang zum Ozean. Mit 225 Stellplätzen der kleinste der 5 Campingplätze an der Düne und in der Hochsaison garantiert voll. Geöffnet Mitte April bis Sept. Route de Biscarrosse, 33115 Pyla-sur-Mer. ✆ 05.56.22.74.03, ℻ 05.56.22.14.31, www.petitnice.com.

*** **De la Dune**, an der Düne. Mit Meerblick, doch ist das Meer zum Baden zu weit. 325 Stellplätze. Geöffnet Mai bis Sept. Route de Biscarrosse, 33115 Pyla-sur-Mer. ✆ 05.56.22.72.17, ℻ 05.56.22.74.01, www.campingdeladune.fr.

*** **Pyla Camping**, an der Düne. Ebenfalls mit Blick aufs zu ferne Meer. 470 Stellplätze. Geöffnet Mitte April bis Sept. Route de Biscarrosse, 33115 Pyla-sur-Mer. ✆ 56.22.74.56, ℻ 05.56.22.10.31, www.pyla-camping.com.

▸ Südlich der Düne von Pyla zeigt sich wieder das klassische Bild der Côte d'Argent: Küstendüne mit dahinter liegendem Pinienwald. Noch vor Biscarrosse sind mehrere Strände ausgeschildert. Die **Plage Petit Nice** und die **Plage Lagune** profitieren vom Dünentourismus von Pyla und sind besonders an Wochenenden ziemlich ausgelastet. An beiden Stränden gilt zum Schutz der Badenden ein Surfverbot.

Ruhiger geht's an der **Plage La Salie** zu: Der Nordabschnitt ist frei für Surfer und Wellenreiter, der Südabschnitt – mit hübscher Snackbar, Chaiselongues und Pingpong-Tisch ausgestattet – ist dem Badetourismus vorbehalten. Noch einsamer ist die **Plage Le Wharf**, zu erreichen in einem kurzen Spaziergang durch den Pinienwald, ausgehend von La Salie-Sud. Die genannten Strände sind alle miteinander durch einen Fahrradweg verbunden. Autofahrer müssen jeweils die Stichstraßen von der D 218 benutzen.

Biscarrosse-Plage

Ähnlich wie im mondäneren Lacanau profitieren die Urlauber auch hier von der Lage zwischen dem rauen Ozean und einem ruhigen Süßwassersee – der See von Cazaux-Sanguinet ist nur knapp fünf Kilometer entfernt.

Biscarrosse-Plage ist eine ausgewachsene Strandsiedlung. Zum Ozean hin zeigt sich der „ältere“ Teil mit einem streng rechtwinkligen Straßennetz – voller Snackbars, Pizzerie und Shops für den Badebedarf. Nach hinten verlieren sich die Ferienhäuser und ihre meist deutschen oder belgischen Besitzer im Pinienwald.

Vor dem Strand erstreckt sich ein großer Asphaltplatz. Inline-Skater haben ihre Freude daran, ebenso die älteren Touristen, die von den Bänkchen aus dem bunten Treiben im Ozean zusehen. In nördlicher Richtung schließt sich eine einladende Grünfläche an: die Küstendüne wurde zur Landseite mit Rasen bepflanzt – ein fast unwirklicher Anblick in dieser sandigen Gegend.

Die kurzgeschorenen jungen Männer, die meist grüppchenweise am Strand liegen, gehören zur französischen Armee. Südlich von Biscarrosse-Plage zieht sich ein weitläufiges ballistisches Versuchsgelände der Militärs bis nach Mimizan. Bis 1962 wurden Frankreichs neue Waffen noch in der Sahara getestet. Doch nach dem verlorenen Algerienkrieg mussten die Franzosen das nordafrikanische Feld räumen und ein Ersatzareal im eigenen Land finden.

- *Postleitzahl* 40600
- *Information* **Office de Tourisme**, 55, place G. Dufau (Pavillon am zentralen Platz). Freundliche, deutschsprachige Auskunft. Jan. bis März Mo–Fr 9–18 Uhr, Sa 10–12 Uhr. April bis Juni und Sept. Mo–Fr 9–18 Uhr, Sa/So 10–12 und 14–17 Uhr. Juli/Aug. tägl. 9–20 Uhr. Okt. bis Dez. Mo–Fr 9–12 und 14–17 Uhr, Sa 10–12 Uhr. ✆ 05.58.78.20.96, ℻ 05.58.78.23.65, biscarrosse@biscarrosse.com, www.biscarrosse.com.
- *Fahrradverleih* **Vélo pour tous**, 997, av. de la Plage (nördliche Ortsausfahrt). Auch mehrsitzige Vergnügungsvehikel. Mai bis Mitte Sept. ✆ 05.58.78.26.59.
- *Markt* Juli/Aug. täglich, sonst Wochenmarkt Samstagmorgen.
- *Waschsalon* **Lav'O Top**, 758, av. de la Plage (nördliche Ortsausfahrt).
- *Hotels* *** **La Forestière**. Ruhige Adresse im Hinterland, der Straße nach Pyla. Geheizter Swimmingpool, komfortable Zimmer, Restaurant. DZ ab 42 €. Mitte April bis Okt. 1300, av. de Pyla. ✆ 05.58.78.24.14, ℻ 05.58.78.26.40, www.hotellaforestiere.com.

** **Les Vagues**, 300 m vom Strand. Renovierte Zimmer mit Terrasse oder oder Balkon. DZ ab 39 €. Geöffnet Mitte März bis Sept. 99, rue des Iris. ✆ 05.58.83.98.10, ℻ 05.58.83.98.14, www.lesvagues.com.

- *Camping* *** **Campéole Le Vivier**, im Norden des Orts. Deutschsprachige Rezeption. Über 800 Stellplätze im Pinienwald. Gute Sanitäreinrichtungen. Vom hinteren Ende des Geländes ca. 700 m zum Strand. Einziger Störfaktor ist der Fluglärm der Militärmaschinen. Punkt Mitternacht fällt die Barrière, Spätheimkehrer müssen dann ihr Auto draußen lassen. Ganzjährig geöffnet. 681, rue du Tit. ✆ 05.58.78.25.76, ℻ 05.58.78.35.23, www.camping-biscarrosse.info.

*** **Campéole Plage Sud**, im Süden des Orts. Selbe Firma und selbe Preise wie der oben genannte, noch größer, aber nicht unbedingt schöner, und den Fluglärm hört man hier ebenso gut. Pizzeria gleich neben dem Camping. Fast 1400 Stellplätze. Geöffnet Mai bis Mitte Sept. 230, rue des Bécasses. ✆ 05.58.78.21.24, ℻ 05.58.78.34.23, www.landes-camping.net.

- *Restaurants* In der Hauptsaison kein Problem, auch in der Nebensaison geöffnet sind:

La Garole im Zentrum. Fischrestaurant, aber auch Grillgerichte. 215, av. de la Plage. ✆ 05.58.78.29.08.

Casa Luis, hinter dem Fronton. Beliebtes Lokal mit spanischer Küche, auch Tapas. 111, av. de Lattre de Tassigny. ✆ 05.58.78.34.57.

Biscarrosse

Die modernen, einstöckigen Häuser mit ihren Holzvorbauten wirken etwas monoton, lassen aber auf Wohlstand schließen. Das Ortszentrum ist mit Einkaufsmöglichkeiten gut ausgerüstet, und man zählt nicht weniger als sechs Banken. Biscarrosse lebt aber nicht vom Tourismus, sondern von der französischen Armee, die hier rund 2000 Soldaten stationiert hat.

Das kleine **Musée Historique de l'Hydraviation** (Wasserflugzeugmuseum) am Nordende des Sees von Biscarrosse-Parentis erinnert an die große Zeit der Wasserflugzeuge bzw. Flugboote, als die Wasseroberfläche noch als ideale Landemöglichkeit für Flugzeuge galt. In Biscarrosse war die Flugzeugwerft *Latécoère* zu Hause, der See war eine der wichtigsten Start- und Landepisten Frankreichs für die fliegenden Fossile der 1930er Jahre. Die aeronautische Entwicklung machte dann im Zweiten Weltkrieg einen großen Sprung nach vorne und favorisierte die asphaltierten Pisten. Die Ära der Kufenflieger war zu Ende.

🕐 Juli/Aug. tägl. 10–19 Uhr. Sept. bis Juni 14–18 Uhr. Di und Feiertage geschlossen. Eintritt 4,30 €.

- *Postleitzahl* 40600
- *Markt* Wochenmarkt Freitagmorgen.
- *Hotels* ** **Atlantide**, im Ortszentrum. Moderne, geschmackvoll eingerichtete Zimmer mit Dusche/WC, die schönsten mit großen Holzbalkons. DZ 45–76 €. 77, place Marsan. ✆ 05.58.78.08.86, ℻ 05.58.78.-75.98, hotel.atlantide@wanadoo.fr.

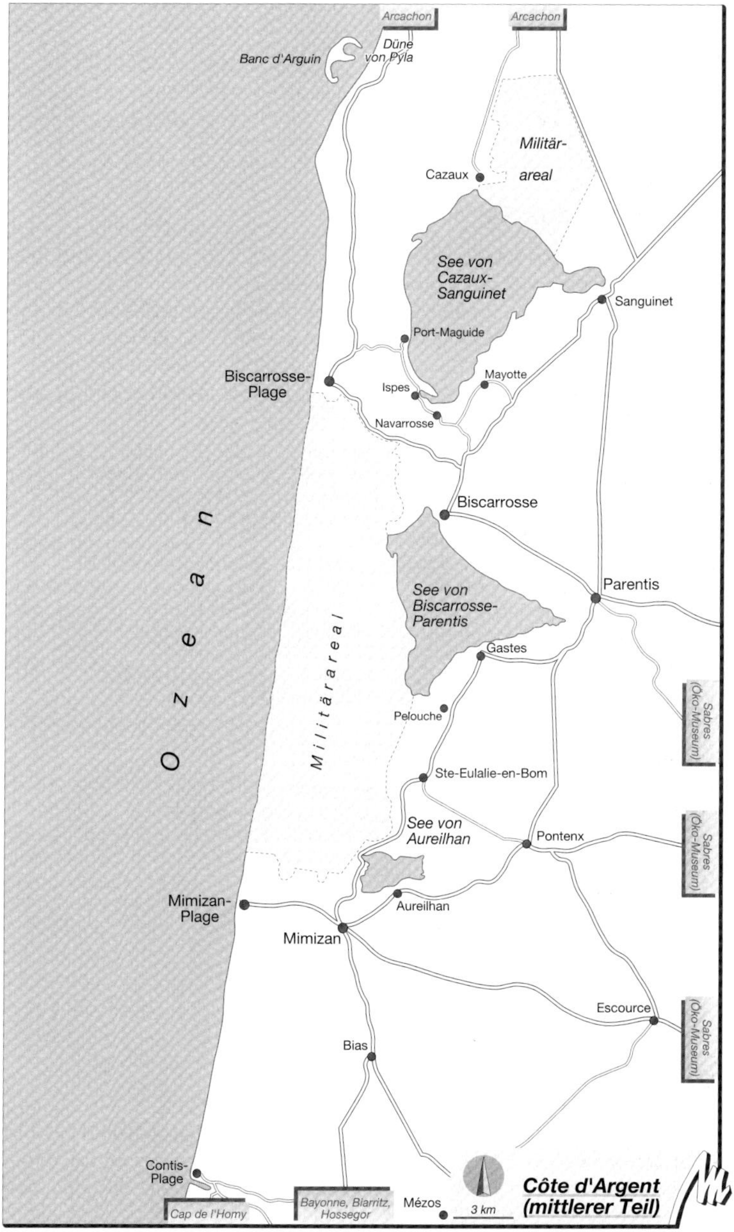
Arcachon
Arcachon
Düne von Pyla
Banc d'Arguin
Militär-areal
Cazaux
See von Cazaux-Sanguinet
Sanguinet
Port-Maguide
Biscarrosse-Plage
Mayotte
Ispes
Navarrosse
Biscarrosse
O z e a n
See von Biscarrosse-Parentis
Parentis
Militärareal
Gastes
Pelouche
Sabres (Öko-Museum)
Ste-Eulalie-en-Bom
See von Aureilhan
Pontenx
Sabres (Öko-Museum)
Mimizan-Plage
Aureilhan
Mimizan
Escource
Sabres (Öko-Museum)
Bias
Contis-Plage
Cap de l'Homy
Bayonne, Biarritz, Hossegor
Mézos
3 km
Côte d'Argent (mittlerer Teil)

** **Saint Hubert**, etwas außerhalb, an der Straße Richtung See von Biscarrosse-Parentis. Familienbetrieb in absolut ruhiger Lage. Zum Hotel gehört ein kleiner Park. 300 Meter zum See. DZ 43–66 €. 588, av. P. G. Latécoère. ✆ 05.58.78.9.99, 📠 05.58.78. 79.37, www.hotelsainthubert.com.

• *Camping* *** **Latécoère**, am Nordende des Sees von Biscarrosse-Parentis. Schatten im asphaltierten Pinienwald, 185 Stellplätze. Ganzjährig geöffnet. 265, rue Louis Bréguet. ✆ 05.58.78.13.01, 📠 05.58.78.16.26, www.camping-latecoere.com.

Weitere Plätze → Biscarrosse-Plage und See von Cazaux-Sanguinet.

See von Cazaux-Sanguinet

Er ist einer der vier großen Seen im Hinterland der Côte d'Argent. Sein nördlicher Teil ist von der Armee in Beschlag genommen. Und das Ostufer ist mit Ausnahme der Strände bei *Sanguinet* unzugänglich. So beschränkt sich der Wassersport fast ausschließlich auf das Südwestufer, das von Biscarrosse oder Biscarrosse-Plage aus einfach zu erreichen ist. Die Pinien stehen fast bis ans Wasser, schattige Badeplätze gibt es also genügend.

• *Surfbrett- und Bootsverleih* **Charlet Nautique**, Port Maguide, am schnellsten von Biscarrosse-Plage aus erreichbar. Surfbretter, Katamarane und Segelboote. Daneben auch scheinfreie (10 PS) und führerscheinpflichtige Motorboote sowie Wasserscooter, um die Fische aufzuscheuchen. ✆ 05.58.09.85.85.

• *Hotel* ** **La Caravelle**, in Ispes-Biscarrosse. Angenehmes, älteres Haus in sehr schöner Lage, kleiner Yachthafen und Badestrand vor der Tür. Für Ruhebedürftige geeignet. Fischrestaurant. DZ 65–100 €, alle Zimmer mit Dusche/WC. Mit Restaurant (Halbpension empfohlen). Geöffnet Mitte Feb. bis Okt. 5314, route des Lacs, 40600 Biscarrosse. ✆ 05.58.09.82.67, 📠 05.58.-09.82.18, www.lacaravelle.fr.

• *Camping* **** **Mayotte Vacances**, in Mayotte-Biscarrosse, östlich der Südspitze des Sees. Luxuriöse Einrichtung mit 630 Stellplätzen imLaub- und Nadelwald. Tenniscourt und großer Swimmingpool. Kleiner Bootshafen (kein Bootsverleih). Geöffnet Mai bis Mitte Sept. 368, chemin des Roseaux, 40600 Biscarrosse. ✆ 05.58.78.00.00, 📠 05.58.78.83.91 www.mayotte-vacances.com.

**** **Les Ecureuils**, beiderseits des Yachthafens von Navarrosse-Biscarrosse. Bootsverleih. Nicht ganz so schick eingerichtet wie der vorgenannte und teurer. 230 Stellplätze. Ganzjährig geöffnet. 646, chemin de Navarrosse, 40600 Biscarrosse. ✆ 05.58.09.80.00, 📠 05.58.09.81.21, www.ecureuils.fr.

**** **Campéole Navarrosse**, in Navarrosse-Biscarrosse. Großes Gelände mit 500 Stellplätzen, die vordersten am Seeufer. Geöffnet Mai bis Mitte Sept. 712, chemin de Navarrosse, 40600 Biscarrosse. ✆ 05.58.09.84.32, 📠 05.58.09.86.22, www.camping-navarrosse.com.

** **Maguide**, Port-Maguide. Schöne Lage am See. 275 Stellplätze mit recht bescheidenen, aber ausreichenden Sanitäranlagen. Bungal ow-Vermietung. Laden. Kleines Sportangebot. Ganzjährig geöffnet. 870, chemin de Maguide. ✆ 05.58.09.81.90, 📠 05.58.09.86, www.camping-maguide.com.

Sanguinet

In sicherer Entfernung vom ozeanischen Küstenrummel hat sich um Sanguinet ein ruhiger Seetourismus entwickelt. Der Ort ist bescheiden geblieben, viel ist nicht los, sodass das lokale *Musée des Lacs*, ein kleines Museum der Unterwasserarchäologie, seine Türen nur in der Hochsaison aufmacht. Hier sind Funde einer gallo-römischen Siedlung aufbewahrt, die im See entdeckt wurde.

🕐 *Museum* Juli/Aug. 10–12.30 und 14.30–19 Uhr. Eintritt 3,50 €.

Unter Weiden – am See von Biscarrosse-Parentis

• *Camping* **** **Lou Broustaricq**, nördlich von Sanguinet. Mit Sanitäranlagen gut ausgestattetes Gelände, 555 Stellplätze, größtenteils unter Pinien. Auch Bungalow-Vermietung. Großer Swimmingpool, Kinderbecken, Tenniscourt, Restaurant, Lebensmittelgeschäft. Ungefähr 200 m vom See entfernt. Geöffnet Mitte März bis Mitte Nov. 2315, route de Langeot, 40460 Sanguinet. ✆ 05.58.82.74.82, 📠 05.58.82.10.74, www.lou-broustaricq.com.

**** **Les Grands Pins**, westlich von Sanguinet, direkt am See. Kleiner Hafen. Das Terrain – knapp 350 Stellplätze im Pinienwald – ist sehr einladend, der Strand weniger. Dafür entschädigt ein schöner Swimmingpool. Über Weihnachten/Neujahr geschlossen. Avenue de Losa, 40460 Sanguinet. ✆ 05.58.78.61.74, 📠 05.58.78.69.15, www.campinglesgrandspins.com.

** **Campéole Le Lac**, etwas westlich vom oben genannten. Schönes Terrain mit 400 Stellplätzen unter Pinien, ohne luxuriöse Einrichtungen. Wiese und großartiger Sandstrand. Geöffnet Mitte Mai bis Mitte Sept. 526, rue de Pinton, 40460 Sanguinet. ✆ 05.58.82.70.80, 📠 05.58.82.14.24, www.campeole.com (dort auf der Karte weiterklicken).

Weitere Plätze → Biscarrosse-Plage und See von Cazaux-Sanguinet.

Côte d'Argent

See von Biscarrosse-Parentis

Über ein halbes Dutzend Erdölförderanlagen schwimmen auf dem südlichsten der vier großen Küstenseen. Das 1954 bei **Parentis** entdeckte Erdölfeld reicht von *Liposthey* (15 km östlich von Parentis) bis ans Westufer des Sees von Biscarrosse-Parentis. Ein Weltkonzern, der „den Tiger in den Tank" packt, unterhält eine kleine Raffinerie und hat eine Gaspipeline von Parentis bis zum Industriehafen *Ambès* an der Gironde legen lassen.

Das Erdöl ist zu kostbar, als dass auch nur ein Tropfen in den See verschüttet würde, behaupten jene, die davon profitieren. Wer sich von den Anlagen nicht abschrecken lässt, kann also unbesorgt paddeln, schwimmen oder surfen. Zugänge zum See findet man in Biscarrosse, Parentis und Gastes.

Das Westufer des Sees gehört zum militärischen Sperrgebiet von Biscarrosse – ein zusätzliches Handicap für eine touristische Entwicklung.

• *Camping* ** **Les Prés Verts**, in Gastes, am Südostufer. Ein bescheidener Wiesencampingplatz mit etwa 100 Stellplätzen direkt am See. Kleiner Strand und Bootshafen. Deutschsprachige Rezeption. Ganzjährig geöffnet. Avenue du Lac, 40160 Gastes. ✆/℻ 05.58.09.74.11, www.presverts.net.

** **Municipal du Lac**, bei Pelouche am Südende des Sees. Großes, schattiges Areal mit bescheidener Infrastruktur. 150 Stellplätze, Wiese bis zum See, kleiner Hafen. Der Tipp für unterwegs! Geöffnet Juni bis Mitte Sept. 1590, route du Lac, 40200 Sainte-Eulalie-en-Born. ✆ 05.58.09.70.10, ℻ 05.58.09.76.89, camping@sainteeulalieenborn@wanadoo.fr.

Mimizan

Als Siedlung existierte Mimizan vermutlich schon in römischer Zeit, doch Bedeutung erlangte es erst mit der im 10. Jahrhundert gegründeten Benediktinerabtei. Von ihr ist heute noch ein Turm zu sehen, der Rest liegt zusammen mit großen Teilen des alten Dorfkerns im Sand begraben. Der Kampf gegen die Düne wurde erst im 19. Jahrhundert gewonnen (→ Landes) und der Ort neu aufgebaut.

Um die Wende zum 20. Jahrhundert begann Mimizans Karriere als Ferienort. Erste Villen am Ozean stammen aus jener Zeit, am See von Aureilhan baute Sir Hugh Richard Arthur Grosvenor, seines Zeichens Herzog von Westminster, 1910 das *Jagdschloss Woolsack.* Sir Winston Churchill verbrachte hier in den 1920er Jahren regelmäßig ein paar Ferienwochen. Der britische Staatsmann fand genügend Muße, um einer seiner Lieblingsbeschäftigungen nachzugehen, der Sonntagsmalerei. Ebenfalls begeistert von Woolsack war die Modeschöpferin Coco Chanel, die ihre Mannequins hier Ferien machen ließ, um sie dann frisch und erholt über den Pariser Laufsteg zu schicken. Eine Feuersbrunst zerstörte 1946 große Teile des Tudor-Schlösschens. Heute ist es im Besitz der *Papeteries de Gascogne S.A.*, der Papierfabrik an der Nahtstelle zwischen Mimizan und Mimizan-Plage, deren übel riechende Ausdünstungen jeden Vorbeifahrenden zur Fensterkurbel greifen lassen, und nicht mehr zugänglich.

Mimizan, heute praktisch mit dem touristischen Zentrum Mimizan-Plage zusammengewachsen, hat gegenüber diesem an Bedeutung verloren. Der **See von Aureilhan** im Norden des Orts bietet jedoch eine überlegenswerte Alternative zum Rummel am Ozean. Eine Idylle mitten im Pinienwald – am Westufer wird gecampt und gesurft, gegenüber „schwimmen" die pittoresken Unterstände der Entenjäger.

• *Verbindung* **Bus**: 2- bis 3-mal tägl. über Biscarrosse nach Bordeaux sowie nach Mimizan-Plage, tägl. 2 Fahrten nach Labouheyre (von dort mit der Bahn nach Bordeaux, Mont-de-Marsan oder Dax). In Richtung Süden (Vieux-Boucau, Bayonne) nur selten Verbindung. Auskunft erteilt das Office Intercommunal du Tourisme in Mimizan-Plage.

• *Segeln/Windsurfen* **Mimizan Eole Club** (Centre nautique), am Lac d'Aureilhan, Abzweig von der Straße nach Parentis. Segel- und Surfkurse, Bretterverleih. Geöffnet Juli/Aug. täglich, für den Rest des Jahres gilt Sonntagsruhe. ✆ 05.58.09.17.74.

• *Camping* ** **Municipal du Lac**, av. de Woolsack, am See von Aureilhan, ca. 1½ km vom Ortszentrum entfernt. Sehr schönes Gelände mit fast 500 Stellplätzen im Pinienwald, der bis ans Seeufer reicht.

Freundliche Rezeption und billige Preise. Kein Sandstrand, aber trotzdem gute Bademöglichkeit. Geöffnet April bis Sept. Av. de Woolsack, 40200 Mimizan. ✆ 05.58.09.01.21, ✆ 05.58.09.43.06; www.mimizan-camping.com.

Weitere Plätze → Mimizan-Plage.

Sehenswertes

Benediktinerabtei und Museum: Von der Abtei aus dem 10. Jahrhundert (am Ortsrand Richtung Ozean) steht einzig noch der Turm mit dem Portal, über dessen Innenseite eine hübsche Skulpturengruppe thront. Dass diese einst bemalt war, ist kaum mehr zu sehen. Der Sand hat die Farben weitgehend abgeschliffen, die vermutlich auch mit den angegangenen Restaurierungsarbeiten nicht zurückkehren werden.

Die Düne hatte der Kirche bereits arg zugesetzt, als 1770 ein Sturm den großen Glockenturm über dem Kreuzgewölbe umblies, 20 Jahre später stürzten das Querschiff sowie der größte Teil des Längsschiffs ein. 1898 bekam die Ruine dann von Menschenhand den Rest, Mauerfragmente wurden für den neuen Kirchenbau verwendet.

Das kleine *Musée de l'Abbaye* – eine Abteilung gegenüber, eine andere direkt neben dem Turm – dokumentiert Geschichte und Abbruch der Abtei, zeigt Rekonstruktionen und einen hübschen Bilderzyklus über den bäuerlichen Alltag, der sich über dem romanischen Portal befand: eine Allegorie der zwölf Monate. Einige unbedeutende Funde aus der gallo-römischen Zeit, eine Ausstellung über die traditionelle Harzgewinnung, eine alte Postkartensammlung sowie Reliefs und grafische Darstellungen zur Wanderung der Küstendünen ergänzen den Museumsbestand.

🕐 Mitte Juni bis Mitte Sept. Mo–Sa, Mitte Sept. bis Mitte Juni Mo–Fr. Keine exakten Öffnungszeiten. Anmeldung erforderlich, vor Ort oder ✆ 05.58.09.00.61. Das Portal der Abtei kann nur mit Führung besichtigt werden.

Mimizan-Plage

Zwar wurden schon um die Wende zum 20. Jahrhundert die ersten Villen am Strand gebaut, doch heute präsentiert sich Mimizan-Plage als Ferienzentrum, wie man es sich in den 1960er Jahren vorstellte: Parkplätze und Pizzabuden, Souvenir-Shops und Supermärkte, Discos und McDonalds.

Der Ort ist zweigeteilt durch den Wasserlauf, der sich vom *See von Aureilhan* zum Ozean schlängelt. Auf der Nordseite hauptsächlich das Geschäftszentrum, auf der Südseite dominieren Ferienhäuser. Beide Seiten verfügen über einen Strand, und bei Flut bietet der *Courant* (so das französische Wort für „Wasserlauf") eine zusätzliche Bademöglichkeit; das Rinnsal füllt sich und bildet an der Nordseite einen kleinen See mit feinem Sandstrand – ideal für Kinder.

Information/Verbindungen

- *Postleitzahl* 40200
- *Information* **Office Intercommunal du Tourisme**, 38, av. Maurice-Martin (nördlich des Courant). Professionelle Auskunftsstelle. Gut bestückt mit Informationsmaterial über die gesamte Region, gegen einen kleinen Unkostenbeitrag ist ein Plan der Fahrradwege in der Umgebung erhältlich.

Vermittlung von Ferienwohnungen, korrekte Auskünfte über Busverbindungen. Mai/Juni und Sept. Mo–Fr 9–12 und 15–18 Uhr, Sa 10–12 und 15–17 Uhr. Juli/Aug. Mo–Sa 9–19 Uhr, So 10–12.30 und 16–19 Uhr. Okt. bis April Mo–Fr 9–12 und 15–18 Uhr, Sa 9–12 Uhr. ✆ 05.58.09.11.20, 📠 05.58.09.40.31, contact@mimizantourism.com, *www.mimizan-tourism.com*.

• *Verbindung* **Bus**: 2- bis 3-mal tägl. über Biscarrosse nach Bordeaux, tägl. 2 Fahrten nach Labouheyre (von dort mit der Bahn nach Bordeaux, Mont-de-Marsan oder Dax). In Richtung Süden (Vieux-Boucau, Bayonne) nur selten Verbindung. Detaillierte Auskünfte im Office Intercommunal du Tourisme. Abfahrt an der Nordseite der Brücke über den Courant.

Diverses

• *Autoverleih* **Europcar**, 1, av. Maurice-Martin (nördlich des Courant), ✆ 05.58.09.43.43.

• *Fahrradverleih* **Cyclo'Land**, 8, rue du Casino (nördlich des Courant). Großes Angebot vom einfachen Rad bis zu Tandems und sog. Voiturettes. ✆ 05.58.09.16.65.

Liberty Cycles, 9, rue du Vieux Marché (nördlich des Courant) und 2, av. du Courant (südlich des Courant). Klassische Räder, Mountainbikes sowie zahlreiche Vergnügungsräder für Klein- und Großfamilien – neben- oder hintereinander. ✆ 05.58.09.18.03.

• *Reiten* **Centre Equestre La Marina**, beim gleichnamigen Camping (südlich des Courant). Umfangreiche Altersbetreuung: Kurse und Ausritte „Für 5- bis 110-Jährige", verspricht das Zentrum. ✆ 05.58.09.34.25.

• *Courses landaises* Juli/Aug. Di und Fr, jeweils um 21.30 Uhr in der Arena (nördlich des Courant).

• *Markt* Wochenmarkt in der Saison Donnerstagmorgen.

• *Waschsalon* im Centre commercial gegenüber dem Office Intercommunal du Tourisme. Kein Self-service.

Übernachten

• *Hotels* ** **L'Emeraude des Bois**, in einem Wohnviertel südlich des Courant und 15 Gehminuten vom Strand entfernt. Gepflegter, freundlicher Familienbetrieb als Alternative zum Strandhotel. Zimmer in einem ruhig gelegenen Landaiser Haus. Einladendes Terrassenrestaurant. DZ 53–75 €. Unsere Empfehlung. Geöffnet Mitte April bis Sept. 66/68, av. du Courant. ✆ 05.58.09.05.28, 📠 05.58.09.35.73, www.emeraudedesbois.com.

** **De France**, nördlich des Courant. Klein und fast am Strand. Renovierte Zimmer, alle mit Dusche/WC, einige mit Meerblick. DZ 45–72 €. Geöffnet März bis Mitte Okt. 18, av. de la Côte d'Argent. ✆ 05.58.09.09.01, 05.58.09.47.16, www.hoteldefrance-mimizan.com.

** **La Forêt**, nördlich des Courant. Statt des versprochenen Waldes gibts nur einen kleinen Garten. Hoteleigener Parkplatz. Restaurant mit regionalen Spezialitäten. DZ 40–68 €, die billigeren mit Etagendusche. Ganzjährig geöffnet. 39, av. Maurice-Martin. ✆ 05.58.09.09.06, 📠 05.58.09.29.81, hotellaforet@wanadoo.fr.

** **Airial**, an der Südseite des Courant, am Ortsrand Richtung Papierfabrik. Preiswertes, sehr freundliches Hotel in ruhiger Lage. Gepflegte Zimmer, jedes mit Balkon, heller Aufenthaltsraum. Ca. 3 km zum Ozean – eine kleine Fahrradtour also. DZ 45–60 €. 6, rue de la Papeterie. ✆ 05.58.09.46.54, 📠 05.58.09.32.10, www.hotel-airial.com.

• *Camping* **** **Club Marina Landes**, südlich des Courant. Nobles Gelände mit Swimmingpool, Planschbecken, Tenniscourt, Spielhalle, Restaurant, Supermarkt und Sauna. Auch Bungalow-Vermietung. 570 Stellplätze, ca. 500 m zum Südstrand von Mimizan-Plage. Geöffnet Mai bis Mitte Sept. Rue Marina. ✆ 05.58.09.12.66, 📠 05.58.09.16.40, www.marinalandes.com.

*** **De la Plage**, Nordseite. Leicht hügeliges Gelände im Pinienwald mit 580 Stellplätzen und 7 Sanitärblocks. Ca. 500 m - zum Nordstrand. Kommunaler Camping und wesentlich billiger als Club Marina. Geöffnet Mitte April bis Sept. ✆ 05.58.09.00.32, 📠 05.58.09.44.94, www.mimizan-camping.com.

• *Parkplatz für Wohnmobile* Boulevard de l'Atlantique, Nordseite. Stromanschluss, je nach Saison 5–13 € pro Nacht und Mobil.

Blick auf Saint-Jean-de-Luz (TdA) ▲

▲▲ Jagdszenen auf der Mole von Capbreton (HS)
▲ Brettakrobaten in Hossegor (HS)

Pétanque-Volkssport in Südwestfrankreich (SW) ▲▲
Mietdrahtesel findet man an jedem Küstenort (HS) ▲

Essen

Durchschnitt ist Trumpf, Pizzerie und Snackbars findet man zuhauf; schwieriger ist es, ein passables, preiswertes Restaurant auszumachen.

Crêperie Bretonne La Dentellière, nördlich des Courant. Das Lokal hat keine Patina, ist aber eine gute Adresse für den schnellen Imbiss über Snackbar-Niveau. Versuchen Sie z. B. die Blutwurst-Galette (Galette au boudin). 6, av. de la Côte d'Argent. ✆ 05.58.09.35.94.

Von Mimizan nach Vieux-Boucau

Contis-Plage

Die Strandsiedlung an der Mündung des *Courant de Contis* hat alles, was man für den Badeurlaub braucht, und als Gratiszugabe gibt's einen hübschen Leuchtturm im grünen Hinterland. Fahrten auf dem Courant sind ab *Saint-Julien-en-Born* möglich: im unteren Teil durch eine Sumpflandschaft, deren üppige Vegetation schon fast tropisch ist.

Vom Wunsch getragen, möglichst nah an den Fluten zu wohnen, und ohne Rücksicht auf das Landschaftsbild wurde in jüngster Zeit die Küstendüne überbaut. Der Betrachter reibt sich zweimal die Augen, doch vorläufig hält die sandige Unterlage.

• *Bootsfahrten* Wer ohne eigenes Boot unterwegs ist, kann eine 2stündige Fahrt von Saint-Julien bis zum Ozean buchen. In den Nussschalen haben sechs Personen Platz. Ein fröhlich plappernder „Gondoliere", der obendrein die Vegetation hervorragend kennt, steuert das Boot geschickt durch den Urwald. In der Hauptsaison Anmeldung bei der Touristen-Information, in der Vor- und Nachsaison fragt man sich im Dorf durch.

• *Kanu-/Kajakverleih* **Atlantis-Loisirs**, knapp vor der Siedlung bei der Brücke am Abzweig nach Cap de l'Homy. ✆ 05.58.42.84.51.

• *Surfen* Bretterverleih zu üblichen Konditionen vor Ort.

• *Hotel* ** **Hôtel de la Plage**. 2007 eröffneter, großzügiger Holzbau im Neo–Landaiser Baustil in Strandnähe. Derselbe Architekt hat daneben auch gleich noch ein Restaurant (Landaiser Küche und Pizza) hingestellt. Komfortable, freundlich eingerichtete Zimmer. Kleine Beauty-Abteilung, WiFi-Anschluss. DZ 58–108 € je nach Saison und Aussicht (Straße, Garten oder Ozean). Avenue de l'Océan, 40170 Contis-Plage. ✆/℻ 05.58.42.70.15, www.hotelplagecontis.com.

• *Camping* **** **Lous Seurrots**, im Pinienwald mit 610 Stellplätzen, ca. 500 m vom Strand entfernt. Pizza-Restaurant, Lebensmittelladen, Waschmaschinen, Wäschetrockner, Pingpong-Raum. Zwei große Swimmingpools. Verleih von Mountainbikes (nur für Benutzer des Campings). Geöffnet April bis Sept. Contis, 40170 St-Julien-en-Born. ✆ 05.58.42.85.82, ℻ 05.58.42.49.11, www.lous-seurrots.com.

*** **Municipal La Lette Fleurie**, an der Straße nach Saint-Julien, ca. 5 km von der Küste entfernt. Ca. 450 Stellplätze. Klassischer Camping Municipal, d. h. viel Pinien und ein paar Sanitärblocks. Eine Alternative, wenn Lous Seurrots ausgebucht ist. Geöffnet April bis Sept. De la Lette Fleurie, D 41, 40170 St-Julien-en-Born. ✆ 05.58.42.74.09, ℻ 05.58.42.41.51, www.saint-julien-en-born.fr.

Weitere Campings an der Straße nach Saint-Julien; doch wie der Camping Municipal können sie in punkto Lage mit dem Lous Serrouts nicht konkurrieren.

Contis-Plage/Umgebung

▸ **Lévignacq**: Etwas abseits der Straße von Mimizan nach Vieux-Boucau liegt im Landesinnern dieses hübsche Landaiser Dorf mit seinen typischen weiß gekalkten

Fachwerkhäusern. In der Wehrkirche aus dem 14. Jahrhundert erwartet eine bemalte Holzdecke (18. Jh.) den Besucher.

Bei günstigem Wasserstand ist der *Courant de Contis* bereits ab Lévignacq befahrbar.

▶ **Cap de l'Homy**: Die Badestation von *Lit-et-Mixe* besteht aus einem kleinen Pavillon-Komplex mit Lebensmittelgeschäft, Bar und Restaurant am überwachten Strand (betonierter Dünenübergang mit Parkplatz) und einem strandnahen Campingplatz.

• *Wellenreiten* **Wellenreiter**, vom DWV (Deutscher Wellenreit Verband) lizenzierte Wellenreitschule am Cap de l'Homy und in Saint-Girons-Plage. 2-Wochen-Kurse von Mai bis Sept., 40 Std. Schulung, inkl. Unterbringung; Surfboard und Neoprenanzug wird zur Verfügung gestellt. Spezielle Wochenkurse für Kinder (8–14 Jahre) auf Anfrage. Infos: Outside Surf Travel, Weyertal 13, 50937 Köln. ✆ 0221/941.59.88, 📠 941.59.89, surfcamps@wellenreiter.com.

• *Camping* *** **Municipal du Cap de l'Homy**, leicht hügeliges Gelände im Pinienwald bis zur Küstendüne. Waschmaschinen vorhanden. 440 Stellplätze. Die abgeschiedene Lage ist bei Campern sehr beliebt, in der Hochsaison gibt's nicht selten Platzprobleme. Geöffnet Mai bis Sept. 600, av. de l'Océan, 40170 Lit-et-Mixe. ✆ 05.58.42.83.47, 📠 05.58.42.49.79, www.camping-cap.com.

Saint-Girons-Plage

Gigantische Parkschlaufen, ein Hotel, Restaurants, Pizzerie, Bars und eine Crêperie – damit ist die Bade-Dépendance von *Vielle-Saints-Girons* infrastrukturell etwas besser ausgerüstet als das *Cap de l'Homy*. Außerhalb der Hochsaison gleicht Saint-Girons-Plage jedoch einem Geisterdorf.

• *Wellenreiten* **Wellenreiter** → Cap de l'Homy, führt auch in Saint-Girons-Plage Kurse durch.

• *Hotel* ***Hôtel de la Plage**. Sehr einfaches Hotel in Strandnähe. DZ 40–55 €, die billigeren mit Etagendusche. Restaurant mit Landaiser Spezialitäten (Enten). Saint-Girons-Plage, 40560 Vielle-Saints-Girons. Geöffnet Mai bis Sept. ✆ 05.58.47.93.07.

• *Camping* **** **Eurosol**, Luxusterrain mit 670 Stellplätzen, Tenniscourt, Minigolf, 3 Swimmingpools, Restaurant, Spielhalle ... und dem einzigen Nachteil, dass es 1,2 km bis zum Strand sind. Geöffnet Mitte Mai bis Mitte Sept. St-Girons-Plage, D 42, 40560 Vielle-Saint-Girons. ✆ 05.58.47.90.14, 📠 05.58.47.76.74, www.camping-eurosol.com.

** **Les Tourterelles**, klassischer Landaiser Pinienwald-Platz mit über 800 Stellplätzen und ein paar Sanitärblocks. Das Terrain reicht bis zur Küstendüne. Waschmaschinen vorhanden. Die Zufahrt ist schlecht ausgeschildert: beim Rondell vor Saints-Girons-Plages rechts abzweigen. Geöffnet Mai bis Sept. St-Girons-Plage, D 42, 40560 Vielle-Saint-Girons. ✆ 05.58.47.93.12, 📠 05.58.47.92.03, www.campeole.com (und auf der Karte weiterklicken).

• *Parkplatz für Wohnmobile* direkt vor dem Camping Municipal Les Tourterelles, ca. 10 €/Mobil. Elektrischer Anschluss kostet zusätzlich.

See von Léon

Der kleine See, durch den *Courant d'Huchet* mit dem Ozean verbunden, ist fast rundum von Pinienwald umgeben. Der beste Zugang zum Wasser findet sich bei **Léon**, einem lebendigen Kleinstädtchen mit ein paar hübschen Fachwerkhäusern, Hotels, Restaurants und guten Einkaufsmöglichkeiten. Léon verfügt über einen wunderbaren Strand (kinderfreundlich!), der darüber hinaus Ausgangspunkt für eine romantische Bootsfahrt auf dem Courant d'Huchet ist.

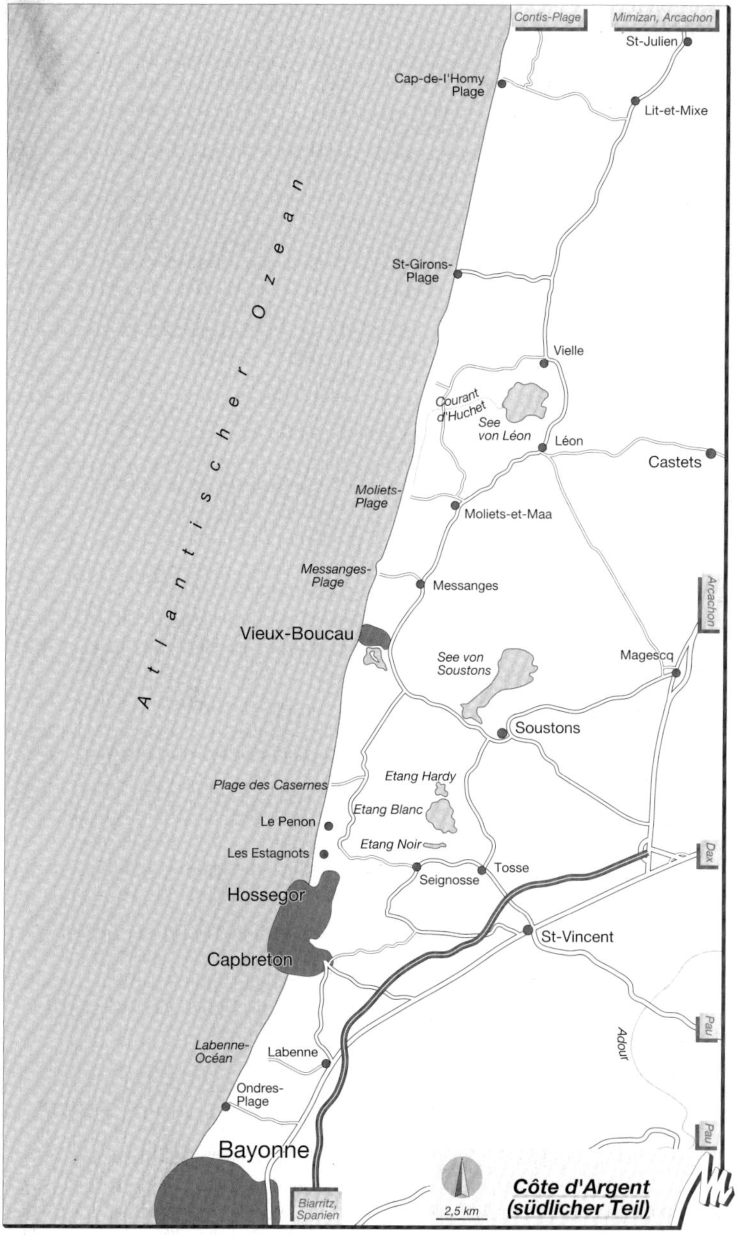
Contis-Plage
Mimizan, Arcachon
St-Julien
Cap-de-l'Homy Plage
Lit-et-Mixe
Atlantischer Ozean
St-Girons-Plage
Vielle
Courant d'Huchet
See von Léon
Léon
Castets
Moliets-Plage
Moliets-et-Maa
Messanges-Plage
Messanges
Arcachon
Vieux-Boucau
See von Soustons
Magescq
Soustons
Plage des Casernes
Etang Hardy
Etang Blanc
Le Penon
Etang Noir
Les Estagnots
Dax
Tosse
Seignosse
Hossegor
St-Vincent
Capbreton
Adour
Pau
Labenne-Océan
Labenne
Ondres-Plage
Pau
Bayonne
Biarritz, Spanien
2,5 km
Côte d'Argent (südlicher Teil)

Wer mehr Ruhe sucht, wählt den kleinen Badestrand am Nordufer des Sees – Stichstraße von *Vielle.*

• *Fahrradverleih* **D. Labat**, Léon (unterhalb der Post), ✆ 05.58.48.71.98..

• *Hotel* ** **Hôtel du Lac**, Léon. Gemütliches Hotel mit Seeterrasse und kleinem Sandstrand. 200 m zur Bootsanlegestelle für die Fahrt auf dem Courant d'Huchet. Das Restaurant ist leider seit einiger Zeit geschlossen. DZ mit Dusche/WC 47–67 €. Geöffnet April bis Mitte Okt. 2, rue des Berges du Lac, 40550 Léon. ✆ 05.58.48.73.11, 05.58.49.27.79, www.hoteldulac-leon.com.

• *Camping* **** **Lou Puntaou**. Nur durch eine Straße vom Seeufer getrennt. Knapp 400 Stellplätze, größtenteils im Laubwald. Tenniscourt und Swimmingpool. Insgesamt angenehm und mit Geschmack eingerichtet. Freundliches Personal. Geöffnet April bis Sept. Au Bord du Lac, 40550 Léon. ✆ 05.58.48.74.30, 05.58.48.70.42, www.loupuntaou.

**** **Le Col Vert**. Direkt am Nordufer des Sees gelegene Luxuseinrichtung mit vollständiger Infrastruktur. 800 Stellplätze. Für die Uferplätze werden empfindliche Zuschläge erhoben. Geöffnet April bis 3. Septemberwoche. Lac de Léon, 40560 Vielle-St-Girons. ✆ 0890.71.00.01 (gebührenpflichtig), 05. 58.42.91.88, www.colvert.com.

*** **Naturiste Arnaoutchot**, an der D 328, 5 km von Vielle. „Nacktheit obligatorisch", steht groß am Eingang, doch die Hausordnung ist nachsichtig: In den kälteren Monaten ist Bekleidung gestattet. FKK-Ausweis unerlässlich. Großes Freizeitangebot, drei Schwimmbäder, davon eines überdacht und geheizt, Gelände bis zum Ozean. 500 Stellplätze. Geöffnet April bis 3. Septemberwoche. 40560 Vielle-St-Girons. ✆ 05.58.49.11.11, 05.58.48.57.12, www.arna.com.

See von Léon/Umgebung

▶ **Courant d'Huchet**: Eine Bootsfahrt auf dem Courant d'Huchet zeigt, dass die Gegend mehr zu bieten hat als nur Pinienwälder und Dünen. Der Wasserlauf führt durch eine tropisch anmutende Vegetation fast bis zum Ozean, dann mehrere Kilometer entlang der Düne, bis er kurz vor *Moliets-Plage* den Durchbruch findet.

Um die Natur zu schützen und wohl auch infolge der starken Nachfrage sind heute auf dem Courant nur noch organisierte Touren möglich. In der Hochsaison werden täglich bis zu 35 Fahrten (6 Personen pro Barke) unternommen, aber auch das reicht noch nicht aus, die Fahrten sind oft bis zu zwei Wochen im voraus ausgebucht.

Der spontane Entscheidung ist unter solchen Umständen mit dem Risiko der Enttäuschung verbunden. Kurzentschlossenen bleibt aber die Möglichkeit, den Courant mit dem Fahrrad oder zu Fuß zu erkunden. Einen Lageplan findet man am Strand von Léon. Für einen kürzeren Spaziergang bietet sich die *Brücke von Pichelèbe* an der Nebenstraße D 328 als guter Ausgangspunkt an: Man lässt das Auto auf dem kleinen Parkplatz und wandert bachaufwärts in den Dschungel oder abwärts zum Strand.

• *Bootsfahrten* Es werden drei Touren (hin und zurück) verschiedener Länge angeboten; wir empfehlen die mittlere bis zur Brücke von Pichelèbe. Sie kostet 14,50 €/Person und dauert drei Stunden (Abfahrt 14h30). Billiger ist natürlich die einfache Fahrt mit anschließendem Spaziergang zurück oder einem wartenden Auto an der Brücke.

Fahrten: Ostern bis Okt. Abfahrt am Strand von Léon. Auskunft und Reservierung ✆ 05.58.48.75.39.

▶ **Moulin de Galoppe**. Frische Forellen für 7 € das Kilo – vorausgesetzt, Sie fangen die Fische selber. Sie zahlen Eintritt für die ansprechend gestaltete Anlage rund um eine alte Mühle, schnappen sich eine Rute, Köder und Kessel und sind mit dabei. Alles so kinderleicht, dass man meinen könnte, die Forellen seien geradezu dressiert für ihre Opferrolle. Für Kinder garantiert ein Heidenspaß ... und für Ihr Abendessen ist gesorgt.

Ⓘ April bis Sept. 10–19 Uhr (Juli/Aug. bis 20 Uhr), außerhalb der Ferien Sa geschlossen. Eintritt 4 €, Kinder 5–12 Jahre 3 €. *Anfahrt* Von Léon ca. 4 km in Richtung Castets, das Gelände liegt direkt an der Straße, nicht zu übersehen.

▸ **Moliets-Plage**: Noch so eine Wildwestsiedlung – es gibt schönere. Der Campingplatz hingegen ist durchaus akzeptabel.

• *Hotel* ** **De L'Océan**, an der Düne. Das alte „Océan" ist im komplett neuen Gewand wiederauferstanden. 14 renovierte, schnörkellos korrekte Nichtraucherzimmer, Fischrestaurant mit Holzterrasse nach zwei Seiten. WiFi-Anschluss. Avenue de l'Océan, 40660 Moliets-Plage. ☎ 05.58.48.51.19, 📠 05.58.48.51.76, www.hotel-ocean-moliets.com.

• *Camping* **** **Le Saint-Martin Airotel**. 660 Stellplätze im Pinienwald, direkter Zugang zum Strand. Nach Lesermeinung eindeutig der bessere der beiden Plätze an Ort. Wir haben uns überzeugt. Hinter dem eindrucksvollen Rezeptionsgebäude findet der Besucher alles, was die Ferien angenehm macht: 3 Swimmingpools, davon einer überdacht – und „gleich um die Ecke" die Mündung des Courant d'Huchet, an der Kinder gefahrlos baden können. 4 Restaurants, eine Bar mit Internetzugang und auch Vermietung von Bungalows. Großes Freizeitangebot. Geöffnet Ostern bis Okt. Avenue de l'Océan, 40660 Moliets-et-Maa. ☎ 05.58.48.52.30, 📠 05.58.48.50.73, www.camping-saint-martin.fr.

*** **Les Cigales**, 630 Stellplätze im Pinienwald, 300 m vom Strand. Kleines Sport- und Vergnügungsangebot (Tenniscourt, Volleyball, Minigolf). Geöffnet April bis - Sept. Avenue de l'Océan, 40660 Moliets-et-Maa. ☎ 05.58.48.51.18, 📠 05.58.48.53.27, www.camping-les-cigales-fr.

Côte d'Argent

▸ **Messanges-Plage**: Keine Siedlung, sondern ein Parkplatz, eine angenehme Snackbar und eine Passage über die Düne zum Silberstrand.

• *Hotel* *** **La Maison de la Prade**, knapp 2 km zum Strand – eine Traumadresse! Eine abgebrannte Ferienkolonie aus den 1930er Jahren wurde als Hotel wieder aufgebaut, ohne die Baustruktur anzutasten. Ruhige Eleganz im Inneren, einladender Garten und nach hinten ein Swimmingpool vor dem Pinienwald. Geräumige, helle, moderne Zimmer mit einfachem Mobiliar und fußfreundlichen Schnurböden. WiFi-Anschluss. DZ 85–130 €, auch Suites, 3-Bett- und Familienzimmer im Angebot. Route de la Plage, 40660 Messanges. ☎ 05.58.48.38.96, 📠 05.58.49.26.75, www.lamaisondelaprade.com.

• *Camping* *** **De Moïsan**, ca. 1 km zum Strand. 325 Stellplätze im Pinienwald, Lebensmittelgeschäft. Waschmaschinen. Hübsche Picknickplätze auf dem Gelände. Freundliche Besitzerin. Geöffnet April bis Sept. Route de la Plage, 40660 Messanges. ☎/📠 05.58.48.92.06, www.camping-moisan.com.

Vieux-Boucau

Einst lag Vieux-Boucau an der Mündung des *Adour* und hatte einen wichtigen Hafen, aber das ist lange her. Im Jahr 1578 wurde der Fluss nach Bayonne umgeleitet, wo er sich heute noch in den Ozean ergießt, Vieux-Boucau verfiel in einen Dornröschenschlaf.

In den 1930er Jahren rieb sich Dornröschen – aufgeschreckt durch einige Touristen – den Sand aus den Augen und entdeckte seine neue Berufung. Es verlängerte seinen Namen um den Zusatz *les-Bains* und entwickelte sich allmählich zu einem angenehm-lebendigen Badestädtchen.

Dem ständig wachsenden Atlantik-Tourismus begegnete Vieux-Boucau mit dem richtigen baulichen Konzept. Im Süden wurde ein künstlicher Salzsee *(Lac Marin)* geschaffen, eine Schleuse reguliert unter Ausnutzung der Gezeiten den Wasserstand. Am Nordufer des Sees wurde ein Komplex aus Residenzen gebaut, braunrot und zweistöckig, meist mit Geschäften im Parterre, davor eine hübsche Strandpromenade. *Port d'Albret*, wie in Erinnerung an die königliche Familie von Navarra der neue Ortsteil getauft wurde, mag man schön finden oder nicht: Angesichts der wild wuchernden Residenzsiedlungen, denen man andernorts begegnet, verdient das architektonische Gesamtkonzept durchaus eine Würdigung.

Der einfachste Zugang nach Port d'Albret führt vom Zentrum von Vieux-Boucau über die *Promenade du Mail*, eine großzügig konzipierte Fußgängerzone, in deren Mitte der *Canal de Moïsan* liegt.

Baden: Von den beiden ozeanischen Strandabschnitten hat der nördliche eindeutig besser gefallen als der zentrale mit Restaurant, Bar und Disko auf der Düne.

Information/Verbindungen

- *Postleitzahl* 40480
- *Information* **Office de Tourisme**, 11, promenade du Mail (Fußgängerpromenade). Freundliche Auskunft und viele Prospekte. Juli/Aug. Mo–Sa 9–13 und 14.30–19 Uhr, So 10–12.30 und 15–19 Uhr. Sept. bis Juni Mo–Fr 9–12 und 14–18 Uhr, Sa 9–12 Uhr. Weihnachten bis Neujahr geschlossen. ✆ 05.58.48.13.47, ✆ 05.58.48.15.37, officedetourisme.vieux-boucau@wanadoo.fr, www.ot-vieux-boucau.fr.
- *Verbindung* **Bus**: sehr gute Verbindungen nach Dax, über Hossegor nach Bayonne sowie nach Léon; seltener sind Fahrten nach Mimizan. Abfahrt im Zentrum.

Diverses

- *Internet* Cyber-Station im **Pub Mail**, 22, promenade du Mail.
- *Fahrradverleih* **Locacycles**, 21, Grande Rue (im Zentrum). Ein witziger Laden mit allerlei Gefährten: neben dem üblichen Angebot Tandems, 3- und 4-Sitzer, Clown- und Einräder. Kinderfahrräder und Kindersitze werden ebenfalls vermietet, nicht zuletzt gibt's hier auch eine Reparaturwerkstatt. ✆ 05.58.48.04.79.
- *Surfen* **Wishbone**, av. des Pêcheurs, Résidence Rivage. Verleih von Surfbrettern, Bodyboards und Kanus. ✆ 05.5848.30.70.

Atmosphère, promenade du Mail, neben der Info-Stelle, Surfkurse, Verleih von Surf- und Wellenbrettern. ✆ 05.58.48.23.16.

- *Markt* Dienstag- und Samstagmorgen, in der Saison tägl. auf der Place de la Mairie im Zentrum.
- *Courses landaises* Juni bis Sept. jeweils Donnerstagabend in der Arena (3000 Plätze).
- *Waschsalon* **Laverie du Lac**, am Port d'Albret. Tägl. 8–22 Uhr.

Übernachten

- *Hotels* ** **De la Pomme de Pin**, direkt an der Küstendüne. Mit empfehlenswertem Restaurant. Sauna und gedecktes Schwimmbad. Zugang für Behinderte. DZ 54–92 €, alle mit Dusche WC, Preise stark saisonabhängig. 39, av. de la Plage. ✆ 05.58.48.00.57, ✆ 05.58.48.18.48, www.lapommedepin.com.

** **De la Maremne**. Moderner Bau, ebenfalls direkt an der Küstendüne. Restaurant angeschlossen. DZ 49–56 € je nach Saison. Geöffnet April bis Sept. 33, av. de la Plage. ✆ 05.58.48.12.70, ✆ 05.58.48.22.20, hotellamaremna@free.fr.

** **Marinero** Komplett renoviertes Landaiser Haus mit großer, überdachter Terrasse

Courses landaises – freche Spielchen mit der Kuh

Die „Landaiser Kuhrennen“ haben mit Stierkämpfen nur die Arena gemein, in der sie stattfinden. Blut fließt keines, sodass eine sportliche Landaiser Kuh es bis auf zehn Berufsjahre in der Arena bringen kann, bevor sie in Rente geht. Hauptakteure der *Courses landaises* sind neben dem Tier die *Ecarteurs* und die *Sauteurs*, benannt nach den beiden wichtigsten akrobatischen Figuren, mit denen der gereizten Kuh ausgewichen wird.

Ecart: Das Tier stürmt auf den Ecarteur zu. Der weicht nicht von der Stelle. Er beschränkt sich auf eine schnelle Körperdrehung und drückt seine Hüften seitwärts, die haarscharf von den Hörnern gestreift werden.

Saut: Wesentlich spektakulärer. Der Sauteur springt über die auf ihn zurennende Kuh hinweg. Besonders akrobatisch ist der „Engelssprung“, bei dem der Sauteur mit weit ausgebreiteten Armen horizontal über das heranstürmende Tier „fliegt“. Ganz routinierte Sauteurs binden sich vorher die Beine noch mit einem Tuch zusammen und stecken die Füße in ein Beret, eine Baskenmütze.

Risiko und Eleganz sind die Hauptkriterien, nach denen die strenge Jury ihre Noten verteilt. Die Akrobaten haben meist ein hartes Training hinter sich. In Habas, einem kleinen Dorf südöstlich von Dax, trainieren Kinder ab 10 Jahren an so genannten elektrischen Kühen, bis sie mit solchen aus Fleisch und Blut konfrontiert werden.

Neben den *Courses formelles* sind in den touristischen Gebieten vor allem die *Courses mixtes* beliebt. Nachdem Ecarteurs und Sauteurs im ersten Teil ihre Kunst unter Beweis gestellt haben, werden nach der Pause circensische Clownerien dargeboten. Zu den beliebtesten gehört das Fußballspiel mit der ratlosen bis wütenden Kuh, zu der mutige Zuschauer in die Arena steigen. Im Mittelpunkt des Feldes wird eine Tonne aufgestellt, aus der gelegentlich eine ängstliche Schiedsrichterin äugt.

zur Straße (Fußgängerzone). Das Restaurant – blau-weiße Betischung und Stores lassen es erahnen – serviert, was aus dem Meer kommt. DZ mit Dusche/WC/TV 29–56 €, auch 3-er- und 4-er-Zimmer! Geöffnet April bis Sept. 15, Grand' Rue. ✆ 05.58.48.14.15, 📠 05.58.48.38.18, www.marinero.biz.

Côte d'Argent

Unterstand für Entenjäger – auf dem Etang Blanc

** **Du Centre**. Ruhige Lage in der Fußgängerzone. DZ 39 € (mit Dusche), 48 € (mit Dusche/WC). Geöffnet April bis Sept. 5, place de la Mairie. ✆ 05.58.48.10.33, 📠 05.58.48.23.89.

• *Camping* *** **Municipal Les Sablères**, am Nordstrand. Direkt an der Düne und icht weit vom Zentrum. Die Lage ist gut, doch mangelt es der Anlage mit ihren blitzblank gekachelten Sanitäreinrichtungen an Atmosphäre und Schattenplätzen. 530 Stellplätze. Geöffnet April bis Mitte Okt. Bd du Marensin. ✆ 05.58.48.12.29, 📠 05.58.48.20.70, www.les-sableres.com.

▶ **Von Vieux-Boucau nach Hossegor**: Der schnellste Weg führt über die D 79 und bietet bei der **Plage des Casernes** noch eine letzte Bademöglichkeit, bevor man sich in den Trubel von Hossegor stürzt. Empfehlen kann man diesen Strand aber kaum: zwei versandete Bunker, eine Go-Kart-Anlage, in der verhinderte Rennfahrer auf breitreifigen Gefährten in den Dünen herumkurven, sowie ein Campingplatz, den wir seiner grellen Geschmacklosigkeit wegen ganz einfach übergehen wollen. Abwechslungsreicher ist der Umweg über *Soustons* und *Seignosse*, der an vier kleinen Seen *(Etangs)* vorbeiführt, am Wegrand zeigen sich gelegentlich die typischen Landaiser Häuser, einstöckig und mit weißem Fachwerk.

▶ **Von vieux-Boucau nach Hossegor**: Der **Etang de Soustons**, der größte der Seen, bietet einige schöne Bademöglichkeiten. **Soustons** (abgeleitet vom englischen *Southtown*) hat sich in jüngster Zeit zu einem lebendigen Urlaubsort gemausert. Ein Radweg von Vieux-Boucau durch den Pinienwald bringt zusätzliches Publikum.

5 km südlich von Soustons zweigt die schmale D 189 zu zwei weiteren Gewässern ab, dem **Etang de Hardy** und dem **Etang Blanc**. Nur ein kleiner Damm, über den das Sträßchen führt, trennt sie voneinander. Auf beiden Etangs stehen eigenartige Schilfhütten – die Unterstände für die Entenjagd sind ein beliebtes Postkartenmotiv.

Der kleine **Etang Noir**, im Norden von Seignosse, liegt in einem Naturreservat. Ein Schild weist darauf hin, dass Musik, Kanufahrten, Schwimmen und Blumenpflücken verboten sind. Doch jeder gönnt es Ihnen, auf den Wegen Spaziergänge zu unternehmen – inmitten farnreicher Vegetation.

• *Essen* **Auberge Landaise**, in Tosse (Ortsausgang in Richtung Seignosse). Traditionelle Landaiser Küche in traditionellem Landaiser Haus; freundliche Wirtsfamilie. Spezialitäten: Magret de canard, Confit de canard. 7, rue Général de Gaulle. ✆ 05.58.43.01.93.

Hossegor

Hossegor ist nicht Saint-Tropez, aber immerhin der Ort an der Côte d'Argent, wo sich der Adel des Geldes am ehesten zu Hause fühlt. Versteckt im üppigen Grün auf der Halbinsel zwischen Ozean und dem See von Hossegor liegen die eleganten Villen, deren Architektur oft Landaiser und baskischen Stil verbindet.

Literaten, Musiker und Maler siedelten sich Anfang des 20. Jahrhunderts in Hossegor an. Wenn die Stadt ein Goldenes Buch führte, müssten sich darin die Autogramme des Bildhauers Charles Despiau, des italienischen Romanciers Gabriele d'Annunzio und des Bolero-Komponisten Maurice Ravel finden.

Die Künstlerkolonie ist längst passé, Golfspieler und Yachtkapitäne sind an ihre Stelle getreten – und in jüngster Zeit die Cracks im Wellenreiten. Die Brandung von Hossegor ist berühmt. An der *Plage Centrale* und der *Plage de la Gravière* rasen die Brettakrobaten an den Wellen entlang, während die Fotografen am Ufer ihr längstes Objektiv auf die Kamera schrauben.

Endgültig aus dem Häuschen geraten die Fans, wenn im August beim sechstägigen *Rip Curl Pro Landes* die Weltmeisterschaft ausgetragen wird, zu der sich Profis aus Australien und Kalifornien einfinden – jährlich zählt man um die 150.000 Zuschauer.

Ruhigere Badestellen sind am 3 km langen **See von Hossegor** zu finden. Er ist wie die kleinen Seen nördlich von Seignosse ein Zeugnis des frühen *Adour*-Verlaufs: bis ins 12. Jahrhundert mündete der Fluss südlich von Hossegor, später bei Vieux-Boucau; im 16. Jahrhundert wurde er dann endgültig nach Bayonne umgeleitet. Der See von Hossegor blieb ein Süßwasserteich, bis *Napoleon III.* den Dünendurchbruch zum Ozean anordnete. Seither ist er so salzig wie dieser und auch den Gezeiten unterworfen: Badende warten auf die Flut, Austernzüchter auf die Ebbe, der Flaneur der Uferpromenade bleibt vom Wechsel unabhängig.

Nördlich des Sees sind mit *Les Estagnots* und *Le Penon* zwei Nobelvororte entstanden, denen aber – vom Sonnenuntergang abgesehen – jede Romantik fehlt. Vielleicht sollte die Gemeinde Seignosse, zu der die beiden Siedlungen gehören, die früher in Hossegor praktizierte Werbestrategie für schöneres Wohnen probieren: Gratisabgabe von jungen Pflanzen und Pinien an Villenbesitzer. Um eines hübscheren Anblicks willen möchte man es ihnen gönnen ...

Information/Diverses

- *Postleitzahl* 40150
- *Information* **Office de Tourisme**, 44, av. de Paris, im Hôtel de Ville (Seiteneingang). Modernes, gut bestücktes Büro. Unter anderem wird hier eine gute Broschüre abgegeben, mit Stadtplan und Veranstaltungskalender (Pelote, Windhundrennen, Courses Landaises etc.). Juli/Aug. tägl. 9–19 Uhr. Sept. bis Juni Mo–Sa 9–12 und 14–18 Uhr. ✆ 05.58.41.79.00, ✆ 05.58.41.79.09, hossegor.tourisme@wanadoo.fr, www.hossegor.fr
- *Verbindung* **Bus**: Gute Verbindungen nach Dax, Bayonne und Vieux-Boucau.
- *Fahrradverleih* **Cycles Lannemajou**, 619, av du Touring Club. Hossegors erste Adresse. Neben klassischen Rädern und Mountainbikes auch Velo-Solex und kleine Vespas. Kindersitze. Reparaturwerkstatt angeschlossen. ✆ 05.58.43.54.45.

VTT Loisirs, av. des Pins Tranquilles (Seitenstraße zur Av. du Touring Club). Ebenfalls gut bestückt. Fahrräder, Tandems, Mofas und Motorräder bis 600 ccm. Nur in der Hauptsaison geöffnet. ✆ 05.58.41.91.81.

- *Golf* Bei Insidern steht der Platz von Hossegor wegen seiner schönen Lage hoch im Kurs. 18 Löcher. Wer sich in die Kunst des teuren Sports einweisen lassen möchte, meldet sich zu einem Anfängerkurs an. Ganzjährig geöffnet. ✆ 05.58.43.56.99, www.golf-hossegor.com.
- *Markt* In der Saison Mo und Fr morgens in der Avenue J.-R. Sourgen.
- *Courses Landaises* Juli/Aug., jeden Mi um 21.30 Uhr in der Arena.
- *Pelote* Turniere finden von Mitte Juni bis Mitte Sept. im Jaï Alaï oder am Fronton an der Avenue de Gaujacq statt. Genaue Daten beim Office de Tourisme.
- *Internet* Cyber-Station an der Av. du Touring Club 290 und im Office de Tourisme (dort nur mit Télécarte).

Übernachten/Essen

- *Hotels* *** **Le Pavillon Bleu (3)**. 2001 eröffnete Hotelanlage. Helle, modern eingerichtete Komfortzimmer, die besseren mit Balkon zum See. Restaurant mit Seeterrasse. DZ 70–145 € je nach Saison. 1053, av. du Touring Club. ✆ 05.58.41.99.50, ✆ 05.58.41.99.59, www.pavillonbleu.fr.

** **Barbary Lane (4)**, eine durch und durch empfehlenswerte Adresse! Zwischen See und Ozean führen Jacques und Bruno ein überaus charmantes Hotel. Hier stimmt noch das letzte Detail. Alles ist auf den Kunden abgestimmt, auch die beiden freundlichen Gastgeber. Die Zimmereinrichtung ist eine Komposition für sich, jeweils individuell und mit einer schriftlichen Dokumentation versehen, das geräumige Bad lässt nichts zu wünschen übrig. Vom Billardraum gelangt man in die gemütliche Hotelbar und von da direkt auf die Terrasse zur wenig befahrenen Straße, nach hinten lockt ein kleiner Garten mit Swimmingpool. Das Frühstücksbuffet ist eine Pracht, Bruno steuert täglich einen hausgemachten Kuchen bei. Wer Brunos Kochkünste am Abend goutieren will, muss dies schon am Morgen kundtun und wird nicht enttäuscht sein – das mit Sorgfalt und Liebe zubereitete Menu ist obendrein äußerst preiswert. DZ 48–115 je nach Zimmer und Saison. Geöffnet März bis Mitte Nov. 156, av. de la Côte d'Argent. ✆ 05.58.43.46.00, ✆ 05.58.43.95.19, www.barbary-lane.com.

** **La Tétrade – Coté Lac (2)**. Ein hübsches Landhaus mit Garten zum See. Fischrestaurant, das als Spezialität eine „Mariscada" (Meeresfrüchtesuppe) serviert. DZ 40–85 € je nach Saison und Zimmerlage, alle Zimmer mit Dusche/WC. 1187, av. du Touring Club. ✆ 05.58.43.51.48, ✆ 05.58.41.73.11, www.latetradecotelac.fr.

** **De la Plage (5)**. Schönes Haus mit baskischem Einschlag, direkt am Ozean. Der Blick auf diesen verteuert die Zimmer nach vorne etwas, dafür können Sie aber aus bester Position den Wellenreitern zusehen. Nach der Neugestaltung des Landaiser Platzes 1998 wurde auch das Hotel aufgepeppt und erfuhr einen Besitzerwechsel. Der Wirt betreibt im Parterre des Hauses das „Bistrot de Marcel", an sommerlichen Wochenenden dröhnt aus dem Keller Techno-Sound. DZ mit Dusche/WC ca. 60–70 €. Hoteleigener Parkplatz. Ganzjährig geöffnet. 94, place des Landais ✆ 05.58.41.76.41, ✆ 05.58.41.76.54, www.hoteldelaplage.net.

** **Le Relais du Lac (1)**. Die etwas ältliche Einrichtung wurde 2005 totalüberholt. Zum

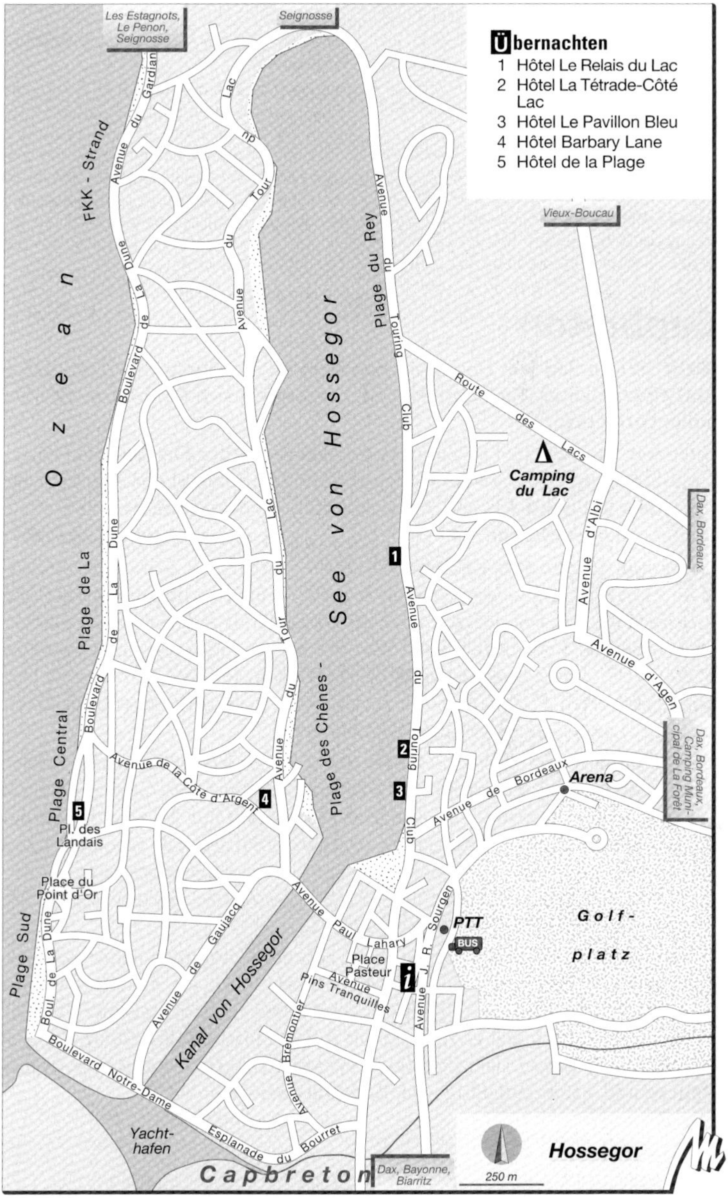
Übernachten
1 Hôtel Le Relais du Lac
2 Hôtel La Tétrade-Côté Lac
3 Hôtel Le Pavillon Bleu
4 Hôtel Barbary Lane
5 Hôtel de la Plage
Les Estagnots, Le Penon, Seignosse
Seignosse
Vieux-Boucau
Dax, Bordeaux
Dax, Bordeaux, Camping Municipal de La Forêt
Dax, Bayonne, Biarritz
Ozean
FKK - Strand
See von Hossegor
Plage de La Dune
Plage Central
Plage Sud
Plage des Chênes - Plage du Rey
Avenue du Gardian
Boulevard de La Dune
Avenue du Lac
Avenue du Tour du Lac
Avenue du Touring Club
Route des Lacs
Camping du Lac
Avenue d'Albi
Avenue d'Agen
Avenue de Bordeaux
Arena
Avenue de la Côte d'Argent
Pl. des Landais
Place du Point d'Or
Boul. de La Dune
Avenue de Gaujacq
Kanal von Hossegor
Avenue Paul Lahary
Place Pasteur
Avenue Pins Tranquilles
Avenue J. R. Sourgen
PTT
BUS
Golfplatz
Bremontier
Boulevard Notre-Dame
Esplanade du Bourret
Yachthafen
Capbreton
Hossegor
250 m

See hin Zimmer mit Balkon, von denen man den Sonnenuntergang in aller Privatheit genießen kann. DZ ca. 40–70 €, alle Zimmer mit Dusche/WC, auch 4-Bett-Zimmer. Geöffnet Feb. bis Nov. 1675, av. du Touring Club. ✆ 05.58.43.69.03, ✆ 05.58.41.91.93, resa@relaisdulac.net.

• *Camping* *** **Du Lac**. Der Name trügt: der Platz liegt nicht am See. Ältere, aber angenehme Einrichtung im dichten Pinienwald, 2006 etwas aufgepeppt mit Swimmingpool öf und einem Fronton. 250 Stellplätze. Gefnet April bis Sept. 580, route es Lacs. ✆ 05.58.43.53.14, ✆ 05.58.43.55.83, www.camping-du-lac.com.

Weitere Hotels und Campingplätze → Capbreton.

• *Essen* Im Zentrum schießen Brasserien, Crêperien, Eisdielen und Fastfoodlokale wie Pilze aus dem Boden. Wer gut essen und auch aufs Ambiente nicht verzichten will, sucht am besten eines der **Hotelrestaurants am See** auf. In den dortigen Speisesälen können zum Sonnenuntergang Austern geschlürft werden, die Küche ist in der Regel auf Fisch spezialisiert und nicht billig.

Capbreton

Nicht so mondän wie Hossegor, von dem es nur durch den Yachthafen und einen kleinen Bach getrennt ist, präsentiert sich Capbreton als eher stiller Ferienort.

Außer ein paar schönen Häusern im ländlich wirkenden Ortskern und einem Casino, in dem sich die vom Golfspiel ermüdete Klientel von Hossegor bei Roulette und Blackjack erholt, hat Capbreton vor allem eines zu bieten: einen breiten, kilometerlangen Sandstrand, der sich irgendwo im Süden verliert.

Capbreton wurde stets ein bisschen als die provinzielle Schwester des reichen Hossegor angesehen – davon hat die Stadt jetzt offenbar genug und geht in die Offensive. Derzeit wird die gesamte Strandpromenade neu gestaltet. Bereits fertiggestellt sind der unterirdische Parkplatz und zwei Gebäude für Boutiquen neben der Mole. Das Casino soll eine Reihe vorrücken, an seinem alten Platz soll dereinst das erste thalassotherapeutische Zentrum der Landes die teure Klientel empfangen.

Bereits umgezogen ist das *Ecomusée de la Pêche*, das früher in der dritten Etage des Casinos untergebracht war und jetzt bei der Capitainerie ein eigenes Haus und neun neue Aquarien bekommen hat. Es zeigt neben der lokalen Meeresfauna Modellschiffe, Fischereigerätschaften, ein komplettes Welsskelett sowie eine Dokumentation zur Geschichte Capbretons.

⌚ Feb./März und Okt. bis Dez. Mi, Sa, So 14–18.30 Uhr. April bis Juni und Sept. tägl. 14–18.30 Uhr. Juli/Aug. tägl. 10–22.30 Uhr. Eintritt 5,50 €.

Die originellste Sehenswürdigkeit von Capbreton kann man leider nicht besichtigen, sie verläuft unterirdisch: die *Grande Fosse*, ein mehrere hundert Meter tief in die Kontinentalplatte eingeschnittener, unterseeischer Canyon. Möglicherweise handelt es sich um ein frühes Flussbett des Adour, der sich bis ins 12. Jahrhundert bei Capbreton ins Meer ergoss, bevor er nach Vieux-Boucau und später endgültig nach Bayonne umgeleitet wurde.

Information/Diverses

• *Postleitzahl* 40130

• *Information* **Office de Tourisme**, av. Georges Pompidou (Boudigau-Kanal, Südseite). Gut bestückt mit Material über Stadt und Umgebung.

Juli/Aug. Mo–Sa 9–19 Uhr, So 10.30–12.30

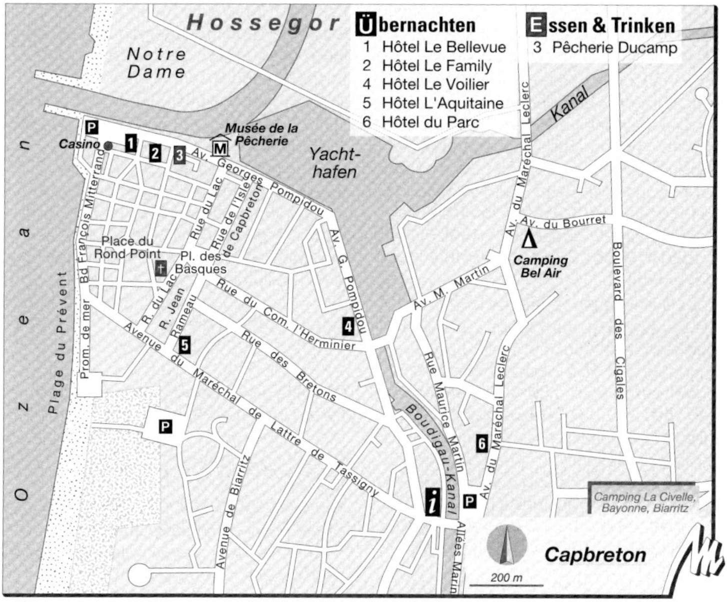

und 16–19 Uhr. Sept. bis Juni: Mo–Sa 9–12 und 14–18 Uhr. ✆ 05.58.72.12.11, 📠 05.58.41.00.29, capbreton.tourisme@wanadoo.fr, www.capbreton-tourisme.com.

Information de Tourisme, bei der Capitainerie. Interkommunales Infobüro der Gemeinden Capbreton, Hossegor, Seignosse, Angresse und Labenne. Einiges Infomaterial über diese Orte.

Juli/Aug. 9.30–19.30 Uhr, außerhalb der Saison sehr reduzierte Öffnungszeiten.

• *Verbindung* **Bus**: Anschluss zum Bahnhof nach Labenne, von dort mit dem Zug weiter nach Dax oder Bayonne, Biarritz, Hendaye. Weitere Verbindungen → Hossegor.

• *Internet* **net.house**, 76, av. de Lattre de Tassigny (am Südende der Strandpromenade um die Ecke). Ein putziges Cyber-Häuschen direkt neben „Little Hawaï" (→ Wellenreiten/Surfen).

• *Fahrradverleih* **V.T.T. Loisirs**, 50, allée Marines (Boudigau-Kanal, Nordseite, unterhalb des Ortskerns), neben Tourenrädern gibt es auch Mountainbikes und Scooter von 49,9 bis 125 ccm. ✆ 05.58.72.19.99.

Locavélo, 56, av. Maréchal Leclerc (Nähe Camping Bel Air). Vergleichbares Angebot. ✆ 05.58.72.48.68.

• *Wellenreiten/Surfen* **Little Hawaï**. Bretterverleih und Kurse. 76, av. de Lattre de Tassigny (am Südende der Strandpromenade um die Ecke). ✆ 05.58.49.31.01.

L'Esquiro, 3 allées Marines. Verleih von Surf- und Bodybrettern. ✆ 05.58.72.19.26.

• *Fischmarkt* tägl. bei der Capitainerie am Yachthafen.

• *Courses Landaises* Juli/Aug., unregelmäßig. Termine beim Office de Tourisme. Die Arena befindet sich gleich bei den städtischen Sportanlagen am Boulevard des Cigales, im Norden von Capbreton.

• *Waschsalon* **Lavomatic**, bd des Cigales/rue du Château d'Eau (Nähe Ortszentrum).

Übernachten/Essen

• *Hotels* ** **L'Aquitaine (5)**, 200 m zum Strand. In der Mittelklasse eine gute Adresse. Freundliche, helle Zimmer, begrünter Aufenthaltsraum, Swimmingpool mit ein paar Tischchen fürs Frühstück daneben. DZ 44–79 €. Geöffnet Feb. bis

Nov. 66, av. de Lattre de Tassigny. ✆ 05.58.72.38.11, 📠 05.58.49.30.82, www.hotelaquitaine-capbreton.com.

** **Le Voilier (4)**. Eine komfortable, gute Lösung. Zimmer verschiedener Größer, auch für 3–4 Personen, teils mit Balkon zum Garten, teils mit Balkon zur Straße, teils ohne Balkon – es lohnt, die Zimmer erst zu besichtigen. Restaurant angeschlossen. DZ 45–70 €. Geöffnet April bis Sept. 29, av. Georges Pompidou. ✆ 05.58.72.13.47, 📠 05.58.41.05.03, hotelrestaurant.le-voilier @wanadoo.fr.

** **Le Bellevue (1)**. Gepflegte Unterkunft in modernem Bau, nur 100 m zum Strand. Nur die Belle Vue gibt's nicht: Ausblick entweder auf das verschachtelte Viertel Notre-Dame oder auf den Betonkoloss des Casinos, der den Blick zum Ozean versperrt. Edles Fischrestaurant, das auch Landaiser Geflügel im Angebot hat. DZ 40–66 € (in der Nachsaison purzeln die Preise), alle Zimmer mit Dusche/ WC/TV Geöffnet Feb. bis Okt. Av. Georges Pompidou. ✆ 05.58.72.10.30, 📠 05.58.72. 11.12, ericengard@aol.com.

* **Le Family (2)**. Preiswerte Unterkunft, 100 m vom Strand entfernt. Hoteleigener Parkplatz, was man in der Hauptsaison zu schätzen weiß. Im Restaurant serviert die Family kleine Gerichte und preiswerte Menus. Bei mehrtägigem Aufenthalt empfehlen wir Halbpension. DZ 32–37 €, WC auf Etage. 8, rue des Gabiers. ✆ 05.58.72.11.30

Du Parc (6), keine Klassifizierung, beim Office de Tourisme über die Brücke, dann links. Altes Landhaus mit beliebter, platanenbestandener Terrasse zur Straße. Leider alles etwas zu laut. DZ 40–50 €, die billigeren mit Etagendusche. 11bis, av. Maréchal Leclerc. ✆ 05.58.72.10.36.

• *Camping* *** **Municipal La Civelle**, Richtung Bayonne, beim Kreisel am Ortsende abzweigen. Ruhige Lage im Pinienwald. 360 schattige Stellplätze auf meist steinigem Boden, sonst aber recht hübsche Freiluftanlage mit gepflegten Sanitäranlagen. Extraservice: Zweimal täglich pendelt ein Gratisbus ins Ortszentrum. Geöffnet Feb. bis Dez. 15, av. des Biches. ✆/📠 05.58.72.15.11.

*** **Municipal Bel'Air**. Wenig attraktiver Platz, zwischen Sportgelände und Häusern eingezwängt. Knapp 120 Stellplätze. Ganzjährig geöffnet. Av. du Bourret. ✆ 05.58.72.12.04.

Weitere Hotels/Campings → Hossegor.

• *Restaurant* **Pêcherie Ducamp (3)**. Von den zahlreichen Fischlokalen am Hafen hebt es sich durch sein einzigartiges Ambiente ab: Markthallenatmosphäre, Kellner in Gummistiefeln und Plastikschürzen, die Küche ist offen einsehbar – Fisch und Meeresfrüchte bis zum Abwinken. „Klasse, aber nicht ganz billig", schrieb ein Leser. Sonntagabend und Montag geschlossen. 4, rue du Port d'Albret. ✆ 05.58.72.11.33.

▸ **Von Capbreton bis Bayonne**: Hier hat die Côte d'Argent jeden Reiz verloren. Die Siedlung **Labenne-Océan** besteht aus einem Residenzhotel, vier 4-Sterne-Campings, einem 3-Sterne- und zwei 2-Sterne-Plätzen; eine Sprachschule wirbt um Kundschaft, am Strand versanden drei Bunker ... Vom Grausen erfasst, flüchtete der Verfasser nach **Ondres-Plages**, der letzten Badestelle vor Bayonne: öde. Die Bayonnaisen wissen es und ziehen den Strand südlich der Adour-Mündung vor.

Einzig die **Pinède des Singes**, der Affenwald, tröstete über entgangenes Badevergnügen hinweg. Die possierlichen Java-Äffchen, die hier frei herumspazieren und durch das Piniengeäst turnen, den Besucher schräg anschauen, gelegentlich zähnebleckende Drohgebärden einnehmen, scheinen den Ozean nicht zu vermissen. Und auch nicht die Hängebauchschweinfamilie, die – am Beobachter gänzlich desinteressiert – durchs Unterholz trottete.

🕐 Mitte April bis Juni und Sept. Mo/Di und Do/Fr 14–18 Uhr, Sa/So 10–12 und 14–18 Uhr. Juli/Aug. tägl. 10–12 und 14–18 Uhr. Eintritt ca. 7 €.

Die Landes – Hinterland der Côte d'Argent

Pinien, Pinien und noch mehr Pinien. Hinter der Côte d'Argent erstreckt sich Frankreichs größter Wald, durchzogen von einigen schnurgeraden Teerschneisen und der Eisenbahnlinie Paris–Irún. Mit Ausnahme des Küstenstreifens zwischen Biscarrosse und der Adour-Mündung sowie einiger Gebiete südlich des Adour besteht das Département Les Landes fast nur aus Pinien.

Lande heißt auf deutsch „Heide". Damit erinnert der Name an die unfruchtbare Heidelandschaft, die noch bis ins 19. Jahrhundert hier vorherrschte. *Napoleon I.* fand die Landes einen Schandfleck auf der Landkarte der Grande Nation, statt Steuern brachte dieses Departement nur Probleme. Die Postkutschen mussten die Gegend mehr oder weniger umfahren, es fehlte an Wegen, und an den wenigen Straßen lauerten Banditen. Lediglich Schäfer mit ihren Herden besiedelten das Land, von dem sie sich mehr schlecht als recht ernähren konnten, an einen vermarktbaren Überschuss war nicht zu denken. Diese Schäfer stolzierten auf hohen Stelzen durch die morastige Heide, um so ihre Tiere besser überwachen zu können. Mit groben Schaffellen bekleidet, boten sie den wenigen Neugierigen, die sich in die Landes verirrten, ein kurioses Bild des Rückstands und der Armut – dies zu einer Zeit, in der in Paris als Symbol des technischen Fortschritts der Eiffelturm in den Himmel wuchs.

Ein zusätzliches Problem brachte der stete Westwind, der gewaltige Sandmengen vom Ozean immer weiter ins Landesinnere trieb. Ganze Ortschaften drohten unter den unbefestigten Dünen zu ersticken; Weitsichtige befürchteten, dass das gesamte gasconische Becken versanden könnte.

Die Anfänge der Urbarmachung des Heidelandes gehen ins 18. Jahrhundert zurück. 1786 hatte der Ingenieur *Nicolas Brémontier* in königlichem Auftrag ein groß angelegtes Programm entworfen, das aber erst nach den Turbulenzen der Französischen Revolution realisiert werden konnte.

Siebzig Meter hinter dem höchsten Punkt der Flut errichtete Brémontier eine starke Bohlenpalisade, in der sich der Sand verfing und zunächst eine zwölf Meter hohe Küstendüne aufstaute, die der Ingenieur mit schnell wucherndem Strandgras besäte, dessen Wurzelwerk die Düne zusammenhielt. Dahinter wurden Pinien angesät, die dem Boden das überflüssige Wasser entzogen.

Napoleon III. konnte nun die Nutzbarmachung der endlosen Heideflächen angehen. Er schickte den Ingenieur *Jules Chambrelent* vor Ort. Dieser ließ Kanäle in die tonhaltige Erde graben, um das Heideland zu entwässern und danach völlig zu roden. Erste Bepflanzungsversuche mit Pinien und Korkeichen zeigten überraschend gute Ergebnisse. Daraufhin wurde mit großem Elan aufgeforstet und alle drei Meter eine so genannte maritime Pinie gepflanzt.

Zwar warnten schon damals besorgte Stimmen vor den wirtschaftlichen Risiken einer Monokultur, doch die Perspektive des schnellen Geldes war zu verlockend. Bereits nach fünfzehn Jahren war eine Pinie soweit ausgewachsen, dass sie angezapft werden konnte. Professionelle Zapfer, die *Gemmeurs*, schnitten den eleganten Stamm schräg an, krallten eine Tonschale in die Borke und sammelten darin das auslaufende Harz *(résine)*. Die destillierte Résine war damals ein universeller Wunderstoff, aus dem sich eine ganze Reihe von Gummierzeugnissen herstellen ließ.

Dem Wirtschaftsprojekt fehlte es nur noch an Verkehrswegen für den Export. Noch Anfang des 19. Jahrhunderts waren weite Teile der Landes so schlecht erschlossen, dass man ernsthaft erwog, mit Kamelen zu arbeiten. Einige Exemplare wurden probehalber aus Algerien eingeführt. Doch diese ließen sich kein X für ein U vormachen – der aquitanische Sand ist nicht die Sahara – die Kamele krepierten jämmerlich.

Die große Lösung kam mit der Eisenbahn in den Jahren 1853–56. In den Jahrzehnten darauf erlebte die Résine-Produktion einen ungeheuren Boom, die Landes wurden zum reichsten Departement ganz Frankreichs! *Napoleon III.*, der große Förderer der Aufforstungen, kaufte persönlich 7000 Hektar Land und ließ mitten im Pinienwald die Musterkommune *Solférino* anlegen.

Dem schnellen Reichtum folgte ein ebenso schneller wirtschaftlicher Zusammenbruch. In den 1920er und 1930er Jahren machte die chemische Industrie große Fortschritte in der synthetischen Plastikherstellung, und schon bald wollte niemand mehr etwas von der gasconischen Résine wissen. 950.000 Hektar Wald brachten praktisch keinen Sou mehr ein, regelmäßige Waldbrände dezimierten überdies den Holzbestand gewaltig. Die Landes waren bald wieder zu einem der ärmsten Departements Frankreichs geworden.

Die wenigen Holz- und Papierfabriken vermochten die Misere nicht aufzuhalten. Ob der steigende Holzbedarf zu einem zweiten goldenen Zeitalter in den Landes führen wird, steht in den Sternen. Gegenwärtig nutzt man den Holzüberschuss zur Einsparung fossiler Energie: Öffentliche Gebäude in den Landes bekommen eine Heizung verpasst, die auch mit Holz gefüttert werden kann.

Durch Schaden ist man in den Landes klüger geworden und von der Monokultur abgerückt. Ein großer Teil des Waldes steht heute als Regionalpark unter Naturschutz und zieht ein bisschen Tourismus an. Im Süden wurden einige ehemalige Waldgebiete zugunsten einer ertragreichen Maiskultur gerodet.

Sehenswertes zur Geschichte der Landes

Öko-Museum von Marquèze: Das *Ecomusée de la Grande Lande* gehört zu den interessantesten Freilichtmuseen Frankreichs. Mitten im Regionalpark führt von **Sabres** aus ein bejahrtes Bähnchen (sonntags mit Dampflok) die Besucher in ein etwa 70 Hektar großes Heidegebiet zum Museumsdorf **Marquèze**, in dem das Rad der Zeit um 150 Jahre zurückgedreht wurde.

Stelzenschäfer der Landes

Die Fachwerkhäuser waren größtenteils noch bis in die 1960er Jahre bewohnt, einige Bauten aus der näheren Umgebung wurden hier wieder aufgebaut. Das Museum betreibt versuchsweise die alten Wirtschaftsformen: Getreideanbau, Imkerei, Geflügel- und Schafzucht, daneben Harzgewinnung *(gemmage)*. In Marquèze geht es also ganz lebendig zu. Die Besichtigung ist individuell möglich. Wer Französisch versteht, profitiert von der zweistündigen Führung engagierter Biologiestudenten aus Bordeaux, die fachkundig und mit vielen Details die Produktionsweise im 19. Jahrhundert zu erläutern wissen.

• *Anfahrt* In Sabres (40 km östlich von Mimizan) das Auto abstellen und in die Dampflok umsteigen; anders kommt man nicht nach Marquèze. Wer kein eigenes Fahrzeug besitzt, erkundigt sich am besten beim Office de Tourisme in Mimizan-Plage nach einer organisierten Busfahrt nach Sabres.

Abfahrt der Dampflok in Sabres: April/Mai und Mitte Sept. bis Okt. Mo–Sa 14–16.40 Uhr, So 10.10–16.40 Uhr; jeweils alle 40 Min. (Mittagspause). Juni bis Mitte Sept. tägl. 10.10–17.20 Uhr alle 40 Min. (Mittagspause). Preis für 3 km Bahnfahrt ab Sabres 11 € € (Juli/Aug. 13 €), Kinder, Jugendliche und junge Erwachsene 6–25 Jahre 7,50 € (Juli/Aug. 9 €); der Eintritt in die Museen kostet extra.

Solférino: Hier hatte 1857 *Napoleon III.* 7000 Hektar Land gekauft, auf dem er 1863 eine Mustersiedlung errichtete. Mit dem Ortsnamen wollte der Kaiser angeblich das 34. Infanterie-Regiment aus Mont-de-Marsan ehren, das 1859 in der *Schlacht von Solferino* besonders tapfer gegen die Österreicher gekämpft haben soll. Naheliegender ist der Gedanke, dass Seine Exzellenz sich selber ein Denkmal setzen wollte. Das Dorf besaß Reißbrett-Charme, noch heute sind entlang der Straße die uniformen cottage-ähnlichen Häuschen zu sehen, in denen die Bauern und Pinienpflanzer untergebracht waren.

Das Beste, was man in Solférino tun kann, ist, einen angenehmen Spaziergang durch das einstige kaiserliche Gut zu unternehmen. Um dem kleinen **Museum** vor Ort etwas abgewinnen zu können, muss man schon zu den eingefleischten Bonapartisten gehören: ausgestellt sind vor allem Reliquien des Kaisers und seiner Gattin *Eugénie*, daneben kunsthandwerkliche Erzeugnisse. Interessanter als die Exponate ist die Führung (auf Französisch), die kompetent die Geschichte des Pinienwaldes und der kaiserlichen Mustersiedlung erläutert.

Ⓛ *Musée Napoléon III* Mitte Juni bis Mitte Sept. 10–12 und 15–18 Uhr. Eintritt ca. 3 €.

• *Anfahrt* Von Sabres in Richtung Mimizan. Noch vor dem Ort Solférino führt bei einem Rondell die D 325 (Richtung Morcenx) zur alten Siedlung und zum Museum, ausgeschildert „Solférino (Bourg)".

Mont-de-Marsan

Am Zusammenfluss des Midou und der Douze, die dann vereint als Midouze ihren Weg fortsetzen, liegt Mont-de-Marsan, die Hauptstadt des Pinienwald-Departements.

Über dem Midou thront der wuchtige *Donjon Lacataye*, der im Mittelalter die von drei Seiten mit Wasser umgebene Stadt an ihrer offenen Flanke schützte. Ebenfalls aus früheren Zeiten stammt die *Rue des Arceaux*. Fünfmal ist das schmale Gässchen überbrückt: Geschlossene Passagen in Höhe der ersten Etage führen in die gegenüberliegende Wohnung; z. T. werden diese Passagen heute als Wohnraum genutzt. Ein weiteres Beispiel dieser hübschen Straßenüberbrückung findet sich in der *Rue Maubec*.

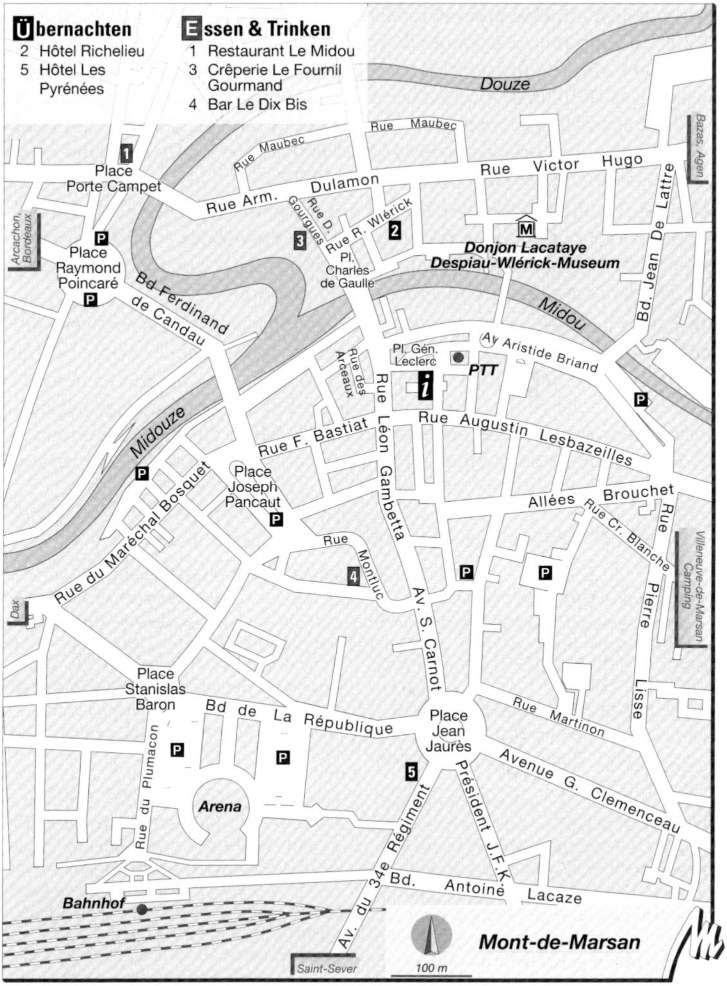

Architektonisch hat die Stadt sonst wenig zu bieten. Das klassizistische Theater ist auch durch den modernen Glasvorbau nicht schöner geworden, und der ebenfalls klassizistische Bau der Präfektur mutet so langweilig an wie der Glaspalast gegenüber, in dem der *Conseil Général des Landes* tagt.

Eine andere Seite der Moderne ist in Mont-de-Marsan mit den beiden Künstlern *Charles Despiau* (1874–1946) und *Robert Wlérick* (1882–1944) verknüpft – zwei hier geborene Bildhauer, die sich einer naturalistischen, streng klassischen Form verbunden fühlten. Despiau war Schüler Rodins, von dessen Expressionismus er sich aber bald abwandte. Die Stadt hat den beiden Künstlern eine besondere Würdigung zugedacht – eine „Skulpturenstraße“, die sich von der *Place Charles de Gaulle* über die Brücke bis in die *Rue Léon Gambetta* fortsetzt. Sie begegnen hier drei Skulpturen von Wlérick, zweien von Despiau und schließen den Kunst-Spaziergang am oberen Ende der Rue Gambetta mit der Betrachtung der *Geburt der Formen* des russischen Bildhauers *Ossip Zadkine* (1890–1967) ab, einer luftigen Skulptur mit zwei zu menschlicher Form mutierenden Teilen.

Wenn Sie bei diesem Spaziergang auf den Geschmack gekommen sind, sollten Sie es nicht versäumen, dem **Musée Despiau-Wlérick** (→ Sehenswertes) einen Besuch abzustatten. Es ist ausschließlich der figurativen Bildhauerei der 30er Jahre gewidmet und einzigartig in Frankreich.

Einmal im Jahr gerät die Stadt ganz aus dem Häuschen: In der zweiten Julihälfte finden die *Fêtes de la Madeleine* statt – unmöglich, in dieser Zeit ein Hotelzimmer zu bekommen. Der Trubel dauert eine Woche: Stierkämpfe und Kuhrennen in der Arena, Musik und Tanz in den Straßen, Umzüge und mehr – halb Südwestfrankreich kommt im Juli in Mont-de-Marsan zusammen. „A Mordsgaudi“ kommentierte der Trompeter einer eingeladenen bayerischen Blaskapelle.

Information/Diverses

- *Postleitzahl* 40000
- *Information* **Office de Tourisme**, 6, pl. Général Leclerc. Freundliches Personal und viel Material zur Umgebung. Juli/Aug. Mo–Sa 9–18.30 Uhr. Sept. bis Juni Mo–Sa 9–12.30 und 13.30–18 Uhr. ✆ 05.58.05.87.37, ✆ 05.58.05.87.36, tourisme@mont-de-marsan.org, www.mont-de-marsan.org.
- *Verbindung* **Bahn**: Gute Verbindung nach Bordeaux.

Bus: mehrmals tägl. nach Dax, 3-mal nach Agen, 2-mal nach Marmande und werktags mindestens 1-mal nach Saint-Sever und weiter nach Hagetmau. Abfahrt am Bahnhof.

- *Autoverleih* **Europcar**, 392, av. du Maréchal Foch, ✆ 05.58.75.24.02.
- *Bootsfahrten* Organisierte Fahrten auf der Midouze mit einer Barke für 4–6 Personen. Auskunft beim Office de Tourisme.
- *Feste* **Fêtes de la Madeleine**, eine Woche lang in der zweiten Julihälfte. Wettbewerb in Courses landaises, Musik, Tanz und Völlerei in den Straßen, die Stadt steht Kopf – bis in den Morgen hinein, wenn sich die letzten Zecher mit den ersten Kaffeetrinkern am selben Tisch finden.

Festival d'Arte Flamenco, in der 1. Julihälfte: eine Woche lang spanische Rhythmen, u. a. im Donjon.

- *Courses landaises/Corridas* Die riesige Arena bietet 7000 Besuchern Platz. Die Voriebe der Stadt für die figurative Skulptur der 1930er Jahre zeigt sich auch hier: Vor der Arena steht „Die Kraft“, eine Großplastik, die den Kampf zwischen einem Hünen und einem Stier darstellt. Auskunft über Corridas und Courses landaises beim Office de Tourisme oder unter ✆ 05.58.75.06.09.

Übernachten (→Karte S. 259)

- *Hotels* ** **Richelieu (2)**. Zentrale Lage. Vorne gutbürgerliche Zimmer im Altbau, hinten moderne Zimmer im Neubau. Größtes Hotel der Stadt, mit eigener Garage. DZ 51–53 €, einige mit WC auf Flur. 3, rue Robert Wlérick. ✆ 05.58.06.10.20, ✆ 05.58.06.00.68, *le.richelieu@wanadoo.fr*.

* **Les Pyrénées (5)**. Bescheidene, aber schön eingerichtete Zimmer. Nur die Lage ist nicht sehr ideal. DZ 52 €. 4, av du 34e Régiment d'Infanterie. ✆ 05.58.46.49.49, ✆ 05.58.06.43.57, *hotellespyrenees@wanadoo.fr*.

- *Camping* ** **Municipal**, an der Route nach Villeneuve-de-Marsan, zu Fuß 15 Min. in die Stadt. 90 Stellplätze. Ebenes Gelände ohne großen Komfort, aber

Die Place Royale in Labastide d'Armagnac

schattig und gepflegt. Der Weg ins Stadtzentrum entlang der stark befahrenen Straße ist für Fußgänger kein besonderer Genuss. Ganzjährig geöffnet. 541, route de Villeneuve. ✆ 05.58.75.04.73.

Essen/Trinken *(→Karte S. 259)*

• *Restaurants* **Le Midou (1)**. Alteingesessenes, rustikales Restaurant mit Landaiser Spezialitäten. Sonntagabend geschlossen. 5, place Porte Campet. ✆ 05.58.75.24.26.

Crêperie Le Fournil Gourmand (La Belle Epoque) (3). Große Auswahl an Crêpes und Galettes, an Torten und Eisspezialitäten. Bio-Brot-Verkauf. Sonntagnachmittag geschlossen. 13bis, rue Dominique de Gourgues. ✆ 05.58.06.00.60.

• *Bar* **Le Dix Bis (4)**. Café-Théâtre mit jungem Publikum, an die 100 Biersorten, davon 4 vom Fass. Gelegentlich spielt eine Band; dann kann es vorkommen, dass auf den Tischen getanzt wird. Im Sommer wird die Terrasse betischt. 11.30–14.30 und 19–2 Uhr, So/Mo geschlossen. 10bis, rue Montluc. ✆ 05.85.75.98.84.

Sehenswertes

Musée Despiau-Wlérick: Das im Donjon Lacataye untergebrachte Museum ist einzigartig in Frankreich. Es ist spezialisiert auf die figurative Skulptur der 1930er Jahre und unterhält neben einer Sammlung von über 600 Werken ein einschlägiges Dokumentationszentrum. Ganz nebenbei: Auch die Ausstellungstechnik verdient ein dickes Lob.

Natürlich haben die aus Mont-de-Marsan stammenden Künstler *Charles Despiau* und *Robert Wlérick* Heimvorteil. Despiau hat zwei Säle im Erdgeschoss bekommen: Skizzen, Büsten und Statuen sind ausgestellt. Am beeindruckendsten vielleicht ist der *Réalisateur* im ersten Saal, dem man ansieht, dass er soeben einen Entschluss gefasst hat – aber welchen? Wlérick beansprucht die zweite Etage. Zu seinen schönsten Arbeiten zählt das *Enfant aux Sabots* (Kind mit Holzschuhen). Die Skulptur, ein Frühwerk aus dem Jahr 1906, steht im Zentrum des zweiten Saales.

Die oberen beiden Etagen geben dann einen Querschnitt durch die Bildhauerei der Zwischenkriegszeit, u. a. eine riesige Blech-Plastik aus dem Jahr 1937 von *Menon Nouaillac*, betitelt *La nature et l'univers inspirant les lois de la mécanique* (Die Natur und das Universum inspirieren die Gesetze der Mechanik), sowie zahlreiche Büsten von *Paul Niclausse*. Übersehen Sie nicht die *Sitzende Melancholie* von *Ossip Zadkine* im Treppenaufgang: Wie bei seiner Skulptur an der Rue Léon Gambetta (→ Einleitung) scheint sich auch hier das Material in der Form aufzulösen.

⌚ 10–12 und 14–17.45 Uhr, Di und Feiertage geschlossen. Eintritt 3,20 €.

Mont-de-Marsan/Umgebung

Labastide d'Armagnac

Die Sehenswürdigkeit ist mit dem Ortsnamen verraten: Labastide ist eine Bastide – nach unserer Meinung sogar die schönste in ganz Südwestfrankreich. Der Landstrich kennt praktisch keinen Tourismus, Labastide wurde daher weder herausgeputzt noch restauriert, sondern ganz einfach im mittelalterlichen Zustand belassen. Rund um die gar nicht oder mehr schlecht als recht gepflasterte *Place Royale* stehen alte Arkadenhäuser mit z. T. ziemlich heruntergekommenem Fachwerk. Die Zeit scheint stehen geblieben, und wären da nicht die Autos auf dem Dorfplatz, man würde sich nicht

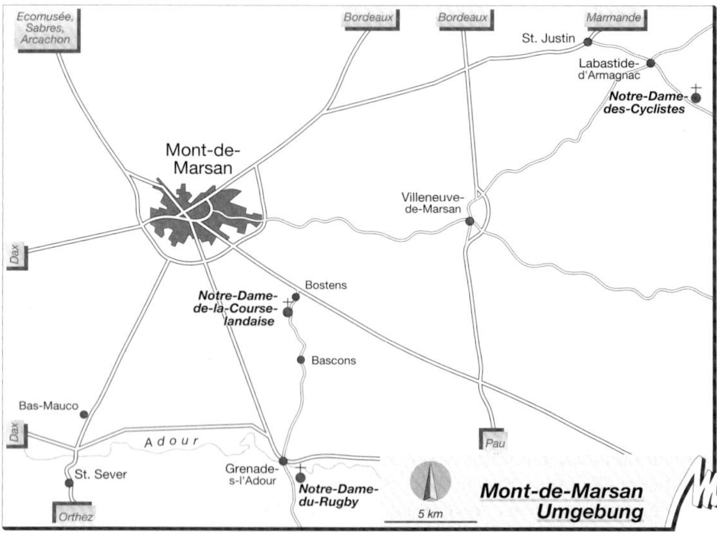

wundern, wenn Pferdegetrappel eine nahende Postkutsche ankündigen würde. Die *Bar des Chasseurs* – während des Zweiten Weltkriegs ein „Dancing" – hat ihre Pforten längst geschlossen, die heutigen Besucher treffen sich in der Crêperie am Dorfplatz.

Die wehrhafte Kirche am Dorfplatz zeigt eine seltsame Chorwand, ein Trompe-l'oeil-Gemälde aus dem 19. Jahrhundert,

• *Hotel/Restaurant* **De France**, in Saint-Justin. In Labastide gibt es kein Hotel, aber in Saint-Justin, der nur 4 km entfernten Nachbar-Bastide. Das „France" liegt am zentralen Platz (wie in Labastide nicht asphaltiert) in ruhiger Lage. Geräumige, gepflegte Zimmer, empfehlenswertes Restaurant. DZ 39–46 €. Place des Tilleuls, 40240 Saint-Justin. ✆ 05.58.44.83.61, 📠 05.58.44.83.89.

… zum Schluss ein leicht pflaumiges Aroma

Armagnacs heißt der Landstrich. Armagnac ist aber vor allem der Name für den hier hergestellten Branntwein, der dem bekannteren Cognac ähnelt. Der entscheidende branntweintechnische Unterschied ist leicht erklärt: Während der Destillation wird der Cognac einmal erhitzt, der Armagnac mehrmals. Folge: der Armagnac ist würziger, herber und kräftiger. Hinter dem feinen Unterschied zwischen Cognac und Armagnac verbirgt sich eine ganze Lebenseinstellung. Fragen Sie mal einen waschechten Gasconen. Mit dem unschuldigen Blick des Ausländers dürfen Sie sich das ruhig erlauben. Nachdem der Gascone seine Grimassen beruhigt und sich kräftig geschüttelt hat, erklärt er Ihnen etwas von „Charakter" und „Leben", von Anmut", „Feuer", „Schönheit" – Charakterzüge, die der fade Cognac, den ohnehin nur Menschen ohne Stil und Verstand trinken, eben vermissen lässt. Und spätestens nach dem dritten Glas beginnen Sie zu verstehen, was Ihr Gegenüber gemeint haben könnte …

Kenner genießen den Armagnac in einem mehrstufigen Zeremoniell. Schritt 1: Lassen Sie ihn im Schwenker *tränen*: Sie kreisen das Glas mit einer vorsichtigen Handbewegung, erwärmen damit den Schnaps, der in feinen Rinnsalen vom Glasrand zurückläuft. Dadurch erst entfaltet sich das würzige Bukett, das Sie nun, Schritt 2, erschnuppern können. Schließlich – Schritt 3 – lassen Sie das feine Getränk in kurzen, kräftigen Zügen die Kehle hinunter rinnen. Der verbleibende Satz im Glas verströmt dann über Stunden ein leicht pflaumiges Aroma im Zimmer.

Nachdem Sie als Souvenir in einem der wenigen Läden eine Flasche Armagnac erstanden haben, können Sie noch der **Notre-Dame-des-Cyclistes** einen Besuch abstatten. Sie befindet sich rund 4 km außerhalb des Orts in Richtung *Cazaubon*. Neben der *Notre-Dame-du-Rugby* (→ Grenade-sur-l'Adour) und der *Notre-Dame-de-la-Course-landaise* (→ Bascons) ist die Notre-Dame-der-Radrennfahrer die dritte der „sportlichen Kirchen" Aquitaniens. Der Bau aus der romanischen Zeit steht übrigens auf den Ruinen einer gallo-römischen Villa. Zu den Reliquien gehören Trophäen und verschwitzte T-Shirts, u. a. eines von *Eddie Merckx*.

Anfahrt Von Labastide d'Armagnac auf der D 626 in Richtung Cazaubon, nach 4 km ist die Radrennfahrerkirche links ausgeschildert.

Grenade-sur-l'Adour

Dem Dorfplatz mit den Arkaden ist noch anzusehen, dass auch Grenade eine Bastide ist; doch als solche hat sie an Charme eingebüßt. Heute ist der Ort vor allem für Gourmets von Interesse, die sich im Restaurant *Pain Adour et Fantaisie* verwöhnen lassen, oder als Ausgangspunkt für einen Besuch der *Notre-Dame-du-Rugby*.

Nachdem die Radrennfahrer bereits 1959 ihre Kirche hatten (→ Labastide, Notre-Dame-des-Cyclistes), kamen auch die Rugbyspieler auf die Idee, sich dem Schutz der Muttergottes anzuvertrauen, zumal 1964 drei Landaiser Spieler bei einem Autounfall auf der Straße Bordeaux–Bayonne ihr Leben verloren hatten. Mit Unterstützung der lokalen Notabilität, des nationalen Rugby-Clubs und zahlreicher Fans wurde das in den Religionskriegen zerstörte *Oratorium Saint-Savin* wiederaufgebaut und 1967 als **Notre-Dame-du-Rugby** feierlich eingeweiht. Rugby-Shirts und Fotos von regionalen Spielern schmücken das Kircheninnere, ein Glasfenster zeigt Maria mit dem Jesuskind, das hier nicht die Weltkugel in den Händen hält, sondern – erraten!

• *Weg zur Kapelle* Ein 15-minütiger Spaziergang: von Grenade-sur-Ladour über den Fluss, dann die D 352 in Richtung Renung einschlagen. Knapp hinter dem Ortsausgang von Grenade führt bei einer Marienstatue links ein Weg hoch (ausgeschildert) am Friedhof vorbei zur Kirche. Autofahrer werden durch die Beschilderung zu einem größeren Umweg durchs Hinterland veranlasst. Die direkte Zufahrt bei der Marienstatue ist zwar nicht verboten, aber sehr eng, und zu Fuß gehen ist so ungesund auch wieder nicht.

• *Hotel/Restaurant* *** **Hôtel-Restaurant Pain, Adour et Fantaisie**, am Dorfplatz. Sämtliche Zimmer sehr komfortabel und mit Bad, Minibar, TV und Safe ausgestattet, die teuersten mit Dachgärtchen. Nachdem Sie – vielleicht im luxuriösen „Chambre Claire de la Lune" (Mondscheinzimmer) – eine ruhige Nacht verbracht haben, können Sie sich für 15 € mit einem opulenten Frühstück für den Tag stärken. Zauberhafte Hotelterrasse direkt über dem Adour. DZ 70–164 €.

Das Restaurant genießt einen guten Ruf. Philippe Garret gibt sich redlich Mühe, auch preislich: Menus oder à la carte, z. B. als Entrée Taboulé mit Flusskrebsen, Kräutersalat und geschmorte Tomaten. Für die Delikatesse sind Sie bereits die ersten 55 € los, bevor Sie zum Hauptgericht vorstoßen. 14-16, place des Tilleuls, 40270 Grenade-sur-l'Adour.
✆ 05.58.45.18.80, 📠 05.58.45.16.57, adour.fantaisie@wanadoo.fr.

Notre-Dame-de-la-Course-landaise: Die Radrennfahrer haben ihre Notre Dame (→ Labastide), die Rugbyspieler auch (→ oben) – da wollten die Akrobaten der Courses Landaises nicht hintanstehen. Ein einfaches Kapellchen erinnert mit einschlägigen Requisiten (oder soll man sagen: Reliquien?) an die Opfer des doch nicht ganz ungefährlichen Sports, daneben ein kleines Museum.

🕐 Mitte März bis Mitte Mai und Mitte Sept. bis Mitte Okt. Mi und Fr 14–18 Uhr. Mitte Mai bis Mitte Sept. Mi–Fr 14–19 Uhr. Eintritt ca. 4 €

• *Anfahrt* Grenade-sur-l'Adour in Richtung Norden auf der D 406 verlassen (Richtung Bascons–Bostens), ca. 3 km nach Bascons links abzweigen (ausgeschildert).

Saint-Sever

Eine Tafel an der Benediktinerkirche verrät, wo Sie sind: 43 Grad, 45 Minuten und 38 Sekunden nördlich des Äquators, 2 Grad, 54 Minuten und 42 Sekunden östlich von Greenwich und 99,272 Meter über Meereshöhe. Was der exakte Geometer verschweigt, haben Sie längst selber bemerkt, wenn Sie vor der Kirche stehen: Sie befinden sich in einem außerordentlich hübschen Städtchen auf einem Felsplateau über dem Adour.

Saint-Sever ist rund um die **Benediktiner-Abtei** aus dem 11. Jahrhundert entstanden, die auch heute noch die Hauptattraktion des Orts ist. Die Kirche hat insgesamt sieben Apsiden, zu beiden Seiten je drei, die im Grundriss stufenweise zur Hauptapsis führen. Man muss schon um die Kirche herumgehen, um diese Architektur zu würdigen. Sie verleiht dem Bau einen etwas gedrungenen Charakter, der sich im Innern in Bögen, Säulen und Seitenkapellen auflöst. An den beiden Enden des Querschiffs befinden sich Säulengalerien aus romanischer Zeit. Von den vielen skulptierten Kapitellen (Pflanzen, Tiere, biblische Szenen) sind einige bemalt, wegen der Dunkelheit sind die Darstellungen aber oft nur schlecht zu erkennen, immerhin sind die schönsten ausgeleuchtet. Vom einst schmucken Mosaikboden der Kirche sind hinter dem Hauptaltar noch einige kümmerliche Reste erhalten. Sie können die Kirche beim rechten Querschiff verlassen, gelangen in den Kreuzgang und direkt zum Bürgermeisteramt, das heute einen Teil der Abtei beansprucht.

Unweit der Benediktinerabtei, an der *Rue du Général Lamarque*, befindet sich das ehemalige **Jakobinerkloster** von Saint-Sever, ein mehrfach restaurierter Ziegelsteinbau aus dem 12. Jahrhundert mit Kreuzgang aus dem 17. Jahrhundert. Heute dient die Klosteranlage als Kulturzentrum für Veranstaltungen und Kunstausstellungen und beherbergt ein lokalhistorisches Museum. In einem Nebentrakt finden Pilger auf dem Jakobsweg Unterkunft.

• *Postleitzahl* 40500

• *Information* Office de Tourisme, pl. du Tour du Sol (Hauptplatz). 2. Junihälfte und 1. Septemberhälfte Mo–Sa 9–12.30 und 14–17.30 Uhr. Juli/Aug. Mo-Sa 9–12 und 14–18, So 10–13 Uhr. Mitte Sept. bis Mitte Juni Mo–Fr 9–12 und 14–17.30 Uhr, Sa 9–12 Uhr. Das Büro unterhält auch einen kleinen Fahrradverleih. ✆ 05.58.76.34.64, ✆ 05.58.76.43.55, tourisme@cc-capdegascogne.fr.

• *Verbindung* **Bus**: tägl. mehrmals rollt ein Regionalbus nach Dax, schlechter ist die Verbindung zum näher liegenden Mont-de-Marsan.

• *Hotels* **Le Bistrot des Arecaux** (keine Klassifizierung), im Ortskern. Kleine moderne Zimmer mit Dusche/WC, nüchtern und ohne Altersstaub. DZ 37–47 €. 23, rue des Arceaux. ✆ 05.58.76.03.43.

Lafayette (keine Klassifizierung), am Hauptplatz. Bescheiden und freundlich, dazu eine ebenso schöne wie gemütliche Bar. DZ mit Dusche 39 €, WC auf Etage. 38, rue Lafayette. ✆ 05.58.76.02.68.

Du Commerce et des Voyageurs (keine Klassifizierung), unterhalb des Ortskerns, an der Straße nach Mont-de-Marsan. In der Regel von Arbeitern auf Montage ausgebucht, die hier in Halbpension leben. Ein Versuch lohnt sich vielleicht trotzdem. 10 Zimmer, davon eines mit Dusche. DZ 34 €. 7, rue Louis Sentex. ✆ 05.58.76.00.24.

Außerhalb ** **Alios**, in Bas-Mauco, ca. 4 km in Richtung Mont-de-Marsan. Helle, große Zimmer in einem motelähnlichen Bau, ruhige Lage. Abends serviert der freundliche Wirt regionale Küche. Einzig das Frühstück ist enttäuschend, es fehlt eben der Bäcker ums Eck. DZ mit Dusche/WC/TV 48 €, mit Bad 56 €. 129, av. Forêt Maucor, 40500 Bas Mauco. ✆ 05.58.76.44.00, ✆ 05.58.76.35.38, hotel.alios@club-internet.fr.

• *Camping* ** **Municipal Rives de l'Adour**, an der Adour, hinter dem Sportgelände. Schattenfreies, wenig attraktives Terrain, bescheidene sanitäre Anlagen. 100 Plätze. Ganzjährig geöffnet. ✆ 05.58.76.04.60, ✆ 05.58.76.34.64, tourisme@cc-capdegascogne.fr.

Landes

Heißer Dampf für kranke Gäste – die Néhe-Quelle im Zentrum von Dax

Dax

Wie ein Heiligtum wird die „Source de la Néhe" im Stadtzentrum behütet. Die Anlage wurde 2002 restauriert und erstrahlt seither wieder im alten Glanz: klassizistische Arkaden um das Quellbecken, zwischen den Bögen ein starker Eisenzaun und an der Frontseite neun Löwen, die das 64 Grad heiße Wasser aus ihren Mäulern speien.

Vor 2000 Jahren kam angeblich *Julia*, die Tochter des römischen Kaisers Augustus nach Dax – sie litt an Rheuma. Wie viele hohe und weniger hohe Gäste seither in den Thermen der Stadt ihr Heil suchten, ist nicht bekannt, die Statistik ist eine Errungenschaft neueren Datums. Heute nimmt Dax mit etwa 55.000 Kurgästen pro Jahr den ersten Rang unter den französischen Thermal bädern ein. Masse statt Klasse: Statt auf zahlungskräftige Klientel setzt man längst auf die Heerscharen der Kassenpatienten.

Dax und seine 21 Thermalhäuser haben ihre PR-Arbeit ganz auf den französischen Durchschnittsbürger abgestellt. Hochglanz-Broschüren erklären, wie man es anstellt, seine rheumatologischen, muskulären und neurologischen Beschwerden in einen bis zu 65 Prozent von der Kasse bezahlten Kururlaub in Dax umzumünzen. Sämtliche Kurhotels, auch die luxuriöseren, sind den Krankenkassen angeschlossen. Von den Thermalhäusern schwärmen morgens regelmäßig Kleintransporter aus, um die *Curistes* in ihren Hotels abzuholen.

Wenn Sie sich kerngesund fühlen, sind Sie trotzdem nicht umsonst nach Dax gekommen. In den Straßen geht es recht lebendig zu, die Stadt hat ein vorzeigbares *Museum* und mit dem *Hôtel Splendid* eines der schönsten Art-Déco-Ensembles von ganz Frankreich. Wenn Ihnen das Geld für eine Suite (möbliert in Art Déco) in diesem Kurhotel der 1930er Jahre fehlt: Genehmigen Sie sich we-

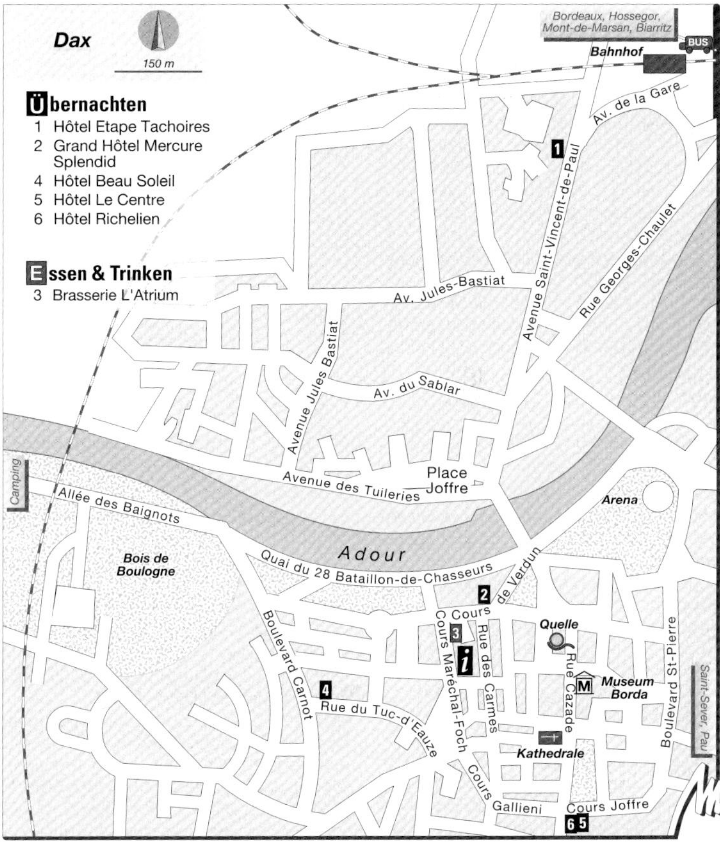

nigstens ein Mineralwasser in der geräumigen Halle. Als architektonisches Pendant steht neben dem „Splendid“ die *Résidence Les Thermes,* ein Glas-Aluminium-Bau, dessen Fassaden von den Fensterläden komplett zugedeckt sind.

Oder erkundigen Sie sich, was in der *Arena* los ist; sie stammt aus der Jahrhundertwende und gehört mit 8200 Zuschauerplätzen zu den größten in Südwestfrankreich. Neben den Courses landaises finden dort gelegentlich auch Corridas, die blutigen spanischen Stierkämpfe, statt.

Information/Diverses

- *Postleitzahl* 40100
- *Information* **Office de Tourisme et du Thermalisme,** 11, cours Foch. In erster Linie für Kuristen, in zweiter Linie für Touristen. Jan. bis März und Nov. Mo–Fr 9.30–12.30 und 14–18 Uhr, Sa 9.30–12.30 Uhr. April bis Juni und Sept./Okt. Mo–Sa 9.30–12.30 und 14–18.30 Uhr, So 10–13 Uhr. Juli/Aug. Mo–Sa 9.30–19 Uhr, So 10–13 Uhr. Dez. Mo–Fr 9.30–12.30 und 14–18 Uhr. ✆ 05.58.56.86.86, 📠 05.58.56.86.80, info@dax-tourisme.com, www.dax-tourisme.com.

• *Verbindung* **Bahn**: Dax ist ein Verkehrsknotenpunkt in Aquitanien. Sehr gute Verbindung nach Bordeaux, fast so gute nach Bayonne, Biarritz, Hendaye sowie über Pau nach Lourdes.
Bus: mehrmals tägl. über Saint-Sever, Grenade-sur-l'Adour nach Mont-de-Marsan, ebenfalls gute Verbindung nach Hossegor, nur 2- bis 3-mal tägl. ins Béarn (Salies, Sauveterre, Mauléon). Abfahrt der Busse am Bahnhof.

• *Autoverleih* **Hertz**, 132, av. Vincent-de-Paul. ✆ 05.58.74.33.25.
Europcar, 4, av. de la Gare. ✆ 05.58.74.53.34.
ADA, 173, av. Vincent-de-Paul. Kein großes Netz, dafür billiger als die Großen. ✆ 05.58.74.71.02.

• *Fahrradverleih* **Rock'Nbikes**, 13, cours Gallieni. Als Kurgast bekommen Sie Rabatt. Auch Mofas. ✆ 05.58.74.27.37.

• *Reiten* **Club Hippique**, im Bois de Boulogne, gleich hinter dem Camping Les Chênes. Kurse und Ausritte zu Pferd oder Pony. ✆ 05.58.74.09.14.

• *Courses landaises/Corridas* Die Veranstaltungsdaten in der Arena erfährt man beim Office de Tourisme.

• *Trödelmarkt* 1. Do im Monat am Cours Maréchal Foch/Rue du Tuc d'Eauze.

• *Waschsalon* **Le Raton Laveur**, pl. Saint-Pierre, auch am Wochenende von 7–22 Uhr

Übernachten (→ Karte S. 267)

Im September und Oktober ist in den Thermalbädern Hochsaison; dann haben Sie in den Billighotels am oberen Ende der Avenue Vincent-de-Paul noch am ehesten Chancen auf ein freies Zimmer.

• *Hotels* *** **Grand Hôtel Mercure Splendid (2)**. Das ganz im Art-Déco-Stil gehaltene Thermalhotel hat seinen Namen verlängert, seit es von der Mercure-Kette übernommen wurde. Palmen und thermische Brunnen im Vorgarten – auch der Teich hat eine Temperatur, die kein Goldfisch aushält. DZ 100–120 €. Geöffnet März bis Dez. 2, cours de Verdun. ✆ 05.58.56.70.70, 📠 05.58.74.76.33, www.mercure.com (dort weiter klicken).

*** **Le Richelien (6)**. Der etwas schäbige Eindruck der Fassade täuscht. Renovierte, sehr praktisch eingerichtete Komfortzimmer mit Minibar. Großer Speisesaal mit wunderschönem Innenhof, dazwischen Barbereich. DZ 65 €. 13, av. Victor Hugo. ✆ 05.58.90.49.49, 📠 05.58.90.80.86, www.le-richelieu.fr.

** **Beau Soleil (4)**. Hotel der oberen Mittelklasse, fast im Stadtzentrum. In der Regel von Kurgästen ausgebucht. DZ 55–80 €. Geöffnet März bis 3. Novemberwoche. 38, rue du Tuc-d'Eauze. ✆ 05.58.56.76.76, 📠 05.58.56.03.81, www.hotel-beausoleil-dax.fr.

** **Etape Tachoires (1)**. Das frühere Billighotel hat 2007 renoviert – und ist billig geblieben. DZ mit Dusche/WC 38 €. 163, av. Vincent-de-Paul. ✆ 05.58.58.05.58, 📠 05.58.58.05.50.

* **Le Centre (5)**. Freundlicher Besitzer. Die letzte Hoffnung auf gepflegte Nachtruhe, sonst bleiben nur noch die Billighotels in Bahnhofsnähe. 2003 renovierte Zimmer. DZ 21–28 €, bei den billigeren Dusche/WC auf Etage. Bescheidenes, sehr preiswertes Restaurant. Geöffnet März bis Mitte - Dez. 6, cours Joffre. ✆ 05.58.74.07.02.

• *Camping* **** **Les Chênes**, Bois de Boulogne, 1½ km zum Stadtzentrum. 230 Stellplätze mit gehobenen Tarifen. Gepflegtes Terrain mit guter Infrastruktur. Wundern Sie sich nicht: Die meisten Camper sind Kurgäste. Geöffnet April bis Okt. ✆ 05.58.90.05.53, 📠 05.58.90.42.43, camping-chenes@wanadoo.fr.

Essen (→ Karte S. 267)

Zum Daxer Kuraufenthalt gehört selbstverständlich auch die Landaiser Küche. Es ist kein Problem, ein passendes Lokal zu finden. Die meisten Restaurants bieten neben der Wahl à la carte auch ein Billigmenu an.

• *Restaurant* **Brasserie L'Atrium (3)**. Das ehemalige Casino im Art-Déco-Stil aus den 1920er Jahren wurde komplett renoviert. Neben dem Veranstaltungssaal unterhält die städtische Regie eine großartige, helle, freundlich eingerichtete Brasserie, die preiswerte und gute Menus serviert. Klassische französische Küche. 1, cours Foch. ✆ 05.58.74.92323.

Sehenswertes

Musée de Borda: 27, rue Cazade. Neben Bronzestatuetten aus der gallo-römischen Besiedlung von Dax bietet der archäologische Teil des kommunalen Museums wenig Aufregendes.
Interessanter ist eindeutig der Saal zur Geschichte der *Courses landaises*. Anfänglich handelte es sich bei diesem Sport mehr oder weniger um ein einfaches Kuhrennen durch die Dorfstraße, erste Regeln wurden erst im 19. Jahrhundert festgeschrieben. Heute folgen die Courses einem klar definierten Zeremoniell und werden von einer Jury nach strengen Kriterien bewertet. Ein früher Gegner der Courses Landaises – so erfährt der Besucher – war übrigens *Pius V.* In einer Bulle von 1567 verbot er jegliches Spiel mit Tieren. Im Umgang mit Menschen zeigte sich der berüchtigte Großinquisitor weniger zimperlich.
Im Eintritt inbegriffen ist eine Führung durch die *archäologische Krypta* an der gegenüberliegenden Straßenseite. Im Souterrain eines modernen Gebäudes wurden große Teile der römischen Besiedlung ausgegraben. Die Römer misstrauten dem Sandboden von Dax und stützten ihre Mauern mit wuchtigen, halbkreisförmigen „Gegenmauern" ab.
Ⓘ Mitte April bis Mitte Nov. 14–18 Uhr, Di und So geschlossen. Eintritt 2,50 €.

Kathedrale: Von außen ist der wuchtige Bau mit seinen barocken Türmen recht unansehnlich. Die einzige Überraschung bietet das Portal. Um es vor der Zerstörung durch Autoabgase zu bewahren, wurde es nach innen gewendet – eine etwas seltsame Konservierungsmethode, aber durchaus effizient. Sechs gotische Skulpturenbögen zeigen biblische Motive. Eine besonders drastische Darstellung findet sich über den Aposteln des rechten Türflügels: die Verstoßenen schmoren in Luzifers Kochtopf.

Dax/Umgebung

Saint-Vincent-de-Paul

Frankreichs Katholiken ist er ein Begriff: Der 1581 geborene *Vinzenz von Paul* ist einer der Väter der französischen Caritas-Bewegung. Erst arbeitete er als oberster Seelsorger der Galeerensträflinge, setzte sich später in Tunesien für den Rückkauf christlicher Sklaven ein und organisierte gleichzeitig die Missionierung Madagaskars. 1731 wurde Vinzenz heilig gesprochen. Die von ihm gegründeten Orden der *Lazaristen* und der *Barmherzigen Schwestern* sind noch heute weltweit in der inneren und äußeren Mission aktiv.

Westlich des Orts Saint-Vincent-de-Paul ist rund um das Geburtshaus des heiligen Vinzenz eine kleine Kultstätte entstanden. Die großkupplige neobyzantinische Kirche aus dem Jahr 1864 ist nicht zu übersehen; davor steht – irgendwann während der Kreuzzüge gepflanzt – eine knorrige Eiche, in deren Krone der Heilige als Kind herumgeturnt haben soll. Geboren wurde er im restaurierten Landaiserhaus daneben; Schriften in sieben Sprachen informieren über sein Leben. Eine Ausstellung im Neubau gegenüber der Kirche dokumentiert das Wirken der Lazaristen und Barmherzigen Schwestern.
Anfahrt Von Dax Richtung Mont-de-Marsan. Außerhalb der Stadt liegt rechts der Straße der Ort Saint-Vincent-de-Paul, links führt die D 27 (Richtung Buglose) zur Gedenkstätte.

Buglose

Im Ortszentrum steht eine große Basilika mit viereckigem, im oberen Teil dreistufigem Turm, von dem vier goldene Engel posaunen. Der Ungläubige hört ihre Musik nicht, dafür kann er mit einer guten Portion Glück – dem Verfasser widerfuhr dies – in den Genuss eines vielstimmigen Glockenspiels kommen, an dem 60 Glocken beteiligt sind. Die Mechanik ist äußerst einfach, und jeder Amateur-Pianist käme damit zurecht: Der Spieler betätigt mit leichter Hand die wie bei einem Klavier angeordneten schwarzen und weißen Tasten.

Rindvieh mit spiritueller Spürnase

Die Legende führt in das Jahr 1620 und berichtet uns von einem Rind, das sich von seiner Herde abgesondert hatte. Der Bauer suchte lange, bevor er es in einem Morast in der Nähe fand, wo es wie besessen an einem großen Steinbrocken leckte. Erst versetzte der Besitzer dem renitenten Vieh einen wütenden Hieb mit seinem Stock, dann war er aber doch neugierig genug nachzusehen, was das Tier so in Erregung versetzt hatte. So fand er die Madonnenstatue, die heute hinter dem modernen Altar der Basilika von Buglose aufgestellt ist.

Die Madonna von Buglose, die nach ihrer wunderbaren Entdeckung bald zum Pilgerziel avancierte, stammt vermutlich aus der Renaissance. Die aus einem einzigen Steinblock gehauene Maria nimmt eine äußerst königliche Haltung ein, was dazu beigetragen haben mag, dass ihr im 19. Jahrhundert eine kostbare Krone aufgesetzt wurde. Ebenfalls erst im 19. Jahrhundert gekrönt wurde das gutmütig lächelnde Jesuskind, das mit gehobenem Arm den Besucher segnet. Neben der Basilika führt eine kurze Platanenallee zur Wunderkapelle *(Chapelle des Miracles)*, die 1622 gebaut und im 20. Jahrhundert mit einem großen Vordach versehen wurde, um der Statue fürs Erste ein Dach über dem Kopf zu geben.

Anfahrt Von Dax in Richtung Mont-de-Marsan, außerhalb der Stadt bei Saint-Vincent-de-Paul links in die D 27, auf dieser 5 km bis Buglose.

Peyrehorade

Die Kleinstadt am Zusammenfluss des Gave d'Oloron und des Gave de Pau war einst der Sitz der Grafen von Orthe. Heute dient ihr Traumschlösschen mit den vier Rundtürmen als Rathaus. Auf dem Felsen über dem Ort thronte im Mittelalter das *Château d'Aspremont*, von dem außer dem wuchtigen fünfeckigen Donjon nicht mehr viel übrig geblieben ist.

Sollten Sie am Mittwochvormittag in Peyrehorade vorbeikommen: Lassen Sie sich den Markt nicht entgehen. Er ist überaus lebendig und hat Tradition. Der König von England führte ihn per Dekret im Jahr 1357 ein; angeblich wurde seither kein einziger Mittwoch ausgelassen.

▸ **Hastingues**: Hoch über den Gaves Réunis thront die kleine Bastide aus dem frühen 13. Jahrhundert, die 1523 von den Spaniern zerstört wurde. In den Religions-

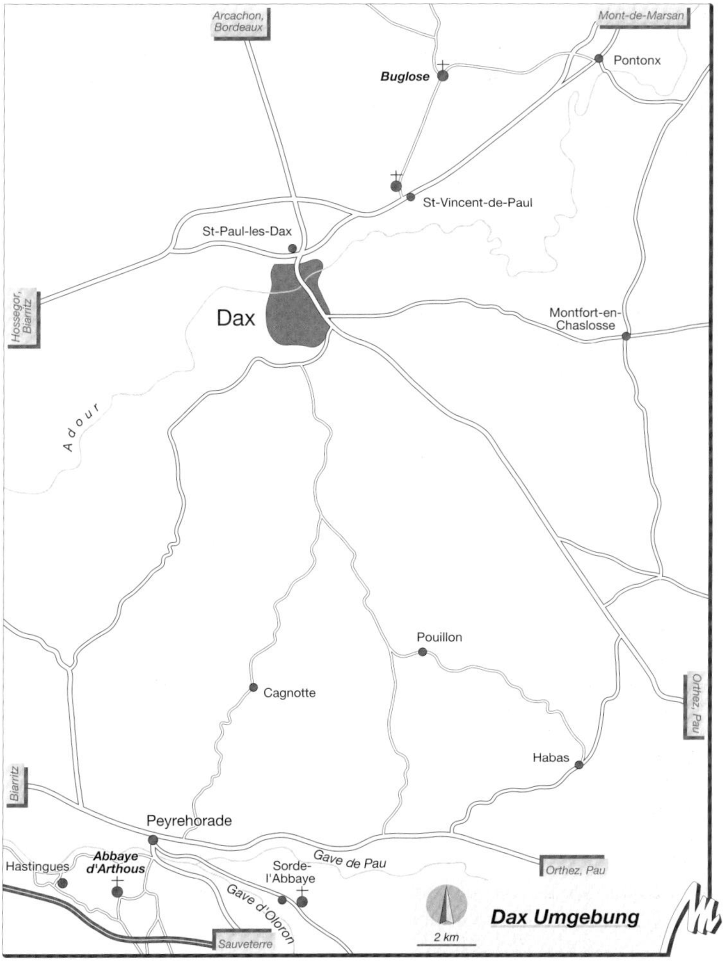

kriegen fiel dann auch noch die Ummauerung – einzig das Stadttor im Süden hat überlebt. Mitten im Dorf steht die *Maison Laplante,* ein romantisch-verfallenes Haus: Über dem Eingang bröckeln Skulptierungen, hinter den Mauern wuchert der Dschungel und quillt zu den Fenstern hinaus.

Das *Château d'Estrac* an der Nordseite ist in seiner jetzigen Form ein Bau aus den Anfängen des 19. Jahrhunderts. Seit 1991 residieren hier als Schlossbesitzer Gabi und Hans-Jörg Dürr, die einige Appartements vermieten und nebenbei wesentlich zur kulturellen Belebung des Orts beitragen.

• *Anfahrt* Von Peyrehorade über die Brücke, dann rechts abzweigen, ca. 4 km.

• *Appartements* **Château d'Estrac**. Fünf Appartements zwischen ca450 € (2 Personen) und 520 € (2–4 Personen) pro Woche. Die Saison dauert von April bis Oktober. Die Einrichtung kombiniert antikes Interieur mit Mobiliar der klassischen Moderne. An den Wänden – Hans-Jörg Dürr ist Künstler – hängen Werke des Hausherrn. Für die Gäste stehen eine alte Bibliothek, Salon, Bar und Billardtisch zur Verfügung, Grill und Terrassen – und nicht zuletzt ein im oberen Teil des Geländes „versteckter" Swimmingpool (5 x 12 m) sowie der traumhaft schöne Schlosspark, von dem man einen großartigen Ausblick auf die Gaves Réunis genießt. Château d'Estrac, 40300 Hastingues. ✆/℻ 05.58.73.12.20, http://destrac.free.fr.

▶ **Abbaye d'Arthous**: Die im 12. Jahrhundert von den Prämonstratensern an der Compostela-Pilggerroute gegründete Abtei wurde wie das nahe Hastingues 1523 von den Spaniern zerstört. Im 17. Jahrhundert erfolgte der Wiederaufbau, im 18. Jahrhundert kamen die gottlosen Revolutionäre und funktionierten den frommen Ort kurzerhand zu einem stattlichen Bauerngehöft um.

Vom ursprünglichen Bau ist noch der wunderliche Skulpturenschmuck an den Mauern der Apsiden erhalten, u. a. ein Säufer, der gleich ein ganzes Weinfass an den Mund führt – er symbolisiert die Todsünde der Völlerei. Das Kircheninnere, teils romanisch, teils gotisch, wurde in den 1990er Jahren restauriert. Das Landaiser Fachwerk, das den Innenhof nach einer Seite hin abschließt, stammt aus dem 17. Jahrhundert.

In einem Trakt der Abtei ist ein **Museum** untergebracht. Schmuckstück der archäologischen Abteilung ist das „kniende Pferd" aus dem 12. Jahrtausend v. Chr., ein Meisterwerk der Prähistorie, gefunden in einer Grotte bei Sorde. In einem anderen Raum imponiert ein Einbaum. Er ist nicht indianischen Ursprungs, sondern wurde von Fischern aus dem nahen Gave gezogen. Mit solchen Gefährten wagten sich früher die Compostela-Pilger über den Fluss.

⌚ April bis Okt. Di–So 10.30–13 und 14–18.30 Uhr. Nov. bis März Di–Fr 14–17 Uhr. Mo stets geschlossen. Eintritt 4i €. *Anfahrt* Von Peyrehorade über die Brücke, 1½ km in Richtung Bidache, dann rechts abzweigen (ausgeschildert).

Sorde-l'Abbaye

Der hübsche Ort über dem Gave d'Oloron ist um eine Benediktinerabtei aus dem 10. Jh. entstanden. Diese wiederum ruhte auf den Ruinen einer gallorömischen Villa mit Thermalbad. Die Religionskriege haben hier arg gewütet, nur die Kirche und das Abtshaus, das mit seinen römischen Ausgrabungen eine spektakuläre Innenansicht bietet, blieben halbwegs unversehrt; ein Spaziergang in den Ruinen der Abtei lässt die einstige Bedeutung von Sorde erahnen.

Das romanische Seitenportal der **Kirche** ist ziemlich lädiert, zeigt aber noch einige fein skulptierte Fabelwesen. Im Inneren mischen sich die Stile. Die Mosaikreste im Chor sowie die Kapitelle der Seitenapsiden (u. a. eine Darstellung Daniels in der Löwengrube) stammen aus romanischer Zeit, das Gewölbe und die geschnitzte Holzkanzel sind gotisch.

Die Ruinen der **Abtei** können nur mit Führung besichtigt werden, der Spaziergang sei aber unbedingt empfohlen. Über Wiesen und Mauerreste gelangt man zum Gave d'Oloron. Der Flur, von dem aus die Kellergewölbe zugänglich sind, ist zum Fluss hin von Fenstern durchbrochen, die einen schönen Ausblick auf den Gave bieten, wo die Mönche einst eine Bootsanlegestelle unterhielten, an der das Getreide eingefahren wurde. Dass die Brüder nebenbei dem Lachsfang huldigten, verrät nicht nur ein Becken für die Lachswäsche, sondern auch eine Klosterregel, die den Lachs-Konsum zu mäßigen vorschrieb.

⌚ April bis Okt. Di–So 10.30–12.30 und 14.30–18.30 Uhr. Nov. bis März Mo–Fr 9–12 und 13.30–17 Uhr. Eintritt 2 €. Max. 25 Personen pro Führung. Wer mit dem Französisch der kompetenten Führung Mühe hat, bekommt ein informatives deutschsprachiges Begleitblatt in die Hand gedrückt.

Ein **römisches Ausgrabungsgelände** liegt direkt vor der Seitenfassade einer dreistöckigen Residenz, der *Maison des Abbés* (Haus der Äbte). Die gefundenen Mosaike sind heute im Innern des Hauses ausgestellt. Der Besucher wird auf eine Galerie geführt und schaut sich das römische Ensemble aus der Vogelperspektive an: großflächige Mosaike des Bades und drei Gräber, Skelette inbegriffen.
Die kaputten Fenster erlauben einen romantischen Ausblick auf den Gave mit dem „Wasserfall der Lachse". Die Delikatesse wurde früher mit einem „Drehnetz" aus dem Fluss gezogen; ein Exemplar dieses wunderlichen Geräts ist im Flur des Hauses zu besichtigen.

⌚ Bei unserer letzten Recherche standen wir vor verschlossenen Toren. Der Conseil général des Landes hat der Gemeinde das Gelände abgekauft und beabsichtigt, es nach Abschluss der Instandsetzungsarbeiten der Öffentlichkeit wieder zugänglich zu machen – offiziöse Quellen nennen das Jahr 2010.

Montfort-en-Chalosse

Die *Chalosse*, wie das leicht hügelige Gebiet östlich von Dax und südlich des Adour heißt, ist ein Gebiet der Landwirtschaft, vor allem des Maisanbaus. Montfort ist einer der Hauptorte dieses wenig besuchten Landstrichs, der mit seinen aus Stein gemauerten Häusern bereits das nahe Béarn ankündigt.

Montfort erwartet den Besucher mit seinem sehr sorgfältig geführten, aus mehreren Häusern bestehenden **Musée de la Chalosse**, das in einem Gehöft am Ortsrand untergebracht ist.
Im *Weinkeller* ist neben den Fässern und einem kleinen Destilliergerät auch eine „Propfmaschine" zu sehen. Hybridreben waren die Antwort auf die Reblaus, die im 19. Jahrhundert die europäischen Weinberge befiel. Der wohl bekannteste Rebzüchter war François Baco (1865–1947); Tausende von Hybridreben gehen auf ihn zurück. Baco wird die Rettung des Landaiser Weinbaus zugeschrieben, und so verdient er in der Museumskellerei eine besondere Erwähnung.
Die *Maison du Metayagae* erinnert an die „Métayage", wie das halbfeudale System hieß, bei dem der Pächter dem Grundbesitzer einen Teil des Ertrags, in der Regel die Hälfte, abzugeben hatte. Das feudale Relikt – in Italien als Mezzadria bekannt – wurde in Frankreich im 19. Jahrhundert nach zahlreichen Revolten abgeschafft, in den Landes war die „Métayage" aber noch bis 1950 anzutreffen. Das Haus diente sowohl als Wohn- wie auch als Arbeitsstätte. Einen Kontrast dazu bietet die *Maison du Maître*, das Herrenhaus mit einem Raum fürs Kegelspiel, Piano im Empfangssaal, großzügigem Speisesaal, schmucken Schlafzimmern und Bidet im Bad.

Ein *Backofen*, eine *Hufschmiede* und der *Jardin du métayer* (Gemüsegärtchen) gehören zu Museumsbestand, im Stall freuen sich Yoan und Martin, zwei *Chalosse-Rinder*, deren Fleisch von französischen Köchen besonders geschätzt wird, über einen riesigen Grashaufen, und im Schweinekoben grunzt Bastet, das Museums-Maskottchen: das *Schwarze Gascogne-Schwein*. Die Spezies war vor 20 Jahren im Aussterben begriffen. Mit zu viel Fett und zu wenig Muskeln waren die schwarzen Schweine aus der Gascogne marktuntauglich. Heute hoffen Spezialisten auf eine genetische Aufbesserung.

Das Museum legt Wert auf Authentizität und verzichtet zugunsten einer präzisen Information auf modische Effekte. Besuch empfohlen.

🕐 April bis Okt. Di–Fr 10–12 und 14–18.30 Uhr, Sa/So 14–18.30 Uhr. Nov. bis März Di–Fr 14–17.30 Uhr. Eintritt 4,80 €.

▸ **Brassempouy**: Ein nur 3,65 cm großes Fragment einer Figurine hat dem Dörfchen zu archäologischem Weltruhm verholfen. Die *Venus von Brassempouy*, aus dem Elfenbein eines Mammuts geschnitzt, ist rund 25.000 Jahre alt und gilt als älteste bekannte Darstellung eines menschlichen Gesichts. Sie wurde 1894 in der karstigen „Grotte du Pape“, ca. 2 km von Brassempouy entfernt, gefunden.

In Brassempouy hat man der berühmten Dame, die heute in einer Vitrine des *Musée des Antiquités Nationales* in Saint-Germain-en-Laye (in der Nähe von Paris) residiert, 2002 einen eigenen Ort geschaffen. Die *Maison de la Dame* unterhalb der Ortskirche ist nicht zu übersehen. Das Dach der Dokumentationshalle bildet eine pyramidenförmige Treppe mit einer Plattform, die von der berühmten Venus und zwei anderen Torsos gekrönt wird – die Architektur lässt an einen antiken Tempel denken. Die Dokumentation zeigt neben einer Auswahl der archäologischen Funde aus der „Grotte du Pape“ zum Vergleich auch eine Kollektion von Abgüssen anderer Venusstatuetten – aus dem Périgord, aus Österreich, Tschechien und Sibirien – meist dickbrüstig und mit betonter Vulva, was gemeinhin als Betonung der Fruchtbarkeit gilt. Und natürlich ist auch die Venus von Brassempouy als Abguss vertreten, oder die *Dame à la capuche* (Dame mit der Kapuze), wie sie in Frankreich auch genannt wird, da keiner ihre Kopfbedeckung zu interpretieren weiß: einfach eine strenge Haartracht, ein Kopftuch oder eben eine Kapuze? Urteilen Sie selbst.

🕐 Mitte Feb. bis Juni und Okt. bis Mitte Nov. 14–17.30 Uhr, Mo geschlossen. Juli bis Sept. tägl. 14–19 Uhr. Eintritt 5 €. • *Anfahrt* Brassempouy liegt ca. 15 km Luftlinie südöstlich von Montfort-en-Chalosse. Eine gute Straßenkarte ist erforderlich – dann ist die Fahrt über Nebenstraßen durch die Chalosse-Dörfer ein Vergnügen.

Das Baskenland

Unbestritten ist nur eines: es gibt sie, den Basken und die Baskin. Woher sie aber kommen, ist ungeklärt. Das geheimnisumwitterte Volk hat Legenden entstehen lassen und die Forscher zu wilden Spekulationen veranlasst. Hellsichtige sind überzeugt, die Basken entstammten dem im Ozean untergegangenen sagenhaften Atlantis, Sprachforscher tippen auf Iberer oder Berber. Oder auf Kaukasier.

Kurt Tucholsky, dessen *Pyrenäenbuch* eine ideale Reiselektüre ist, kolportiert folgende Geschichte: „Ein Graf von Montmorency rühmte einst vor einem Basken das Alter seines Namens, seines Adels, seiner Familie, rühmte, von welch großen Männern er abstammte. Der Baske erwiderte: 'Wir Basken, Herr Graf: wir stammen überhaupt nicht ab!' " Und Tucholsky resümiert: „So alt dünken sie sich. Sie haben es gut: man kann ihnen nichts beweisen."

Die Basken selber definieren sich über die Sprache. Sie nennen sich *Euskaldunak*, auf deutsch: *die, die baskische Sprache besitzen.* Sieben Provinzen hat ihr Land, drei – die *Labourde*, die *Basse Navarre* (Untere Navarra) und die *Soule* – liegen in Frankreich, vier gehören zu Spanien.

Für baskische Herzen dies- und jenseits der Grenze gilt jedoch *Zaspiak-bat*, d. h. *sieben sind eins* (und wir tun ihnen insofern unrecht, als wir hier unter dem Titel „Baskenland" nur auf die französischen Provinzen eingehen). Einen halbwegs einheitlichen baskischen Staat hat es allerdings in der Geschichte bislang nur einmal gegeben, in der ersten Hälfte des 11. Jahrhunderts unter *Sanchez dem Großen.*

Der Küstenabschnitt vom Adour bis zur spanischen Grenze gehört zu den am dichtesten besiedelten Gebieten Südwestfrankreichs. *Bayonne* ist für aquitanische Verhältnisse eine Großstadt und ganz nebenbei auch für seinen Schinken berühmt. *Biarritz* genießt nicht nur bei Aristokraten und Neureichen, sondern auch bei Wellenreitern einen guten Ruf, und das Städtchen *Saint-Jean-de-Luz* hat neben Frankreichs größtem Thunfisch-Hafen eine überaus romantische Altstadt vorzuweisen.

Stadtleben und Wassersport – das ist die Mischung, die an der baskischen Küste angeboten wird. Einsame Sandstrände wie an der Côte d'Argent sind selten, schöne Badegelegenheiten findet man dennoch. Wenn Sie aber auf der Suche nach dem authentischen Baskentum sind: Fahren Sie ins Hinterland.

Geschichte

Der römische Geschichtsschreiber *Sallust* (86–35 v. Chr.) erwähnt als erster das baskische Volk und lokalisiert es in den westlichen Pyrenäen. Im Sturm der Völkerwanderungen verteidigten die Basken ihr Gebiet erfolgreich. Es war ein baskisches Heer, das in der *Schlacht von Roncesvalles* 778 Roland, den tapferen Ritter *Karls des Großen*, niedermachte, auch wenn das 300 Jahre später geschriebene berühmte *Rolandslied* die Tat den Sarazenen zuschreibt. Mit der Erbschaft Eleonores von Aquitanien 1155 (→ Kapitel Geschichte) gingen die nördlichen Baskenprovinzen an England, das der Navarra jedoch eine politische Sonderrolle zugestand. Nach dem Hundertjährigen Krieg lösten die Franzosen die Engländer ab. Die Teilung der Navarra 1530 schrieb dann die noch heute gültige Grenze zwischen Frankreich und Spanien fest.

Mit dem *Baskenproblem* meint man gemeinhin das Problem, das die Spanier mit „ihren" Basken haben, eine im wahrsten Sinne des Wortes explosive Angelegenheit. Der französische Teil des Baskenlands ist politisch ruhiger. Autonomieforderungen gibt es aber auch hier, und auf kulturellem Gebiet wurde einiges erreicht (Baskischunterricht, Radio- und Fernsehsendungen auf Baskisch etc.). Störend für viele Basken französischer Nationalität bleibt, dass ihre drei Provinzen zusammen mit dem viel größeren *Béarn* in einem Departement (*Pyrénées-Atlantiques*) zusammengefasst sind. Im Wahlkampf 1981 versprach *François Mitterrand* den Basken zwar ein eigenes Departement, während seiner 14-jährigen Regierungszeit jedoch wollte er sich nicht mehr daran erinnern. Sein Nachfolger *Jacques Chirac* unterließ derartige Wahlversprechen, und auch Nicolas Sarkozy hat andere Sorgen.

Die baskische Sprache

Etxe huntako etxeko alabak iduri baitu arrosa. Selbst wenn Sie diesen Satz hundertmal lesen: Sie sind mit ihrem Latein am Ende, auch mit ihrem Französisch. Sie brauchen sich nicht über Ihren Intelligenzquotienten zu beunruhigen. Die Basken behaupten, selbst der Teufel habe sieben Jahre vergebens versucht, ihre Sprache zu verstehen. Aus lauter Wut über sein Versagen habe er sich in Bidarray über die Nive-Brücke gestürzt, die seither *Pont d'enfer* (Höllenbrücke) heißt.

Das komplizierte Idiom, das sich selber *Euskara* nennt, ist so rätselhaft wie seine Herkunft. Seit Jahrhunderten versuchen Sprachforscher diese linguistische Nuss zu knacken – vergebens. Einig sind sie sich nur darin, dass es sich nicht um eine indoeuropäische Sprache handelt. Die einen behaupten eine gewisse Verwandtschaft zu Berberdialekten, andere vermuten einen kaukasischen Dialekt. Blutgruppenforscher haben herausgefunden, dass in baskischen Adern vornehmlich Blut der Gruppe 0 (-) pulsiert, eine interessante Entdeckung, die aber auch nicht weiterhilft – sowohl bei Berbern als auch Kaukasiern und nebenbei auch bei Schotten, Iren und Sarden ist diese Blutgruppe auffallend stark vertreten.
Das Rätselraten darf weitergehen, das lebendige „Sprachmaterial" ist noch nicht ausgestorben: ca. 500.000 Sprecher kennt das Baskische weltweit, ca. 80.000 davon in Frankreich. Der eingangs zitierte Satz heißt übrigens: „Das Mädchen dieses Hauses gleicht einer Rose."

Baskisch – einige Regeln zur Aussprache

Wollen Sie nicht wenigstens die komplizierten Ortsnamen richtig aussprechen? Versuchen Sie's:
Die Vokale a, e, i, o, u sind kurz und werden wie im Deutschen ausgesprochen. Dann gibt es die Diphtonge au, eu, ai, ei, oi, ui. Nasale Vokale kennt das Baskische nicht. Etwas schwieriger wird's mit den Konsonanten:

j entspricht einem stimmhaften deutschen Sch (wie in Journal)
r ist ein gerolltes R
s ist dem deutschen S ähnlich, jedoch etwas gelispelt und gezischelt
z entspricht dem stimmhaften deutschen S
x entspricht in etwa dem stimmlosen deutschen Sch

Da die Aussprache nach der Region variiert, haben Sie auch bei nicht exakter Aussprache große Chancen, mit diesen paar Regeln wenigstens einem der baskischen Dialekte nahe zu kommen.

Es gibt eine baskische Literatur, und die komplizierte Sprache wird mittlerweile an Universitäten unterrichtet. Sie kennt kein Geschlecht, dafür 12 Deklinationsformen: den *Nominativ*, den *Ergativ*, den *Instrumental*, den *Dativ*, den *Possessivgenitiv*, den *Soziativ*, den *Destinativ*, den *Lokativgenitiv*, den *Inessiv*, den *Adlativ*, den *Ablativ* und den *Partitiv*. Doch das ist nur ein Kinderspiel verglichen mit der Konjugation der Verben ...

Die baskische Kirche

Sie ist blendend weiß und macht von außen einen schlichten Eindruck. Im Innern jedoch ist der Besucher überrascht. Der Raum ist meist ganz mit Holz ausgetäfelt, vorne steht ein prächtig dekorierter Hochaltar, und in der Regel hängt von der Decke ein Segelschiff, das nachdrücklich daran erinnert, dass die Basken ein Volk der Seefahrer sind. Am meisten beeindrucken aber die zwei bis drei übereinander liegenden dunklen Holzgalerien, die sich U-förmig durch fast das gesamte Kirchenschiff ziehen. Sie sind für die Männer reserviert, während die Frauen in den Bänken unten im „Parkett" Platz nehmen. Besonders wirksam ist diese Geschlechtertrennung während des

traditionellen Wechselgesangs: Auf die hellen Stimmen von unten folgt das Echo der Bässe von oben.
Auf dem Friedhof zeigen die alten Grabstelen stets das *baskische Kreuz*, vier gleich lange Arme, an den Enden halbrunde Abschlüsse.

Im Schaufenster des Immobilienhändlers

Das baskische Haus

In der Regel ist es zweistöckig und eine Fachwerkkonstruktion, die mit einem Lehm-Stroh-Gemisch ausgefüllt und dann mit blendend weißem Kalkmörtel verputzt wird. Ein Balkon gehört dazu, das Dach zeigt eine geringe Neigung und ist mit roten Rundziegeln abgedeckt, nur an der Grenze zum Béarn wird schwarzer Schiefer verwendet. Wegen des ständigen Westwindes liegt das Eingangstor an der Ostseite. Dort trägt das schmucke Haus auch seinen Namen, bzw. den seines Erbauers, und das Baujahr. Die zahlreichen prächtigen Villen im traditionellen Stil, die man in allen Küstenorten sieht, sind meist um die Wende zum 20. Jahrhundert entstanden, die Häuser im Landesinneren größtenteils im 17. Jahrhundert.

Die baskische Familie

„Eine vollständige baskische Sippe", schreibt *Tucholsky*, „wird man nicht zu sehen bekommen. Einer fehlt immer. Und der ist in Amerika." Das hat seinen Grund. Im traditionellen sozialen Gefüge bestimmt der mit patriarchalischer Macht ausgestattete Familienvater einen Sohn oder eine Tochter zum Alleinerben oder zur Alleinerbin des gesamten Besitzes. Die leer ausgegangenen Kinder wandern nicht selten aus, heute eher in die Städte der

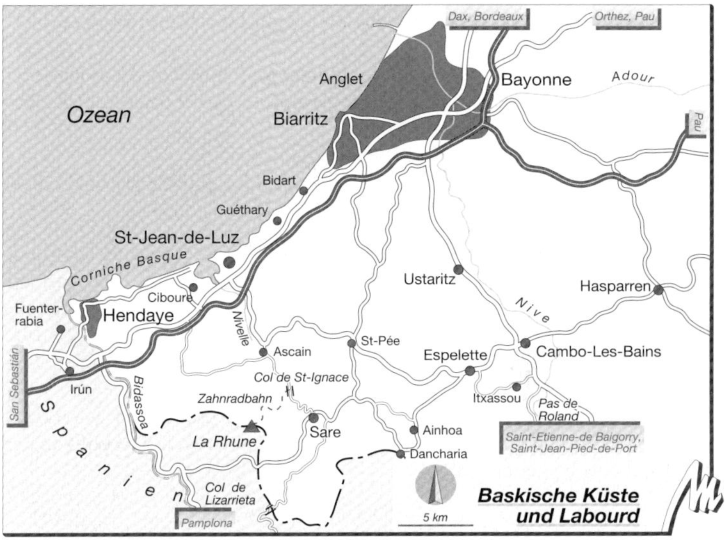

französischen Republik, früher oft nach Übersee. Als Christoph Kolumbus Amerika entdeckte, steuerte ein Baske das Schiff, Basken umsegelten mit Magellan das Cap Horn, Basken gründeten Buenos Aires und Montevideo. Viele machten ihr Glück in den USA und kehrten mit dem gewonnenen Vermögen ins Baskenland zurück. Bei manchen Amerikanern, die in den Sommermonaten mit großen Straßenkreuzern durch Saint-Jean-de-Luz fahren, handelt es sich um Landeskinder auf Heimaturlaub.

Die baskische Folklore

Sie ist auch bei den Jungen lebendig geblieben und dient nicht nur dem Amüsement der Touristen. Die meisten Trachtentänze werden nur von Männern ausgeführt. Eine kleine Holzflöte (*txirula*) und ein Tambour (*ttun-ttun*) begleiten die Tänzer, sei es beim Ballett um ein gefülltes Weinglas oder zu den „baskischen Sprüngen“ (*jauzi*), die einer äußerst komplizierten Choreographie folgen. Beliebt ist der auch in Spanien bekannte *Fandango*, bei dem ein rhythmisch klatschendes Publikum die Tänzer anfeuert.

Die baskische Küche

In den Restaurants werden zahlreiche baskische Spezialitäten angeboten. Wenn Sie die *Regeln zur Aussprache* (→ „Baskisch – einige Regeln ...“) beherzigen, kann der Kellner sogar Ihre Bestellung verstehen:

Ardi Gasna: baskischer Schafskäse
Axoa: Kalbfleischwürfel mit Piment
Eltzekaria: Gemüsesuppe mit Kartoffel, Porrée, Karotte, Kohl, Zitrone
Marmitako: Thunfischragoût

Merluza salsa verde: gar gekochter Stockfisch mit Erbsen und Spargel
Pibales: junger Aal
Piperade: eingekochte Paprikaschoten, Piment und Tomaten, steht auf jeder Speisekarte – ein in Weißwein gegartes, ordinäres Huhn dazu, und Sie haben ein *Poulet à la basquaise*
Tripoxa: Wurst aus Schaf- und Kalbfleisch
Ttoro: Fischsuppe mit Miesmuscheln, Krabben und Stockfisch, bekannt in Saint-Jean-de-Luz.

Alkoholische Begleiter: Der einzige baskische Wein ist der *Irouléguy* (kräftig rot, rosé oder weiß). Zu Fischgerichten ist ein trockener Jurançon aus dem nahen Béarn ein hervorragender Begleiter. Seit einiger Zeit brauen die Basken auch ihr eigenes Bier. Es heißt *Akerbeltz* („Schwarzer Bock“) und kommt weiß (4 %), blond (4,5 %) und braun (5,5 %) auf den baskischen Tresen; die Brauerei steht im Dörfchen Licq Atherey (Soule).
Gutes Essen will gut verdaut sein. Dabei hilft der giftgrüne oder gelbe *Izarra*: Bis zu 30 Pyrenäenkräuter würzen den hochprozentigen Baskenlikör, der auch Cocktails beigemixt wird.

Pilota – der baskische Nationalsport

Jedes baskische Dorf, sei es noch so klein, hat im Zentrum seinen *Fronton* (baskisch: *Euskal-Jai*), eine freistehende Steinmauer mit im oberen Teil geschwungener Form, davor ein freier Platz. Weißgekleidete Spieler, die *Pilotari*, meist zwei gegen zwei, schlagen einen harten, mit Tierhaut oder Wolle überzogenen Gummiball (*pilota*) an die Mauer. Das Pilota-Spiel kennt zahlreiche Varianten; einige finden nur im „Trinquet“ (baskisch: *Jai-Alai*) statt, einem Feld mit zusätzlichen Mauern an der linken Längs- und an der Rückseite sowie einem Maschengitter, hinter dem die Zuschauer an der freien Längsseite geschützt sind.

Eine der gebräuchlichsten Spielarten des Pilota ist die *Cesta Punta*. Der Spieler fängt den zurückfliegenden Ball in einer *Xistera*, einem länglichen Korb aus stabilem Weidengeflecht, dreht sich schwungvoll und schleudert den Ball zurück. Drei Schiedsrichter wachen darüber, dass die Spieler den Ball nicht zu lange in der Xistera behalten. Gelegentlich wird auch mit der *Panna* gespielt, einer Art Squash-Schläger. Das Geschoss erreicht übrigens eine Geschwindigkeit von bis zu 300 Stundenkilometern – ein Grund für die Pilotari, sich mit Helmen zu schützen.
Die Cesta Punta sei allerdings eine Spielart für Weicheier und Touristen, spotten manche Basken und schlagen den Ball „main nue“ (baskisch: *esku huts*), also mit der nackten Hand.

Bayonne (Baiona)

Die Hafenstadt am Zusammenfluss von Adour und Nive ist das wirtschaftliche Herzstück des französischen Baskenlands. Zwar nimmt Bayonne in der französischen Verwaltungshierarchie nur den Status einer Sous-Préfecture ein, doch ist die Stadt weitaus bedeutender als ihr administrativer Rang. Bayonne ist das lebendige Zentrum des 120.000 Einwohner zählenden Großraums Bayonne-Anglet-Biarritz – jedoch an Touristen ärmer als Biarritz.

Adour und Nive teilen Bayonne in drei Stadtteile: Vier Brücken über die Nive verbinden die romantischen Quais von *Grand-Bayonne* und *Petit-Bayonne,* am rechten Ufer des Adour liegt *Saint-Esprit.* Im Grand Bayonne mit seinen teils renovierten Altbauten hat sich ein lebendiges Geschäftsviertel entwickelt, das Petit Bayonne mit seinen engen Gassen ist romantischer und lebt erst abends auf.

Bayonne kommt aus dem Baskischen und heißt „guter Hafen". Dieser ist denn auch das wirtschaftliche Rückgrat der Stadt. Mehr als 350.000 Tonnen

Waren werden an der Adourmündung jährlich umgeschlagen. Mais, Schwefel und Rohöl (aus Lacq bei Pau) bestimmen über 90 % des Exports. Die Schlepper steuern hauptsächlich nordafrikanische Häfen und Städte an der Nordsee an.

Ein Wildschwein bringt doppelt Glück

Ein Wildschwein stürzte während einer Treibjagd in eine salzhaltige Quelle und wurde dort Monate später hervorragend konserviert wieder gefunden – so erzählt die Legende. Die Natur gab das Rezept vor, die unfreiwillig gepökelte Wildsau führte zum berühmten Jambon de Bayonne, dem König unter den französischen Schinken. Noch heute legen traditionelle Hersteller den Schinken drei Tage lang in ein Salzbett und lassen ihn dann sechs Monate lang trocknen.
In Salies-de-Béarn (→ dort) erzählt man sich dieselbe Geschichte – nur in umgekehrter Abfolge: Man freute sich, die salzhaltige Quelle entdeckt zu haben, gründete ein Thermalbad und vergaß darob die Qualität des gefundenen Schinkens.

Der Jambon de Bayonne verkauft sich so gut, dass er lange Zeit auch im Ausland imitiert wurde. Das änderte sich 2002. Mit Baskenkreuz und der Herkunftsgarantie „IGP Bayonne" (Indication Géographique Protégée) gestempelt, ist der Produktname heute europaweit geschützt, und die dänische Konkurrenz hat das Nachsehen.

Geschichte

An die Römer, die hier die Stadt *Lapurdium* gründeten, erinnert außer dem Namen der Provinz *Labourd* nichts mehr.
Bei der Heirat *Eleonores von Aquitanien* gehörte Bayonne zur Mitgift, wurde also englisch (→ Kapitel Geschichte), und wie vielerorts in Aquitanien

Im Grand Bayonne

blühte auch hier ein lebhafter Handel mit London auf. Nach dem Hundertjährigen Krieg, als die Engländer abgezogen waren, ging dann der Katzenjammer los. Der britische Markt war verloren, der französische König zeigte wenig Milde, und obendrein verbot er seinen Untertanen, Gasconisch zu reden. Wirtschaftlicher Aufschwung stellte sich erst wieder ein, als *Karl IX.* 1578 den Adour umleiten ließ und ihm zu seiner heutigen Mündung verhalf – Bayonne wurde eine Hafenstadt und war zum Dank fortan königstreu. Etwa zur gleichen Zeit erfand die königliche Waffenschmiede von Bayonne das *Bajonett* – die aufs Gewehr aufpflanzbare, stählerne Stoßwaffe erwies sich als Verkaufsschlager.

Im 17. Jahrhundert ließ *Vauban*, der berühmte Militärarchitekt des Sonnenkönigs, die Stadt neu befestigen; das gewaltige Mauerwerk im Süden des Petit-Bayonne und die Zitadelle nordwestlich von Saint-Esprit zeugen noch heute von Vaubans gewaltigem Werk. Als im 18. Jahrhundert der Hafen zum Freihafen deklariert wurde, erlebte die Stadt ihre Glanzzeit. Aus dieser Epoche stammen die zahlreichen Bürgerhäuser im Grand-Bayonne. 1813 zeigten sich nach fast 400-jähriger Absenz die Engländer noch einmal: *Wellington* belagerte mit einer bunten englisch-spanisch-portugiesischen Armee die Stadt, um dem bereits in die französisch-deutschen Auseinandersetzungen verwickelten *Napoleon I.* das Handwerk sozusagen von hinten zu legen.

Information/Verbindungen

• *Postleitzahl* 64100

• *Information* **Office de Tourisme**, Place des Basques (am unteren Ende der Allées Paulmy). In erster Linie Souvenir-Shop, in zweiter Linie Informationsstelle. Mo–Fr 9–18.30 Uhr, Sa 10–18 Uhr. ✆ 05.59.46.01.46, 05.59.59.37.55, info@bayonne-tourisme.com, www.bayonne-tourisme.com.

• *Verbindung* **Flug** → Biarritz.

Bahn: Gute Verbindungen nach Dax und Bordeaux, nach Biarritz (besser mit dem Bus direkt ins Zentrum), Saint-Jean-de-Luz, Hendaye und weiter nach Spanien nach Pau, Lourdes. Tägl. 3 Züge ins Landesinnere nach Saint-Jean-Pied-de-Port.

Bus: gute Verbindung nach Hossegor, Vieux-Boucau. Abfahrt am Bahnhof.

Busse nach Biarritz: Gute Busverbindungen im Regionalverbund! Besser als die Buslinie Nr. 1 (Haltestellen am Bahnhof und beim Rathaus) ist die Express -Linie (Abfahrt beim Rathaus, Place de Liberté), die mit wenig Zwischenhalten über die schnelle Avenue du B.A.B. (Bayonne-Anglet-Biarritz) ins Zentrum von Biarritz fährt.

Diverses

• *Autoverleih* **Avis**, 1, rue Saint-Ursule (Nähe Bahnhof), ✆ 05.59.55.06.56.

ADA, 10bis, quai de Lesseps (Nähe Bahnhof), ✆ 05.59.50.37.10.

• *Parken* Gratis an der Stadtmauer in Groß-Bayonne.

• *Fahrradverleih* Im Herbst 2007 führte die Stadt Bayonne das Gratisvelo ein – vorerst mit 50 Exemplaren, bereits 2008 sollen 40 weitere angeschafft werden. 7 Verleihstationen, darunter 5 Tiefgaragen. Informationen im Office de Tourisme.

• *Feste* **Fêtes de Bayonne**: Sie beginnen am ersten Augustmittwoch und enden am darauf folgenden Sonntag: Tennis-, Pétanque- und Pilota-Meisterschaften, Courses landaises ... Eine Woche Hochbetrieb und viel Zecherei in der Altstadt von Bayonne. Den festlichen Abschluss macht am Sonntagnachmittag in der Arena die „Corrida des Fêtes".

• *Markt* **Wochenmarkt**: Di, Do und Sa jeweils morgens in der Markthalle, Freitagmorgen an der Place de la République.

Schinkenmarkt, in der ersten Junihälfte. Der in den Wintermonaten abgehangene Jambon de Bayonne steht im Zentrum des Marktgeschehens.

• *Corridas* in der Hochsaison ungefähr wöchentlich in der Arena. Information im Office de Tourisme.

• *Waschsalon* 16, rue Pontrique. Tägl. von 7.30–21.30 Uhr. 16, bd Alsace-Lorraine (Nähe Bahnhof).

Übernachten (→ Karte S. 285)

• *Hotels* *** **Loustau (2)**. Größeres Hotel am Ufer des Adour, in Bahnhofsnähe, oft von Gruppen ausgebucht. DZ 86–123 €. 1, pl. de la République. ✆ 05.59.55.08.08, ℻ 05.59.55.69.36, www.hotel-loustau.com.

** **Adour (1)**, in Bahnhofsnähe, aber doch relativ ruhig. Ein junges Wirtspaar hat den einstigen „alten Kasten" übernommen und komplett aufgefrischt. Helle, sehr komfortable Zimmer. Das Essen im Restaurant ist den Gästen vorbehalten, ebenso der Verleih von Fahrrädern. Sehr freundliche Rezeption. DZ 65–90 €. 13, place Sainte-Ursule. ✆ 05.59.55.11.31, ℻ 05.59.55.86.40, www.adourhotel.net.

** **Des Arceaux (3)**. Freundliches, kleines Billighotel in der Fußgängerzone von Grand-Bayonne, das 2002 sein 100-jähriges Bestehen feierte und 2007 nach Renovierung um einen Stern aufgestiegen ist. DZ 33–65 €, die billigeren mit Etagendusche. 26, rue Port-Neuf. ✆ 05.59.59.15.53, ℻ 05.59.25.64.75, www.hotel-arceaux.com.

* **Monbar (9)**. Klitzeklein in Klein-Bayonne, abends wird in der Bar gezecht. DZ 32 €, alle Zimmer mit Dusche/WC. 24, rue Pannecau. ✆ 05.59.59.26.80.

Außerhalb ** **Auberge de Biaudos**, an der N 117, Straße Richtung Peyrehorade, ca. 15 km von Bayonne. Ein etwas abgestandener Traum aus den 1950-er Jahren: Straßenhotel mit Swimmingpool und Restaurant/Pizzeria. Die Zimmer sind rund um den Pool angelegt und sauber. Eine Adresse für Durchreisende, auch in der Saison wenig Gäste. DZ 30–54 €. RN 117, 40390 Biaudos. ✆ 05.59.56.79.70, ℻ 05.59.56.74.68, www.auberge-biaudos.com.

• *Camping* → Anglet.

Essen/Trinken (→ Karte S. 285)

• *Restaurants* **François Miura (6)**. Erstaunlich helles Lokal im engen Petit-Bayonne. Design-Stühle, moderne Malerei an den Wänden und eine Feinschmeckerküche, die sich verständlicherweise auch preislich zeigt. François Miura kommt aus Ciboure, ist also mit der Meeresküche aufgewachsen. Wir empfehlen seine mit karamellisierten Zwiebeln servierten Langusten. Wer der Landküche den Vorzug gibt, versuche das mit frischem Gemüse garnierte Milchlamm. Sonntagabend und Mi geschlossen. 24, rue Marengo. ✆ 05.59.59.49.89.

La Feuillantine (5).Ein junger baskischer Koch ist nach seinen Lehr- und Wanderjahren in die Heimat zurückgekehrt und verantwortet eine ideenreiche Küche, die auf marktfrische Qualität achtet. Als Dessert goutierten wir eine *mousse à l'orange* – hervorragend. Freundlich-helles, elegantes Interieur, überdurchschnittliche Preise. So geschlossen. 21, quai Amiral Dubourdieu. ✆ 05.59.46.14.94.

Le P'tit Chalut (7). Gut besuchtes Mittelklasse-Restaurant auf 2 Etagen. Preiswerter Mittagstisch, auch spanische Gerichte. 22-24, quai Galuperie. ✆ 05.59.25.54.60.

Itsaski (10). Die Steuerkabine mit Schiffsrad, die Gästeraum und Küche trennt, soll wohl suggerieren, dass die Fische direkt vom Meer auf den Teller gefahren werden. Fischmenus und Meeresfrüchteplatte, im letzteren Fall wird für die teurere Royal-Variante ein Hummer aus dem Aquarium gefischt. Außerhalb der Saison Sonntagabend und Mo geschlossen. 43, quai Jauréguiberry. ✆ 05.59.46.13.96.

La Chistera (4). Baskisches Huhn oder baskischer Kutteltopf (Kutteln, Karotten, Schinken, Kartoffeln), Bayonnaiser Schinken mit Piperade, Kalbskopf und Schweinsfüße – oder eine baskische Forelle aus dem Aldudestal. Sehr beliebtes Restaurant im Grand-Bayonne mit Außenbetischung. Mo Ruhetag. 42, rue Port-Neuf. ✆ 05.59.59.25.93.

Talotegi (8). Talo ist eine Maisgalette, Tegi ist eine Örtlichkeit, wo man ein Dach über dem Kopf hat. Das Restaurant ist klein, preiswert, gut und freundlich. Der charmante Ernest hat viele baskische Spezialitäten im Programm, z. B. Axoa oder Marmitako, zum Abschluss Frischkäse mit Zucker, Honig und Marmelade. Leider hat auf der Gasse nur ein einziges Tischchen Platz. Unsere Empfehlung. So/Mo Ruhetag. 10, rue des Tonneliers.

• *Bars* Mit Tapas oder ohne – Bars aller Schattierungen findet man im Petit Bayonne.

Sehenswertes

Kathedrale Sainte-Marie: Sie stammt aus dem 13. Jahrhundert und ist einer der imposantesten gotischen Bauten in Südwestfrankreich. Im Innern verdienen vor allem die Glasfenster aus dem 16. Jahrhundert Beachtung. Man muss um den Kirchenbau herumgehen (vom Eingang aus rechts), um einen Blick auf den *Kreuzgang* zu erhaschen (nur mit Führung zugänglich). Er ist ein Meisterwerk der Hochgotik. Jeder Spitzbogen unterteilt sich in zwei weitere, die wiederum in jeweils zwei weitere gegliedert sind. Wo noch genug Steinfläche vorhanden war, wurden Rosetten herausgeschlagen, so dass die verspielte Architektur noch eleganter, noch leichter und noch zerbrechlicher wirkt.

Musée Basque: Nach 12 Jahren Renovierungsarbeiten am *Maison Dagourette* hat das 1924 gegründete Musée Basque 2001 seine Pforten neu eröffnet. Neu ist nicht nur der Innenumbau des unter Denkmalschutz stehenden Bürgerhauses, sondern vor allem ein Ausstellungskonzept, das den gegenwärtigen museographischen Diskussionen Rechnung trägt. Mit einer Sammlung von ungefähr 100.000 Gegenständen, von denen rund 2000 in der Dauerausstellung zu sehen sind, gehört das Musée Basque zu den großen ethnographischen Museen Frankreichs. Die Bayonnaisen sind zu Recht stolz auf dieses Juwel, das mit seinen zwanzig Ausstellungsräumen einen einzigartigen Einblick in die Geschichte und die Traditionen der Basken gibt.

Das *Erdgeschoss* ist der Landwirtschaft, der Schäferei und verschiedenen Berufen gewidmet: Pflüge, Eggen, Weinpressen, Instrumente der Ringeltaubenjagd etc. Den Job des Zöllners dokumentiert ein Schmugglern abgenommener Alkoholeimer, den des Metzgers eine steinerne Wanne zum Pökeln des Bayonne-Schinkens.

In der *1. Etage* ist eine große Abteilung dem baskischen Haus reserviert. Ein Modell ohne Dach gibt den Blick auf die Raumeinteilung im Inneren frei,

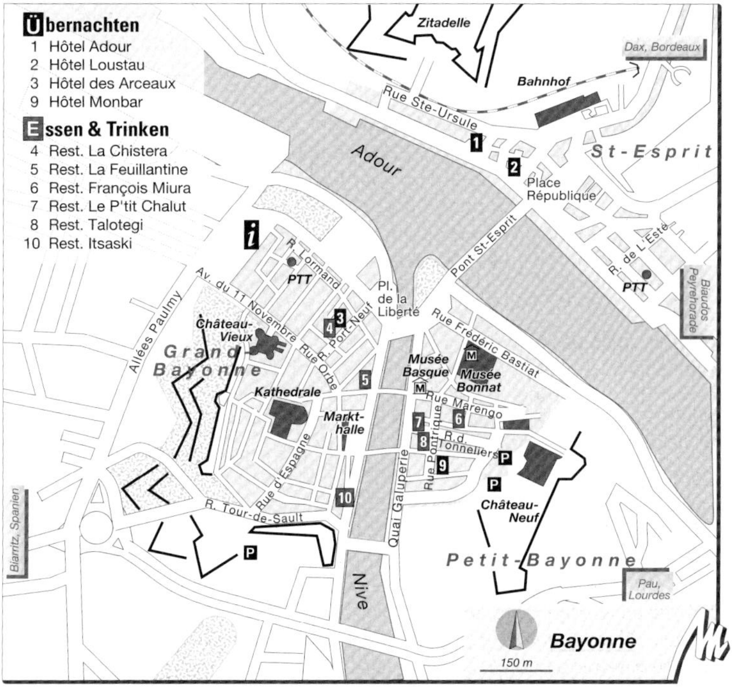

daneben Schreiner-, Schmiede- und Schlosserarbeiten. In anderen Räumen stehen die Schifffahrt und die Bedeutung des Hafens im Zentrum, zu sehen sind u. a. ein Einbaum (aus Eiche), der aus der nahen Adour gefischt wurde, und ein Modell der Stadt zur Zeit des Hafenbaus um 1805.

Die *2. Etage* schließlich ist in mehrere Bereiche unterteilt: Spiel und Sport werden durch eine ganze Sammlung von Chisteras, Lederhandschuhen und Pelote-Bällen, aber auch durch den Grabstein eines Pelotespielers dokumentiert. Die Themen Musik und Tanz sind vor allem durch Gemälde und Instrumente vertreten. Ebenfalls nicht fehlt die religiöse Kunst sowie das baskische Gotteshaus, letzteres als „aufgeschnittenes" Modell der Kirche von Mouguerre (17. Jh.), einem Dorf an der östlichen Peripherie Bayonnes.

Ⓘ Mai/Juni und Sept./Okt. Di–So 10–18.30 Uhr. Juli/Aug. tägl. 10–18.30 Uhr. Nov. bis April Di–So 10–12.30 und 14–18 Uhr. Eintritt 5,50 €, Sammelticket Musée Basque + Musée Bonnat 9 €.

Musée Bonnat: Das städtische Kunstmuseum hat seine Ausstellungstechnik überarbeitet. Man zeigt nicht mehr alles, was man hat, sondern wählt klug aus. Zu den Höhepunkten der Sammlung gehört der *Salon Rubens*, ein Rundsaal mit fünfzehn kleinformatigen Gemälden des Meisters. Aber auch andere berühmte Namen sind vertreten: Goya, Tiepolo, Ingres, Rubens und Van Dyck, Géricault, Delacroix und Degas. Letzterer war übrigens ein lang-

jähriger Freund von *Léon Bonnat* (1833–1922), dem Bayonnaiser Maler und Kunstsammler, der mit seinen großformatigen Frauenporträts im Museum einen ganzen Saal in Anspruch nimmt. Die Freundschaft zerbrach wegen künstlerischer Differenzen, Bonnat trennte sich von den zahlreichen Degas, die er besaß. Die Bonnat'sche Sammlung – nach dieser „Säuberung" ohne ein einziges Werk des berühmten Impressionisten – fiel testamentarisch an die Stadt Bayonne, die damit das Museum eröffnete. Umsichtige Konservatoren haben dem von Bonnat verbannten Künstler dann doch noch Zutritt ins Museum verschafft. Degas ist mit drei Bildern vertreten – darunter ein 1863 gemaltes Porträt Léon Bonnats. Eine weitere Hommaga an Léon Bonnat ist das Triptychon von 5 m mal 10 m Größe in der ersten Etage, gemalt von seinem Schüler *Henri-Achille Zo*: Es zeigt Bonnat mit seinen Schülern aus dem Baskenland und dem Béarn, im Hintergrund die Stadt Bayonne – eine Künstlergruppe in der Natur oder Schule im Grünen.
Neben der Sammlung zeigt das Museum gute Wechselausstellungen, doch unabhängig davon empfehlen wir den Besuch.

Ⓛ dieselben Zeiten wie Musée Basque. Eintritt 5,50 €, Sammelticket Musée Bonnat + Musée Basque 9 €.

Das **Château-Neuf**, die Burg von Petit-Bayonne, wurde nach dem Hundertjährigen Krieg von den Franzosen errichtet, um die anglophilen Bayonnaisen unter Kontrolle zu bekommen. Die in den 1990er Jahren unternommenen Restaurierungsarbeiten hatten einen doppelten Zweck. Einerseits sollte die Anlage wieder ihr ursprüngliches Aussehen erhalten, andererseits hat in ihr das *Musée Basque* (→ oben) zusätzliche Räume bekommen. Sie werden für Wechselausstellungen genutzt, für die didaktische Abteilung, für Restaurierungsarbeiten sowie als Depot für die 98.000 nicht ausgestellten Objekte.

Château-Vieux: Die Burg aus dem 12. Jahrhundert im Grand-Bayonne, an der Stelle eines früheren römischen Kastells gebaut, ist heute Sitz einer Militärkommandantur – kein Zutritt.

Bayonne/Umgebung

▸ **Anglet** *(Angelu)*: Die Agglomeration hat die alten Dorfgrenzen längst aufgelöst. Anglet ist Teil des Häusermeers zwischen Bayonne und Biarritz geworden, ein charakterloser Vorort nach beiden Seiten hin.
Zu Anglet gehört die gesamte Küste zwischen der Adourmündung und dem Leuchtturm von Biarritz, eindeutig der beste Badestrand der Region. Erwähnung verdienen vor allem die Jugendherberge sowie der Camping Fontaine Laborde, einer der quirligsten Plätze Aquitaniens.

• *Jugendherberge* In dem modernen Bau der **Auberge de Jeunesse** gibt es insgesamt gibt es 96 Schlafplätze. Knapp 5 Min. durch ein Wäldchen zum Strand. Abends, um das Nachtleben von Biarritz nicht zu verkürzen, wird humanerweise auf Schließzeiten verzichtet. Vor dem Haus auch *Campingmöglichkeit* (25 Stellplätze). Von Biarritz aus erreicht man die Jugendherberge mit dem Bus Nr. 6 (Richtung Norden), Haltestelle „Auberge de Jeunesse". Von Bayonne aus erst mit der Express-Linie nach Biarritz (→ Bayonne). Selbstfahrer finden die Jugendherberge am einfachsten von der Küstenstraße aus (ausgeschildert). Übernachtung und Frühstück ca. 16,30 €/Person. Rezeption 8.30–12.30 und 18–22 Uhr (im März und Okt. wird morgens und abends eine Stunde früher geschlossen). Geöffnet April bis

Okt. Im Juli/Aug. Reservierung dringend empfohlen. 19, route des Vignes, 64600 Anglet. ✆ 05.59.58.70.00, 📠 05.59.58.70.07, www.hihostel.com (dort sich durchklicken).

• *Camping* * **Fontaine Laborde**, etwas unterhalb der Jugendherberge. Von Biarritz mit Bus Nr. 6 in Richtung Norden bis Haltestelle „Fontaine Laborde".
Nichts für Wohnmobile und nichts für ruhebedürftige Familien. Kleiner, lebendiger Campingplatz mit jungem Publikum. Bescheidene sanitäre Anlagen, aber Warmwasserduschen sind vorhanden. Gemütliche Snackbar mit großen Holztischen. Der Platz ist bei Biarritz-Urlaubern beliebt und in der Stellplätze, ob man als Hundertster noch Hochsaison bestimmt proppenvoll; im Prinzip 99 ein Plätzchen findet, hängt von der Größe des Zeltes und dem meist guten Willen der Nachbarn ab. 5 Minuten zum Strand. Geöffnet April bis Sept. 17, allée Fontaine Laborde. ✆ 05.59.03.48.16, www.fontaine-laborde.com.

Biarritz (Miarritze)

Wellen und Villen sind die Markenzeichen des renommierten Badeorts. Die Wellen brechen sich seit Jahrtausenden an den fotogenen Felsbrokken von Biarritz. Und auch die edlen Villen sind noch da, doch haben sie in den letzten Jahrzehnten immer mehr stillose Nachbarn bekommen – Betonkomplexe, mit denen versucht wird, der sommerlichen Touristenmassen Herr zu werden.

In der Hochsaison schnellt die Einwohnerzahl von knapp 30.000 auf über 120.000. Das schafft Probleme: für Sie, denn Sie werden Mühe haben, eine Bleibe (oder nur einen Parkplatz) zu finden, und für die Stadtregierung, die mit dem Ziel, eine lebendige und zugleich erholsame Stadt zu bieten, die Quadratur des Kreises versucht (→ Kasten „Allerlei Exzesse").

Der Badetourismus in Biarritz hat Geschichte, bzw. er hat die Geschichte von Biarritz geschrieben. Er hat dem Dorf, das noch bis ins 17. Jahrhundert kaum mehr als ein Hafen war, von dem aus ein paar Fischer auf Walfang fuhren, ein städtisches Gesicht verpasst. *Napoleon I.* gehörte zu den frühen Badegästen von Biarritz, und auch der Schriftsteller Victor Hugo suchte die „Küste der Verrückten" auf, wie die Grande Plage damals aus unerfindlichen Gründen hieß. Vielleicht glaubte man, dass verrückt sein muss, wer an den Wellen von Biarritz Vergnügen findet – das Surfbrett war schließlich noch nicht erfunden. Vor allem aber kam der Adel aus dem nahen Spanien, darunter auch die Gräfin von Montijo mit ihren zwei Töchterchen, von denen eines Eugénie hieß.

Selbige Eugénie tauchte am 21. Juli 1854 als Kaiserin von Frankreich wieder in Biarritz auf und flüsterte dabei ihrem Gemahl *Napoleon III.* ins kaiserliche Ohr, dass hier der ideale Ort für eine Sommerfrische wäre. Vielleicht hat sie von glücklichen Kindheitserinnerungen getuschelt, vielleicht mit den klimatischen Bedingungen argumentiert, vielleicht mit ihrem spanischen Blut. Napoleon III. jedenfalls beschloss unverzüglich, die *Villa Eugénie* (nach einem Brand 1903 steht heute an ihrer Stelle das *Hôtel du Palais*) zu errichten. Der Kaiser trieb zur Eile, und Anfang 1856 war der Palast bezugsfertig. Das Volk jubelte, als das kaiserliche Paar eintraf, zumal Eugénie mit einem Knäblein hochschwanger ging, das als Kaiser Napoleon IV. hätte ihn die Geschichte eingehen sollen – bekanntlich wollte die Geschichte aber nicht.

Mit dem kaiserlichen Sommerdomizil war ein leuchtendes Beispiel gegeben, bald entdeckten Blut- und Geldadelige aus ganz Europa Biarritz. Hatte der Ort bei des Kaisers ersten Ankunft rund 2500 Einwohner, waren es 1876 bereits über 5500, und um die Jahrhundertwende setzte ein regelrechter Bauboom ein. Die meisten alten Villen in der Stadt stammen aus dieser Zeit, ebenso die *russisch-orthodoxe Kirche* (hinter dem Hôtel du Palais) mit ihren zwei blauen Kuppeln und die dreischiffige *anglikanische Kirche* (heute Sitz des Musée du Vieux Biarritz) in der Nähe des Marktes.

Trotz einiger hässlicher Neubauten hat Biarritz noch viel von seinem Charme der Belle Epoque bewahren können. Der Spaziergang über das Felsplateau *Atalaye* (heute mit gleichnamigem Hotel) zum Fischerhafen und zum *Rocher de la Vierge* ist einfach großartig. Nachts sorgen starke Scheinwerfer für eine effektvolle Beleuchtung der umbrandeten Felsen im Ozean und der Prachtpaläste an der Grande Plage – für Romantiker ein Muss.

Allerlei Exzesse

„Von den vielen Problemen, die eine touristische Saison mit sich bringt, haben mir dieses Jahr vor allem die öffentliche Ordnung, die Nachtruhestörung und das wilde Parken Sorgen bereitet, kurz gesagt: allerlei Exzesse, die zeigen, dass eine kleine Minderheit es an Respekt gegenüber der großen Mehrheit mangeln lässt ...

Wie soll man die Unordnung der Gruppen ertragen, die an der Grande-Plage literweise Alkohol konsumieren, Familien, vor allem Frauen und Kinder bei ihren Spaziergängen stören und den Strand als Campingplatz in Anspruch nehmen, um ihn am Morgen darauf in einem wahrhaft dreckigen Zustand zu hinterlassen ...

Ebenso ist auch das Verhalten von bestimmten Nachtlokalen schwer zu akzeptieren, die sich nicht um ihre Nachbarn scheren und Bewohnern wie Gästen, die bei uns ihren Urlaub verbringen, die Ruhe rauben ...

Wir werden eine Kampagne gegen den Lärm starten: mit Information, Erziehung, Repression ... Wir wollen, dass Biarritz in den Augen aller wieder eine Stadt wird, die gleichzeitig lebhaft und ruhig ist."

Der Bürgermeister im Editorial eines Gratis-Magazins der Stadt. (Übers. v. Verf.)

Information/Verbindungen

• *Postleitzahl* 64200

• *Information* **Office de Tourisme et des Congrès**, Square d'Ixelles – Javalquinto. Erwarten Sie nicht allzu viel. Informationen über Festivals und Sportveranstaltungen sowie eine Hotelliste. Internetanschluss (mit Karte). Juli/Aug. tägl. 8–20 Uhr. Sept. bis Juni Mo–Sa 9–18 Uhr, So 10–17 Uhr. ✆ 05.59.22.37.00, 05.59.24.14.19, biarritz.tourisme@biarritz.fr, www.biarritz.fr.

Mitte Juni bis Mitte Sept. auch Info-Stelle am **Bahnhof La Négresse**.

• *Verbindung* **Flug**: Mit Air France tägl. mehrmals nach Paris, Lyon und Clermont-Ferrand, mit Ryanair tägl. nach London.

An der Nive in Bayonne (TdA) ▲▲
Volksfest im baskischen Aramits (MXS) ▲

▴▴ Warten auf das ... (FM)
▴ ... museumsreife Bähnchen zum Gipfel von La Rhune (FM)

Auf der Aussichtsplattform von La Rhune (FM) ▲▲
Badefreuden bei Ciboure (MXS) ▲

▲▲ Borce im Aspe-Tal (FM)
▲ Bei Lescun (FM)

Der **Flughafen Biarritz-Anglet-Bayonne** liegt 3 km außerhalb des Zentrums und ist mit Bus Nr. 6 (in südlicher Richtung) erreichbar. Auskünfte am Flughafen. ✆ 05.59.43.83.59, www.biarritz.aeroport.fr.

Ryanair, Flüge nach Frankfurt (Hahn). ✆ 08.92.23.23.75, wwwryanair.com.

Air France, Direktflüge u. a. nach Paris, Straßburg, Genf. ✆ 08.20.82.08.20, www.airfrance.fr.

Easyjet, seit 2008 Flüge nach Paris. www.easyjet.com.

Zug: Gute Verbindungen über Dax nach Bordeaux und über Saint-Jean-de-Luz nach Hendaye und Irún. Der **Bahnhof La Négresse** befindet sich ca. 3 km außerhalb des Zentrums und ist mit dem Bus Nr. 2 (in südlicher Richtung) erreichbar.

Busse nach Bayonne: Gute Verbindungen im Regionalverbund! Besser als die Buslinie Nr. 1 ist die Express-Linie, die mit wenig Zwischenhalten über die schnelle Avenue du B.A.B. (Bayonne-Anglet-Biarritz) ins Zentrum von Bayonne fährt. Ein Fahrplan des lokalen Busnetzes liegt im Office de Tourisme aus.

Busse zum Strand von Anglet: Mit dem Bus Nr. 6 in Richtung Norden. In der Hauptsaison verstärkt ein spezieller Strand-Pendelbus den Service.

Diverses

- *Autoverleih* **Avis**, 18, allée du Moura. ✆ 05.59.23.28.68.

Europcar, 23, av. du Maréchal Juin. ✆ 05.59.41.52.52.

Beide sind auch am Flughafen vertreten, dort konkurrierend mit **Budget**, **Hertz** und **Citer**.

- *Parken* Abschleppen ist teuer, die Bußgelder sind saftig – die paar teuren Parkhäuser sind also die billigste Lösung.
- *Fahrräder/Mofas* **Sobilo**, 24, rue Peyroloubilh, einige Mountainbikes, v. a. aber Mofas und Motorräder bis zu 650 ccm. ✆ 05.59.24.94.47.
- *Wellenreiten* Bretterverleih am Südende der Grande Plage.
- *Tauchen* **Le B.A.B. Subaquatique**, am Ende des Fischerhafens, verschiedene Angebote. ✆ 05.59.24.80.40.
- *Feste* Internationales Festival des lateinamerikanischen Films und der lateinamerikanischen Kultur, alljährlich in der 2. Septemberhälfte. Früher ein reines Filmfestival, seit 1992 auch andere kulturelle Sparten wie Literatur und Musik.
- *Pelote* Diverse Frontons in der Stadt. Informationen über Wettkämpfe am besten der Tageszeitung Sud-Ouest entnehmen.
- *Pferderennen* Im **Hippodrome des Fleurs** im Süden der Stadt (Richtung Bahnhof La Négresse). In der Hochsaison werden zahlreiche Rennen ausgetragen, auch abends.
- *Waschsalon* **Le Lavoir**, 4, rue Jaulerry (gegenüber der Hauptpost), tägl. 7–22 Uhr. Weitere Möglichkeiten: 94, av. de Verdun (ziemlich weit draußen) und 11, av. de la Marne (Nähe Hôtel du Palais).

Übernachten (→ Karte S. 291)

Fast 60 Hotels zählt Biarritz, über ein Dutzend allein im Hafenviertel (Fußgängerzone). Trotzdem ist es auch außerhalb der Hauptsaison oft nicht einfach, eine preiswerte Bleibe zu finden.

- *Hotels* **** **Du Palais**. Der Belle-Epoque-Bau, der an der Stelle der 1903 abgebrannten kaiserlichen Villa steht, verzeichnet in seinem Goldenen Buch eine illustre Gästeschar. Sarah Bernhardt, Charlie Chaplin, Hemingway, Gary Cooper, Frank Sinatra, Jane Mansfield – sie alle konnten sich's leisten. Tucholsky fand, es sei eine Nummer zu groß für ihn. Großes, beheiztes Schwimmbecken hoch über dem Meer, von außen nicht einsehbar. DZ 370–550 €. 1, av. de l'Impératrice. ✆ 05.59.41.64.00, 05.59.41.67.99, www.hotel-du-palais.com.

*** **Maison Garnier (10)**. Das ehemalige „Berthouet" hat innen komplett renoviert. Einzig die alte Holztreppe erinnert noch an die früheren Zustände. 7 komfortable DZ 95–135 €, je nach Größe. 29, rue Gambetta. ✆ 05.59.01.60.70, 05.59.01.60.80, www.hotel-biarritz.com.

** **La Maison du Lierre (11).** charmanter, sehr gepflegter Familienbetrieb in einem hübschen Haus mit Vorgarten. Einige Zimmer waren 2007 renoviert, wobei die alten Holzböden erhalten blieben, die anderen werden 2008 einer Überarbeitung unterzogen. Nur Nichtraucherzimmer, verschiedene Größe und verschiedene Aussichten. DZ 56–129 €. Feb. geschlossen. 3, av. du Jardin Public. ✆ 05.59.24.06.00, ✆ 05.59.24.87.26, www.maisondulierre.com.

** **D'Anjou (6)**. Das Hotel – so rosé wie eine Flasche Rosé d'Anjou – hat einen ganz großen Vorteil: eigener Parkplatz! DZ je nach Saison 43–80 €, alle Zimmer mit Dusche/WC. 18, rue Gambetta. ✆ 05.59.24.00.93, ✆ 05.59.22.24.51, www.hotel-anjou.fr.

** **Roses Trianon (5)**. Bescheidene, aber gepflegte Zimmer, alle mit Dusche oder Bad/WC. In der Hauptsaison wird auf Halbpension Wert gelegt. DZ 50–77 €. 5, perspective de la Côte des Basques. ✆ 05.59.24.00.23, ✆ 05.59.22.29.46, www.rosestrianon-biarritz.com.

** **Centre-Biarritz (13)**. Renovierte, kleine Komfortzimmer in zentraler und trotzdem ruhiger Lage. Freundlicher Empfang. DZ 59–75 €. 7, rue de Gascogne. ✆ 05.59.24.36.42, ✆ 05.59.22.36.54, www.hotel-centre biarritz.com.

** **Argi Eder (7).** Gepflegte Zimmer mit Dusche in ruhiger Lage, 200 Meter ins Zentrum. Freundlicher Wirt, der als Kommunalpolitiker Biarritz hervorragend kennt. Gutes Preis-Leistungs-Verhältnis – kurzum: sympathisch. Weihnachten bis Mitte Jan. geschlossen. 13, rue Peyroloubilh. DZ 45–65 €. ✆ 05.59.24.22.53, ✆ 05.59.24.89.10, www.hotel-argieder.fr.

* **Palym (3)**. Nicht ein Hotel mit Restaurant, sondern ein Bistro, das nebenbei bescheiden hergerichtete Zimmer vermietet. Zentrale Lage ohne Nachtruhe-Garantie. 7, rue du Port-Vieux. DZ 35–50 €, die billigeren mit Etagendusche. ✆ 05.59.24.16.56, 05.59.24.96.12, www.le-palmarium.com.

• *Jugendherberge* am Lac de Mouriscot in der Nähe des Bahnhofs. Nachdem die Jugendherberge von Anglet (→ dort) der Nachfrage nicht mehr genügen konnte, eröffnete der dortige Patron 1998 in Biarritz ein zweites Haus (das seither ebenfalls schnell ausgebucht ist). DZ und 4-Bett-Zimmer, alle mit Dusche/WC. Etwas komfortabler als die Einrichtung in Anglet, allerdings etwas weniger lebendig und weit weg vom Strand. Von Biarritz aus Bus Nr. 2 zum Bahnhof „La Négresse" oder Nr. 9, Haltestelle „Bois de Boulogne". Übernachtung mit Frühstück ab 21 € €/Person. Rezeption 8.30–12.30 und 18–22 Uhr, außerhalb der Saison wird der Schalter morgens und abends eine Stunde früher geschlossen. Im Juli/Aug. Reservierung dringend empfohlen. Weihnachten bis Neujahr geschlossen. 8, rue Chiquito de Cambo. ✆ 05.59.41.76.00, ✆ 05.59.41.76.07, www.fuaj.org (dort sich durchklicken).

• *Camping* *** **Biarritz**, 28, rue d'Harcet, ca. 200 Stellplätze, aber wenig Schatten. Ordentliche Sanitäranlagen, Lebensmittelgeschäft und Snackbar. Heiße Duschen. Ca. 700 m zu den Stränden „Mylady" und „Marbella". Vom Zentrum mit Bus Nr. 9 bis Haltestelle „Cristobal". Geöffnet Mitte Mai bis Mitte Sept. ✆ 05.59.23.00.12, ✆ 05.59.43.74.67, www.biarritz-camping.fr.

Weiterer Platz → Anglet. Der dortige Campingplatz ist ebenso nah am Stadtzentrum von Biarritz, ebenso einfach mit dem Bus zu erreichen und verfügt über einen schöneren Strand in der Nähe.

Essen/Trinken

• *Restaurants* **Le Clos Basque (12)**. Kleines, gepflegtes Gourmet-Restaurant, im Sommer wird im wunderschönen, von einem mächtigen Kastanienbaum beschatteten Vorgärtchen serviert. Béatrice Viateau empfahl uns Ententartar an Sesamsauce, auf „Tintenpolenta" gebettete, gegrillte Garnelen, einen Meeresfrüchte-Blesotto ... Aber was nützt die Aufzählung, wenn die erfindungsreiche Köchin ohnehin alle halbe Jahre die Karte wechselt? Sonntagabend, Mo und 2. Februarhälfte geschlossen. 12, rue Louis Barthou. ✆ 05.59.22.34.46.

Chez Albert (2), am Fischerhafen. Beliebtes Fischlokal in idyllischer Lage mit riesiger Auswahl. Mi Ruhetag (außer Juli/Aug.), Januar geschlossen. Port des Pêcheurs. ✆ 05.59.24.43.84.

Bistrot Ahizpak (14). Nennt sich „Bistrot gourmand", doch die Preise für Schnecken und Schweinsbacken sind zivil. Klassisch französische Küche in gepflegtem, leicht gestyltem Interieur. Sonntagabend und Di geschlossen. 13, av. de Verdun. ✆ 05.59.22.09.26.

Al Dente (8), mit kleiner Terrasse zur Straße, gepflegtes Ambiente. Nomen ist

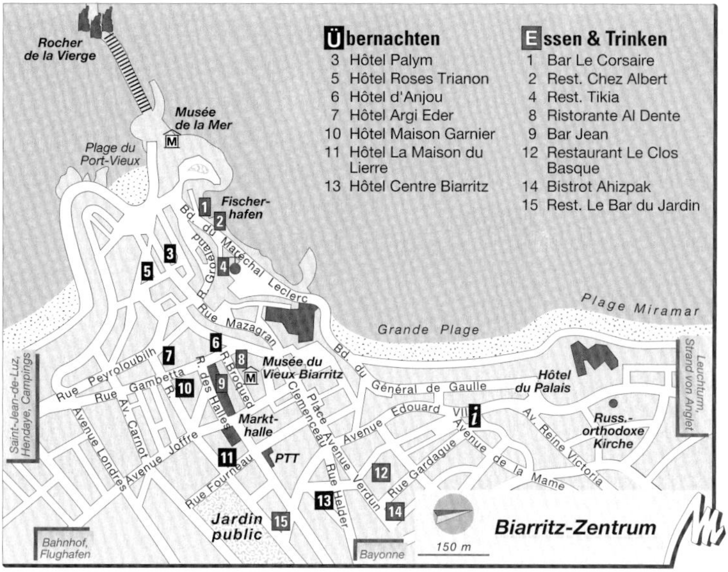

Omen: Italienische Küche, hausgemachte Pasta und Bruschette. Di/Mi geschlossen. 13, rue Gambetta. ✆ 05.59.22.54.66.

Tikia (4). In erster Linie Fischküche, berühmt ist das Lokal aber auch für seine Riesenspieße (Fisch, Fleisch und Geflügel), die über der Sauce hängend serviert werden. Großes Salatangebot in großen und kleinen Portionen. 1, pl. Ste-Eugènie. ✆ 05.59.24.46.09.

Le Bar du Jardin (15), mit großer Terrasse zur Straße. Klassisch französische Küche, Gemüse und Salate sind marktfrisch. Sowohl innen als auch außen gut besucht. So und Mo jeweils abends geschlossen. 26, av. Maréchal Foch. ✆ 05.59.24.01.97.

Bar Jean (9). Kleine spanische Gerichte, Austern, Tapas. Junges Publikum, angenehme Atmosphäre. Abends meist brechend voll. 5, rue des Halles. ✆ 05.59.24.80.38.

Bar Le Corsaire (1), am Fischerhafen. Kleine Fisch-Leckerbissen und Tapas. Port des Pêcheurs. ✆ 05.59.24.63.72.

Sehenswertes

Rocher de la Vierge: Vom Fischerhafen führt ein kurzer Spaziergang zum größten Felsbrocken vor Biarritz. Eine eiserne Passerelle führt zum Panorama-Punkt – mit Sicht bis nach Saint-Jean-de-Luz (auch ohne die bereitgestellten Teleskope) und Blick auf die berühmte Küste von Biarritz – eine fotogene Szenerie, am aufregendsten, wenn das aufgebrachte Meer gegen den Felsen peitscht. Gelegentlich bekommt sogar die Marienstatue nasse Füße, spätestens dann wird die Passerelle gesperrt. Im Süden steht kühn über dem Abgrund die *Villa Belza.*

Leuchtturm: Ein beliebtes Ziel für Abendspaziergänger. Der Turm hat sehr reduzierte Öffnungszeiten, aber von der Terrasse aus ist der Blick über die Küste von Biarritz ebenso schön.

⌚ April bis Juni Sa/So 14–18 Uhr. Juli/Aug. Di–So 10–12.30/14.30–19 Uhr. Eintritt 1,60 €.

Die russisch-orthodoxe Kirche von Biarritz (19. Jh.)

Unter dem Leuchtturm liegt eine recht geheimnisvolle Grotte, seit 1985 ist der Zugang verriegelt. Obwohl seit Anfang des 19. Jahrhunderts immer wieder Wissenschaftler hier zugange waren, blieb sie der Öffentlichkeit nahezu unbekannt; 1998 entdeckte ein Archäologenteam einen Saal mit Spuren von Feuer, Töpfen und Knochenresten. Das Gelage wird auf 1000 Jahre v. Chr. datiert.

Musée de la Mer: Der vom Art-Déco-Stil beeinflusste Bau beherbergt neben ausgestopfter auch lebendige Fauna. Im Untergeschoss schwimmen in den Aquarien rund 50 verschiedene Fischarten: Ein über zwei Meter langer Meeraal schlängelt sich aus dem Gestein, eine langschwänzige, fledermausartige Roche mit Flossen zieht ihre Runden. Im Erdgeschoss sind Delphinskelette ausgestellt, ein etwa drei Meter langer Walfisch-Schädel schwebt im Raum – Strandgut der Küste von Biarritz.
Kinder stehen begeistert vor dem großen Robbenbassin: Die eleganten Schwimmer lassen sich sowohl von oben als auch durch den Glasboden von unten beobachten. Keine Importware: die Tiere strandeten ebenfalls an der aquitanischen Küste.
Die ornithologische Abteilung erinnert dann wieder daran, dass man sich in einem Museum befindet: Allerhand ausgestopftes Gefieder starrt aus den Vitrinen.

⌚ April/Mai und Okt. tägl. 9.30–12.30/14–18 Uhr. Juni und Sept. tägl. 9.30–19 Uhr. Juli/Aug. tägl. 9.30–24 Uhr. Nov. bis März (2. und 3. Januarwoche geschl.) Di–So 9.30–12.30/14–18 Uhr. **Robbenfütterung** 10.30 + 17 Uhr. Eintritt 7,50 €, Kinder 4–16 Jahre 4,80 €.

Musée Historique de Biarritz: Das in einer ehemaligen englischen Kirche untergebrachte historische Museum ist ganz und gar dem goldenen Zeitalter der Stadt gewidmet, als noch Aristokratinnen mit mehrfach bereiften Röcken ihre Zehenspitzen zum Bad ausstreckten. Fotografierte und gemalte Porträts illustrer Gäste von den diversen europäischen Höfen, Sonnenschirme und Fächer sind ausgestellt. Im Maßstab 1:43 können Sie den Zug bewundern, mit dem Napoleon III. und Eugénie nach Biarritz zu reisen pflegten – ein Luxushotel auf Rädern mit Salon, Antichambres, Badezimmer und einem Wagen für die Dienerschaft. Eine mit Graffitis bedeckte Cheminée-Platte an der Wand kontrastiert brutal mit den Erinnerungsstücken an das fröhliche Treiben einer sorglosen High Society: Die eingeritzten Daten stammen von Inhaftierten des in der englischen Kirche eingerichteten Gestapo-Gefängnisses von Biarritz.

Ⓞ Juli/Aug. Di–So 10–18 Uhr. Sept. bis Juni Di–Sa 10–12.30 und 14–18.30 Uhr. Eintritt 3 €.

Baden

Wer ein ozeanisches Bad nehmen möchte, ohne das Risiko einzugehen, von einem Brett überfahren zu werden, verzieht sich von der Grande Plage (→ „Auf Wellen reiten") an die *Plage Miramar* (nördlich des Hôtel du Palais) oder noch besser an den großen *Strand von Anglet* (Bus Nr. 6). Einige Möglichkeiten bieten sich auch im Süden: Noch in Citynähe liegt die stets proppenvolle *Plage du Port-Vieux* (eine klitzekleine Sandbucht), etwas entfernter die *Plage Marbella* (hinter dem thalassotherapeutischen Zentrum) und die *Plage Mylady* (großer Parkplatz). Die beiden zuletzt erwähnten sind mit Bus Nr. 9 (in der Hochsaison auch mit dem Strand-Pendelbus) zu erreichen.

Auf Wellen reiten

Biarritz ist die Geburtsstadt des Wellenreitens in Europa und einer der Austragungsorte der Weltmeisterschaften. 1957 stießen die beiden Biarritzer Henri Etchepare und Michel Barland in einem Schmöker über Hawaii auf die neue Sportart. Der amerikanische Drehbuchautor Peter Viertel (*The Sun also Rises*) brachte ihnen ein Modellbrett aus Honolulu mit, und bald hatten die beiden Pioniere ihre erste Sperrholzkonstruktion gezimmert. Zwei Jahre arbeiteten sie an der Entwicklung eines geeigneten Bretts, experimentierten mit Formen und Materialien, bis die Fabrik von Barlands Vater die ersten Surfbretter auf den Markt brachte. 1959 wurde der *Waikiki-Club*, Europas erste Surfer-Organisation, gegründet.

Heute ist die Grande Plage von Biarritz im Sommer ein Treffpunkt der Wellenreiter aus aller Herren Länder. „Hier geht die Show ab. An guten Tagen ist die Welle so voll mit Surfern wie Frankfurt in der Rushhour mit Autos. Kein Platz für Anfänger, die werden hier brutal über den Haufen genagelt. Schließlich geht es darum, den Beachgirls eine perfekte Vorführung zu bieten", schrieb vor Jahren ein Journalist und traf damit den Nagel ziemlich auf den Kopf.

Biarritz/Umgebung

▶ **Bidart** *(Bidarte)*: Das Dorf ist praktisch zu einem Villenvorort von Biarritz geworden. Mit rund einem Dutzend Campingplätzen und ebenso vielen

Hotels ist Bidart für Selbstfahrer eine mögliche Alternative, wenn Biarritz gerammelt voll ist. Wer auf öffentliche Verkehrsmittel angewiesen ist, ist in Anglet oder Bayonne besser aufgehoben.

Im Norden findet sich die etwas steinige *Plage d'Ibarrix*, mit den paar Felsbrocken im Meer eine ärmlichere Ausgabe der Grande Plage von Biarritz. Weniger Wellengang herrscht an der *Plage de Parlementia*, einem 2 km langen Sandstrand zwischen Bidart und Guéthary (großer Parkplatz).

Information **Office de Tourisme**, rue Erretegia. Juli/Aug. Mo–Sa 9–10 Uhr, So 9–12 Uhr; Sept. bis Juni Mo–Fr 9–12.30 und 14–17 Uhr. ✆ 05.59.54.93.85, 📠 05.59.54.70.51, bidarttourisme@wanadoo.fr, www.bidarttourisme.com.

▸ **Guéthary** *(Getaria)*: Wie in Bidart befindet sich das Ortszentrum etwas landeinwärts. Einige Residenzhotels und Ferienhäuser liegen hübsch im Grünen versteckt. Das schönste an Guéthary ist der romantische, klitzekleine Fischerhafen. In früheren Zeiten stachen hier harpunenbewehrte Walfischjäger in See, heute sind es kleine Fischerboote, die ihre Netze ausfahren. Westlich des Orts liegt die *Plage de Cénitz*. Flache Klippen und grober Sand herrschen vor, die Qualität des Strandes ist stark von den Gezeiten abhängig.

• *Information* **Office de Tourisme**, 74, rue du Comte de Swiecinski. Sommer Mo–Sa 9–12.30/14–18.30 Uhr. Winter Mo–Fr 9–12.30/14–17.30 Uhr, Sa 9–12.30 Uhr. ✆ 05.59.26.56.60, 📠 05.59.54.92.67, office@guethary-france.com, www.guethary-france.com.

• *Verbindung* **Bahn**: Guéthary liegt an der Strecke Hendaye–Biarritz–Bayonne. Die meisten Züge rasen zwar an dem kleinen Ort vorbei, etwa vier pro Tag in beide Richtungen halten aber noch immer am kleinen Bahnhof.

Saint-Jean-de-Luz (Donibane-Lohitzun)

Einst ein Seeräubernest, im 17. Jahrhundert Schauplatz der von Diplomaten eingefädelten Hochzeit Ludwig XIV. mit der spanischen Infantin, ist Saint-Jean-de-Luz heute Frankreichs größter Thunfischhafen und vielleicht der schönste Badeort an der baskischen Küste.

Die Kleinstadt an der Nivelle-Mündung hat Charme. Keine Prachtbauten wie in Biarritz erwarten den Besucher und auch keine hässlichen Betonklötze, dafür eine malerische Altstadt mit einigen mittelalterlichen Bauwerken und zahlreichen schmucken Baskenhäusern sowie ein lebendiger Fischerhafen.

Der Ozean ist rau, und die Deiche am Eingang der Bucht von Saint-Jean-de-Luz reichen für die Sicherheit der Stadtbewohner nicht aus. Für besseren Schutz sorgt ein zusätzlicher Damm, von dem aus hübsche Passerellen über die *Promenade Jacques Thibaud* direkt zu den Hauseingängen führen – eine äußerst fotogene Lösung des Sicherheitsproblems.

Doch auch dieser Damm war den Gewalten des Atlantiks nicht immer gewachsen, und so wurde ein mehrjähriges Sanierungsprogramm erarbeitet. In einem ersten Schritt wurden 1992 an der Seite zum Meer große Betonplatten in den Sand eingelassen. Man hofft, dass diese sogenannten *Berlinoises* länger Bestand haben als ihr Berliner Vorbild. Zur Erhaltung des Stadtstrands dahinter werden jährlich 4 500 Tonnen Sand aus der Gegend von Capbreton angekarrt.

Über die Brücke in die Stube – an der Promenade Thibaud

Im Schutz dieses Deichs liegt an der Nivelle-Mündung der Hafen von Saint-Jean-de-Luz – Frankreichs größter Umschlagplatz für Thunfische. Mit jedem Kutter, der einläuft, strömen am Pier Einheimische und Urlauber zusammen, die einen, um die Fischer zu empfangen, die anderen in der Hoffnung auf ein malerisches Fotomotiv.

Baden: Der beste Strand ist der nächste – direkt hinter der Promenade Jacques Tibaud. Langgezogener feiner Sandstrand, Duschen. Allein ist man bestimmt nicht.

Information/Verbindungen

• *Postleitzahl* 64500

• *Information* **Office de Tourisme**, 20, bd Victor Hugo. Auskünfte und Prospekte. April bis Juni und Sept. Mo–Sa 9–12.30 und 14–19 Uhr, So 10–13 Uhr. Juli/Aug. Mo–Sa 9–19.30 Uhr, So 10–13 und 15–19 Uhr. Okt. bis März Mo–Sa 9–12.30 und 14.30–18.30 Uhr. ✆ 05.59.26.03.16, 📠 05.59.26.21.47, infos.tourisme@saint-jean-de-luz.com, www.saint-jean-de-luz.com.

• *Verbindung* **Zug**: Gute Verbindungen über Bayonne, Dax nach Bordeaux sowie zur Grenzstadt Hendaye.

Diverses

• *Autoverleih* **Avis**, am Bahnhof, ✆ 08.20.05.05.05.
ADA, am Bahnhof, ✆ 05.59.26.26.22.

• *Schiffsausflüge* Am Hafen wartet die **Nivelle III** auf Kundschaft. Diverse Ausflüge von der ½-Stunden-Rundfahrt in der Bucht bis zum knapp 4-stündigen Fischerausflug (8–11.45 Uhr, Reservierung bis spätestens Vorabend) – die nötige Ausrüstung wird bereitgestellt. ✆ 06.09.73.61.81.

• *Fahrradverleih* **Fun'Bike 64**, am Bahnhof. Klassische Räder, Mountainbikes, Mofas. ✆ 05.59.26.75.76.

• *Markt* Di und Fr, in der Markthalle und rund um diese herum.

• *Folklore* In der Hauptsaison finden an den Wochenenden baskische Folklore-Abende im **Théâtre de la Nature** statt. Auch der **Jaï Alaï** und die **Place Louis XIV** sind im Sommer gelegentlich Örtlichkeiten folkloristischer Veranstaltungen.

• *Pelote* Im Jaï Alaï und dem Fronton Municipal werden in der Saison fast täglich Matchs ausgetragen; anschließend meist Folklore-Darbietungen. Auskunft beim Office de Tourisme.

• *Waschsalon* **Laverie du Port**, 5, pl. du Maréchal Foch.

Eine Alternative findet sich im Nachbarort Ciboure, direkt am Hafen (tägl. 7–21 Uhr).

Übernachten

• *Hotels* *** **De la Plage (2)**. Komfortable Baskenvilla in unmittelbarer Strandnähe. Mit Restaurant. Hoteleigener Parkplatz. 75–125 €. Geöffnet April bis Mitte Nov. 33, rue Garat. ✆ 05.59.51.03.44, 📠 05.59.51.03.48, www.hoteldelaplage.com.

** **Ohartzia (1)**. Helle, modern eingerichtete, aber kleine Zimmer mit Dusche/WC/TV in baskischem Haus, eine Minute zum Stadtstrand. DZ 60–85 €. 28, rue Garat. ✆ 05.59.26.00.06, 📠 05.59.26.74.75, www.hotel-ohartzia.com.

** **De Paris (8)**, gegenüber dem Bahnhof. Mehr als eine Wendeltreppe und ein Lift haben im schmalen Haus kaum Platz. Ältliche, aber erträgliche Zimmer, alle mit Dusche/WC, die teureren sogar mit Bad, die lauteren zur Straßenseite. DZ 50–77 €. 1, bd du Commandant Passicot. ✆ 05.59.85.20.20, 📠 05.59.85.20.25, www.hoteldeparis-stjeandeluz.fr.

De Verdun (9) (keine Klassifizierung), gegenüber vom Bahnhof. Einziges Billighotel der Stadt. Die Fassade ist ziemlich heruntergekommen, aber die Zimmer sind ordentlich. DZ 28–55 €, die billigeren mit Etagendusche. 13, av. de Verdun. ✆ 05.59.26.02.55, www.hotel-leverdun.com.

Camping

Die drei nachgenannten Plätze liegen alle im Ortsteil Erromardie: Saint-Jean-de-Luz in Richtung Biarritz verlassen, knapp nach dem Ortsschild links den blauen Hinweistafeln folgen. Der Strand von Erromardie – Sand mit vereinzelten Felsen im Wasser – ist nur bei Flut attraktiv. Einige bescheidenere Campings (meist 2 Sterne) finden sich weiter nördlich im Ortsteil Acotz, am Küstensträßchen nach Guéthary.

• *Camping* **** **International d'Erromardie**. 200 nummerierte Stellplätze, viele Wohnwagen am Strand. Restaurant, Bar, Lebensmittelgeschäft. Tenniscourt und Pingpong-Tisch, Swimmingpool. Direkt am Strand. Geöffnet Mitte April bis Sept. Plage Erromardie. ✆ 05.59.26.07.74, 📠 05.59.51.12.11.

*** **Bord de Mer**. Gegenüber dem vorgenannten und kleiner als dieser. Knapp 80 Stellplätze, Wenig Schatten. Geöffnet März bis Okt. Quartier Erromardie. ✆/📠 05.59.26.24.61.

*** **Iratzia**. Vorwiegend Wohnmobile und Bungalows, wenig Zelte. Zwei Asphaltsträßchen teilen die 280 Stellplätze des rechtwinkligen Terrains in drei Bahnen auf. Kein Tenniscourt, dafür aber ein Fronton auf dem Gelände. Ca. 250 m zum Strand. Geöffnet Mitte Mai bis Sept. Chemin d'Erromardie. ✆ 05.59.26.14.89, 📠 05.59.26.69.69.

Essen

• *Restaurants* **Txalupa (7)**, am Fischerhafen. Zu zweit machen Sie sich an eine doppelstöckige Meeresfrüchteplatte, die mit einem ein Hummer obendrauf noch teurer wird. Fischmenus. Place des Corsaires. ✆ 05.59.51.85.52.

L'Artha (4). „Eines der wenigen Restaurants mit Meerblick – dafür ohne Terrasse; für nicht so warme Tage ideal. Schlichtes, aber geschmackvolles Interieur. Die Speisekarte wird von baskischen Gerichten bestimmt – Essen ohne Chichi, aber sehr lecker und zu moderaten Preisen" (Leserbrief). Auch wir haben das schöne Restaurant in dem alten baskischen Haus besucht – stimmt alles. Außerhalb der Saison Mo/Di Ruhetag. 28, rue de la République. ✆ 05.59.26.94.26.

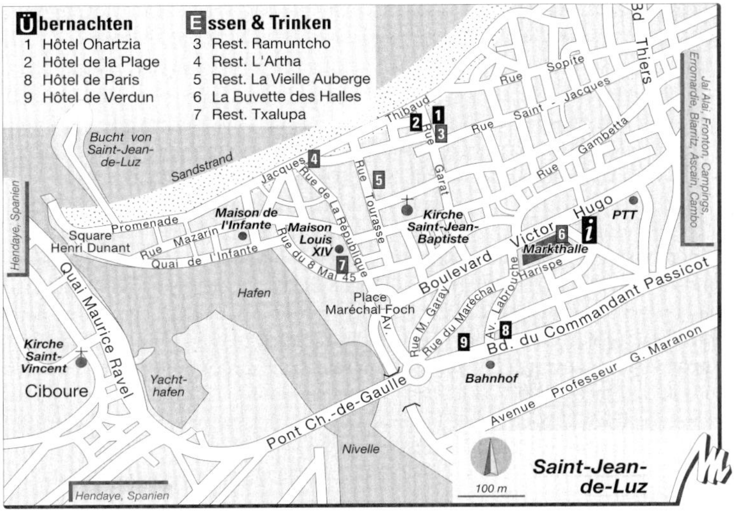

Ramuntcho (3). Meeres- und Landesküche zu moderaten Preisen, A la carte können Sie mit einer schmackhaften Ttoro (Fischsuppe) einsteigen. Außerhalb der Saison Mo geschlossen, ebenso von Mitte Nov. bis Jan. 24, rue Garat. ✆ 05.59.26.03.89.

La Vieille Auberge (5). Preiswertes Altstadtlokal mit großem Speisesaal und ein paar Tischen auf dem Gehsteig, letztere besser schon mittags reservieren. 22, rue Tourasse. ✆ 05.59.26.19.61.

La Buvette de la Halle (6), direkt an der Nordseite der Markthalle. Die ganz und gar unprätentiöse Art, Fisch und Meerestiere zu essen. Fischsuppe, Muscheln und gegrillte Sardinen werden direkt aus der Markthalle serviert. Das populäre „Restaurant" hat nur Straßenbetischung, bei schlechtem Wetter läuft also nichts. Boulevard Victor Hugo.

Sehenswertes

Kirche Saint-Jean-Baptiste: Ihre Vorgängerin wurde in den Religionskriegen zerstört. Der heutige Bau stammt aus der zweiten Hälfte des 17. Jahrhunderts und war am 9. Juni 1660, als der zukünftige Sonnenkönig die spanische Infantin Maria Theresia zum Traualtar geleitete, noch nicht ganz fertiggestellt.

Die große Altarwand hat der königliche Bräutigam nicht sehen können, das Meisterwerk von unbekannter Hand ist zwischen 1665 und 1670 entstanden. Es lohnt sich, die notwendige Münze zu opfern (oder notfalls zu warten, bis jemand anderes dies tut), die die Beleuchtung einschaltet und die vergoldeten Holzstatuen voll zur Geltung bringt. Konzipiert ist die Kirche von Saint-Jean-de-Luz wie andere baskische Kirchen auch, nur ein Stück reicher ausgestattet. Seitlich ziehen sich zwei, an einigen Stellen drei Galerien an den Wänden entlang, hinten sind es gar fünf, und das typische Schifflein, das von der Decke hängt, ist nicht irgendein Schifflein, sondern ein Präsent der Kaiserin Eugénie. Es dient übrigens auch der Wetterprognose:

Zeigt der Bug zum Altar, ist Sonnenschein angesagt, zeigt er in die entgegen gesetzte Richtung, zieht Sturm auf. Verlassen Sie sich aber nicht darauf.

Maison Louis XIV: Das elegante Haus mit den Ecktürmchen wurde 1643 vom Reeder Johannis de Lohobiague gebaut und befindet sich seit über 350 Jahren in den Händen der Familie. Berühmtester Gast des Hauses war *Ludwig XIV.*, der hier 1660 einen Monat lang auf seine Hochzeit mit der spanischen Infantin vorbereitet wurde. Das Jawort gaben sich die beiden in der *Kirche Saint-Jean-Baptiste* – wohl ohne große Begeisterung, denn sie kannten sich kaum. Die Vermählung entsprang einem rein politischen Kalkül des königlichen Beraters Kardinal Mazarin, bei dem der Bräutigam nicht das geringste Mitspracherecht hatte. Sie bildete das Nachspiel zum 1659 geschlossenen *Pyrenäenvertrag*, der Spaniens politischen Abstieg besiegelte und dem französischen Absolutismus freie Bahn verschaffte. Als Sonnenkönig vernachlässigte Ludwig XIV. seine Gemahlin bald; im Schloss von Versailles musste sie mit nur elf Zimmern vorlieb nehmen, während die königliche Mätresse über 20 Gemächer belegte. Ein Teil des Hauses mit Mobiliar aus dem 17. Jahrhundert kann besichtigt werden.

⌚ Juni und Sept. 10.30–12 und 14.30–17.30 Uhr. Juli/Aug. 10.30–12.30 und 14.30–18.30 Uhr. Sonntagvormittag geschlossen. Eintritt 5 €.

Maison de l'Infante (Joanoenia): Während im oben genannten Haus *Ludwig XIV.* auf die Hochzeit vorbereitet wurde, richtete man in diesem nicht minder stattlichen Haus die 22-jährige spanische Infantin Maria Theresia für das Ereignis her. Die original knarrende Holzdiele im „Zimmer der Infantin" ist das einzige Relikt aus dieser Zeit. Wie die *Maison Louis XIV.* gehörte auch die *Maison de l'Infante* einem reichen Reeder, einem Basken namens Haraneder, was auf Deutsch so viel wie „schöne Pflaume" heißt und der biographische Schlüssel zum Gemälde mit den drei Pflaumenbäumen ist, das am Kamin im großen Salon hängt. Die Malereien an der Holzdecke wurden erst 1995 entdeckt und harren noch ihrer Ausdeutung: Tiere und Halbtiere, Menschen, Früchte, Sonne, Mond und christliche Symbole ... Vom Salon aus gelangt der Besucher in die kleine Hauskapelle, die einen einzigartigen Ausblick über den Hafen bietet.

⌚ Mitte Juni bis Mitte Okt. 11–12.30 und 14.30–18.30 Uhr, Sonntagvormittag und Montagvormittag geschlossen. Eintritt 2,50 €.

Saint-Jean-de-Luz/Umgebung

▶ **Ciboure** *(Ziburu)*: Weniger touristisch und kleiner als Saint-Jean-de-Luz, aber nicht weniger romantisch ist Ciboure am anderen Nivelle-Ufer. Malerische Baskenhäuser bestimmen das Bild der Altstadt und der Uferpromenade, die nach dem hier geborenen Bolero-Komponisten *Quai Maurice Ravel* benannt ist. Den Hügel hinauf ziehen sich großzügige Wohnquartiere, oft mit einem fürstlichen Blick auf die Bucht. Auf dem höchsten Punkt steht die *Tour Bordagain* aus dem 11. Jahrhundert, die im 14. Jahrhundert zu einer Wehrkirche ausgebaut wurde.

Versäumen Sie nicht, der **Kirche Saint-Vincent** einen Besuch abzustatten. Sie ist an ihrem oktogonalen Turm, der mit dem etwas seltsamen zweistufi-

Siesta im Hafen von Ciboure

gen Abschluss an eine Pagode erinnert, einfach zu erkennen. Die obligaten baskischen Galerien sind auf drei Etagen angelegt. Durch die kleinen Glasfenster strahlt die Nachmittagssonne auf die goldverzierten, gedrechselten Säulen der Altarwand, als hätte Meister Rembrandt persönlich seine Hand im Spiel gehabt.

Baden: Im Ortsteil *Socoa* bieten zwei kleine, flache Sandstrände gute Bademöglichkeiten; der schönere der beiden liegt im Schutz des Deichs am Eingang der Bucht, beim *Fort Socoa*, dessen runder Festungsturm weithin sichtbar ist.

▸ **Von Saint-Jean-de-Luz nach Hendaye**: Es stehen drei Verbindungsstraßen zur Verfügung: die *Autobahn* für Gehetzte, die außer dem Tachometer nichts sehen wollen, die *N 10* über Urrugne für Eilige, die Autobahngebühren sparen wollen, und die *D 912*, die über die Landspitze von Socoa zu einer Panoramafahrt der Küste entlang einlädt. Die „Corniche Basque", wie dieser felsige Küstenabschnitt genannt wird, ist überaus reizvoll, auch wenn sich keine Bademöglichkeiten auftun. Wenn es nicht gerade in Strömen gießt: Wählen Sie die dritte Möglichkeit!

An der letztgenannten Route liegt knapp vor Hendaye das **Château d'Antoine Abbadie**, ein verspieltes Schloss aus dem 19. Jahrhundert. In Stein gehauene Elefanten, Raubtiere, Sternengucker und Muscheln schmücken die Außenmauern, im Inneren werden ein großer Empfangssaal sowie ein Observatorium gezeigt. Der in Dublin geborene *Antoine d'Abbadie* – halb Ire, halb Baske – war ein überaus vielseitiger Wissenschaftler: Geograph, Kartograph, Astronom, Ethnologe, Sprachenforscher in Ägypten und Äthiopien und, nicht zuletzt, auch Baskologe. Als solcher versuchte er den geheimnisvollen Ursprüngen seines Volkes auf die Spur zu kommen.

⌚ Man kann das Schloss mit Führung (in französischer Sprache) oder ohne Führung besuchen, danach richten sich die Öffnungszeiten und Eintrittspreise.
Mit Führung Feb. bis Mai und Okt. bis Mitte Dez. Mo–Fr 10–11 Uhr. Juni bis Sept. Mo–Fr 10–18 Uhr. Eintritt ca. 7 €.
Ohne Führung Feb. bis Mai und Okt. bis Mitte Dez. Mo–Fr 14–17 Uhr. Juni bis Sept. Mo–Fr 12.30–14 Uhr, Sa 10–13 und 14–18 Uhr, So 14–18 Uhr. Eintritt 5,50 €.

Hendaye (Hendaia)

Die Stadt an der Grenze zu Spanien zeigt zwei Gesichter. An der ozeanischen Seite erstreckt sich ein fast drei Kilometer langer Sandstrand, an dem sich Hendaye-Plage mit seinem Badetourismus entwickelt hat. Über der Bucht von Chingoudy an der Mündung der Bidassoa erhebt sich Hendaye-Ville, der alte Stadtkern: klein und in Provinzialität versunken.

Unterhalb des Stadtzentrums liegt der Bahnhof von Hendaye und versprüht den grauen Charme, der Grenzstationen eigen ist. Mit der europäischen Einigung sind Zollgebäude und Geleise für wartende Güterzüge praktisch überflüssig geworden, der Grenzbahnhof wirkt heute überdimensioniert.

Die Bucht von Chingoudy, die die beiden Stadtteile trennt, ist größtenteils Vogelschutzgebiet; gut 100 Arten legen hier auf ihrem Flug in den Süden einen Zwischenstopp ein. Die Spitze der Halbinsel zwischen Bucht und Ozean wurde Anfang der 1990er Jahre zu einem modernen Ferienzentrum umgestaltet: ein großes Résidence-Hotel, die noch größere thalassotherapeutische Anlage *Serge Blanco* und ein neuer Yachthafen. Für den ruhigen Badeurlaub – mit Sicht auf die Betonburgen der spanischen Stadt Fuenterrabia – bleibt jedoch am großen Strand noch genügend Platz.

Information/Diverses

• *Postleitzahl* 64700

• *Information* **Office de Tourisme**, 67, bd de la Mer. Neben dem üblichen Infomaterial werden auch zwei Faltblätter für Wanderungen und Mountainbike-Touren ins Hinterland angeboten.
Juli/Aug. tägl. 9.30–12.30 und 14.30–19 Uhr, den Rest des Jahres etwas kürzere Öffnungszeiten und So geschlossen.
✆ 05.59.20.00.34, ℻ 05.59.20.79.17, tourisme@hendaye.com, www.hendaye.com.

• *Verbindung* **Zug**: sehr gute Verbindung nach Biarritz, Bayonne, Dax, Bordeaux und ins spanische Grenzstädtchen Irún. Am kleinen Bahnhof von Hendaye-Plage halten nur einige Bummelzüge pro Tag.
Straßenbahn nach San Sebastián: Abfahrt mit dem „EuskoTren", direkt neben dem Bahnhof von Hendaye. Die Straßenbahn bummelt im Viertelstunden-Takt mit mehreren Zwischenstopps zum spanischen Badestädtchen – eine von Spanien unterhaltene Regionallinie. Preis hin/zurück ca. 2,50 €.

• *Autoverleih* **Avis**, 95, bd du Général de Gaulle (schräg gegenüber dem Bahnhof), ✆ 05.59.20.55.02.

• *Surfen/Bootsverleih* **Centre Nautique**, Port de la Floride. Verleih von Brettern, Kayaks, Segelbooten und Katamaranen, auch Kurse. ✆ 05.59.48.06.07.

• *Tauchen* **Moby Dick** am Port de La Floride bietet Tauchkurse verschiedener Niveaus an. ✆ 05.59.20.45.33.

• *Wandern* Das Hinterland von Hendaye ist ein beliebtes Wandergebiet. Das Office de Tourisme bietet zwei Faltblätter mit Wandervorschlägen an, teils mit Abstechern über die Grenze. Eine IGN-Karte ist dennoch zu empfehlen. Für ganz Ambitio-

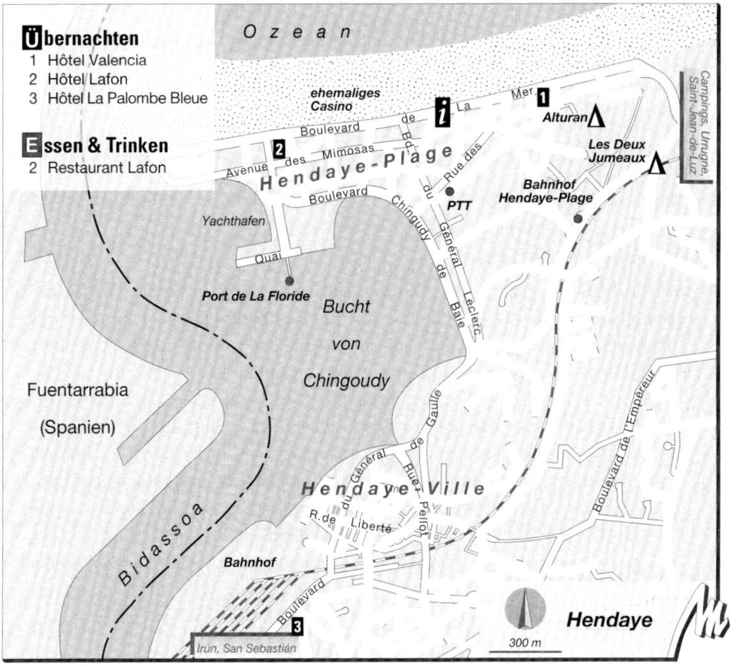

nierte: Am großen Strand von Hendaye nimmt der **GR 10** seinen Anfang, der große Pyrenäen-Wanderweg. Die Wanderung bis zum Mittelmeer dauert ungefähr zwei Monate und will gut vorbereitet sein.

Übernachten/Essen

• *Hotels* ** **Valencia (1)**. Angenehmes Strandhotel mit großer Straßenbar, bei Surfern beliebt. Vermietung von Appartements und Studios im Anbau. DZ 47–77 €, alle mit Dusche/WC. Zweite Dezemberhälfte geschlossen. 29, bd de la Mer. ✆ 05.59.20.01.62, ✆ 05.59.20.17.92, www.hotelvalencia.net.

** **Lafon (2)**. Malerisches Baskenhaus, direkt am Strand, mit großem Fischrestaurant. DZ 64 €, fast alle Zimmer mit Dusche/WC. Geöffnet April bis Okt. 99, bd de la Mer. ✆ 05.59.20.04.67, ✆ 05.59.48.06.85.

La Palombe Bleue (3) (keine Klassifizierung). Billigunterkunft in Bahnhofsnähe. Das Hotel unterhält zusätzlich eine kleine Dépendance mit einigen Zimmern in der Altstadt (Rue de la Fontaine). DZ mit Dusche/WC ca. 60 €, ohne ca. 35 €. Ganzjäh-rig geöffnet. 38, rue du Commerce. ✆ 05.59.20.43.80.

• *Camping* *** **Eskualduna**, an der Route de la Corniche, weit außerhalb von Hendaye-Plage, am Schild mit der Baskenflagge zu erkennen. Sehr schattig, 330 Stellplätze. Fronton. 2 km zum Ostende des großen Strands; eine Alternative bietet die bei Nacktbadern beliebte kleine Badebucht von Loya, 15 Min. zu Fuß. Geöffnet Mai bis Okt. Route de la Corniche. ✆ 05.59.20.04.64, ✆ 05.59.20.69.28, www.camping-eskualduna.fr.

*** **De la Corniche**, an der Route de la Corniche. Knapp hinter dem Camping Euskalduna gelegen. 270 Stellplätze, viel Schatten und sehr gute Infrastruktur. Geöffnet Mitte Juni bis Mitte Sept. Quartier Haicabia, 64122 Urrugne. ✆/✆ 05.59.20.06.87, www.camping-corniche.com.

*** **Alturan**, an der Route de la Corniche. Strandnahes, riesiges Gelände, im Sommer trotzdem proppenvoll. Vor allem bei Wohnmobilisten beliebt. 300 exakt eingeteilte Stellplätze, zur Meerseite hin terrassiert. Geöffnet Juni bis Sept. Rue de la Côte. ✆ 05.59.20.04.55, www.camping-alturan.com.

** **Les Deux Jumeaux**, an der Route de la Corniche, zwischen Eisenbahnlinie und Küstenstraße. Bescheidenes, auf drei Terrassen angelegtes Terrain. 70 Stellplätze. Wenig Schatten. 400 m zum großen Strand. Geöffnet Juni bis 1. Septemberwoche. ✆/℻ 05.59.20.01.65, www.camping-des-2jumeaux.com.

• *Restaurant* **Lafon (2)**, im gleichnamigen Hotel (→ oben). Ausgezeichnete Fischküche. Menus, die teureren mit Austern und Langusten. Geöffnet März bis Okt., Mo Ruhetag. 99, bd de la Mer. ✆ 05.59.20.04.67.

Die Konferenzen-Insel

Mitten in der Bidassoa, dem französisch-spanischen Grenzfluss, liegt die Fasaneninsel, ein kleines Eiland, das seiner Geschichte wegen „Ile des Conférences" getauft wurde. Seit dem 16. Jahrhundert trafen sich hier spanische und französische Könige zu Verhandlungen.
1619 gaben auf der Insel Ludwig XIII. und der spanische Thronanwärter Philipp IV. einander die Schwester zur Gemahlin – ein königlicher Brauthandel, bei dem die Bräute so viel mitzureden hatten wie das Vieh auf dem Viehmarkt, und den man deshalb treffender als politischen Kuhhandel bezeichnet. Erneut im Blickpunkt der politischen Ereignisse stand die Insel, als dort 1659 der Pyrenäenvertrag abgeschlossen wurde. Der Vertrag besiegelte das Ende der französisch-spanischen Auseinandersetzungen, ein Jahr später wurde er mit der Hochzeit Ludwig XIV. und der spanischen Infantin Maria Theresia gefeiert – eine politische Vernunftehe, wie sie damals an europäischen Höfen gang und gäbe war.
Hitler wird von der geschichtsträchtigen Insel wohl nichts gewusst haben, sonst hätte er sein Treffen mit Franco im Oktober 1940 – er wollte dem spanischen Diktator das Transit-Recht für die deutschen Truppen abhandeln – bestimmt nicht im grauen Bahnhof von Hendaye abgehalten.
Die Konferenzen-Insel wird heute im halbjährlichen Turnus abwechselnd von Frankreich und Spanien verwaltet. Für die Öffentlichkeit ist sie gesperrt.

Rundfahrt durch das Labourd

Die westlichste der drei Provinzen des Baskenlands zeigt sich sonnig und freundlich: sanfte, grüne, nur selten bewaldete Vorgebirgslandschaften prägen die Gegend. In den Dörfern findet man strahlende Baskenhäuser, weiß wie das weißeste Weiß aus der Waschmittelwerbung – jährlich werden sie frisch gekalkt.

Eine Rundfahrt durch das Labourd kann von der Küste aus als Tagesausflug geplant werden, sofern man über ein eigenes Auto verfügt. Radfahrer kalkulieren besser zwei bis drei Tage ein. Vermeiden Sie, wenn möglich, einen Ausflug am Wochenende; dann kurven nämlich die Küstenbewohner von Bayonne bis Hendaye scharenweise durch das Hinterland. Die folgende Rundfahrt hat ihren Ausgangspunkt in Saint-Jean-de-Luz und führt durch die schönsten Dörfer des Labourd.

Mit dem Zahnradbähnchen auf La Rhune

Ascain (Azkaine)

Blendend weiße Fachwerkhäuser, ein Fronton mitten im Dorf, eine Kirche mit dreistöckiger Galerie: Ascain weist alle Merkmale eines typisch baskischen Dorfes auf und ist obendrein – der eilige Tourist weiß dies zu schätzen – nah an der Küste gelegen. Kein Wunder also, dass Ascain überlaufen ist, doch das idyllische Dorfbild hat keinen Schaden genommen.

• *Verbindung* **Bus**: Von Juli bis Sept. fahren drei Mal täglich Regionalbusse nach Saint-Jean-de-Luz und nach Sare.

• *Übernachten/Essen* ** **Hôtel du Parc**. Großes, blumengeschmücktes Haus mit riesigem Garten, wo sich unter Kastanienbäumen hervorragend speisen lässt. DZ 53–90 €, alle Zimmer mit Dusche/WC. Jan. bis 1. Märzwoche geschlossen. Place de l' Eglise, 64310 Ascain. ✆ 05.59.54.00.10, ℻ 05.59.54.01.23, parcascain@aol.com.

** **Hôtel de la Rhune**, beim Fronton. Ist dem vorhergehenden in punkto Komfort ebenbürtig. Zu den historischen Gästen des Hotels zählt Pierre Loti, der hier angeblich seinen „Ramuntcho" geschrieben hat. Nach hinten verträumte Parkanlage. An Wochenenden schnell ausgebucht. DZ 44–82 €. In der Brasserie des Hotels, unter den Kastanien im Hof, preiswertes Mittagessen (Axoa, Piperade und andere baskische Spezialitäten). Geöffnet Mitte Feb. bis Mitte Nov. Place du Fronton, 64310 Ascain. ✆ 05.59.54.00.04, ℻ 05.59.54.41.67, hoteldelarhune@wanadoo.fr.

▸ Von Ascain führt die D 4 endgültig aus der Ebene hinaus zum *Col de Saint-Ignace*. Von hier rattert eine museumsreife Zahnradbahn mit 8 km/h zum heidebewachsenen Gipfel **La Rhune** hinauf. Die Höhe von 900 m ist zwar bescheiden, doch steht der Berg so isoliert, dass man rundum eine großartige Aussicht genießt: auf die Bucht von Saint-Jean-de-Luz und auf den Küstenstreifen bis Biarritz, im Nordosten auf die Dörfer des Labourd, im Südosten auf die Pyrenäengipfel, im Südwesten auf das Bidassoa-Tal und das spanische Baskenland.

• *Bahn* Mitte März bis Okt. tägl. 10–15 Uhr (in der Hochsaison ab 9 Uhr) in der Regel alle 35 Minuten, in der Vor- und Nachsaison nur an Wochenenden. Fahrtdauer 35 Minuten. Preis einfache Fahrt 11 €, hin/zurück 13 €.

• *Wandern* Kaiserin Eugénie bestieg 1859 den Rhune-Gipfel von Biarritz aus. Heute lassen die meisten Wanderer ihr Auto am Col de Saint-Ignace stehen und sind von da in etwa 2 Stunden oben; schöner jedoch ist der Aufstieg von Ascain, am Uharitz-Bach entlang, etwa 2½ Stunden.

Sare (Sara)

Noch bis in die jüngste Zeit galt Sare als das Schmugglernest unter den baskischen Dörfern. Der Beruf bringt im geeinten Europa nichts mehr ein, und so hat man rechtzeitig auf den sanften Tourismus als Einnahmequelle umgestellt. Das Dorf ist recht lebendig und zeigt eine ebenso harmonische Architektur wie Ascain. Einen schönen Gesamteindruck gewinnt man vom Straßencafé des *Hôtel de la Poste* aus. Schon mit dem ersten Pastis gerät man dort ins Träumen.

Sare hat den Ruf, die „Hölle der Ringeltauben" zu sein. Einer der wichtigsten Pyrenäenübergänge für diese Zugvögel ist der nahe *Col de Lizarrieta* an der spanischen Grenze. Jährlich im Oktober tauchen die Tauben auf, dann geht's auf zur Jagd. Die Jäger arbeiten mit riesigen Fangnetzen, in denen sich die Vögel verheddern, gelegentlich wird auch das Gewehr eingesetzt. Ein Rei sender aus dem 19. Jahrhundert weiß zu berichten, dass zu diesem Spektakel stets zahlreiche Neugierige nach Sare strömten, so dass auf der Passhöhe Blockhütten für die Unterkunft und Restaurants errichtet wurden.

• *Information* **Office de Tourisme**, im ehemaligen Rathaus (1. Etage) am Dorfplatz. Juli/Aug. 9–13 und 14.30–18 Uhr. Sept. bis Juni 15–18 Uhr. ✆ 05.59.54.20.14, ℻ 05.59.54.29.15, otsi.sare@wanadoo.fr, www.sare.fr.

• *Verbindung* **Bus**: von Juli bis Sept. tägl. 3 Busse über Ascain nach Saint-Jean-de-Luz.

• *Hotels* *** **Arraya**, die teuerste Variante, im Zentrum. Im 16. Jh. Pilgerstation auf dem Weg nach Santiago de Compostela, heute Nobelherberge. DZ ca. 84–120 €. Geöffnet April bis Okt. Place du Village, 64310 Sare. ✆ 05.59.54.20.46, ℻ 05.59.54.27.04, www.arraya.com.

De la Poste (keine Klassifizierung), die billigste Variante, exakt gegenüber dem vorgenannten. DZ 38 €, einige mit Dusche/WC auf Etage etwas billiger. Nur Juli/Aug. geöffnet. Place du Village, 64310 Sare. ✆ 05.59.54.20.06.

Außerhalb ** **Bichta-Eder**, die von uns empfohlene Variante. Im Weiler Cherchebruit, 3½ km in Richtung Saint-Pée, direkt an der Nivelle, an der Gabelung St-Pée/Ainhoa. Freundlicher Empfang. Restaurant (Sonntagabend und Mo geschlossen) mit schattiger Terrasse zur Nivelle hin. Spezialität: Fisch und Meeresfrüchte. DZ 52 €. Ganzjährig geöffnet. Quartier Cherchebruit, 64310 Saint-Pée-sur-Nivelle. ✆ 05.59.54.21.14, ℻ 05.59.54.29.61.

• *Camping* ** **Goyenetche**, ca. 3½ km außerhalb von Sare, Richtung Grottes. Leicht bewaldetes Wiesengelände mit 70 Stellplätzen. Freundlich und bescheiden. Nur Juli/Aug. geöffnet. Route des Grottes. ✆ 05.59.54.

Grottes de Sare

Napoleon III. stattete mit seiner Eugénie der *Lezea-Grotte*, wie die größte der Grotten zwischen Sare und dem spanischen Zugarramurdi heißt, 1858

einen Besuch ab. Damals bekamen die Touristen im Rathaus noch persönlich eine Fackel ausgehändigt und einen Führer zur Seite gestellt. Die Kaiserin war begeistert.
Der heutige Besucher wird einem 25-minütigen, elektronisch gesteuerten audiovisuellen Führungsprogramm anvertraut. Er tappt – von dumpfen Synthesizergeräuschen begleitet – den blauen Blinklichtchen nach und lauscht, sofern er Französisch versteht, den von unsichtbaren Lautsprechern erzählten Geschichten. Archäologen haben nachgewiesen, dass die Höhle in der Prähistorie bewohnt war. Aus Mangel an vorzeigbaren Beweisen werden einige Felsenzeichnungen auf die Höhlenwand projiziert, u. a. ein Pferd aus dem périgourdinischen Lascaux. Den Touristen werden nicht nur Bären, sondern Höhlenbären aufgebunden: Bedeutungsvoll zeigt der Führer auf eine leichte Vertiefung im kalkigen Boden, die Größe könnte in etwa stimmen und auch die Form – der Abdruck einer Bärentatze.

Die Höhle – Dauertemperatur 14–15° Celsius und stets hohe Luftfeuchtigkeit – ist durchaus beeindruckend. Im größten Saal liegen mehrere Galerien übereinander, die ins Innere des Berges führen, daneben fließt ein unterirdisches Gewässer. Die Kalkformationen sind äußerst effektvoll ausgeleuchtet. Trotz alledem: Der technische Aufwand, mit dem der Besucher verzaubert werden soll, betreibt gleichzeitig auch die Entzauberung der Natur. Man wünscht sich in die Zeit der Fackeln zurück, deren Schattenspiel im Verein mit den Fledermäusen den Besuchern romantische Schauer versetzten.

März und Nov./Dez. 14–17 Uhr. April bis Juni und Sept. 10–18 Uhr. Juli/Aug. 10–19 Uhr. Okt. 10–17 Uhr. Eintritt 6,50 €. *Anfahrt* Ab Sare gut ausgeschildert.

Ainhoa

Obwohl nur 124 Meter über Meereshöhe gelegen, vermittelt das drei Kilometer von der spanischen Grenze entfernte Ainhoa einen fast alpinen Eindruck. Vielleicht liegt es an der guten Luft, vielleicht an den eng aneinander gebauten Häusern der Hauptstraße. Der Ort mit seinen schmucken Fachwerkhäusern gilt als das baskische Dorf par excellence. Die Kirche mit dem hübschen Glockenturm – unten viereckig, in der Mitte oktogonal und mit pyramidaler Spitze abschließend – wartet im Innern mit kunstvoll geschnitzten Galerien auf.

• *Hotels* *** **Ithurria**, im Zentrum. Guter Komfort in einer eleganten Baskenvilla, Swimmingpool und Sauna. Eingeweihte aus dem gesamten Umland reisen an, um die baskische, nicht ganz billige Küche von Monsieur Isabel zu kosten. DZ 130–145 €. Geöffnet April bis Okt. Place du Fronton, 64250 Ainhoa. ✆ 05.59.29.92.11, ✆ 05.59.29.81.28, www.ithurria.com.

** **Oppoca**, Zentrum. Komfortable Zimmer in einem Postkutschenrelais aus dem 17. Jh. Leckere Küche, z. B. Tournedos au foie gras, Mo Ruhetag. DZ 55–75 €, je nach Saison und Zimmerkomfort. Mitte Nov. bis Mitte Dez. geschlossen. Place du Fronton, 64250 Ainhoa. ✆ 05.59.29.90.72, ✆ 05.59.29.81.03, www.oppoca.com.

Außerhalb **Pension Etchartenea**, gehört zum Camping Xokoan (→ unten). Restaurant, Bar mit Tischen am Nivelle-Ufer. Was will man mehr? DZ 40 €, Dusche/ WC auf Etage. Dancharia, 64250 Ainhoa. ✆ 05.59.29.90.26, ✆ 05.59.29.73.82.

• *Camping* *** **Xokoan**, im Weiler Dancharia an der spanischen Grenze. Kleines Wiesengelände an der Nivelle mit 30 Plätzen unter schattenspendenden Bäumen. Saubere Sanitäranlagen, absolut ruhige Lage, romantische Umgebung. Ein überaus freundlicher Empfang in der dazugehörigen Pension Etchartenea (→ oben), die neben Bar- und Restaurantbetrieb auch die Funktion eines

Lebensmittelladens für Camper übernimmt. Ein größeres Angebot findet man in den spanischen Supermärkten gleich hinter der Grenze, 5 Min. zu Fuß. Januar geschlossen. ✆ 05.59.29.90.26, ℻ 05.59.29.73.82.

Harazpy (Aire Naturelle), von derselben Familie unterhalten wie der oben genannte. Aber versuchen Sie's erst im Xokoan – erst recht, wenn Sie mit dem Fahrrad unterwegs sind: der Weg ist so schön wie das Ziel. 25 Stellplätze. Geöffnet Mitte Juni bis Mitte Sept. ✆/℻ 05.59.29.89.38

Espelette (Ezpeleta)

Das in einer fruchtbaren Ebene gelegene Dorf ist das Zentrum des Anbaus von Paprikaschoten und der Pottok-Aufzucht. Beide haben ihr Fest: Im Oktober wird rund um die Paprikaschote die *Fête des Piments* gefeiert, im Januar findet der große Pottok-Markt statt. Die meist frei lebenden, kurzbeinigen, kräftigen Baskenpferde sind bei den Polo-Spielern sehr beliebt.

Etwas unterhalb des Ortszentrums findet man den Stammsitz der Barone von *Ezpeleta*, die dem Ort den Namen gegeben haben: ein schmales Schlösschen aus dem 11. Jahrhundert mit Rundturm, heute Sitz der Kommunalverwaltung. Unweit davon steht neben dem alten Friedhof die *Kirche Saint-Etienne*. Die holzgeschnitzte Eingangstüre stammt aus dem 17. Jahrhundert. Im Innern überraschen die gedrechselten Galerien, deren Umlauf von der klassischen U-Form leicht abweicht. Das Altarbild zeigt die Steinigung des heiligen Stefan, der im Sterben noch seine Mörder zu segnen scheint.

• Einkaufen Mit Paprikaschoten zubereitetes Olivenöl, mit Paprikaschoten zubereiteter Essig, mit Paprikaschoten zubereitetes Parfum, eingelegte Paprikaschoten ... die Spezialität Espelettes ist nicht zu übersehen.

• Markt Wochenmarkt Mittwochmorgen – der größte und schönste Markt im Hinterland des Labourd.

• Hotels/Restaurants ** **Euzkadi**, Zentrum. Im Haus mit dem auffälligen Fassadenschmuck aus Efeu und Paprikaschoten fühlt man sich wohl, noch bevor man den Swimmingpool im Garten entdeckt hat. Das Restaurant serviert ausgezeichnete, traditionelle baskische Küche, ein Lexikon für die Speisekarte wird mitgeliefert. DZ 55–70 €, alle Zimmer – sie sind übrigens nach baskischen Dörfern benannt – mit Dusche/WC. Geöffnet Mitte April bis Dez. 285, Karrika Nagusia, 64250 Espelette. ✆ 05.59.93.91.88, ℻ 05.59.93.90.19, www.hotel-restaurant-euzkadi.com.

** **Chilar**, Zentrum. Die plebejische Alternative zum vorgenannten. Einige Zimmer in einem ehemaligen Pferdegehöft und ein lebhaftes Restaurant, in dem sich Kinder ungestraft austoben dürfen. Im Sommer wird im halboffenen Hof serviert. DZ mit Dusche/WC 37 €. Geöffnet Mitte März bis Mitte Nov. 25, Xilareneko Karrika, 64250 Espelette. ✆ 05.59.93.90.01, ℻ 05.59.93.93.25.

▶ Von Espelette aus gelangt man bequem an die Küste zurück, entweder über *Saint-Pée* auf der D 918 nach Saint-Jean-de-Luz oder über *Cambo-les-Bains* auf der D 932 nach Biarritz.

Cambo-les-Bains (Kanbo)

Cambo hat sich dank seines milden Klimas und einer schwefelhaltigen Quelle zu einem größeren Thermal- und Luftkurort entwickelt. Die palmenbestandene Kuranlage südlich der Stadt am Nive-Ufer wird vor allem von Kassenpatienten aufgesucht, die in der riesigen *Résidence du Levant* wohnen, ihr Kurprogramm in Bade- und Therapieräumen absolvieren, sich anschließend im Thermalpark ergehen oder im Salon de Thé, der in einer

Kurpark von Cambo-les-Bains

verspielten Pagode untergebracht ist, die Zeitung lesen. Wenn Sie aber weder rheumatische Beschwerden haben noch herz- oder asthmakrank sind, können Sie Cambo getrost links liegen lassen.

Oder Sie erweisen dem Schöpfer des *Cyrano de Bergerac* die Ehre. Der französische Dramatiker *Edmond Rostand* (1868–1918) war Anfang des 20. Jahrhunderts einer der meistgefeierten Bühnenschriftsteller. In Deutschland wurden seine Boulevardstücke weder gelesen noch gespielt. Erst durch die Verfilmung von *Cyrano de Bergerac* mit der Kartoffelnase von Gérard Départdieu in der Hauptrolle erfuhr das deutsche Publikum von Rostand, dessen Stücke heute in Frankreich keine Bühne mehr aufführt.
Rostands einstiger Wohnsitz, die prunkvolle **Villa Arnaga**, ist in der mondänen Oberstadt zu finden, rund 1½ km außerhalb des Zentrums, in Richtung Bayonne. Der Dramatiker hatte ausgiebig die einschlägige Literatur studiert, bevor er höchstpersönlich die französischen Gärten anlegen ließ. Ob sein Mini-Versailles zur neobaskischen Villa passt, mag der Besucher entscheiden. Die Villa mit ihren zahlreichen Räumen dokumentiert detailreich Leben und Werk Rostands, inklusive seiner Schmetterlingssammlung.

⌚ März Sa/So 14.30–18 Uhr. April bis Juni und Sept. tägl. 10–12.30 und 14.30–19 Uhr. Juli/Aug. tägl. 10–19 Uhr. Okt. tägl. 14.30–19 Uhr. Eintritt 6 €.

• *Information* **Office de Tourisme**, rue Zavaleta (im Zentrum). März bis Juni und Okt. Mo–Sa 9–12.30 und 14–18 Uhr. Juli/Aug. Mo–Sa 9–18.30 Uhr, So 9–12.30 Uhr. Sept. Mo–Sa 9–12.30 und 14–18.30 Uhr, So 9–12.30 Uhr. Nov. bis Feb. Mo–Sa 9–12.30 und 14–17.30 Uhr. Die Kundschaft besteht größtenteils aus Kurgästen, das aufliegende Informationsmaterial trägt dem Rechnung. Internetzugang (gegen Gebühr). ✆ 05.59.29.70.25, 📠 05.59.29.90.77, cambo.les.bains.tourisme@wanadoo.fr, www.cambolesbains.com.

• *Markt* Jeden Mittwoch ganztägig großer Trödelmarkt im Zentrum.

Baskenland

▸ Von Cambo-les-Bains führen die beiden oben genannten Routen (→ Espelette) an die Küste zurück, oder man stößt weiter ins baskische Hinterland vor, über *Ixtassou* in die *Basse Navarre* (Untere Navarra).

Ixtassou (Itsasu)

Der Ort besteht aus zwei Siedlungen, in der südlichen steht die *Kirche Saint-Fructueux* mit einer auffallend schön gedrechselten dreistöckigen Galerie; gleich daneben befindet sich ein kleiner Park, der an die *Charta von Ixtassou* erinnert.

Die Charta von Ixtassou

Am 15. April 1963 fanden sich in Ixtassou Hunderte von Menschen zusammen, um zum ersten Mal in der Geschichte der französischen Baskenprovinzen den *Aberri Eguna*, den „Tag des Vaterlandes" (gemeint war damit das gesamte Baskenland, auch die vier spanischen Provinzen) zu feiern. Die autonomistische Organisation *Enbata* wurde gegründet, in der Charta von Ixtassou wurde die Schaffung einer baskischen Nation gefordert.
Die versammelten Basken trugen dabei den realpolitischen Gegebenheiten Rechnung: Sie schlugen einen Zweistufenplan vor. In einer ersten Etappe sollte im Rahmen der französischen Verfassung für die drei französischen Baskenprovinzen ein eigenes Departement mit kultureller Autonomie geschaffen werden, in einer zweiten Etappe dann eine alle sieben Provinzen umfassende baskische Nation.
Interessant dabei ist, dass die Verfasser der Charta diesen zweiten Schritt explizit erst für die Zeit eines „vereinten Europas" ins Auge fassten. So europäisch dachten die Basken bereits 1963. Die Europäische Wirtschaftsgemeinschaft (EWG) beschränkte sich damals noch auf ihre sechs Gründungsmitglieder (Frankreich, Bundesrepublik Deutschland, Italien und die Benelux-Länder).

Die Enbata wurde 1974 vom französischen Innenminister verboten. Geblieben ist der Gedenkstein in Ixtassou, auf dem in baskischer Sprache die Forderungen der Autonomisten eingraviert sind. Die Eiche daneben wurde während der Versammlung von 1963 als Symbol der Hoffnung gepflanzt – sie stammt aus der spanisch-baskischen Stadt Guernica.

▸ Von Ixtassou führt die D 349 an der Nive entlang zum **Pas de Roland** (Rolandsbresche), einem eigenartig ausgehöhlten Felsen. Verursacht hat sie ein Huf des Pferdes von *Roland*, dem legendären Ritter Karls des Großen – so behauptet zumindest die Legende. Das Sträßchen ist sehr romantisch, aber äußerst eng, und man erreicht die Hauptstraße erst wieder bei der Höllenbrücke *(Pont d'Enfer)* von **Bidarray** (über diese Legende → „Die Baskische Sprache"). Wohnmobilisten auf dem Weg in die *Basse Navarre* schonen nicht nur ihre Nerven, wenn sie die D 349 meiden und stattdessen die Hauptstraße von *Cambo* nach *Saint-Jean-Pied-de-Port* wählen. Sie sehen dann zwar den *Pas de Roland* nicht, aber die Geschichte mit dem Pferd ist ohnehin erstunken und erlogen ... In Wahrheit hat nämlich der legendäre Roland eigenhändig mit seinem berühmten Schwert Durandarte den Felsbrocken so zugerichtet, um seine Armee durchzuschleusen.

• *Rafting* Die Nive ist ein Paradies für Wildwassersportler. Gleich mehrere Rafting-Unternehmen findet man bei der „Höllenbrücke" in Bidarray, darunter **Ur Bizia** mit einem breiten Angebot unter professioneller Führung, ✆ 05.59.37.72.37, und **Ur Ederra**, ✆ 05.59.37.78.01.

Die Basse Navarre (Untere Navarra)

Seit die spanischen Besitzungen des navarresischen Königreichs 1512 an Ferdinand den Katholischen verloren gingen, ist die Untere Navarra von der spanischen Mutterprovinz getrennt. Die kleine Pyrenäen-Besitzung erlaubte jedoch den französischen Regenten über Jahrhunderte hinweg, sich den Titel „König von Frankreich und Navarra" auf die Visitenkarte zu drucken.

Klimatisch ist der Landstrich fast so mild wie das Labourd. Die Landwirtschaft basiert auch hier auf Schafzucht. Öfter trifft man jedoch auf Waldgebiete, und zu den schmucken, weiß gekalkten Häusern kommen immer mehr granitgraue Bauten hinzu, die den Einfluss des nahen Béarn verraten. Größte touristische Attraktion der Unteren Navarra ist das Städtchen *Saint-Jean-Pied-de-Port.*

Saint-Etienne-de-Baïgorry (Baigorri)

Die forellenreiche *Nive des Aldudes* teilt den Ort, der vorzugsweise von Wanderern aufgesucht wird. Das Leben spielt sich vor allem im unteren Ortsteil ab, vornehmlich in der *Bar du Fronton,* einer einladenden, von vier Kastanienbäumen komplett beschatteten Brasserie, die auch einen ordentlichen Tagesteller serviert.

Fußgänger wählen die autofreie, sog. römische Brücke (17. Jh.), um in den oberen Ortsteil zu gelangen. Dort lohnt die *Kirche Saint-Etienne* einen kurzen Besuch. Der Hauptbau und der Glockenturm mit seinem dekorativen Rundtürmchen an der Seite bilden ein harmonisches Ensemble. Harmonie herrscht auch im Innern: dreistöckige Galerien aus dem 17. Jahrhundert und aus derselben Zeit eine Altarwand, die im mittleren Teil das Martyrium des heiligen Stefan darstellt.

• *Postleitzahl* 64430

• *Information* **Office de Tourisme de la Vallée de Baïgorri**, Place de l'Eglise, gegenüber der Kirche. Saison: Mo–Sa 9–12.30 und 14.30–19 Uhr, So 10–12 und 15–18 Uhr. Außerhalb der Saison Mo–Sa 9–12 und 14.30–18 Uhr. ✆ 05.59.37.47.28, ℻ 05.59.37.49.58, baigorri.tourisme@wanadoo.fr.

• *Hotel* ** **Juantorena**, oberer Ortsteil. Gepflegte Bleibe in einem Baskenhaus. Mit Restaurant. DZ 41–44 €. Mitte Jan. bis Mitte Feb. geschlossen. Route Principale. ✆ 05.59.37.40.78, ℻ 05.59.37.43.87, www.hotelrestaurantjuantorena.fr.

• *Camping* *** **Municipal Irouléguy**, von der Straße nach Saint-Jean-Pied-de-Port weg ausgeschildert. Lassen Sie sich vom Baumaterialien- und Schrottlager gegenüber nicht abhalten. Baumbestandenes Wiesengelände mit 66 Stellplätzen, gepflegte sanitäre Anlagen und ganz in der Nähe das kommunale Schwimmbad. Geöffnet März bis Mitte Dez. ✆ 05.59.37.43.96, ℻ 05.59.37.40.80, comstetiennebaigorry@wanadoo.fr.

- Knapp vier Kilometer östlich von Saint-Etienne, an der Straße nach Saint-Jean-Pied-de-Port, liegt das Dörfchen **Irouléguy**. Der Name ist Ihnen vielleicht schon auf einem Flaschenetikett begegnet. Hier wird der einzige baskische Wein angebaut, kräftig rot, rosé oder weiß. Einige Güter laden zur Degustation ein, zentrale Vertriebsstelle der Irouléguy-Produzenten ist die *Cave Cooperative du Pays Basque* in Saint-Etienne-de-Baïgorry, an der Straße nach Saint-Jean-Pied-de-Port, wo man ebenfalls testen darf, bevor man kauft.

Das Aldudes-Tal (Vallée des Aldudes)

Das Tal mit den Dörfern Branca, Aldudes und Urepel, das sich von Saint-Etienne-de-Baïgorry bis zur spanischen Grenze hochzieht, hat in den letzten Jahrzehnten eine rasante Abwanderung erfahren.

- **Banca** *(Banka)* lebte einst hauptsächlich vom Bergbau, doch das ist lange her. Die silberhaltige Kupfermine wurde bereits im 18. Jahrhundert geschlossen. Die Forellenzucht hingegen bleibt weiterhin ein einträgliches Geschäft; die Banca-Forelle kommt in den Gourmet-Restaurants von Bayonne auf den Tisch.

- **Aldudes** *(Aldude)*, beidseitig des Flusses gelegen, zählte vor hundert Jahren noch über 1200 Einwohner, heute sind es knapp 400. Das Dorfzentrum mit der Kirche (doppelte Galerie) und einem überaus anmutigen Platz davor liegt auf der linken Flussseite.

  Hotels/Restaurant **Bailea** (nicht klassifiziert), gegenüber der Kirche. Eine Hausinschrift verrät das Baujahr 1753. Familiär geführtes, großes Restaurant mit Außenbetischung. DZ 30 €, Dusche/WC teils auf Etage. 64430 Les Aldudes. ✆ 05.59.37.57.02, 05.59.37.55.61.

- **Urepel** ist das letzte Dorf vor der iberisch-französischen Grenze. Wäre im 19. Jahrhundert die damals diskutierte Eisenbahnlinie von Bayonne ins spanische Pamplona realisiert worden, stünde hier ein Grenzbahnhof, und der Ort wäre vielleicht etwas lebendiger. So aber ist Urepel in seiner Abgeschiedenheit belassen worden, die Wanderer wissen es zu schätzen.

  Hotel **Etxe-Xuria** (nicht klassifiziert), im Dorfzentrum, mit Restaurant. Sehr bescheidene Bleibe. DZ 30 €, Dusche/WC auf Etage. 64430 Urepel. ✆ 05.59.37.57.90.

Südlich des Ortes liegt das **Pays Quint** mit einem eigenartigen politischen Status. Obwohl an der Nord-

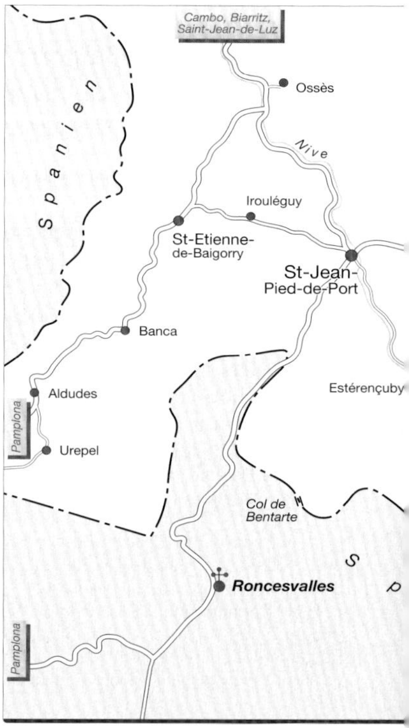

seite der Pyrenäen gelegen, gehört es zu Spanien, ist jedoch auf unbestimmte Zeit an Frankreich verpachtet. Etwa dreißig Schäferfamilien profitieren vom spanischen Weideland, Frankreich verbucht sie offiziell als Auslandsfranzosen.

Saint-Jean-Pied-de-Port (Donibane-Garazi)

Das malerische Städtchen an den Ufern der Nive ist die Hauptattraktion der Unteren Navarra. An Wochenenden ziehen Scharen von Touristen durch die Geschäftsstraße Rue d'Espagne und die Rue de la Citadelle mit ihren malerischen Häusern.

Am Spätnachmittag stehen auf der untersten Brücke die Fotografen und verewigen das Idyll auf Zelluloid: Sie richten das Objektiv auf die Häuserzeile mit den Holzbalkonen, die sich in der Nive widerspiegelt, malerisch im Hintergrund der Ziegelsteinturm der *Notre-Dame-du-Bout-du-Pont.*

Saint-Jean-Pied-de-Port hat seine große Rolle im Mittelalter gespielt, als die Pilger scharenweise über die Stadt nach Santiago de Compostela zogen. Die schmucken Bauten jedoch, die heute das Gesicht der Stadt bestimmen, stammen allesamt aus dem 17. und 18. Jahrhundert.

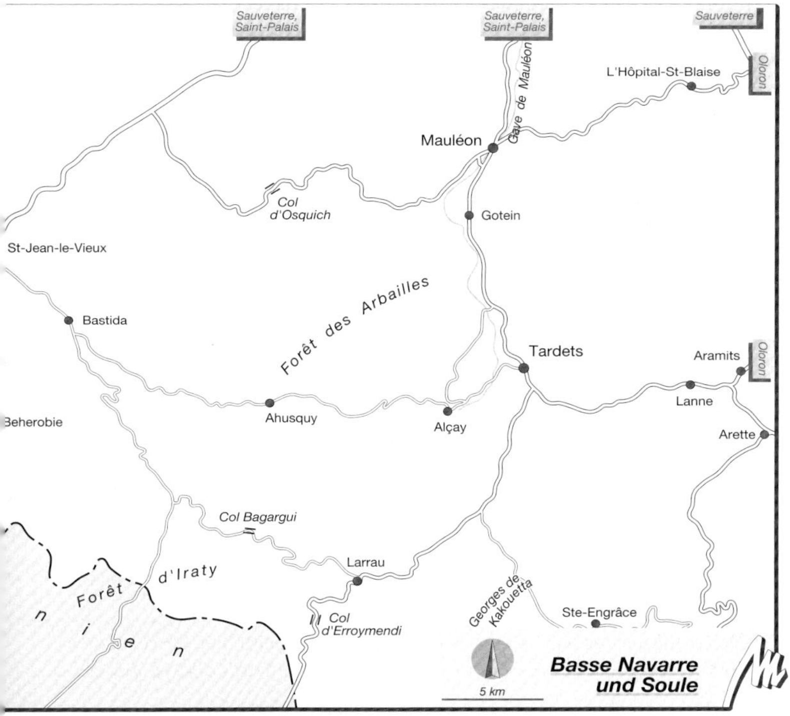

Geschichte

Pied-de-Port heißt „am Fuße des Passes“, und mit dieser Lage hat das Städtchen Geschichte gemacht. Bereits die Römer überquerten die Pyrenäen am *Pass von Roncesvalles*, um von Gallien in ihre iberischen Provinzen zu gelangen. Hinter der Passhöhe hauchte im Jahr 778 der tapfere Ritter *Roland* sein Leben aus, seinen Stiefvater Ganelon – so will es die Sage – hängten die Basken in *Saint-Jean-le-Vieux*. Nach der ersten Völkerwanderung und den Sarazeneneinfällen im 8. Jahrhundert wurde 5 km westlich der alten Siedlung – auf dem Boden des heutigen Saint-Jean-Pied-de-Port – eine neue Stadt aufgebaut und mit einem Verteidigungswall geschützt. Seit Jahrhunderten ziehen Pilger auf dem Weg nach Santiago de Compostela hier vorbei; Quellen berichten, dass sie vor allem im 12. Jahrhundert auf der Durchreise in Saint-Jean-Pied-de-Port regelrecht ausgeraubt wurden. Ganz ausgestorben scheint die Sitte bis heute nicht: In der Kirche warnt ein Schild vor „Pickpockets“!
Ein Reisender aus dem 18. Jahrhundert notiert, dass der Pass von Roncesvalles zu den bequemsten Pyrenäenüberquerungen gehört; Sänften und selbst Kutschen brauche man hier nicht zu demontieren, um nach der Schneeschmelze auf die spanische Seite zu gelangen.

Als im 14. und 15. Jahrhundert Päpste von Rom und Gegenpäpste von Avignon um die Macht stritten, hatte die Diözese, die neben der Navarra auch das Labourd umfasste, zwei Bischöfe: Der von Bayonne hielt sich an die Befehle aus Rom, der von Saint-Jean-Pied-de-Port an die aus Avignon. Das Konzil von Konstanz fällte dann den weisen Schiedsspruch, dass beim Tod eines der beiden Bischöfe der andere die ganze Diözese verwalten sollte.
Die Teilung Navarras, 1512 eingeleitet und 1530 besiegelt, wurde in Saint-Jean-Pied-de-Port nicht so recht ernst genommen – die Stadt blieb weitgehend katholisch und nach Spanien ausgerichtet. Im *Pyrenäenvertrag* von 1659 wurde deshalb noch einmal ausdrücklich bekräftigt, dass Saint-Jean-Pied-de-Port zur französischen Krone gehört.

▸ **Wandern**: Saint-Jean-Pied-de-Port ist eine Station sowohl auf dem GR 10, dem großen Pyrenäenwanderweg vom Atlantik zum Mittelmeer, wie auch auf der Pilgerroute nach Santiago de Compostela. Doch auch für zahlreiche kürzere Wanderungen ist der Ort eine ideale Basis. Das Office de Tourisme hält einschlägige Informationen bereit
Nur 8 km südlich von Saint-Jean-Pied-de-Port liegt am GR 10 das Dörfchen **Estérençuby**, ein geeigneter Ausgangspunkt für Halbtagswanderungen und Mountainbiketouren. Stark vereinfachte Auskünfte für Wanderer gibt eine Tafel beim Jaï Alaï. Eine IGN-Karte ist unerlässlich. Ein **-Hotel, ein *-Hotel sowie ein Gîte d'étape sorgen im ruhigen Ort für eine ruhige Nacht.

Weitere 4 km südlich findet man das noch kleinere **Beheroby**, von wo aus ein nur 20-minütiger Spaziergang zur Nive-Quelle hochführt – Gefährt beim Hotel *Sources de la Nive* abstellen.

Ein weiter entferntes (ca. 25 km), sehr beliebtes Wandergebiet erstreckt sich auf 1000–1400 m Höhe bis auf spanisches Gebiet: die **Forêt d'Iraty**, der größte Buchenwald Westeuropas. Im Winter werden hier Langlaufloipen angelegt. Man erreicht das Gebiet von Saint-Jean-le-Vieux (knapp 5 km östlich von Saint-Jean-Pied-de-Port) aus in südöstlicher Richtung über die D 18. Eine IGN-Karte ist auch hier unerlässlich.

Information/Verbindungen

• *Postleitzahl* 64220

• *Information* **Office de Tourisme**, 14, place du Général de Gaulle (Zentrum). Neben dem üblichen Prospekt-Material auch einige Informationen für Wanderer. Juli/Aug. Mo–Sa 9–19 Uhr, So 10–12.30 Uhr. Sept. bis Juni Mo–Sa 9–12 und 14–18 Uhr. ✆ 05.59.37.03.57, ✆ 05.59.37.34.91, saint.jean.pied.de.port@wanadoo.fr.
Vom März bis Nov. finden Pilger, aber auch unfromme Wanderer auf der Compostela-Route spezielle Auskünfte im **Pilgerbüro**: Accueil Saint-Jacques, 39, rue de la Citadelle. Pilger lassen sich hier ihren Pilgerpass abstempeln. ✆ 05.59.37.05.09.

• *Verbindung* **Zug**: tägl. mindestens drei Züge über Cambo-les-Bains nach Bayonne. Bahnhof im Norden des Orts.

• *Stadtrundfahrt* Der auch in anderen touristisch frequentierten Orten bekannte **Petit Train**, der hier „La Zézette" heißt, rollt im 30-Minuten-Takt über das Kopfsteinpflaster. Abfahrt für die kommentierte Stadtrundfahrt bei der Nive-Brücke. Ticket ca. 5 €.

Diverses

• *Einkaufen* **Cadres solaires**, 23, rue de la Citadelle. Ein Souvenirladen besonderer Art. Spezialisiert auf Sonnenuhren jeglicher Art, auch Kitsch. Die originellste Form ist ein Fingerring, an dem man die Zeit ablesen kann.

• *Fahrradverleih* **Cycles Garazi**, 1, place Saint-Laurent (im Norden des Orts). Verleih von Mountainbikes. Extraservice für faule Pedaltreter: Die Firma bietet gegen entsprechende Zahlung an, Fahrer mitsamt Bike zur Forêt d'Iraty hochzufahren. ✆ 05.59.37.21.79.

• *Markt* jeden Montag im Zentrum, unmöglich zu übersehen.

• *Pelote* In der Saison fast täglich Matchs im Jaï Alaï (im Norden des Orts) und auf dem Fronton Municipal (südlich der Nive). Auskunft erteilt das Office de Tourisme.

• *Schwimmen* Kommunales Schwimmbad im Osten des Ortes, an der Straße nach Saint-Palais.

Übernachten

• *Hotels* ** **Central**, an der Nive-Brücke. In der Regel von Gruppen ausgebucht, die auch das Restaurant füllen. DZ 58–75 €. Geöffnet März bis Nov. 1, place Charles-de-Gaulle. ✆ 05.59.37.00.22, ✆ 05.59.37.27.79.

** **Ramuntcho**, Eckhaus an der Rue de la Citadelle. Komfortable Zimmer in einer großen „Baskenvilla". DZ 52–72 €. Unsere Empfehlung! Mitte Nov. bis 1. Januarwoche geschlossen. 1, rue de France. ✆ 05.59.37.03.91, ✆ 05.59.37.35.17, http://perso.wanadoo.fr/hotel.ramuntcho.

** **Des Remparts**, an der Südseite der Nive. Hübsches baskisches Haus nahe der Stadtmauer in nicht verkehrsberuhigter Lage. Kleine, aber gepflegte Zimmer. DZ 45–49 €. Geöffnet Feb. bis Okt. 16, place Floquet ✆ 05.59.37.13.79, ✆ 05.59.37.33.44, www.touradour.com/hotel-remparts.htm

Außerhalb ** **Mendy**, in Saint-Jean-le-Vieux. Freundlicher Familienbetrieb mit Restaurant in einem baskischen Haus. Sofern die Zimmer zum Friedhof liegen, ist Friedhofsruhe garantiert. DZ 45–50 €. Geöffnet März bis Nov. 64220 Saint-Jean-le-Vieux. ✆ 05.59.37.11.81, ✆ 05.59.37.27.49, hotelmendy@wanadoo.fr.

• *Camping* ** **Municipal Plaza Berri**, an der Südseite der Nive. Bescheidener Stadtcamping direkt am Festungswall mit 50 Stellplätzen im Schatten von Ahornbäumen. Weniger als ein Katzensprung ins Zentrum und trotzdem ruhig. Geöffnet April bis Okt. Avenue du Fronton. ✆ 05.59.37.11.19, ✆ 05.59.37.99.78, mairie.stjeanpieddeport@wanadoo.fr.

** **Arradoy.** Der zweite Campingplatz in der Stadt, der mit 25 Stellplätzen nördlich des Bahnhofs, kann nicht empfohlen werden. Er liegt inmitten eines Wohnquartiers und in unmittelbarer Nachbarschaft einer Baumaterialienfabrik. Geöffnet Mitte März bis Sept. 4, chemin de Zalicart5e. ✆ 05.59.37.11.75.

**** **Europ'Camping**, 2 km außerhalb, an der Straße nach Bayonne, aber von dieser rund 200 m zurückversetzt und deshalb ruhig. Gepflegtes Terrain mit 110 Stellplätzen, Swimmingpool, Kinderspielplatz und großer Snackbar. Saubere sanitäre Anlagen. Unsere Empfehlung. Geöffnet April bis Sept. 64220 Ascarat. ✆ 05.59.37.12.78, 📠 05.59.37.29.82, www.europ-camping.com.

*** **Narbaitz**, ein paar hundert Meter nach dem vorgenannten an der Straße nach Bayonne. Nicht ganz so schön wie Europ, aber ebenfalls mit Swimmingpool und Kinderspielplatz. 130 Stellplätze. Geöffnet Mitte März bis Sept. Route de Bayonne, 64220 Ascarat. ✆ 05.59.37.10.13, 📠 05.59.37.-21.42, www.camping-narbaitz.com.

** **De la Truite**, 2 km nach dem vorgenannten an der Straße nach Bayonne. 86 Stellplätze, kein Swimmingpool, dafür wunderschönes, schattiges Gelände. Geöffnet April bis Sept. Route de Bayonne, 64220 Ascarat. ✆/📠 05.59.37.31.22, www.camping-delatruite.com.

Auf dem Jakobsweg

Das in Galizien, im Nordwestzipfel Spaniens gelegene *Santiago de Compostela*, wo der Legende zufolge das Grab des Apostels Jakobus liegt, gehört seit über tausend Jahren zu den großen Pilgerzielen der Christenheit. Mehrere Routen führen durch Frankreich nach Spanien, wo sie sich in Puente la Reina zum „camino frances“ vereinigen, drei von ihnen überqueren die Pyrenäen bei Saint-Jean-Pied-de-Port. Im Städtchen bieten mehrere Häuser Privatzimmer an, oft mit einer Jakobsmuschel über dem Eingang. Letztere ist das Erkennungszeichen der Pilger und findet sich in stilisierter Form auch auf den Wegweisern der Pilgerwege wieder.

Rein religiöse Gründe spielen auf dem Jakobsweg heute eher eine untergeordnete Rolle; eher ist es eine Mischung von Herausforderungen an Körper und Geist, die den modernen Pilger motiviert, halb Frankreich und Spanien zu Fuß zu durchqueren. Wer von morgen bis abends wandert, und dies tagelang, kommt zwangsläufig ins Meditieren, denkt über sich selber nach ... und vielleicht dann auch über Gott.

An der Rue de Citadelle Nr. 39 gibt es ein spezielles Informationszentrum. Ehrenamtlich beraten hier erfahrene Jakobspilger aus verschiedenen Ländern Neulinge in allen praktischen Fragen. Auch eine Liste mit Unterkunfts- und Verpflegungsmöglichkeiten bis Santiago de Compostela ist hier erhältlich sowie eine sehr praktische Skizze mit Anmerkungen zur Tagesetappe von Saint-Jean-Pied-de-Port nach Roncevalles. Hier werden auch Pilgerpässe abgestempelt. Und ganz nebenbei führt man auch Statistik: 2006 suchten 25.630 Pilger die freundliche Info-Stelle auf, an erster Stelle Franzosen, gefolgt von Italienern und Spaniern, die Deutschen nahmen den 4. Rang ein. Ungefähr dieselbe Pilgerzahl wurde 2007 bereits in neun Monaten erreicht, die Deutschen rückten auf Platz 2 vor. Ist man nördlich der Alpen frommer geworden? Nein, aber der bekannte deutsche Fernsehkomiker *Hape Kerkeling* hatte inzwischen den Bestseller „Ich bin dann mal weg – Meine Reise auf dem Jakobsweg“ veröffentlicht ...

Sehenswertes

Gefängnis der Bischöfe (Prison des Evèques): Das düstere Steingewölbe im Haus Nr. 41 der *Rue de la Citadelle* ist beeindruckend, im großen Kellerraum hängen die Sträflingsketten noch an den Wänden, daneben ein kleines Einzelverlies. Über die Geschichte des Hauses weiß man nichts Genaues, wahrscheinlich trägt es aber seinen Namen zu Unrecht. Eine zugemauerte Tür zum Garten des ehemaligen Bischofshauses lässt vermuten, dass der alte Kerker in der „Bischofszeit" von Saint-Jean-Pied-de-Port (1383–1417) in eine Privatkapelle umgewandelt und erst später wieder seinem ursprünglichen Zweck zugeführt wurde. In den oberen Zellen informiert eine kleine Ausstellung über Pilgerschaft und Taubenjagd.

🕐 April bis Juni und Sept./Okt. 10–12 und 15–18 Uhr. Juli/Aug. 10–19 Uhr. Eintritt 3 €.

Zitadelle: Sie stammt aus dem Jahr 1628, ihr heutiges Gesicht aber verdankt sie dem berühmten Festungsbaumeister *Vauban*, der 1680 das Bollwerk vollständig renovierte. Vauban hat in Südwestfrankreich etliche Zitadellen gebaut, die sich nie in einer militärischen Auseinandersetzung bewähren mussten. In Saint-Jean-Pied-de-Port jedoch profitierte über 100 Jahre später Napoleon I. von der Vauban'schen Anlage. Als 1814 ein englisch-spanisch-portugiesisches Heer die Stadt belagerte, hielt die Zitadelle erfolgreich stand. Napoleon verlor den Krieg bekanntlich trotzdem, aber nicht in Saint-Jean-Pied-de-Port.
Im Ersten Weltkrieg fand die Zitadelle Verwendung als Gefängnis für deutsche Soldaten. Zwischen 1936 und 1939 wurden hier baskische Flüchtlingskinder aus dem Spanischen Bürgerkrieg untergebracht. Heute wird innerhalb der gewaltigen Mauern Schulunterricht gehalten. Das Innere der Zitadelle kann nicht besichtigt werden. Ein Spaziergang die gepflasterte Aufstiegsrampe hoch sei trotzdem empfohlen. Falls Ihnen das wirklich großartige Panorama nicht genügen sollte: Zählen Sie die Eidechsen oder testen Sie Herz und Lunge auf dem Trimm-Dich-Pfad.

Kirche Notre-Dame-du-Bout-du-Pont: Sie ist vor allem wegen ihrer Einbindung in die Stadtmauer bemerkenswert: Der Glockenturm ist gleichzeitig ein Brückenturm, dessen Tor den Zugang in die Altstadt freigibt. Niveaufwärts laden die *Allées d'Eyheraberri* zu einem romantischen Spaziergang ein.

Roncesvalles (Spanien)

(bask. Orreaga, frz. Roncevaux)

Geschichte und Mythen treffen sich im abgeschiedenen Roncesvalles. Der Held des Rolandslieds fiel hier einem wütenden Baskenheer zum Opfer, in einer Kapelle des Klosters steht der Sarkophag von Sanchez dem Starken, dem letzten der navarresischen Könige. Und seit dem frühen Mittelalter wird hier die „Maria mit dem milden Blick" verehrt.

Roncesvalles war eine der wichtigsten Stationen auf dem Weg nach Compostela, und auch heute noch findet, wer per Fahrrad oder zu Fuß auf der historischen Pilgerroute unterwegs ist, hier Verpflegung und Unterkunft.

Die Marienstatue, die unter dem Baldachin hinter dem Altar der **königlichen Stiftskirche** thront, wurde angeblich im 9. Jahrhundert von einem Schäfer gefunden und noch rechtzeitig vor den Muselmanen gerettet. Jährlich am 8. September (Mariä Geburt) steht sie im Mittelpunkt religiöser Feierlichkeiten.
Die Kirche wurde 1219 eingeweiht und ist eines der frühesten Beispiele der französischen Gotik. Bauherr war *Sanchez VII.*, der heute gemeinsam mit seiner Gemahlin *Clemencia* in einem Sarkophag des Kapitelsaals (vom Kreuzgang aus erreichbar) ruht. Beachtenswert in der Kirche sind vor allem die Glasfenster und die Spitzbogenarchitektur der Seitenschiffe.
Der **Kreuzgang**, ein Musterbeispiel gotischer Baukunst, zeigt einen hübsch dekorierten Boden; dieselbe Ornamentik findet sich auch im Gang vor den Mönchszellen in der *Casa de los Beneficiados.*

Knapp unterhalb des Klosters findet sich ein etwas eigenartiges Grabmonument *(Silo de Carlemagno)*, in dem *Karl der Große* angeblich die Überreste des heldenhaften Roland und seiner Mitstreiter beerdigt haben soll. Sein Heer wurde 778 auf dem Rückzug nach einer wenig erfolgreichen Strafexpedition gegen die Mauren am **Pass von Roncesvalles** *(Puerto di Ibuñeta)* angegriffen – nicht von Mauren, wie das *Rolandslied* behauptet, sondern von Basken, die sich für den Angriff auf Pamplona rächen wollten. Auf der Passhöhe, 2½ km oberhalb des Klosters, erinnert eine Kapelle an das Gefecht, und ein paar Schritte weiter findet man einen 1967 errichteten Gedenkstein, der das berühmte Rolandsschwert darstellt.

• *Anfahrt* von Saint-Jean-Pied-de-Port über die kurvenreiche, aber gut ausgebaute D 933 in Richtung Pamplona. Knapp hinter der Grenze weist im Dorf Luzaide Valcarlos ein Schild darauf hin, dass man sich auf dem richtigen Weg zum Pilgerziel Santiago de Compostela befindet: noch 805 km! Nach der Passhöhe nur noch 2½ km, bis sich das wellblechbedachte Kloster zeigt.

• *Hotels* ** **La Posada**, direkt beim Kloster, DZ mit Bad 49–55 €. Restaurant angeschlossen. Geöffnet April bis Sept. Colegiata de Roncesvalles, E-31650 Orreaga-Roncesvalles. ✆ 948.76.02.25, 📠 948.76.02.66 (Vorwahl von Frankreich aus: 0034).

Casa Sabina, direkt beim Kloster, DZ mit Bad 45 €. Nur 5 Zimmer, Reservierung also empfohlen. Restaurant angeschlossen. Crta. Pamplona-Francia, km 48, E-31650 Orreaga-Roncesvalles. ✆ 948.76.00.12 (Vorwahl von Frankreich aus: 0034), www.casasabina-roncesvalles.com.

• *Jugendherberge* Die **Albergue Juvenil** bietet 65 Plätze im Klosterkomplex, Übernachtung ca. 10 €. Reservierung ebenfalls empfohlen. ✆/📠 948.76.00.15 (Vorwahl von Frankreich aus: 0034).

Saint-Palais (Dona Paleu)

Der größere Ort liegt im Norden der Basse Navarre, an der Bidouze, die hier ziemlich träge und braun dahinfließt. Saint-Palais war im 16. Jahrhundert über längere Zeit sowie im 18. Jahrhundert noch einmal Hauptstadt der Basse-Navarre. Dies und die Tatsache, dass hier drei der vier französischen Jakobsrouten zusammenlaufen, um dann über Saint-Jean-Pied-de-Port gemeinsam nach Spanien fortzuführen, haben dem Städtchen eine gewisse Bekanntheit und ein Museum eingebracht. Einen „heiligen Palast" suchen hier nur Banausen; der Ortsname bezieht sich auf den heiligen Pelagius, einen Märtyrer aus dem 9. Jahrhundert, dessen angebliche Reliquien die Stadt hütet.

Im Kloster Roncesvalles finden Pilger auf dem Jakobsweg ein Dach über dem Kopf

Das *Musée de Basse-Navarre,* in der ersten Etage des Informationsbüros untergebracht, ist im Besitz einiger interessanter Exponate. Doch mangels eines klaren Museumskonzepts verliert sich der Besucher in einem Sammelsurium von baskischen Grabsteinen, Informationen über die Pilgergeschichte, Ackergeräten, prähistorischen Funden und Kindergeschirr.

Juli/Aug. Mo–Sa 9.30–12.30 und 15–19 Uhr, So 9.30–12.30 Uhr. Sept. bis Juni Mo–Fr 9.30–12.30 und 14.30–18.30 Uhr, Sa 9.30–12.30 und 14.30–18 Uhr. Eintritt 4 €.

- *Postleitzahl* 64120
- *Information* **Office de Tourisme**, 14, place de Gaulle (im Zentrum). Öffnungszeiten identisch mit denen des oben erwähnten Musée de Basse-Navarre. 05.59.65.71.78, 05.59.65.69.15, contact@tourisme-saint palais.com, www.tourisme-saintpalais.com
- *Schwimmen* Schönes **kommunales Schwimmbad** mit Sprungturm am östlichen Bidouze-Ufer, leider nur wenige schattenspendende Bäume.
- *Waschsalon* Place du Foirail (Zentrum), tägl. bis 21 Uhr.
- *Hotel* ** **De la Paix**. Von den drei **-Hotels am Platz überzeugt dieses durch einen wunderschönen, betischten Garten, der sich an den Speisesaal anschließt. Renovierte Zimmer. DZ 48 €. 33, rue du Jeu-de-Paume/place Foirail. 05.59.65.73.15, 05.59.65.63.83, hopaix@wanadoo.fr.
- *Camping* **** **Ur-Alde**, am östlichen Bidouze-Ufer, hinter dem kommunalen Schwimmbad. Ebenes Gelände mit 60 Stellplätzen, durch exakt geschnittene, grüne Barrièren untereinander abgetrennt. Viel Komfort, viel Schatten, wenig Charme. Geöffnet April bis Okt. Bourg. 06.80.05.26.24 (mobil), camping.uralde@orange.fr.

Die Soule

Die östlichste der drei baskischen Provinzen bildet den Übergang zum Béarn. Das milde, atlantisch beeinflusste Klima weicht zusehends dem rauen der höheren Pyrenäenregionen.

Ausgedehnte, für den Verkehr oft unzugängliche Wälder bestimmen vor allem in der Oberen Soule, zur spanischen Grenze hin das Landschaftsbild – ein ideales Gebiet für einsame Wanderungen und Skilanglauf.

Die Häuser der Soule sind meist aus Granit gebaut, gelegentlich zeigen sie ein Schieferdach. Eine architektonische Besonderheit sind die so genannten Kalvarien-Glockentürme: Eine meist von drei Spitzen gekrönte Mauer bildet den Turm, dem ein überdachter Eingangsbereich vorgelagert ist. Ein Schulbuchbeispiel dafür ist die Kirche von *Gotein.*

Mauléon (Maule)

Die Ruine des Château-Fort auf einem Felsen über dem rechten Ufer des Gave de Mauléon erinnert an die stürmische Geschichte des Mittelalters. Heute bietet die Soule-Hauptstadt dem Besucher das Bild eines beschaulichen Provinzortes mit etwas Kleinindustrie. Einzig ein auffallender Renaissancebau mit drei wuchtigen Ecktürmen, das Château d'Anderain, hebt sich davon ab.

Mauléon ist vor allem für die Produktion von Espadrilles bekannt. 80 % der französischen Schnursohlen-Pantoffeln werden hier produziert, auf dem europäischen Markt hart bedrängt von der Konkurrenz aus China und Thailand. Für rund 10 € bekommen Sie ein paar garantiert handgenähte „originale“

Espadrilles, teurer sind die lederbezogenen oder lammfellgefütterten Ausführungen für die kalten Tage.

• *Postleitzahl* 64130

• *Information* **Office de Tourisme**, 10, rue Jean-Baptiste Heugas. Mo–Sa 9–13/14–19 Uhr, im Winter kürzer. ✆ 05.59.28.02.37, ℻ 05.59.28.02.21, office-tourisme.soule@wanadoo.fr.

• *Verbindung* Mauléon steht ziemlich isoliert im Verbindungsnetz: 2- bis 3-mal pro Woche fährt ein **Bus** über Sauveterre-de-Béarn und Salies-de-Béarn nach Dax.

• *Hotels/Restaurants* ** **Bidegain**, im Zentrum. In der ehemaligen Postkutschenstation, heute wird die Remise den Gästen als Garage für Ihre „Kutschen" vermietet (6 €/Nacht) Die Zimmer nach vorne sind etwas laut, nach hinten erstreckt sich ein ruhiger Garten. Im Restaurant regionale Küche, preiswerte Menus. DZ 43–55 €, die teureren mit Dusche/WC und TV. 13, rue de la Navarre. ✆ 05.59.28.16.05, ℻ 05.59.19.10.26, www.france-hotel-guide.com/h64130bidegain.htm.

** **Hostellerie du Château**, nicht weit vom vorgenannten entfernt. Sehr sympathisches Hotel. Eigener Parkplatz. Riesiger Speisesaal, in dem baskische Spezialitäten, aber auch Billigmenus serviert werden. Von der Geschichte vergessen, hier als Reklame noch tauglich: Der französische Staatspräsident René Coty (1954–59) hat sich ins Goldene Buch der Hostellerie eingetragen. DZ 38–46 €, alle mit Dusche/WC. 25, rue de la Navarre. ✆ 05.59.28.19.06, ℻ 05.59.28.43.27, http://hostellerieduchateau.net.

• *Camping* *** **Uhaitza Le Saison**, knapp außerhalb des Orts an der Straße nach Tardets. Bescheidenes Gelände zwischen Straße und Fluss. Baden auf eigene Gefahr. 50 Stellplätze, Stromanschlüsse vorhanden. Wenig Schatten. Gegenüber können Sie Espadrilles direkt ab Fabrik kaufen. Geöffnet März bis Mitte Nov. Route de Libarrenx. ✆ 05.59.28.18.79, ℻ 05.59.28.00.78, www.camping-uhaitza.com.

Sehenswertes

Château-Fort: Die Festung aus dem 12. Jahrhundert war der Sitz der Herren der Soule, die im Hundertjährigen Krieg den Engländern die Stange hielten, bis der béarnaisische Herzog *Gaston IX.* 1449 zur Belagerung Mauléons ansetzte. Die englische Garnison kapitulierte nach einigen Monaten Zwangsaufenthalt auf der Burg. Endlose Auseinandersetzungen zwischen lokalen Notabeln im 17. Jahrhundert führten dazu, dass Ludwig XIII. persönlich eingriff und das Château-Fort abreißen ließ.

In den kümmerlichen Ruinenräumen wird eine wenig attraktive lokalhistorische Ausstellung gezeigt. Auch der Ziehbrunnen und die dunklen Verliese, an deren Eingang sich jeder zweite Besucher trotz Warnung den Kopf anschlägt, sind nichts Aufregendes. Der Besuch lohnt allenfalls bei schönem Wetter einen Rundgang auf der Ummauerung – ein weiter Blick über Mauléon und die Talebene, im Süden bis zu den Pyrenäen, belohnt den Aufstieg. Tipp: Lassen Sie das Auto unten stehen, die Zufahrt ist eng und steil. Oben sind nur wenige Parkplätze, ältere Besucher werden es Ihnen danken.

◷ April bis Sept. tägl. 11–13.30 und 15–19 Uhr. 1. Junihälfte nur am Wochenende. Diese Angaben aus eigener Erfahrung und ohne Gewähr. Eintritt 30 €.

Château d'Andurain: Das Renaissance-Schloss mit seinen steinernen Fratzen im Gemäuer stammt aus dem 16. Jahrhundert und ist in Privatbesitz. Im Innern Stilmöbel aus dem 16. bis 18. Jahrhundert und hübsche Cheminées.

◷ Juli bis Mitte Sept. 11–12 und 15–18 Uhr, Do und Sonntagvormittag geschlossen. Eintritt 4,50 €.

Mauléon/Umgebung

L'Hôpital-Saint-Blaise

Das kleine Nest ist mit knapp über 50 Seelen die einwohnerärmste Kommune des französischen Baskenlands. Der Ort wartet mit einer gedrungenen Kirche aus dem 12. Jahrhundert auf: ein romanischer Bau mit spanisch-maurischen Einflüssen und damit eine Seltenheit nördlich der Pyrenäen. Die Steinquader sind nur dürftig mit Mörtel verfugt, dazwischen Eichenholzgebälk. Das Eingangsportal schmücken hübsch verzierte Kapitelle, an der Apsis eine menschliche Skulptur.

Anfahrt von Mauléon auf der D 24, dann D 25 Richtung Préchacq.

Ahusqui

Der einsame Weiler auf fast 900 m Höhe war früher ein Sammelpunkt der baskischen Schäfer. Eine großartige Landschaft: Im Westen liegt der *Col d'Aphanize*, wo noch einige wildlebende Pferde streunen, im Norden die ausgedehnte *Forêt d'Arbeilles*, im Süden führen verwegene Passsträßchen zur *Forêt d'Iraty* an der spanischen Grenze, einem der größten Laubwaldgebiete Europas.

Anfahrt von Mauléon in Richtung Süden bis Tardets, dann auf der D 247 bis Alçay und weiter auf der engen D 117 in Richtung Saint-Jean-Pied-de-Port.

Gotein (Gotane)

Das Dorf an der Straße nach *Tardets* lohnt einen kurzen Stopp für die Besichtigung seines klassischen Kalvarien-Glockenturms – zusammen mit der überdachten Vorhalle der kleinen Kirche, der hölzernen Außentreppe und dem alten Friedhof ein ungewöhnliches und harmonisches Ensemble.

Lanne

Ein weiterer kurzer Foto-Stopp bietet sich an. Die hübsche Kirche mit dem Doppelportal bildet mit dem Burggehöft dahinter eine architektonische Einheit, im Inneren überrascht eine doppelstöckige Galerie mit einem halbrunden Vorbau für den Organisten. Burg und Kirche (einst Burgkapelle) waren im Besitz von Isaac de Porthau, den *Alexandre Dumas* in seinem berühmtesten Roman als Musketier *Porthos* verewigte.

Südlich von Lanne führt ein Sträßchen hoch ins Langlaufgebiet von *Barlanes* und kurvenreich weiter nach *Sainte-Engrâce.*

Aramits

Wie Lanne hat auch Aramits dem französischen Romancier *Alexander Dumas* einen Musketier zur Verfügung gestellt – *Aramis.*

Man braucht den Ort nicht gesehen zu haben. Einen Besuch lohnt er allenfalls am Sonntagmorgen, wenn Markt gehalten wird. Sollten Sie jedoch am 3. Septemberwochenende in der Gegend sein, fahren Sie an Aramits nicht vorbei. Dann nämlich findet im Fußballstadion die jährliche *Fête des Bergers,* das Fest der Schäfer, statt: Folklore, großer Markt mit baskischen Produkten (von Käse bis Kunsthandwerk) und als eintrittspflichtiger Höhepunkt der internationale Wettbewerb der Schäferhunde, bei dem eine strenge Jury beurteilt, welcher Teilnehmer seine Herde am besten zusammenhält. Abends geht's dann auf der Festwiese am anderen Dorfende ab. Baskenmütze aufsetzen und hingehen ...

Arette

Eine Siedlung aus einstöckigen Fertighäusern im unteren Ortsteil erinnert an die Katastrophe: 1967 wurde Arette von einem Erdbeben fast vollständig zerstört. In Richtung Süden gelangt man auf der D 162 ins alpine Skigebiet von *Arette-Pierre-Saint-Martin* unweit der spanischen Grenze – im Sommer ideal für einsame Wanderungen. Auch der große Pyrenäenwanderweg *(GR 10)* führt hier vorbei.

Kalvarien-Glockenturm von Gotein

Sainte-Engrâce (Santa Grazi)

Ein paar Häuser inmitten einer einsamen Gebirgslandschaft – das ist Sainte-Engrâce, das baskische Schäferdorf schlechthin. Allein die Lage ist schon den Ausflug wert.
Die romanische Kirche aus dem 12. Jahrhundert mit ihrem eigenartig asymmetrischen Dach wurde restauriert und zeigt einige hübsch skulptierte Kapitelle; u. a. entdeckt man Salomon, der mit Königin Saba auf seinen Knien innigst schmust, derweil das Ungetüm, auf dem die hohe Dame zum Stelldichein geritten kam, seine überdimensionierte Zunge bis zum Boden hängen lässt. Auf dem Friedhof neben der Kirche Gräber mit runden, verwitterten Grabsteinen – das Baskenkreuz ist kaum mehr zu erkennen.

• *Chambres d'hôtes* **Burguburu**, bei der Kirche. DZ mit Dusche/WC ca. 40 €. Place de l'Eglise, 64470 Sainte-Engrâce. ✆ 05.59.28.61.63, ✆ 05.59.28.75.54.

• *Camping* ** **Ibarra**, 7 km unterhalb von Sainte-Engrâce. Bescheidenes Gelände für Wanderer. 40 Stellplätze. Geöffnet April bis Okt. 64560 Sainte-Engrâce. ✆ 05.59.23.73.59, www.ibarra-chantina.com.

Sainte-Engrâce ist ein idealer Ausgangspunkt für Wanderungen. Die berühmteste führt an den gebührenpflichtigen **Gorges de Kakouetta** entlang, einem nur drei bis zehn Meter breiten, jedoch bis zu 200 Meter tiefen Canyon. Der Weg beginnt ca. 3 km unterhalb von Sainte-Engrâce (Parkplatz) und verläuft teilweise unten, teilweise oben hart am Abgrund und manchmal auch – spärlich, aber ausreichend gesichert – in den nackten, senkrecht abfallenden Kalksteinwänden. Am Ende des rund einstündigen, traumhaft schönen Trips stehen Sie einem Wasserfall gegenüber. Nur für Schwindelfreie.

⌚ *Gorges de Kakouetta* Mitte März bis Mitte Nov. von 8 Uhr bis Sonnenuntergang. Eintritt 4,50 €.

Das Béarn

Ein Drittel Baskenland, zwei Drittel Béarn – so ist das Département Pyrénées-Atlantiques zusammengesetzt. Der Wunsch vieler Basken nach einem eigenen Département ist verständlich. Neben der ethnisch-kulturellen Differenz herrscht auch ein sichtbares Wohlstandsgefälle zwischen den beiden Landesteilen.

Die Basken sind Küstenbewohner und verstehen es, mit dem Tourismus Geld zu verdienen. Sie sind offen für Fremde, da viele von ihnen selbst in der Fremde waren. Die Bauern des Béarn hingegen kleben eher an ihrer Scholle, sind eigenbrötlerisch und neigen dazu, ihre Täler vor allem Fremden zu bewahren. So ist der moderne Massentourismus mehr oder weniger an ihnen vorbeigegangen. Das Land zwischen den beiden Tourismusmagneten – baskische Küste einerseits und Hautes-Pyrénées andererseits – hat viel von seiner Ursprünglichkeit bewahrt.

Zwei Landschaftstypen prägen das Béarn: Das sanfte gasconische Hügelvorland der Pyrenäen ist von den beiden Flüssen *Gave de Pau* und *Gave d'Oloron* durchzogen und äußerst fruchtbar – Getreide- und Weinanbau herrschen vor. Die beiden langgezogenen Bergtäler, die *Vallée d'Aspe* und die *Vallée d'Ossau*, gehören zu den raueren Pyrenäenregionen; hier verdrängen schwere, schwarze Schieferdächer die roten Ziegel des Unterlandes.

Béarnaiser Weinkarte

Béarn-Bellocq: kleines Anbaugebiet um Salies-de-Béarn. Fruchtige Cabernets, aber auch Rosés und Weißweine.
Madiran: Anbaugebiet im Nordosten des Departements. Hauptsächlich kräftige Rot-, daneben auch trockene Weißweine.
Jurançon: Anbaugebiet südwestlich von Pau. Trockene, leicht fruchtige Weißweine.
Zu all diesen Weinen bietet die knoblauchreiche Béarnaiser Küche eine ideale Grundlage – z. B. *Poule au pot* (der Hühnertopf Heinrich IV.) oder eine *Garbure* (kräftige Gemüsesuppe, meist mit Geflügel). Und wer kennt nicht die famose *Sauce béarnaise*, die nur ein geübter Koch schaumig zu schlagen vermag?

Am Gave de Pau entlang

Salies-de-Béarn

Das etwas abseits des Gave gelegene Städtchen bietet ein überaus harmonisches Bild. Der anmutige Wasserlauf des *Saleys* durchzieht den Ort, hübsche Erker und Laubengänge schmücken die Häuser, einige stehen, von Pfeilern gestützt, über dem Wasser. Für den Erhalt der historischen Bausubstanz engagiert sich die „Association des Amis du Vieux Salies". Auch wenn

Das zentrale Thermalgebäude in Salies (19. Jh.)

der lokale Werbeslogan vom „bearnesischen Venedig" übertreibt – das Städtchen lädt zum Streunen ein, und bei schönem Wetter ist ein Spaziergang mit der Kamera unbedingt empfehlenswert.

Die Geschichte des Orts ist eng verknüpft mit der Salzquelle, deren Wasser sich früher direkt in den Saleys ergoss. Im Mittelalter schöpften die Menschen das Wasser mit Fässern aus Eichen- oder Kastanienholz und erhitzten es in Bleipfannen, bis nur noch die weiße Kruste übrig blieb. Ausbeutung und Verkauf waren gesetzlich geregelt. Die Größe der zugestandenen Ration war

Die gepökelte Wildsau

Die Legende führt ins Mittelalter und berichtet uns von einer Wildsau, die, angeschossen, aber noch kräftig genug, ihren Jägern entwischte. Das waidwunde Tier legte sich zum Sterben in die Nähe einer Quelle und wurde erst Tage darauf gefunden – über und über mit einer weißen Kristallschicht bedeckt. Die eingepökelte Sau erwies sich damit als echtes Glücksschwein, denn sie offenbarte den hohen Salzgehalt der Quelle – mit 230 Gramm pro Liter fast achtmal so salzig wie das Meer.

Ein unauffälliger Wildschweinbrunnen im Stadtzentrum erinnert an die traurig-schöne Geschichte, die jedes Kind in Salies kennt. Nur die Archäologen behaupten stur, die Salzquelle sei schon 1500 v. Chr. genutzt worden.

In Bayonne (→ dort) erzählt man sich dieselbe Geschichte – mit dem Unterschied, dass die Bayonnaisen nicht am kostbaren Salz, sondern nur am gepökelten Wildschwein-Schinken interessiert waren.

Hier rollt der Rubel – im Casino von Salies

vom Familienstand abhängig: ein bestimmtes Quantum für verheiratete Männer, nur die Hälfte davon für Witwen und mit Ausländern verheirateten Frauen, Singles gingen leer aus. Das Gesetz galt noch im 19. Jahrhundert und sorgte für einen regelrechten Heiratsboom; unter anderem vermerken die Chronisten, dass ein 84-jähriger Hans eine 16-jährige Susanne und ein 19-jähriger David eine 84-jährige Marie ehelichte ...

Heute ist die Quelle unter der *Place du Bayaa* beim Rathaus verborgen und nicht zugänglich. Gut 700 Tonnen Salz werden jährlich gewonnen.

Das Zweite Kaiserreich war die goldene Zeit der Kurbetriebe. In Salies wurde 1857 ein großes Thermalhotel eingeweiht, die Salzwasserkur wurde hauptsächlich bei Frauenleiden angewandt – elegante Kutschen fuhren vor, denen vornehme Damen entstiegen. Die Kapazität des ersten Kurhotels war schnell ausgeschöpft, weitere Etablissements wurden gebaut. Nach dem Zweiten Weltkrieg fanden es die Patientinnen dann bequemer, pharmazeutische Produkte zu schlucken, später sorgten die thalassotherapeutischen Kurhotels an der Küste für zusätzliche Konkurrenz, mit Salies als Kurort ging es bergab.

Die Kehrtwende begann 1976. Eine Gruppe von Medizinern aus Toulouse handelte der Stadt 1976 eine 50-jährige Konzession ab. Heute steigt die Zahl der Kurgäste wieder, die Mischung aus Thermalkur und Wellness hat Konjunktur, und es ist längst nicht mehr nur die Kundschaft von Gynäkologen und Rheumatologen, die sich heute in der idyllischen Parkanlage ergeht. Wer nur ein Bad im Salzwasser nehmen möchte, kann dies für 5 € in einem Becken tun, das allerdings nicht sehr groß ist. Es ist von der Rezeption aus einsehbar, so dass der Besucher gleich weiß, ob er alleine, fast alleine oder in der Masse planschen kann. Der Aufenthalt im 35 Grad warmen Nass ist auf eine Stunde limitiert. Dann stellt sich ohnehin eine angenehme Müdigkeit ein: raus aus dem Wasser und entspannen.

Zu einem neuen Aufschwung trug auch die Kommune bei. Sie kaufte das ehemalige *Grand Hôtel du Parc*, renovierte es und eröffnete darin 1999 ein Casino. In der wunderschönen Halle mit ihrer zweistöckigen Galerie aus

Holz wurde ein luxuriöses Café eingerichtet, in den Nebenräumen reihen sich Spielautomaten, die Roulettekugel rollt wieder, und im Frühjahr 2007 wurde das neue Konzept mit 51 Hotelzimmern zu Ende gebracht.

Diverses

• *Postleitzahl* 64270

• *Information* **Office de Tourisme**, rue des Bains (Zentrum). In der Hauptsaison 9.30–12.30 und 14–18.30 Uhr, sonst 9.30–12 und 15–18 Uhr. So geschlossen ✆ 05.59.38.00.33, 📠 05.59.38.02.95, salies@tourisme-bearn-gaves.fr, www.tourisme-bearn-gaves.fr.

• *Verbindung* **Zug**: Ca. 8 km nördlich liegt Puyôo, von dort aus Verbindungen nach Bayonne, Pau und Lourdes.
Bus: Tägl. vier Busse nach Dax und über Sauveterre-de-Béarn nach Mauléon.

• *Markt* Wochenmarkt Donnerstagvormittag auf der zentralen Place du Bayaa.

• *Waschsalon* **Salon Lavoir GTI**, 3, rue Paul-Jean Toulet, bei der mittleren Brücke am Saleys. Tägl. 9–20 Uhr.

• *Hotels* *** **Hôtel du Parc**, beim Thermalbad. Rund um den zentralen Saal des Casinos aus der Belle Epoque wurden 2007 auf der ersten und zweiten Etage insgesamt 51 Zimmer verschiedener Größe eingerichtet. Alle sehr gepflegt. Ruhige Lage, Zimmer teils mit Blick auf den Kurpark. DZ 80–110 €. Boulevard Saint-Guily. ✆ 05.59.38.31.27, 📠 05.59.38.31.29, www.hotelcasinoduparc.fr.

** **Helios**, 1 km in Richtung Orthez, am Rand des 12-Loch-Golfplatzes in ruhiger Lage. Freundlicher Empfang. Das etwas ältliche Clubhotel der Golfspieler ist auch für Nichtspieler da. 11 verschieden große, sehr gepflegte Zimmer, größtenteils mit Holzböden, die schönsten mit großem Balkon, von dem aus man den Spielern zuschauen kann. DZ mit Dusche/WC 55–68 €. Chemin de Labarthe. ✆ 05.59.38.37.-59, 📠 05.59.38.13.91, www.golf-salies.com.

• *Camping* **Esperbasque**, 2 km außerhalb des Orts, an der Straße nach Sauveterre. Ein freundliches Besitzerpaar, ein paar Gänse und sechs Pferde erwarten den Gast dieses ungewöhnlichen Platzes. Letztere werden übrigens an Camper auch ausgeliehen. Schönes Terrain mit mehreren Wohnhäusern (Appartements, Gîte) und Stallungen. Knapp 70 Plätze verteilen sich über verschiedenen Stellen auf dem Gelände. Absolut ruhige Lage, viel Schatten unter Nadel- und Laubholz, gepflegte sanitäre Anlagen, Heißduschen und Waschmaschine. Etwas abseits, mitten in der Natur, ein schönes Schwimmbad. Unsere Empfehlung. Ganzjährig geöffnet. Route de Sauveterre. ✆ 05.59.38.21.04, douma@esperbasque.com, www.esperbasque.com.

• *Restaurant* **La Tannerie**, gegenüber der Tourist-Information. Menus zu akzeptablen Preisen und diverse Salate in gigantischen Portionen. Außenbetischung. Rue des Bains. ✆ 05.59.38.34.19.

Sehenswertes

La Maison du Sel: an der Rue des Puits Salants (etwa gegenüber der Kirche, auf der anderen Flussseite). In einem „Salzmacher"-Haus aus dem 17. Jahrhundert wurde 1992 das Salzmuseum von Salies neu eingerichtet. Neben diversen Informationen zur Geschichte der Salzgewinnung, Dokumenten, Fotos und Zeichnungen ist eine beeindruckende Rekonstruktion einer „Salzmacher"-Werkstatt zu sehen. Einrichtungen der gezeigten Art waren in Salies bis Mitte des 19. Jahrhunderts in Betrieb.

🕘 Mai/Juni und Sept./Okt. Di–Sa 15–18 Uhr. Juli/Aug. Di–Sa 15–19 Uhr. Eintritt 4 €. Die Eintrittskarte berechtigt auch zum Besuch des kleinen „Musée des Arts et Traditions Béarnaises" beim Rathaus (selbe Öffnungszeiten).

Orthez

Orthez ist eines der typischen Provinzstädtchen, von denen man nicht recht weiß, ob sie einen Halt rechtfertigen. Irgend etwas gibt es dann aber meistens doch zu sehen. In Orthez verdient zumindest die für den Verkehr gesperrte **alte Brücke** über den Gave Beachtung, auf deren Mitte sich ein Torturm erhebt. Bei schönem Wetter empfehlen wir den Spaziergang auf der von einigen schmucken Häusern gesäumten *Rue Moncade* hoch zur **Tour Moncade**, einem Überbleibsel der einstigen Herren des Béarn.

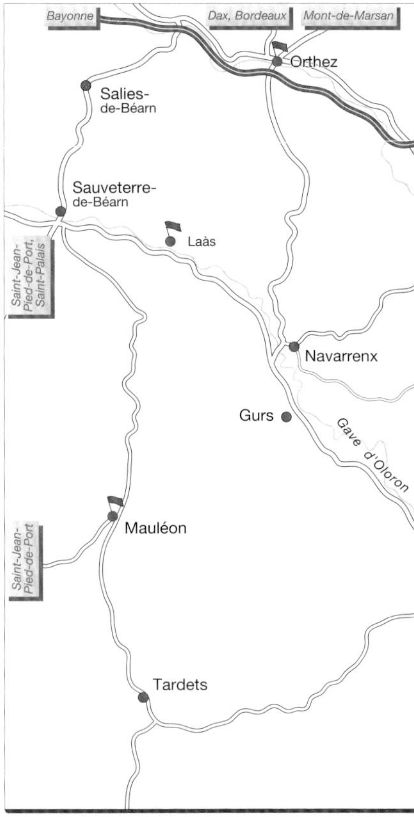

Mit den d'Albrets, die 1482 im Béarn die Macht übernahmen, stieg Pau zur Hauptstadt auf. Die Vorgänger der d'Albrets hingegen, die Grafen von Foix, regierten vom damals größeren Orthez aus. Der berühmteste dieses alten Geschlechts war *Gaston III.*, der sich Gaston Phoebus nannte. Zeitgenossen berichten von ihm als einem edlen und klugen, gelegentlich auch jähzornigen Ritter, der gerne zu nächtlichen Gelagen und politischen Diskussionen ins Schloss einlud. Da er zu seinem Freundeskreis auch *Jean Froissart* zählte, den großen Chronisten des Hundertjährigen Krieges, weiß man relativ viel über ihn. Seine außenpolitisch bedeutendste Tat war der Abbruch der traditionellen Beziehungen zu England und die Proklamierung eines unabhängigen Béarn, das er aus dem Hundertjährigen Krieg herauszuhalten verstand.

Aus der Zeit des Gaston Phoebus sind in Orthez der Donjon des ehemaligen Schlosses *(Tour Moncade)* und Teile der *Kirche Saint-Pierre* mit ihrer wehrhaften Nordseite erhalten.

- *Postleitzahl* 64300
- *Information* **Office de Tourisme**, Maison Jeanne d'Albret, im Zentrum. Ein stattliches Renaissance-Haus zu Ehren der berühmten Protestantin. Die noble Dame hat es allerdings nie besucht. Sehr freundlicher Empfang, etwas Material über das Städtchen und seine Umgebung. Kleine Verkaufsausstellung mit Produkten aus der Umgebung, v. a. Weine und Liköre.
Juli/Aug. 9.30–12.30 und 14–19 Uhr, Sonntagnachmittag geschlossen. Sept. bis Juni Mo–Sa 9–12 und 14–18 Uhr. ✆ 05.59.38.32.84, ℻ 05.59.69.12.00, orthez@tourisme-bearn-gaves.fr.
- *Verbindung* **Zug**: Problemlos mit überregionalen Linien nach Pau, Lourdes, Dax, Bordeaux, Bayonne. Der Bahnhof befindet sich südöstlich des Zentrums.
- *Markt* Wochenmarkt Di und Sa jeweils vormittags auf der Place d'Armes.
- *Hotel* ** **Au Temps de la Reine Jeanne**, direkt gegenüber dem Office de Tourisme. Renoviertes Stadthaus mit komforta

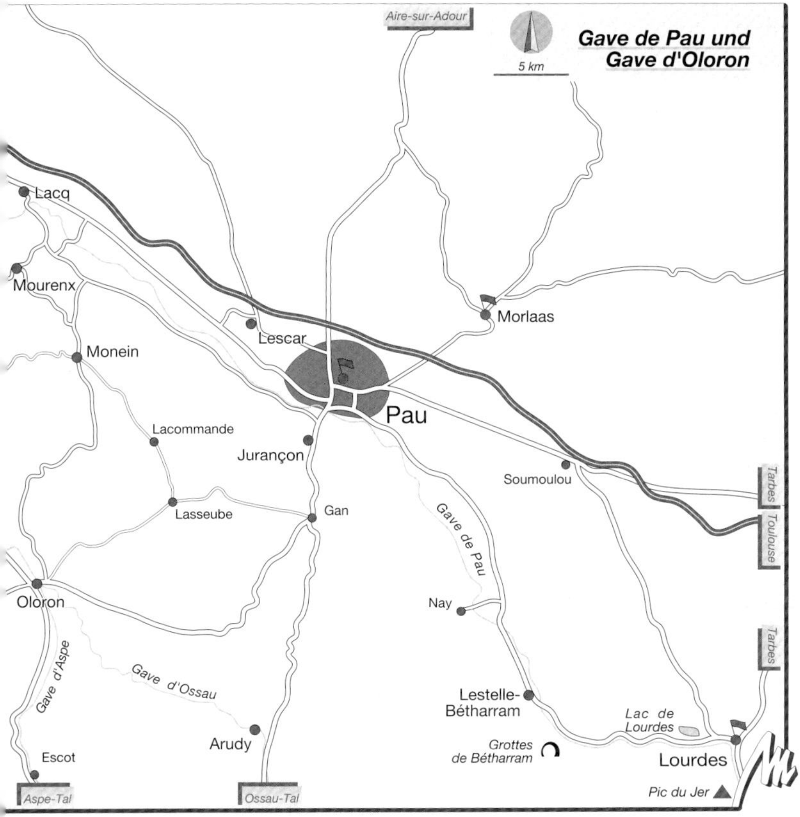

blen Zimmern. Schickes Restaurant mit regionaler Küche. DZ 60–95 €. Zweite Februarhälfte geschlossen. 44, rue Bourg-Vieux. ✆ 05.59.67.00.76, ✆ 05.59.69.09.63, www.reine-jeanne.fr.

• *Brasserie* **Café Place d'Armes**, am gleichnamigen Platz. Anspruchslose Atmosphäre eines Bahnhofbuffets, aber bei Einheimischen beliebt. Der Tipp für den kleinen Snack in Orthez. Versuchen Sie z. B. den Salade Béarnaise – Kopfsalat, Eier, Wurst, Tomaten, Schinken ...

Sehenswertes

Tour Moncade: Ein kurzer Spaziergang führt vom Zentrum über die *Rue Moncade* hoch zum pentagonalen Turm aus dem 13. Jahrhundert, der einst als Donjon des Schlosses fungierte – und als Schatzkammer. Hier nämlich hortete *Gaston Phoebus* das Geld, das er unten am Gave als Brückenzoll einstrich. An der Südwestseite wurde ein Teil des einst ringförmig um das Schloss angelegten Schutzwalls freigelegt.

⌚ Mai/Juni und Sept. 10–12.30/14.30–18.30 Uhr. Juli/Aug. 10–12.30/15–19 Uhr. Eintritt 3 €.

Lacq

Wenn Sie von Orthez auf der N 117 in Richtung Pau fahren, können Sie das Areal mit seinen Gas-Silos und Schloten nicht übersehen. Lacq hat die Aquitaine zur wichtigsten Gasregion Frankreichs gemacht. Die Vorkommen wurden 1951 entdeckt, werden aber erst seit 1957 ausgebeutet, da der starke Schwefelgehalt technische Probleme verursachte. In den Jahren 1957–60 wurde 5 km südlich der Arbeitsplätze **Mourenx**, eine komplett neue Stadt, aus dem Boden gestampft.

Das aus 32 Brunnen abgeschöpfte Rohgas wird erst entschwefelt, Kohlendioxyd und Schwefelwasserstoff werden eliminiert. In einem nächsten Arbeitsgang, der sog. Dégasolinage, werden dann die Kohlenwasserstoffe (Propan, Butan, Benzin) extrahiert. Das so gereinigte Gas hat jetzt einen Methangehalt von 96 % und kann über Pipelines in Richtung Bayonne und Paris gepumpt werden. Um den Produktionsrhythmus vom Verbrauch unabhängig zu halten, wurde 50 km nördlich in *Lussagnet* bei *Aire-sur-Adour* ein unterirdisches Gasdepot angelegt.

Bei den gelben Hügeln auf dem Gasfeld von Lacq handelt es sich um Schwefel. Er ist wie Butan, Propan und Benzin eines der kommerziellen Nebenprodukte, die bei der Gasreinigung abfallen.

Eine Fahrt rund um das Gelände mit Blick auf die Produktionsanlagen ist gestattet und sogar empfehlenswert. Der Zutritt bleibt den Beschäftigten vorbehalten. Wenn Sie unbedingt zu diesen gehören bzw. Ihr Urlaubsgeld aufbessern wollen: versuchen Sie's beim Büro für Zeitarbeit – gleich neben der Post in Lacq. Einschlägig Interessierten sei der Besuch des *Informationspavillons der Elf-Aquitaine* empfohlen, dort wird eine Ausstellung rund um das Lacq-Gas gezeigt. Der Pavillon liegt an der Nordostseite des Gasfeldes, an der N 117.

⌚ *Informationspavillon Elf-Aquitaine* Mitte Juni bis Mitte Sept. Mo–Fr (Mittagspause).

Lescar

Das mittelalterliche Städtchen steht an der Stelle der gallo-römischen Siedlung *Beneharnum*, die dem Béarn seinen Namen gab, und war bis 1801 Bischofssitz. Die **Kathedrale Notre-Dame** zeigt an der Apsis wunderschöne Skulptierungen, an denen sich Interpreten aus aller Welt versuchten: u. a. ein Fabelwesen mit zwei Schwänzen, ein Lastenträger, ein hockender Teufel mit einer Schlange auf den Knien. Im Inneren beeindrucken das wuchtige romanische Gewölbe und die teils mit biblischen Motiven verzierten Kapitelle. Eine Bronzetafel im Chor erinnert an die Großeltern Heinrichs IV., die in der Kathedrale begraben wurden: *Margarete von Angoulême* und *Heinrich II. von Albret*, Königin und König von Navarra.

Gleich unterhalb der Kathedrale befindet sich ein kleines **lokalhistorisches Museum**. Schönstes Ausstellungsstück ist ein großes Mosaik aus der gallo-römischen Zeit.

⌚ *Museum* Mitte April bis Okt. 11–12.30 und 15–18.30 Uhr, Di geschlossen. Eintritt frei.

Pau – Pyrenäen-Promenade

Pau

Die Departementshauptstadt, von der das Béarn und das französische Baskenland verwaltet werden, ist über den Rang eines Landstädtchens hinausgewachsen. Pau hat wirtschaftlich stark von den Gasvorkommen bei Lacq profitiert und verfügt über eine eigene, junge Universität. Im Norden erstrecken sich die Wohnviertel bis zur Autobahn.

Vom lauten Stadtzentrum erholt man sich hervorragend bei einem Spaziergang auf dem *Boulevard des Pyrénées.* Napoleon I. soll den Bau dieser großangelegten Promenade, die sich wie eine Terrasse von der alten Schlossanlage bis zum Casino zieht, persönlich angeordnet haben. Die Aussicht über das Tal auf die Gebirgskette der Pyrenäen sei *wie eine Symphonie in A-Dur,* schwärmte Kurt Tucholsky. Es stimmt.

Vom Bahnhof führt eine Seilbahn hoch zur Promenade – ein freundlicher Gratisservice der Stadt. Für den Weg hinunter sei als Alternative der *Sentier du Roi* (Königsweg) durch die üppige Vegetation empfohlen.

Geschichte

Der Stadtname geht auf das okzitanische Wort für *Palisade* zurück; Pau war einst kaum mehr als ein schlichter militärischer Posten – eben mit einer einfachen Holzpalisade befestigt. Einzelne Bauten des Schlosses stammen aus dem frühen Mittelalter, eine komplette Neubefestigung unternahm *Gaston Phoebus* (→ Orthez). Von ihm stammt die *Tour de la Monnaie* – erkenntlich an ihrem Ziegelstein, ein bis dahin unbekanntes Baumaterial, das der berühmte Ritter ins Béarn einführte.

Nach Lescar, Morlàas und Orthez wurde Pau in der zweiten Hälfte des 15. Jahrhunderts vierte und endgültige Hauptstadt des Béarn. Der große Aufschwung kam dann mit den d'Albret, die 1484 die Krone von Navarra erbten. Als 1553 *Heinrich IV.* im Schloss geboren wurde (→ „Lou nouste Henric"), war Pau bereits eine ansehnliche Residenzstadt.

Im Jahr 1763 kam in Pau ein weiterer König zur Welt. Das blaue Blut floss ihm zwar nicht in den Adern, doch machte er als Marschall unter *Napoleon I.* und später als dessen Gegner Karriere: *Jean Baptiste Bernadotte*, der 1818 als König *Karl XIV. von Schweden* inthronisiert wurde – der Urururgroßvater des derzeit amtierenden schwedischen Staatsoberhaupts, dessen Gemahlin *Silvia* gelegentlich durch die deutsche Regenbogenpresse geistert. Das Geburtshaus Bernadottes ist heute als Museum eingerichtet.

Im 19. Jahrhundert erlebte Pau noch einmal einen Aufschwung. Die englische High Society fand es schick, sich hier zum Winterurlaub einzufinden. In *Billère*, westlich von Pau, wurde der erste kontinentale Golfplatz angelegt, und auch das elegante *Casino* stammt aus dieser kurzen, aber glanzvollen Zeit, in der Pau als das „St. Moritz der Pyrenäen" galt.

Information/Verbindungen

• *Postleitzahl* 64000

• *Information* **Office de Tourisme**, place Royale. Kompetent in allen Belangen. Reservierung von Bussen und Durchführung von organisierten Ausflügen, z. B. nach Saint-Jean-Pied-de-Port.
Juli/Aug. Mo–Fr 9–18.30 Uhr, Sa 9–18 Uhr, So 9.30–13 und 14–18 Uhr. Sept. bis Juni Mo–Sa 9–18 Uhr, So 9.30–13 Uhr. ✆ 05.59.27.27.08, 05.59.57.03.21, omt@pau.fr, www.pau-pyrenees.com.

• *Verbindung* **Flug**: Mit Air France tägl. mehrmals nach Paris sowie Direktflüge nach Lyon. Der Flughafen „Pau-Pyrénées" befindet sich 13 km nordwestlich der Stadt, vom Bahnhof aus für ca. 5 € in 25 Min. mit dem Pendelbus erreichbar. Flughafen ✆ 05.59.33.33.00. Air France ✆ 08.02.80.28.02.
Büro der Air France in Pau: 12, rue Maréchal Foch, ✆ 05.59.27.71.78.
Zug: TGV nach Paris. Gute Verbindung nach Orthez, Dax, Bordeaux, Lourdes, Bayonne. Wenige Züge, dafür auch Busse nach Oloron.
Bus: 3-mal tägl. über Oloron das Aspe-Tal hoch über den Somport-Pass bis zum spanischen Canfranc (von dort fährt die spanische Eisenbahn weiter nach Zaragoza). Mehrere Busse tägl. ins Ossau-Tal bis Laruns. Unregelmäßige Verbindung mit Saint-Jean-Pied-de-Port. Abfahrt am Bahnhof oder an der Avenue De-Lattre-de-Tassigny.
Seilbahn Bahnhof–Boulevard des Pyrénées: Mo–Sa 6.45–21.40 Uhr, So 13.30–21 Uhr im Dreiminutentakt. Fahrzeit ca. 90 Sekunden. Pro Kabine dürfen 2 Fahrräder mitreisen. Gratis.

Diverses

• *Autovermietung* Am Flughafen sind alle großen Firmen vertreten, in der Stadt:
Avis, av. Jean Biray (Nähe Bahnhof), ✆ 05.59.82.81.90.
Hertz, av. Jean Biray (Nähe Bahnhof), ✆ 05.59.27.09.86.

• *Parken* Im Zentrum nervenaufreibend und kostenpflichtig. Gratisplätze gibt's an der Place de Verdun (Großparkplatz) und beim Casino. Ist auch dort kein Platz zu finden, bleiben noch die ausgeschilderten Parkhäuser und die Nebenstraßen ein paar Minuten außerhalb des Geschäftszentrums.

• *Fahrradwege* Das Fahrradwegenetz in der Stadt ist noch nicht sehr groß; die Stadtverwaltung hat aber angesichts des motorisierten Verkehrsaufkommens beschlossen, vermehrt in die schadstofffreie Fortbewegungsmöglichkeit zu investieren.

• *Einkaufen* **Marmelade**. Marmelade als Souvenir – Sie brauchen sich nicht zu genieren. Gekrönte und ungekrönte Staats-

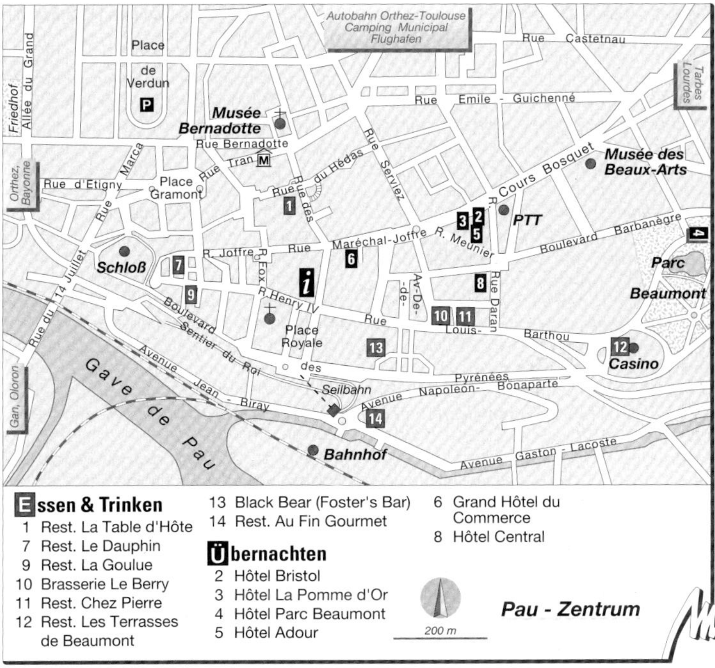

oberhäupter, Stars aus dem Show-biz und Starlets der Regenbogenpresse erwiesen dem Confiturier *Francis Miot* schon die Ehre. 1988–90 Weltmeister seines Fachs und seither jährlich von der Branche hoch dekoriert! 48, rue Joffre.

• *Markt* **Bio-Markt** jeweils Mi und Sa auf der Place du Foirail (knapp nördlich des Zentrums).

Trödelmarkt jeweils Sa und So, ebenfalls auf der Place du Foirail.

Übernachten

Paus einziger Campingplatz ist wenig attraktiv und überdies weit vom Stadtzentrum entfernt. Für den Stadtbesuch bieten sich zahlreiche Hotels – auch billige – in zentraler Lage an. Eine komplette Liste ist im Office de Tourisme erhältlich.

• *Hotels* **** **Parc Beaumont (4).** Paus erste Adresse. Großer, 2004 eröffneter Neubau mit eleganter, leicht geschwungener Architektur auf dem ehemaligen Tennisplatz. Schöne, helle Zimmer mit geräumigen Bädern, die besseren mit Terrasse zur Parkseite hin. Im Souterrain einladender Swimmingpool mit ausreichend Plätzen rundum, Hamam und kleine Beauty-Abteilung. DZ 185–250 €, teurer sind Suiten und Familienzimmer. 1, rue Edouard VII. ✆ 05.59.11.84.00, ℻ 05.59.11.85.00, www.hotel-parc-beaumont.com.

*** **Bristol (2)**. Komfortable, größtenteils renovierte Zimmer, von der vierten Etage aus Blick auf die Pyrenäen. Stilvoller Salon. Hoteleigener Parkplatz (nachts abgesperrt). Weihnachten bis Neujahr geschlossen. DZ 75–95 €. 3, rue Gambetta. ✆ 05.59.27.72.98, ℻ 05.59.27.87.80, www.hotelbristol-pau.com.

** **Central (8)**. Im Jahr 2002 erfuhr das Hotel einen Direktionswechsel sowie eine komplette Renovierung, 2005 einen erneuten Direktionswechsel und eine weitere Renovierung. Individuell gestaltete Komfortzimmer mit schalldichten Fenstern. Die Größe variiert stark, von der Suite auf der Dachetage mit zwei Doppelbetten bis zum kleinen Eco-Zimmer mit Dusch-Abteil. Alle Zimmer mit Wi-Fi-Anschluss, hoteleigener Internet-Service in einem speziellen Räumchen bei der Rezeption. DZ je nach Größe 44–67 €, während Festivals erhöhte Preise. Weihnachten bis Neujahr geschlossen. 15, rue Léon Daran. ✆ 05.59.27.72.75, ✆ 05.59.27.33.28, www.hotelcentralpau.com.

** **Grand Hôtel du Commerce (6)**. Gute und zentrale Adresse um einen langgestreckten, im Sommer betischten Innenhof. Das Frühstück nehmen Sie im Louis-XIII-Salon-Imitat ein. DZ 48–57 €, alle mit Dusche/WC und geschmackvoll eingerichtet. 9, rue de Maréchal Joffre. ✆ 05.59.27.24.40, ✆ 05.59.83.81.74, hotel.commerce.pau@wanadoo.fr.

** **Adour (5)**. Angenehmes Haus, freundlicher Empfang. DZ mit Dusche/WC 46–48 €. Letzte Augustwoche und letzte Dezemberwoche geschlossen. 10, rue Valérie Meunier. ✆ 05.59.27.47.41, ✆ 05.59.83.86.49, www.hotel-adour-pau.com.

* **La Pomme d'Or (3)**. Freundlich, klein und billig, die Zimmer zur Straße hin schallgeschützt. DZ 28–41 € je nach sanitärem Komfort. 11, rue Maréchal Foch. ✆ 05.59.11.23.23, ✆ 05.59.11.23.24.

• *Chambres d'hôtes* **Maison Rancèsamy**, in sehr ruhiger Lage in Lasseube, 17 km von Pau entfernt: Erst auf der N 134 bis Gan, dort hinter der Apotheke rechts die D 24 Richtung Lasseube, nach 9 km links auf die D 324, dann gleich nach dem großen, weißen Bauernhaus rechts weg, noch über zwei Brücken, dann sieht man das Haus links. Miss Browne vermietet 5 Zimmer mit Dusche/WC (1–4 Personen) in einem renovierten Béarnaiser Haus aus dem 18. Jh. Manchmal wird auch ein gutes 4- bis 5-gängiges Menu angeboten. Großer, gepflegter Garten mit Swimmingpool. Daneben ein Kräuter- und Gemüsegarten für die gute Küche. DZ 60–74 € inkl. Frühstück. Nicht nur Französisch, sondern auch English spoken. Quartier Rey, 64290 Lasseube. ✆/✆ 05.59.04.26.37, www.missbrowne.com.

• *Camping* ** **Municipal La Plaine des Sports**. Selbstfahrer folgen vom Zentrum aus erst den Schildern „Autobahn Bayonne", dann „Palais du Sport". Zwischen Stadtrand und Autobahn gelegenes Terrain mit ca. 70 Stellplätzen. Wiese mit Bäumen. Der Tenniscourt des Sportzentrums liegt gleich daneben. Geöffnet Juni bis Mitte Sept. Bd du Cami-Salié. ✆ 05.59.02.30.49, ✆ 05.59.82.83.61, direction.sport@ville-pau.fr.

Lou nouste Henric

Seinen Namen tragen Straßen, Plätze und Hotels im ganzen Béarn, sein Denkmal in der Residenzstadt Pau haben die Béarnaiser „Lou nouste Henric" beschriftet. Heinrich IV., 1589–1610 König von Frankreich, ist Béarnaise und deshalb „ihr" Heinrich. Er versprach „jedem Untertan sonntags ein Huhn im Topf" – ein sympathisches Regierungsprogramm – aber nicht damit machte er Geschichte, sondern mit dem 1598 erlassenen Toleranzedikt von Nantes, das in Frankreich die Religionskriege beendete.

Heinrich stammt aus dem Geschlecht der d'Albret, einfachen gasconischen Landedelleuten. Ihnen fiel 1484, als das Grafengeschlecht von Foix ausstarb, das Königreich Navarra als Erbschaft zu und damit auch das Béarn, das sich zuvor mit Navarra vereinigt hatte. Das Schloss von Pau entwickelte sich schnell zu einem Ort künstlerischer und intellektueller Debatten sowie ausgiebiger Gelage. Mit Jeanne d'Albret, der Mutter Heinrichs, fand die fröhliche Tradition ein Ende, Nüchternheit und Sittenstrenge hielten Einzug ins Schloss. Die Königin trat zum protestantischen Glauben über, und mit ihr – wie damals üblich – das gesamte kleine Königreich in den Pyrenäen. Jeanne d'Albret scheint nicht gerade den Sex-Appeal einer Marilyn Monroe besessen zu haben. An Femininem hätte sie, spottet ein zeitgenössischer Chronist, nur das Geschlecht. Hochschwanger begleitet sie ihren Gemahl Antoine de Bourbon nach Flandern ins Schlachtfeld. Als der Geburtstermin näher rückt, fährt sie in der Kutsche zurück nach Pau, eine unbequeme Reise auf holprigen Wegen, und erreicht nach neunzehn Tagen gerade noch rechtzeitig das Schloss. Damit der erwünschte Knabe dereinst kräftig und mutig werde, singt die Mutter während der Wehen lauthals gasconische Lieder. Kaum hat der kleine Heinrich von Navarra das Licht der Welt erblickt, reibt ihm der Großvater die Lippen mit einer Knoblauchzehe ein und gibt ihm einen kräftigen Schluck Jurançon-Wein zu trinken und legt seinen Enkel in die Wiege– ein Schildkrötenpanzer, den man noch heute im Schloss besichtigen kann. Und wer die blumige Geburtsstory nicht glaubt, ist selber schuld.

Der Prinz wächst im Landschloss Coarraze zwischen Pau und Lourdes auf und streift ganz unstandesgemäß mit den Bauernkindern durch die Wälder und Berge des Béarn. Doch die ehrgeizige Jeanne d'Albret hatte größeres im Sinn mit ihm, schließlich floss in seinen Adern das blaue Blut der Bourbonen. Sie arrangierte die Hochzeit ihres Sohnes mit *Margarete von Valois,* Tochter Heinrichs II. (von Valois) und Katharinas von Medici, Schwester des französischen Thronerben Heinrich von Valois (Sohn von Heinrich II). Katharina funktionierte das Fest zur berühmten Pariser Bluthochzeit um. Das von ihr veranlasste Abschlachten von Hugenotten ging als Bartholomäusnacht in die Geschichte ein, der protestantische Bräutigam floh in die heimatlichen Gefilde.

Heinrich von Navarras nunmehriger Schwager Heinrich von Valois bestieg 1574 als *König Heinrich III.* den französischen Thron; ihm stellte sich der katholische Heinrich von Guise in den Weg. Der König ließ ihn 1588 ermorden und wurde bald darauf selber ermordet – ohne je Vaterfreuden genossen zu haben. Fazit: Von den drei Heinrichen blieb einzig der aus dem Béarn übrig, und ihm fiel nach geltendem Recht die französische Krone zu. Heinrich von Navarra nannte sich fortan Heinrich IV.

So also erbte Heinrich IV. die Krone. „Ich gebe nicht das Béarn an Frankreich, sondern Frankreich an das Béarn“, verkündete er bei der Krönungszeremonie. Schön gesagt – Béarnaiser Lokalpatrioten sind ihm heute noch dankbar dafür – aber Heinrich IV. hatte nur die Krone und nicht das dazugehörige Königreich. Dies musste er sich erst erkämpfen. Vom Béarn aus brachen seine Truppen zu einem unseligen und blutigen Siegeszug durch die französischen Provinzen auf. Nur mit dem katholischen Paris kam er nicht zu Rande, und da ein französischer König ohne die Hauptstadt Paris undenkbar ist, trat er 1593 in einem feierlichen Zeremoniell zum katholischen Glauben über. Fünf Jahre später beendete er mit dem Toleranzedikt von Nantes die Religionskriege.

Das Geschlecht der Bourbonen, das mit Heinrich IV. in Paris an die Macht kam, regierte Frankreich fortan ununterbrochen – bis 1793 die Revolutionäre Ludwig XVI. den Prozess machten, um ihn anschließend zu köpfen.

Essen/Trinken (→ Karte S. 331)

Die Auswahl in der Hauptstadt ist groß: natürlich béarnaisische Küche, aber auch italienische, spanische, nordafrikanische, vietnamesische, chinesische ... Zu einem kleinen Zentrum der Gastronomie hat sich die Rue du Hédas entwickelt.

• *Restaurants* **Chez Pierre (11)**. Monsieur Casau gehört zu den Maîtres-Cuisiniers Frankreichs. Dem Gourmet ist somit Top-Qualität garantiert, die Preise sind entsprechend. Mo und Sa jeweils mittags und So ganztags geschlossen. 16, rue Louis Barthou. ✆ 05.59.27.76.86.

Au Fin Gourmet (14). Die Alternative zu Pierre. Pavillonartiger Bau gegenüber dem Bahnhof mit viel Licht, nach hinten schöner Garten. Edles Ambiente. Ob Täubchen, Ente oder Fisch: der passende Wein kommt auf den Tisch. Sonntagabend sowie Mo und Mi jeweils mittags geschlossen. 24, av. Gaston Lacoste. ✆ 05.59.27.47.71.

La Table d'Hôte (1). Sehr sympathisches, ruhiges Restaurant mit hübscher Terrasse und meist sanfter Musik. Menus, auch Fischküche. So Ruhetag. 1, rue du Hédas. ✆ 05.59.27.56.06.

Les Terrasses de Beaumont (12). Marktgerechte, gute Küche im Kongresszentrum neben dem Casino, auf der einladenden Terrasse zum Park serviert. Parc Beaumont. ✆ 05.59.11.21.08.

Le Dauphin (7). Vorzügliches Fischrestaurant, aber auch traditionelle französische Küche, von Lesern empfohlen. Sept. bis März Mo und Sonntagabend geschlossen. Place des Etats. ✆ 05.59.27.20.48.

La Goulue (9). Regionale Küche mit preiswerten Menus, mittags auch zweigängige. Die Sauce Béarnaise ist bestimmt dabei. Mi geschlossen. 13, rue Henri IV. ✆ 05.59.27.44.44.

Brasserie Le Berry (10). Äußerst populäre und preiswerte Brasserie, in der man oft nur schwer einen Platz findet. Die Portionen sind eines Gargantua würdig: riesige Nieren an einer Knoblauch-Petersilien-Sauce, XXL-Entrecôtes oder ein Berg Tartar. 4, rue Gachet. ✆ 05.59.27.42.95.

• *Bars* **Black Bear (Foster's Bar) (13)**. Beliebtes Bierlokal. Geräumiger Saal meist laut beschallt, im Sommer lange Holztische draußen, viel studentisches Publikum. Geöffnet bis 3 Uhr früh. Bd Aragon. ✆ 05.59.27.52.67.

Sehenswertes

Schloss: Es bleibt – trotz aller nachstehenden Kritik – die Sehenswürdigkeit Nummer eins von Pau. Die ältesten Teile datieren aus dem 12. Jahrhundert. Von *Gaston Phoebus* (→ Orthez), der im 14. Jahrhundert die Anlage neu befestigte, stammt der Ziegelsteinturm *(Tour de la Monnaie). Margarete d'Angoulême*, hat der Schlossanlage im 16. Jahrhundert mit einigen Renaissance-Elementen ihren Stempel aufgedrückt. Der Bürgerkönig Ludwig Philippe (1830–48) kümmerte sich um eine Erneuerung des Mobiliars. Napoleon III. ließ für seine Eugénie ein Appartement einrichten und fügte der Anlage einen weiteren Turm hinzu. Das Schloss von Pau fand erst Ruhe vor den Architekten, als Frankreich keine Monarchen mehr hatte.

„... und bestände nicht auch hier die verdammte Unsitte, Besucher während der Besichtigung zu entmündigen und unter Kuratel eines früheren Unteroffiziers zu stellen, der von Tuten und Blasen keine Ahnung hat, so fühlte man sich restlos glücklich. So aber treibt jener die Hammelherden unter Absingung eines törichten Rezitativs durch die Räume, und man hammelt traurig mit." (Kurt Tucholsky) Ganz so schlimm ist es nicht mehr. Der pensionierte Unteroffizier ist heute durch eine Dame oder einen Herrn mit dem Schildchen „Musées de France" ersetzt, aber er hat es immer noch eilig, die Besucherströme durch all die Säle zu schleusen.

Rushhour in den Pyrenäen

An der gewaltigen Zisterne vorbei gelangt man in den trapezförmigen Innenhof, wo die Führung beginnt. Unter den Sälen beeindruckend ist der frühere Ruheraum der Garde, der später zum Bankettsaal für 100 Personen umfunktioniert wurde – Carrara-Marmor und an den Wänden Gobelins aus dem 17. Jahrhundert. Auch die Räume in der ersten Etage (Wartesaal, Rezeptionssaal) sind voller kostbarer Wandteppiche. An Napoléon III., der dreimal im Schloss weilte, erinnert eine Büste. Kaiserin Eugénie, deren prunkvolles Himmelbett noch immer dasteht, hinterließ ihr Nähkästchen. In der zweiten Etage wird der Besucher in das mit Samt ausgekleidete Schlafzimmer Jeanne d'Albrets geführt, die ihre Nächte in einem schmukken, holzgeschnitzten Bett (Einstieg von hinten) verbrachte. Ebenfalls in der zweiten Etage findet man den Geburtssaal Henri IV mit weiteren Gobelins und – wie eine Reliquie präsentiert – die legendäre Wiege, in die der königliche Säugling gelegt wurde, ein riesiger Schildkrötenpanzer.

🕐 Das Schloss ist nur mit einer Führung (ca. 75 Min.) zu besichtigen. Juni bis Mitte Sept. 9.30–11.45/14–17 Uhr. Mitte Sept. bis Mitte Juni 9.30–12.15/13.30–17.45 Uhr. Eintritt 5 €.

Musée Bernadotte: Am Eingang flattert die schwedische Nationalflagge, im Haus wurde *Jean Baptiste Bernadotte* geboren. Seine militärische Karriere machte er als Marschall unter Napoleon I., 1798 heiratete er dessen frühere Geliebte *Désirée*, die Heldin in Annemarie Selinkos gleichnamigem Historienschinken. In den Befreiungskriegen (1813–15) kämpfte Bernadotte dann als schwedischer Kronprinz – er wurde zuvor vom König adoptiert – in der antinapoleonischen Koalition, 1818 bestieg er als Karl XIV. den Thron von Schweden. Das Museum ist recht angestaubt. In der Hauptsache Stiche und Porträts, daneben die komplett erhaltene Kücheneinrichtung des Hauses.

🕐 10–12 und 14–18 Uhr, Mo geschlossen. Eintritt 3 €.

Musée des Beaux-Arts: Die Sammlung zeigt eher Quantität als Qualität. Spanische, italienische, flämische, niederländische und jede Menge französische Malerei. Als Sujet darf natürlich Heinrich IV. nicht fehlen. Im Aufgang zeigt ein Riesengemälde die Geburt des „Bon Roi" (ohne den legendären Schildkrötenpanzer) bzw. den Moment danach, ein weiteres Gemälde thematisiert den öffentlichen Übertritt des Königs zum Katholizismus. Interessanter als der Museumsbestand sind die Wechselausstellungen des Hauses.

⌚ 10–12 und 14–18 Uhr, Di geschlossen. Eintritt 3 €.

Pau/Umgebung

▶ **Jurançon-Weingebiet**: Das Gebiet des bekannten Béarnaiser Weißweins – trocken, süß oder vollmundig – erstreckt sich westlich von Pau zwischen den beiden Gaves. Wer nur schnell ein paar Flaschen einkaufen will, findet in **Gan** (direkt an der Straße) die *Cave des producteurs de Jurançon*, zu der sich rund 300 Winzer zusammengeschlossen haben: Jurançon sec ab ca. 3,50 € die Flasche.

Wer mehr Zeit hat, begibt sich in das Herz des hügeligen Weingebiets und begibt sich nach **Lacommande**. Das 200-Seelendorf an der Compostela-Route besitzt eine malerische romanische Kirche, deren Chor einen Arkadensaum mit schön skulptierten Kapitellen aufweist. Die an die Kirche angebaute „Commanderie" aus dem 12. Jahrhundert dient heute als Ort für Ausstellungen und bietet auch einige Betten für Jakobspilger. Der schmucke Friedhof daneben zeigt einige baskische Kreuze, auf die man im Béarn sonst nirgendwo trifft – einige Basken emigrierten offensichtlich nicht ins ferne Amerika, sondern ins nahe Béarn, wo sie sich im Weinbau betätigten. Und schließlich lohnt die *Maison des Vins et du Terroir* den Besuch: Hier haben sich 60 unabhängige Weinbauern zusammengefunden. Das Haus ist nicht nur für Degustation und Verkauf zuständig, sondern auch ein organisatorisches Zentrum für kulturelle Veranstaltungen.

• *Einkaufen* **Cave des producteurs de Jurançon**, 53, av. Henri IV, Gan. Tägl. 8–12 und 14–18 Uhr. ✆ 05.59.21.57.03. www.cavedejurancon.com.

Maison des Vins et du Terroir, in Lacommande. Jan. bis März Mi–Sa 14–18 Uhr. Mitte Juni bis Mitte Sept. Mo–Sa 10–12 und 15–19 Uhr, So 15–19 Uhr. April bis Mitte Juni und Mitte Sept. bis Dez. Mi–So 14–18 Uhr. ✆ 05.59.82.70.30, www.vins-jurancon.fr.

• *Chambres d'hôtes* **Maison Rancèsamy**, in Lasseube, ca. 7 km südlich von Lacommande → Pau/Übernachten.

▶ **Nay**: Die kleine Bastide 20 km südöstlich von Pau (Richtung Lourdes) lohnt wegen ihres *Musée du Béret* einen Abstecher. Im Gemäuer eines ehemaligen Ursulinerinnenklosters produziert seit fünf Generationen die Familie Blancq-Olibet die Baskenmütze Marke „Bakarra". Von einst 21 Béret-Fabriken im Béarn sind heute nur noch zwei im Betrieb, die andere arbeitet in Oloron.

Das Museum erklärt die Herstellung des Bérets im Detail: vom einfachen Fadenstoff, der verfilzt wird, über die maschinelle Formung mittels Holzscheiben, die Heißluftbehandlung, das Aufrauen des Stoffs, das „Rasieren" bis hin zum Bügeln für den letzten Schliff. Ein unterhaltsamer Videofilm rund um die Baskenmütze rundet das Besuchsprogramm ab. Übrigens: 1995

▲▲ Pyrenäen-Impressionen: Wo Nebel aufziehen ... (FM)
▲ ... und Bäume nackt im Wind stehen (FM)

Fußgängerzone in Saint-Etienne-de-Baïgorry ... (FM) ▲▲
... über die Nive des Aldudes (FM) ▲

▲▲ Fensterschmuck in Borce (FM)

▲ Spektakulärer Felsenweg: Chemin de la Mâture im oberen Aspe-Tal (FM)

▲▲ Einem geschenkten Gaul ... (MXS)

fand Blancq-Olibet Eingang ins Guinness-Buch der Rekorde – mit dem weltweit größten Béret, 9½ Meter Umfang und sechs Kilogramm schwer. Und natürlich können Sie hier ein hauseigenes Produkt erstehen: klassisch blau oder schwarz, aber auch modisch in leuchtenden Farben. Die freundliche Dame zeigt Ihnen, wie's aufgesetzt wird.

Ⓛ Jan. bis März und Sept. bis Nov. Di–Sa 14–18 Uhr. April bis Juli Di–Sa 10–12 und 14–18 Uhr. Aug. Mo–Sa 10–12/15–19 Uhr, So 15–19 Uhr. Dez. Mo–Sa 10–12/14–18 Uhr. Eintritt 4 €.

▸ **Grottes de Bétharram**: Wenn Sie auf dem Weg nach *Lourdes* sind, sollten Sie sich einen Besuch dieser großartigen Höhlenformation nicht entgehen lassen. Kurz nach dem Dorf **Lestelle-Bétharram**, das mit mehreren Kapellen und einem Kreuzweg bereits einen Vorgeschmack auf den großen Pilgerort gibt, zweigt rechts eine Straße zu den Grotten ab. Stellen Sie das Fahrzeug auf dem groß ausgeschilderten Gratisparkplatz ab. Von dort werden Sie mit einem Bus zum Eingang hochgefahren. Daran denken, bevor es zu spät ist: Die Temperatur im Berg beträgt 13° Celsius.

Durch senkrechte Durchbrüche miteinander verbunden, liegen auf fünf Etagen mehr als 20 Höhlen. Die Führung (auch deutschsprachig) ist amüsant, der Weg über Treppen und durch Felsspalten zu immer neuen Sälen voller Überraschungen. Besonders eindrücklich sind die zarten, effektvoll angestrahlten Stalaktiten, die im „Saal der Lüster" von der Decke hängen. „Ordnung muss sein", kommentierte *Tucholsky* das alte Schild, das 80 Meter unter der Erde die Grenze zwischen den Departements Pyrénées-Atlantiques und Hautes-Pyrénées markiert. Eine unterirdische Kahnfahrt gehört auch zum Programm. Und zum Finale steigen Sie in den Monorail-Minizug, der erst in einer rasanten Talfahrt auf den Bergausgang zusteuert und dann in gemächlicherem Tempo zum Parkplatz zuckelt.

Ⓛ Letzte Januarwoche bis 3. Oktoberwoche tägl. 9–12 und 13.30–17.30 Uhr. In der Saison ist nachmittags mit längeren Wartezeiten zu rechnen, ebenso an Wochenenden, wenn die Lourdes-Pilger hier einen Zwischenstopp einlegen. Führung 90 Min. Eintritt 9,50 €.

• *Hotel* *** **Le Vieux Logis**, an der Straße zu den Grotten. Übernachtung im renovierten Bauernhof oder in einem der Spitzdach-Häuschen im Garten. Ein abgelegenes Haus mitten in der Natur. Über die Architektur des Eingangstors mag man sich streiten, die Hotelküche hingegen ist ohne Tadel. Großer Swimmingpool. DZ 41–70 €. Februar geschlossen. Route des Grottes, 64800 Lestelle-Bétharram. ✆ 05.59.71.94.87, ℻ 05.59.71.96.75, www.hotel-levieuxlogis.com.

Lourdes (Département Hautes-Pyrénées)

Jährlich fünf Millionen Besucher zählt der weltberühmte Wallfahrtsort, und die müssen beherbergt werden. Lourdes ist nach Rom der zweitgrößte Pilgerort der Christenheit und nach Paris die hotelreichste Stadt in ganz Frankreich. Dabei hat das Pyrenäenstädtchen nur knapp 16.000 Einwohner. Im Kriegsfall ließen sie sich mühelos in der 1958 eingeweihten unterirdischen Betonbasilika unterbringen.

Für fromme Katholiken ist Lourdes ein Ort, wo die Gesetze der Medizin außer Kraft gesetzt sind, für Millionen von Kranken oft die letzte Hoffnung. Von den rund 6000 angeblichen Heilungen hat wohl in den meisten Fällen der eigene Glaube das Wunder bewirkt. Die Chance, von der vatikanischen Kommission ein Wunder-Attest zu bekommen, ist geringer als die eines politischen Flüchtlings auf Asyl in Deutschland. In der bald 140-jährigen Geschichte des Wallfahrtsorts hat Rom nur 66 Heilungen als Wunder anerkannt, zum letzten Mal 1987 im Fall eines Krankenpflegers aus Angoulême, der an multipler Sklerose litt.

Bernadette Soubirous

Die kleine Bernadette war es, die den ganzen Rummel auslöste. Verantwortlich machen kann man sie dafür kaum. Erstens war sie gerade 14 Jahre alt, als sie die berühmten Erscheinungen hatte, und zweitens war sie jeglicher Publicity-Sucht abhold.

Insgesamt achtzehn Mal, von Februar bis Juli 1858, erschien ihr in der Grotte von Lourdes die weiß gewandete Dame. Beim fünfzehnten Mal sollen bereits um die 8000 Neugierige anwesend gewesen sein – die natürlich nichts sahen. Beim sechzehnten Mal stellte sich die Dame im regionalen Dialekt als *Inmaculada Councepciou* (Unbefleckte Empfängnis) vor. Die Zeitgenossen rätselten nicht nur, wie jemand sich so vorstellen kann, sie fragten sich auch, ob eine 14-jährige Müllerstochter von befleckter und unbefleckter Empfängnis überhaupt eine Ahnung haben konnte. Theologen und Journalisten interviewten das Mädchen mit fast kriminalistischer Akribie – schließlich nahmen sich auch Polizei und Staatsanwalt der kleinen Bernadette an.

Der ganze Fall wurde durch die Presse gezogen, ein ungeahnter Rummel brach sich Bahn. Bernadette flüchtete ins Kloster und arbeitete dort vor allem in der Krankenpflege. 1879 starb sie an Tuberkulose. Schon 1862 hatte der Bischof aus dem nahen Tarbes die Erscheinungen für wirklich deklariert und Lourdes damit als Wallfahrtsort sanktioniert. Fortan rissen die Pilgerströme nicht mehr ab. 1933 wurde Bernadette Soubirous heiliggesprochen.

P. S.: Sollte Ihnen diese Kurzbiographie nicht genügen, so finden Sie in jeder Buchhandlung von Lourdes Bücher über das Leben der Heiligen, meist mit Gebeten versehene religiöse Erbauungsliteratur. Oder gehen Sie ins Cinéma Bernadette. Dort werden in der Regel täglich zwei Filme über die heilige Bernadette gezeigt.

Die Pilgersaison dauert vom Sonntag vor Ostern bis zum 15. Oktober. In dieser Zeit werden bei jedem Wetter täglich um 17 Uhr Rollstuhlfahrer aus allen Ländern von der berühmten Grotte zum Segen in die unterirdische Basilika gefahren – ein beeindruckendes Schauspiel, das viele Touristen anzieht. Um 21 Uhr folgt der nicht minder spektakuläre Fackelzug, der mit dem Open-Air-Segen vor der Oberen Basilika endet – der riesige Platz davor platzt aus allen Nähten.

Das eigentliche Ziel der Lourdes-Pilger ist die *Grotte* an der Westseite der *Basilique Supérieure.* Hier soll die „Unbefleckte Empfängnis" dem Müllersmädchen *Bernadette Soubirous* insgesamt 18-mal erschienen sein (→ Kas-

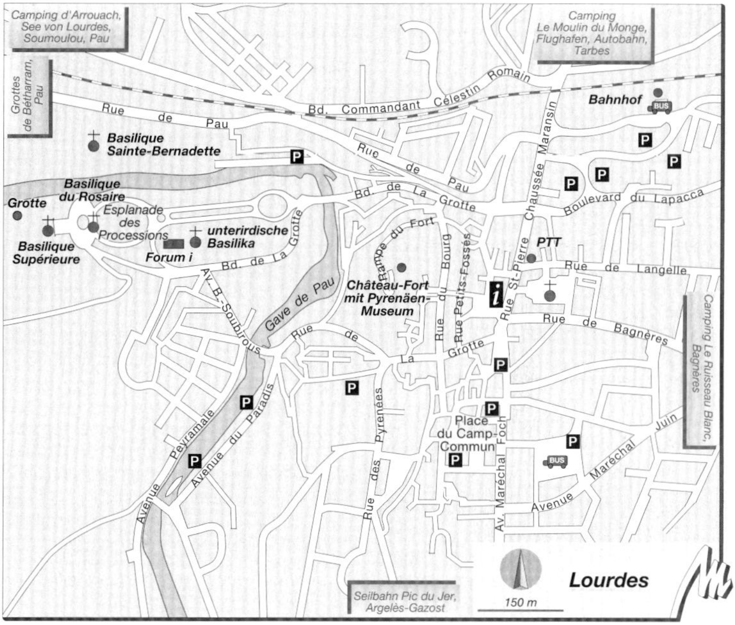

ten). Die Entstehung der Quelle wird der Erscheinung zugeschrieben, was zumindest den symbolischen Wert des Lourdes-Wassers erhöht, über den therapeutischen darf man streiten. Die berühmten Holzkrücken, von angeblich Genesenen bei der Grotte aufgehängt, sind alt und halb verfault, neue sind schon lange nicht mehr hinzugekommen. In den Bädern neben der Grotte sind die hygienischen Verhältnisse derart, dass das Risiko, sich eine Krankheit zu holen, größer ist als die Chance, eine loszuwerden.

Da die Pilgermassen mindestens einmal täglich zur Messe gehen, waren die *Basilique Supérieure* (Hauptkirche) und die *Basilique du Rosaire* bald überfordert, so dass man in den 1950er Jahren eine riesige unterirdische Basilika *(Basilique Souterraine Saint-Pie X.)* baute, modern und ohne allen Schnickschnack zweckorientiert: 20.000 zusätzliche Plätze. Und auch das reichte nicht aus! Der neueste Bau liegt am anderen Ufer des Gave: die *Eglise Sainte-Bernadette,* die mit ihren Sälen – nüchtern *Saal 1, 2* und *3* genannt – weiteren 5000 Besuchern Platz bietet.

Zwischen dem Pilgerbezirk und der Stadt geht's zu wie auf einer Ameisenstraße. Fußgänger und Rollstuhlfahrer drücken sich aneinander vorbei. An der Hauptverbindungsstraße, der *Rue de la Grotte,* drängen sich die Souvenirläden, die neben den üblichen Pilgersouvenirs auch kleine und große Kanister für Selbstabfüller des heiligen Wassers verkaufen.

Infos

- *Postleitzahl* 65 100
- *Information* **Office de Tourisme**, place Peyramale. Nicht zu übersehender Glaspalast. April bis Juni und Sept. bis 1. Oktoberwoche Mo–Sa 9–18.30 Uhr und So 10–12.30 Uhr. Juli/Aug. Mo–Sa 9–19 Uhr, So 10–18 Uhr. 2. Oktoberwoche bis März Mo–Sa 9–12 und 14–18 Uhr. ✆ 05.62.42.77.40, ✆ 05.62.94.60.95, info@lourdes-infotourisme.com, www.lourdes-infotourisme.com.

Der Pilgerbezirk unterhält im **Forum Information** eine eigene Informationsstelle. April bis Okt. tägl. 8.30–12.15 und 13.45–18.30 Uhr. Nov. bis März tägl. 9–12 und 14–18 Uhr. Information über die verschiedenen religiösen Einrichtungen und Vorschläge für einen individuellen Pilgertag. ✆ 05.62.42.78.78, ✆ 05.62.42.89.54, saccueil@lourdes-france.com, www.lourdes-france.org.

- *Verbindung* **Flug**: Regelmäßige Verbindung nach Paris (3-mal täglich) und während der Pilgerzeit (Sonntag vor Ostern bis 15. Okt.) auch nach Lyon, Nizza, London, Berlin, Madrid, New York etc. Auskünfte unter ✆ 05.62.32.92.22.

Internationaler **Flughafen Tarbes-Lourdes-Pyrénées** ca. 10 km nordöstlich von Lourdes, an der Straße nach Tarbes. Kein Pendelbus zum Flughafen, also Taxi.

Zug: Gute Verbindung nach Toulouse, Pau, Bayonne und Bordeaux.

Bus: Verbindungen in die Pyrenäentäler der Bigorre. Auskunft beim Office de Tourisme. Die Busse fahren an der Gare routière und am Bahnhof ab.

- *Autoverleih* **Avis**, am Bahnhof, ✆ 05.62.42.12.97; alle großen Verleiher am Flughafen.
- *Organisierte Ausflüge* Mehrere Reisebüros bieten Ausflüge per Bus in die Umgebung an. Für Touristen ohne eigenes Gefährt eine gute Möglichkeit, die **Grottes de Bétharram** zu besuchen – Fahrt inkl. Eintritt ca. 10 €.
- *Parken* Gratisparkplätze liegen beim Busbahnhof, allerdings sind diese während der Pilgerzeit längst nicht ausreichend.

Übernachten

Fast 250 **Hotels** mit insgesamt 28.000 Betten und 12 **Campingplätze** stehen zur Auswahl. Der durchschnittliche Lourdes-Pilger stammt aus der unteren Mittelschicht, und so hat denn der weitaus größte Teil der Hotels nur einen oder zwei Sterne. Es handelt sich in den meisten Fällen um familiär geführte, billige Hotels; abends wird in der Regel ein bescheidenes Menu serviert. Das Office de Tourisme berät bei der Suche, vermittelt aber nicht direkt.

- *Camping* ** **D'Arrouach**. Anfahrt: auf der D 940 in Richtung Pau (über Soumoulou), 50 m vor dem Abzweig zum Lac de Lourdes führt ein Sträßchen zum Camping. Ca. 70 Stellplätze auf einer baumbestandenen Wiese. Relativ ruhige Lage. Ganzjährig geöffnet. 9, rue des 3 Archanges. ✆ 05.62.42.11.43, ✆ 05.62.42.05.27, www.camping-arrouach.com.

** **Le Moulin du Monge**, an der Straße nach Tarbes. Ebenfalls ca. 70 Stellplätze, aber weniger Ruhe und weniger Schatten. Abkühlung im Swimmingpool (geheizt). Sauna. Geöffnet April bis Mitte Okt. Av. Jean Moulin. ✆ 05.62.94.28.15, ✆ 05.62.42.20.54, www.camping-lourdes.com.

* **Le Ruisseau Blanc**, beim Dörfchen Anclades, Straße nach Bagnères, dann rechts abbiegen. Sehr sympathischer Platz. 110 Stellplätze auf einer ebenen Wiese mit schattenspendenden Bäumen. Sanitäre Anlagen bescheiden, aber gepflegt. Heißwasserdusche kostet extra (dafür ist die Übernachtung billig). Genügend Abstand zur Straße, die nicht sehr befahren ist. Letzte Märzwoche bis 1.Oktoberwoche. Route de Bagnères, ✆ 05.62.42.94.83.

Sehenswertes

Rund um Bernadette: Die Basiliken im **Pilgerbezirk** sind ohne jede kunsthistorische Bedeutung. Sehenswert ist nur, was sich drumherum abspielt. Wer keine fromme Gesinnung hat, den beschleichen vielleicht angesichts der

Massen von hoffenden Kranken etwas komische Gefühle, und er kommt sich schnell als Voyeur vor. Die amerikanischen Touristen scheinen da weniger verklemmt, sie finden's *crazy* und knipsen munter drauflos.

In der Stadt sind das **Geburtshaus** der Heiligen (*Moulin Boly*, 12, rue Bernadette-Soubirous) und das ehemalige **Gefängnis** (*Cachot*, 15, rue des Petits-Fossés) zu sehen. Letzteres – ein nur 16 m² großer Raum – war schon zu Bernadettes Zeiten aus hygienischen Gründen geschlossen und wurde der sechsköpfigen, völlig verarmten Familie Soubirous als Wohnung zur Verfügung gestellt.

Rund ein halbes Dutzend kleiner **Museen** sind entstanden, in denen sich Pilger zwischen den religiösen Verpflichtungen die Zeit vertreiben können: Lourdes zu Zeiten der Heiligen en miniature *(Musée de Lourdes* und *Musée du Petit Lourdes)*, ein religiöses Wachsfigurenkabinett *(Musée L'Espace Grévin)*, ein kitschiges Pyrenäen-Krippenspiel *(Musée de la Nativité)*, Kleider und andere Erinnerungsstücke an Bernadette *(Musée Notre-Dame)*. Wir enthalten uns jedes weiteren Kommentars und schweigen stille.

Château-Fort und **Musée Pyrénéen**: Die Burg auf einem Kalkfelsen mitten in der Stadt ist seit 1922 Sitz des Pyrenäen-Museums und nur in Zusammenhang mit diesem zu besichtigen. Der Parcours über Treppen, Höfe und Flure zu den 18 Museumsräumen sei empfohlen. Die gut präsentierte ethnographische Sammlung führt größtenteils ins 19. Jahrhundert: eine Béarnaiser Küche, Möbel, Steingut, Kostüme, eine Spinnerei, eine Weberei ... Ein gewaltiger Bär dominiert die ausgestopfte Pyrenäen-Fauna. Im Freien stehen Modellbauten, u. a. ein baskisches Haus, ein Haus aus der Bigorre, eine Wehrkirche und eine katalanische Abtei. Vom Donjon (14. Jh.) aus überblickt man den gesamten Pilgerbezirk, die große ovale Wiese zeigt die Ausmaße der unterirdischen Basilika.

⌚ April bis Mitte Juli und Mitte Aug. bis Sept. tägl. 9–12 und 13.30–18.30 Uhr. Mitte Juli bis Mitte Aug. tägl. 9–18.30. Okt. bis März tägl. 9–12/14–18 Uhr (Fr bis 17 Uhr). Eintritt 5 €.

Musée du Gemmail: 72, rue de la Grotte. In Jahren mit ungerader Endziffer findet in Lourdes die *Biennale du Gemmail* mit Künstlern aus ganz Frankreich statt. Bei der Gemmail-Technik werden farbige Glassplitter als Mosaik in mehreren Schichten aufeinander geklebt, die Wirkung des Bildes hängt vom Einfall des Lichts ab. Gemmail-Arbeiten finden vor allem als Kirchenfenster Verwendung. Gezeigt werden im Museum, das man getrost auch als Boutique bezeichnen kann, einige kitschige Arbeiten aus einer Pariser Werkstatt, die allein der Technik wegen interessant sind: Gemmail-Kopien von *Mona Lisa* und Werken anderer Klassiker – als Vorlagen besonders beliebt sind die farbenfrohen Südseebilder Gauguins. Der Eintritt ist frei. Das „Museum" lebt vom Verkauf von Gemmail-Bernadettes.

Lourdes/Umgebung

▶ **Pic du Jer**: Der kahle Hausberg der Stadt ist 948 Meter hoch und ein beliebtes Ausflugziel der Pilger. Man erreicht den Gipfel entweder mit der Seilbahn oder auf dem markierten Wanderweg. Die erste Variante dauert exakt

6 Minuten, die zweite hat der bequeme Verfasser nicht ausprobiert. Bei schönem Wetter lohnt der Ausflug – großartiges Panorama über Lourdes und im Hintergrund die Pyrenäenkette.

Seilbahn (Funiculaire) ca. April bis Mitte Nov. tägl. 10–18 Uhr (Juli bis Sept. bis 19 Uhr) im Viertelstundentakt. Hin/zurück 9 €. Die Talstation liegt am südlichen Stadtrand (ausgeschildert).

▶ **See von Lourdes**: Fast rundum von Wäldern umgeben, vermittelt der *Lac de Lourdes* ein Bild der Ruhe und Einsamkeit. Doch spätestens um 10 Uhr früh hat die Idylle ein Ende, die ersten Busse fahren vor, und das schöne Strandcafé am einzigen Seezugang bleibt bis abends von Lourdes-Pilgern besetzt. Baden verboten.

Anfahrt Von Lourdes auf der D 940 in Richtung Pau (über Soumoulou), knapp außerhalb der Stadt zweigt links ein Sträßchen zum See ab (ausgeschildert).

Am Gave d'Oloron entlang

Sauveterre-de-Béarn

Von allen Städtchen des Béarn vermittelt Sauveterre den mittelalterlichsten Eindruck. Dazu tragen die Mauerreste einer Burg, der wuchtige, viereckige *Tour Monréal* und die *Kirche Saint-André* aus dem 12. Jahrhundert bei – alle hoch über dem Gave gelegen. Im frühen Mittelalter war Sauveterre ein bedeutendes Handelszentrum, nahe der Grenze zur damals spanischen Navarra. *Gaston Phoebus* (→ Orthez), der das Béarn in die politische Unabhängigkeit führte, ließ für Gold- und Silberbarren, die in die Münzwerkstätten von Pamplona verarbeitet wurden, für Pfeffer, Safran und andere Gewürze aus dem Orient Brückenzölle einstreichen. Mit der Teilung Navarras 1512 war das goldene Zeitalter Sauveterres vorbei, die Grenze zu Spanien verlief fortan oben auf dem Pyrenäenkamm.

Wahrheitsfindung im Mittelalter

Der Name *Pont de la Légende* verdankt sich einer Sage. Diese berichtet von Sancie, der Frau Gastons V., der im 12. Jahrhundert das Béarn regierte. Bald nach dem Tod des Grafen brachte die Witwe ein missgestaltetes Kind zur Welt, das kurz darauf starb. Böse Zungen redeten von Kindsmord, und Gerüchten war schon im Mittelalter schwer beizukommen. So beschloss Sanchez, König von Navarra und Bruder der Witwe, Sancie der „Wasserprobe" auszusetzen. In Anwesenheit von 3000 Zuschauern wurde sie, an Händen und Füßen gefesselt, von der Brücke ins Wasser gestoßen. Der Gave spülte die Angeklagte lebendig und heil ans rettende Ufer. Damit war Sancie nach Gottes Urteil und mittelalterlicher Rechtsauffassung unschuldig, die bösen Zungen verstummten.

Die Terrasse der Kirche bietet einen großartigen Blick hinunter auf die **Pont de la Légende** genannte Brücke, die mit einem Torturm mitten im Fluss endet. Die Brücke ist weder abgebrochen noch unvollendet, sondern wurde so

Die Legenden-Brücke von Sauveterre-de-Béarn

geplant. Von ihr aus wurde im Mittelalter bei Bedarf eine mobile Holzbrücke zur Insel gelegt, und über eine weitere Holzbrücke gelangte man dann von der Insel ans andere Ufer.

Einen ebenso großartigen Ausblick genossen die Besucher bis vor einigen Jahren noch von der traumhaften Gartenterrasse der ehemaligen *Hostellerie du Château* aus. Das Anwesen, das nach dem Ableben des Hoteliers jahrelang leer stand, wurde inzwischen von einem Engländer aufgekauft, der wohl für einige Zeit mit Umbauarbeiten beschäftigt sein wird. Der Zutritt auf die Terrasse ist seither nicht mehr möglich.

• *Verbindung* **Bus**: 2- bis 3-mal tägl. über Salies-de-Béarn nach Dax und in die andere Richtung nach Mauléon.

• *Markt* **Wochenmarkt** Samstagvormittag.

• *Rafting/Kayak* **A Boste**, rue Léon Bérard (östliches Ende der Hauptgeschäftsstraße). Auch „Canoraft" (wendiges, für Rafting geeignetes Kanu für 2-3 Personen, oder man rast darin solo bäuchlings den Gave hinunter). ✆ 05.59.38.57.58 oder 06.74.64.92.08 (mobil).

Mehr über Rafting auf dem Gave → Navarrenx.

• *Hotel* ** **La Maison de Navarre**, knapp außerhalb des Orts an der D 933, Nähe Camping. Renoviertes Landhaus, im Sommer 2004 als Hotel-Restaurant eröffnet. In der Saison wird das Essen im Garten serviert. DZ 57–72 € je nach Zimmer und Saison. Quartier Saint-Marc, 64390 Sauveterre-de-Béarn. ✆ 05.59.38.55.28, 📠 05.59.38.55.71, www.lamaisondenavarre.com.

• *Camping* ** **Du Gave**, schattiges Terrain direkt am Gave, 55 Stellplätze. Bademöglichkeit. Mitte April bis Mitte Okt. 64390 Sauveterre-de-Béarn. ✆ 05.59.38.53.30, www.camping-du-gave.com.

Château de Laàs

Mitten in den Maisfeldern liegt das schmucke Dörfchen Laàs mit einem von Pflanzen umrankten Schlösschen aus dem 17. Jahrhundert, das 2003 in departementalen Besitz überging. Das ehemalige kleine Maismuseum wurde geschlossen, das erst 2002 eröffnete Maispflanzen-Labyrinth wieder aufgegeben. Dafürwurde ein riesiger Parkplatz geschaffen, ein neuer Pavillon empfängt die Besucher. Man konzentriert sich erst einmal auf das Schlösschen und seine Schätze. Die Säle beherbergen eine Sammlung flämischer Malerei (darunter Brueghel und Rubens), kostbares Mobiliar, Wandteppiche, Steingut und eine kleine Handschriften-Sammlung.

Hinter dem Schloss erstreckt sich eine hübsche Gartenanlage mit einer Terrasse zum Gave hin. Friedlich dreinblickende Kentaurinnen und andere verwitterte Skulpturen verstärken den Eindruck eines romantisch-verspielten

Im Schlossgarten von Laàs

Navarrenx' mächtiger Festungswall zieht sich um die ganze Stadt

Lust- und Wandelgärtchens. Am Teich mit den zwei Sprinbrunnen vorbei führt ein Weg hinunter zum Fluss, wo ein hohes Gitter riskante Badeabenteuer verhindert. Entschädigt wird der Besucher durch einen waldigen Picknickplatz mit kleinem Wasserfall.

⌚ April 14–19 Uhr, Di geschlossen. Mai/Juni und Sept./Okt. 10–12 und 14–19 Uhr, Di geschlossen. Juli/Aug. tägl. 10–19 Uhr. Eintritt Schloss + Park 5 €, nur Park 2 €. Zutritt zum Picknickwäldchen ohne Eintrittskarte zum Park ist leider nicht möglich.

• *Camping* *** **Le Saint-Jacques**, am Gave. Kleines, schattiges Gelände mit 20 Stellplätzen. Anmeldung in Laàs, gegenüber der Dorfkirche. Ganzjährig geöffnet. ✆ 05.59.66.19.45, www.arts-vacances.com (dort auf „hébergements" klicken).

Navarrenx

Bei der Anfahrt von der Brücke her zeigt sich das Städtchen von seiner schönsten Seite: Am imposanten Festungswall entlang gelangt man zur majestätischen *Porte Saint-Antoine*, dem Haupteingang von Navarrenx mit dem dicken Rundturm und dem angebauten Wachttürmchen.

Bereits im 13. Jahrhundert hatten die Grafen von Béarn Navarrenx für den Hundertjährigen Krieg gerüstet und zur Bastide umgebaut. Bei einer Belagerung im Jahr 1523 erwies sich die Befestigung jedoch als nicht ausreichend, und so beschloss Heinrich von Albret, König von Navarra, eine Totalsanierung. Der Auftrag erging an *Fabrici Siciliano* aus Verona, der die Aufgabe mit Bravour erledigte. Er ließ Navarrenx in einen breit aufgeschütteten Festungswall einfassen, damals eine Revolution in der Militärarchitektur. Sein Werk wirkt wie eine Vorwegnahme der mächtigen Befestigungsanlagen, die Vauban im 17. Jahrhundert berühmt machten. Die große Bewährungsprobe bestand Sicilianos Verteidigungswall 1569 in den Religionskriegen: Nach drei Monaten Belagerung zogen die feindlichen Truppen unverrichteter Dinge ab. Die Mauer ist bis heute nahezu komplett erhalten.

Innerhalb der Mauern zeigt sich Navarrenx als recht beschauliches Städtchen. Wie im nahen Orthez gibt es auch hier ein *Maison Jeanne d'Albret*, doch im Unterschied zu Orthez hat die Mutter Heinrichs IV. sich tatsächlich in Navarrenx aufgehalten. Am Ostersonntag 1563 betrat sie die *Kirche Saint-Germain* am Hauptplatz und bekannte sich öffentlich zum protestantischen Glauben.

• *Information* **Office du Tourisme**, 17, rue Saint-Germain, im ehemaligen Arsenal gegenüber dem Rathaus. In der Saison Mo 14.30–18.45 Uhr, Di–Sa 9.30–12.30 und 14.30–18.45 Uhr, So 10.30–12.30 und 16.30–18.30 Uhr. Außerhalb der Saison kürzere Öffnungszeiten, So geschlossen. ✆ 05.59.38.32.85, 📠 05.59.66.54.80, navarrenx@tourisme-bearn-gaves.fr.

• *Markt* Wochenmarkt Mittwochvormittag.

• *Schwimmen* Großes Schwimmbad neben dem Camping Beau Rivage. Eintritt ca. 2,50 €.

• *Rafting* **Rafting Eaux Vives**, place des Casernes (bei der Port Saint-Antoine). „Ein Vergnügen für alle von 4 bis 77 Jahren", versprechen die Veranstalter, „und ungefährlich" – Schwimmwesten und Sturzhelme werden zur Verfügung gestellt, professionelle Ruderer ebenso. Die 23 km lange Strecke von Navarrenx nach Sauveterre ist die beliebteste im ganzen Béarn. Begleitete Tagestour nach Sauveterre (10–17 Uhr, Mittagspause) ca. 30 €. ✆ 05.59.66.04.05.

• *Hotel* ** **Du Commerce**, am Platz hinter der Porte Saint-Antoine. Angenehme Unterkunft in einem hübschen Stadthaus in geräumigen, ältlichen, aber gepflegten Zimmern. Restaurant mit regionaler Küche (Sa Ruhetag). DZ 50 €. Weihnachten bis Ende Jan. geschlossen. Place des Casernes, 64190 Navarrenx. ✆ 05.59.66.50.16, 📠 05.59.66.52.67, hotel.du.commerce@wanadoo.fr, www.hotel-commerce.fr.

• *Camping* *** **Beau Rivage**. Sehr gepflegtes Gelände mit ebenso gepflegten sanitären Anlagen. 50 Stellplätze, Pingpongtisch, Kinderspielplatz und gleich ums Eck das interkommunale Schwimmbad. Allein es fehlt an Schatten, und der schöne Name täuscht: kein Zugang zum Fluss. Geöffnet Mitte März bis Mitte Okt. Allée des Marronniers 64190 Navarrenx. ✆ 05.59.66.10.00, 📠 05.59.66.11.01, www.beaucamping.com.

Rafting auf dem Gave

Raft ist das englische Wort für Floß, Amerikaner verstehen darunter aber auch einen Haufen von Leuten. Das Rafting auf dem Gave d'Oloron hat mit beidem zu tun: Bis zu einem Dutzend Personen haben in den Schlauch-Flößen Platz, die zu einer abenteuerlichen Fahrt einladen. Daneben gibt's noch das „Canorafting", das die Raftingtechnik in einem speziellen Kanu erlaubt – für 2-3 Personen oder solo auf dem Bauch. Die 23 Kilometer lange Strecke von Navarrenx bis Sauveterre erfreut sich ihrer wilden Schönheit wegen besonderer Beliebtheit.

Damit Lachse und Forellen ihre Ruhe haben, reglementiert seit 1993 ein Gesetz die Flussfahrt: Von März bis August gilt zwischen Navarrenx und Laàs von 14–18 Uhr Fahrverbot, zwischen Laàs und Sauveterre von 10–14 Uhr. Von Navarrenx flussaufwärts gelten andere Bestimmungen – auch für Ihr privates Paddelboot.

Gedenkstätte von Gurs: Quer über die Straße führt ein knapp 200 m langer Schienenstrang. Auf einer Seite endet er in einem quadratischen Stacheldrahtverhau mit einem Galgen an jeder Ecke, auf der anderen führt das Gleis an einer Allee entlang zu einer offenen Holzkonstruktion. Sie steht symbolisch für eine der über 400 Baracken, die das *Konzentrationslager Gurs* zählte. Das eindrucksvolle Ensemble, ein Werk des israelischen Künstlers *Dani Karavan*, wurde 1994 eingeweiht.

Das Lager von Gurs wurde im Frühjahr 1939 von der französischen Regierung errichtet, um spanische Republikaner und Spanienkämpfer der Internationalen Brigaden aufzunehmen, 1940 fanden auch antifaschistische Familien aus Deutschland und Österreich hier Zuflucht. Doch was als Flüchtlingslager konzipiert war, verkehrte sich unter der Vichy-Regierung in die „Hölle von Gurs", ein Konzentrationslager, in das die Nazis und ihre französischen Handlanger vor allem Juden und Zigeuner internierten. Für die Juden war das Lager in Gurs als Zwischenstation vorgesehen. Anfangs hegte man in Nazikreisen noch den Plan einer Deportation aller europäischer Juden nach Madagaskar. Der Plan wurde später bekanntlich fallengelassen. Von 6538 Juden aus Baden und aus der Pfalz starben über 1000 in Gurs, fast 4000 wurden nach Deutschland zurücktransportiert – in die Vernichtungslager. Insgesamt 61 000 Menschen waren von 1939–1944 im Lager von Gurs interniert; allein für den Winter 1940/41 verzeichnet die Statistik 600 Tote pro Monat.
Ein erster Friedhof wurde 1945 auf Betreiben der jüdischen Vereine der Basses-Pyrénées errichtet. Der neue Deportiertenfriedhof geht auf einen Entwurf des Planungsamts der Stadt Karlsruhe zurück und wurde 1963 eingeweiht.

Anfahrt von Navarrenx in Richtung Oloron. Nach ca. 5 km am südlichen Ortsende von Gurs ausgeschildert.

Oloron

Vom mittelalterlichen Ortskern aus, der über dem Zusammenfluss des *Gave d'Aspe* und des *Gave d'Ossau* liegt, hat man einen guten Blick auf das schiefergraue Industriestädtchen. Aus grauem Stein sind die Häuser – einige hängen recht verwegen über dem Ossau – aus grauem Schiefer die Dächer. Wenn dann auch der Himmel noch grau ist, bietet Oloron endgültig ein Bild der Tristesse. Viel ist nicht los in der Stadt, Fremde sieht man wenige, gelegentlich ein paar Pilger, die auf dem Jakobsweg über den Somport-Pass nach Compostela unterwegs sind. Sie strahlen so viel Seelenruhe aus wie die Angler, die stundenlang bis zum Bauchnabel in der Aspe stehen.

Ein kleiner Stadtrundgang lohnt dennoch. Von der Brücke über den Ossau führt die Straße *(Les Lacets)* in Serpentinen hoch in die ruhige Oberstadt – Fußgänger nehmen die Abkürzung über die Treppe. Rund um die 1996 restaurierte *Kirche Sainte-Croix* (12. Jh.) gruppieren sich etliche schöne Häuser mit Fachwerk und Arkaden. Knapp unterhalb stößt man auf die *Place Saint-Pierre*, den hübschesten Flecken der Stadt.
Etwas außerhalb des Zentrums, an der Straße nach Tardets, liegt Olorons größte Sehenswürdigkeit, die *Kathedrale Sainte-Marie* mit ihrem großartig skulptierten romanischen Portal (→ Sehenswertes).

Schiefergraue Fassadenfront am Gave d'Olorn

Information/Verbindungen/Diverses

- *Postleitzahl* 64400
- *Information* **Office du Tourisme**, in der Villa Bourdeu, allées du Comte de Tréville. Juli/Aug. Mo–Sa 9–19 Uhr, So 10–13 Uhr. Sept. bis Juni Mo–Sa 9–12.30 und 14–18.30 Uhr. Kompetent, auch Material für Pyrenäenwanderer. Eigener Schalter mit Beratung für Jakobswegpilger! ✆ 05.59.39.98.00, 📠 05.59.39.43.97, oloron.tourisme@wanadoo.fr, www.tourisme-oloron.com.
- *Verbindung* **Zug**: Gute Verbindung nach Pau. Bahnhof links der Aspe.

Bus: 3 bis 4 Fahrten tägl. ins Aspe-Tal, hoch über den Somport-Pass bis zum spanischen Canfranc (von dort fährt die spanische Eisenbahn weiter nach Zaragoza). Abfahrt am Bahnhof.
- *Fahrradverleih* **Béarn VTT**, 24bis, rue Auguste Peyré (im Süden der Stadt, von der Kathedrale aus durchfragen). Auch Reparaturen. ✆ 05.59.39.33.43.
- *Kanu/Rafting* **Centre Nautique de Soeix-Oloron**, ca. 4 km südlich von Oloron an der Aspe. Verleih von Kanus und Kajaks. Über Rafting → Kasten „Rafting". ✆ 05.59.39.61.00.
- *Markt* Freitagmorgen zwischen Kirche und Rathaus (Kleider) und um das Rathaus herum (Gemüse).
- *Feste* In Jahren mit gerader Endziffer geht in der I. Augustwoche im Festzelt auf der Grünfläche vor dem Bahnhof das **Festival des Pyrénées** über die Bühne, zu dem sich Folklore-Tänzer aus aller Welt in Oloron einfinden.
- *Waschsalon* Place de Jaca, direkt neben der Brasserie Brun. Tägl. 8–22 Uhr.

Übernachten/Essen

- *Hotels* ** **L'Astrolabe (2).** Ein Juwel! Die Deutsche Petra Vogt hat mit ihrem französischen Freund ein altes Haus im Zentrum der Stadt gekauft und nach langjährigen Arbeiten – auf ökologische Bauweise wurde Wert gelegt – im Herbst 2006 ein traumhaftes Hotel eröffnet. 8 unterschiedliche große Zimmer, jedes nicht nur nach einem Land benannt, sondern auch entsprechend gestaltet: „La Crétoise" präsentiert sich in griechischem Blau und Weiß, „La Japonaise" im unverschnörkelten Design

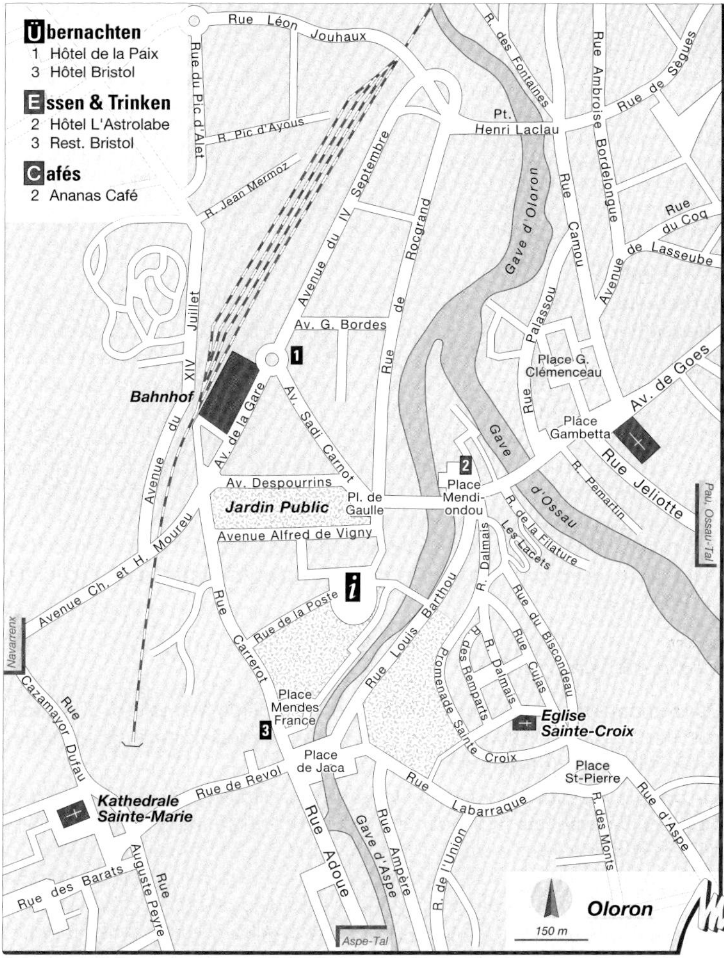

einer Sushi-Bar, „L'Anglaise" ist very british, und in „La Chinoise" können Sie in der gekachelten Dusche Chinesisch lesen. Alle Zimmer sind ideenreich eingerichtet und sehr gepflegt. Nur Nichtraucherzimmer, alle mit WiFi. Petra managt das Hotel in Alleinregie, und da die Powerfrau damit noch nicht ausgelastet ist, bäckt sie auch noch Kuchen, die sie im hauseigenen „Ananas Café" (→ Bars) verkauft. DZ 55–85 €. 14, pl. Léon Mendiondou. ✆ 05.59.34.17.35, www.hotel-astrolabe.com.

** **De la Paix (1)** Wenig attraktive Lage, aber nach Teilrenovierung 2004 komfortable Zimmer. Hoteleigener Parkplatz. DZ 41–53 €. 24, av. Sadi Carnot. ✆ 05.59.39.02.63, 📠 05.59.39.98.20, www.hotel-oloron.com.

** **Bristol (3)**. Korrekte Zimmer zu korrekten Preisen, einige mit WC auf Etage. Zum Hotel gehört auch eine Squash-Halle. DZ 46–50 €. 9, rue Carrérot. ✆ 05.59.39.43.78, 📠 05.59.39.08.19, www.oloron-ste-marie.com/hotel/bristol.

• *Camping* *** **Municipal du Stade**, im Süden des Orts (Richtung Aramits). Schattiges Gelände mit 170 Stellplätzen. Das kommunale Sportareal mit geheiztem Hallenschwimmbad und Tenniscourt befindet sich gleich um die Ecke. Geöffnet Mai bis Sept. ✆ 05.59.39.11.26, 📠 05.59.36.12.01, marc-tibi@free.fr.

• *Restaurant* **Bristol (3)**, im gleichnamigen Hotel (→ oben). Populäres Restaurant mit preiswerten Menus. Die Garbure steht natürlich auch hier auf der Karte. Angenehme Atmosphäre. Die Bar eignet sich auch für den abendlichen Schlummertrunk. 9, rue Carrérot. ✆ 05.59.39.43.78.

• *Bar* **L'Ananas Café (2)**, im Hotel L'Astrolabe (→ oben). Dorfbar und Salon de Thé in einem. Neben den hausgebackenen Kuchen findet man eine riesige Auswahl an Tees – oder man bestellt halt eben nur ein Bier. 14, pl. Léon Mendiondou. ✆ 05.59.39.54.09.

Sehenswertes

Kathedrale Sainte-Marie: südwestlich des Zentrums. Sie zeigt ein üppig skulptiertes Portal aus dem 12. Jahrhundert, dessen Bogen in zwei weitere Bogen unterteilt ist. In der äußeren Friesreihe tritt das apokalyptische Orchester auf, darunter folgt eine Darstellung der mittelalterlichen Handwerke. Noch weiter unten geht's mörderisch zu: Ein Ungeheuer verspeist gerade Soldaten; gegenüber wird ein Mensch von Ross und Reiter zu Tode getrampelt. Links glotzen Fabelwesen den Betrachter hämisch an. Die zwei aneinander geketteten Sklaven, die seit über 800 Jahren das Portal stützen, haben sich an ihre Aufgabe gewöhnt.
Das Innere der Kathedrale vermag nach dieser mittelalterlichen Ouvertüre nicht mehr recht zu begeistern – die Ausstattung stammt aus dem 16. bis 18. Jahrhundert.

Das Aspe-Tal

Das romantische Tal bewohnen nur noch etwa 2800 Menschen, die Industrie beschränkt sich auf eine kleine Aluminiumfabrik unter japanischer Regie, die Abwanderung schreitet voran.

Früher war die *Vallée d'Aspe* ein wichtiger Verkehrsweg für den Handel mit Spanien, und mit dem im Januar 2003 eingeweihten Tunnel am Somport-Pass könnte es dies wieder werden. Das französische Aspe-Tal und das spanische Canfranc-Tal sind sich näher gerückt, und die Tourismusmanager beidseits des Pyrenäenkamms preisen gemeinsam die schöne Gegend. Die Bewohner des Aspe-Tals werden von der neuen Verkehrsachse allerdings kaum profitieren, und das Tal wird vermutlich schnell seinen Reiz verlieren, wenn 40-Tonner freie Bahn haben. Das mögen die Bürgermeister der dreizehn Aspe-Dörfer geahnt haben, die einmütig die offiziellen französisch-spanischen Eröffnungsfeierlichkeiten boykottierten.
Der Schnitt mitten durch den Pyrenäen-Nationalpark ist nicht nur den Verfechtern eines „sanften" Tourismus ein Dorn im Auge, auch die letzten paar Braunbären, die scheu, aber frei im oberen Aspe-Tal noch herumstreifen, werden kaum begeistert sein.

Das Aspe-Tal ist bei Wanderern beliebt, und nicht selten trifft man auch auf Jakobspilger, deren Route von Arles nach Oloron und über den Somport-Pass nach Spanien führt. Ebenfalls den Weg von Frankreich nach Spanien

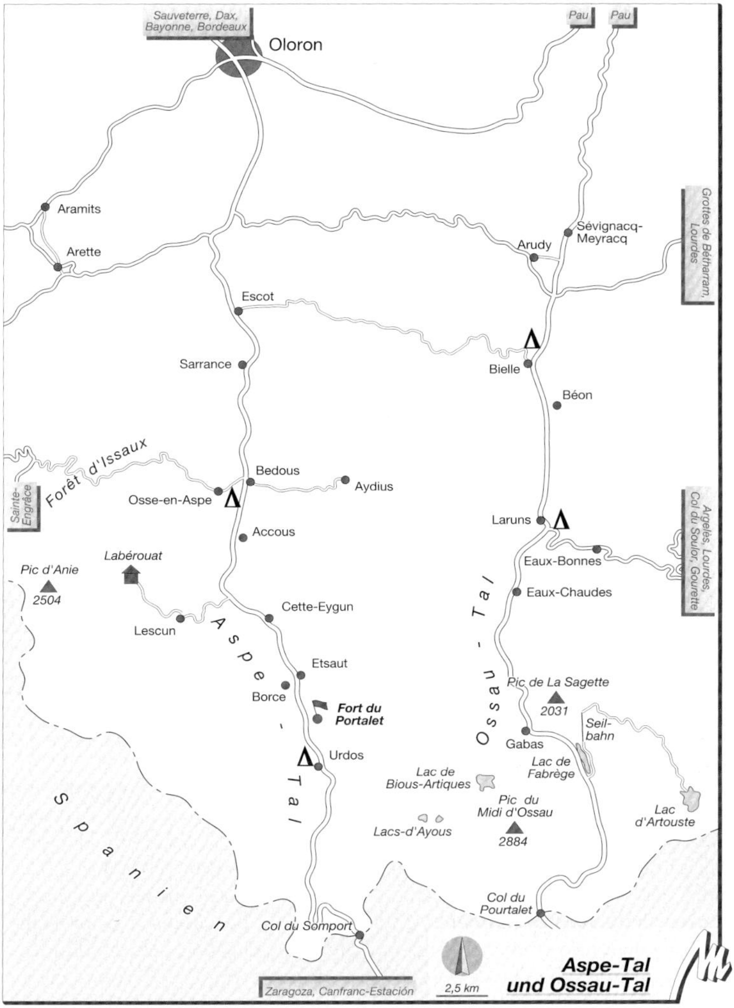

suchten zahlreiche Flüchtlinge im Zweiten Weltkrieg, die sich vor den vorrückenden Nazis in Sicherheit bringen wollten. An sie und ihre mutigen Fluchthelfer erinnert eine Gedenktafel am Straßenrand knapp vor dem Dörfchen Bedous.

Sarrance

Das Dörfchen, das sich am Gave entlangstreckt, war einst ein vielbesuchter Pilgerort. Die *Schwarze Madonna* der Klosterkirche *Notre Dame de la Pierre,*

eine angeblich von einem Kuhhirten aus dem Gave gefischte Statue, wird noch heute verehrt. Das Kloster selbst stammt aus dem 14. Jahrhundert, wurde aber in den Religionskriegen weitgehend zerstört. Anfang des 17. Jahrhunderts übernahmen die Prämonstratenser den Bau und renovierten ihn. 1793 konfiszierten die Revolutionäre den Klosterschatz und versteigerten ihn kurzerhand.
Die Kirche und der schmucke, zweistöckige Kreuzgang wurden 1975 restauriert. In einem Trakt des Klosters finden heute Compostela-Pilger eine Unterkunft (mit Kochmöglichkeit).

Scheue Pyrenäenbären

Ein Todesfall machte im Juli 2004 weit über das Aspe-Tal hinaus Schlagzeilen: *Papillon*, der über 30 Jahre alte Patriarch der Pyrenäenbären, war an Altersschwäche gestorben, nachdem er sein Revier einem jüngeren, aus Slowenien importierten Rivalen überlassen musste. Ein harter Schlag für die im Aussterben begriffene Spezies, dem drei Monate später ein zweiter folgte: Papillons langjährige Lebensgefährtin und nunmehrige Witwe *Cannelle*, letztes reinrassiges Pyrenäenbärenweib, wurde von einem Jäger versehentlich erschossen. Das Schicksal der Pyrenäenbären in freier Wild bahn dürfte damit besiegelt sein. Angeblich streifen nur noch drei Jungtiere durch die Pyrenäen, sofern man das jüngste der Waisenkinder Cannelles mitzählt, das genetischen Analysen zufolge einen slowenischen Vater hat. Sollten Sie also im oberen Aspe-Tal einem Bären begegnen, was bei den scheuen Tieren schwerlich der Fall sein wird, dürfte es sich mit hoher Wahrscheinlichkeit um einen Einwanderer aus Slowenien handeln.

Unterhalb der Kirche wurde ein **Ecomusée** eingerichtet, das dem museographischen Zeitgeist Rechnung trägt: Man pilgert im Weihrauchduft und von Kirchengesängen begleitet durch die lokale Geschichte des Passionswegs, erfährt dessen Veränderungen in den Jahren 1935 bis 1939 – eine sehr beeindruckende Installation. Die anschließende Dia-Show über die Entstehung des Wallfahrtsorts gleicht dann eher einer Märchenstunde, und für die klugen Betrachtungen in der zweiten Etage über den Menschen im Spannungsverhältnis zwischen Wasser und Stein braucht man Zeit und Französischkenntnisse. Geschickt werden die Geschichte von Sarrance und einige sakrale Gegenstände in die philosophischen Reflexionen integriert.

Ⓣ *Ecomusée* Juli bis Mitte Sept. tägl. 10–12 und 14–19 Uhr. Mitte Sept. bis Juni Sa/So 14–18 Uhr. Eintritt 4 €.

• *Verbindung* **Bus**: 3-mal tägl. über Oloron hinunter nach Pau und das Tal hinauf bis Urdos, 2-mal tägl. weiter bis in das spanische Canfranc (von dort mit der spanischen Eisenbahn weiter zum Knotenpunkt Zaragoza).

Bedous

Wenn Sie noch irgend etwas einzukaufen haben oder Geld ziehen müssen, bevor Sie in die höheren Regionen der Pyrenäen fahren, tun Sie das hier: Bedous besitzt einige Geschäfte, eine Apotheke, eine Bank und mit seinen alten Steinhäusern und dem großen Marktplatz obendrein ein malerisches Ortsbild.

• *Information* **Office de Tourisme**, place Sarraillé (Dorfplatz). Die zentrale Informationsstelle für das ganze Aspe-Tal. Kompetente Beratung, Informationsmaterial, Verkauf von Wanderkarten. Mo–Sa 9–12.30 und 14–17.30 Uhr. ✆ 05.59.34.57.57, 📠 05.59.34.52.51, aspe.tourisme@wanadoo.fr.

• *Verbindung* **Bus**: 3-mal tägl. über Oloron hinunter nach Pau und das Tal hinauf bis Urdos, 2-mal tägl. weiter bis in das spanische Canfranc (von dort mit der spanischen Eisenbahn weiter zum Knotenpunkt Zaragoza).

• *Sport/Fahrradverleih* **Montagne Nature**, am südlichen Ortsausgang, neben der „salle polyvalente". Das Büro organisiert Bergtouren und Kletterkurse sowie Kajakfahrten hinter der spanischen Grenze, verleiht aber auch Mountainbikes. Nur Juli/Aug. geöffnet. ✆ 05.59.34.75.77.

• *Markt* Wochenmarkt Donnerstag früh.

• *Gîte d'Etape* **Le Mandragot**, am Dorfplatz. Sympathisches Haus mit 28 Schlafplätzen in 2- bis 6-Bett-Zimmern, die in der Saison schnell ausgebucht sind. Übernachtung 11 €/Person. 64490 Bedous. ✆ 05.59.34.50.33.

• *Camping* ** **Municipal de Carole**. Nettes, kleines Wiesengelände unterhalb der Straße mit ausreichend Schatten und sanitären Anlagen. Knapp 50 Stellplätze. Geöffnet März bis Okt. 64490 Bedous. ✆ 05.59.34.70.45, 📠 05.59.34.58.20, commune.bedous@wanadoo.fr.

Straße statt Schiene? Straße und Schiene?

Der Spaziergänger trifft im Aspe-Tal noch überall auf Relikte der alten Eisenbahnlinie, die bis 1970 Pau mit Zaragoza verband: Tunnels, überwachsene Schienenstränge, Bahnhöfe. Letztere fanden eine neue Verwendung. In Etsaut hat sich im alten Stationsgebäude die Infostelle des Nationalparks eingerichtet. Geschichte schrieb der Ex-Bahnhof von Lescun-Cette-Eygun: Pächter Eric Petetin baute ihn zum *Gîte La Goutte d'Eau* um, das ab 1989 zum Hort eines fröhlich-anarchistischen Widerstands gegen den Bau des Somport-Tunnels wurde. Der umstrittene Tunnel wurde 2003 eingeweiht, die Tunnelgegner hatten das Nachsehen. Auf Gerichtsbeschluss hin wurden die letzten Widerständler 2005 aus dem anarchistischen Gîte vertrieben, Bauarbeiter schlugen den Ex-Bahnhof kurz und klein. Zerbrochene Fenster, eingeschlagene Türen, zerstörte Treppen, herausgerissene Böden und verbrannte Teppiche bieten heute ein trostloses Bild.

Der Variante „Straße statt Schiene" hat mit dem Somport-Tunnel den Sieg davongetragen – zumindest vorläufig. Denn ganz beendet ist die Diskussion um die Wiederinstandsetzung der alten Eisenbahnlinie nicht. Die Spanier sind nach wie vor an der Schienenverbindung interessiert, mühseliger ist der Entscheidungsprozess auf der französischen Seite. Da müssen sich erst das Departement (Pyrénées-Atlantique), die Region (Aquitaine), der französische Staat und die staatliche Eisenbahngesellschaft auf eine gemeinsame Haltung festlegen. Stand 2007: Die Region ist für die Eisenbahnlinie, das Departement dagegen, in Paris hält man sich zurück. Derweil im Aspe-Tal Grünpflanzen die verrotteten Geleise überwuchern ...

Osse-en-Aspe

Nach der *Aufhebung des Toleranzedikts von Nantes* (1685) war Osse der einzige Ort in ganz Frankreich, in dem die Protestanten ihre Religion weiterhin frei ausüben durften. Noch immer wohnen hier einige protestantische Familien, Nachfahren der mit *Jeanne d'Albret* konvertierten Hugenotten. Osse ist Ausgangspunkt einer längeren Tageswanderung (ca. 8 Stunden) durch das große Waldgebiet der *Forêt d'Issaux* zum baskischen Schäferdörfchen *Sainte-Engrâce*. Der Wanderweg führt größtenteils an der kaum befahrenen D 442/D 441 entlang.

Mit dem Esel unterwegs

Vergessen Sie für einmal allen Blödsinn, den man Ihnen über Esel erzählt hat und hören Sie sich die Gründe an, die für das Wandern mit einem Esel sprechen.

1. Der Esel trägt. Sie brauchen nichts zu tragen und das eröffnet Ihnen in den Bergen neue Möglichkeiten: Sie können z. B. biwakieren und grillen oder eine Videoausrüstung mitnehmen.
2. Der Esel ist ein sympathisches Tier. Er gefällt allen, vor allem Kindern.
3. Der Esel ist unermüdlich. Er trottet und trottet, er arbeitet mit einer Sturheit und alles aus Liebe zu seinem Meister.
4. Der Esel ist bei sich zuhause. Er zeigt dem Menschen Tiere und Pflanzen. So erleben Sie die Pyrenäen ganz anders, vorausgesetzt, Sie verstehen die Sprache des Esels.
5. Der Esel ist sparsam. Was verzehrt er während eines Arbeitstags? Ein Kilo Getreide, Gras und frisches Wasser, das er vor Ort findet.
6. Der Esel ist praktisch. Er geht dieselben Wege wie der Mensch. Seine Grenzen werden einzig von der Breite des Gepäcks bestimmt, mit dem Sie ihn beladen.
7. Als pragmatischer Philosoph ist der Esel weder dumm noch stur, er überlegt.

Rand'en Ane, im Gîte La Garbure (→ unten), schlägt aus diesen Gründen vor, zum Wandern einen Esel mitzunehmen. Sie können sich einen Eseltreiber mit ausleihen oder sich alleine mit Ihrem Esel herumschlagen. In den Stallungen warten 44 nützliche Grautiere. ✆ 05.59.34.88.98.

Lescun

Die Häuser stehen eng beieinander, um das raue Klima abzuwehren. Lescun, auf 900 m Höhe in einem idyllischen Felsenkessel gelegen, ist ein idealer und beliebter Ausgangspunkt für Wanderungen. Eine der schönsten führt zum *Refuge de Labérouat* am *GR 10*, dem großen Pyrenäenwanderweg. Mit sehr guter Kondition und einer Wanderkarte können Sie von hier aus den Aufstieg zum **Pic d'Anie** (2504 m) wagen.

• *Hotel* ** **Du Pic d'Anie**, im Ortszentrum, mit Restaurant. DZ 45 €, alle Zimmer mit Dusche/WC. Geöffnet Juni bis Mitte Sept. Im Juli/Aug. Reservierung dringend empfohlen. 64490 Lescun. ✆ 05.59.34.71.54, ℻ 05.59.34.53.22, hotel.picdanie@club-internet.fr.

Estaut von oben

Etsaut

Das Dorf ist eine gute logistische Basis für Expeditionen in die umliegenden Berge. Der ausgediente Bahnhof beherbergt das *Maison du Parc National*, das mit seiner Ausstellung über Flora und Fauna der Pyrenäen, ohne es zu wollen, den Tunnelgegnern Schützenhilfe leistete. Schwerpunkt ist der Pyrenäenbär, von dem 2004 noch drei reinrassige Exemplare in den umliegenden Bergen lebten (→ S. 352, „Scheue Pyrenäenbären"). *Wanderer* finden an der Rezeption nützliche Informationen und können auch Kartenmaterial kaufen.

Ⓘ Mai bis Sept. 10–12.30 und 14.30–18.30 Uhr.

• *Verbindung* **Bus**: 3-mal tägl. hinunter über Oloron nach Pau und das Tal hinauf bis Urdos, 2-mal tägl. weiter bis ins spanische Canfranc (von dort mit der spanischen Eisenbahn weiter nach Zaragoza).

• *Hotels* ** **Des Pyrénées**, an der Durchgangsstraße. Etsauts einziges Hotel, mit angenehmer Speiseterrasse nach hinten. DZ 25–40 €, die meisten Zimmer im oberen Teil dieser Preisspanne und mit Dusche/WC. 64490 Etsaut. ✆ 05.59.34.88.62, ✆ 05.59.34.86.96.

• *Gîtes d'Etape* **La Maison de l'Ours**, Dorfzentrum. Angeblich traf sich hier im 12. Jh. Eleonore von Aquitanien zum heimlichen Techtelmechtel mit dem spanischen König. Der mittelalterliche, steinerne Bärenschädel an der Hausecke hüllt sich diskret in Schweigen. Sehr schöne 2- bis 5-Bettzimmer, insgesamt 23 Schlafplätze. Übernachtung ohne Frühstück 12 €/Person. Wenn niemand öffnet, beim nachstehenden Gîte, das vom selben Wirtspaar betrieben wird, nachfragen. Voranmeldung empfohlen. 64490 Etsaut. ✆ 05.59.34.88.98, ✆ 05.59.34.87.50, www.garbure.net.

La Garbure, hinter der Dorfkirche. Die frühere Jugendherberge wurde 2001 zum Gîte umgebaut, die Zimmer haben eindeutig an Qualität gewonnen. Ein junges Paar hält das Gelände in Schuss: ruhige Wiese hinter dem Haus. Kinderfreundlichkeit wird großgeschrieben. Insgesamt 53 Schlafplätze in Zimmern von 1 bis 6 Betten sowie im Schlafsaal mit 15 Betten. Übernachtung 12 €/Person. 64490 Etsaut. ✆ 05.59. 34.88.98, ✆ 05.59.34.87.50, www.garbure.net.

▸ **Borce**: Das schmucke Pyrenäendörfchen auf der anderen Talseite von Etsaut liegt direkt am GR 10, der großen Wanderroute vom Mittelmeer zum Atlantik. Auch Jakobspilger kommen hier durch und finden im kleinen *Hôpital de Saint-Jacques* Unterkunft.

In Borce lebte 1971–1991 *Jojo*, ein Pyrenäenbären-Findelkind. Spielende Kinder fanden das Bärenbaby 1971 oberhalb im Wald und brachten es ins Dorf hinunter. Ein Käfig wurde gebaut, und Jojo ließ es sich darin gut gehen; 1991 verschied er im besten Bärenalter. Wohl deshalb kam man auf die Idee, hier einen Tierpark mit einem Bärengehege anzulegen.

Der frühere „Bärengraben" unterhalb des Dorfs, in dem drei Bären gerade mal zwanzig Schritte in die eine, dann 20 Schritte in die andere Richtung tun oder ganz einfach schlafen konnten, wurde 2004 durch einen größeren Tiepark ersetzt; man findet den „Espace animalier de Borce" 1½ km oberhalb des Orts. Der ungefähr 2 km lange Spazierweg – man kann ihn oberhalb des Bärengeheges abkürzen – führt an Rotwild, Ziegen, Schafen, Gämsen und anderen Hornträgern vorbei, und die Bären haben jetzt tatsächlich viel mehr Platz. Sie gehören nicht etwa zu jenen letzten Exempla ren des vom Aussterben bedrohten Pyrenäenbären. Es handelt sich um slowenische Importware.

Bergdorf Borce

⌚ Ostern bis Okt. 9.30–19 Uhr. Eintritt 8 €.

• *Gîtes* **Communal de Borce**, im Ortszentrum. 18 Betten in zwei Schlafsälen, Kochgelegenheit. Übernachtung 12 €/Person. - Okt. geschlossen. 64490 Borce. ✆ 05.59.-34.86.40.

Hôpital Saint-Jacques, direkt am unteren Ortseingang, beim Hospitalet aus dem 15. Jh., in dessen Kapelle eine ziemlich kitschige Tonbildschau läuft. 6 Schlafplätze (ein DZ und ein 4-Bett-Zimmer) für 12 €/Pers. Kochgelegenheit. 64490 Borce. Anmeldung im Rathaus: ✆ 05.59.34.88.99, 📠 05.59.34.89.21.

Von Etsaut zum Somport-Pass

Ungefähr 1½ Kilometer oberhalb von Etsaut überquert die Straße den Gave beim *Pont de Sebers*. Auch der Pyrenäenwanderweg *GR 10* führt über die Brücke. Wenn Sie ihm am östlichen Ufer folgen, gelangen Sie nach ungefähr 15

Minuten zum **Chemin de la Mâture**, einem spektakulär in die Felswand gehauenen Pfad. Er stammt aus dem 18. Jahrhundert und diente den Holzfällern als Transportweg. Täglich bis zu einem Dutzend Ochsengespanne karrten die weiter oben abgeholzten Baumstämme auf diesem Pfad ins Tal hinunter. Der Gave trug sie dann weiter bis nach Bayonne.

Klettern: In der Wand über dem berühmten 1200 m langen Felsenpfad *Chemin de la Matûre* werden Kurse angeboten.

Wandern: Der Spaziergang zum Chemin de la Mâture lässt sich zu einer 5-stündigen Rundwanderung über den *Col d'Arras* ausdehnen (Parkplatz oberhalb der Brücke, Wanderweg ausgeschildert).

▸ Das **Fort du Portalet**, an einer Engstelle rund 1 km oberhalb der Brücke, könnte man fast übersehen, die Burg ist – granitgrau – geschickt in den Felsen integriert. Vermutlich im 16. Jahrhundert gebaut, wurde sie im 19. Jahrhundert repariert und als Garnison für 3000 Soldaten verwendet. Im Zweiten Weltkrieg richtete die Vichy-Regierung im Fort ein Gefängnis ein, die Sozialisten *Daladier* und *Blum* wurden hierher verfrachtet. Vichy-Chef Marschall *Pétain*, nach der Befreiung Frankreichs als Nazikollaborateur zum Tod verurteilt, lernte dann seinerseits das Fort von innen kennen. Eine Besichtigung der Burg ist nicht möglich.

▸ Das Dörfchen **Urdos** (770 m) bietet nichts Besonderes. Ein Zollgebäude verrät, dass es der letzte Ort vor der Landesgrenze ist. Doch bleiben noch 14 km Fahrt durch das enge Tal hoch bis zur Passhöhe des **Col de Somport** (1632 m). Im Sommer legen hier Wanderer eine Ruhepause ein, im Winter werden die Skier angeschnallt: Langlauf auf der französischen Seite, Abfahrt auf der spanischen.

• *Hotels* ** **Le Pas d'Aspe**, Urdos, im oberen Ortsteil. Ganzjährig geöffnet. Mit Restaurant. DZ mit Dusche/WC 40 €. RN 134, 64490 Urdos. ✆ 05.59.34.88.93, ✆ 05.59.34.87.46, www.lepasdaspe.com.

** **Des Voyageurs**, Urdos, im Dorfzentrum. Hat das gegenüberliegende **Du Somport** geschluckt. Hier oder dort: DZ 34–40 € je nach Saison und Komfort. Nov. geschlossen. 64490 Urdos. ✆ 05.59.34.88.05, ✆ 05.59. 34.86.74.

• *Camping* ** **Le Gave d'Aspe**, etwa 500 m unterhalb des Orts, direkt an der Aspe. Schönes Wiesengelände mit 80 Stellplätzen und ausreichend Schatten unter den Bäumen. Geöffnet Mai bis Mitte Sept. 64490 Urdos. ✆ 05.59.34.88.26, legavedaspe@aol.com.

Canfranc-Estación (Spanien)

Im Jahr 1928 reiste der damalige französische Staatspräsident Gaston Doumergue über den Somport-Pass, um 10 km dahinter den spanischen König Alphons XIII. zu treffen. Grund des hochkarätigen Rendez-vous war die gemeinsame Einweihung des Grenzbahnhofs von Canfranc. Die innereuropäischen Grenzen waren damals noch wichtig, und man setzte hundertprozentig auf den Schienenverkehr. Also musste auch der Grenzbahnhof etwas darstellen. Mitten in den Pyrenäen errichtete man einen der größten europäischen Bahnhöfe, einen „Palast“ von 220 m Länge mit 156 Eingangstüren und 356 Fenstern. Ein Hotel, mehrere Restaurants, Unterkünfte für die Bahnbeamten, Büros, Warteräume etc. – alles hatte darin Platz.

Pompöse Kulisse des Verfalls – der Grenzbahnhof von Canfranc

Und heute? Seit die französische Seite Anfang der 1970er Jahre den Schienenverkehr im Aspe-Tal eingestellt hat, ist der Grenzbahnhof von Canfranc zur spanischen Endstation degradiert. Der Putz rieselt, die meisten Fensterscheiben sind zerbrochen, die unzähligen Schienenstränge sind von Grünzeug überwuchert oder halb aus dem Boden gerissen; verrottete Eisenbahnwaggons ergänzen die gespenstische Kulisse. Nur in einem einzigen Raum des gigantischen Baus atmet noch Leben. Dort sitzt ein junger Beamter, der das Regionalzüglein abfertigt, das täglich zweimal in die spanischen Pyrenäen hinaufzuckelt.

Das Ossau-Tal

Das Tal erstreckt sich parallel zum Aspe-Tal und ist wie dieses ein großes Wandergebiet, touristisch jedoch wesentlich besser erschlossen. Beliebt sind vor allem der *Lac d'Artouste* und der *Lac Bious-Artigues*, zwei Gebirgsseen im sogenannten *Hohen Ossau*. Bergsteiger reizt der 2884 m hohe Gipfel des *Pic du Midi d'Ossau*.

Arudy

Das Städtchen ist die Eingangspforte zum Ossau-Tal. Bei einem Erdbeben 1772 wurde Arudy nahezu vollständig zerstört, doch hat sich der Ort längst wieder erholt. Höhepunkte: eine größtenteils stillgelegte Metallindustrie und viel provinzielle Langeweile.

• *Information* **Syndicat d'Initiative**, place de la Mairie (Ortszentrum). Juni bis Mitte Sept. Mo–Sa 10–12 und 14–18 Uhr. Mitte Sept. bis Mai Di 10–12 und 14–16 Uhr, Sa 10–12 Uhr. Etwas Material über das Ossau-Tal. ✆ 05.59.05.77.11, ✆ 05.59.05.80.31, office.de.tourisme.darudy@wanadoo.fr, www.ot-arudy.fr.

Kompetenter und wesentlich informativer ist die Informationsstelle in Laruns.

• *Verbindung* **Bus**: Mehrere Busse täglich nach Pau und talaufwärts bis Laruns.

• *Hotel/Restaurant* ** **De France**. Saubere, bescheidene Unterkunft. Mit Restaurant. DZ 43–53 € je nach Komfort. Mai geschlossen. 1, pl. de l'Hôtel de Ville, 64260 Arudy. ✆ 05.59.05.60.16, ✆ 05.59.05.70.06, http://hotel-france-arudy.vallee-ossau.com.

Außerhalb ** **Les Bains de Secours**, Abzweig dahin von der D 934, ca. 4 km unterhalb Arudys. Wer dem schmalen Sträßchen folgt, gelangt zu diesem abgeschiedenen, überaus idyllischen Landgasthof. DZ 52–62 €. Uns hat es vor allem der blumenreiche Hof angetan, in dem man vorzüglich speist: Blutwurst- und Feldsalat an frischen Birnen, mit Mandelsplitter, Johannisbeeren, Lychée-früchtchen – fast ein Hauch der auch nicht mehr so neuen „Nouvelle Cuisine". Der nicht getrunkene Restwein wird wieder zugekorkt und dem Gast mit auf den Weg gegeben.

Die Bäder, die dem Hotel den Namen gegeben haben, liegen etwa 300 m unterhalb. Wir sahen ein liebevoll hergerichtetes Badehäuschen mit ein paar individuellen Badekammern, einen Tisch im Gärtchen, einen Hund vor der Tür, aber keine Menschenseele ... Hotel im Januar geschlossen. Restaurant ebenso, zusätzlich Sonntagabend, Mo und Donnerstagmittag. Route des Bains de Secours, 64260 Sévignacq-Meyracq. ✆ 05.59.05.62.11, ✆ 05.58.05.76.56, www.hotel-les-bains-secours.com.

Bielle

Beim Dorfspaziergang entdeckt man restaurierte Häuser aus dem 16. Jahrhundert. Bielle war vom frühen Mittelalter bis ins 17. Jahrhundert der Hauptort des Tales, an dem sich regelmäßig die Delegierten der Ossau-Dörfer zusammenfanden, um ihre gemeinsamen Interessen zu verteidigen. In der gotischen *Kirche Saint-Vivien* sind ein paar eigenartige Marmorsäulen zu sehen – sie stammen aus einer römischen Villa. Ein im 19. Jahrhundert entdecktes Mosaik und ein Sarkophag sind weitere Spuren der römischen Siedlung von Bielle.

• *Verbindung* **Bus**: Mehrere Busse tägl. nach Pau und talaufwärts bis Laruns.

• *Hotel* ** **L'Ayguelade**, knapp unterhalb des Orts. Familiär geführtes Mittelklassehotel. Restaurant mit Gartenbestuhlung. DZ 45–55 €. Januar geschlossen. Route de Pau, 64260 Bielle. ✆ 05.59.82.60.06, ✆ 05.59.82.61.17, www.hotel-ayguelade.com.

• *Camping* ** **Ayguelade**, direkt gegenüber dem gleichnamigen Hotel, bei der Kirche am Straßenrand. Heiße Duschen, am Morgen frische Croissants, mittags kleine Gerichte. Ein Bächlein trennt das Wohnwagenviertel von einem kleinen Wald, in dem man wunderbar schattige Plätze für sein Zelt findet. 80 Stellplätze. Geöffnet März bis Okt. Quartier Ayguelade, 64260 Bielle. ✆/✆ 05.59.82.66.50.

▶ **Falaise aux Vautours** (Geierfelsen): Am unteren Ortsausgang von *Béon*, ein paar Kilometer südlich von Bielle, hat der Pyrenäen-Nationalpark eine ornithologische Station besonderer Art eingerichtet. An der senkrechten Felswand hoch über dem Dörfchen schweben Geier entlang. Um die 100 Gänsegeier-Paare nisten hier. Ein Geierkind pro Jahr ist die Regel, und dieses wird, wenn es die Eischale gesprengt hat, (etwa im April) bis zu seinem ersten Flug (Juli/August) von Schnabel zu Schnabel gefüttert.

Im Felsen versteckte Videokameras, die von der Station unten im Dorf ferngesteuert werden, erlauben es, das Intimleben der Raubvögel (Spannweite bis zu 280 cm) auszuspähen, ohne diese dabei zu stören. Live auf die Großleinwand übertragen, erlebt der Besucher den Alltag im Geierfelsen hautnah. Ein Ornithologe kommentiert die laufenden Ereignisse.

⌚ Mai und Sept. tägl. 14–18 Uhr. Juni bis Aug. tägl. 10.30–12.30/14–18.30 Uhr. Eintritt 7 €.

Laruns

Im Ort herrscht reges Geschäftstreiben, Sie haben noch einmal Gelegenheit einzukaufen. Dann müssen Sie sich entscheiden, wie Sie die Route fortsetzen: entweder auf der D 918 nach *Eaux-Bonnes* und eventuell durchs *Azun-Tal* weiter nach *Lourdes* oder auf der D 934 über *Eaux-Chaudes* in die höheren Regionen des Ossau-Tals. Laruns selbst hat, abgesehen von einigen hübschen Häusern aus dem 16. bis 18. Jahrhundert, nichts Sehenswertes zu bieten – es sei denn im einzigen Kino des Ossau-Tals stehe ein guter Film auf dem Programm.

• *Postleitzahl* 64440

• *Information* **Office du Tourisme/Maison de la Vallée d'Ossau**, am Hauptplatz. Mo–Sa 9–12 und 14–18 Uhr, So 9–12 Uhr. Gutes Material über das ganze Tal und wenn das nicht reicht: kompetentes Personal. Für 7 € ist ein brauchbarer französischsprachiger Wanderführer fürs Ossau-Tal erhältlich, mit Kartenausschnitten, Wander- und Mountainbike-Vorschlägen. ✆ 05.59.05.31.41, ✆ 05.59.05.35.49, info@ossau-tourisme.com, www.valleedossau.com.

• *Verbindung* Mehrere Busse tägl. nach Pau.

• *Markt* Wochenmarkt Samstagmorgen.

• *Schwimmen* **Piscine d'Aygueberre**, im unteren Ortsteil. Bei Regen schließt sich das Dach, bei Kälte werden auch die Wände beheizt. Nur Juli/Aug. geöffnet und selbst dann 12.30–14.30 Uhr geschlossen. Eintritt ca. 3 €.

• *Hotel* ** **D'Ossau**. Größere Herberge mit Restaurant im Dorfzentrum. DZ mit Dusche/WC 47–51 €. Pl. de la Mairie. ✆ 05.59.05.30.14, ✆ 05.59.05.36.44,www.hotelossau.com.

• *Chambres d'hôtes* **Restaurant Le Youkoulélé**, knapp oberhalb des Dorfzentrums, vermietet drei DZ mit Dusche/WC für 54 € inkl. Frühstück. Das Restaurant mit seiner einladenden Pergola wollen wir gleich mitempfehlen: preiswerte regionale Küche. Rue du Général de Gaulle. ✆ 05.59.05.35.60, villeyoukou@club-internet.fr.

• *Gîtes* **L'Embaradère**, unterhalb des Kinos. Sehr sympathische Bleibe, von zwei jungen Leuten geführt, die sich im Ossau-Tal auskennen. Ein Zimmer mit 4, zwei Zimmer mit 6, eines mit 8, eines mit 10 und eines mit 14 Betten. Übernachtung 12 €/Person. Restaurant mit preiswerten Menus. 13, avenue de la Gare. ✆/✆ 05.59.05.41.88, www.gite-embaradere.com.

• *Camping* ** **Du Valentin**, in Richtung Eaux-Bonnes (D 918), kurz nach dem Abzweig. Sehr schön terrassiertes Gelände mit Schatten- und Sonnenplätzen. Madame Pelnier ist eine überaus freundliche Pächterin, die sich in der Region hervorragend auskennt. 130 Stellplätze. Geöffnet Mai bis Okt. D 918. ✆ 05.59.05.39.33, ✆ 05.59.05.65.84, www.ossau-camping-valentin.com.

Zwei weitere Campingplätze unterhalb von Laruns an der Straße.

Eaux-Bonnes

„Die Schwefelquellen, deren jedes dieser Bäder viele besitzt, kommen heiß aus dem Boden geschossen, riechen therapeutisch und tun viel Gutes“, war das einzig Positive, was Kurt Tucholsky über Eaux-Bonnes anzumerken wusste. Der französische Geschichtsphilosoph Hippolyte Taine, der die Pyrenäen Mitte des vorigen Jahrhunderts bereiste, schimpfte über die lächerlich uniforme Architektur und fand, bei Regen sei Eaux-Bonnes der unangenehmste Ort der Welt überhaupt, und es regne dort oft.

Tatsächlich bietet der Thermalort, der unter *Napoleon III.* ein Meeting-Point der europäischen Aristokratie war, heute ein trostlos-morbides Bild. Platz ist nicht viel, und so musste man oft erst Felswände sprengen, um ein Hotel hinzustellen. Ungeachtet aller räumlichen Probleme fand man es dann aber doch schick, im Zentrum einen großzügigen Park anzulegen, den

Jardin Darralde. Dadurch wirkt Eaux-Bonnes zwar majestätisch, weckt aber gleichzeitig den Verdacht eines Potemkinschen Dorfes. Diese waren immerhin hübsch herausgeputzt, während hier der Putz allenthalben bröckelt. Das einstige Luxus-Hotel *Les Princes* mit Salon de Thé im Parterre macht mit seinen zerbrochenen Fenstern einen desolaten Eindruck. Im prunkvollen *Casino* haben einarmige Banditen die Roulettekugel abgelöst.

Die Kommune hat 1987 sämtliche verlassenen Kuranlagen aufgekauft. Ihr Wille zur Modernisierung drückt sich im gläsernen Bau des 1991 eröffneten *Etablissement thermal* aus, die von der *Groupe Eurothermes* betrieben wird, die auch in Spanien, Belgien und der Schweiz im Thermal- und Wellnesssektor aktiv ist. Gegenüber wurden Appartements für Dauergäste fertiggestellt, und derzeit geht das Gerücht, dass der einstige Prachtbau des *Hôtel des Princes* zur 4-Stern-Residenz mit 78 Appartements umgebaut werden soll.

Thermalbad (Etablissement thermal) Auch wer kein komplettes therapeutisches Programm absolvieren will, hat die Möglichkeit, im 44,5 °C heißen Wasser ein paar Züge zu schwimmen; das Becken misst etwa 4 x 12 m. Mitte Mai bis Mitte Okt. Mo–Sa 8–12 Uhr. Eintritt ca. 7 €.

Wandern: In der unmittelbaren Umgebung des Orts sind schöne Spaziergänge und leichte Wanderungen ausgeschildert. Für größere Touren, z. B. auf dem großen Pyrenäen-Wanderweg GR 10 (Aufstieg von Eaux-Bonnes), ist spezielles Kartenmaterial unabdingbar.

- *Postleitzahl* 64440
- *Information* **Office du Tourisme**, Jardin Darralde (Glaspavillon mitten im Park). Informationen über Kurmöglichkeiten und über den Skiort Gourette. Mo–Sa 9–12 und 13.30–18 Uhr, So 10–12 und 15–18 Uhr. ✆ 05.59.05.33.08, ✆ 05.59.05.32.58, ot.eauxbonnes@wanadoo.fr, www.gourette.com.
- *Verbindung* Tägl. mehrere Busse nach Pau.
- *Waschsalon* direkt unterhalb des Etablissement thermal. Wanderer werden die Gelegenheit zu schätzen wissen.
- *Hotels* ** **Le Richelieu**, etwas oberhalb des vorgenannten. Nach langen Renovierungsarbeiten wurde der Bau aus dem Second Empire 1994 wieder eröffnet. DZ mit Dusche/WC 51–53 €. Geöffnet Mai bis Mitte Okt. und Dez. bis Mitte April (wegen der Skisaison in Gourette). 35, rue Louis Barthou. ✆ 05.59.05.34.10, ✆ 05.59.05.43.46, www.hotel-richelieu.fr.

** **De la Poste**, gegenüber dem Casino. Die Zimmer sind um einen Lichthof mit Forellenteich angelegt. Freundlicher Empfang. DZ mit Dusche/WC 45–49 €. Geöffnet Mitte Mai bis Mitte Okt. und Weihnachten bis Mitte April (wegen der Skisaison in Gourette). 19, rue Louis Barthou. ✆ 05.59.05.33.06, ✆ 05.59.05.43.03, www.hotel-dela-poste.com.

Gourette

Der Ski- und Wanderort liegt auf 1400 m Höhe in einem Kessel von Bergwiesen. 2 Gondeln, 5 Sessel- und 7 Skilifte zählt der Ort, 28 Pisten, und im Winter ist Schnee garantiert – notfalls mit einer der 150 vorhandenen Schneekanonen. Wollen Sie den hässlichen Residenzhotels entfliehen, nehmen Sie den Sessellift zur *Pène Blanque.* Dort erwartet Sie ein großartiger Panoramablick über die nackten Gebirgsgipfel.

Von Gourette führt die D 918 über den *Col d'Aubisque* (1709 m) und den *Col du Soulor* (1474 m) nach *Arrens* ins *Azun-Tal.* Diese Strecke galt im 19. Jahrhundert als Glanzleistung des Straßenbaus. Zwischen den beiden

Pässen ist sie äußerst eng und oft in die Felsen gehauen. Frei herumlaufende Pferde, Kühe, Schafe benutzen die Straße nach Belieben. Für Automobile gilt von 20 bis 6 Uhr absolutes Fahrverbot, das auf den ganzen Tag ausgedehnt wird, wenn jährlich die *Tour de France* über die Pässe radelt.

Eaux-Chaudes

Entdeckt wurden die heißen Quellen, die dem Ort den Namen gaben, schon zu Römerzeiten, später kamen die Könige von Navarra mit ihren Königinnen und Mätressen, um hier ihre eingebildeten Krankheiten zu kurieren. Doch bereits im 16. Jahrhundert ging es mit Eaux-Chaudes bergab, und als 1745 eine amtliche Untersuchungskommission anrückte, fand sie das Thermalbad völlig vernachlässigt vor. Die Bäder-Renaissance im Zweiten Kaiserreich brachte noch einmal einen kurzen Aufschwung, dann versank der Ort wieder in seinen nicht enden wollenden Tiefschlaf. Heute zählt der Eaux-Chaudes noch 50 Einwohner.

Nachdem er Eaux-Bonnes gesehen hatte und hierher kam, diagnostizierte *Tucholsky* – er sei hier ein weiteres Mal zitiert – kurz und bündig: „Eaux-Chaudes ist noch viel ausgestopfter. Das ist nun auch wirtschaftlich pleite." Eaux-Chaudes schien tatsächlich lange Zeit nicht mehr aus dem Koma aufzuwachen. Doch der Totenschein ist noch nicht ausgestellt: Zur Jahrtausendwende übernahm die Kommune den tristen Thermalbau, lüftete ihn erst einmal kräftig durch und machte sich an eine Renovierung. Der Kurbetrieb ist mittlerweile wieder etwas in Gang gekommen – keine blaublütige Klientel mehr, sondern Kassenpatienten.

- *Verbindung* Morgens und abends jeweils ein **Bus** nach Laruns bzw. talaufwärts.
- *Thermalkuren* Auskünfte über Kurangebote und Öffnungszeiten im Thermalgebäude. ✆ 05.59.05.36.36, ℻ 05.59.05.45.57, http://eauxchaudes.fr.
- *B & B* **Baudot**, neben dem Thermalgebäude und von zwei Palmen am Eingang geschmückt. Bis 1973 empfing hier das Hôtel Baudot seine Gäste, dann diente das Gebäude bis 2001 als privates Ferienhaus. Heute zeigt ein belgisches Paar Mut und renoviert mit großem Geschick. 2007 waren vier wunderschöne Zimmer zu sehen, z. T. mit raffinierter Teilung zum Bad hin, sowie ein Appartement – der Mann ist ein begnadeter Handwerker. Auch der Frühstücksraum überzeugt, als nächstes Proekt ist von einem Wintergarten die Rede. Und schließlich: Im Goldenen Buch fanden wir einen Eintrag von Lesern, die unsere Empfehlung uneingeschränkt teilen. DZ 55 € inkl. Frühstück. Weiterhin gilt: unsere Empfehlung. Geöffnet Juni bis Sept. 64440 Eaux-Chaudes. ✆ 05.59.05.34.51, baudot1900@orange.fr.

Gabas

Der letzte Ort vor der Landesgrenze, am Fuß des *Pic de la Sagette* gelegen, ist nur ein kleines Bergdorf, aber hier ist zehnmal mehr los als in den beiden Thermalorten zusammen. Gabas ist der Stützpunkt für die schönsten Wanderungen in den Béarnaiser Pyrenäen. Und nebenbei gibt es hier viele Schäfer und infolgedessen einen ausgezeichneten Schafskäse zu kaufen.

Investoren gesucht – Thermalgebäude von Eaux-Chaudes

• *Verbindung* Morgens und abends jeweils ein Bus nach Laruns bzw. zur spanischen Grenze hoch.

• *Hotel* ** **Le Biscaü**, im Zentrum. Mit Restaurant, das eine gute Garbure (Gemüsesuppe) serviert. DZ 36–46 €, je nach sanitärer Ausstattung, einige Zimmer mit Balkon. Nov. bis knapp vor Weihnachten geschlossen. In der Hochsaison Voranmeldung empfohlen. Bourg, 64440 Gabas. ✆ 05.59.05.31.37, 📠 05.59.05.43.23.

▸ **Lac de Bious-Artigues**: Die Straßenschilder raten Lkw-Fahrern ab, die Straße (D 231) zu benutzen. Wir fügen hinzu: Auch Wohnmobile sind hier fehl am Platz.

Der Blick auf den *Pic du Midi d'Ossau* ist sensationell – achten Sie aber trotzdem auf die Straße, Sie riskieren sonst, in eine Schafherde hineinzufahren. Nach ungefähr 5 km hat man den Bergsee erreicht. Von hier gibt es mehrere Möglichkeiten, z. B. eine Wanderung zu den *Lacs d'Ayous* oder den Aufstieg auf den *Pic du Midi d'Ossau* (setzt Kondition voraus!), oder Sie mieten ein Pferd. Sie können aber auch einfach die Pyrenäenluft und das klare Wetter genießen, das die Gipfel so nahe bringt, dass man schon fast keinen Grund mehr sieht, sie wirklich zu besteigen.

▸ **Lac d' Artouste**: An der Straße zum Grenzpass *Col de Pourtalet*, 2 km oberhalb von Gabas, liegt linker Hand der Stausee *Lac de Fabrège*. Von seinem Nordende aus (Autofahrer müssen erst bis an das Südende fahren, dann auf der anderen Seite zurück) führt eine Seilbahn auf 2000 m Höhe, knapp unter den Gipfel des *Pic de la Sagette*. Dann geht's 50 Minuten mit einem luftigen, elektrischen Eisenbähnchen am Abgrund entlang weiter. Die Strecke wurde in den 1920er Jahren gebaut, um Baumaterialien für die Staumauer zu transportieren. Von der Endstation bleiben noch etwa 10 Minuten Fußweg bis zum See. Während der gesamten Fahrt genießt man ein traumhaft schönes Panorama. Vom See aus verschiedene Wandermöglichkeiten. Hilfreiche Informationen erhält man im *Maison du Parc National des Pyrénées* in Gabas. Für längere Touren inklusive Übernachtungen in Refuges sollte man unbedingt eine genaue IGN-Karte dabei haben.

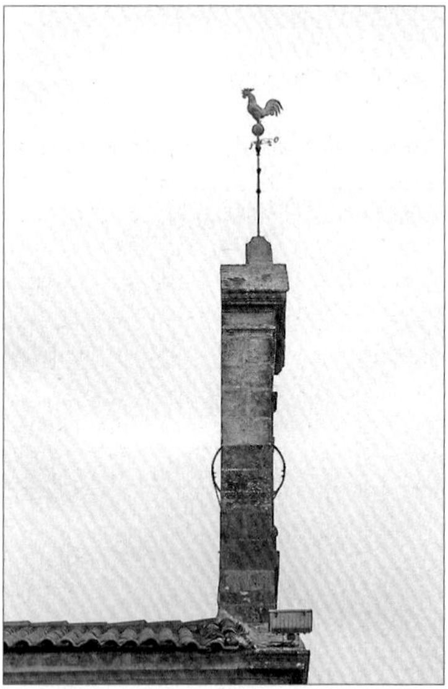

Eisenbahn Der Service gilt von Juni bis Sept. Im Juni und Sept. 10–15 Uhr im Stundentakt. Juli/Aug. 9–17 Uhr im Halbstundentakt. Fahrt hin und zurück ca. 18 €. Wer den Fahrplan nicht beachtet, riskiert den Rückweg zu Fuß – auch ganz schön!

Die Küste der Charente-Maritime

Am Küstenstreifen zwischen der Gironde- und der Charente-Mündung macht sich der Gezeitenwechsel besonders stark bemerkbar. Davon profitieren vor allem die Austern- und Muschelzüchter: Das Becken von Marennes-Oléron ist Frankreichs größter Austern-Lieferant.

Badeurlauber und Windsurfer bevorzugen den Küstenabschnitt nördlich von *Royan*. Auch die Inseln *Oléron* und *Ré* – beide über Brücken mit dem Festland verbunden – haben einige einladende Strände. Für einen geruhsamen Tagesausflug, Bademöglichkeit inklusive, bietet sich die *Ile d'Aix* an. Vermutlich sprang auch *Napoleon I.* hier noch einmal in die Wellen, bevor er am 15. Juli 1815 endgültig aus Europa entfernt wurde. Ein kleines Museum erinnert an die letzten Tage des gescheiterten Kaisers.

La Rochelle, einst letzte Bastion der Hugenotten, heute Hauptstadt des Départements Charente-Maritime, hat nicht nur eine attraktive Altstadt mit vielen Museen, sondern dank seiner Universität auch ein lebendiges Kultur- und Kneipenleben.

Pineau des Charentes

Die Reklame ist kaum zu übersehen, gelegentlich wird am Straßenrand zur Degustation eingeladen: Pineau des Charentes und Cognac.
Die Région Cognac rund um das gleichnamige Städtchen liegt im Hinterland der Charentes und liefert auch die Trauben für den weniger bekannten Pineau. Der fruchtige Likör ist eine Mischung aus einem Viertel Cognac und drei Vierteln frischem Traubensaft, die vor der Abfüllung mindestens zwei Jahre in Eichenfässern gelagert wird.

Serviert wird der Pineau in Tulpengläsern. Als Aperitif kann er Austern begleiten, als Dessertwein, weiß und rosé, passt er hervorragend zu Honigmelonen.

Royan

Die Notre-Dame im Zentrum ist aus Stahlbeton und ein Symbol wie die Gedächtniskirche in Berlin. Royan wurde im Januar 1945 bei einem Bombardement der Alliierten dem Erdboden gleichgemacht, nachdem Truppen der deutschen Wehrmacht sich hierher zurückgezogen hatten.

Der Badeort, der seit dem 19. Jahrhundert in seinem prunkvollen Casino illustre Gäste aus aller Welt empfing, wurde nach dem Krieg komplett neu aufgebaut. Ein letztes Lifting erhielt die Stadt 1992 mit der Renovierung des *Front de Mer*, eines zwei- bis dreistöckigen Geschäftskomplexes aus den 60er Jahren, der sich in einem sanften Bogen am Ufer entlangzieht. Crêperien, Glaciers und Boutiquen – alle bekommen hier gleich viel Quadratmeter Geschäfts- und Schaufensterfläche zur Verfügung gestellt. In Royan ist man stolz auf diesen uniformen Bau, genauso wie auf das moderne thalassotherapeutische Zentrum und den 1992 eingeweihten neuen Yachthafen.

Die Stadt ist mit ihrem einstigen Vorort **Saint-Georges** längst zusammengewachsen. *La Grande Conche*, der große Strand von Royan, und sein Pendant, die *Conche von Saint-Georges*, sind nur durch einen von Villen übersäten Hügel getrennt. Der schönste Strandabschnitt befindet sich am Südende von Saint-Georges; dort kann man sich wenigstens ins schattige Pinienwäldchen zurückziehen.

Royan habe außer seinem Strand nur das Casino anzubieten, vermerkte ein englischer Reisender im 19. Jahrhundert. Das Casino steht heute im Vorort Pontaillac, bleibt also noch der Strand, und der ist oft heillos überfüllt. Schließlich werden nirgendwo an der französischen Atlantikküste so viele Sonnentage pro Jahr gezählt wie in Royan.

Information/Verbindungen

- *Postleitzahl* 17200
- *Information* **Office de Tourisme**, Rond-Point de la Poste. Mai bis Mitte Juni Mo–Sa 9–12.30 und 14–18 Uhr, So 10–12.30 Uhr. Mitte Juni bis Aug. Mo–Sa 9–19.30, So 10–13 und 15–18 Uhr. 1. Septemberhälfte Mo–Sa 9–19.30 Uhr; Mitte Sept. bis April Mo–Sa 9–12.30 und 14–18 Uhr.

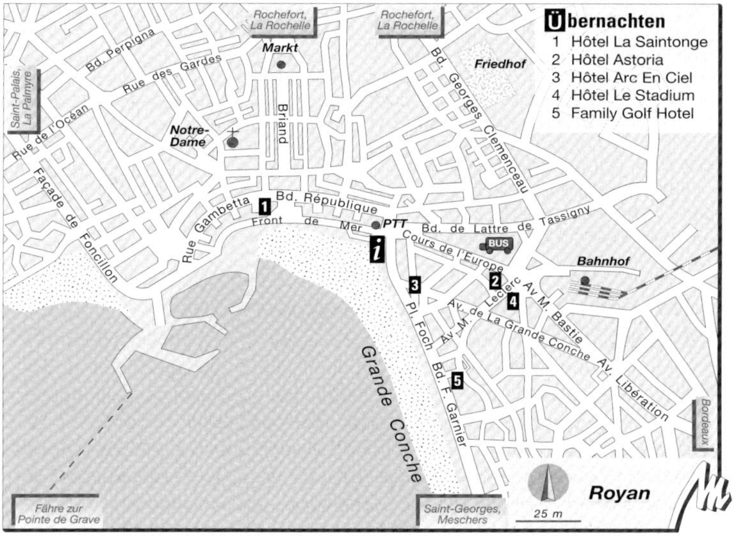

✆ 05.46.05.04.71, ℻ 05.46.06.67.76, info@royan-tourismecom, www.royan-tourisme.com.

• *Verbindungen* **Zug**: Gute Verbindung nach Angoulême, weniger gute nach Saintes und gar nicht gute nach Poitiers. **Bus**: Gute Verbindung nach Saintes, La Palmyre, Meschers; 3-mal tägl. über Rochefort (nicht die Küstenstraße) nach La Rochelle. Stadtbusse nach Saint-Georges. **Fähre**: In der Hochsaison Pendelverkehr, aber auch sonst gute Verbindung über die Gironde zur Pointe de Grave im Médoc. Preise: Passagiere 3,10 €, Pkw 21,60 €.

Diverses

• *Schiffsausflüge* Fahrten u. a. zum Phare de Cordouan (näheres über den Turm → „Cordouan, Leuchtturm"). Dauer: 1½ Stunden, Preis 112,50 €. Abfahrt am Nordende des großen Strandes.

• *Autoverleih* **Avis**, 75, av. de Pontaillac (Renault-Garage an der Straße nach La Palmyre). ✆ 08.20.05.05.05. **Budget**, 24, bd de Lattre de Tassigny, Nähe Bahnhof. ✆ 05.46.05.59.00. **Europcar**, 13, place du Dr Gantier (vor dem Bahnhof). ✆ 05.46.05.20.88.

• *Markt* Juni bis Sept. tägl. 7–13 Uhr in der Betonhalle; außerhalb der Saison Montag geschlossen. Sonntag- und Mittwochmorgen großer Kleidermarkt.

Übernachten/Essen

• *Hotels* *** **Family Golf Hotel (5)**. Gut geführtes Strandhotel. Komfortable, helle Zimmer mit Balkon. Frühstück auf der Terrasse. Hoteleigener Parkplatz. DZ 60–106 €. Geöffnet Mitte März bis Nov. 28, bd Frédéric Garnier. ✆ 05.46.05.14.66, ℻ 05.46.06.52.26, www.hotel-family-golf.com.

** **La Saintonge (1)**. Gepflegte Bleibe am Front de Mer mit sehr höflichem Empfang. Korrekte, saubere Zimmer, einige mit Etagendusche, die meisten mit Dusche/WC/TV. DZ 39–65 € je nach sanitärer Ausstattung. 14, rue Gambetta. ✆ 05.46.05.78.24, ℻ 05.46.22.17.07.

** **Astoria (2)**. Preiswertes, gepflegtes Mittelklassehotel mit wenigen Zimmern, alle mit Dusche/WC und TV. Ruhige, strandnahe Lage in einer Seitenstraße. DZ 32–52 €. 42, av. du Maréchal Leclerc. ✆ 05.46.05.85.75, ℻ 05.46.05.90.65.

* **Arc En Ciel (3)**. Am Strand. Das frühere „Acacias" hat mit dem Besitzer den Namen gewechselt und eine Renovierung erfahren. Für einen Stern noch immer teuer genug. DZ 40–65 € je nach Saison, die teureren mit Blick aufs Meer. Rezeption 8–12.30 und 17–21.30 Uhr. 6, place Foch. ✆/📠 05.46.22.65.34, hotelarcenciel17@wanadoo.fr.

* **Le Stadium (4)**, Nähe Bahnhof. Ohne jeden Charme und ebenfalls für den einen Stern überteuert. DZ 38–50 €, alle Zimmer mit Dusche/WC. 1, pl. du Dr Gantier. ✆ 05.46.05.75.40, 📠 05.46.05.00.94.

• *Camping* Die schattigsten und schönsten Campingplätze findet man am Südende von Saint-Georges bzw. im Pinienwald zwischen Saint-Georges und Meschers.

• *Restaurants* Am Front du Mer findet man jede Menge auf Fisch spezialisierte Restaurants, Pizzerie, asiatische Küche und auch Fastfood.

Ein ungewöhnlicher Stadtspaziergang

Wie der berühmte Phönix aus der Asche ist in den 1950er Jahren das neue Royan aus der ausgebombten Stadt hervorgegangen. Wer an Architekturgeschichte interessiert ist und sich ein bisschen Zeit nimmt, stößt bei einem Spaziergang durch die Stadtviertel auf erstaunliche Bauten: schnörkellose geometrische Betonarchitektur, Außentreppen, Schiebe-Fensterläden, Bullaugen. Jedes Haus hat sein individuelles Gesicht. Die Architekten der Nachkriegszeit – meist unter dem Einfluss von Le Corbusier und Oscar Niemeyer – haben Royan zur französischen Stadt der Fünfzigerjahre par excellence gemacht.

Ein hervorragender Begleiter nicht nur für Spezialisten ist der Architekturführer *Royan 1950* von Antoine-Marie Préaut, der über 100 Gebäude Royans mit Fotos, Text, Grund- und Aufriss beschreibt – Quartier für Quartier, jedes auf einem Stadtplan exakt verzeichnet.

Literatur Antoine-Marie Preáut, *Guide architecural Royan 1950*, Editions Bonne Anse, Vaux-sur-Mer, 2006. Das Buch kostet 38 € und ist im Office de Tourisme erhältlich. Wem das zu teuer ist, der begnügt sich mit dem Gratisfaltblatt *Guide Royan Ville 50*, das sich auf rund zwei Dutzend Bauten beschränkt (ebenfalls mit speziellem Stadtplan).

Baden

Neben der *Grande Conche* und der *Conche de Saint-Georges* gibt's noch einige kleine Buchten im Norden von Royan sowie in den Badeörtchen **Nauzan** und **Saint-Palais**. Mit der großen Bucht von Royan können diese Strände aber nicht mithalten, und sie sind ebenso überlaufen.

Von Royan bis Blaye

Meschers

Nur ein kleiner Wald mit drei Badebuchten trennt Meschers von Royan und Saint-Georges, den großen Ferienorten an der Girondemündung.

Im Juli und August beherrscht der französische Badetourismus das Städtchen über den Kreidefelsen, den Rest des Jahres ist es eher ausgestorben. Schon in der Prähistorie waren die wie Emmentaler Käse durchlöcherten Felsen besiedelt, heute haben sich einige schicke Restaurants hier eingenistet. Ihre Kundschaft kommt hauptsächlich aus den Ferienhäusern, die entlang der Promenade über den Felsen gebaut wurden. Unten, an der Gironde, reihen sich die für die Gegend typischen Hebenetze – ein Postkartenmotiv.

• *Camping* Im Waldstück zwischen Saint-Georges und Meschers haben sich ein halbes Dutzend Campingplätze etabliert. Besonders gut gefallen hat uns der * **Camping du Pin Franc** auf der Höhe der Plage de Suzac, im Wald oberhalb der Straße gelegen. 40 Stellplätze. Geöffnet April bis Okt. 116, bd de Suzac, 17132 Meschers-sur-Gironde. ✆ 05.46.05.31.96, www.campinglepinfranc.com.

Baden

Drei Sandbuchten laden zwischen Saint-Georges und Meschers zum Bad in der Gironde. Von Süden nach Norden:

▶ **Plage de Suzac**. Hinter einem stacheldrahtbewehrten Wäldchen und schon deshalb weniger schön als die nachstehende Plage des Vergnes. Drei Campingplätze (1 bis 3 Sterne) ganz in der Nähe.

▶ **Plage des Vergnes**. Größerer Strand, ideal auch fürs Sonnenbad – man kann sich anschließend in den dahinter liegenden Waldgürtel zurückziehen.

▶ **Plage des Nonnes**. Schöne Lage am Ende des Kreidefelsens mit Snackbar und Blick auf Royan. Knapp oberhalb findet man zwei Campingplätze mit je 2 Sternen.

Talmont

Mit seinen in der Vegetation versteckten weißen Häuschen lässt der auf einen Felssporn gebaute Ort an eine mediterrane Ferienidylle denken. Doch hat die Illusion spätestens mit der Ebbe ein Ende, wenn sich die Gironde vom mitgeführten Schlamm zurückzieht. An der Spitze der Landzunge steht hart am Abgrund über der Gironde das romanische Kirchlein *Sainte-Radegonde* aus dem 11. Jahrhundert. Hübsche Figuren sind ins Portal gemeißelt. Die zentrale Apsis ziert im oberen Teil ein Säulendekor, die beiden Seitenapsiden sind mit Menschenköpfen und Tierfratzen versehen. Gefährt auf dem großen Parkplatz am Ortseingang stehen lassen und losspazieren.

Mortagne

Das Städtchen, von der Gironde etwas zurückversetzt, war einst ein eigenes kleines Fürstentum und Gerichtssitz für die umliegenden Gemeinden. Einen Stopp lohnt Mortagne allenfalls, um in den Kreidefelsen südlich des Orts die Eremitage des heiligen *Martial* aufzusuchen. Den Zugang findet man von der Polderstraße D 245 aus. Die von Martial im 2. Jahrhundert auf zwei Etagen in den Felsen gehauenen Kammern waren noch bis zur Französischen Revolution von Mönchen bewohnt. Neben den kargen Behausungslöchern führt eine enge Treppe durch einen Spalt im Felsen hoch auf das Plateau.

Südlich von Mortagne führt die D 145, später D 146, dann D 255 durch eine ziemlich öde Polderlandschaft bis nach Blaye, das mit einer großartigen Zitadelle von Vauban aufwartet (→ Blaye).

Von Royan bis Marennes

La Palmyre

Die Siedlung im Pinienwald ist eine neuzeitliche Badestation von **Les Mathes**, das 3 km entfernt im Landesinnern liegt. Die große Bucht bei La Palmyre hat die touristische Entwicklung begünstigt. Anfang der 60er Jahre zählte der Ort im Winter nicht einmal 20 Einwohner, heute sind es knapp 300, jeden Sommer steigt die Zahl pfeilschnell in die Höhe. Eine gute Infrastruktur sorgt für den sorgenfreien Badeurlaub.

La Palmyre hat einen Yachthafen und daneben einen großen Kinderspielplatz, La Palmyre hat eine Pferderennbahn, und vor allem hat La Palmyre einen **Zoo**. Mit diesem macht der Ort groß Reklame. Er gilt als einer der schönsten ganz Frankreichs, und mit jährlich über 700.000 Besuchern hält er den nationalen Rekord. Auf 10 Hektar Fläche genießen Elefanten, Raubkatzen, Eisbären, Nashörner, Krokodile, Affen und Giraffen vergleichsweise eine Luxus-Gefangenschaft und pflanzen sich munter fort. Falls Sie den Zoo besuchen wollen, tun Sie dies am Morgen. Nachmittags riskieren Sie nicht nur Schlangestehen, sondern es ist oft dermaßen heiß, dass die lieben Tiere ihre Siesta um ein paar Stunden verlängern.

April bis Sept. 9–19 Uhr. Okt. bis März 9–18 Uhr. Eintritt 14 €, Kinder 3-12 Jahre 10 €, unter drei Jahren gratis. Sollte Ihnen der Eintritt zu hoch vorkommen, denken Sie an die Preise bei Ihrem Metzger oder Fischhändler: Im Zoo von La Palmyre werden jährlich 50 Tonnen Fleisch und 20 Tonnen Fisch verschlungen.

• *Information* **Office de Tourisme**, 2, av de Royan, an der Durchgangsstraße, zwischen Zoo und Ortszentrum. Freundlich und sehr kompetent. Mo–Fr 10–12 und 14–18 Uhr, Sa/So 10–12 und 15–19 Uhr. 05.46.22.41.07, 05.46.22.52.69, contact@la-palmyre-les-mathes.com, www.la-palmyre-les-mathes.com.

• *Verbindung* **Bus**: Mehrmals tägl. nach Royan.

• *Fahrradverleih* **Cyclo-Trott**, am Hafen. Sehr großes Angebot, Kinderräder, Mountainbikes, Tandems. 05.46.22.52.34.

ECO cycles, av. de l'Angoumois (Seitenstraße gegenüber dem Office de Tourisme). 05.46.23.63.14.

Weiterer Verleih bei der **elf-Tankstelle** nördlich des Zoos.

• *Bootsverleih* **Location Loisirs**, am Hafen. 06.07.86.28.75.

• *Surf- und Wellenbretter* Verleih bei **Palmyr Wind**, gegenüber der Info-Stelle. Mitte Juni bis Mitte Sept. 05.46.23.61.61.

• *Camping* Rund 20 Plätze im Gebiet von La Palmyre/Les Mathes, darunter 2 FKK-Terrains. Von der luxuriösen Campingstadt mit Tenniscourt, Pool und Riesenrutschbahn bis zum bescheidenen 2-Stern-Camping – im Pinienhain ist alles zu finden. Sind die ozeannahen Plätze an der D 25 (Royan–Ronce-les-Bains) ausgebucht, findet man im Landesinnern an der Straße von Les Mathes nach La Tremblade sicher noch einen Platz.

Baden

▸ **Bucht** *(Bonne Anse)*: Bei Flut reicht's zum Erfrischungsbad, bei Ebbe zum Fußbad. Zum Surfen kann die Bucht nicht empfohlen werden.

▸ **Südlich von La Palmyre**: Der große Sandstrand zieht sich fast bis Saint-Palais. Gigantische Parkplätze am Straßenrand weisen darauf hin, dass dieser schöne Küstenabschnitt kein Geheimtipp ist.

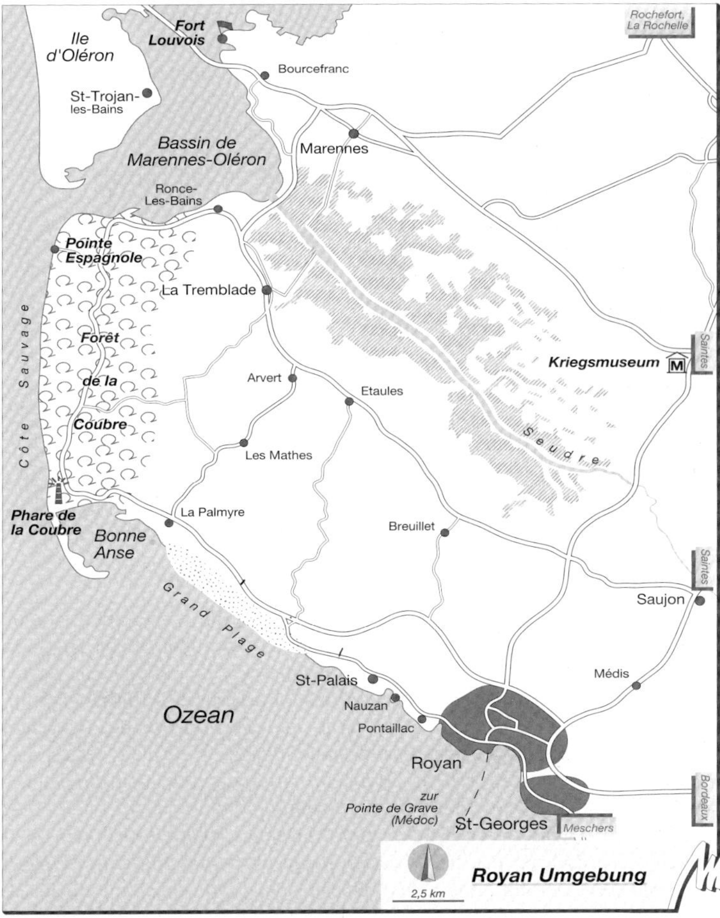

▸ **Nördlich von La Palmyre**: Die *Côte Sauvage* hinter dem Pinienwald, der sich bis nach Ronce-les-Bains erstreckt, ist deutlich stärker vom Gezeitenwechsel geprägt als die Küste südlich von La Palmyre, bei Ebbe muss man weit hinauslaufen. Gelegentlich führen Asphaltsträßchen in Richtung Küste, z. B. bei der *Pointe Espagnole*. Sie enden in riesigen Picknick-Geländen, die an Wochenenden proppenvoll sind. Das *Déjeuner sur l'herbe*, ein Lieblingsplaisir der Franzosen, wird hier im Wald zelebriert. Geöffnete Heckklappen und Klappstühle zuhauf – kein Durchkommen.

Ronce-les-Bains

Die Lage ist schön, aber die Schönheit ist ausverkauft. Ronce ist eine niedliche Villensiedlung zwischen Pinienwald und Küste. Westlich des Orts gilt

Ein Klassiker:
Phare de la Coubre

wegen der starken Brandung Badeverbot. In Ronce selbst ist Schwimmen nur bei Flut möglich, bei Ebbe kurven die Muschelsammler über den Sand.

Phare de la Coubre

Der Leuchtturm wurde Anfang des 20. Jahrhunderts gebaut und ist 64 Meter hoch. 300 Stufen im hellblau gekachelten Inneren führen hoch zur Plattform; bei klarem Wetter belohnt eine Aussicht auf die Gironde-Mündung, zur Spitze des Médoc und zur Ile d'Oléron die Mühsal des Aufstiegs. Vom benachbarten Turm späht die Küstenwache aufs offene Meer.

🕐 unregelmäßig. Eintritt: Trinkgeld für den freundlichen Leuchtturmwärter.

La Tremblade

Wie im berühmten Städtchen *Marennes* gegenüber, steht auch im kleinen La Tremblade die Auster im Mittelpunkt des wirtschaftlichen Lebens. Das gesamte Mündungsgebiet der *Seudre* ist in Austernparks aufgeteilt, die Ufer säumen die typischen *Cabanes,* in denen die Austern der anschließenden *Affinage* (→ Marennes, Kasten) entgegenharren. Etliche Degustationsstände verkaufen die Delikatesse – je nach Größe für 3 bis 5 € das Dutzend.

Seit der Konstruktion der Brücke nach Marennes ist La Tremblade auch verkehrstechnisch an das französische Austernzentrum Marennes-Oléron angeschlossen. Der Bahnhof – einst für den Austerntransport unentbehrlich – hat dagegen ausgedient. Nur ein dieselbetriebenes Touristenbähnchen zuckelt im Sommer gemütlich die Seudre aufwärts bis *Saujon.*

Mit Baden geht natürlich nichts in La Tremblade. Camper in der Umgebung schätzen jedoch das kleine, einladende Geschäftszentrum und tätigen hier ihre Einkäufe.

• *Postleitzahl* 17390

• *Information* **Office de Tourisme**, 1, bd Pasteur (Ortszentrum). Einige Informationen über die Umgebung sowie ein Verzeichnis der Campingplätze der Umgebung. Mo–Sa 9–12.30 und 14–18.30 Uhr, So 9–12.30 Uhr. ✆ 05.46.36.37.71, 📠 05.46.36.37.30, ot@la-tremblade.com, www.la-tremblade.com.

• *Markt* in der Saison täglich auf dem großen Platz vor dem Bahnhof.

• *Hotels* ** **Phoebus**, im Ortszentrum. Mittelklassehotel mit Salon de Thé und Tortenbäckerei. DZ 45–54 €. 13ter, rue Foran. ✆ 05.46.36.29.85, 📠 05.46.36.51.03, www.hotel-phoebus.com.

De France, Nähe Bahnhof. Bescheidene Zimmer in etwas heruntergekommenem

Haus. Der Wirt ist etwas ruppig, aber dies ist nicht unfreundlich gemeint, er hat ganz einfach selten Gäste und scheint dadurch etwas aus der Rezeptions-Übung gekommen. Dafür geht's in der Brasserie rund. Dort bechern abends die Einheimischen, und um 9 Uhr früh, wenn Sie halb verschlafen auf den Kaffee warten, sitzen die Austernzüchter bereits beim ersten Bier. Große Menu-Auswahl mit Fisch und Fleisch im preiswerten Restaurant, ab der mittleren Preislage sind ein Dutzend Austern dabei. DZ 32–44 €, abgestuft nach sanitärem Komfort.. 29, rue Foran. ✆ 05.46.36.00.11, 📠 05.46.85.78.29, www.hotel-de-france.org.

• *Restaurants* **Chez Robert**, Restaurant auf 2 Etagen am Ende der Mole des Austernhafens. Klein und beliebt. Austern aller Größen im halben, dreiviertel oder ganzen Dutzend, auch Fines de claires. Hervorragende Meeresfrüchteplatte. ✆ 05.46.36.12.90.

A la Cabane des Bons Vivants, an der Mole des Austernhafens. Bescheidenes, kleines Lokal mit Straßenbetischung, geführt von Austernzüchtern der 4. Generation. Was man fast nicht mehr findet in der Charente, bereitet Jean-Claude Fradin hier im Freien zu: Eclade des Moules. Was das ist, erfahren Sie im oben stehenden Kasten. Unsere Empfehlung. ✆ 05.46.36.01.36.

• *Camping* Plätze unterschiedlicher Ausstattung finden sich an der Straße nach Arvert.

L'Eclade des Moules

Muscheln lassen sich auf vielerlei Arten zubereiten. Ein traditionelles Gericht in der Charente ist die „Eclade des Moules“: Ein Brett mit vier Nägeln, die je eine Muschel stützen, bildet die Basis, um die, schief stehend, viele weitere Muscheln geschichtet werden. Als nächstes werden dürre Pinienzweige über die Muscheln gehäuft, schließlich wird das ganze Kunstwerk abgefackelt. Die Asche bläst ein Haarföhn weg – heiß essen und sich nicht an schwarzen Händen stören ... bon appétit!
Leider ist die Köstlichkeit immer seltener in den Restaurants zu finden. Sollten Sie je die „Eclade“ auf einer Speisekarte entdecken, zögern Sie nicht, schlagen Sie zu – und verraten Sie uns die Adresse.

Marennes

Das Städtchen ist ein Zentrum der Austernzucht. Sofern es sich um die sog. hohle Auster *(huître creuse)* handelt, tragen über 20% der französischen Austernkörbe den Herkunftsstempel *Marennes-Oléron*, bei den verfeinerten *Fines de claires* mit ihrem charakteristischen grünlichen Fleisch hat Marennes gar einen Anteil von 80%. Im Becken von Marennes-Oléron sind ca. 1400 Betriebe zugange, davon ca. 50 große und ca. 200 mittelgroße. Bei dem Rest handelt es sich um Kleinbetriebe, die aber oft ihr eigenes Exportnetz aufgebaut haben. Den besten Blick über die weitläufigen Anlagen hat man vom Turm der gotischen Kirche im Stadtzentrum (geöffnet nur Juli/Aug. 10–12.30 und 14–19 Uhr, Eintritt 2 €).

Wenn Sie sich für Austern nicht interessieren, können Sie Marennes links liegen lassen, die Stadt selbst bietet nichts Besonderes. Andernfalls sei Ihnen eine Fahrt oder ein Spaziergang zum *Port de Cayenne* (ausgeschildert: *Port*) empfohlen. Der Damm in die *Seudre* ist über zwei Kilometer lang, links und rechts gesäumt von Holzhäuschen *(cabanes)* und Austernkuttern. Zahlreiche Degustationsstellen laden zum Schlürfen ein.

Am Ende des Damms wurde 2006 die ambitionierte **Cité de l'Huître** eingerichtet, ein mit allen Raffinessen der Licht- und Tontechnik arbeitendes Informationszentrum rund um die Auster. Jedes der farbigen Austernhäuschen ist einem eigenen Thema gewidmet. In der „goldenen Cabane" betritt man eine Austernbar, in der ein herbeiprojizierter Kellner das professionelle Öffnen einer Auster demonstriert, in der „Cabane der Träume" wird der Besucher in ein dreidimensionales Multimedia-Spektakel verwickelt, in der „Cabane des Claires" (nur auf Reservierung zu besichtigen) kommt die Realität zum Zug, hier arbeiten Austernzüchter aus Fleisch und Blut. Und selbstverständlich können die Austern auch vor Ort verzehrt werden – im Cité-eigenen Degustationsrestaurant.

⌚ April bis Juni und Sept. tägl. 10–19 Uhr. Juli/Aug. tägl. 10–20 Uhr (Freitag bis 23 Uhr). Okt. Di–So 12–19 Uhr. Nov. Mi–So 12–19 Uhr. Eintritt in der Hauptsaison 9 €, Kinder bis 12 Jahre 6 €, in der Nebensaison 7 €, Kinder bis 12 Jahre 4 €. Vom extra für die Cité de l'Huître geschaffenen Großparkplatz (gratis) am Anfang des Damms fährt ein Gratis-Shuttlebus zum Gelände.

Lebenslauf einer Marennes-Auster

1. Jahr, Mitte Juli bis Mitte August: Die Auster wird, blutjung, in der Seudre-Mündung und im Marennes-Oléron-Becken mit einem sog. Collecteur eingefangen. Das ist in der Regel eine grobe Steinplatte oder ein Ziegel, oft mit kleinen Muscheln bedeckt, an dem sich das Tierchen, seinen Trieben gehorchend, festsetzt.

2. Jahr: Die Auster wächst auf dem Collecteur heran. Der Züchter schaut ab und zu vorbei, ob sie neben ihren Nachbar-Austern genügend Platz hat.

3. Jahr, Juni bis August: Umzug in die Cabanes. Dort wird das Tier vom Collecteur abgenommen, gesäubert und von den anderen Austern getrennt. Die Fähigkeit, sich festzusetzen, hat die Auster nur einmal im Leben, fortan also nicht mehr. Das Tier wird jetzt irgendwo in den Parks ausgesetzt, wo es nach zwei Methoden erwachsen werden muss:

– Die Auster wird entweder auf den Boden gelegt und so den Gezeiten ausgesetzt. Ein Durchkämmen des Bodens verhindert ein Aneinanderkleben mit anderen Tieren.

– Die Auster wird in einem dünnen Sack knapp über dem Meeresboden aufgehängt und so ebenfalls Ebbe und Flut ausgesetzt. Diese Methode hat den Vorteil, dass hungrige Fische und Krabben nicht an die Auster kommen. Auch der frische Wind soll ihrer Entwicklung bekömmlich sein.

4. Jahr, September: Erneutes Einholen der Auster in die Cabanes. Das Tier wird gewaschen und nach Größe sortiert – meist von Frauen. Ist die Auster besonders schön, wird sie zur sog. Affinage nochmals zwei bis vier Monate in speziellen Bassins der Seudre (Claires) ausgelegt. Hier bekommt das Fleisch seine typisch grünliche Farbe, das unverkennbare Merkmal des Spitzenprodukts „Fines de claires".

Dezember: Der Lastwagen fährt vor. Die Gourmets in Paris warten.

Das Fort Louvois ist zu Fuß nur bei Ebbe erreichbar

• *Information* **Office de Tourisme**, place Chasseloup-Laubat (Zentrum). Gut bestückt, auch Material über die Insel Oléron. Juli/Aug. Mo–Sa 10–18.30 Uhr, So 10.-30–12.30 Uhr; außerhalb der Saison kürzere Öffnungszeiten und So geschlossen. ✆ 05.46.85.04.36 ✆ 05.46.85.14.20, marennes.tourisme@wanadoo.fr.

• *Camping* *** **Au bon Air**, in Marennes-Plage, noch vor der Seudre-Brücke rechts abzweigen. 140 Stellplätze nah am Meer (bei Flut). Gepflegt und schattig. Bei Flut ist Baden und Surfen möglich. Geöffnet Ostern bis Sept. 9, av. Pierre Voyer, 17320 Marennes. ✆ 05.46.85.02.40, ✆ 05. 46.36.22.54, www.aubonair.com.

Fort Louvois (Fort Chapus)

Von der Landzunge *Pointe du Chapus* führt bei Ebbe ein 450 m langer Damm zur Festung, bei Flut sehen Sie eine unerreichbare Wasserburg vor sich. Die von Marquis de Louvois, dem Kriegsminister *Ludwig XIV* in Auftrag gegebene Bastion gehörte zusammen mit der Festung auf der Insel zum Verteidigungssystem gegen die Engländer. Nachdem der beauftragte Architekt noch während den Arbeiten verstarb, übernahm der berühmte Vauban die Bauleitung, zerriss die Pläne seines Vorgängers und verpasste dem Fort seine heutige Hufeisenform.

Das Fort beherbergt im Donjon neben einer informativen Dokumentation seiner Geschichte eine Ausstellung über die Austernzucht im Becken von Marennes-Oléron. Bei schönem Wetter lohnt der Besuch allein schon wegen des Panoramas.

⌚ Juni und Sept. nur bei Ebbe. Juli/Aug. 10.30–18.30 Uhr, auch bei Flut (Überfahrt gratis). Eintritt 5 €.

Ile d'Oléron

Mit 30 km Länge und 10 km Breite ist die Ile d'Oléron die größte Insel der französischen Atlantikküste. An ihrer Ostseite, wie auf dem Festland gegenüber, ist die Austernzucht vorherrschend. Im Norden und Westen finden sich einige sehr schöne Badestrände.

Wer nicht riskieren will, sein Surfbrett eine halbe Stunde durch den Sand zu tragen, konsultiert den Gezeitenkalender – er hängt in jedem Bistro aus. Und noch ein Tipp: Die Insel lässt sich hervorragend per Rad erkunden, Verleiher finden sich zuhauf (→ Service-Teil der einzelnen Ortschaften). Wer mit dem eigenen Rad auf die Insel pedalen will, braucht nicht die Autobrücke zu nehmen, sondern kann sich kostengünstig in *Bourcefranc* mit dem Boot übersetzen lassen. Auch die Gendarmerie hat das Fahrrad (wieder)entdeckt: Die gebräunten Beamten, im blauen T-Shirt über die Insel radelnd, unterscheiden sich fast nur durch ihre Dienstwaffe von den Touristen.

Der 1966 eingeweihte *Viaduc d'Oléron*, der die Insel ans Festland bindet, ist gebührenfrei. Auf der Brücke besteht keine Haltemöglichkeit. Wenn Sie als Beifahrer unterwegs sind, können aber Sie einen Blick auf die Austernparks und das *Fort Louvois* riskieren.

Camping: Die Statistik zeigt, dass zwei Drittel aller Inselurlauber auf dem Campingplatz übernachten – im Stoffzelt, Wohnwagen oder Bungalow. Die Betreiber der Plätze tragen dem Rechnung, indem sie ihr Areal zunehmend aufpeppen. Snackbar und Swimmingpool gehören inzwischen zum Standard, Sportangebote werden ausgebaut, die Plätze sind in der Regel sehr gepflegt.

• *Information* Noch auf dem Festland, in Bourcefranc, ist ein **Office de Tourisme**, eingerichtet: 65 av. jean Jaurès, gleich neben der Mairie. Kompetentes Personal. Juli/Aug. Mo–Sa 9.30–12.30 und 14.30–18.30 Uhr, So 10–12 Uhr. Sept. bis Juni Mo–Fr 10–12 Uhr. ✆ 05.46.85.07.00, ℻ 05.46.85.23.22, ot.bourcefranc@wanadoo.fr.

• *Verbindung* **Bus**: Die Insel hat ein richtiges Busnetz – Linie 1, Linie 2 und Linie 3 – das die Dörfer untereinander verbindet. In der Hauptsaison ist dies eine erwägenswerte Fortbewegungsmöglichkeit, in der Nebensaison lässt die Frequenz zu wünschen übrig. Aktuelle Busfahrpläne sind bei jeder Informationsstelle (Office de Tourisme, Syndicat d'Initiative) auf der Insel erhältlich.

• *Karten* Gratis gibt es bei den größeren Informationsbüros eine gute Inselkarte, auf der Fahrradwege und Campingplätze eingezeichnet sind.
Wer die Insel bis ins Detail auskundschaften möchte, besorgt sich die **IGN-Karte Nr. 1330** (Ile d'Oléron) im Maßstab 1:25 000. Erhältlich in jedem größeren Zeitungsladen auf der Insel.

Le Château

Neben *Saint-Pierre* ist Le Château der einzige Ort auf der Insel, der einen Hauch von städtischem Flair verströmt. Die große Burg, nach der das Städtchen benannt ist, stammt aus dem Jahr 1630, wurde aber noch im selben Jahrhundert – die Handschrift ist unverkennbar – von *Vauban* neu befestigt. Die Besichtigung lohnt sich, erst auf dem Gelände selbst lassen sich die Ausmaße der Anlage erfassen. Sie besteht aus zwei miteinander verbundenen Festungen, dem *Fort Royal* und dem *Fort de Brèche*. Der natürliche Schutz der Zitadelle durch das Meer wurde zur Landseite durch einen dicken

Wall ergänzt. Einzig an eine Bedrohung von oben hatte der geniale Vauban nicht gedacht – von dort fielen 1945 die alliierten Bomben. Das Gelände ist offen, keine Eintrittsgebühr.
Am Fuß der Burg liegt der größte Austernhafen der Insel. Mit seinen zahlreichen *Cabanes* gibt er ein überaus idyllisches Bild ab. Degustation selbstverständlich. Einzig die farbenfrohen Austernhäuschen an der Auffahrt zum Ort dienen nicht mehr der Aufzucht der Delikatesse; hier haben sich Handwerker und Schmuckhersteller eingerichtet.

Der preußische Dichter auf den Zinnen

Der wohl bekannteste deutsche Bewohner der Zitadelle von Le Château war Theodor Fontane (1819–1898). Der Schriftsteller, mit 51 Jahren noch am Beginn seiner literarischen Karriere, wurde während des Deutsch-Französischen Kriegs 1870 in Frankreich als Spion verhaftet und auf die Ile d'Oléron verfrachtet. Als preußischer Hauptmann genoss er Vorzugsbehandlung und hätte sich frei auf der Insel bewegen können. Tat er aber nicht. Seine Spaziergänge beschränkten sich mehr oder weniger auf den Festungswall, und da niemand dem Preußen Vorschriften machte, tat er dies selber: „Die Entfernung (...), also die ganze Länge des Rempart, betrug hundertfünfzig Schritt. Das Bewegungsminimum, das ich mir Tag für Tag zum Gesetz gemacht hatte, bestand in einem zehnmaligen Auf und Ab, wodurch ich es auf dreitausend Schritt brachte. Um nicht immer zählen zu müssen, hatte ich mir an einem Ende des Ganges zehn weiße Steinchen auf die Brüstung gelegt, von denen ich jedesmal eines zu mir steckte, bis ich durch war." Bei solchen Spaziergängen überwältigten patriotische Gefühle des Dichters Seele: „... ich atmete auf und sah nach Osten hin, wo mir die Heimat lag und die Freiheit."
Nach solcher Leibes- und Geistesübung genehmigte sich der gestrenge Fontane dann doch ein Bier, auch wenn er das auf der Insel übliche elsässische „Gebräu" für ein „sehr mäßiges Produkt" hielt ...

• *Postleitzahl* 17480
• *Information* **Office de Tourisme**, place de la République, im Pavillon auf dem zentralen Platz. Juli/Aug. Mo–Sa 9–12.30 und 14.30–19 Uhr, So 9–12.30 Uhr. Sept. bis Juni Mo–Sa 9–12.30 und 15–18.30 Uhr. ✆ 05.46.47.60.51, ℻ 05.46.47.73.65, chatolero@ot-chateau-oleron.fr, www.ot-chateau-oleron.fr.
• *Fahrradverleih* **Cyclévasion**, 5, rue Maréchal Foch (Seitenstraße zur Place de la République). ✆ 05.46.47.69.30.
• *Markt* Sonntagvormittag großer Markt auf der zentralen Place de la République.
• *Hotels/Restaurants* ** **Le Paris** (keine Klassifizierung), am zentralen Platz. Renovierte Zimmer. Zum Haus gehören ein Fischlokal und eine Crêperie. DZ 42–50 €, alle mit Du/WC. 4, pl. de la République. ✆ 05.46.47.60.60, www.hotel-leparis-oleron.com.

Les Jardins d'Aliénor, fast am Hauptplatz. Ein junges Paar hat das ehemalige „France" gekauft und komplett umgebaut. Schon das Entrée macht neugierig: eine Harfe, alte Kameras, eine kleine Bibliothek mit Koch- und Kunstbüchern, Schachtische. Die vier Nichtraucherzimmer sind alle geräumig, jedes anders eingerichtet, aber alle mit Geschmack, teils mit Balkon zum Innenhof. Das Bad im Zimmer „Pierre d'Argencourt" mit seiner vieldüsigen raffinierten Doppeldusche ist ein Hit. DZ inkl. Frühstück 75–95 €. März bis Ostern und 1. Dezemberhälfte geschlossen. 11, rue Maréchal Foch. ✆ 05.4.67.76.48.30, ℻ 05.46.76.58.47, www.lesjardinsdalienor.com.

• *Camping* ** **Les Remparts**, Richtung „Plage". Bescheidenes, billiges Terrain mit 200 Stellplätzen, teils im Laubwald. Zum Strand sind's nur 100 Meter – bei Flut. Schöner ist die Badestelle direkt hinter dem Camping: kleine Weiher. Geöffnet März bis Nov. Bd Philippe Daste. ✆ 05.46. 47.61.93, ✆ 05.46.47.73.65, www.les-remparts.com.

• *Restaurant* **Les Jardins d'Aliénor**, im gleichnamigen Hotel. Gourmet-Restaurant. Mit Blick auf den gepflegten Innenhof kann man sich einen mit Vieux Pineau aromatisierten Velouté d'huîtres auf der Zunge zergehen lassen ... Nur abends geöffnet, außerhalb der Saison Mo Ruhetag. 11, rue Maréchal Foch. ✆ 05.4.67.76.48.30.

Boyardville

Am Kanal und im Hinterland arbeiten die Austernzüchter, im Pinienwald nördlich des Orts halten die Militärs das *Fort des Saumonards* besetzt, am Sandstrand hinter der Düne bräunen sich die Urlauber. Der Strand von Boyardville ist mehrere Kilometer lang und der schönste der ganzen Ostseite. Surfer haben meist genügend Wind, Faulenzer lassen den Blick auf dem Fort Boyard ruhen, das draußen im Ozean mit seiner wunderlichen Architektur überrascht.

▶ **Fort Boyard**: Mit dem Grundriss eines Sportstadions und rundum senkrecht ins Wasser fallenden Mauern liegt es wie ein futuristisches Schiff im Meer. Der einzigartige Bau wurde 1804 von *Napoleon I.* veranlasst, zu einer Zeit, als er die Engländer noch das Fürchten lehren wollte. 1809 wurde das Projekt aufgegeben (um 50 Jahre später dann doch noch vollendet zu werden). Die Geschichte lief bekanntlich dumm für den Kaiser, und 1815 wurde er auf einem englischen Schiff endgültig aus Europa entfernt. Abfahrtsort zur Deportation nach Sankt-Helena war die *Ile d'Aix*, die der Faulenzer am Strand von Boyardville ebenfalls vor Augen hat. So konnte Napoleon noch einmal auf sein damals halbfertiges, großartiges Fort blicken, bevor die europäische Küste für ihn endgültig am Horizont verschwand.
Die „Inseltour" (→ Bootsausflüge) führt bis 500 m an die Wasserburg heran, der Zugang zu ihr ist jedoch verboten. Einzig von Juni bis September kommt Leben in das Fort. Dann dreht „France 2" die Sendung „Fort Boyard", ein Wettkampf, bei dem zwei Mannschaften im historischen Gemäuer allerhand Abenteuer zu bestehen haben. Im Juli 2004 feierte man die 1000. Sendung. Dass das beliebte TV-Spielchen sich schon seit über 15 Jahren hält, sagt freilich nichts über seine Qualität aus.

• *Bootsausflüge* Mit **Inter-Iles** auf Inseltour: Ile d'Oléron–Ile d'Aix–Ile de Ré und von dort nach La Rochelle. Auskünfte und Reservierung am Landungssteg (am Strand), ✆ 08.25.13.55.00.

• *Fahrradverleih*: **Roue libre**, rue des Albatros (Nähe Yachthafen). Klassische Räder, Mountainbikes und Mofas. ✆ 05.46.47. 38.71.

• *Camping* ** **Municipal Les Saumonards**, in der Forêt des Saumonards. 270 Stellplätze auf einladendem Gelände unter Pinien, ohne unnötigen Schnickschnack. 5 Min. zum großen Strand. Geöffnet April bis Sept. Route des Saumonards, Boyardville, 17190 Saint-Georges d'Oléron. ✆/✆ 05.46.47.23.20.

Baden

Kleiner als die *Plage de Boyardville*, aber ebenso beliebt ist die *Plage des Saumonards* nördlich des Orts, in der Nähe des gleichnamigen Forts; am Ende des Sträßchens hat der Besucher die Wahl zwischen einem genehmigten und

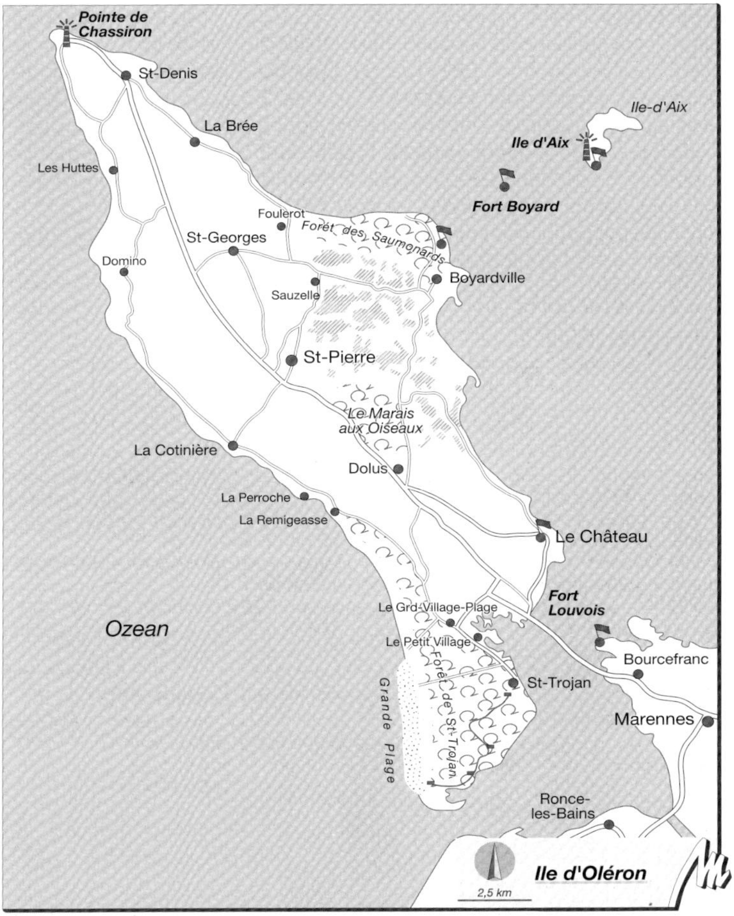

einem nicht genehmigten Nacktbadestrand. Eindeutig einsamer ist die *Plaisance-Plage,* die sich an den Pinienwald anschließt – mit dem Fahrrad durch den Wald, mit dem Auto nur über die Weiler Sauzelle und Foulerot zu erreichen. Zum Baden eignen sich alle diese Strände gleich gut, ebenso zum Surfen. Und das Fort Boyard zeigt sich stets aus der gleichen Perspektive.

Saint-Denis

Das Baugeschäft läuft. Man kann nur hoffen, dass der Ort sich nicht übernimmt, wie das im benachbarten **La Brée** passiert ist. Vorläufig sieht Saint-Denis noch recht hübsch aus und hat einen beinahe mediterranen Einschlag: ein- bis zweistöckige Häuser im Zentrum, Ferienvillen versteckt im

Grünen, neben dem Strand ein größerer Yachthafen. Vom Ortszentrum bietet sich ein Spaziergang bzw. eine Spazierfahrt zur **Pointe de Chassiron** an, dem Nordkap der Insel. Der Platz rund um den **Phare de Chassiron**, den schwarz-weiß gestreiften Leuchtturm über der Felsenküste, ist ein beliebtes Ausflugsziel, Restaurants und Bars haben sich eingerichtet. Für romantische Nachtspaziergänge sei die Örtlichkeit nicht empfohlen, der Abgrund ist gefährlich: Ein Schild erinnert daran, dass 1990 einer hier zu weit gegangen ist.

Der Leuchtturm stammt aus der ersten Hälfte des 19. Jahrhunderts. Er ist zugänglich, und bei klarem Wetter lohnt der Aufstieg über die 224 Stufen: Blick bis La Rochelle und die Insel Ré.

Ⓛ Juni bis Mitte Juli und Mitte Aug. bis Sept. 10–19 Uhr. Mitte Juli bis Mitte Aug. 10–21.30 Uhr. Okt. bis Mai 10–12.15 und 14–17 Uhr. Eintritt 2,50 €.

- *Postleitzahl* 17650
- *Information* **Office de Tourisme**, bd d'Antioche (am Strand). Juli/Aug. 10–12.30 und 14.30–24 Uhr (!). Sept. bis Juni Mo–Sa 14.30–18 Uhr. ✆ 05.46.47.95.53, ℻ 05.46.75.91.36, office-tourisme-saint-denis-oleron@wanadoo.fr.
- *Bootsausflüge* Mit **Croisières Interîles**, am Jachthafen. Fahrten zur Ile d'Aix und weiter zur Ile de Ré. ✆ 08.25.13.55.00.
- *Fahrradverleih* **Loca-Loisirs**, am Yachthafen. Außerhalb der Saison nur während der französischen Schulferien und an verlängerten Wochenenden geöffnet. Auch Reparaturen. ✆ 05.46.47.95.32.
- *Surf* **Loca-Loisirs** → oben, Verleih von Brettern.
- *Hotel* ** **Le Moulin de la Galette**, im Zentrum, bei der Kirche. Geräumige Zimmer in einer kleinen verspielten Villa (im Zweiten Weltkrieg auch von den deutschen Besatzern geschätzt, die hier eine Kommandantur einrichteten). DZ ab 38–62 €, die teureren im Hintergärtchen mit Mini-Terrasse vor dem Zimmer. Geöffnet April bis Sept. 8, rue Ernest Morisset. ✆ 05.46.47.88.04, ℻ 05.46.4769.05, www.oleron.com/loiselay.
- *Camping* ** **Municipal**, 10, bd d'Antioche. Der sympathischste aller Campingplätze des Nordzipfels. Großes Gelände mit ca. 360 Stellplätzen, direkt am Strand. Sanitäre Anlagen ausreichend. In der Hauptsaison können Schattenplätze rar werden. Mitte März bis Mitte Okt. 10, bd d'Antioche. ✆ 05.46.47.85.62, ℻ 05.46.47.81.51, camping-municipal-st-denis-doleron@wanadoo.fr.
- *Restaurant* **Le Moulin de la Galette**, im gleichnamigen Hotel (s. o.). Hervorragende Küche, große Fischplatten, Menus. Geöffnet Ostern bis Aug. 8, rue Ernest Morisset. ✆ 05.46.47.88.04.

Baden

An der Ostküste, direkt unterhalb des Orts, liegen mehrere Strände, der schönste beim Camping municipal. Eindeutig ruhiger, z. T. fast verlassen, ist die weniger zugängliche Westküste mit ihren langen Sandstränden. Allerdings könnte hier die Bautätigkeit das Bild in den kommenden Jahren verändern.

Saint-Pierre

Müßiggang und Einkauf sind die beiden Hauptgründe, sich in Saint-Pierre aufzuhalten. Mit 5000 Einwohnern ist es der größte Ort der Insel und mit der verkehrsberuhigten *Rue de la République* hat Saint-Pierre ein recht lebendiges Zentrum.

Die *Lanterne des Morts* auf der *Place Camille Mémain* neben der Kirche stammt aus dem 12. Jahrhundert und erinnert an den alten Gemeindefriedhof. Oben im sog. *Lanternon* brannte im Mittelalter ein Feuer, das die Unsterblichkeit der Seele symbolisierte.

Austernhafen auf der Ile d'Oléron

Seinen berühmtesten Toten hält Saint-Pierre im Garten des Hauses Nr. 19 an der *Rue Pierre Loti* versteckt. Ein Schild weist darauf hin, dass hier „unter Efeu und Lorbeeren" der Schriftsteller *Pierre Loti* (1850–1923) begraben liegt. Das Tor zu diesem privaten Friedhof ist jedoch verschlossen – angeblich auf Wunsch des Beerdigten.

- *Postleitzahl* 17310
- *Information* **Office du Tourisme**, place Gambetta. April bis Juni und Sept. Di–So 15–19 Uhr. Juli/Aug. 10–13 und 15.30–19.30 Uhr. ✆ 05.46.47.11.39, 📠 05.46.47.10.41, office-tourisme-saint-pierre-oleron@wanadoo.fr, www.saint-pierre-oleron-tourisme.fr.
- *Fahrradverleih* **Vélos 17 Loisirs**, an der D 734, auf Höhe des Ortszentrums. ✆ 05.46.47.14.05.
- *Markt* Großer Markt auf der Place Gambetta jeweils am 4. Dienstag im Monat sowie zum Namenstag des Stadtpatrons am 29./30. Juni.
- *Waschsalon* an der D 734, Ortsausfahrt Richtung Saint-Denis. Tägl. 7–22 Uhr.
- *Hotel* ** **Le Square**, am nördlichen Ende der Rue de la République. Gepflegtes Mittelklassehotel mit romantischem Garten, in dem im Sommer gefrühstückt wird. Sehr schöner Swimmingpool und Sauna. DZ 45–70 €. Place des Ancien Combattants. ✆ 05.46.47.00.35, 📠 05.46. 75.04.90, hotellesquare@wanadoo.fr.
- *Camping* Die besten Plätze findet man beiderseits des Orts *La Cotinière* an der Westküste.
- *Restaurant* **François**. Exzellente Küche und für das Gebotene preiswert. Unsere Empfehlung: Tintenfisch-Ragoût. Von Okt. bis Juni Sonntagabend und Montag geschlossen. 55, rue de la République. ✆ 05.46.47.29.44.

Baden

Von Saint-Pierre führt die D 274 zum 5 km entfernten Hafenort **La Cotinière**, der jedoch – sofern Sie nicht stolzer Bootsbesitzer sind – wenig interessant ist. Südlich des Orts finden Sie ein paar schöne Badestellen, am besten gefallen hat der Sandstrand nach dem Weiler *La Mathe*.

Dolus

Wie Saint-Pierre liegt auch Dolus im Landesinneren. Die Bevölkerung wächst, doch nicht im Ortskern, sondern an der Küste. Dort planen Bauspekulanten die Zukunft. Südlich der Küstensiedlung *La Remigeasse* beginnt die *Grande Plage* mit dem Pinienwald von *Saint-Trojan,* das beliebteste Urlaubsgebiet der ganzen Insel. Dolus selber zeigt ein schmuckes, kleines Zentrum, in den wenigen Straßencafés der Fußgängerzone treffen sich die Besitzer oder Mieter der umliegenden Ferienhäuser zum Pastis.

- *Information* **Office de Tourisme**, Parvis Saint-André (Zentrum). Juli/Aug. Mo–Sa 9.30–12.30 und 13.30–18.30 Uhr, So 10–12.30; Sept. bis Juni Mo–Sa 9–12.30 und 13.30–17 Uhr. ✆ 05.46.75.32.84, 📠 05.46.75.63.60, office-de-tourisme-dolus-oleron@wanadoo.fr.
- *Fahrradverleih* **Vélo 17 Loisirs**, an der D 734, Nähe Intermarché. ✆ 04.46.36.57.81.
- *Camping* An der Küste finden sich über ein halbes Dutzend Plätze, das größte Angebot in *La Perroche.*

Alle Vögel sind schon da

Geschnatter in allen Tonlagen erwartet den Besucher. Der **Parc Ornithologique Départemental „Le Marais aux Oiseaux"** zwischen Saint-Pierre und Dolus ist auf 10 Hektar angelegt. Je nach Saison finden hier 300 bis 500 Vögel (60 verschiedene Arten) paradiesische Zustände vor, Krankenpflege inklusive. Ein Fußweg führt an den unterschiedlichsten Gänsen und Enten, an Schwänen und Störchen vorbei. Verletzte Raubvögel überleben in den Volièren, eine – ebenfalls verletzte – dickschnabelige Silbermöwe rekonvalesziert im Sumpf. Der Spaziergang durch das geschützte Gelände ist großartig und nebenbei erholsam. Haustiere verboten, Fernglas empfohlen.

🕐 April bis Juni und Sept. 10–13/14–19 Uhr. Juli/Aug. 10–19 Uhr. Eintritt 4,50 €.

In Maisonneuve, zwischen Saint-Pierre und La Cotinière, weist ein Schild auf einen weiteren Vogelpark *(„Parc aux Oiseaux")* hin. Auf einer Fläche von zwei Hektar wird hier Gefieder aus aller Welt gehalten, vom Flamingo bis zum Marabu. Der Verfasser wurde das Gefühl nicht ganz los, dass sich hier jemand im Schatten des Parc Ornithologique als Trittbrettfahrer versucht.

🕐 Tägl. 10–19 Uhr (im Prinzip). Eintritt 6,50 € (!).

Saint-Trojan

Saint-Trojan ist sicher nicht der schönste, aber der abwechslungsreichste Urlaubsort auf der Insel. In der *Forêt de Saint-Trojan,* dem größten Waldgebiet der Insel, sind Wege für Radfahrer, Spaziergänger und Reiter angelegt, dahinter erstreckt sich die *Grande Plage,* der längste Sandstrand der Insel. Beim *Centre Nautique* (Ostküste) treffen sich die Surfer, im 1991 eröffneten thalassotherapeutischen Zentrum die Therapiebedürftigen. In Richtung Le Château, im *Petit-Village,* arbeiten abseits von allem Rummel die Austernzüchter. Im *Grand-Village-Plage* dahinter mähen betuchtere Ferienhausbesitzer ihren Rasen. Einzig in Saint-Trojan selber ist vergleichsweise wenig los.

Information/Verbindungen

• *Postleitzahl* 17370

• *Information* **Bureau du Tourisme**, Carrefour du Port (am Fischerhafen). April bis Juni und Sept./Okt. Di–Sa 9.30–12.30 und 14.30–18 Uhr. Juli/Aug. tägl. 9.30–19 Uhr, So 10–12 Uhr. Nov. bis März Mo–Fr 9.30–12.30 Uhr. ✆ 05.46.76.00.86, 📠 05.46.76.17.64, ot-st-trojan-les-bains@wanadoo.fr.
In der Hauptsaison zusätzliche Informationsstelle im Zentrum von **Grand-Village-Plage**. ✆ 05.46.47.58.00, 📠 05.46.47.42.17.

• *Verbindung* **Petit Train des Pins**: Mit dem Elektrozüglein durch den Pinienwald zu den Stränden. Juli/Aug. Abfahrt 10–18.15 Uhr alle 45 Min. Mai/Juni und erste Septemberhälfte 11 Uhr und 14.30–17.30 Uhr alle 45 Min. Sportliche Radler sind fast so schnell und atmen den harzigen Duft der Pinien individuell ein.

Diverses

• *Fahrradverleih* **Cycles Demion**, am Hafen. Klassische Räder, Mountainbikes, Kinderfahrräder und Tandems. Auch Reparaturarbeiten. Ganzjährig geöffnet. ✆ 05.46.76.02.63.

• *Reiten* **Les Ecuries du Carbet**, erst in Richtung Camping municipal Les Martinets, dann dem Schild „Ecole d'Equitation" folgen. Ausritte durch den Pinienwald und über die Dünen. „Sie treffen auf Wildschweine und Hirsche, aber auf kein einziges Auto", verspricht der Mann von der Ranch. Ganzjährig geöffnet. ✆ 05.46.76.05.23.

Übernachten

• *Hotels* *** **Novotel**, am Gatseau-Strand. Einsame Lage mit hauseigenem Strandabschnitt. Luxuriöser Ableger der internationalen Hotelkette, mit thalassotherapeutischem Zentrum. 2007 wurde das Etablissement um 29 neue Zimmer erweitert. DZ 110–192 €. Dez./Jan. geschlossen (außer Weihnachten bis Neujahr). Plage de Gatseau. ✆ 05.46.76.02.46, 📠 05.46.76.09.33, ho417@accor-hotels.com.

Les Pins (nicht klassifiziert). Ein neuer Besitzer hat 2005 die bescheidene Bleibe im Ortszentrum sanitär aufgemöbelt. DZ mit Dusche/WC40–60 €. Im Erdgeschoss beliebte (und laute) Bar. Place du Maréchal Leclerc. ✆/📠 05.46.76.07.07, www.hotel-les-pins.fr.

De La Paix (nicht klassifiziert), im Ortszentrum. Ein älteres, freundliches Ehepaar, das eine PMU-Bar managt. Alles ältlich, aber alles funktioniert und ist auch sauber. Aber investiert wird nicht mehr. DZ 23–32 € je nach sanitärer Ausstattung. Dez. geschlossen. 23, rue de la République. ✆ 05.46.76.01.36, hoteldelapaix5@wanadoo.fr.

• *Camping* ** **La Combinette**, weitab von den Stränden. Ca. 200 Stellplätze; Wiesen und Pinien, Snackbar und Restaurant, Studios und Mobilhomes, Freizeitangebote wie Volleyball, Pingpong etc. – vielleicht wird nächstes Jahr noch Charme hinzuorganisiert. Geöffnet April bis Okt. 36, av. des Bris. ✆ 05.46.76.00.47, 📠 05.46.76.16.96, www.combinette-oloron.com.

Essen

• *Restaurants* **La Belle Cordière**, im alten Ortsteil. Der Tipp für den Gourmet! Vater und Sohn stehen am Kochherd, Mutter und Tochter servieren. Meeres- und Landesküche im eleganten Intérieur oder auf der Terrasse. Verschiedene Varianten der Austernzubereitung, Fischsuppe, Kalbskopf. Le Bottin Gourmand war begeistert, eine belgische Gourmetkommission empfiehlt's Diplomaten, wir wollen nicht nachstehen. Preise leicht über dem Durchschnitt, aber für die gebotene Qualität durchaus gerechtfertigt. 76, rue de la République. ✆ 05.46.76.12.87.

Le Relais des Salines, freundliche Adresse am Port des Salines. Fangfrischer Fisch zu moderaten Preisen in einer umgebauten Austernhütte zwischen einem stillgelegten Mini-Austernhafen und den Salinen. Sonntagabend und Montag geschlossen. Port des Salines, Le Grand-Village-Plage. ✆ 05.46.75.82.42.

Interlude, im Ortszentrum. „Regionale Küche, mit Liebe gekocht und in einem schönen Garten serviert", schreibt ein Leser. Es stimmt. Das „Interlude" mit seinem

Gärtchen ist wirklich ein Juwel. Di Ruhetag. 22, rue de la République. ✆ 05.46.76.09.03.

Le Pacha, am Hafen. Beliebtes Lokal, in dem Fisch und Meeresfrüchte konsumiert werden. Spezialität sind die mit Knoblauch und Pineau zubereiteten Crevetten. ✆ 05.46.76.11.55.

Baden

Im Gegensatz zu Radlern haben Autofahrer nur zwei Zugänge durch den Pinienwald zur über 10 km langen **Grande Plage**. Im nördlichen Teil (Zufahrt vom Villenort *Le Grand-Village-Plage*) ragt bei Ebbe ein mit Muscheln überzogenes Schiffswrack aus dem Sand.

Die **Plage de Gatseau** am Südostende der Insel ist ebenfalls stark dem Gezeitenwechsel unterworfen. Am Waldrand findet man zwei Snackbars und einen Picknickplatz vor, am Nachmittag sorgen die vordersten Pinien für ein paar Schattenplätze am Strand.

An der **Petite Plage** der Ostküste dominieren die Surf-Schüler des *Centre Nautique*. Für Badende ist es der am wenigsten attraktive Strand, er kommt meist nur für Fußgänger, seiner Ortsnähe wegen, in Frage.

Von Marennes bis Rochefort

Brouage

Man reibt sich verwundert die Augen, doch das Bild stimmt: Dicke Mauern umgeben das inmitten des morastigen Flachlands gelegene Städtchen, einzig die Kirchturmspitze ragt daraus hervor. Innerhalb der Mauern ist ein rechtwinkliges Straßensystem angelegt, exakt in der Mitte steht die Kirche. Das kleine Brouage hat eine große Geschichte: Im Jahr 1555 gründete ein Baron *Jacques de Pons* das Städtchen, das er recht selbstbezogen *Jacopolis* taufte. Wirtschaftlich lebte das Umland von der Salzgewinnung, und dank der bereits im 14. Jahrhundert eingeführten Salzsteuer wurde Brouage bald zur Salz-Kapitale mit einem Marktanteil von 30 % der französischen Förderung.

Kaum war das Städtchen gegründet, begannen die Religionskriege. La Rochelle, die Hauptstadt der Hugenotten, lag nahe, und eiligst beschloss man, das bislang nackt im Wind liegende Brouage zu befestigen. An Geld mangelte es nicht, und so ließ man die besten Festungsingenieure aus Italien kommen. Ihre Arbeit war eben beendet, als 1570 ein Hugenottenheer zur Belagerung ansetzte. Dieses wartete vor den Toren ab, bis die entnervte Bevölkerung kapitulierte. Sieben Jahre später verlief die Geschichte umgekehrt, und die Hugenotten kapitulierten vor der königlichen Belagerung, nachdem die ersehnte Hilfe aus La Rochelle nicht eintraf.

Richelieu, der unter *Ludwig XIII.* die französische Politik bestimmte, ließ 1628–35 die Befestigung komplett überholen. Die heutige Mauer stammt größtenteils aus dieser Zeit, einige Verbesserungen unternahm fünfzig Jahre später der berühmte Militärarchitekt *Vauban*.

Ludwig XIV. kam 1660 aus ganz privaten Motiven nach Brouage. Auf dem Heimweg von Saint-Jean-de-Luz, wo er mit der spanischen Infantin verhei-

Fashion in Talmont (KS) ▲▲

La Rochelle, Rathaus (KS) ▲▲

Küste bei Royan (KS) ▲

Fahrende Brücke – der Pont Transbordeur von Rochefort (MXS) ▲▲

▲▲ Eleganz mit Schwung: der Pont de Ré (KS)
▲ In Saint-Martin, Ile de Ré (KS)

ratet wurde (→ Saint-Jean-de-Luz), ließ er sich die Gelegenheit nicht entgehen, den Ort aufzusuchen, in dem sich *Marie Mancini*, die er viel lieber geheiratet hätte, zuvor aufgehalten hatte. Die Dame war rechtzeitig von den Politikern, die schon die Heirat verhindert hatten, aus Brouage entfernt worden, und der frisch vermählte Ludwig XIV. konnte nur bittere, königliche Tränen vor ihrem leeren Bett vergießen.

Die Gründung von Rochefort 1666 leitete den endgültigen Niedergang von Brouage ein. Von 4000 Einwohnern Anfang des 17. Jahrhunderts sank die Zahl auf 200 Ende des 18. Jahrhunderts.

Der Rundgang zeigt dem heutigen Besucher keine spektakulären Einzelheiten, sehenswert ist das Ensemble. Noch gut erhalten ist die **Porte Royale** am Stadtausgang Richtung Rochefort. Von hier gelangt man über eine breite Treppe, die **Escalier de Marie Mancini**, auf den Stadtwall. Er hat eine Breite von 5 bis 25 Metern und lädt zu einem herrlichen Spaziergang ein.

Die **Kirche** im Zentrum ist ein einfacher Bau aus dem Jahr 1608. Ihr Turm diente den Matrosen zur Orientierung, der Hahn, später durch einen Pfeil ersetzt, zeigte die Windrichtung an. Im Innern ist eine kleine Gedenkausstellung an *Samuel Champlain* zu sehen, der in Kanada berühmter ist als in Frankreich. Er ist der Gründer des Québec, des französischsprachigen Kanada, und wurde um 1570 in Brouage geboren. Die beiden modernen Glasfenster links und rechts des Chors sind übrigens ein Geschenk der kanadischen Provinz *New Brunswick*. Eine weitere Erinnerung wird in der Kirche wach gehalten: Im Gefolge des revolutionären Terrors waren vom April 1795 bis zum März 1796 in Brouage 245 Priester eingekerkert, die nach Übersee deportiert werden sollten. 36 von ihnen überlebten die miserablen Haftbedingungen nicht. Ihre Namen sind auf einer Gedenktafel zu lesen.

Die **Maison Champlain** an der gleichnamigen Straße dokumentiert Leben und Werk des Québec-Gründers. Dias und Touchscreen werden eingesetzt, wahlweise auf Französisch oder Englisch – doch vermag das inhaltliche Konzept nicht so recht zu überzeugen.

⌚ 10.30–12.30 und 14–18 Uhr. Eintritt 5 €.

• *Information* **Office de Tourisme**, bei der Porte Royale (Stadtausgang Richtung Rochefort). April bis Juni und Sept. tägl. 9.30–12.30 und 14–19 Uhr. Juli/Aug. tägl. 9.30–19 Uhr. Okt. bis März tägl. 10–12.30 und 14–17.30 Uhr. ✆ 05.46.85.19.16, 📠 05.46. 76.36.35, tourismebrouage@wanadoo.fr, www.officedetourismebrouage.com.
Eine zweite Informationsstelle (Point d'Accueil) mit unregelmäßigen Öffnungszeiten findet sich am Stadtausgang Richtung Marennes.

Ile Madame

Bei Ebbe erreichen Sie die Madame-Insel über die 1100 Meter lange **Passe aux boeufs** *(Rinderpassage)* auch mit dem Auto, bei Flut nehmen Sie am besten auf der Wartebank am Festlandufer Platz. Mit ihrem schönen Namen erinnert die Ile Madame daran, dass sie im Mittelalter dem Frauenkloster von Saintes gehörte. Heute teilen sich sechs Besitzer die 75 Hektar große Fläche, in der Hauptsache widmen sie sich der Muschel- und Austernzucht.

Nur einer betreibt Landwirtschaft, baut Getreide und Sonnenblumen an, es ist der Bürgermeister des Festlandsorts *Saint-Nazaire.*

Gleich im vorderen Teil der Insel fällt ein kleines bepflanztes Gelände auf. Es handelt sich um die **Grabstelle von 254 Priestern**, die hier ein jämmerliches Ende fanden. Während der jakobinischen Schreckensherrschaft sollten zwei Schiffsladungen voller Priester nach Guyana deportiert werden. Aus unbekannten Gründen ankerten die Schiffe im Ozean zwischen der Ile d'Aix und der Ile Madame und überließen die eingepferchten Häftlinge ihrem Schicksal. Zahlreiche von ihnen fanden den Tod bereits im Schiffsbauch, die Überlebenden wurden auf der Ile Madame ausgesetzt und starben hier.

Auf der Insel liegt ein **Fort** aus den Anfängen des 18. Jahrhunderts, einst Teil des Verteidigungssystems von Rochefort. Noch im 20. Jahrhundert wurde es als Gefängnis genutzt. Mittlerweile ist es aber arg heruntergekommen, und so beschloss die zuständige Gemeinde *Port-des-Barques* im Frühjahr 1992, das Fort zu versteigern. Trotz der vom Denkmalschutz auferlegten Restriktionen hatten sich über 200 Interessenten gemeldet, unter anderem der *Club Méditerranée.* Einheimische befürchteten schon, ein Ölscheich könnte sich mit seinem Harem auf dem Inselchen einquartieren und dieses in *Ile Mesdames* umtaufen, als das Finanzministerium aus Paris eingriff und den Verkauf kurzerhand untersagte. Im selben Jahr noch wurde das Fort für die folgenden 55 Jahre an eine Privatperson aus Paris verpachtet.

• *Anfahrt* Eine Anschlagtafel vor der „Passe aux boeufs" gibt bekannt, wann die Passage überflutet ist. Angenehmer als mit dem Auto lässt sich die Insel zu Fuß erkunden; so hat auch die Natur ihre Ruhe.

• *Camping* *** **La Garenne**, am Festland, direkt vor dem Übergang zur Insel. Sehr schönes Terrain mit ausreichend Schatten. Rund 300 Stellplätze, gepflegte Sanitäranlagen. Geöffnet März bis Mitte Okt. Av. de l'Ile Madame, 17730 Port-des-Barques. ✆ 05.46.84.80.66, ℻ 05.46.84.98.33, camping@ville-portdesbarques.fr.

** **Ile Madame**, auf der Insel. Klein, ohne jeden Schatten, bescheiden und vor allem einsam. 50 Stellplätze. Juni bis Sept. Ile Madame, 17730 Port-des-Barques. ✆ 05.46.84.56.20, ℻ 05.46.84.80.54, martin.mouriere@wanadoo.fr.

Viaduc de la Charente

Die weit geschwungene, exakt 1132,5 Meter lange Brücke, über die man von Süden her kommend die Charente überquert, wurde 1991 dem Verkehr übergeben. Der Brückenbau verschlang viel Geld, deshalb wurde bis 2003 bei den Benutzern kassiert. Erst als mit den Einnahmen die Kreditschuld getilgt war, wurde die motorisierte Fahrt über den Viaduc de la Charente gratis. Mit demselben Verfahren wurden übrigens schon die Seudre-Brücke und der Viaduc d'Oléron abbezahlt. Im Jahresdurchschnitt rollen stündlich gut 1000 Fahrzeuge über die Charentes.

Rochefort

Die Innenstadt lässt allenfalls Schachspielern das Herz höher schlagen. Das streng rechtwinklige Straßenmuster verrät Reißbrett-Planung. Der Hauptverantwortliche hieß Jean Baptiste Colbert, zur Zeit der Gründung von Rochefort Oberintendant von Ludwig XIV. für Fabriken und Bauwerke. Zum Bau der Stadt stellte ihm der Sonnenkönig ein ganzes Heer von Architekten und Ingenieuren zur Verfügung.

Bis 1666 war Rochefort nicht viel mehr als eine Lichtung mit einigen Häusern im Wald, der beidseitig die Charente-Schlaufe säumte. *Colbert* hatte bereits die gesamte Küste abgesucht, als er hier den idealen Platz fand, einen Kriegshafen mit Schiffswerft und ein Waffenarsenal für die königliche Marine einzurichten. Eine Werft war nötig geworden, nachdem der Sonnenkönig beschlossen hatte, die französischen Streitkräfte zur See auszubauen. Ein Arsenal sollte die Waffen sammeln, die bislang ziemlich verstreut und ungesichert vor Diebstählen an diversen Orten gelagert waren.

Zusammen mit den königlichen Einrichtungen sollte eine Stadt aus dem Boden gestampft werden, deren Ummauerung nicht der Verteidigung dienen, sondern vielmehr den königlichen Besitz markieren sollte. Colbert wandte dabei einen Trick an, den schon die Bastidenbauer im Hundertjährigen Krieg erprobt hatten. Jeder Interessent bekam für den Bau eines Hauses ein Grundstück von 200 m^2 zur Verfügung gestellt. Die Schachbrettfelder auf dem Bebauungsplan waren schnell vergeben, zumal auch die Schiffbauer der königlichen Marine eine Unterkunft brauchten. Zeitgenössische Quellen vermerken zudem, dass auch allerhand Gesindel, worunter Kriminelle, Zigeuner, Prostituierte und Ungläubige subsumiert wurden, die neue Stadt umschwirrten wie die sprichwörtlichen Motten das Licht.
Innerhalb kurzer Zeit zählte Rochefort bereits 20 000 Einwohner, war also für damalige Verhältnisse eine mittlere Großstadt.

Heute ist Rochefort längst über die Ränder des Schachbretts hinausgewachsen und füllt praktisch die gesamte Charente-Schlaufe aus. Neben dem *Centre International de la Mer* in der ehemals königlichen Seilerei ist auch das Geburtshaus des Schriftstellers *Pierre Loti* (1850–1923) unbedingt einen Besuch wert.

Der Oberchauvi

Die Schlacht von Waterloo war geschlagen, die napoleonische Armee vernichtet, *Napoleon I.* auf dem Weg zur Ile d'Aix, wo er sich von Europa endgültig verabschieden sollte. Die Route führte den Kaiser a. D. über Rochefort, wo die nach wie vor royalistisch gesinnte Bevölkerung dem Verbannten laut zujubelte. Einer, der sich dabei besonders fanatisch gebärdete, war der Kriegsveteran *Nicolas Chauvin*. Seither schimpft man hundertzehnprozentige Patrioten *Chauvinisten*.

• *Postleitzahl* 17300

• *Information* **Office de Tourisme**, av. Sadi Carnot. Mitte Juli bis Aug. tägl. 9.30–19 Uhr, Sept. bis Mitte Juli Mo–Sa 9.30–12 und 14–18 Uhr. ✆ 05.46.99.08.60, 📠 05.46.99.52.64, rochefort@paysrochefortais-tourisme.com, www.paysrochefortais-tourisme.com.

• *Verbindung* **Zug**: Gute Verbindung vom prunkvollen Bahnhof im Osten der Stadt nach Bordeaux, La Rochelle, Nantes.
Bus: Sehr gute Verbindung nach Fouras, tägl. Busse nach Royan und Saintes.

• *Parken* Im Schachbrett gebührenpflichtig. Großer Gratisparkplatz hinter der Post.

• *Fahrradverleih* **Les vélos bleus**, bei der Gare routière. Städtischer Verleih zu Billigstpreisen, leider nur Juli/Aug. ✆ 05.46.82.12.44.
Eine Filiale gibt es auf der anderen Seite der Charente, bei der „Maison du Transbordeur" (→ Sehenswertes, Pont Transbordeur).

• *Waschsalon* Laverie & Cie, 60, av. Charles de Gaulle (Nähe Gare routière). Tägl. 7–21.30 Uhr.

• *Hotels* ** **Caravelle (5)**. Die kürzlich renovierten Zimmer sind gepflegt, und damit auch der Gast so wirkt, ergänzt eine Schuhcreme das Toilettenset. Das freundliche Betreiberpaar hält an der Rezeption eine Auswahl an Zeitschriften bereit, die jedem Wartezimmer zur Ehre gereichen würde. Hoteleigener Parkplatz. DZ mit Dusche/WC und Internet-Anschluss 46–62 €. 1. Dezemberhälfte geschlossen. 34, rue Jean Jaurès. ✆ 05.46.99.02.53, 📠 05.46.87.29.25, www.hotel-caravelle-rochefort.com.

** **De France (2)**. Im Vergleich zum vorgenannten Caravelle eindeutig ältlicher, dafür sind die Zimmer größer, die meisten mit TV. Gäste mit Rückenproblemen testen besser erst die Matratze. DZ mit Dusche/WC 46–62 €. 55, rue du Dr Peltier. ✆ 05.46.99.34.00, 📠 05.46.87.36.08, www.hoteldefrancerochefort.com.

• *Camping* ** **Municipal Le Rayonnement**, im Süden der Stadt. 120 Stellplätze, vor allem für Wohnmobile auf abgegrenztem Kiesboden. Dahinter, an der Stadtmauer, ein schmaler Grüngürtel mit ein paar Plätzen für Iglus. Einziger Vorteil: Stadtnähe. Geöffnet Feb. bis Nov. Av. de la Fosse aux Mâts. ✆ 05.46.99.82.67.70, 📠 05.46.82.67.72, camping.municipal@ville-rochefort.fr.

*** **Le Bateau**, weit außerhalb der Stadt beim Pont Neuf, neben dem Yachthafen an der Charente. Klein, wenig Schatten, wenig Charme. 85 Stellplätze. Geöffnet 2. Januarwoche bis Okt. Rue des Pêcheurs d'Islande. Tel. 05.46.99.41.00, 📠 05.46.99.91.65, lebateau@wanadoo.fr.

• *Restaurants/Bars* Rochefort ist Stützpunkt sowohl der Marine als auch der Raumfahrt. Das bringt eine Menge männlicher Singles in die Stadt, also ist es einfach, eine Bar zu finden. Schwieriger gestaltet sich die Suche nach einem Speiselokal.

La Boucherie (1). Entrecôtes und Steaks – die „Metzgerei" ist beliebt, auch wenn das Lokal keine hauseigene Metzgerei betreibt. Moderate Preise. 1, av. Gambetta. ✆ 05.46.99.37.36.

Pizzeria La Sicilia (4). Die frühere „La Chunga" hat den Besitzer gewechselt, ohne das Publikum zu verlieren. Beliebtes Lokal, weil hier noch spät serviert wird, auch die Qualität stimmt. Pizza und Pasta, populär und preiswert. 25, rue Lesson. ✆ 05.46.83.35.30.

Pub La Rhumerie (3). Von den Bars der Stadt eindeutig der Renner. In den großen Räumen der Rhumerie lässt sich Rocheforts Jugend in die Korbsessel nieder und träumt beim Longdrink von der Karibik. Das Haus stand 2007 zum Verkauf; bleibt nur zu hoffen, dass die Rhumerie dabei nicht unter die Räder kommt. 72, rue de la République. ✆ 05.46.99.08.32.

Sehenswertes

Corderie Royale: Das imposanteste Gebäude der Marine-Einrichtungen aus dem 17. Jh. ist die königliche Seilerei. „Das Gebäude soll genug lang sein, um die längsten Taue drehen zu können", dekretierte *Colbert* – 374 m misst die Längsseite der *Corderie Royale*. Um das gewaltige Bauwerk auf dem morastigen Untergrund abzustützen, wurden Eichenstämme in den Boden gerammt, die mangels Luftzufuhr bald hart wie Beton wurden – eine Technik,

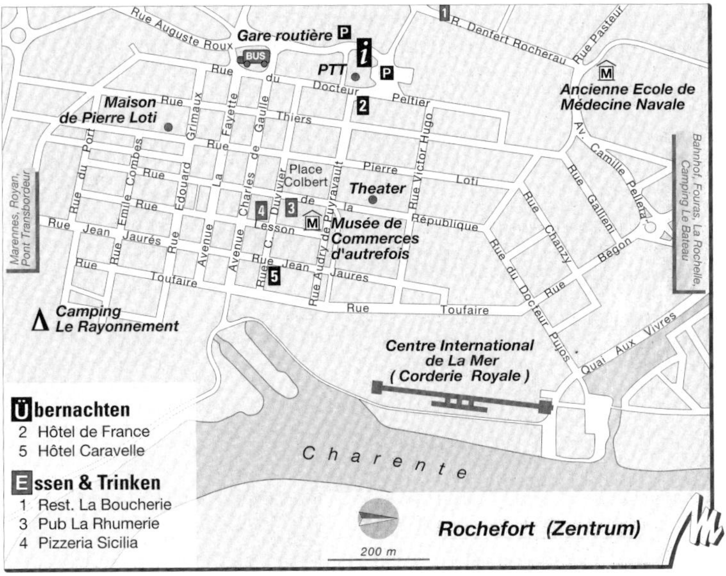

die aus Venedig bekannt ist. Ganze Wälder fielen Europas längstem Industriebau zum Opfer.Ende des Zweiten Weltkriegs wurde die Seilerei bei einem Großbrand stark beschädigt, die Renovierungsarbeiten dauerten von 1976 bis 1988.

Das Museum dokumentiert die Geschichte der Seildreherei vom 17. Jahrhundert bis heute. Maschinenungetüme sind zu sehen, mit denen bis zu 200 m lange Seile mit einem Durchmesser von 40 cm hergestellt wurden. Später lösten synthetische Produkte den Hanf ab, gedrehte Seile – meist acht an der Zahl – wurden maschinell miteinander „verzopft“.

Neben der Dauerausstellung unterhält das in der Seilerei eingerichtete *Centre International de la Mer* eine gutbestückte Bücherei und zeigt oft interessante Wechselausstellungen. Den Besuch schließen Sie am besten mit einem Spaziergang im Gelände neben der Seilerei ab. Von den alten Mauern überblickt man am ehesten die Ausmaße der einst größten europäischen Marineanlage.

🕐 April bis Sept. 9–19 Uhr. Okt. bis März 10–12.30 und 14–18 Uhr. Eintritt 6 €.

Ancienne Ecole de Médecine Navale (ehemalige Schule für Schiffsmedizin): ein einzigartiges Museum! Die Spezialisten für See-Chirurgie und Tropenkrankheiten der französischen Marine wurden noch bis 1923 in diesem ehemaligen Krankenhaus ausgebildet. Im Erdgeschoss zeigt sich die Schule noch wie im 19. Jahrhundert: medizinische Geräte, Chirurgenbesteck, historische Dokumente der Chefmediziner. In der ersten Etage befindet sich die umfangreiche Bibliothek des Instituts: rund 25.000 Bände mit

Langes Haus für lange Seile – die königliche Seilerei von Rochefort

medizinischer und nautischer Thematik, oft einfach nur Reiseberichte der „Gesundheitsoffiziere", die die Militärs bei ihren kolonialen Expeditionen begleiteten. Die wissenschaftlichen Reiseteilnehmer arbeiteten ganz im Stil eines Alexander von Humboldt: sie notierten, sammelten und klassifizierten, sie untersuchten Menschen, Tiere und Pflanzen. Das hehre Ziel war, sich ein umfassendes Wissen anzueignen oder wenigstens dazu beizutragen. In der zweiten Etage findet man neben ethnologischen Funden (Pfeile, Totems) in den Vitrinen auch Schädel von Katzen, Affen, Vögeln und Menschen verschiedener Rassen. Und schließlich zeigt die ehrwürdige Sammlung auch ein kleines Kuriositätenkabinett: zweiköpfige Tiere, siamesische Zwillingskatzen und andere Missgeburten. Das berühmteste Kabinett dieser Art steht bekanntlich in St. Petersburg und geht auf das allseitige Interesse Peters des Großen zurück. In Rochefort ist die Sammlung etwas kleiner, diente aber dem gleichen Zweck: Anschauungsmaterial zum besseren Verständnis der Anatomie.

Führungen Besichtigung nur mit Führung möglich (derzeit nur Französisch). Juni und Sept. 14.30 und 16.30 Uhr. Juli/Aug. 10.30, 14.30 und 16.30 Uhr. Okt. bis Mai 14.30 Uhr. Eintritt 3 €.

Maison de Pierre Loti: Das Geburtshaus von *Pierre Loti* (1850–1923) spiegelt in beeindruckender Weise die exotischen Vorlieben des Schriftstellers, der als Marineoffizier Marokko, die Türkei, den Fernen Osten und die französischen Kolonien Polynesiens bereiste. Den Stoff für seine romantischen, gelegentlich stark mit Klischees durchsetzten Romane, die schon zu seinen Lebzeiten Bestseller wurden, holte er sich auf dem ganzen Erdball zusammen. Von seinen weiten Reisen kehrte Loti mit unzähligen Objekten beladen zurück, mit denen er sein Haus in Rochefort ausstaffierte, so dass dieses allmählich zu einem Panoptikum des Exotischen wurde. Die Liebe zum Exotischen ging mit der zum Exzentrischen einher. Eine

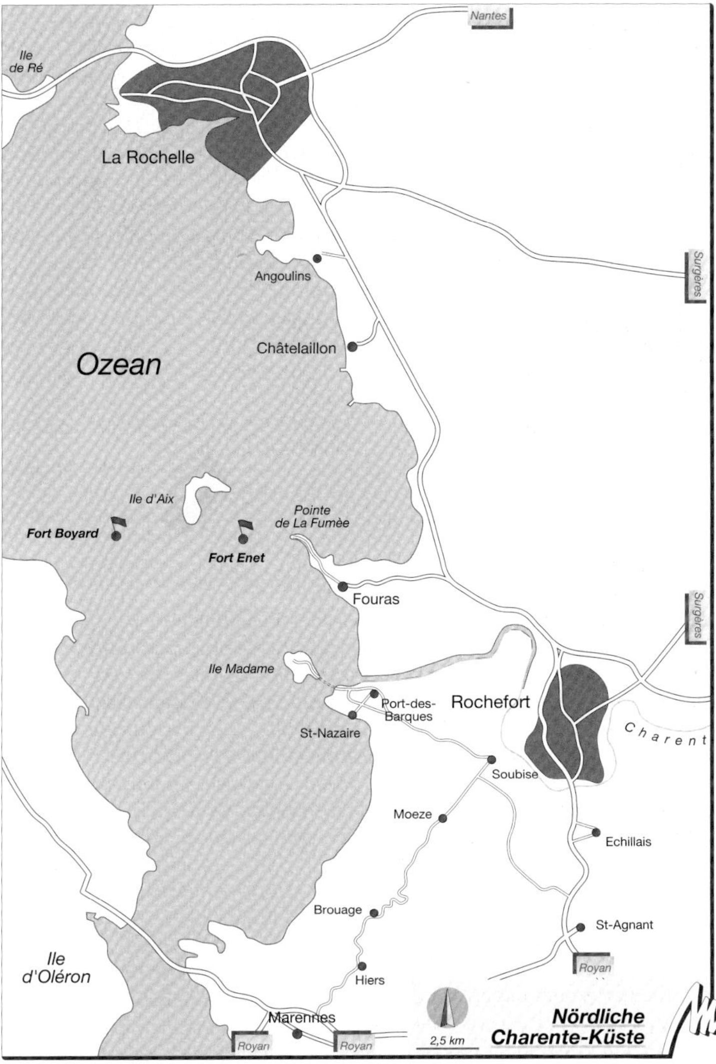

kleine Fotodokumentation im Empfangssaal zeigt Pierre Loti als Zirkusdompteur, Pierre Loti mit Lendenband in athletischer Pose, Pierre Loti als Türke undsoweiter.

Die Führung durch die diversen Räume (französischsprachig, auf Verlangen auch in Englisch) ist eine Reise durch Lotis Traumwelten. Im *Salon Rouge*, der komplett mit rotem Samt ausgekleidet ist, hängen die Familienporträts,

u. a. eines des Romanciers in arabischem Kostüm. Der *Salon Bleu* mit Stilmöbeln der Belle Epoque stammt aus einem anderen Haus Lotis und wurde vermutlich für seine Frau geplant. Der *Renaissance-Saal*, den man darauf betritt, ist das Prunkstück des Hauses. Der hohe Raum mit einem kunstvollen Cheminée und einem Treppenaufgang aus demselben Stein war Lotis Bühnenbild für Empfänge und private Festivitäten. Das *Chambre Gothique* ist ganz aus Holz. Man wähnt sich in mittelalterlichem Chorgestühl, von der Decke drohen geschnitzte Fratzen. In der ersten Etage wird's dann vollends exotisch: eine *Moschee*, ein reich ausgestatteter *Salon Turc* und ein *Chambre Arabe* führen den Besucher in das Reich von Tausendundeiner Nacht.
Das Privatzimmer des Schriftstellers, ganz in Weiß, wirkt danach europäisch nüchtern. Ganz dem Exotischen entsagen wollte Loti aber auch hier nicht: Neben christlichen Bildern hängt ein Koranspruch, und das Kamel auf den Sanddünen könnte ein Vorläufer einer allseits bekannten Zigarettenwerbung sein.

• *Führungen* Das Haus ist nur mit Führung zu besichtigen. Dauer knapp eine Stunde, maximal 20 Personen. Notfalls also Eintrittskarte für die übernächste Führung kaufen und einen Kaffee trinken gehen. Mitte Juni bis Sept. halbstündlich 10–11.30 und 14–18 Uhr, Di geschlossen. Okt. bis Mitte Juni 10.30, 11.30, 14.00, 15.00 und 16.00 Uhr Di sowie Sonntagvormittag geschlossen. Eintritt 7,80 €.

• *Buchhandlung* Sollten Sie jetzt Lust auf einen Roman von Pierre Loti bekommen haben, können Sie die **Librairie Pierre Loti**, 56, rue de la République, aufsuchen: sämtliche verfügbaren Titel von und über Loti sind im Sortiment – natürlich auf Französisch.

Musée des Commerces d'autrefois: An der Bar möchte man gleich Platz nehmen. Die Spielkarten sind ausgeteilt, das Kickerspiel steht auch da, eine Flasche auf dem Tisch lädt zum Apéro ein, die Zigarette im Aschenbecher ist schon vor Jahren verglommen. Ein wunderbares Museum lädt in Galerien über drei Etagen zu einer Reise in die erste Hälfte des 20. Jahrhunderts ein. Der Besucher spürt die Leidenschaft des Sammlers auf Schritt und Tritt – sei es in der Bar, beim Hutmacher, in der Apotheke, im Kolonialwarenladen, in der Buchhandlung, am Kiosk, im Friseursalon. Jedes Atelier, jeder Laden ist mit den originalen Utensilien detailreich im Stil der Zeit ausgestattet. Großartig!

⌚ April bis Juni und Sept./Okt. 10–12 und 14–19 Uhr, Sonntagvormittag geschlossen. Juli/Aug. tägl. 10–20 Uhr. Nov. bis März 10–12 und 14–18 Uhr, Sonntagvormittag geschlossen. Eintritt 5,80 €.

Pont Transbordeur: Die Eisenkonstruktion erinnert vage an den Eiffelturm, und die Erfindung datiert tatsächlich auch aus derselben Zeit. Der „Pont Transbordeur" war damals eine Antwort auf das Problem: Wie einen Fluss überqueren, ohne den Verkehr großer Schiffe zu stören? Das Prinzip: eine Stahlbrücke 50 m über dem Fluss, an der eine Plattform aufgehängt ist, die knapp über dem Wasser schwebend von Stahlseilen ans andere Ufer gezogen wird. Zum ersten Mal angewandt wurde die Schwebefähre, wie der „Pont Transbordeur" auf Deutsch genannt wird, in Bilbao. Als Erfinder gilt Martin Alberto de Palacio y Elissagüe, der die Ausführung dem Franzosen Ferdinand Arnodin übertrug. Arnodin baute bald darauf auch Schwebefähren in Rouen, Marseille, Nantes und eben in Rochefort, wo heute das einzige noch erhaltene französische Beispiel steht. Weltweit gibt es derzeit noch acht Schwebefähren aus der Epoche Gustave Eiffels, zwei davon in Deutschland. Nicht ausgeschlossen ist, dass das Prinzip nach über einem Jahrhundert wieder in Mode kommt. Die 2007 in Betrieb genommene Schwebefähre zur Überquerung der Wupper funktioniert in ähnlicher Weise.

Der „Pont Transbordeur" von Rochefort datiert aus dem Jahr 1900 und war bis 1967 in Betrieb. 1994 wurde er nach umfangreichen Restaurierungsarbeiten zum zweiten Mal eingeweiht. Autos werden nicht mehr transportiert, auch kein Vieh mehr. Heute profitieren Radfahrer und Fußgänger vom romantischen Transportmittel. Mit der Wiederinbetriebnahme der Schwebefähre erweist ihnen Rochefort einen großen Dienst und bezeugt gleichzeitig Respekt gegenüber der eigenen Technikgeschichte.

• *Fahrzeiten* 2. Februarwoche bis März Mo 10–12, Di–So 10–12 und 14–17 Uhr. April Mo 14–18 Uhr, Di–So 10–12 und 14–18 Uhr. Mai und Sept. Mo 14–19 Uhr, Di–So 9.30–12.30 und 14–19 Uhr. Juni bis Aug. Mo 14–19.30 Uhr, Di–So 10–12 und 14–20 Uhr. Okt. bis 1. Novemberwoche Mo 10–12, Di–So 10–12.30 und 14–17 Uhr. Preis hin 1,20 €, hin/zurück 2 €, Fahrrad gratis. Ist die Fähre am anderen Ufer: dem Fährmann ein deutliches, freundliches Zeichen geben.

• *Dokumentationsausstellung* Eine gute Dokumentation über Technik und Geschichte der Schwebefähre von Rochefort sowie über weitere Schwebefähren in aller Welt zeigt die „Maison du Transbordeur" am südlichen Ufer. Geöffnet März und Okt./Nov. Di–So 14–17 Uhr. April bis Mitte Juni und 2. Septemberhälfte Di–Fr 14–18 Uhr, Sa/So 14–19 Uhr. Mitte Juni bis Mitte Sept. tägl. 10.30–12 und14.15–19.30 Uhr. Eintritt frei.

Fouras

Nach der Polderlandschaft, die sich von Marennes bis nach Rochefort zieht, ist Fouras der erste Ort, der zum Baden einlädt. Zudem ist Fouras der ideale Ausgangspunkt für einen Besuch der *Ile d'Aix*. Von der *Pointe de la Fumée*, der Spitze der Landzunge, sind es nur 4 km Luftlinie bis zur Insel. Und schließlich kann man in Fouras – bei einem Drink an der Strandpromenade – herrliche Sonnenuntergänge betrachten. Das sind Gründe genug, den Ort aufzusuchen oder sogar länger hier zu verweilen.

Nach der Stadtgründung von Rochefort war Fouras zu einem wichtigen Vorposten der Charente-Mündung bzw. des königlichen Waffenarsenals von Rochefort geworden. *Vauban*, der bekannte Militärbaumeister des Sonnenkönigs, ließ die Befestigungen ausbauen. Aus diesem Grund wird die Burg von Fouras heute *Fort Vauban* genannt, obwohl praktisch nur noch der Donjon erhalten ist, und der stammt aus dem 15. Jahrhundert.

Information/Verbindungen/Diverses

• *Postleitzahl* 17450

• *Information* **Office de Tourisme**, avenue du Bois Vert, hinter dem Casino. Neben einem Ortsplan und Informationen über die Ile d'Aix sind auch Auskünfte über die Abfahrtszeiten zur Insel erhältlich. Mitte Juni bis Mitte Sept. Mo–Sa 9–12.30 und 13.30–18.30 Uhr, So 10–12 und 15–18 Uhr. Mitte Sept. bis Mitte Juni Mo–Sa 9–12 und 14–18 Uhr, So 10–12 und 15–18 Uhr. ✆ 05.46.84.60.69, 📠 05.46.84.28.04, fouras@paysrochefortais-tourisme.com.

• *Verbindung* **Bus**: sehr gute Verbindung nach Rochefort, gute nach La Rochelle und Royan. Lokale Busse zur Pointe de la Fumée.

• *Überfahrt auf die Ile d'Aix* Mind. 6 Fahrten pro Tag, die Abfahrtszeit ist von Ebbe

und Flut abhängig. Im Office de Tourisme ist ein exakter Fahrplan erhältlich.
Fahrtdauer ca. 20 Minuten. Preis hin/zurück 12,40 € (Okt. bis März 8,10 €); für zusätzliche 4 € (Nov. bis April 3 €) dürfen Sie den Drahtesel mitnehmen. Einschiffen an der Spitze der Landzunge (Pointe de La Fumée). Aktuelle Fahrplanauskünfte ✆ 08.20.16.00.17.
Mit einer guten Begründung und viel bürokratischem Aufwand könnte man auch das Auto mit auf die Insel nehmen. Doch dies ist wirklich sinnlos. Überlegen Sie lieber, ob Sie für den Inseltrip ein Fahrrad mieten wollen. Den Wagen können Sie auf dem Parkplatz der Pointe de la Fumée abstellen; Parkgebühren bei der Anlegestelle: 13,20 € für 24 Stunden (die erste Stunde gratis) oder 1,10 €/Stunde.

• *Fahrradverleih* **Vél'Ile**, beim großen Kreisel an der Ortseinfahrt. Klassische Räder, Mountainbikes, Kinderräder. ✆ 05.46.42.19.40.

• *Markt* Wochenmarkt Mitte Juni bis Mitte Sept. Di und Fr jeweils vormittags auf dem großen Platz vor dem Fort Vauban.

• *Wasckhsalon* Place Louis Danguy (bei der Kirche). Tägl. geöffnet.

Übernachten

• *Hotels* ** **Grand Hôtel des Bains**, im Zentrum. Die einstige Postrelaisstation ist Fouras' erste Adresse. Sehr gepflegter, einladender Innenhof. DZ mit Dusche/WC 43–73 € je nach Saison und Zimmergröße. Geöffnet Mitte März bis Okt. 15, rue du Général Brüncher. ✆ 05.46.84.03.44, 📠 05.46.84.58.26, www.grandhotel-desbains.com.

** **Le Commerce du Courreau**, im Zentrum, Nähe Fort Vauban. Ein angenehmes Hotel. Die Zimmer sind leider ohne Meeresblick, jedoch sehr gepflegt. Mit dem neuen Pächter hielt auch eine neue Küche Einzug, die sich jung und dynamisch gibt – Spezialitäten aus der Charente und dem Limousin. DZ 33–55 € je nach Saison und sanitärer Ausstattung. 20, rue Général Brüncher. ✆ 05.46.84.22.62, 📠 05.46.84.14.50, www.atoutmedia.net/le-commerce.

• *Camping* *** **Municipal du Cadoret**, am Nordstrand, zentrumsnah. Riesige, gepflegte Einrichtung mit über 500 Stellplätzen, größerem Kinderspielplatz und geheiztem Schwimmbad (Juni bis Mitte Sept.). Zum Baden ist allerdings die Plage d'Espérance schöner. Ganzjährig geöffnet. 5, rue Paul Béhu. ✆ 05.46.82.19.19, 📠 05.46.84.51.59, www.campings-fouras.com.

* **Municipal de l'Espérance**, am Stadtrand, südliche Küste. Bescheidene Einrichtung. Leider nur wenige schattenspendende Pinien. Heißduschen vorhanden. 130 sehr kleine Stellplätze. Geöffnet Mitte April bis Sept. Route de l'Espérance. ✆ 05.46.84.24.18, 📠 05.46.84.51.59, www.campings-fouras.com.

* **Municipal de la Fumée**, an der Spitze der Landzunge. Die geographische Lage ist verlockend, das Terrain weniger. Praktisch kein Schatten. Keine Badefreuden, der Ozean gehört hier den Austernzüchtern. 80 Stellplätze. Geöffnet März bis Okt. Pointe de la Fumée. ✆ 05.46.84.26.77, 📠 05.46.84.51.59, www.campings-fouras.com.

Essen

Fastfood nimmt in Fouras leider überhand. Auch die beiden Strandrestaurants tendieren mit ihrem Moules-und-Frites-Angebot zur schnellen Küche.

La Croisette, ab der Strandpromenade. Wir haben dort eine „Mouclade charentaise" (Miesmuscheln in mit Cognac angereicherter leichter Sahnesauce) getestet und waren zufrieden. Résidence les 3 phares. ✆ 05.46.84.16.74.
Den traumhaften Sonnenuntergang kann man aber genauso gut von einem beliebigen anderen Lokal an der Promenadenstraße genießen.

Baden

An allen Stränden von Fouras machen sich die Unterschiede von Ebbe und Flut stark bemerkbar. Am beliebtesten und auch am vollsten ist die **Grande Plage**, direkt unterhalb der Strandpromenade, die sich vom Fort Vauban bis zum Pinienwald am Anfang der Landzunge erstreckt. Weiter südlich, direkt

neben dem Hafen, erstreckt sich die **Plage Sud** – etwas charakterlos. Besser gehen Sie gleich noch ein Stück weiter nach Süden bis zur **Plage de l'Espérance** am Ortsrand, am „Strand der Hoffnung“ sind ruhigere Plätzchen zu finden. Die **Plage Nord** (Nordküste) ist wenig attraktiv, bei Flut kaum mehr als ein Sandstreifen mit einer Betonmauer dahinter.
An der *Pointe de la Fumée*, der langgestreckten Landzunge, sucht man schöne Badegelegenheiten vergebens. Hier sind die Austernzüchter zugange.

▸ **Châtelaillon**: Auf dem Weg nach La Rochelle bietet sich hier noch eine letzte Gelegenheit zum Bad. Dem Ort vorgelagert ist ein breiter Sandstrand von 1½ Kilometer Länge. Aussicht von links nach rechts: *Pointe de la Fumée – Fort Enet – Ile d'Aix* (und *Ile d'Oléron* als Streifen dahinter) – *Ile de Ré.*
Im Ortszentrum weist ein Schild nach *Knebworth.* Wenn Sie die Richtung stur einhalten, finden Sie sich nach 918 Kilometern im englischen Partnerstädtchen von Châtelaillon wieder.

Ile d'Aix

„Pack die Badehose ein“, sang Cornelia Froboess in den 1960er Jahren, und genau das raten wir auch. Nehmen Sie sich für den Streifzug durch die Insel einen ganzen Tag Zeit, sofern das Wetter mitspielt. Man kann die Ile d'Aix per Fahrrad erkunden, an einigen Stellen allerdings sind die Wege ziemlich sandig.

Die Insel, die aus der Sicht eines Seeadlers wie ein Croissant im Ozean liegt, wird von der wuchtigen Festung am Südzipfel dominiert. Innerhalb der Mauern liegt das einzige Dorf. Rund 200 Menschen leben in den dicht an dicht gebauten einstöckigen Häusern, ein paar Restaurants haben sich eingerichtet und Boutiquen, in denen vorwiegend Muscheln feilgeboten werden. Zu Napoleons Zeiten war hier eine Garnison stationiert, der Kommandant residierte im großen Haus, in dem heute ein Museum an des Kaisers letzte Tage in Europa erinnert.
Vom Dorf aus führen Wege über Wiesen, durch Pinien- und Eichenwälder quer durch und rund um die Insel. Die gesamte Küstenlänge misst kaum 5 km.

Im hinteren Teil der Insel finden Sie das *Fort Liédat* und das kleinere *Fort Coudepont*, zwei weitere Militäreinrichtungen a. D.

• *Information* **Office de Tourisme**, 6, rue Gourgaud (Dorfzentrum). Nur saisonal geöffnet. ✆ 05.46.83.01.82, 📠 05.46.83.31.32, iledaix@paysrochefortais-tourisme.com.
Besser hält man sich an die Informationsstelle in Fouras.

• *Überfahrt aufs Festland* nach Fouras (→ dort), nach La Rochelle tägl. mindestens zwei Schiffe (Fahrtdauer 75 Min.). Die Abfahrtszeiten richten sich nach Ebbe und Flut.

• *Fahrradverleih* Eine kleine Verleihstelle befindet sich gleich hinter dem Landungssteg. Gegenüber der Bäckerei an der Rue Marengo im Dorfzentrum vermietet **Cyclaix** (✆ 05.46.84.58.23) klassische Räder und Mountainbikes. In der Hochsaison bemühen Sie sich besser bereits in Fouras um einen Drahtesel.

• *Hotel* ** **Napoléon**. „Etwas überteuert. DZ 55–62 €“, schrieben wir in der letzten Auflage dieses Buches. 2007 war das Hotel wegen Renovierungsarbeiten geschlossen. Billiger wird's dadurch bei der geplanten Wiedereröffnung 2008 sicher nicht. Preise noch nicht bekannt. Rue Gourgaud, 17123 Ile d'Aix. ✆ 46.84.66.02, 📠 05.46.84.69.70, www.hotelnapoleon-aix.com.

Napoleons letztes Domizil – vor der Verbannung nach St. Helena

• *Camping* *** **Fort de la Rade**, innerhalb der Festungsmauern. Sehr schöne Lage, saubere sanitäre Anlagen. 75 Stellplätze, die teureren im terrassierten, schattigen Wald, die billigeren auf der wenig schattigen Wiese. April bis Sept. 17123 Ile d'Aix. ✆ 05.46.84.28.28, ✉ 05.46.84.00.44, http://fortdelarade.ifrance.com.

Sehenswertes

Musée National Napoléonien (Napoleon-Museum): Napoleon ließ das Haus einst für einen seiner Kommandanten bauen – ohne zu wissen, dass er dereinst selber hier Gast sein würde. Auf der Ile d'Aix verbrachte der Kaiser nach der Niederlage von Waterloo 1815 die letzten drei Tage in Europa, bevor ihn die siegreichen Engländer endgültig auf die ferne Atlantikinsel Sankt Helena deportierten.

Der Urgroßvater des Gründers des 1928 eröffneten Museums war *Gaspard de Gourgaud*, einer der wenigen Getreuen, die freiwillig mit Napoleon das Exil auf Sankt Helena teilten. Er betätigte sich als Memoirenschreiber des gestürzten Imperators.

Der Ex-Kaiser auf Sankt-Helena – meist diktiert er gerade seine Kriegserinnerungen – ist auf zahlreichen Stichen zu sehen. Daneben liegen unter Verschluss Originalausgaben von Gourgauds Aufzeichnungen. Allerlei kaiserliche Reliquien – Teller, Pfeifenköpfe, Figurinen und Büsten etc. – folgen. Die Uhren Napoleons im letzten Saal haben alle eines gemeinsam: Sie sind um 17.49 Uhr stehen geblieben. Genau in dieser Minute tat am 5. Mai 1821 auf Sankt Helena der Ex-Kaiser seinen letzten Atemzug.

Im Obergeschoss ist ein ganzer Raum für Napoleons Sohn reserviert, der mit 21 Jahren als König von Rom starb. Eine Eintrittskarte zu den Tauffeierlichkeiten ist ausgestellt, mehrere Porträts des kaiserlichen Sprösslings zieren die Wände, und schließlich entdeckt man unter einer Vitrine ein Haarbüschel, das Napoleon seinem treuen Gourgaud vermachte. Man muss schon ein hartgesottener Bonapartist sein, um dieser Devotionaliensammlung etwas abgewinnen zu können.

Der Zeitgenosse fühlt sich nachgerade besser, wenn er nach all den Bonaparte-Reliquien dann endlich die Abdankungsurkunde des Kaisers zu sehen bekommt – sinnigerweise neben einer Kanonenkugel aus Waterloo platziert.

Geradezu blasphemisch muten in diesem nostalgischen Kolorit zwei englische Karikaturen an. Auf der einen begegnet Napoleon dem Tod. „Das alles opfere ich dir noch", ist Napoleons Angebot, der als Rattenfänger eine ganze Armee hinter sich herzieht. „Du kommst auch mit", antwortet der Sensenmann.

Ⓣ April bis Okt. 9.30–12.30 und 14–18 Uhr. Nov. bis März 9.30–12.30 und 14–17 Uhr. Dienstags stets geschlossen. Eintritt nur im Doppelticket zusammen mit dem Afrikanischen Museum 4,50 €. Am 1. Sonntag im Monat gratis.

Musée National Africain: Das Haus wurde vom selben Baron *Gourgaud* gekauft wie das Napoleon-Haus und von ihm 1933 als Museum eröffnet. Doch dachte der Baron hier nicht an seinen Urgroßvater und den Kaiser, sondern an sich selbst und sein bevorzugtes Hobby. Er frönte der Großwildjagd und ließ hier seine Trophäen unterbringen: ausgestopfte Löwen, Gorillas, Elefanten ... Und mit der Kamera machte er am liebsten Jagd auf schwarze Frauen: Hottentottinnen im Großformat – ziemlich geschmacklos.

Ⓣ Selbe Zeiten wie Napoleon-Museum. Eintritt nur im Doppelticket zusammen mit dem Napoleon-Museum 4,50 €. Am 1. Sonntag im Monat gratis.

Baden

Der schönste Strand ist die **Grande Plage** an der Westseite mit Ausblick auf das „schwimmende" *Fort Boyard* (→ Boyardville), rechts erkennt man im Hintergrund die Brücke zur *Ile de Ré*. Die Nordküste ist teils felsig, aber auch hier finden sich ab und zu kleine Sandstrände. Die *Plage de Coquillage* an der Ostseite ist, wie der Name verrät, ein Ort der Muschelzucht und zum Baden wenig geeignet.

La Rochelle

Die Hafenstadt ist ein quirliges Pflaster. Das nicht sehr große historische Zentrum mit seinen Häusern aus dem 15. bis 18. Jahrhundert ist teilweise Fußgängerzone, und wo es dies nicht ist, finden Schaufensterbummler und andere Flaneure meist unter den Arkaden Schutz vor dem Verkehr. Entlang der Hafenpromenade reihen sich die unvermeidlichen Korbstuhl-Cafés, teuer und doch stets besetzt.

Die Einfahrt in den alten Hafen zwischen der runden Tour de la Chaîne und der viereckigen Tour Saint-Nicolas ist für den Privatverkehr schon lange gesperrt. Wenn Sie mit Ihrer Privatyacht La Rochelle besuchen wollen, müssen Sie auf den nüchternen *Port des Minimes* ausweichen – mit 3500 Anlegestellen ist er der größte Yachthafen an der europäischen Atlantikküste. Von dort gelangen Sie über das Neubauviertel *La Ville en Bois* weiter in die Altstadt. Wenn Sie, wie das Gros der Touristen, mit dem Fahrzeug anreisen, werden Sie erst einmal mit dem Problem beschäftigt sein, einen Parkplatz zu finden.

Bei schönem Wetter ist ein Bummel am vielfotografierten Hafen entlang und anschließend durch die Gassen Altstadt der beste Weg, sich mit der Stadt vertraut zu machen. Regenwetter kann man in La Rochelle entweder unter den Arkaden überstehen oder im Museum. Die Stadt besitzt rund ein Dutzend davon, für jeden Geschmack und mit dem kleinen *Musée du Flacon à Parfum* (→ Sehenswertes) auch für jeden Geruch. Bei einigen Museen müssen Sie mit überdurchschnittlich hohen Eintrittspreisen rechnen.

Information/Verbindungen

• *Postleitzahl* 17000

• *Information* **Office de Tourisme**, Le Gabut. Neben dem üblichen Informationsmaterial gibt's für 0,20 € einen französischsprachigen Führer mit Hotelliste. Busfahrpläne. Gratis zu haben ist die monatlich erscheinende Broschüre „Sortir" mit dem städtischen Veranstaltungsprogramm. Weiterer Dienst am Kunden: Für 2 € Gebühr reserviert man Ihnen ein Hotelzimmer. April/Mai Mo–Sa 9–18 Uhr, So 10.30–17.70 Uhr. Juni und Sept. Mo–Sa 9–19 Uhr, So 10.30–17.30 Uhr. Juli/Aug. Mo–Sa 9–20 Uhr, So 10.30–17.30 Uhr. Okt. bis März Mo–Sa 10–12.30 und 13.30–18 Uhr, So 10–13 Uhr. ✆ 05.46.41.14.68, ℻ 05.46.41.99.85, accueil@larochelle-tourisme.com, www.larochelle-tourisme.com.

• *Verbindung* **Zug**: TGV-Verbindung nach Paris. Gute Verbindungen nach Nantes, Poitiers und über Rochefort nach Bordeaux.
Bus: Richtung Fouras, Rochefort mit Océcars, rue Rameau, ✆ 05.46.00.95.15, Abfahrt Place de Verdun.
Zur Ile de Ré mit Ré-Bus, (ab Bahnhof, Tour de la Grosse Horloge oder Place de Verdun) oder Stadtbus Nr. 1 ab Place de Verdun.
Meerbus: Bequeme Abkürzung vom alten Hafen zum Yachthafen. April/Mai und Sept. im Stundentakt 10–19 Uhr (Mittagspause); Juni im Stundentakt 9–19 Uhr (Mittagspause); Juli/Aug. im 30-Min.-Takt 9–23.30 Uhr (Mittagspause); Okt. bis März Sa/So im Stundentakt 10–18 Uhr (Mittagspause). Preis für die Überfahrt ca. 1,45 € (Juli/Aug. 1,75 €).
„Passeur": Elektrisch betriebenes Boot, das die Verbindung zwischen dem alten Hafen und dem Aquarium aufrechterhält. April bis Mai 7.30–22 Uhr. Juni bis Sept. 7.30–24 Uhr. Okt. bis März 7.30–20 Uhr. Fahrpreis 0,60 €.

Diverses

• *Bootsausflüge* mit **Inter-Iles** regelmäßig zur Ile d'Aix und zur Ile de Ré, in der Hochsaison auch zur Ile d'Oléron. Auskünfte und Reservierung beim Tour de la Chaîne, ✆ 08.25.13.55.00.

• *Autoverleih* **Avis**, 166, bd Joffre (gegenüber dem Bahnhof). ✆ 05.46.41.13.55.
Budget, 164, bd Joffre (Nähe Bahnhof). ✆ 05.46.41.35.53.
Europcar, 158bis, bd Joffre, Nähe Bahnhof. ✆ 05.46.41.09.08.

• *Fahrräder/Mofas* **Les vélos jaunes** unterhält ein hervorragendes Netz, und die gelben Fahrräder sind der Hit: die ersten 2 Std. gratis, dann 1 €/Stunde oder 8 €/Tag. Man darf sie nur in einem bestimmten Rayon benutzen, zu dem neben La Rochelle weitere 17 Gemeinden gehören (nicht die Insel Ré!). Auch Kinderräder im Verleih. Keine Kaution, einfach Pass hinterlegen. Insgesamt stehen 350 Räder zur Verfügung. Ganzjährig ist die Station an der Place de Verdun geöffnet, nur Mai bis Sept. die Station am Square Valin (Nordostecke des Alten Hafens), nur Juli/Aug. die Station am Bahnhof. ✆ 05.46.34.02.22.
Cyclomania, 23, quai de Marans (zwischen Hafen und Bahnhof). Wenn alle gelben Fahrräder ausgebucht sind, hilft der Fahrradhändler weiter. ✆ 05.46.37.53.42.

• *Parken* Kostenlose Plätze ziemlich außerhalb des Zentrums (z. B. Port des Minimes). Stadtnah und kostenpflichtig ist das unterirdische Parkhaus an der Place de Verdun (bis 1 Uhr früh geöffnet). Ansonsten bleibt nur Parkometer füttern (sofern man einen Platz ergattert).

• *Bootsverleih* **Aunis Motonautic**, quai Marillac am Port des Minimes. Von 60 bis 260 PS verschiedene Modelle, je nach Modell und Saison 240–520 € pro Tag plus Hinterlegung einer dicken Kaution. Wasserskier werden dafür gratis mitgeliefert. ✆ 05.46.44.23.66, www.aunismotonautic.fr.

• *Buchhandlung* **Maison de la Presse**, 16, rue Saint-Sauveur. Internationale Presse und ein kleines Angebot an deutsch- und englischsprachiger Literatur.

• *Einkaufen* Für Weine und Spirituosen ist **Garcia**, 8, rue Saint-Nicolas, eine großartige Adresse – halb Spelunke, halb Handelshaus. Tatsächlich war die 1933 gegründete Firma noch bis in die 1980er Jahre der offizielle Lieferant der Marine. Garcias hauseigene Erfindung ist die „Guignette de La Rochelle", ein mit Fruchtsaft versetzter Wein. Prost.

Übernachten (→ Karte S. 401)

• *Hotels* *** **Masqhôtel (20)**, zentrums- und bahnhofsnah in ruhiger Lage. Wenn ein arrivierter Architekt und begnadeter Innendekorateur sich den Traum eines eigenen Hotels erfüllt, darf man gespannt sein. Das Credo von Michel Dufour: „Beim Einfachen und Schicken bleiben, beim Subtilen, Leichten und ohne unnützen Luxus. Den Raum und die Architektur mit den Materialien spielen lassen, mit den Farben, mit den Formen des Mobiliars und der Accesoires. Auf Details achten, nichts vergessen, nirgends." Das 2006 eröffnete „Masq" ist ein Design-Hotel, das alle Erwartungen erfüllt: Ein helles, räumlich geschickt unterteiltes Entrée mit Nichtraucherbar erwartet den Gast. Komfortable Design-Zimmer mit Safe, Klimaanlage, Flatscreen, ADSL- und WiFi-Anschluss. Für jedes Zimmer haben die balinesischen Künstlerbrüder Mantra und Geredeg ein großflächiges, farbiges Gemälde entworfen. Hoteleigener Parkplatz. DZ 90–160 €. Teurer sind die „Executives" und Suiten (mit Terrasse). 17, rue de l'Ouvrage à Cornes. ✆ 05.46.41.83.83, 📠 05.46.07.04.43, www.masqhotel.com.

*** **Saint Jean-d'Acre (15)**, bei der Tour de la Chaîne. Sehr schick, die teuersten Zimmer mit Klimaanlage, Minibar und schöner Sicht auf den Hafen. Gebührenpflichtiger Parkplatz gleich ums Eck bei der Tour de la Lanterne. DZ 85–135 €, noch teurer mit Salon und Terrasse. WiFi-Anschluss. 4, place de la Chaîne. ✆ 05.46.41.73.33, 📠 05.46.41.10.01, www.hotel-la-rochelle.com.

** **La Marine (9)**. Großartige Lage am Alten Hafen. Zimmer sehr unterschiedlicher Größe, pro Etage eines mit Sicht auf den Hafen. DZ 60–95 €. Klimaanlage und WiFi-Anschluss. 30, quai Duperré. ✆ 05.46.50.51.-63, ✆ 05.46.44.02.69, www.hotel-marine.com.

** **Henri IV (8)**. Hat mit der Renovierung zum Jahrtausendwechsel einen Stern gewonnen. Sympathische Herberge im Herzen der Altstadt. Freundliche Rezeption. Zimmer mit verschiedener sanitärer Ausstattung. DZ 48–90 je nach sanitärer Ausstattung. 31, rue des Gentilshommes. ✆ 05.46.41.25.79, 📠 05.46.41.78.64, henri-iv@wanadoo.fr.

** **Ibis Vieux Port (18)**. Modern eingerichtete Zimmer, teils mit Ausblick auf den Hafen. Im 17. Jahrhundert stand hier die Kirche Saint-Nicolas, später nahmen Lagergebäude der Zollverwaltung den Platz ein, seit 1978 hat die Ibis-Kette ein Hotel aufgezogen. Die alte Kirchenfassade wurde belassen und mit einem Betonanbau versehen. Das Hotel wird vornehmlich von Geschäftsleuten frequentiert. DZ 56–82 €. Klimaanlage und WiFi-Anschluss. Place du Comandant de la Motte-Rouge. ✆ 05.46.41.60.22, 05.46.41.93.47.

** **De l'Océan (12)**. Kein großer Komfort, aber gepflegte Zimmer und freundliche Rezeption. Die Preise steigen mit jeder Etage, von der vierten hat man einen großartigen Blick auf den Hafen. DZ mit AC 46–73 €. 36, cours des Dames ✆ 05.46.41.31.97, 📠 05.46.41.51.12, www.hotel-ocean-larochelle.com.

** **Les Gens de Mer (25)**. in Bahnhofsnähe. Das Hotel im weißen „Haus der Marine", früher den Seeleuten vorbehalten, ist heute für jedermann offen. Moderne Zimmer, teils nach hinten zum Park, teils nach vorne zur Straße. Letztere sollen 2008 schalldicht gemacht werden. DZ 45–69 €. 20, av. du Général de Gaulle. ✆ 05.46.41.26.24, 📠 05.46.41.51.29, www.lesgensdemer.fr.

** **De Bordeaux (11)**. Der freundliche Wirt bietet renovierte Zimmer mit Aircondition, Safe und doppelt verglasten Fenstern in einem ohnehin ruhigen Altstadtviertel an.

Im Erdgeschoss alkoholfreies Café. DZ mit Dusche/WC 69 €, ohne 40 €. Unsere Empfehlung. 43, rue Saint-Nicolas. ✆ 05.46.41.31.22, ✆ 05.46.41.24.43, www.hotel-bordeaux-fr.com.

• *Jugendherberge* (Auberge de Jeunesse), beim Yachthafen. Mit 230 Schlafplätzen eine der größten Jugendherbergen Frankreichs. Der moderne Betonkomplex liegt 2 km außerhalb des Zentrums und ist von der Place de Verdun mit dem Stadtbus Nr. 10 erreichbar (Haltestelle „La Sole", Mo–Sa 8–19 Uhr ca. alle 20 Min., So sehr schlechte Verbindung). 232 Schlafplätze. Übernachtung 14,50 €/Person im 6-Bett-Zimmer mit Dusche/WC auf Etage, in den Zimmer mit Du/WC und in 2er-Zimmern etwas teurer. Rezeption: 8–12, 14–19 und 21–22 Uhr. 2. Dezemberhälfte und 1. Januarwoche geschlossen. Avenue des Minimes. ✆ 05.46.44.43.11, ✆ 05.46.45.41.48, www.fuaj.net/homepage/larochelle/index.htm.

• *Camping* ** **Municipal Le Soleil**, hinter dem Yachthafen. Modern eingerichtetes Gelände an der Durchgangsstraße. Wenig Schatten. Trotz der mangelnden Attraktivität sind die 150 Stellplätze in der Saison schnell ausgebucht. Die Rezeption empfiehlt Voranmeldung. Zu Fuß ca. 15 Min. ins Zentrum. Geöffnet ca. Mitte Juni bis Mitte Sept. Av. Michel Crépeau. ✆ 05.46.44.42.53, ✆ 05.56. 51.51.12.

Telefonische Reservierung vor der Saison beim Camping Port Neuf (s. u.) möglich.

** **Municipal de Port Neuf**, im Westen der Stadt (Richtung Ile de Rê). Nicht schattiger als der oben genannte, aber größeres Freizeitangebot, u. a. ein Tenniscourt. Gute Einkaufsmöglichkeiten im Ortsteil Port Neuf, aber auch campingeigener Lebensmittelladen. 185 Stellplätze. Zu Fuß gute 20 Min. ins Zentrum, Bushaltestelle in der Nähe. Ganzjährig geöffnet. Bd Aristide Rondeau. ✆ 05.46.43.81.20, ✆ 05.46.51.51.12.

Essen/Trinken

La Rochelle ist weltoffen: Sie finden italienische, spanische, orientalische, östliche und auch amerikanische Küche – und natürlich jede Menge Fischrestaurants. Letztere reihen sich am alten Hafen dicht aneinander. Da hilft nur Speisekarten-Studium und Preisvergleich.

• *Restaurants* **Le Comptoir des Voyages (14)**. Feinschmecker-Restaurant mit raffinierter Küche aus allen Ecken der Welt zu Fixpreisen (Entrée 11 €, Fisch/Fleisch 18 €, Dessert 8 €). Chefkoch und Restaurateur Gregory Coutanceau führt noch zwei weitere Restaurants im Quartier. 22, rue Saint-Jean du Pérot. ✆ 05.46.50.62.60.

Bar André (16). Größer als die Bar ist das Restaurant: mehrere Räume im Inneren und große Außenbetischung. 2007 wurde das traditionelle Etablissement, das für La Rochelle unter der 60-jährigen Ägide der Familie Bourdin zu einer Institution geworden war, an eine Pariser Gruppe verkauft; das Küchenpersonal ist geblieben. Spezialitäten sind Fisch- und Meeresfrüchte, aber auch Landküche ist zu haben. Trotz des immensen Platzangebots stets voll. 5, rue Saint-Jean du Pérot. ✆ 05.46.41.28.24.

La Marine (9), im gleichnamigen Hotel (s. o.). Hervorragende Fischküche. Mehrstöckige Meeresfrüchteplatten werden aufgetragen. allerdings nicht eben billig. 30, quai Duperré. ✆ 05.46.41.08.68.

Bistrot de Rémi Massé (17). Klein und sympathisch. Rémi kommt von der Insel Ré und zeigt ohne großes Aufheben, dass gute Küche preiswert machbar ist. Fischgratin mit Champignons oder Muscheln à la provençale oder Fleischgerichte – stets hervorragend zubereitet. Auch das Weinangebot lässt sich sehen. Unsere Empfehlung. Sa/So mittags, Mo ganztags geschlossen. 59, rue Saint-Jean du Pérot. ✆ 05.46.43.56.08.

La Terrasse (6). Amerikanische Küche in angenehmer Atmosphäre. Bis 2 Uhr früh geöffnet. Cour du Temple. ✆ 05.46.41.79.79.

A côté de Chez Fred (13), gegenüber dem Hôtel de Bordeaux (s. o.). Die plebejische Alternative zu den Hafenrestaurants, eine Mischung aus Fischrestaurant und Quartierkneipe. Gleich daneben Freds Fischerladen – die Fische dort sehen sehr appetitlich aus. 30–34, rue St-Nicolas. ✆ 05.46.41.65.76.

• *Bars* **L'Académie de la Bière (7)**. Eine fröhliche, meist übervolle Bierkneipe – ein Paradies für Liebhaber des Gerstensafts. Vom Fass serviert werden 19 Sorten. Rue des Templiers.

Café du Nord (19). Unprätentiöses Café im einzigen Steinbau des sonst hölzernen

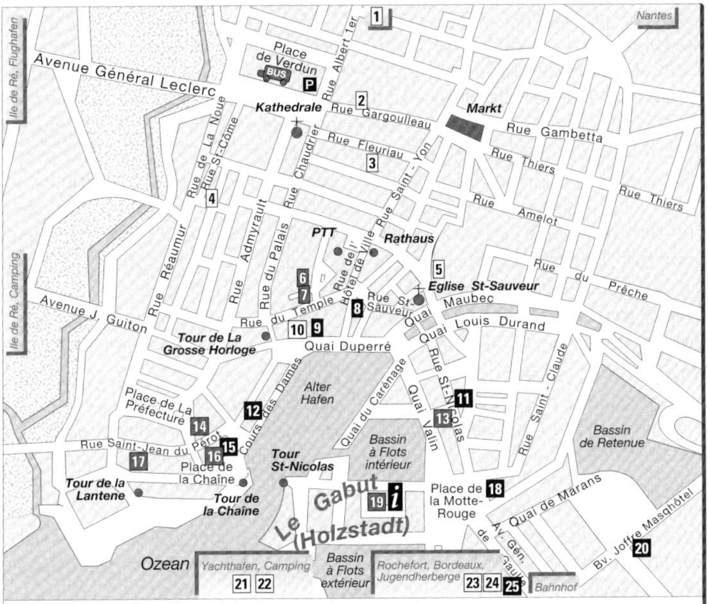

M useen

1 Musée d'Histoire Naturelle
2 Musée des Beaux-Arts
3 Musée du Noveau Monde
4 Musée d'Orbigny-Bernon
5 Musée Rochelais d'Histoire Protestant
10 Musée du Falcon à Parfum
21 Musée des Automates
22 Musée des Modèles Réduits
23 Musée Maritime
24 Aquarium

E ssen & Trinken

6 Restaurant La Terrasse
7 L'Académie de la Bière
9 Restaurant La Marine
13 Restaurant A Côté de Chez Fred
14 Restaurant Le Comptoir des Voyages
16 Restaurant Bar André
17 Bistrot de Rémis Massé
19 Café du Nord

Ü bernachten

8 Hôtel Henri IV
9 Hôtel La Marine
11 Hôtel de Bordeaux
12 Hôtel de l'Océan
15 Hôtel Saint Jean-d'Acre
18 Hôtel Ibis Vieux Port
20 Masqhôtel
25 Hôtel Les Gens de Mer

250 m

La Rochelle (Zentrum)

„Gabut". Billig. Günstiges Mittagsmenu. Le Gabut.

Bar du Musée Maritime (9), untergebracht auf dem Museumsschiff im Bassin à Flots Extérieur. Für den Drink in „maritimer Ambiance" auf dem Nachhauseweg, sofern Sie spätabends noch in der Holzstadt unterwegs sind. 22–2 Uhr geöffnet.

Sehenswertes

Alter Hafen: Nachdem *Ludwig XIII.* nach der Belagerung von 1628 (→ Kasten „Der Fall der letzten Hugenottenbastion") La Rochelle eingenommen hatte, ließ er die Befestigungen schleifen, damit die Stadt künftig wehrlos in der Landschaft liege oder, wie er sagte, „für jeden Ochsenkarren zugänglich" würde. Einzig die Türme am Hafen wurden von der Maßnahme verschont. Sie stammen aus dem 14. und 15. Jahrhundert und geben noch heute ein eindrückliches Bild ab. Zwischen der runden **Tour de la Chaîne** (heute Sitz eines kleinen Museums mit dem Modell der Stadt vor der Belagerung) und der viereckigen **Tour Saint-Nicolas** wurde einst im Kriegsfall eine schwere Kette gespannt, die feindlichen Schiffen die Hafeneinfahrt verwehrte. Die **Tour de la Lanterne** (westlich des alten Hafens) mit ihrer spätgotischen Ornamentik war sowohl Leucht- als auch Wachtturm und gehörte mit zum Verteidigungskonzept von La Rochelle. Für sie fand Ludwig XIII. nach der Einnahme der Stadt eine besondere Verwendung. Der König hielt sich an sein gegebenes Versprechen und verschonte die Verantwortlichen der Stadt. Seinem einstigen Diener *Veneur de Grossetière* aber, der die Rochelaisen unterstützte hatte, ließ er den Kopf abschlagen und schickte diesen nach La Rochelle, damit er dort für jedermann sichtbar an der Tour de la Lanterne aufgehängt werde.

Altstadt: Vom Hafen gelangt man durch die wuchtige **Tour de la Grosse Horloge**, ein Stadttor aus dem 13. Jahrhundert, ins Altstadtviertel mit seinen typischen Arkadengassen. Von den zahlreichen Bauten aus dem 15. bis 18. Jahrhundert ist das **Rathaus** *(Hôtel de Ville)* zweifellos das Prunkstück: Das Eingangsportal, flankiert von zwei skulptierten gotischen Türmchen, und die verspielte Aufgangstreppe harmonieren mit dem Renaissancebau. Das Innere ist als Museum eingerichtet, u. a. ist der Kabinettsaal zu sehen, in dem während der Belagerung von 1627/28 (→ Kasten „Der Fall der letzten Hugenottenbastion") die Stadtregierung unter Vorsitz des Bürgermeisters *Jean Guiton* ihre Krisensitzungen abhielt.

Etwas oberhalb des Rathauses befindet sich die **Kathedrale**. Ihr Bau an der Stelle der einstigen hugenottischen Hauptkirche zog sich über ein Jahrhundert lang hin. Der Hauptteil stammt aus dem 18. Jahrhundert, Apsis und Kuppel wurden erst im 19. Jahrhundert fertiggestellt – eine wenig einheitliche Architektur.

Die **Eglise Saint-Sauveur** am *Quai Maubec* stammt aus dem 17. Jahrhundert und ist bereits die dritte Kirche an diesem Ort. Während der Französischen Revolution fand sie als Lagerschuppen der Marine Verwendung, Mitte des 19. Jahrhunderts wurde sie vollständig restauriert. Von außen wie von innen präsentiert sie sich seither in nüchterner Einfachheit. Eine Ausnahme macht einzig der über alle Fährnisse der Zeit hinweg gerettete gotische Turm.

Beim Stadtspaziergang begegnet der Flaneur **Denkmälern** der unterschiedlichsten Art. Gleich hinter der *Tour de la Grosse Horloge* trifft er auf *Eugène Fromentin*, einen Schriftsteller und Maler aus dem 19. Jahrhundert, in La Rochelle geboren und auf der Ile de Ré gestorben. Seine Bilder sind im nicht sehr aufregenden *Musée des Beaux-Arts* (Rue Gargoulleau) zu sehen.

Beim Rathaus steht der heldenhafte *Jean Guiton*, Symbol des Widerstands während der Belagerung von 1627/28. Mit welch despotischen Mitteln er die Bevölkerung bei der Stange hielt, übersehen die lokalen Biographen geflissentlich.

Neben der Kathedrale, wo der Besucher den Verlauf der einstigen Stadtmauer noch ahnt, erinnern zwei Elefanten, die den afrikanischen Kontinent einrahmen, an die Kolonisation der Elfenbeinküste.

Die Belagerung von La Rochelle

La Rochelle hatte sich seit dem 12. Jahrhundert zur blühenden Handelsstadt entwickelt und besaß noch Anfang des 17. Jahrhunderts weitgehende politische Autonomie gegenüber der Krone in Paris. Und nach den Religionskriegen war die Hafenstadt die letzte verbliebene Hochburg der protestantischen Hugenotten.

Kardinal Richelieu war dies ein Dorn im Auge. Der Wegbereiter des französischen Absolutismus sah zwei Hindernisse für ein starkes (katholisches) Königtum in Frankreich: eigenmächtige Stadtregierungen und die Hugenotten. La Rochelle hatte beides. Deshalb veranlasste der Kardinal im Einverständnis mit Ludwig XIII. im September 1627 die Belagerung der Stadt. Die riesige französische Armee hatte bald das Hinterland abgeriegelt und zur See einen aus Steinen, Holz und Schiffswracks zusammengekleisterten Damm errichtet, der einen doppelten Zweck erfüllte. Erstens war den Rochelaisen der Seeweg verbaut, und zweitens sollten die Engländer, die auf der Ile de Ré gelandet waren, daran gehindert werden, die Stadt zu entsetzen. Im Hinterland schlachteten die königlichen Soldaten das Vieh der Bauern und hielten große Gelage ab. Noch rechtzeitig hatte man in La Rochelle Vorräte gehortet und wartete auf englische Hilfe.

Die kam zwar – aber sie kam nicht durch. Ein Belagerungsjahr später, im Sommer 1628, war die Lage in der Stadt völlig verzweifelt, die Einwohner starben wie die Fliegen. Doch Bürgermeister Jean Guiton, unterstützt von der Bevölkerung, gab nicht auf. Im Herbst sah man in La Rochelle nur noch wandelnde Skelette, die nicht einmal mehr die Kraft aufbrachten, ihre Toten zu beerdigen. Ein Chronist vermerkt die ersten Fälle von Kannibalismus (er ließ dabei keine Gelegenheit aus, sich in Details zu ergehen) und berichtet von Rochelaiser Bürgern, die sich einen Sarg zimmern und diesen in die Kirche transportieren ließen. Dort betteten sie sich im halbtoten Zustand selber zur ewigen Ruhe.

Am 29. Oktober 1628 – mit den Engländern war nicht mehr zu rechnen – wankte eine von der Stadtregierung ermächtigte Zwölferdelegation in erbarmungswürdigem Zustand aus dem Stadttor, um den Königlichen die Kapitulation zu überbringen. Am 1. November zelebrierte Kardinal Richelieu persönlich die katholische Messe in der Hugenottenstadt, und noch am selben Tag ritt Ludwig XIII. in La Rochelle ein. Er soll beim Anblick der toten und noch lebenden Skelette geweint haben. Von den 24.000 Einwohnern der Stadt waren während der Belagerung 15.000 verhungert.

Musée Maritime (23): Das Meteorologenschiff *France I* aus dem Jahr 1958, ein Hochseeschlepper und ein Fischerkahn (Jahrgang 1942) laden zur Besichtigung ihres Innenlebens ein. Kleine Ausstellungen dokumentieren die Arbeit von Meteorologen und Fischern an Bord.

April bis Sept. 10–18.30 Uhr (Juli/Aug. bis 19 Uhr). Eintritt 8 €, Kinder 4–16 Jahre 5,50 €.

Die Fantome des Hutmachers

Was man mit einer Cello-Saite so alles tun kann! Innerhalb weniger Tage werden in La Rochelle ohne ein erkennbares Motiv sechs alte Damen erwürgt. Der Schneider Kachoudas verdächtigt den biederen Hutmacher Labbé, seinen Nachbarn, und verfolgt ihn im Novemberregen auf Schritt und Tritt durch die Gassen ... Einblicke in die mörderischen Abgründe der Psyche eines Normalbürgers, wie man sie sonst nur von Patricia Highsmith kennt. Maigret-Autor *Georges Simenon* hat mit seinem Roman *Die Fantome des Hutmachers* (Les Fantômes du Chapelier) einen Krimi geschrieben, der dem Leser erst die Altstadt von La Rochelle näher bringt und ihm dann den Schlaf raubt.

Musée des Automates (21): in *Le Gabut* (Holzstadt). Eine hübsche Sammlung von etwa 300 bewegten Spielfiguren aus dem 19. und 20. Jahrhundert. Auf der Südseeinsel schütteln Negerinnen ihre Bambusröckchen. Ein Flic regelt den Straßenverkehr im Takt der Piano-Musik, der Pianist ist gerade im Urlaub, und so bewegen sich die Tasten von unsichtbarer Automatenhand gesteuert. Die von den Surrealisten postulierte *Ecriture automatique* wird im *L'Automate écrivain* parodiert.

Ⓛ Juli/Aug. 9.30–19 Uhr. Sept. bis Juni 10–12 und 14–18 Uhr. Eintritt 7,50 €, Kinder bis 10 Jahre 5 €. Wenn Sie sowohl das Automaten- als auch das Miniaturenmuseum daneben besuchen wollen, fahren Sie günstiger mit der Doppel-Eintrittskarte: 11 €, Kinder bis 10 Jahre 6,50 €.

Musée des Modèles Réduits (22): neben dem *Musée des Automates*. Auf 200 Meter Schienenlänge fährt geräuschlos eine *Märklin* durch die tunnelreiche Gebirgslandschaft. Originalgetreue Oldtimer sind zu sehen, u. a. ein Biercontainer der in deutschen Supermärkten unter dem Kürzel EKU bekannten Ersten Kulmbacher Actienbrauerei.

Fulminanter Höhepunkt des Museums ist das *Spectacle Navale*, eine Techno-Show über die Eroberung der Weltmeere. Miniaturschiffe ziehen auf offener Bühne übers Wasser, Kanonendonner erschallt, Bühne und Zuschauerraum werden in Rauch gehüllt, und zu guter Letzt verlässt eine friedliche *Queen Elizabeth* – an Freiheitsstatue und Manhattan-Skyline vorbei – den New Yorker Hafen.

Ⓛ Selbe Zeiten wie Musée des Automates. Eintritt ebenso.

Aquarium (24): Auf sein Aquarium ist La Rochelle zu recht stolz – nicht nur wegen der 65 Bassins (3 Mio. Liter Meerwasser) mit ihren über 500 verschiedenen Arten, sondern auch wegen der Architektur. Der moderne Glaspalast am hinteren Ende des Yachthafens ist eine architektonisch kluge Komposition. Für die an Ebbe und Flut gewöhnten Sandtiere wurde ein spezielles Gezeitenbassin gebaut. Ein rundum gläserner unterseeischer Tunnel führt zum Haifischbecken, das allein 250 000 Liter Wasser fasst. In den anderen Bassins haben neben der einheimischen ozeanischen Fauna auch zahlreiche bunte Tropenfische eine neue Heimat gefunden.

Ⓛ April bis Juni und Sept. 9–20 Uhr. Juli/Aug. 9–23 Uhr. Okt. bis März 10–20 Uhr. Eintritt 12,50 €, Kinder 3–17 Jahre sowie Studenten 9,50 €.

La Tour de La Grosse Horloge

BNP
BNP

Das Abendkleid des flüchtigen Duftes

Ein Kleinod unter den zahlreichen Museen von La Rochelle ist das ebenso bizarre wie exquisite **Musée du Flacon à Parfum (10).** Anne und Jean Séris haben über ihrer Boutique Saponaire an der Rue du Temple ein kleines, feines Museum eingerichtet, das allein auf ihrer bald 30-jährigen Sammelleidenschaft für Parfumflakons basiert.

„Das Flakon ist das Abendkleid des Parfums", sagt Jean Séris und meint damit, dass die Verpackung dem Produkt gegenüber eine ästhetische Verpflichtung hat. Und weist mit einem Augenzwinkern darauf hin, dass das Metier des Haute Couturiers und das des Parfumeurs miteinander verwandt sind. Nicht selten beschäftigen sich schließlich berühmte Häuser mit beidem.

Vielleicht haben Sie Glück, und Anne oder Jean Séris haben Zeit für eine Führung. Der kompetente Kommentar zu den Exponaten blättert vor Ihren Augen ein Stück moderner Kulturgeschichte auf. Salvador Dali, der bekanntlich ein Faible für den Royalismus hatte, kreierte ein Flakon, das wie die Miniatur einer edelsteinbesetzten Königskrone aussieht. Jean Cocteau begnügte sich damit, die Verschlusskorken zu signieren. Ein Schweizer Diamantenhändler konzipierte Chopard, in dessen kostbaren Inhalt ein kleiner Diamant gelegt wurde. Und das Shanghai von Lentkeric in Form einer Aschenurne aus der Ming-Periode gibt's weltweit nur in zwei Ausführungen – wo die zweite ist, weiß Jean Séris nicht.

In den 1950er Jahren wird das Parfum „demokratisiert", es beginnt, die Regale der Supermärkte zu erobern. Auch amerikanischer Kitsch hält Einzug in die Flacongeschichte: Humphrey Bogart als Etikett. Zur Inthronisation des neuen japanischen Kaisers 1989 kreiert Hermes ein Flakon in Pagodenform mit fast einem Liter Volumen. Das Parfum darin war Schnee von vorgestern, 1920 entwickelt, damals aber nicht vermarktet. Seine Exzellenz Kaiser Akihito geruhten 1994, La Rochelle höchstpersönlich zu visitieren, ein Besuch bei Anne und Jean Séris ließ das Protokoll leider nicht zu.

Das älteste Exponat der zauberhaften Ausstellung ist übrigens ein kleines Eau-de-Toilette-Fläschchen der Firma Colgate (jaja, die mit der Zahnpasta) – eine Rarität aus dem Jahr 1869.

⌚ Mo 14.30–19 Uhr, Di–Sa 10.30–12 und 14.30–19 Uhr. Eintritt 4,50 €, Kinder bis 10 Jahre gratis.

Weitere Museen

Musée des Beaux-Arts (2) (Kunstmuseum), 28, rue Gargoulleau. Vor allem lokale Maler.

⌚ April bis Sept. Mo und Mi–Sa 14–18 Uhr, So 14.30–18 Uhr. Okt. bis März Mo und Mi–Fr 13.30–17 Uhr, Sa/So 14.30–18 Uhr. Eintritt 3,50 €.

Muséum d'Histoire Naturelle (1) (Naturhistorisches Museum), 28, rue Albert 1er. Eine sehr heterogene Sammlung, auch Pierre Loti (→ Rochefort) hat einiges beigesteuert. Zu den ausgestopften Tieren gehört u. a. das Schoßtier von Kaiserin Josephine – ein Orang-Utan. Nach mehrjähriger Pause für Bauarbeiten am Haus eröffnete das Museum 2007 mit wesentlich mehr Ausstellungsfläche und einer komplett neuen, besucherfreundlichen Ausstellungs-Szenographie.

⌚ Bei Redaktionsschluss noch nicht bekannt, auch nicht die Eintrittspreise.

Tipp für passionierte Museumsbesucher: Sammelkarte für Musée des Beaux-Arts, Musée du Nouveau Monde und Musée d'Orbigny-Bernoy 6,60 €.

Musée du Nouveau Monde (3) (Museum der Neuen Welt), 10, rue Fleuriau. Französische Spuren in Nordamerika seit dem 16. Jahrhundert. Kolonisation und Emigration.

⌚ April bis Sept. Mo und Mi–Sa 10–12.30 und 14–18 Uhr, So 14.30–18 Uhr. Okt. bis März Mo und Mi–Fr 9.30–12.30 und 13.30–17 Uhr, Sa/So 14.30–18 Uhr. Eintritt 3,50 €.

Musée d'Orbigny-Bernon (4), 2, rue Saint-Côme. Malerei, Stiche und Fayencen, vor allem aus La Rochelle. Kleine ethnographische Ostasien-Abteilung.

⌚ identisch mit denen des Musée du Nouveau Monde. Eintritt 3,50 €.

Musée Rochelais d'Histoire Protestante (5), 2, rue Saint-Michel. Geschichte des Protestantismus in La Rochelle.

⌚ Juli bis Mitte Sept. Mo–Sa 14.30–18 Uhr. Eintritt 2 €.

Ile de Ré

Im Mittelalter waren es noch drei Inseln – Ile de Ré, Ile de Foix und die Ile d'Ars. Im Lauf der Jahrhunderte sind sie zusammengewachsen, doch noch immer zeigt die Karte ein sehr fragiles Gebilde. An der engsten Stelle ist die Ile de Ré nur 70 Meter breit.

Die zweite der beiden großen Ferieninseln der Charente-Maritime ist 85 km² groß und hat im Winter knapp 15 000 Einwohner. Im Sommer vervielfacht sich die Zahl, denn bei französischen Touristen ist die Ile de Ré noch beliebter als die Ile d'Oléron. An Wochenenden kommen auch noch die Ausflügler von La Rochelle hinzu. **Radfahrer** finden eigens für sie reservierte Wege vor, das Netz der *pistes cyclables* beläuft sich auf rund 100 Wegkilometer. Die gesamte Insel steht unter Landschaftsschutz – ein Grund mehr, die motorisierten Pferdestärken gegen den Drahtesel einzutauschen.

Die Inseldörfer zeigen hübsche weiß getünchte Häuser, am Ortsrand schließen sich meist unaufdringliche kleine Ferienvillen an. Nur der Hauptort *Saint-Martin* macht eine Ausnahme. Hier erinnern die gewaltige Befestigungsanlage und eine arg ramponierte Kirche an weniger friedliche Zeiten.

Die schönsten **Badestrände** und **Campingplätze** findet man an der Südküste. Im Norden beanspruchen gelegentlich Austernzüchter das Terrain, in der Bucht von Ars sind zahlreiche Salzsalinen angelegt.

• *Information* → unter den einzelnen Ortschaften.

• *Verbindung* **Bus**: regelmäßige Verbindung nach La Rochelle, von Saint-Martin, La Flotte, Sainte-Marie, Rivedoux achtmal tägl. (Sonntag nur viermal); von den anderen Inselorten dreimal tägl. (Sonntag nur einmal).

• *Bootsausflüge* mit **Inter-Iles** zur Ile d'Aix und zur Ile d'Oléron. Abfahrt in Rivedoux und Saint-Martin. Auskünfte unter ✆ 08.25. 13.55.00.

• *Karten* Wenn Sie die Insel bis in die letzte Ecke ausforschen wollen, besorgen Sie sich die IGN-Karte Nr. 1329 (1:25000). In der Regel genügt jedoch die speziell für den Tourismus erstellte Inselkarte, auf der auch die Radwege eingezeichnet sind (in jedem Ort erhältlich).

• *Radfahren* Die beste Möglichkeit, die Insel zu erkunden. Der schönste Radweg führt von La Couarde über Salz- und Austernbassins nach Ars und weiter nach Les Portes.

• *Fahrradverleih* Verleiher gibt es in nahezu jedem Ort. Preisvergleich bringt nix. **Cycland** hat Verleihstellen in Rivedoux, La Flotte, Saint-Martin, Le Bois-Plage, La Couarde, Ars, Les Portes und St-Clément-des-Baleines.

Der Pont de Ré

Die 2926 Meter lange Brücke vom Festland zur *Pointe de Sablanceaux*, dem südöstlichsten Punkt der Ile de Ré, bleibt so lange gebührenpflichtig, bis die Einnahmen die für den Bau aufgenommenen Kredite getilgt haben. Dasselbe Prinzip wurde bei den mittlerweile gebührenfreien Brücken zur Ile d'Oléron und über die Charente bei Rochefort angewandt. Eröffnet wurde der Pont de Ré 1988. Die Kosten für 50.000 Kubikmeter Beton und 6000 Tonnen Stahl plus 20 Monatslöhne für 550 Arbeiter sind noch nicht erwirtschaftet. Also wird weiterhin zur Kasse gebeten.

Brückenzoll Juni bis Sept. 16,50 €; Okt. bis Mai 9 €. Da die meisten Besucher von der Insel wieder zurückkommen, wird nur bei der Hinfahrt kassiert. Der Preis schließt also die Rückfahrt ein. Zwischen Pkw und Wohnmobilen wird nicht unterschieden. Für Anhänger und Wohnwagen ca. 10 € Aufschlag.

Rivedoux

Rivedoux, das den Besucher gleich nach der Ankunft auf der Insel empfängt, ist ein zersiedelter Ort ohne jede Attraktion. Beiderseits des Landzipfels zur Brücke erstrecken sich Sandstrände. An der *Plage Nord* sind die Austernzüchter zugange, die einen brandneuen Hafen bekommen haben, so dass man besser an die *Plage Sud* ausweicht. Doch gibt es schönere Badegelegenheiten auf der Ile de Ré.

In Rivedoux müssen Sie sich entscheiden, ob Sie Ihre Reise auf dem *Itinéraire Nord* (D 735 über La Flotte, Saint-Martin nach La Couarde) oder auf dem *Itinéraire Sud* (über Sainte-Marie, Le Bois-Plage nach La Couarde) fortsetzen wollen. Bei schönem Wetter locken die Strände der Südküste, bei kühlem oder regnerischem Wetter empfehlen wir, erst dem Städtchen *Saint-Martin* einen Besuch abzustatten.

An der Küste zwischen Rivedoux und La Flotte steht das **Fort de la Prée** (Privatbesitz, kein Zugang), das 1625 von den Franzosen in aller Eile errichtet wurde, um die Insel gegen die Engländer zu verteidigen. Die Festung erwies sich als guter Stützpunkt, um die Belagerung von La Rochelle (→ La Rochelle, Kasten „Der Fall der letzten Hugenottenbastion") aufrechtzuerhalten. Zwar landeten die Engländer 1627 auf der Insel, konnten sich aber nicht halten. Die französisch-englische Auseinandersetzung vor La Rochelle war nicht mehr als ein folgenloser Kanonendonner.

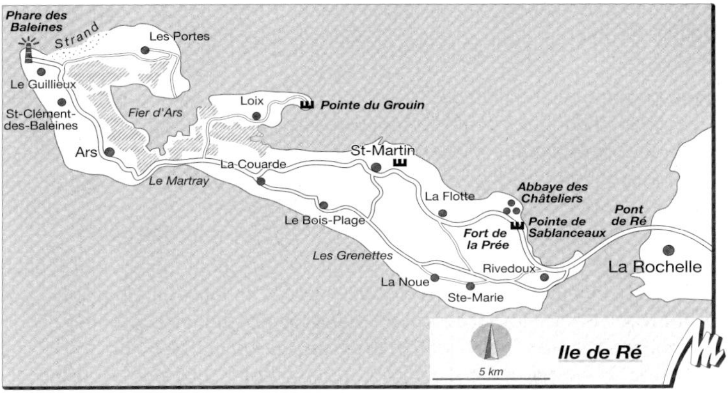

Ganz in der Nähe der Festung steht einsam eine Ruine in der Landschaft. Es handelt sich um die Überreste der **Abbaye des Châteliers**. Die von der Geschichte heftig geplagte Zisterzienserabtei aus dem 12. Jahrhundert wurde zum letzten Mal 1623 von den Hugenotten zerstört, die damit dem royalistischen Gegner das Baumaterial für das Fort zur Verfügung stellten.

- *Information* **Office de Tourisme**, place de la République (am Itinéraire Nord). Juli/Aug. 9.30–12.30 und 13.30–18.30 Uhr. Sept. bis Juni 9–12 und 13–17 Uhr. ✆/℻ 05.46.09.80.62, office-de-tourisme-rivedoux@wanadoo.fr, www.rivedoux-plage.fr.
- *Fahrradverleih* **Cycland**, ebenfalls bei der Bushaltestelle vor der Brücke. Nur in der Hauptsaison. ✆ 05.46.09.97.54.
- *Waschsalon* **Lav'rive**, am Itinéraire Nord (D 735), knapp vor dem Ortszentrum.

La Flotte

Im alten Kern bietet La Flotte ein sehr harmonisches Ortsbild. Ein paar herrschaftliche Häuser aus dem 19. Jahrhundert zeugen vom einst blühenden Handel des Fischerdorfs. Die offene Markthalle aus dem 12. Jahrhundert, ein ziegelgedecktes Holzgerüst, erfüllt noch heute allmorgendlich ihren Zweck.

Auf ihren Hafen sind die Bewohner zu Recht stolz. Die hübsche, rechteckige Anlage stammt aus dem 18. Jahrhundert. Die touristische Entwicklung machte später eine Erweiterung nötig. Eine weitgeschwungene, elegante Mole sorgt heute für zusätzliche Kapazitäten und verlängert den angenehmen Spaziergang.

Das **Maison du Platin** neben der Tourist-Information beherbergt ein Museum über das Leben auf der Insel: Fischerei und Austernzucht, Kostüme und Frisuren, alte Wohnzimmereinrichtungen und eine kleine Kollektion von Originalfotos aus der ersten Hälfte des 20. Jahrhunderts.

🕐 Ostern bis Okt. Mo–Fr 10.30–12.30 und 14.30–18 Uhr. Eintritt 3,80 €.

- *Information* **Office de Tourisme**, quai Sénac (am alten Hafen). Juli/Aug. 9–12.30 und 14.30–19.30 Uhr, Sonntagnachmittag geschlossen. Sept. bis Juni Mo–Fr 9.30–12 Uhr, Sa 10–12 und 14.30–17.30 Uhr. ✆ 05.46.29.60.38, ℻ 05.46.09.64.88, ot.la.flotte@wanadoo.fr, www.ot-laflotte.fr.
- *Fahrradverleih* **Cycland**, 17, rue du Marché. ✆ 05.46.09.65.27.

Saint-Martin

Der Helikopter war im 17. Jahrhundert noch nicht erfunden, und so war dem berühmten *Vauban* eine Gesamtansicht des von ihm befestigten Hauptstädtchens der Insel nicht möglich. Nirgendwo in ganz Südwestfrankreich sind militärische Zweckmäßigkeit und Schönheit der Form eine so harmonische Verbindung eingegangen wie in Saint-Martin. Überzeugen Sie sich selbst: Ein Helikopterflug wird zwar nicht angeboten, aber eine Ansichtskarte mit der Luftaufnahme finden Sie in jedem Souvenir-Shop.

Zur Landseite hin ließ Vauban das Städtchen mit einem System von Wällen einfassen, die einen vielzackigen Sternenkranz bilden. Innerhalb der Ummauerung wiederholt sich dasselbe Muster bei der Zitadelle im Osten.
Würde die Zitadelle von Saint-Martin ein Goldenes Buch für ihre Gäste führen, so könnte man darin ein ganzes Kapitel französischer Geschichte lesen. Zu den berühmten Insassen zählt *Mirabeau*, der Verfechter einer konstitutionellen Monarchie. Nach der Revolution sperrte man über 1000 widerspenstige Priester in der Zitadelle ein, später schmachteten hinter den Mauern Kriegsdienstverweigerer, die nicht als Kanonenfutter für die napoleonischen Feldzüge herhalten wollten, 1872 folgten ihnen die Revolutionäre der Pariser Kommune. Von 1852 bis 1939 war die Zitadelle letzte Station für Schwerverbrecher vor ihrer Deportation nach Französisch Guyana, auch der angebliche Landesverräter *Dreyfus* befand sich unter ihnen. Im Ersten Weltkrieg diente sie als Gefängnis für über 700 deutsche Kriegsgefangene. Die über 300-jährige Knast-Tradition wird fortgesetzt. Man hat Vaubans Werk um ein paar gläserne Wachttürmchen verbessert – nicht gerade schön, aber praktisch.

Fluchtversuch von der Ile de Ré

Die Zitadelle von Saint-Martin gilt als ziemlich ausbruchsicher. Als 2004 ein junger Delinquent seine 16-jährige Gefängnisstrafe abkürzen wollte und entwich, war dies der erste gelungene Ausbruch seit 16 Jahren. Doch kam der Flüchtling nicht weit, da die Gendarmerie rechtzeitig die Brücke zum Festland sperrte. Nach dreitägiger Aufregung auf der Insel und Dauerstau am Brückenkopf kam das dramatische Finale. Touristen hatten den Übeltäter am Badestrand entdeckt, der sich darauf kurz entschlossen in die Wellen warf, um schwimmend seine Freiheit zu verteidigen. Drei Gendarmen nahmen die sportliche Herausforderung an – es kam zur Verhaftung auf offener See. Zahlreiche Touristen verfolgten den Realkrimi durch das Fernglas.

Zur Meerseite hin setzen sich die Festungsmauern fort und schützen eine verträumte Hafenanlage: Mitten im Gewässer liegt ein Inselchen mit rund zwei Dutzend Häusern drauf, eine breite Brücke stellt die Verbindung zur Hafenpromenade her. Eine Schleuse aus dem 19. Jahrhundert im hinteren Teil der Insel ermöglicht, bei Flut genügend Wasser für größere Schiffe zu stauen.

• *Information* **Office de Tourisme**, place d'Antioche (auf dem Inselchen). Juli/Aug. tägl. 10–19 Uhr. Sept. bis Juni Mo–Sa 10–12 und 14–18 Uhr. ✆ 05.46.30.22.92, ✆ 05.46.30.01.68, tourisme-sainte-marie.de.re@wanadoo.fr, www.sainte-marie-de-re.com.

• *Bootsausflüge* Mit Inter Iles zur Ile d'Aix, zum Fort Boyard und nach La Rochelle. Fahrkarten gegenüber dem Musée Ernest Cognacq. ✆ 08.25.13.55.00.

• *Parken* In der Hauptsaison ist der Ort für fremde Autos gesperrt. Aber auch in der Vor- und Nachsaison empfiehlt es sich, das Auto gebührenfrei gleich auf dem großen Parkplatz bei der Zitadelle abzustellen. Ein weiterer gebührenfreier Großparkplatz befindet sich am westlichen Ortsrand.

• *Fahrradverleih* **Cycland**, impasse de Sully (in Ortsmitte bei der Eisdiele La Martinière hoch und links ums Eck), ✆ 05.46.09. 08.66. **Cyclo-Surf**, av. Bouthillier (zwischen Zitadelle und Ortsmitte), ✆ 05.46.09.08.28.

• *Hotels* ** **Du Port**. Geräumige, stilvoll eingerichtete, komfortable Zimmer, einige davon – diese sollen 2008 renoviert werden – mit Blick auf den Hafen. Auch Aircondition ist versprochen. DZ 59–95 €. 29, quai de la Poithevinière, 17410 Saint-Martin de Ré. ✆ 05.46.09.21.21, ✆ 05.46.09.06.85, www.iledere-hot-port.com, iledere-hot.port@wanadoo.fr.

** **Les Colonnes**, mit dem vorgenannten vergleichbar, allerdings haben hier einige Zimmer einen Balkon zum Hafen. Mit Restaurant. DZ 68–92 €. Mitte Dez. bis 1. Februarwoche geschlossen. 19, quai Job-Feran, 17410 Saint-Martin de Ré. ✆ 05.46.09.21.58, ✆ 05.46.09.21.49, www.hotellescolonnes.com.

• *Restaurant* **Le Bistrot du Marin**, auf dem Inselchen. Gemütliches Lokal für das Bier auf der Terrasse, aber auch preiswerte Gerichte und Menus – kurz: ein sympathischer Ort. L'Ilot à Saint-Martin. ✆ 05.46.68.74.66.

Sehenswertes

Kirche Saint-Martin: Sie sticht als imposante Ruine aus dem Ortsbild heraus. Im Lauf der Jahrhunderte wurde ihr übel mitgespielt. Von der frühromanischen Kirche aus dem 11. Jahrhundert ist nichts mehr zu sehen. Während des Hundertjährigen Kriegs baute man sie zur Wehrkirche um. Später bekam sie eine gotische Fassade, deren noch erhaltene Giebel heute der Ruine ihren pompösen Anstrich geben. In den Religionskriegen war die Bevölkerung von Saint-Martin gespalten, die Kirche dementsprechend umkämpft. Ende des 17. Jahrhunderts wurde sie von einer englisch-holländischen Flotte bombardiert, im 18. Jahrhundert donnerten nochmals Kanonenkugeln gegen ihre Mauern. Beim letzten Wiederaufbau wurde innen eine 180-Grad-Wende vollzogen: Der Altar steht seither im Westen.

Im Innern erinnert eine Holztafel an die 1023 Priester, die nach der Französischen Revolution in der Zitadelle auf ihre Deportation warteten. 61 von ihnen starben in Saint-Martin und wurden, wie die Tafel vermerkt, hier „furtivement sans aucun honneur funèbre" (heimlich und ohne jedes Totenzeremoniell) begraben – ein Bild illustriert die Begebenheit.

Hôtel de Clerjotte: Der auffällige Renaissance-Bau östlich des Hafens stammt aus dem ausgehenden 15. Jahrhundert. Der alte hugenottische Familienbesitz wurde 1690 vom Staat enteignet und dann bis zum Zweiten Weltkrieg als Waffenarsenal genutzt. Nach einer Restaurierung 1966 wurde hier das lokalhistorische **Musée Ernest Cognacq** (u. a. Schiffsmodelle) eingerichtet. In der Hauptsaison kommt eine Kunst- oder Dokumentationsausstellung hinzu. Erwarten Sie nicht zuviel.

🕐 April und Juni Mo–Fr 10–12 und 14–18 Uhr, Sa/So 14–18 Uhr. Juli bis Sept. tägl. 10–19 Uhr. Okt. bis März Mo–Fr 10–12 und 14–17 Uhr, Sa/So 14–17 Uhr. Eintritt 4 €.

Sainte-Marie

Sainte-Marie ist der erste Ort, wenn man in Rivedoux den *Itinéraire Sud* wählt. Es ist das ruhigste, das ländlichste Dorf der Insel. Die weiß gekalkten Häuser im Ortszentrum werden an der Peripherie abgelöst durch graue Steinhäuser. Gepflegte große Gärten umgeben den Ort. Der kleine Strand ist allenfalls bei Flut zu genießen. Ferienvillen und etwas touristische Infrastruktur trifft man erst im Nachbardorf **La Noue** an, das mit der *Plage de Montamer* über schönere Bademöglichkeiten verfügt.

Die Kirchturmspitze von Sainte-Marie war, wie die von Ars, noch bis Mitte des 20. Jahrhunderts im oberen Teil schwarz, im unteren weiß angestrichen – eine Orientierungsmarke für Seefahrer. Im Innern der Kirche fallen zwei Bilder aus den Jahren 1987 und 1991 auf – Aufträge der Kirchgemeinde an einen lokalen Kunstmaler.

Le Bois-Plage

Fast rund um den Ort wird Wein angebaut – Le Bois-Plage ist das landwirtschaftliche Zentrum der Insel. Gleichzeitig verfügt der Ort auch über den längsten Sandstrand. Bade- und Camping-Urlauber sind hier gut aufgehoben, Surfer können sich in der Regel auf genügend Wind verlassen.

• *Information* **Office de Tourisme**, rue des Barjottes (Zentrum). Mitte Juni bis Mitte Sept. Mo–Sa 8.30–19 Uhr, So 9–13 Uhr. Mitte Sept. bis Mitte Juni Mo–Sa 8.30–12 und 14–17 Uhr. ✆ 05.46.09.23.26, 05.46.09.13.15, office-de-tourisme.le.bois.plage@wanadoo.fr,www.leboisplage.com.

• *Fahrradverleih* **Cycles 1+**, rue des Iris (beim Office de Tourisme Richtung Meer), ✆ 05.46.09.06.16.

• *Waschsalon* **Le 1+**, Nebenunternehmen des o. g. Fahrradverleihers. Im Sommer tägl. 9–12.30 und 14–18.30 Uhr. im Winter Mo und Do 9–12.15 und 14–18.15 Uhr, Sa 9–12.15 Uhr.

• *Hotel* ** **L'Océan**, Zentrum. Eine großartige Ferienbleibe. Von außen ist das Hotel unscheinbar; eine andere Perspektive bietet sich vom großen marmorbetischten Innenhof aus: Mehrere Häuser sind in das Hotel integriert. Und haben Sie dann den paradiesischen Garten mit der riesigen Pinie entdeckt, bemerken Sie, dass Sie in einem der schönsten Hotels der Insel gelandet sind. Zum Betrieb gehört ein Swimmingpool sowie eine kleine Beauty-Abteilung mit Hamam. Im großen Speisesaal werden exquisite Fischmenus serviert, für schmale Geldbeutel gibt's ein Tagesgericht. Das Frühstück ist üppig: Früchte, Müsli, hausgemachte Marmelade. Halbpension empfohlen. Gepflegte Zimmer mit Dusche/WC, teils mit Balkon. DZ 72–180 €, je nach Zimmergröße, -lage und Saison. Jan. geschlossen. 172, rue de Saint-Martin, 17580 Le Bois-Plage en Ré. ✆ 05.46.09.23.07, 05.46.09.05.40, www.re-hotel-ocean.com.

• *Camping* **** **Sunêlia Interlude**, an der Plage de Gros Jonc. Luxusanlage mit fast 400 Stellplätzen, 2 geheizten (!) Schwimmbecken und breitem Freizeitangebot von Wassersport und Tennis bis Töpfern. 50 m zum großen Sandstrand. Geöffnet April bis ca. Mitte Nov. Plage de Gros Jonc, 17580 Le Bois-Plage en Ré. ✆ 05.46.09.18.22, 05.46.09.23.38, www.interlude.fr.

*** **Les Varennes**, Nähe Plage du Pas-des-Boeufs. Angenehmes, schattiges Gelände mit knapp 150 Stellplätzen, kleines Lebensmittelgeschäft, Waschmaschinen. Unser Tipp für den ruhigen Familienurlaub. 300 m zum Strand. Geöffnet April bis Sept. Raise Maritaise, 17580 Le Bois-Plage en Ré. ✆ 05.46.09.15.43, 05.46.09.47.27, www.les-varennes.com.

** **Municipal Les Amis de la Plage**. Sehr schöne Lage direkt am Pas-des-Boeufs-Strand. Sonnen- und Schattenplätze, bescheidene sanitäre Infrastruktur, aber gepflegt. Waschsalon gleich neben dem Platz. Ca. 250 Stellplätze, oft ausgebucht. Geöffnet April bis Sept. Av. du Pas des Boeufs, 17580 Le Bois-Plage en Ré. ✆ 05.46.09.24.01.

La Couarde

Nur die große Fußgängerzone ist eine Konzession an den Tourismus. Sonst zeigt La Couarde das typische Aussehen der Dörfer der Ile de Ré: weiß gekalkte Häuser, grüne Fensterläden und viele Blumen. Die Ferienhäuschen im Grünen ziehen sich bis zur Küste hinunter. La Couarde verfügt über den westlichen Teil des langen Sandstrandes, der sich von *Les Grenettes* bis fast zur Engstelle von *Le Martray* erstreckt.
Am schönsten ist die *Plage des Prises*, von der aus man sich zum Picknick in ein lauschiges Wäldchen, die *Forêt du Bois Henri IV*, zurückziehen kann. Wer nicht an seinen Magen gedacht hat, begibt sich zur östlich anschließenden *Plage du Peu Ragot* – zahlreiche Snackbars.

• *Information* **Office de Tourisme**, rue Pasteur (neben der Kirche). Juli/Aug. Mo–Sa 9.30–19 Uhr, So-9–13 Uhr. Sept. bis Juni Mo–Sa 10–18 Uhr. ✆ 05.46.29.82.93, ✆ 05. 46.29. 63.02, office-de-tourisme-la-couarde @wanadoo.fr, www.iledere-lacouarde.com.

• *Fahrradverleih* **Cycland**, 1, rue Aristide Briand (Zentrum), eine zweite Verleihstelle bei der Kirche ist nur in der Saison geöffnet. ✆ 05.46.29.06.09.

Locasud, 21, av. du Peu Ragot (Zufahrt zur Plage du Peu Ragot). Fahrräder und Mofas. ✆ 05.46.29.83.30.

Cyclo-Surf, 16, av. d'Antioche (schräg gegenüber von Locasud), ✆ 05.46.29.92.78.

• *Camping* *** **Bois Henri IV**, Straße nach Ars. Ebenes Gelände mit ca. 120 Stellplätzen. Genügend Schatten, die Sanitäranlagen sind o. k., die Platzwärterfamilie ist freundlich. Vielleicht ist nur die strenge Aufteilung des Terrains der Grund, dass wir uns trotzdem nicht richtig wohl gefühlt haben. 300 m zum Strand. Geöffnet April bis Sept. Route d'Ars, 17670 La Couarde sur Mer. ✆/✆ 05.46.29.87.01.

*** **Le Rémondeau**, an der Straße Ars–Le Bois-Plage. 180 Stellplätze, sehr viel Schatten. Bescheidene, aber gepflegte Sanitäreinrichtungen. Das Terrain ist etwas uneben, dafür aber direkt am Strand gelegen. Geöffnet Mitte März bis Okt. Rue du Petit Noue. ✆ 05.46.29.84.27, ✆ 05.46.29.67.35.

Loix

Der Ort stand noch bis Anfang des 20. Jahrhunderts auf seiner eigenen Insel. Heute bildet ein dünner Landstrich durch Salinen und Austernparks die Verbindung zur Ile de Ré. Loix ist kein Badeort, der Tourismus beschränkt sich auf ein paar Ferienhäuschen, die meist nur im Hochsommer bewohnt sind. Das Dorf lebt von Fischerei, Austernzucht und Salzgewinnung. Die weißen Häuser stehen hier enger beisammen als in den anderen Inseldörfern, die Straßen sind äußerst eng, so dass Sie um Ihr Wohnmobil fürchten müssen. Radfahrer haben übrigens ihren eigenen Weg nach Loix: 1 km nach La Couarde rechts abzweigen, dann über eine schmale Brücke.

Ein Sträßchen führt von Loix zur *Pointe du Grouin*. Der Ausblick von der Landzunge reicht bis nach Saint-Martin und zur großen Brücke, Baden ist nur bei Flut möglich, der Strand wenig attraktiv. Das *Fort de Grouin* (17. Jh.) ist in Privatbesitz und nicht zugänglich.

Restaurant **La Route du Sel**, am Platz vor der Kirche. Das sympathische kleine Lokal ist preiswert und serviert Austern, Muscheln, Crêpes und knackige Salate. Geöffnet April bis Sept. Place de l'Eglise. ✆ 05.46.29.06.83.

Ars

Die eigenartige Kirchturmspitze des Orts ist schon von weitem zu sehen. Im oberen Teil schwarz gestrichen, im unteren weiß, dient sie seit Jahrhunderten den Seeleuten zur Orientierung. Heute sind es meist Yachten, die bei Flut in den Hafen von Ars einfahren. Früher aber war hier die größte Salzverladestation der Insel.

Die Bleistiftspitze von Ars

Die Legende weiß zu berichten, dass die englischen Schiffe, die während der Belagerung von La Rochelle vor der Ile de Ré ankern wollten, angesichts der weißen Pyramiden von Ars abgedreht hätten, in der Meinung, es seien die Zelte des französischen Heeres. Der Trick würde heute nicht mehr funktionieren – von 32 000 Tonnen im 19. Jahrhundert ist die jährliche Salzproduktion auf 2 000 Tonnen heruntergekommen. Die Lagerhalle beim Hafen ist selten ausgelastet.

Das Dorf zeigt wie die meisten Dörfer der Insel ein harmonisches Ensemble von weiß verputzten Häusern. Die Kirche mit dem markanten Turm ist eine Stilmischung aus dem 12. und 15. Jahrhundert. Einen Blick wert ist das reiche Dekor des romanischen Portals.

• *Information* **Office de Tourisme**, place Carnot (Zentrum). Juli/Aug. Mo–Sa 10.30–12.30 und 15–19.30 Uhr, So 9.30–12.30 Uhr. Sept. bis Juni 14.30–18 Uhr, Mi und Sa geschlossen. ✆ 05.46.29.46.09, ℻ 05.46.29.68.30, ot-arsenre@wanadoo.fr, www.iledere-arsenre.com.

• *Fahrradverleih* **Cycland**, am Hafen. ✆ 05.46.29.47.17.

Cycles et Pêche Neveur, 2, pl. de la Chapelle (Dorfzentrum). Fahrräder und Fischerei-Utensilien. ✆ 05.46.29.20.88.

• *Einkaufen* **Salz** von der Ile de Ré findet man in jedem französischen Supermarkt. Wer sein Salz ohne Zwischenhändler als Souvenir auf der Insel erstehen will, findet einen Direktverkauf bei „Les Salicorniers", östlich der Engstelle von Le Martray, oder in der „Coopérative des Producteurs de Sel" in der Lagerhalle knapp vor dem Hafen.

• *Hotel* ** **Le Sénéchal**. Einfach großartig! Ohne Zweifel das charmanteste und verspielteste Haus der ganzen Insel. Da war ein wirklich begnadeter Architekt am Werk: ein kleiner, schmucker Innenhof, Mini-Pool, Terrassen und Balkone – helle und freundliche Zimmer, jedes individuell eingerichtet. DZ 45–170 je nach Saison und Zimmerausstattung, bei den teureren gehört eine private Terrasse dazu, und noch teurer sind dann die Suiten. Jan. geschlossen. 6, rue Gambetta, 17590 Ars en Ré. ✆ 05.46.29.40.42, ℻ 05.46.29.21.25, www.hotel-le-senechal.com.

• *Camping* *** **Du Soleil**, Richtung Saint-Clément. 120 Stellplätze. Lassen Sie sich vom Namen nicht einschüchtern: Das Terrain bietet wunderbare Schattenplätze. Gepflegte Sanitäranlagen, Snackbar, geheizter Swimmingpool, Lebensmittelladen, Waschmaschinen. Der Strand liegt nah (ca. 200 Meter), ist allerdings nicht gerade berauschend – bei Ebbe zieht sich das Wasser an den Horizont zurück. Geöffnet März bis Mitte Nov. 57, route de la Grange, 17590 Ars en Ré. ✆ 05.46.29.40.62, 📠 05.46.29. 41.74, www.campdusoleil.com.

** **Municipal La Combe à l'Eau**, Richtung Saint-Clément. Großes Gelände mit 400 meist sonnigen Stellplätzen. Kann mit dem vorgenannten nicht mithalten. Der Strand ist weniger schön, und bei Ebbe sind die Fluten ebenso fern. Geöffnet April bis Sept. Route de la Combe à l'Eau, 17590 Ars en Ré. ✆/📠 05.46.29.46.42, combealeau.arsenre@mairie17.com.

• *Restaurant* **Café du Commerce**, am Hafen. Der Pächter hat sich etwas einfallen lassen: T-Bone-Steak, Chili-Burger sowie weitere amerikanische und mexikanische Gerichte, auch vegetarische sowie Crêpes und Galettes. Natürlich gibts auch, was die unmittelbare Natur offeriert: Austern und Fische. Nicht eben billig, die Terrasse ist im Sommer trotzdem proppenvoll. Die Bar stammt aus der vorletzten Jahrhundertwende und wurde von Texas herübergeschifft. Dahinter, wo sonst die Schnapsflaschen hängen, hat der Wirt eine stattliche CD- und Musikkassettensammlung aufgebaut. 6, quai de la Criée. ✆ 05.46.29.41.57.

• *Bar* **Le Vent en Poupe** hat einer, der die Nase im richtigen Wind hat. Die Weinbar am Hafen lädt zur Degustation, zum Kauf und zum Verweilen ein.

Les Portes

Wenn Sie nicht Besitzer eines der rund um Les Portes verstreuten Ferienhäuser sind, werden sie diesen Ort zu Recht als den langweiligsten der ganzen Insel einstufen. Der Bauboom ist umso weniger verständlich, als der Küstenstrich nicht besonders aufregend ist. Zum Baden suchen Sie besser die *Conche des Baleines* auf (→ unten).

• *Camping* ** **La Providence**. 300 Stellplätze am Rand des Wäldchens Forêt de Trousse Chemise. Außer viel Schatten hat das Terrain aber wenig zu bieten. Der nächste Strand, die Plage de la Loge, liegt fast 1 km entfernt und ist enttäuschend. Geöffnet Ostern bis Mitte Okt. Route de Trousse Chemise, 17880 Les Portes en Ré. ✆ 05.46.29.56.82, 📠 05.46.29.61.80, www.campingprovidence.com.

Weitere Plätze an der Conche des Baleines (→ unten).

Phare des Baleines

Seinen Namen hat der *Leuchtturm der Walfische,* wie er in der deutschen Übersetzung heißt, von den Walen, die früher gelegentlich auf der Felsbank vor der Inselspitze strandeten. Zum letzten Mal passierte dies 1923, der Kiefer des verendeten Tieres ziert heute den Garten des *Musée de la Mer* (→ unten).

Der oktogonale Leuchtturm ist ein beliebtes Ausflugsziel. Er stammt aus dem Jahr 1854 und wird nebenbei auch als Sendeturm genutzt. Wohl aus Respekt vor seinem Alter – immerhin ist er einer der ältesten Signaltürme Frankreichs – wurde eine kleine Parkanlage rund um ihn herum geschaffen.

Der Aufstieg über die 257 Stufen der Wendeltreppe auf die 57 Meter hohe Plattform lohnt sich. Oben ist ein romantisches Holzzimmerchen eingerichtet, die Ausmaße ließen gerade ein zwischen zwei Schränke eingeklemmtes Bett zu. Man kann sich ausmalen, welche Träume und Alpträume ein Leuchtturmwärter hier oben ausstehen musste, wenn draußen der Sturm tobte, und hat Verständnis für die Nachfolger, die es vorziehen, lieber im Dorf zu übernachten. Bei gutem Wetter sieht man über die Insel zur Charente-Küste, zur Ile d'Aix und zur Ile d'Oléron. Zu Füßen liegen der Sandstrand der *Conche des Baleines* und der Vorläufer des Leuchtturms, die sogenannte *Tour des Baleines.* Der kleine runde Turm wurde übrigens nach Plänen des berühmten *Vauban* erbaut. Als Leuchtfeuer brannten damals in der Laterne von Walöl gespeiste Baumwolldochte. In der 2007 restaurierten Tour des Baleines ist das kleine **Musée des Phares** eingerichtet, das u. a. anschaulich die von *Augustin Fresnel* (1788–1827) entwickelte Stufenlinse erklärt, die in Leuchttürmen die früheren Parabollinsen ablöste.

Der „Walfisch-Leuchtturm"

⌚ April bis Juni 10–19 Uhr. Juli/Aug. 9.30–19.30 Uhr. Sept. 10–18.30 Uhr. Okt. bis März 10.30–17.30 Uhr. Maximal 30 Besucher dürfen sich im Turm aufhalten. Der Park wird nachts geschlossen. Leuchtturm 2,50 €, Museum 3,50 €, Leuchtturm + Museum 5 €.

In unmittelbarer Nähe des Leuchtturms befindet sich das **Musée de la Mer**, eine etwas krude Mischung aus einheimischen Tierskeletten und kolonialen Trophäen: neben Walknochen auch Krokodilschädel, neben Riesenhummern auch Tigerkeulen, Schiffsmodelle und aufgespießte Schmetterlinge – alles in einem Raum. Wenn Sie nicht mehr aus noch ein wissen, wenden Sie sich ruhig an die freundliche, betagte Dame, die Ihnen die Eintrittskarte verkauft hat; sie ist die Tochter des Gründers und weiß so viel zu erzählen, dass Sie endgültig den Kopf verlieren.

⌚ unregelmäßig. Eintritt 4 €.

Baden

Conche des Baleines: Fast 4 km lang ist der Sandstrand östlich des Leuchtturms, der schönste der ganzen Insel. Der Gezeitenunterschied macht sich hier nicht so stark bemerkbar wie an der Südküste, im hinteren Teil der „Walfischbucht" erstreckt sich ein freundliches Pinienwäldchen. Zugänge zum Strand findet man von der Straße nach Les Portes aus.

• *Camping* **** **Airotel Plage**, Richtung Conche des Baleines. Hat unter neuer Regie gewaltig aufgemöbelt und sich einen vierten Stern auf die Visitenkarte gedruckt. Zwei Swimmingpools und morgendliches Aquagym-Programm, Sportareal, in der Hauptsaison breitgefächertes Animationsprogramm für Kinder usw. 150 Stellplätze, reihenweise in fast militärischer Strenge geordnet. Genügend Schatten. 150 m zum Strand. Geöffnet Ostern bis Sept. 408, route du Chaume, 17590 Saint-Clément-des-Baleines. ✆ 05.46.29.42.62, 📠 05.46. 29.03.39, www.la-plage.com.

*** **Des Baleines**, Nähe Leuchtturm, Südküste. Sonniger Platz in der Nähe des Leuchtturms – doch die meisten Camper suchen Schatten. Mit kleiner Snackbar und einigen Waschmaschinen ist der Platz zwar infrastrukturell ausreichend ausgerüstet, doch vermag die Südküste mit der Conche des Baleines nicht zu konkurrieren. 230 Stellplätze. Geöffnet Ostern bis 3. Septemberwoche. Le Gillieux, 17590 Saint-Clément-des-Baleines.
✆ 05.46.29.40.76, 📠 05.46.29.67.12, www.camping-lesbaleines.com.

Etwas Französisch

Guter Wille wird honoriert. Wer sich mit auch nur wenigen französischen Wörtern durchzuschlagen versucht, zeigt damit, dass er als Gast gekommen ist, und kann sich der Freundlichkeit des Gastgebers gewiss sein.

Grüße

guten Tag	**bonjour**
guten Abend	**bonsoir**
gute Nacht	**bonne nuit**
auf Wiedersehen	**au revoir**
bis bald	**à bientôt**
bis gleich	**à toute à l'heure**

Gespräche

Wie geht es dir?	Comment vas-tu?
Wie geht es Ihnen?	Comment allez-vous?
danke	merci
Mir geht es gut, und dir (Ihnen)?	Je vais bien, et toi (vous)?
Wie heißen Sie?	Comment vous appelez-vous?
Wie heißt das auf Französisch?	Comment cela se dit en français?
Ich bin ...	Je suis ...
Deutsche/r	Allemand/Allemande
Österreicher/in	Autrichien/Autrichienne
Schweizer	Suisse/Suissesse
Entschuldigung	pardon
Deutschland/ deutsch	l'Allemagne/ allemand/e
Sprechen Sie Deutsch?	Parlez-vous allemand?
(Englisch, Italienisch)?	(anglais, italien)?
Kennen Sie...?	Connaissez-vous...?
Ich habe nicht verstanden	Je n'ai pas compris
Ich weiß (es) nicht	Je ne (le) sais pas
Ich suche	Je cherche
Geben Sie mir ..., bitte!	Donnez-moi ..., s'il vous plaît!
einverstanden! o.k.!	d'accord!

Minimalwortschatz

ja	oui
nein	non
vielleicht	peut-être
und	et
oder	ou
schön	beau (bel, belle)
groß/klein	grand(e)/ petit(e)
viel	beaucoup de
wenig	peu de
es gibt/ es gibt nicht	il y a/ il n'y a pas
wo/wohin	où
wann	quand
wie viel/wie viele	combien
warum	pourquoi
..., bitte! (Aufforderung)	..., s'il vous plaît!

Unterwegs

Ich suche ...	Je cherche ...
Wo ist ... ?	Où est ...?
Ich möchte ...	Je voudrais ...
Ich möchte nach ... gehen	Je voudrais aller à ...
Wann kommt ... an?	A quelle heure arrive ... ?
Wann fährt/fliegt ... nach ... ?	A quelle heure il y a-t-il... pour ...?
Um wie viel Uhr ?	A quelle heure ?
um (4) Uhr	à (quatre) heures
Weg	le chemin
Straße	la rue
Überlandstraße	la route
Autobahn	l'autoroute
Kreuzung	le carrefour
Kreisel	le rond-point
Ampel	les feux, le feu rouge
abbiegen	tourner
links	à gauche
rechts	à droite
geradeaus	tout droit
Abfahrt, Abflug	le départ
Ankunft	l'arrivée
Information	l'information
Fahrkarte	le billet
einfach	aller simple
hin und zurück	aller retour
Flughafen	l'aéroport
Flugzeug	l'avion
Hafen	le port
Schiff	le bateau
Fährschiff	le ferry-boat
Bahnhof	la gare
Zug	le train
Bus	le bus
Busbahnhof	la gare routière

Rund ums Auto

Ich möchte mieten (für einen Tag)	Je voudrais louer (pour un jour)
Wie viel kostet das (pro Tag)?	Combien ça coûte? (par jour)?
Voll, bitte!	Le plein, s'il vous plaît!
Ich habe eine Panne	Je suis tombé en panne
(Der Anlasser) geht nicht mehr.	(Le démarreur) ne marche plus.
Auto	la voiture
Führerschein	le permis de conduire
Tankstelle	la station d'essence
Benzin	l'essence
Diesel	le gas-oil/le gazole
Öl	l'huile
Ölwechsel	la vidange (d'huile)
Unfall	l'accident
Abschleppdienst	le dépannage
Autowerkstatt	le garage
Anlasser	le démarreur
Auspuff	l'échappement
Batterie	la batterie
Blinker	le clignotant
Bremsen	les freins
Bremslichter	les feux de stop
Felge	la jante
Gang	la vitesse
Gebläse	le ventilateur
Handbremse	le frein à main
Kupplung	l'embrayage
Kühler	le radiateur
Lichtmaschine	la dynamo
Motor	le moteur
Motorhaube	le capot
Reifen	le pneu
Rückwärtsgang	la marche arrière
Scheibenwischer	l'essuie-glace
Scheinwerfer	le phare
Schlauch	le tuyau
Stoßdämpfer	l'amortisseur
Wasser (destilliert)	l'eau distillée
Vergaser	le carburateur
Zündkerzen	les bougies

Unterkunft

Haben Sie ...?	Avez-vous ...?
ein Zimmer reservieren	réserver une chambre
Doppelzimmer	la chambre double
Einzelzimmer	la chambre single
Wie viel kostet das?	Combien ça coûte?
Das ist zu teuer.	C'est trop cher.
ein billigeres Zimmer	une chambre moins cher
mit Dusche/mit Bad	avec douche/avec salle de bain
für eine Nacht	pour une nuit
für (3) Tage	pour (trois) jours
voll (alle Zimmer belegt)	complet
Vollpension	pension complète
Halbpension	demi-pension
Frühstück	le petit déjeuner
Ich nehme es (das Zimmer).	Je la prends.
Zeltplatz	le camping
Zelt	la tente
im Schatten	à l'ombre
elektrischer Anschluss	le branchement électrique
Dusche	la douche
Waschmaschine	le lave-linge

Bank/Post

offen	ouvert
geschlossen	fermé
Ich möchte	Je voudrais
sFr wechseln.	changer des francs suisses.
... ein Fax aufgeben	... envoyer un fax
Wechselstube	le (bureau de) change
Bank	la banque
Geldwechsel	le change
Wechselkurs	le cours du change
Briefkasten	la boîte aux lettres
Briefmarke	le timbre
Brief	la lettre
Telefonkarte	la télécarte
Ansichtskarte	la carte postale
Luftpost	par avion
Eilpost	exprès
Einschreiben	lettre recommandée
Ferngespräch	la communication interurbaine

Einkaufen

Haben Sie ...?	Avez-vous ...?
Ich hätte gern ...	Je voudrais ...,
... bitte	s'il vous plaît.
Wie viel kostet das?	Combien ça coûte?
Das ist zu teuer/	C'est trop cher/
billiger.	moins cher.
Das gefällt mir nicht.	Ça ne me plaît pas.
1 Pfund/Kilo	une livre/ un kilo de
100 Gramm	cent grammes de
groß/klein	grand(e)/ petit(e)
Lebensmittelgeschäft	l'alimentation
Bäckerei	la boulangerie
Metzgerei	la boucherie
Wurstwarenhandlung	la charcuterie
Apotheke	la pharmacie
Buchhandlung	la librairie
Schreibwarenhandlung	la papeterie
Apfel	la pomme
Briefumschlag	l'enveloppe
Brot	le pain
Buch	le livre
Butter	le beurre
Ei	l'oeuf

Essig	le vinaigre
Honig	le miel
Käse	le fromage
Klopapier	le papier de toilette
Marmelade	la confiture
Milch	le lait
Öl	l'huile
Orange	l'orange
Pfeffer	le poivre
Salz	le sel
Seife	le savon
Shampoo	le shampooing
Sonnenöl	l'huile solaire
Streichhölzer	les allumettes
Tomaten	les tomates
Wurst	la charcuterie
Zeitung	le journal
Zucker	le sucre

Sehenswertes/geographische Begriffe

Wo ist der/die/das ...?	**Où est le/la ...?**
Wo ist der Weg/die Straße zum ...?	**Pourriez-vous m'indiquer le chemin pour ...?**
rechts/links	**à droite/à gauche**
hier/dort	**ici/là**

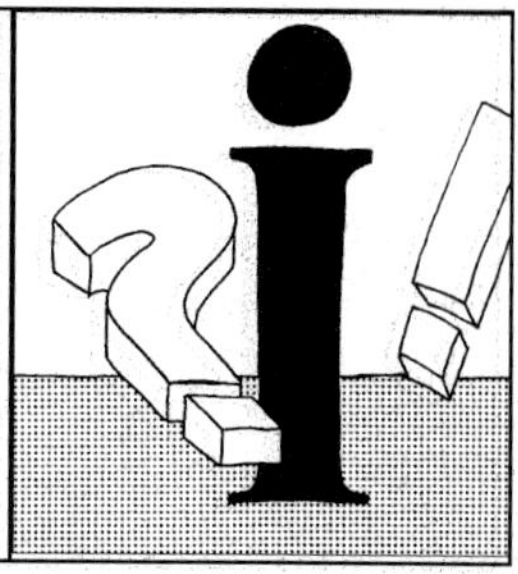

Berg	la montagne
Burg	le château
Brücke	le pont
Bucht	la baie
Dorf	le village
Fluss	la rivière
Gipfel	le sommet
Hafen	le port
Höhle	la grotte
Insel	l'île
Kapelle	la chapelle
Kirche	l'église
Kloster	le couvent
Leuchtturm	le phare
Meer	la mer
Museum	le musée
Pass	le col
Platz	la place
Schlucht	les gorges
See	le lac
Stadt	la ville
Staudamm	le barrage
Strand	la plage
Turm	la tour
Wald	la forêt
Wasserfall	la cascade

Hilfe/Krankheit

Ich habe (hier) Schmerzen.	J'ai des douleurs (ici).
Ich bin allergisch gegen ...	J'ai une allergie contre ...
Konsulat	le consulat
Arzt	le docteur
Krankenhaus	l'hôpital
Polizei	la police
Unfall	l'accident
Zahnarzt	le dentiste
Ich brauche ...	J'ai besoin de ...
Heftpflaster	le sparadrap
Mullbinde	la bande de gaze

Schmerzen	des douleurs	*Insektenstich*	la piqûre d'insecte
krank	malade	*Ich habe ...*	J'ai ...
erkältet	enrhumé	*... Kopfschmerzen*	... mal à la tête
Grippe	la grippe	*... Halsschmerzen*	... mal à la gorge
Husten	la toux	*... Zahnschmerzen*	... mal aux dents
Durchfall	la diarrhée, la colique	*Auge/die Augen*	l'oeil/les yeux
Verstopfung	la constipation	*Ohr*	l'oreille
Entzündung	l'inflammation	*Magen*	l'estomac
Ohrenentzündung	l'otite	*Rücken*	le dos

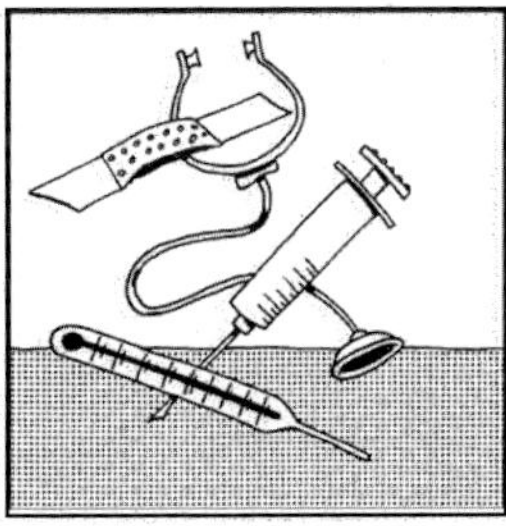

Können Sie mir bitte helfen?	**Pourriez-vous m'aider, s'il vous plaît?**
Wo ist ein Arzt/eine Apotheke?	**Où pourrais-je trouver un docteur/ une pharmacie?**
Wann hat der Arzt Sprechstunde?	**A quelle heure le cabinet est-il ouvert?**

Allgemeine Zeitbegriffe

vorgestern	avant-hier	*Woche*	la semaine
gestern	hier	*Monat*	le mois
heute	aujourd'hui	*Jahr*	l'an/l'année
morgen	demain	*danach*	après
übermorgen	après-demain	*Wie viel Uhr ist es?*	Quelle heure est-il?
Stunde	l'heure	*Um wie viel Uhr?*	A quelle heure?
Tag	le jour	*Wann?*	Quand?

Tageszeiten, Tage, Monate, Jahreszeiten

Morgen	le matin	*April*	avril
Nachmittag	l'après-midi	*Mai*	mai
Abend	le soir	*Juni*	juin
Nacht	la nuit	*Juli*	juillet
Montag	lundi	*August*	août
Dienstag	mardi	*September*	septembre
Mittwoch	mercredi	*Oktober*	octobre
Donnerstag	jeudi	*November*	novembre
Freitag	vendredi	*Dezember*	décembre
Samstag	samedi	*Frühjahr*	le printemps
Sonntag	dimanche	*Sommer*	l'été
Januar	janvier	*Herbst*	l'automne
Februar	février	*Winter*	l'hiver
März	mars		

Zahlen

1	un
2	deux
3	trois
4	quatre
5	cinq
6	six
7	sept
8	huit
9	neuf
10	dix
11	onze
12	douze
13	treize
14	quatorze
15	quinze
16	seize
17	dix-sept
18	dix-huit
19	dix-neuf
20	vingt
21	vingt et un
22	vingt-deux
30	trente
40	quarante
50	cinquante
60	soixante
70	soixante-dix
80	quatre-vingt
90	quatre-vingt-dix
100	cent
200	deux cents
1000	mille
2005	deux mille cinq
einmal	une fois
zweimal	deux fois
der erste	le premier (la première)
der zweite	le deuxième
die Hälfte von ...	la moitié de ...
ein Drittel	un tiers
ein Viertel	un quart
ein Paar ...	une pair de ...

Speiselexikon

Bedienung!	**S'il vous plaît, Madame! (Monsieur!)**
Die Speisekarte, bitte!	**La carte, s'il vous plaît!**
Ich hätte gerne ...	**Je voudrais bien ...**
Haben Sie ...?	**Est-ce que vous avez ....?**
Die Rechnung bitte!	**L'addition, s'il vous plaît!**

Allgemeines

l'assiette	*Teller*
l'addition	*Rechnung*
l'auberge	*Landgasthof*
boire	*trinken*
la brasserie	*eigentlich Brauhaus; heute v. a. Bezeichnung für Cafés mit Mittags- und Abendtisch*
la carte	*Speisekarte*
... des vins	*Weinkarte*
... du jour	*Tageskarte*
le cendrier	*Aschenbecher*
chaud(e)	*heiß*
la commande	*Bestellung*
compris(e)	*inbegriffen*
le couteau	*Messer*
la cuillère	*Löffel*
cuit(e)	*gekocht*
le déjeuner	*Mittagessen*
dur(e)	*hart, zäh*
l'entrée	*Vorspeise*
l'épice	*Gewürz*
la fourchette	*Gabel*
froid(e)	*kalt*

fumé(e) — *geräuchert*
le garçon — *Kellner, Ober*
en gelée — *gesülzt*
la glace — *Eis*
le glaçon — *Eiswürfel*
la goutte — *Tropfen*
le gratin — *Auflauf, Überbackenes*
les grillades — *Gegrilltes*
grillé(e) — *gegrillt*
les herbes de Provence — *Kräuter der Provence*
l'hors-d'œuvre — *Vorspeise*
l'huile — *Öl*
libre-service — *Selbstbedienung*
maigre — *mager*
manger — *essen*
mijoté(e) — *geschmort*
moulin à poivre — *Pfeffermühle*
la note — *Rechnung*
l'ouvre-bouteilles — *Flaschenöffner*
la peau — *Haut, Schale*
le petit déjeuner — *Frühstück*
le pichet — *Weinkaraffe*
la pincée — *Prise*
plat — *Gericht, Platte*
... du jour — *Tagesgericht*
poêlé — *in der Pfanne gebraten*
à point — *gebraten (außen knusprig, innen rosa)*
le pot — *Topf*
le pourboire — *Trinkgeld*
prêt(e) — *bereit, angerichtet*
quart — *ein Viertel*
les quenelles — *Klößchen, Röllchen*
râpé(e) — *geraspelt, gerieben*
réchauffer — *aufwärmen*
recommandé(e) — *empfohlen, empfehlenswert*
le relais — *Landgasthof*
la rouille — *scharfe rote Soße*
saignant — *kurz angebraten*
salé(e) — *gesalzen*
service (non) compris — *Bedienung (nicht) inbegriffen*
servir — *bedienen, auftragen*
le sel — *Salz*
la soupe — *Suppe*
tendre — *zart*
la terrine maison — *Pastete nach Art des Hauses*
le thym — *Thymian*
tiède — *lauwarm*
la tranche — *Schnitte, Scheibe*

Fleisch, Wild und Geflügel

l'agneau — *Lamm*
l'assiette anglaise — *kalte Platte*
le bifteck — *Beefsteak*
le bœuf — *Ochse oder Rind*
le boudin — *Blutwurst*
la brochette — *Spießchen*
la caille — *Wachtel*
le canard — *Ente*
le carré d'agneau — *Lammrückenstück*
le cerf — *Hirsch*
la charcuterie — *Wurstaufschnitt*
le cheval — *Pferd*
la chèvre — *Ziege*
le chevreuil — *Reh*
le coq — *Hahn*
le coq au vin — *Hähnchen in Rotweinsoße*
le coquelet — *Brathähnchen*
la côte — *Rippenstück*
... d'agneau — *Lammkotelett*
... de veau — *Kalbskotelett*
la dinde — *Pute*
le dindon — *Truthahn*
l'entrecôte — *Zwischenrippenstück*
l'épaule d'agneau — *Lammschulter*
l'escalope — *Schnitzel*
les escargots — *Weinbergschnecken*
le faisan — *Fasan*
le filet — *Lendenstück*
le foie — *Leber*

le gibier	*Wild*
le gigot	*Keule*
la goulache	*Gulasch*
la grenouille	*Frosch*
le jambon	*Schinken*
le jambonneau	*Schweinshaxe*
le jarret	*Haxe*
la langue de bœuf	*Ochsenzunge*
le lièvre	*Hase*
le lapin	*Kaninchen*
le mouton	*Hammel, Schaf*
la noisette d'agneau	*Lammnüsschen*
l'oie	*Gans*
l'os	*Knochen*
la paupiette	*Roulade*
le perdreau	*junges Rebhuhn*
la perdrix	*Rebhuhn*
les pieds de cochon	*Schweinsfüße*
le pigeon	*Taube*
le pintadeau	*Perlhuhn*
la poitrine	*Brust*
le porc	*Schwein*
le porcelet	*Spanferkel*
la poularde	*Masthuhn*
le poulet	*Brathähnchen*
la queue	*Schwanz*
les rognons	*Nieren*
le rôti	*Braten*
le sanglier	*Wildschwein*
le saucisson	*Schnitt- oder Brühwurst*
la selle d'agneau	*Lammrücken*
le steak au poivre	*Pfeffersteak*
le tournedos	*Lendenschnitte*
les tripes	*Kutteln*
le veau	*Kalb, Kalbfleisch*
la viande	*Fleisch*
la volaille	*Geflügel*

Meeresfrüchte/Fische

l'anchois	*Sardelle (Anchovis)*
l'anguille	*Aal*
le bar	*Barsch*
le barbeau (barbillon)	*Barbe*
la bargue	*Meerbutt*
la baudroie	*Seeteufel*
la bouillabaisse	*kräftige Fischsuppe mit mehreren Fischarten*
le cabillaud	*Kabeljau*
la carpe	*Karpfen*
le congre	*Meer- bzw. Seeaal*
les coquillages	*Muscheln*
les crevettes	*Garnelen*
le denté	*Zahnbrasse*
les écrevisses	*Flusskrebse*
le flétan	*Heilbutt*
le gambas	*Garnelen, Krabben*
le grondin	*Knurrhahn*
le homard	*Hummer*
les huîtres	*Austern*
la lotte de mer	*Seeteufel*
le loup de mer	*Wolfsbarsch*
le maquereau	*Makrele*
la morue	*Stockfisch*
les moules	*Muscheln*
le perche	*Seebarsch*
la plie	*Scholle*
le poisson	*Fisch*
... de rivière	*Flussfisch*
le poulpe	*Tintenfisch*
la praire	*Venusmuschel*
la raie	*Rochen*
la rascasse	*Drachenkopf*
le sandre	*Zander*
les sardines à l'huile	*Ölsardinen*
le saumon	*Lachs*
la seiche	*Tintenfisch*
la sole	*Seezunge*
le st-pierre	*St.-Petersfisch*
la tanche	*Schleie*
le thon	*Thunfisch*
le tourteau	*Taschenkrebs*
la truite	*Forelle*
le turbot	*Steinbutt*

Gemüse/Beilagen

les artichauts	*Artischocken*
les asperges	*Spargel*
le béchamel	*weiße Sahnesoße*
les cèpes	*Steinpilze*
les chanterelles	*Pfifferlinge*
le chou	*Kohl*
le chou-fleur	*Blumenkohl*
le chou vert	*Grünkohl*
la choucroute	*Sauerkraut*
le concombre	*Gurke*
les courgettes	*Zucchini*
les crudités	*Rohkost*
l'échalote	*Schalotte*
les épinards	*Spinat*
le fenouil	*Fenchel*
les fleurs de courge	*Zucchini-Blüten*
la garniture	*Beilage*
le gingembre	*Ingwer*
les girolles	*Pfifferlinge*
les haricots verts	*grüne Bohnen*
la laitue	*Kopfsalat*
les légumes	*Gemüse*
les lentilles	*Linsen*
la mâche	*Feldsalat*
le millet	*Hirse*
les nouilles	*Nudeln*
les oignons	*Zwiebeln*
la pâte	*Teig*
les pâtes	*Nudeln*
le pain	*Brot*
les petits pois	*Erbsen*
le poireau	*Lauch, Porree*
la poirée	*Mangold*
les pommes de terre	*Kartoffeln*
le radis	*Rettich*
la ratatouille	*geschmortes Gemüseallerlei zumeist aus Auberginen, Zucchini, Paprika und Tomaten*
la salade	*Salat*
la sauge	*Salbei*
la semoule	*Grieß*

Obst, Dessert, Gebäck und Käse

l'abricot	*Aprikose*
les amandes	*Mandeln*
le beignet	*Krapfen*
la brioche	*Hefegebäck*
la confiserie	*Süßwaren*
doux, douce	*süß*
le flan	*Pudding*
la figue	*Feige*
le fromage	*Käse*
la framboise	*Himbeere*
les fruits	*Früchte, Obst*
le gâteau	*Kuchen*
la macédoine de fruits	*Obstsalat*
les myrtilles	*Heidelbeeren*
la noisette	*Haselnuss*
la noix	*Walnuss*
la pâtisserie	*Konditorei, Gebäck*
la pêche	*Pfirsich*
le petit gâteau	*Teegebäck*
le pignon	*Pinienkern*
la poire	*Birne*
la pomme	*Apfel*
les primeurs	*Obst und Gemüse*
le pruneau	*Back- oder Dörrpflaume*
la pulpe	*Mark, Fruchtfleisch*
les raisins	*Weintrauben*
le ramequin	*kleiner Käsekuchen*

le plateau de fromage	*Käseplatte*
le sablé	*Sandgebäck*
le sorbet aux fruits	*Früchtesorbet*
le soufflé	*Eierauflauf*
le sucre	*Zucker (sucré: gesüßt)*
le sirop	*Sirup*
la tarte	*Kuchen*
la tartelette	*Törtchen*

Diverses

l'aïoli	*Knoblauch-Mayonnaise*
le beurre	*Butter*
la ficelle	*sehr dünnes, langes Weißbrot*
la graisse d'oie	*Gänseschmalz*
le jaune d'œuf	*Eigelb*
la menthe	*Pfefferminz*
le miel	*Honig*
la moutarde	*Senf*
l'œuf (brouillé)	*(gekochtes) Ei*
le persil	*Petersilie*
la poivrade	*Pfeffersoße*
le potage	*Suppe*
la potée	*Eintopf*
les rillettes d'oie	*Gänsepastete*
la soupe au pistou	*mit Basilikum, Knoblauch und Olivenöl verfeinerte Gemüsesuppe*
la tapenade	*ein mit Anchovis und Kapern verfeinertes Olivenpüree (Brotaufstrich)*
les truffes	*Trüffel*
le velouté	*Crèmesuppe*
le vinaigre	*Essig*
le yaourt	*Joghurt*

Getränke

l'alcool	*Alkohol*
la bière (brune) blonde	*helles (dunkles) Bier*
(la biere à) la pression	*Bier vom Fass*
la boisson	*Getränk*
la bouteille	*Flasche*
le café	*Kaffee*
... au lait	*Milchkaffee*
le digéstif	*Verdauungs-schnaps*
Demi	*halb*
demi -sec	*halbtrocken*
l'eau	*Wasser*
... gazeuse	*Mit Kohlensäure*
... naturelle	*natürliches Mineralwasser*
... de vie	*Branntwein*
l'infusion	*Kräutertee*
le jus	*Saft*
le lait	*Milch*
... entier	*Vollmilch*
le pastis	*Anisschnaps, der mit Wasser zu einer gelblichen Flüssigkeit verdünnt wird*
les rafraîchissements	*Sammelbegriff für Erfrischungs-getränke*
le thé	*Tee*
le verre	*(Trink-)Glas*
le vermouth	*Wermut*
le vin	*Wein*
... blanc	*Weißwein*
... de pays	*Landwein*
... de table	*Tischwein*
... du pays	*einheimischer Wein*
... rouge	*Rotwein*

Verlagsprogramm

- Abruzzen
- Ägypten
- Algarve
- Allgäu
- Altmühltal & Fränk. Seenland
- Amsterdam *MM-City*
- Andalusien
- Apulien
- Athen & Attika
- Azoren
- Baltische Länder
- Barcelona *MM-City*
- Berlin *MM-City*
- Berlin & Umgebung
- Bodensee
- Bretagne
- Brüssel *MM-City*
- Budapest *MM-City*
- Bulgarien – Schwarzmeerküste
- Chalkidiki
- Chianti – Florenz, Siena
- Cornwall & Devon
- Costa Brava
- Costa de la Luz
- Côte d'Azur
- Cuba
- Dolomiten – Südtirol Ost
- Dominikanische Republik
- Dresden *MM-City*
- Ecuador
- Elba
- Elsass
- England
- Franken
- Fränkische Schweiz
- Friaul-Julisch Venetien
- Gardasee
- Genferseeregion
- Golf von Neapel
- Gomera
- Gran Canaria
- Gran Canaria *MM-Touring*
- Graubünden
- Griechenland
- Griechische Inseln
- Hamburg *MM-City*
- Haute-Provence
- Ibiza
- Irland
- Island
- Istanbul *MM-City*
- Istrien
- Italien
- Italienische Adriaküste
- Kalabrien & Basilikata
- Kanada – der Westen
- Karpathos
- Katalonien
- Kefalonia & Ithaka
- Kopenhagen *MM-City*
- Korfu
- Korsika
- Kos
- Krakau *MM-City*
- Kreta
- Kroatische Inseln & Küste
- Kykladen
- Lago Maggiore
- La Palma
- La Palma *MM-Touring*
- Languedoc-Roussillon
- Lanzarote
- Lesbos
- Ligurien – Italienische Riviera, Genua, Cinque Terre
- Liparische Inseln
- Lissabon & Umgebung
- Lissabon *MM-City*
- London *MM-City*
- Madeira
- Madrid & Umgebung
- Mainfranken
- Mallorca
- Malta, Gozo, Comino
- Marken
- Mecklenburgische Seenplatte
- Mittel- und Süddalmatien
- Mittelitalien
- Montenegro
- München *MM-City*
- Naxos
- Neuseeland
- New York *MM-City*
- Niederlande
- Nord- u. Mittelgriechenland
- Nordkroatien – Kvarner Bucht
- Nordportugal
- Nordspanien
- Norwegen
- Nürnberg, Fürth, Erlangen
- Oberbayerische Seen
- Oberitalien
- Oberitalienische Seen
- Ostfriesland & Ostfriesische Inseln
- Ostseeküste – Mecklenburg-Vorpommern
- Ostseeküste – von Lübeck bis Kiel
- Paris *MM-City*
- Peloponnes
- Pfalz
- Piemont & Aostatal
- Polen
- Polnische Ostseeküste
- Portugal
- Prag *MM-City*
- Provence & Côte d'Azur
- Rhodos
- Rom & Latium
- Rom *MM-City*
- Rügen, Stralsund, Hiddensee
- Salzburg & Salzkammergut
- Samos
- Santorini
- Sardinien
- Schottland
- Schwäbische Alb
- Sinai & Rotes Meer
- Sizilien
- Skiathos, Skopelos, Alonnisos, Skyros – Nördl. Sporaden
- Slowakei
- Slowenien
- Spanien
- Südböhmen
- Südengland
- Südfrankreich
- Südmarokko
- Südnorwegen
- Südschwarzwald
- Südschweden
- Südtirol
- Südtoscana
- Südwestfrankreich
- Teneriffa
- Teneriffa *MM-Touring*
- Tessin
- Thassos, Samothraki
- Toscana
- Tschechien
- Tunesien
- Türkei
- Türkei – Lykische Küste
- Türkei – Mittelmeerküste
- Türkei – Südägäis
- Türkische Riviera – Kappadokien
- Umbrien
- Usedom
- Venedig *MM-City*
- Venetien
- Wachau, Wald- u. Weinviertel
- Westböhmen & Bäderdreieck
- Westungarn, Budapest, Pécs, Plattensee
- Wien *MM-City*
- Zakynthos
- Zypern

Aktuelle Informationen zu allen Reiseführern finden Sie im Internet unter
www.michael-mueller-verlag.de

Michael Müller Verlag GmbH, Gerberei 19, 91054 Erlangen
Tel. 0 91 31 / 81 28 08-0; Fax 0 91 31 / 20 75 41; E-Mail: mmv@michael-mueller-verlag.de

Register

N

O

P

R